L'Église sous Vichy
1940-1945
La repentance en question

DU MÊME AUTEUR

Le Conseil national de Vichy 1940-1944, Paris, Aux Amateurs de Livres et Nathan, 1989.

La France à Londres. Histoire de la France libre, Paris-Bruxelles, Complexe, 1990.

Histoire culturelle de la France. Histoire politique et religieuse 1919-1959, Sedes, 1989.

Vichy-Capitale 1940-1944, Paris, Perrin, 1993.

Vichy et le fascisme, Paris-Bruxelles, Complexe, 1987.

De Gaulle et l'Algérie française 1958-1962, Paris, Perrin, 1995.

EN COLLABORATION

Églises et Chrétiens dans la Seconde Guerre mondiale, Presses Universitaires de Lyon, 1978 et 1982.

MICHÈLE COINTET

L'ÉGLISE SOUS VICHY

1940-1945

La repentance en question

LE GRAND LIVRE DU MOIS

LISTE DES ABRÉVIATIONS

ACA : Assemblée des cardinaux et archevêques.
ACJF : Association catholique de la jeunesse française.
AEF : Archives du ministère des Affaires étrangères.
AN : Archives nationales.
CDJC : Centre de Documentation juive contemporaine
CDL : Comité départemental de libération.
CGE : Comité général d'études
CIMADE : Comité intermouvements auprès des évacués.
CGQJ : Commissariat Général aux Questions juives
CNR : Conseil National de la Résistance.
DRAC : Ligue du droit des religieux anciens combattants.
GPRF : Gouvernement provisoire de la République française.
JAC : Jeunesse agricole chrétienne.
JEC : Jeunesse étudiante chrétienne.
JECF : Jeunesse étudiante chrétienne féminine.
JOC : Jeunesse ouvrière chrétienne.
JOCF : Jeunesse ouvrière chrétienne féminine.
JOINT : American Jewish Joint Distribution Committee.
LICA : Ligue internationale contre l'antisémitisme.
LVF : Légion des volontaires français contre le bolchevisme.
LOC : Ligue ouvrière chrétienne.
OSE : Œuvre de secours aux enfants.
SGJ : Secrétariat général à la Jeunesse.
SOL : Service d'ordre légionnaire.
TC : *Témoignage chrétien.*

ISBN 2-7028-2342-4

L'Église catholique de France fut l'objet des attentions de l'État français qu'elle sollicita et accueillit comme autant de réparations des injures de la République. Elle soutint jusqu'à la fin de l'Occupation le régime de Vichy, même contre la Résistance et en critiquant les actions des Alliés. Autant et peut-être plus que l'Action française, le catholicisme est un fondement du pétainisme. Et pourtant, tant de religieux ont été de grands résistants. Paradoxe ? Et si pour l'Église, la politique n'avait qu'une importance secondaire, par rapport à des fins plus vastes : le maintien de l'institution, la reconquête d'un monde perverti par la révolution industrielle, la lutte contre les erreurs de l'idéologie matérialiste, le renouveau apostolique et spirituel ?

1

VÉNÉRATION D'UN MARÉCHAL

L'Église de France fut à la dévotion du maréchal Pétain.

En 1940, évêques et cardinaux respirent d'une intense satisfaction et apportent le solide appui moral et social dont ils bénéficient à l'État français. Si, seule, la hiérarchie avait été affectée, le phénomène ne serait que du réalisme politique. Les prélats n'ont en effet aucune raison de bouder un régime qui recherche leur approbation et les paie de ces bienfaits matériels dont ils avaient perdu la douce habitude. Une juste appréciation des intérêts de l'Église expliquerait cet opportunisme. Mais le peuple chrétien a emboîté, sans aucun état d'âme, le pas à ses pasteurs sur la route pétainiste. Les grands intellectuels chrétiens, dont le cœur est moins candide et l'esprit plus acéré, ont été aussi enthousiastes que les simples. Paul Claudel est un grand poète catholique mais son métier de diplomate lui a permis d'exercer un jugement plein de finesse et de sagacité. Membre du conseil d'administration de Gnôme-et-Rhône, il a la pratique des milieux d'affaires, réalistes s'il en est, et il bénéficie de nombreuses informations qui ne sont pas à la portée du fidèle d'une paroisse rurale. Or, son *Journal* du mois de juillet retentit des échos de sa joie devant la politique du gouvernement de Vichy. Les 5 et 7 juillet 1940, il écrit : « *La France est délivrée après soixante ans de joug du parti radical et anticatholique (professeurs, avocats, juifs, francs-maçons). Le nouveau G.* [gouvernement] *invoque Dieu et rend la Gr*[ande] *Chartreuse aux religieux. Espérance d'être délivrés du suffrage universel et du parlementarisme : ainsi q*[ue] *de la domination méchante et imbécile des instituteurs q*[ui] *lors de la dernière guerre se sont couverts de honte*[1*]. » Le lendemain, 8 juillet 1940, le poète salue le changement d'état d'esprit : « *Dans l'exp*[osé] *des motifs, on reconnaît le mal fait par l'éducation sans Dieu. C'est toute l'Université, œuvre de Napoléon, qu'il faudrait f. par terre.* » Et pourtant,

---

* On trouvera les notes en fin de volume.

Claudel trouve les conditions d'armistice « *effroyables et honteuses* », se défie de Pierre Laval et ne va pas tarder à se reprendre.

Le mouvement qui porte l'ensemble du peuple catholique vers le maréchal Pétain ne vient ni d'un désarroi ni d'un aveuglement passager. Il tient à des raisons plus profondes, justifiées par une expérience historique mal vécue par les catholiques français au XIXe siècle et au XXe siècle. Il doit beaucoup aux mentalités.

Longtemps, cette réalité fut occultée. Les premiers historiens de cette période attribuaient ces manifestations à quelques évêques réactionnaires qu'il était facile d'opposer au bon peuple chrétien. L'idéologie de la Libération contribuait à établir cette vision déformée, qui opposait une masse saine, ayant une intuition de la vérité, le monopole des actes justes, aux élites, tentées par l'erreur, succombant au mal, responsables de toutes les erreurs dont souffre la nation.

Avec le temps, les aspérités du réel apparaissent sous une lumière plus exacte et exigent une nouvelle interprétation. Il n'y eut pas seulement les évêques d'Action française pour saluer la « divine surprise » de 1940 — plus la chute de la République que la défaite — mais tout l'épiscopat communia dans le même sentiment. Le vent de l'adulation fit frémir jusqu'aux grands héros ecclésiastiques, puisque Mgr Saliège lui-même bénit la naissance du régime de Vichy. L'adulation pour le sauveur de Verdun se mêle à une autre intuition sur un changement historique important et prévisible. À la fin de la IIIe République, l'Église pressent que l'État est tenté de lui rendre des responsabilités publiques. Depuis les années trente, la République tend la main à l'Église. Animé d'une sereine certitude, l'épiscopat devine que la France officielle attend de lui une mission. Les indices d'une si agréable évolution ne manquent pas. La guerre facilite en général l'appel aux institutions religieuses qui se dévouent, aident, consolent et parlent. Mais la situation est meilleure qu'en 1914. Il lui fallait alors venir au secours de la patrie, mais il lui était demandé de se tenir à une place très discrète. L'État républicain, établi sur le roc de la laïcité, sûr de lui, animait toutes choses. Tenant ferme sous le choc, il acceptait, dans l'Union sacrée, la collaboration des catholiques au salut du pays mais sans tolérer le moindre éclat. L'Église fut heureuse de s'associer aux œuvres publiques de charité et à la propagande. À Tours, l'évêque collaborait avec le maire Chautemps pour le plus grand bien de la patrie mais, si les préventions tombaient, il n'y avait pas de renoncement à reprendre un jour la bataille idéologique.

Quel contraste avec le second conflit mondial ! Si l'Église brûle de servir en 1939-1940, elle n'agira plus dans les coulisses, de par sa volonté propre mais aussi à cause de l'effondrement des élites républicaines.

LE RÔLE DU CLERGÉ EN 1940

A-t-on oublié que, dès les premiers revers des armes, l'État républicain a demandé à l'Église d'intercéder pour que Dieu protège la France ? Le 19 mai 1940, le président du Conseil et des membres du gouvernement, Ybarnegaray, Paul Baudouin, le président Louis Marin, ont pris place dans le transept de Notre-Dame de Paris du côté de l'Évangile. En face de l'autel se tiennent des diplomates, des sénateurs et des députés ; l'ancien président de la Fédération nationale catholique, le général de Castelnau, un peu voûté, est présent aux premiers rangs. S'il n'avait pas le cœur serré d'angoisse devant la détresse des Français et le malheur menaçant le pays, il sourirait d'aise de voir ses anciens adversaires radicaux, figés de respect et d'inquiétude, dans le sanctuaire. La foule a envahi l'immense nef, aujourd'hui trop petite ; débordant sur le parvis jusqu'au pont du petit bras de la Seine, elle attend la promesse du miracle. Elle s'écarte pour laisser s'approcher la procession conduite par le vicaire capitulaire, Mgr Beaussart. Il s'incline devant le chef du gouvernement et s'approche de l'autel devant lequel sont déposées les trois châsses de sainte Geneviève, saint Denis et saint Louis. Le cardinal Baudrillart a pris place dans l'avant-chœur avec Mgr Gawlina, vicaire aux armées polonaises, l'allié noble et malchanceux. Mgr Beaussart entonne le *Veni Creator Spiritus*, l'invocation au Saint-Esprit, suivi du *Sub tuum Praesidium confugimus*, l'antienne à Notre-Dame. Puis, coiffé de la mitre brodée et la crosse pastorale à la main, il monte en chaire. Son homélie est confiante : Dieu donnera la victoire aux Français parce que leur cause est juste et parce qu'ils ne combattent ni par haine ni par cupidité.

Dans la nef et les bas-côtés commence la procession des reliques, rythmée par les litanies dont chaque groupe est séparé de l'autre par l'acclamation carolingienne, *Christus vincit, Christus regnat, Christus imperat* (« Que le Christ soit vainqueur, que le Christ règne, Que le Christ commande »). Les bons républicains sont invités à se joindre à ce saisissant appel à tous les saints de France : « *Notre Dame, qui êtes en France dans votre royaume et dans votre beau jardin, priez pour nous ! Saint Michel, patron de la France et qui êtes au péril de la mer, soyez aussi au péril de l'invasion, combattez avec nous. Remy, qui avez baptisé la France, Geneviève, mère de la patrie, et vous Louis, modèle des combattants et des hommes d'État, venez aider nos chefs, venez à l'aide de votre France !* » Jeanne d'Arc devient le dernier rempart contre les panzers et la stratégie hitlérienne : « *Et vous Jeanne, modèle des soldats et des chefs, donnez à nos soldats la confiance que vous inspiriez à ceux qui combattaient avec vous, à nos chefs, ces intuitions et j'oserai dire ces inspirations divines qui déjouent les tactiques brutales et les stratégies infernales ! Venez donc, tous les saints de la France, et vous aussi, les saints des autres nations opprimées* [allusion à la Pologne] *chasser l'ennemi, qui veut essayer de blesser à mort cette Nation qui est au Christ. Venez tous, nos alliés célestes, accordez à la France et à ses alliés votre concours. Obtenez-nous du ciel le triomphe et la cause juste, la cause sainte, qui est la nôtre, la victoire de cette croisade.* »

Le général Weygand, commandant en chef des armées françaises, était pieux. Mais il n'était pas Godefroy de Bouillon. Le front de la Somme fut balayé en juin 1940. Il s'ensuivit une panique qui jeta 7 millions de personnes vers le sud. Dans cette déroute de tout un peuple, l'institution religieuse se conduisit bien.

Le gouvernement et les administrations quittèrent la capitale, qui allait être occupée. Les pouvoirs publics se replièrent à Tours — quatre jours — et la Loire menaçant d'être franchie, à Bordeaux.

Les soldats en déroute, isolés du commandement, improvisaient leur conduite. Ils devenaient, chaque jour plus nombreux, des prisonniers de guerre installés par les Allemands dans des camps hâtivement installés. Des millions de civils déferlaient sans cesse, fuyant l'invasion, mitraillés sur les routes par les avions allemands ou italiens. Dans cet épouvantable chaos, la prise du pouvoir par le maréchal Pétain, connue par l'appel radiophonique du 17 juin 1940, sembla moins un coup de force que la promesse d'un retour à l'ordre et l'espoir de la sécurité. Elle était comme la répétition du sursaut de 1917 quand le général Pétain étouffa les mutineries qui minaient l'armée.

La France avait perdu ses solides structures administratives, héritées de l'histoire. Les fonctionnaires avaient obéi à l'ordre de repli et cherchaient le siège de leur ministère dans le Massif central ou dans le Sud-Ouest. Les populations, qui n'avaient pas suivi ce vaste exode, étaient abandonnées, certaines d'entre elles dans les villes écrasées par les bombardements comme Abbeville ou Amiens, dans la détresse. On dormait dans les caves, sous les porches encore debout, dans les églises.

Par panique ou pour obéir aux ordres, les élites et les responsables administratifs, si fiers sous la IIIe République, désertèrent. Ils avaient des ordres mais les populations ne le savaient pas et interprétaient ce qu'elles voyaient comme une fuite. Certes, certains préfets se comportaient avec énergie et efficacité, comme le préfet d'Eure-et-Loir, Jean Moulin[2]. Il prescrit, pas avec un total succès, aux fonctionnaires de rester. Il court dans le département de l'Eure au secours de 8 000 réfugiés de Rouen, bloqués dans sept trains immobilisés sur les voies abîmées. Si Jean Moulin retient dans un premier temps à Chartres le personnel de préfecture, les chefs de service en ville et la police, il n'a aucune prise sur les pompiers, qui partent sur les routes avec leur autopompe, ni sur le directeur du service des Eaux, qui s'enfuit après avoir bloqué les vannes de l'usine, ni sur les responsables de la défense passive. Jean Moulin improvise avec des volontaires civils répartition des vivres et désinfection, mais des militaires lui volent sa Citroën dans la cour de la préfecture.

L'Eure-et-Loir n'est pas un cas spécifique. Un grand parlementaire de l'Yonne a assisté à l'effondrement des structures administratives. À Auxerre, le directeur de l'hôpital psychiatrique était parti après avoir enfermé les malades. Le directeur de la prison, lui, avait ouvert les cellules et les pensionnaires se nourrissaient sur le terrain. Le pillage des biens abandonnés était un moindre mal. Au Mans, la plupart des médecins et tous les gendarmes avaient quitté la ville.

Dans l'immense panique et dans cette grande pagaille, deux institutions ne cédèrent pas à la déroute des responsables : les municipalités et l'Église. Aux municipalités, à défaut des autorités préfectorales, revint la tâche d'accueillir et de nourrir les réfugiés de l'exode, de maintenir ouvertes les boulangeries.

Les prêtres non mobilisés ne désertèrent pas leur paroisse, apportant leur aide aux maires, ouvrant les locaux ecclésiastiques aux réfugiés. La ville de Lille est dans une situation dramatique : 60 000 réfugiés campent dans des locaux improvisés. Le 27 mai 1940, le général Pagezy et les défenseurs quittent la ville sous une pluie de bombes, qui tuent à la maternité Sébastopol sept mères et une dizaine de nourrissons. Le chanoine Lucien Detrez, curé de la cathédrale, et l'archevêque Achille Liénart insistent auprès du préfet pour qu'il renonce à partir[3]. Que diraient les pauvres et les réfugiés, qui ont tant besoin d'aide, si les fonctionnaires s'en allaient ? Qui verserait les allocations des femmes de mobilisés ? Qui éviterait les pillages ? Qui ordonnerait aux commerçants de laisser la boutique ouverte ? Les ecclésiastiques furent assez convaincants pour que le préfet du Nord, plus fidèle à sa mission humaine qu'aux ordres ministériels, restât à Lille. Il s'appuya sur l'excellent chanoine qui avait déjà organisé la diffusion des avis avec des « gardes-villes » improvisés, inspirés des gardes champêtres. Le chanoine devint la cheville ouvrière du comité d'action pour le ravitaillement, installé au second étage de la préfecture. Il coordonne le travail des commerçants-artisans. Pour éviter la pénurie alimentaire, il réquisitionne les stocks. Le comité établit le 20 juin 1940 la première carte de pain[4].

À Chartres, Jean Moulin reçoit l'aide d'un médecin, Foubert, et des sœurs de Saint-Vincent-de-Paul, qui distribuent le ravitaillement dans les centres de réfugiés. L'archiprêtre de la cathédrale entasse dans la crypte malades et impotents, incapables de gagner les abris pendant les bombardements. À la mairie, Mgr Lejards, le vicaire général de l'évêché, organise le bureau de bienfaisance, fait ramasser les légumes des jardins et fait venir l'eau des fontaines des faubourgs dans la ville abandonnée par les services techniques. Tandis que retentissent les tirs de canon, le clergé décide que la messe sera quand même célébrée le dimanche 16 juin 1940 dans la cathédrale de Notre-Dame de Chartres.

Le chanoine Beaudoin tient l'orgue encourageant de son tonnerre musical les voix tremblantes des orphelines et des religieuses de la Maison bleue, que dirige le chanoine Delaporte. Le 17 juin 1940, les Allemands arrivent. Jean Moulin a demandé au conseiller municipal, Pierre Besnard, et au vicaire général, Mgr Lejards, d'être à ses côtés lorsque l'ennemi se présentera à la préfecture.

La situation était plus dramatique dans le Nord. À Oignies, l'abbé André Bourdrel conjugue ses efforts avec le maire socialiste pour aider ses paroissiens victimes d'un massacre commis par un bataillon de la Wehrmacht : quatre-vingts habitants de ce bourg minier sont massacrés. Les évêques, sauf Mgr Chollet auquel le préfet demanda de partir en raison de la réputation qu'il avait acquise auprès des Allemands de 1914 à 1918, ne bougèrent pas. Le 13 mai 1940, le cardinal Liénart, dont la famille partait en Vendée, décidait de rester : « *Je dois sans hésiter* — écrit-il — *arrêter ma ferme résolution de demeurer à mon poste au milieu de mon peuple, pour le protéger autant que je pourrai.* » Il se retrouve quasiment seul avec le préfet : « *Toute la population aisée est partie. Le peuple seul reste et se sent abandonné.* » Il constate la désorganisation administrative qui frappe les plus malheureux. Des réfugiés belges restent, nombreux, mais le consul général de Belgique est parti dans les premiers. Les femmes de soldats, chargées de famille, ne touchent plus d'allocations. Il parcourt les rues de Wazemmes disant aux femmes d'ouvriers, qui se pressent autour de lui, de ne pas quitter leur toit pour finir on ne sait où. Il se rend à l'hôpital de la Fraternité à Roubaix, abandonné par les médecins et l'administration. Les Sœurs de l'Enfant-Jésus sont là et assurent les soins élémentaires et la nourriture des malades avec l'aide des aumôniers, qui accomplissent les corvées[5].

Rendant hommage à cette belle conduite, le ministre de l'Intérieur, Georges Mandel, nommait le préfet grand officier de la Légion d'honneur et élevait le cardinal Liénart à la dignité de commandeur de la Légion d'honneur. Georges Mandel lut à la radio la citation de Mgr Liénart : « *Grand prélat qui honore l'Église et la France. S'était voué à l'action sociale et avait su acquérir l'affectueuse vénération de tout son diocèse. Est demeuré malgré l'invasion au siège de son diocèse où il a rendu de grands services aux autorités civiles et militaires. A donné l'exemple le plus éclatant du courage et de l'abnégation et a apporté un grand réconfort à toutes les populations du Nord.* »

Le 22 juin 1940, les populations tourangelles ne s'étonnent pas de voir le nom de l'évêque figurer à côté de celui du maire et du préfet pour appeler au calme et à la dignité et pour les assurer du bon fonctionnement des services, qui concourent à la vie matérielle et spirituelle. Le clergé, dans cette région anticléricale, a été très présent depuis le début de la guerre. Lors des alertes et bombardements des 18-20 juin 1940 — toute une partie de la ville a brûlé — le curé de

Saint-Symphorien visite les abris de la rue de Losserand pour soutenir le moral des paroissiens.

Le Vatican félicita le clergé français pour avoir si bien mené sa tâche de secours et sa « *mission maternelle* ». Il cita l'évêque de Tours, Mgr Gaillard. Mgr Gerlier, archevêque de Lyon, qui a signé avec le préfet un appel au calme, Mgr Feltin, archevêque de Bordeaux, et surtout Mgr Liénart, qui a « *montré un tel esprit de sollicitude pastorale, une dignité si pieuse, une si noble prudence que le gouvernement l'a décoré à la grande satisfaction de la population* »[6]. Le 17 juillet, *L'Osservatore romano* s'attendrissait sur la charité du cardinal Suhard, nouvel archevêque de Paris, qui crée des soupes populaires sous la direction des sœurs de Saint-Vincent-de-Paul. Il s'émeut de ce « *spectacle édifiant et bien conforme aux traditions épiscopales de l'Église catholique que de voir avec quel empressement et quelle simplicité l'archevêque de Paris veillait à la distribution des plats, y goûtait, s'assurant de leur bonne confection* ». Le journal du Vatican assure que le peuple de Paris, qui avait baptisé Mgr Verdier « Cardinal des chantiers », donne maintenant à Mgr Suhard le titre de « Cardinal des soupes populaires ». Il n'y a là que de la gentille propagande, révélant quand même le souci qu'a l'Église de son image et la satisfaction de voir les évêques français se comporter en chefs de la cité.

LES ÉVÊQUES DE 1940

La responsabilité des guides du peuple chrétien est éclatante dans l'exaltation du maréchal Pétain. S'ils n'ont pas créé la vénération pour le chef, ils l'ont justifiée et soutenue bien après qu'une partie des Français eurent retrouvé un peu d'esprit critique. L'attitude des évêques s'explique d'abord par une expérience historique qui a marqué leur vision du monde et leur psychologie. Quels sont-ils ces hommes de foi dont le nombre n'atteint pas la centaine mais dont l'autorité sur les fidèles est sainte et entière ? Leur personnalité propre joue un rôle limité à côté de la marque laissée par les événements qui touchent l'histoire récente de l'Église et qui ont, dans l'ensemble, produit des hommes prudents, écrasés par la méchanceté du monde et dociles devant l'autorité.

Les évêques de 1940 sont des rescapés du tremblement de terre que constitua la séparation de l'Église et de l'État en 1905. Le phénomène, sans être unique, est assez exceptionnel dans l'Europe de ce temps pour ne pas apparaître comme l'œuvre du Mal, à remettre en cause dès que les circonstances le permettront. Les évêques ont tous connu cette épreuve mais ils ont vécu souvent la lutte anticléricale plus par l'imaginaire que dans la vie pastorale. Ils n'étaient pas encore, pour beaucoup d'entre eux, dans les paroisses où les réalités et la diversité de l'environnement social adoucissent le choc et tempèrent le jugement. Ils ont donc apprécié cet événement derrière les hauts murs du séminaire, dans les collèges catholiques, où les bruits n'arrivent que sélectionnés par les professeurs ou déformés par une presse catholique enflammée et partisane. Ils ont cru, dans leur jeunesse, à la fin d'un monde juste, détruit par la franc-maçonnerie et l'incroyance. Leur première vision est celle d'une Église de France persécutée par la République. La conjuration des loges, des radicaux et des socialistes vise à détruire le christianisme de la fille aînée de l'Église. Ils deviennent de jeunes prêtres résolus à un combat inégal du Bien contre le Mal, de la foi contre l'État.

Vaincue, l'Église va éprouver en son propre sein les effets de la division. Les jeunes ecclésiastiques observent après 1926 les conséquences de la condamnation de l'Action française par la papauté. Moins politisés que leurs aînés, qui avaient trouvé dans la ligue de Maurras une consolation à leur malheur et un espoir de revanche, ils ne cherchent pas à analyser les causes de la condamnation. Quelques-uns en furent soulagés et, en ambitieux — devient-on évêque si une légitime ambition ne vous dévore pas ? — perçurent que des voies se fermaient mais que de larges opportunités s'ouvraient. Plus aucun partisan de Maurras ne serait désormais nommé à un siège épiscopal vacant et toute la génération au-dessus d'eux était éliminée. Le corps épiscopal de 1940 sera jeune car renouvelé après 1926.

Il nourrit une méfiance devant la politique. Pour beaucoup d'ecclésiastiques, la condamnation de l'Action française passait par la victoire de « laïcards » républicains incarnés en Briand, la revanche du père Combes, la preuve de l'impuissance de l'Église en tant que corps. Tous y virent une incitation à la prudence. Il fallait se garder de la politique comme du démon tentateur. N'en pas parler et encore moins y penser. Cette règle de vie ne développe pas spécialement l'aptitude à comprendre son temps, même si elle ménage alors des carrières rapides et brillantes.

Pie XI, dans sa grande sagesse, ouvrait une nouvelle voie aux énergies des jeunes ambitieux : l'Action catholique. Ils se feraient désormais remarquer par un zèle dans l'action sociale et la préoccupation constante de construire les moyens d'une évangélisation de la France déchristianisée. Il était fort agréable d'agir auprès de jeunes qui savent admirer et de laisser s'épanouir dans un milieu juvénile une autorité qui n'a plus à ménager les hiérarchies sociales, les notables du passé. Elle régnerait sans partage et ne s'affinerait plus au contact des salons, des usages mondains et de larges lectures. Une vaste culture avait moins d'intérêt pour la carrière qu'un dévouement dans un patronage populaire. La simplicité, l'intérêt pour les questions sociales et une saine indifférence à la politique désigneraient désormais au nonce apostolique les bons candidats à l'épiscopat.

Depuis la séparation de l'Église et de l'État, le rôle du nonce apostolique est primordial dans les nominations épiscopales. L'État n'a plus qu'un vague droit de regard sur une décision dont il lui est demandé courtoisement si elle ne présente pas de graves inconvénients politiques. En 1926, le nouveau nonce, Mgr Maglione, arrive à Paris avec pour mission d'arracher l'Église de France à des attachements politiques désormais réprouvés. Durant les dix ans de sa mission, une quarantaine de sièges épiscopaux changent de titulaires. Le représentant du pape pèse fortement dans le choix de la moitié de ces nouveaux évêques. Le cursus classique qui mène de l'enseignement au séminaire, ou du vicariat général d'un diocèse à l'épiscopat, demeure. Les affinités et les recommandations de prélats en place jouent toujours leur rôle mais on remarque aussi chez les nouveaux évêques de fréquents parcours liés à l'Action catholique. Ceux des prélats qui restent attachés à leur vision politique souffrent dans leurs légitimes ambitions, comme Mgr Chollet, évêque de Cambrai, auquel le pape préféra en 1928 pour la pourpre cardinalice le jeune évêque de Lille, Mgr Liénart.

Les exemples de ces carrières lancées par le zèle social ne manquent pas. Le jeune évêque du Puy, Mgr Martin, nommé en février 1940 à quarante-neuf ans, a été aumônier des étudiants de Bordeaux en pleine crise de l'Action française. Il a donné l'exemple de l'enthousiasme au jeune clergé à se lancer dans les nouvelles missions proposées par le pape, en œuvrant dans l'action catholique spécialisée. Son évêque, Mgr Feltin, le chargea d'organiser la JEC (Jeunesse étudiante catholique), la JOC (Jeunesse ouvrière catholique) et la JAC (Jeunesse agricole catholique). Sans doute réussit-il à détourner les énergies de cette jeunesse bordelaise vers les tâches sociales assignées par le pape.

À Tours, Mgr Louis-Joseph Gaillard est nommé archevêque en 1931 pour succéder à un prélat d'Action française, Mgr Nègre, et développer l'action catholique. Il est connu pour ses emportements contre la Fédération nationale catholique, où il subodore un parfum maurrassien et conservateur.

L'engagement sur les chemins de l'action catholique n'absorbe pas toute la personnalité lorsqu'elle est riche. Il en est ainsi de l'évêque de Rennes. Mgr Roques. En 1929, le nonce a choisi pour l'évêché de Montauban le supérieur de l'école Barral de Castres. Avec habileté, Mgr Roques a détourné le clergé du diocèse de Montauban des voies politiques d'Action française et l'a amené à partager son intérêt pour les questions sociales. De tout cœur, évêques et prêtres organisent la JAC et une JOC. L'évêque veille jalousement sur le secrétariat social qu'il a créé. Promu archevêque d'Aix-en-Provence, il y cultive de bonnes relations avec la CFTC. Transféré en 1940 à Rennes, ce licencié d'allemand, qui a le goût de l'analyse politique générale, y gardera une attitude des plus dignes, aidé par tout un diocèse très germanophobe.

À Poitiers, le Breton Mgr Mesguen a été nommé dans une ville universitaire, où l'influence de l'Action française est forte et le débat très rude avec quelques professeurs catholiques bien ralliés au nouveau cours pontifical. Refusant de choisir l'un ou l'autre groupe, le nouvel évêque s'investit dans la construction des bâtiments diocésains : un nouveau séminaire, l'agrandissement d'un évêché médiocrement installé, depuis la séparation, dans une triste maison bourgeoise. Il va devenir très pétainiste et célébrera dans une lettre pastorale pour l'an de grâce 1941 les vertus sociales de l'heure présente, rappelant, qu'à côté de l'amour du prochain et de l'esprit de sacrifice, le respect de l'autorité est agréable au Seigneur[7].

Le petit groupe des cardinaux français est à l'image de l'épiscopat : rajeuni par des élévations récentes et conforme au nouveau cours. Si Mgr Baudrillart, recteur de l'Institut catholique de Paris, est de style ancien, si Mgr Gerlier a des qualités diverses, la carrière de Mgr Suhard, archevêque de Paris, est plus surprenante. Comment un enfant de petit métayer de Brains-sur-les-Marches peut-il devenir archevêque de Paris et prince de l'Église ? Conscient de la soudaineté de son élévation, Mgr Suhard disait de lui-même : « *Je suis paysan devenu cardinal* » et puis il se taisait sur ce mystère. Ce fils de paysan avait bien réussi en devenant professeur au séminaire de Laval, mais les notabilités de la Mayenne estimaient que c'était suffisant. À la rigueur, sur la fin d'une vie de dévouement, peut-il devenir chanoine de la cathédrale. Mais Émmanuel Suhard était très aimé des prêtres qu'il avait formés et qu'il connaissait bien[8]. Il prétendait au vicariat général. C'était sans compter avec les préjugés de l'évêque de Laval, Mgr Grellier, adepte de la doctrine de l'Action française, fort en honneur dans la noblesse locale qui le fascinait et qui soutenait ses œuvres. Il était peu sensible à la finesse intellectuelle et aux qualités d'écoute du petit clergé de ce professeur, dont il ne voyait que l'apparence balourde, le manque d'aisance sociale et l'indifférence profonde au génie de Charles Maurras. Le chanoine Suhard ne fut pas vicaire général. À la mort du supérieur du séminaire, les prêtres s'attendaient à ce qu'Emmanuel Suhard, le plus apprécié des professeurs et un des plus compétents, lui succédât. Cette fois encore, Mgr Grellier lui préféra un prêtre soutenu par les royalistes.

Tout changea en 1926 avec la condamnation de l'Action française à laquelle Mgr Grellier se soumettait avec la plus parfaite mauvaise grâce. Le nouveau nonce apostolique, Mgr Maglione, bien décidé à changer le visage de l'Église de France, fut vite averti des petites et des grandes tensions dans les diocèses. Comment fut-il informé des petites vexations dont avait souffert le professeur de dogme du séminaire de Laval ? Ce sont là de ces mystères insondables de la vie de l'Église... Dès 1926, Mgr Maglione fit savoir au chanoine Suhard qu'il songeait à lui pour l'évêché de Sées. Il fut nommé deux ans plus tard non à Sées mais au petit évêché de Bayeux, juste récompense pour une victime de l'Action française de la Mayenne. À un professeur du séminaire qui le félicitait en manifestant des craintes hypocrites à cause de son absence d'expérience administrative, Emmanuel Suhard répondit avec cette trompeuse simplicité qui le caractérisait : « *Cher ami, je ne saurai peut-être pas ce qu'il faut faire, mais depuis vingt-neuf ans, j'ai peu à peu très bien appris ce qu'il ne faut pas faire*[9]. » De Bayeux, Mgr Suhard est ensuite appelé au prestigieux évêché de Reims. Cardinal le 16 décembre 1935, il succède à Mgr Verdier comme archevêque de Paris en 1940.

La nomination d'Achille Liénart au siège de Lille puis la barrette cardinalice témoignent de la faveur avec laquelle la papauté accueille désormais l'action d'apostolat dans le monde ouvrier. L'abbé Liénart est devenu évêque de Lille à un âge exceptionnellement jeune, à quarante-quatre ans ! Le choix du nonce et du pape Pie XI a valeur d'exemple et montre quelle voie sera désormais agréable au pontife. Avec Achille Liénart, les grandes batailles de l'Église de France ne sont plus ouvertement politiques : elles sont sociales.

À Lille, l'abbé Liénart a soutenu les militants ouvriers chrétiens. Sa réputation n'est pas des meilleures dans les milieux patronaux adeptes du catholicisme social où règne Eugène Mathon, un patron du textile qui veut le bonheur des ouvriers mais qu'en patron de droit divin, il est convaincu d'être seul capable de réaliser. Très actif, il a persuadé nombre de patrons du textile qu'il faut améliorer la condition ouvrière et coordonner l'action sociale pour la rendre plus efficace. Il les entraîne dans le Consortium textile, qui organise la bienfaisance sociale et distribue généreusement les fonds de la charité. Seulement, Eugène Mathon a une conception jalouse de son autorité. Il dispense mais ne partage pas. Le patron sait où est le bien des ouvriers qui reçoivent, obéissent, remercient mais ne sont pas invités à participer. Le grand maître des œuvres sociales patronales du Nord craint la subversion et considère qu'il est de son devoir de protéger les ouvriers de la mauvaise pente qui du syndicat les mène à la grève, et de la grève à la haine et à la lutte des classes. Ses idées sont appliquées avec rudesse par le secrétaire du Consortium textile, Désiré Ley, qui repère les « abbés démocrates » et a mis sur sa liste noire l'abbé Bataille, curé-doyen de Roubaix, qui vient de lui refuser la liste des jeunes de son patronage, et l'abbé Liénart qui le soutient.

La fondation d'un syndicat chrétien, la CFTC, indigne Eugène Mathon, autant qu'elle intéresse l'abbé Liénart, qui aimerait voir ses chers militants ouvriers prendre plus d'indépendance et d'assurance.

Mathon ne comprend pas que l'Église puisse promouvoir un mouvement syndical révolutionnaire. Tant de légèreté, un tel manque de reconnaissance pour les largesses dispensées généreusement depuis tant d'années l'indignent. Il a des relations et connaît le moyen de mettre à la raison ces jeunes abbés sociaux. Il constitue un dossier sur les déviations de l'action syndicale chrétienne et les tendances révolutionnaires de ses dirigeants. Il l'envoie au Saint-Siège en espérant que la condamnation de la CFTC ne tardera pas.

La Sacrée Congrégation du concile (les congrégations sont, autour du pape, l'équivalent d'un ministère) examine les rapports. Son préfet, le cardinal Sbaretti, se livre à une enquête sur le diocèse, qui lui permet de bien connaître le milieu ecclésiastique dont l'aspect révolutionnaire est la dernière caractéristique. En octobre 1928, Achille Liénart, l'abbé démocrate, est nommé évêque de Lille.

Lorsque le texte de la Sacrée Congrégation du concile est enfin publié, il crée le scandale dans le patronat du Nord. La Curie justifie le syndicalisme chrétien et en appelle à la création de commissions mixtes patronat-syndicat pour améliorer la condition ouvrière, seul moyen d'opposer une digue au socialisme et au communisme. En juin 1930, Mgr Liénart est nommé cardinal. Il n'a que quarante-six ans, ce qui est exceptionnellement jeune pour un prince de l'Église. Les catholiques du Nord attendaient plutôt que la barrette cardinalice fût donnée à Mgr Chollet, âgé de soixante-huit ans, qui était archevêque de la province de Cambrai. Mais Mgr Chollet n'avait jamais dissimulé sa sympathie pour l'Action française et n'aimait pas trop l'action catholique spécialisée (le secrétariat social n'est fondé qu'en 1935 dans son diocèse), à laquelle il préférait les œuvres. Par l'élévation à la pourpre cardinalice de Mgr Liénart, le pape Pie XI indique à nouveau au clergé français la voie qu'il devra suivre. Mgr Liénart, lui-même, dans un discours prononcé à Bruges dira quel sens social il donne au geste du pape : « *La pourpre dont je suis revêtu est la confirmation que je ne me suis pas trompé.* »

Le pétainisme des évêques de l'Occupation s'explique aussi parce que la majorité d'entre eux sont d'anciens combattants. Leur fidélité et leur sympathie vont naturellement au vainqueur de Verdun. Cinquante et un évêques sur quatre-vingt-seize ont été mobilisés dans la Première Guerre mondiale et ont été honorés pour leur belle conduite. Mgr Gerlier a commencé la guerre comme adjudant-chef avant d'être prisonnier en 1917 ; Mgr Feltin, sergent-brancardier, a montré beaucoup de courage. Le 13 août 1917, sur le terrain d'aviation de Capelle-la-Grande, l'abbé Liénart, aumônier volontaire au 201e régiment d'infanterie, reçoit la croix de chevalier de la Légion d'honneur des mains mêmes du général Pétain. Mgr Choquet, évêque de Tarbes et Lourdes, a été décoré de la croix de guerre et de la Légion d'honneur. Mgr Ginisty connaît bien Pétain puisqu'il était à Verdun lors de la grande bataille de 1916.

Mgr Rémond, évêque de Nice, fut des grands combats de Verdun et de la Somme. Il y gagna la croix de guerre et la rosette de la Légion d'honneur. Il resta quelque temps dans les milieux militaires comme évêque aux armées, auprès des troupes d'occupation en Allemagne. Il est devenu un véritable ami pour le maréchal Pétain, qui le reçoit dans sa villa de Villeneuve-Loubet. Ils s'y livrent tous les deux au plaisir provençal du jeu de boules encore que le maréchal Pétain préférât le délassement de la conversation de cet homme pétillant d'esprit.

C'est comme Français et ancien combattant que l'évêque de Tulle adresse ses vœux au maréchal Pétain le 30 décembre 1940 : « *Comme ancien combattant de la Grande Guerre, je forme le vœu que les Français demeurent unis autour de votre auguste personne comme vos soldats l'étaient en 1916 pour défendre Verdun*[10]. »

Nos connaissances ne vont pas actuellement beaucoup au-delà des évêques. L'histoire de l'Église, pourtant si bien rénovée par des universitaires comme Yves-Marie Hilaire, Étienne Fouilloux, Louis-Dominique Durand, Bernard Comte qui lui ont consacré tous leurs travaux, doit aborder encore des *terra incognita*. L'histoire politique a braqué le projecteur sur les entourages des grands hommes. Serge Klarsfeld a révélé le rôle d'un René Bousquet dans l'entourage de Pierre Laval ; j'ai montré autrefois dans *Le Conseil national de Vichy*[11] que, derrière Philippe Pétain, il y avait des conseillers, membres de cabinets ministériels, conseillers d'État, journalistes, intellectuels dont beaucoup ont préféré ensuite rechercher une ombre propice. Des recherches se dirigent sur l'entourage de Léon Blum[12].

Une jeune chercheuse, Catherine Masson-Gadenne, s'est livrée à une remarquable enquête sur l'entourage du cardinal Liénart et l'on rêve de ce que serait une histoire de l'Église de France si on possédait les mêmes renseignements sur tous les diocèses[13]. Le cardinal Liénart a de l'autorité. Il trouve en son secrétaire particulier, Mgr Lotthé, un appui constant pour rassembler les âmes autour du maréchal Pétain. Mgr Henri-Édouard Dutoit, évêque d'Arras, subit l'influence du chanoine Édouard Maréchal, un des vicaires généraux, un ancien sillonniste converti à la collaboration.

LYON CATHOLIQUE, LYON MARÉCHALISTE

La visite du maréchal Pétain à Lyon en novembre 1940 est un des grands moments du pétainisme ecclésiastique. Deuxième des voyages de Pétain en ses villes et provinces, il suscitait de l'inquiétude à Vichy.

Les organisateurs de ces manifestations de contact entre le peuple et son chef redoutaient l'indifférence sinon l'hostilité de cette grande ville aux nombreux ateliers.

La révolte des canuts était oubliée mais cette ville avait quand même élu au début du siècle un maire dreyfusard et radical, Édouard Herriot. Sa fougue politique s'était éteinte avec l'âge et l'usage des plaisirs de la vie. Il avait contribué à l'élévation du Maréchal en renonçant, comme président de l'Assemblée nationale, à défendre le régime de la IIIe République qui avait eu tant de bontés pour lui. Après tant de nuits d'ivresse, Herriot s'éloignait de Marianne sur la pointe des pieds. Président de la Chambre des députés, il se réfugiait — oh ! certes le règlement le permettait — dans l'abstention. Vichy ne lui en fut même pas reconnaissant puisque le ministre de l'Intérieur lui retira sa mairie de Lyon et le remplaça par une délégation spéciale avec un maire nommé. La ville abritait beaucoup d'ouvriers dont les sentiments politiques étaient ignorés et susceptibles de s'exprimer par des cris à la place des vivats souhaités. Aussi avait-il paru indispensable de donner à la visite un large volet religieux que justifiait son titre de capitale des Gaules chrétiennes. L'idée en était venue de la bonne collaboration déjà apportée par l'évêque de Clermont-Ferrand, une autre ville ouvrière. Il avait accueilli avec tact et discrétion le chef de l'État, saluant en lui l'homme que la Providence donnait à la France pour atténuer son malheur et pour conduire son renouveau.

À Lyon, l'Église ne ménagea pas ses efforts. Elle ne modéra ni ses louanges ni son enthousiasme. L'archevêque de Lyon, Mgr Gerlier, y mit un zèle qui lui sera reproché par la suite.

Pierre-Marie Gerlier, archevêque de Lyon

Le cardinal Gerlier a beaucoup d'allure et une fière conscience de ses capacités. Il est de bonne bourgeoisie et juriste. Il a été secrétaire de la conférence du stage, président de l'ACJF. L'avocat abandonne son cabinet pour devenir prêtre. Le cardinal archevêque de Paris l'apprécie beaucoup et lui confie la sous-direction des œuvres diocésaines. En 1929, il est nommé évêque de Tarbes et Lourdes.

Il est de tous les cardinaux celui qui a le plus d'expérience du siècle. S'il a conservé de sa courte vie d'avocat une pratique aisée des relations humaines, il en a malheureusement gardé le goût de la rhétorique. Dans le prétoire, les mots et les phrases n'engagent pas plus l'avocat qu'ils n'obligent l'acteur de théâtre. La robe donne l'indifférence indispensable mais, une fois enlevée, l'homme n'en garde-t-il pas l'habitude ? Pierre-Marie Gerlier adore s'écouter parler. Il recherche les formules qui impressionnent l'auditoire et se laisse emporter par un discours dont la forme le préoccupe autant que le contenu. Ces délices du prétoire, déplacés dans la chaire ecclésiastique, lui jouèrent un mauvais tour en ce mois de novembre 1940.

Le gouvernement de Vichy n'exerce pas sur lui plus d'attrait que celui de la République. Il a sans doute plus d'amitié pour le vainqueur de Verdun que pour un Albert Lebrun, parce qu'il est ancien combattant lui-même. Il s'adresse au chef avec simplicité et confiance. Le 16 juillet 1940, Mgr Gerlier s'est rendu à Vichy pour entretenir le Maréchal des aides à l'école libre. Il attend donc beaucoup de l'État français et trouve bien d'être associé à sa visite à Lyon.

Le cardinal Gerlier a le goût et le sens des belles cérémonies. Lorsqu'il était évêque de Tarbes, il recevait à Lourdes, la cité des grands pèlerinages, tout ce qui compte dans le monde catholique. Il présidait avec élégance les cérémonies. Il accueillit avec faste de hautes personnalités religieuses comme le légat apostolique, Eugène Pacelli. Le secrétaire d'État au Vatican ne l'a pas oublié et a bien volontiers appuyé son élévation à l'archevêché de Lyon que soutenait le cardinal Verdier. Il avait le profil requis par Pie XI.

Mgr Gerlier et Mgr Liénart sont les grands défenseurs des mouvements spécialisés et ne manquent jamais de pourfendre à l'Assemblée des cardinaux et archevêques la Fédération nationale catholique. Leurs adversaires sont Jean Le Cour Grandmaison et le général de Castelnau, qui n'ont pas adhéré avec la même juvénile bonne grâce aux courants nouveaux de l'Église des années trente. L'archevêque de Lyon est un des cinq cardinaux, et le seul Français, créé par Pie XII au consistoire du 13 décembre 1937. Le vieux cardinal Baudrillart observe avec morosité le comportement du cardinal de Lyon, « *orateur de talent mais l'une des têtes les plus vides de doctrine que je connaisse*[14] ». Il se souvient d'une soirée de détente à la procure de Rome à l'occasion de ce conclave de 1939. Mgr Gerlier débute la soirée par une « *histoire gentillette et bébête de JACF* ». Il se pâme de satisfaction en écoutant une chanson de Joseph Folliet, grand succès des patronages à la mode :

Le pauv' bourgeois a bien de la misère,
Ah ! pleurons sur lui des larmes amères,
Le pauv' bourgeois (bis)
En dénombrant tout's les joies ingénues,
Que nous savons être, hélas, inconnues
Du pauv' bourgeois (bis).

Ce prélat, dont on ne connaît alors que l'ambition, l'admiration qu'il nourrit pour lui-même et sa facilité d'opportunisme, trouve à Lyon un milieu catholique riche, divers, structuré. La foi des fidèles n'est pas trop affectée par le mouvement du siècle. Les militants sont rayonnants, nombreux, fiers de leurs initiatives anciennes. Actives sont les écoles chrétiennes, qui ne négligent pas non plus les milieux populaires, multiples sont les œuvres. Lyon avec le siège des missions, le scolasticat des jésuites à Fourvière, fait figure de capitale du catholicisme français. La vie intellectuelle et la propagande catholique ont été renforcées par la presse et les journalistes chrétiens, qui s'y sont repliés depuis l'Occupation. Là se créent de nouvelles revues et vibre l'esprit du catholicisme français. Il se peut que, installé seulement depuis 1937, Mgr Gerlier n'ait pas encore acquis le poids que donne le temps sur des fidèles aussi solides. Il sera porté à exagérer son propos pour se faire bien entendre de ses diocésains.

« Pétain c'est la France, et la France aujourd'hui c'est Pétain »

À Lyon, ce 19 novembre 1940, le ciel est gris et la brume dense, en harmonie avec la cérémonie religieuse d'hommage aux morts des guerres à laquelle va assister le maréchal Pétain.

Sur le parvis de la primatiale, le cardinal Gerlier attend le Maréchal de France. Il est entouré des vicaires généraux, Mgr Béchetoille et Mgr Rouche, et des prélats de la province de Lyon et de Chambéry, le très pétainiste évêque de Saint-Claude, Mgr Faure, l'archevêque de Chambéry, Mgr Durieux, et Mgr Bornet, évêque auxiliaire de Saint-Étienne. Un peu en retrait se tient le jeune évêque de Tarentaise, Mgr Terrier. Passionné de questions sociales, il est un des prélats attentifs aux recherches sur l'organisation du travail du dominicain Lebret et il a suggéré que Pétain découvre à Lyon la contribution de l'Église à la vie des travailleurs. Les évêques chassés par les Allemands sont aux côtés de l'archevêque de Lyon. Mgr Chollet, archevêque de Cambrai, est l'ancien évêque de Verdun ; il attend avec impatience Philippe Pétain. Fidèle à l'Action française, il n'a pas renoncé en 1940 à nommer « Boches » les envahisseurs. Les Allemands s'opposent donc à son retour dans son diocèse. Mgr Heintz, évêque de Metz, vient d'être expulsé par les nazis et il devra rester à Lyon pendant toute l'Occupation.

Dans cette atmosphère ouatée grandit une rumeur, comme une répétition sourde et rythmée, des vivats dont la foule accompagne l'arrivée du maréchal Pétain. La coutume était d'offrir la croix d'honneur de la primatiale aux souverains qui la visitaient. Mgr Béchetoille respecte la tradition en la remettant au maréchal Pétain. Le clergé conduit le Maréchal à sa place, dans le transept. Mgr Gerlier est mécontent : la remise de la croix de chanoine n'a pas eu la solennité qu'il souhaitait. Mgr Béchetoille a été pressé par la foule et ses paroles furent inaudibles. On se bousculait dans la nef où chaque pilier porte un faisceau de drapeaux tricolores tranchant avec la draperie noire et argent qui court le long du triforium. Peu recueillis, les fidèles et les invités se pressent vers l'allée centrale pour mieux voir le chef de l'État. Cela tient plus du mariage d'une fille de soyeux que d'une cérémonie funèbre. Mgr Gerlier regrette de n'avoir pas prévu un chant qui eût discipliné ces anciens combattants trop familiers, des spectateurs qui oublient la sainteté du lieu. Pétain peut enfin s'installer dans le transept drapé de tentures noires, d'où se détache une immense croix blanche encadrée de banderoles tricolores. L'archevêque de Lyon avise le maître de cérémonies débordé par l'ardeur de la foule et il lui reproche le désordre. Il insiste pour qu'il prenne des dispositions afin que la sortie soit plus digne. Bouleversé, le maître de cérémonies répond que l'enthousiasme est tel qu'il était impossible de canaliser les débordements du peuple et que les anciens combattants étaient survoltés. Que reprocher à ces héros ? Après tout, s'excuse-t-il, ces anciens de Verdun et Pétain, c'est la France qui vibre d'un même cœur, d'un seul élan. Frappé du ton inhabituel et de la déclaration frondeuse du maître de cérémonies, Mgr Gerlier ne trouve plus rien à reprocher. D'ailleurs, les porte-drapeaux se sont placés en demi-cercle derrière l'autel. Les chasseurs alpins montent la garde autour du faisceau de carabines, posé sur un drap noir. Le silence est revenu. La prière des morts s'élève.

Il est temps pour Mgr Gerlier de monter en chaire. Tout autre que lui aurait rédigé par avance l'homélie. Mais l'ancien avocat préfère, comme toujours, improviser son allocution. En homme de l'art, il vise l'émotion et aime impliquer le public, afin de bien capter son attention. D'abord, il remercie le maréchal Pétain d'avoir répondu à son invitation d'hommage aux morts. Il se perd dans les remerciements au chef de l'État, aux « élites » gouvernementales et aux administrations, au peuple lyonnais. Il sent que l'ennui gagne l'auditoire. Alors, il s'élance dans une improvisation qui l'enchante mais qu'il regrettera plus tard. Il célèbre l'accord éclatant du chef et de la foule : « *Hier en plus* — dit-il —, *pendant que défilaient là-bas, sous nos yeux embués de larmes, nos troupes superbes et ces drapeaux que le malheur, loin d'abolir leur gloire, nous a rendus deux fois sacrés, avez-vous remarqué, monsieur le Maréchal, que les appels vibrants de la foule, d'abord multiples, se sont fondus bientôt en deux seuls cris : "Vive Pétain !" "Vive la France !" ? Deux cris ? Mais non : ils n'en font plus qu'un seul. Car Pétain c'est la France, et la France aujourd'hui, c'est Pétain ! Pour relever la patrie blessée, toute la France, monsieur le Maréchal, est derrière vous.* »

Et comme si le propos n'avait pas été assez explicite, Mgr Gerlier insiste sur la mission divine du nouveau chef aimé. « *La France endeuillée et meurtrie avait besoin d'un chef qui lui montrât la voie du redressement et lui rendît confiance dans son destin. Dieu a permis que vous fussiez celui-là, monsieur le Maréchal, auréolé d'une gloire dont l'éclat pouvait suffire à de moins nobles, animé d'un dévouement patriotique qui vous a rendu encore plus grand à tous nos yeux. Aux instants les plus dramatiques de notre épreuve, vous vous êtes, en termes inoubliables, donné à la France. La France remuée jusqu'en ses profondeurs vous a répondu en se donnant à vous.* »

Mgr Gerlier, emporté par son goût de l'éloquence, continue à enfiler les phrases sur le sacrifice du chef qui appelle en échange le don de soi de chaque Français. De ce double sacrifice naîtront le rachat et le salut communs : « *Nos morts, n'est-ce pas d'eux, mes frères, que nous recevons la grande et indispensable leçon ? Au service de toutes les grandes causes, pour la rédemption de la patrie, cruellement frappée, il ne suffit pas de l'enthousiasme. Il faut le renoncement, le don de soi, le sacrifice. C'est par la souffrance que les peuples comme les hommes se rachètent.* »

L'élan des catholiques lyonnais envers le chef de l'État français est sincère. La phrase de Mgr Gerlier, « *car Pétain c'est la France, et la France aujourd'hui, c'est Pétain* », est une bonne traduction du sentiment du moment. Le temps en a durci le sens. L'isoler de la cérémonie d'hommage aux morts des guerres aboutit au même effet. Il n'en reste pas moins qu'elle prouve, en ces premiers mois de la Révolution nationale, la volonté de l'Église de rendre des services au régime. Constatant la popularité du gouvernement, espérant recueillir des bienfaits du pouvoir, elle vole au secours du succès. D'où ce flot de rhétorique où elle ne voit que des banalités qui n'engagent pas et des flatteries dont chacun connaît l'aune. Il y a même de la sincérité et de la satisfaction dans l'attitude des évêques qui constatent un sentiment national et politique fort répandu. Règne encore l'état de grâce où toute opposition étant bâillonnée et débile, le gouvernement, les évêques, les fidèles catholiques et l'opinion moyenne partagent la même vision et quelques illusions.

Que viennent la lassitude, la conscience d'une déception et le découragement devant les difficultés matérielles croissantes, voire quelques doutes et des critiques, la hiérarchie acceptera-t-elle encore de jouer le rôle de discipline des consciences politiques que souhaite l'État ?

Mgr Gerlier brûle de voir l'Église rendre des services à la patrie. Dans les nombreuses tournées qu'il accomplit dans son diocèse, l'archevêque de Lyon est, selon le mot d'un curé stéphanois, celui qui prêche partout l'œuvre de rénovation nationale[15]. Il incite les curés à participer aux commissions communales pour les livraisons de produits agricoles au ravitaillement. Gare au paysan qui tricherait dans ses déclarations d'emblavements et de récoltes ! Il est vrai que la survie des malheureux habitants des villes dépend de l'exactitude avec laquelle les agriculteurs répondent aux obligations du ravitaillement.

Le rôle que préfère Mgr Gerlier est celui de représentant bénévole du gouvernement français à l'extérieur. Il se rend au Vatican où il expose au Pape « *l'œuvre rénovatrice du Maréchal* » et il rapporte de

Pie XII un message d'espoir qui va droit au cœur de Pétain et des Français. Le Pape affirme sa confiance « *dans le succès de l'effort qu'il poursuit, si conforme aux meilleures traditions de la France et sa conviction que la France sortira rénovée de cette épreuve et retrouvera en ce redressement pacifique le secret d'un rayonnement nouveau*[16] ». Toujours la politesse... Mgr Gerlier cède encore à l'atmosphère d'attendrissement, en écrivant qu'à l'ambassade de France il a vu deux religieuses pleurer devant un portrait de Philippe Pétain. N'inventerait-il pas l'anecdote car, autant que je le sache, l'ambassade de France est encore fermée ?

Le cardinal Gerlier est envoyé en mission en Espagne. La France recherche alors — Maroc oblige — l'amitié de la « sœur latine ». Pétain, ancien ambassadeur de France à Madrid en 1939, a rencontré Franco à Montpellier en 1941 et des gracieusetés sont offertes aux Espagnols en guise de bonne volonté[17]. La France, après la rupture des relations consulaires avec la Grande-Bretagne en Palestine, a confié à l'Espagne le soin de ses intérêts matériels et religieux à Jérusalem et dans les Lieux saints.

De 3 au 10 juin 1941, le cardinal Gerlier effectue une visite en Espagne au prétexte de consacrer l'église Saint-Louis-des-Français de Madrid, restaurée après les destructions de la guerre civile. Il célèbre la messe au sanctuaire de Notre-Dame del Pilar, si chère au patriotisme espagnol, participe à la procession de la Fête-Dieu à Madrid et y préside la bénédiction du Saint-Sacrement. Il se rend à Tolède et célèbre une messe dans l'Alcazar, haut lieu des héros franquistes et il écrit sur le livre d'or : « *J'ai célébré la Sainte Messe avec une grande émotion sur le lieu de l'un des grands héroïsmes de l'Histoire. Je l'ai dite à la mémoire des soldats admirables qui ont écrit avec leur sang une page douloureusement glorieuse de l'Histoire de l'Espagne catholique*[18]. » Il envoie un télégramme ému au colonel Moscardo dont le fils, otage des Républicains, fut fusillé après un atroce chantage. Il alla s'incliner sur la tombe de José Antonio Primo de Rivera. Le cardinal Gerlier fut reçu par Serrano Suñer puis par le général Franco, auquel il remet un message du maréchal Pétain qui regrette de n'avoir pu rendre lui-même au caudillo sa visite de Montpellier de février 1941. Les attentions des dirigeants n'ont pas manqué comme cette visite du musée du Prado ouvert à sa seule intention, mais la presse fut priée d'observer une discrétion quasi totale. Les allocutions improvisées par le cardinal sur le parallélisme de l'histoire récente des deux pays échappant aux dangers du Front populaire, l'exaltation de la figure et de l'action du maréchal Pétain dans l'œuvre de restauration nationale ne dépassèrent donc pas les cercles de ses auditeurs.

L'ÉGLISE ENSEIGNE LA LÉGITIMITÉ DE L'ÉTAT FRANÇAIS (1940-1941)

Une hiérarchie coopérative

L'Église n'eut pas de scrupules à donner à l'État français les signes du plus grand respect. Elle n'hésita pas plus à rappeler aux Français que le gouvernement du Maréchal était digne — comme tout gouvernement légitime — de la confiance et de l'obéissance des chrétiens. L'État exigea, à l'occasion de diverses crises qui troublaient la sérénité du peuple — Montoire, Syrie — que cette doctrine permanente, qui faisait de l'Église un des solides et subtils moyens de maintien de l'ordre, fût rappelée aux fidèles.

En 1940, le cardinal Gerlier est toujours prêt à saluer les vertus du régime de Vichy. La célébration de Noël, fête la plus douce de l'Église catholique, n'exigeait nullement du cardinal des professions de foi politiques. Aux vêpres du 25 décembre 1940, Mgr Gerlier croit nécessaire de citer Philippe Pétain, qui disait un jour : « *Il faut que notre patrie retrouve la beauté de ses sources.* » Certes, le propos permet de rappeler que la plus belle, la plus authentique de ces sources est le christianisme. La plus grande urgence n'était pas en un jour de Noël de faire retentir la primatiale Saint-Jean d'envolées purement politiques : « *Et voilà pourquoi nous travaillons aujourd'hui avec confiance sous l'égide d'un chef magnifique qui se présente alternativement à nous comme un père qui réconforte avec bonté ses enfants et c'était la note d'hier — et comme un chef qui dit énergiquement à ceux qu'il est chargé de conduire les conditions essentielles de l'œuvre qu'ils veulent accomplir avec lui — et c'était le message d'il y a dix mois. Ah ! bénissons Dieu de nous l'avoir donné, ce chef, et sachons nous serrer autour de lui, comme il vous le demande, pour reconstruire la France en la rendant d'abord plus chrétienne.* » Le message chrétien du maréchal Pétain mérita, trois jours plus tard, l'honneur d'être publié en bonne place dans *La Croix*[19]. Un an plus tard, Mgr Gerlier vole au secours du guide contesté par un « *vent mauvais* ». À la messe de la foire de Lyon, le 4 octobre 1941, il rappelle « *la nécessaire obéissance des citoyens à l'autorité légitime*[20] ». Un nouveau pas a été franchi depuis la constatation joyeuse de l'accord unanime entre le peuple et le gouvernement en 1940, à la prise de position dans le débat sur la légitimité qu'a lancé René Cassin, le juriste de la France libre. Oui, le gouvernement de Philippe Pétain est légitime. Oui, tous les catholiques ont à son égard un devoir d'obéissance.

Tous les évêques ont demandé aux catholiques de laisser parler leur cœur en suivant le maréchal Pétain. L'évêque d'Arras, Mgr Dutoit, se devait de justifier l'obéissance à un Maréchal qui était un enfant de l'Artois : « *Aussi bien si le chef de l'État est en droit de trouver quelque part des sujets fidèles, n'est-ce pas chez nous, puisqu'il est de chez nous ? Oublierons-nous qu'il est né à Cauchy-la-Tour, qu'il a reçu ses premières leçons de latin de son oncle, l'abbé Legrand, curé de Bomy, parfait modèle de saint, austère et dévoué curé de campagne qu'il est [...] ancien élève de Saint-Bertin, qu'il a commandé le 33*e *régiment d'infanterie en cette ville d'Arras où il s'est montré à la fois fidèle gardien de la discipline et plein de sollicitude paternelle pour ses hommes*[21]. »

Un peu plus au nord, l'élan envers le chef de l'État n'est pas unanime. Vichy est loin. La bourgeoisie chrétienne est très anglophile et n'apprécie guère les attaques de la propagande officielle contre l'allié d'hier. Devant les curés et doyens, l'archevêque de Lille explique la position légaliste de l'Église et leur donne consigne d'orienter les esprits avec plus de discernement : « *Loyalisme à l'égard de l'autorité légitime, sur ce point les esprits sont égarés dans notre région par la propagande anglaise. On peut être ami de l'Angleterre sans trahir la France. Le gouvernement actuel a pris un parti français.* [...] *N'écoutez ni Londres ni Paris, mais Lyon et Toulouse.* » Mgr Liénart doit reprendre sans cesse une leçon que combattaient d'autres influences. En février 1941, il déclare dans une allocution qu'il ne faut pas critiquer l'armistice et lui imputer les malheurs de la France[22].

Ces propos de l'archevêque de Lille posent le problème de l'opinion des curés. Qu'enseignaient aux fidèles les mille trois cents curés du diocèse de Lille ? Voilà qui importe autant que la parole des évêques, telles que l'ont conservée *Les Semaines religieuses*, qui donnent une vision très hiérarchique et partielle de la réalité. Mais connaître la pensée et la parole des curés de France est une tâche impossible. Faute d'une enquête qui n'a pas été entreprise alors que les témoins existaient, il faut y renoncer à jamais et se contenter des *Semaines religieuses*, en considérant qu'elles sont le bulletin de liaison de l'évêque et de son clergé. Les bulletins paroissiaux, nombreux mais trop épars pour constituer une série fiable, permettent pourtant une illustration de notre hypothèse relative aux réserves de certains prêtres devant la pédagogie politique des évêques.

À Besançon, les prêtres et les chanoines ont émis des doutes sur le bien-fondé de la Révolution nationale et sur l'appui à donner au maréchal Pétain. Mgr Dubourg, l'évêque, saisit l'occasion de la cérémonie des vœux de nouvel an 1941 pour tracer une ligne de conduite à son clergé : l'expression de sentiments privés, même critiques, est autorisée mais ils ne doivent jamais apparaître en public. Les chefs politiques ont peut-être des comportements critiquables mais un modeste ecclésiastique de Franche-Comté ne possède pas les informations qui l'autoriseraient à critiquer le chef de l'État : « *Soumis à l'autorité légitime, comme notre foi religieuse nous en fait un devoir, nous respectons, nous vénérons et nous aimons le chef de l'État français. Nous ne sommes pas et nous ne serons jamais de ceux qui se permettent de juger ses décisions et de les condamner alors qu'ils ne connaissent rien des raisons qui les motivent*[23]. »

Du Mans parvient l'écho d'un vent de fronde du clergé. Le chanoine Baret écrit dans son *Journal* son désaccord avec l'évêque du Mans et il témoigne d'une désobéissance passive du clergé de la Sarthe : « *Dimanche 13 octobre 1940. Communiqué de Mgr Grente, prêchant le calme. Beaucoup de curés dont je suis n'ont pas lu* [en chaire] *ce communiqué. Il heurte en effet par sa rédaction la sensibilité patriotique de trop d'entre nous*[24]. »

L'évolution des relations franco-allemandes que Pierre Laval et Philippe Pétain plaçaient dans la perspective d'une évolution de l'armistice vers la collaboration constitua la première épreuve des catholiques patriotes. Pierre Laval s'appliqua, comme ministre de l'Information, à obtenir de bons articles pour soutenir la politique dont il avait eu l'initiative.

L'Église réagit sans hâte et avec ambiguïté. *La Croix* ne s'enthousiasme pas sur le nouveau cours politique et attend l'éditorial du père Merklen, le 5 novembre 1940, pour donner un avis des plus balancés. Le directeur de *La Croix* commence par une réserve : la collaboration pour être convenable doit être loyale de part et d'autre. Elle restera précaire si elle ne s'appuie pas sur des concepts de la vie philosophique et morale communs. Cependant, il fallait bien satisfaire le maître de la France, ce qui amène le père Merklen à écrire que les dirigeants du pays sont seuls à même de savoir le moment où la collaboration est féconde. S'ils l'ont décidée, il faut les suivre : « *Ils sont les chefs ; ils ont reçu de Dieu lumières, autorité et responsabilité pour prendre, en pareille matière, des décisions. Du moment que les intérêts de l'Église et des âmes sont saufs, du fait que nos gouvernants travaillent non en faveur d'intérêts égoïstes de personnes ou de classes mais pour le bien commun, aucune hésitation n'est permise; nous leur devons obéissance et confiance comme aux représentants légitimes de l'autorité divine dans l'ordre temporel.* » Ainsi, le père Merklen approuve-t-il, non sans quelques réserves, Montoire. Cet éditorial inaugure un procédé que va pratiquer désormais l'Église. Le discours ecclésiastique semble s'adresser à deux publics différents. D'une part, le gouvernement auquel est donné un assentiment, d'autre part, les fidèles qui désapprouvent la collaboration dont les raisons sont justifiées. Bien finaud qui s'y retrouvera !

Dans le communiqué publié le 15 janvier 1941, l'Assemblée des cardinaux et archevêques de zone occupée manifeste une exquise prudence qu'expliquent le procédé que je viens de relever et la situation politique incertaine du mois de janvier. Pierre Laval a été renvoyé du gouvernement le 13 décembre 1940 et le successeur que lui a désigné Pétain, Flandin, ne parvient pas à se faire accepter par les Allemands. Laval et Déat s'agitent à Paris pour créer un parti de collaboration. Vichy s'appuie sur l'opinion moyenne, satisfaite du départ de Pierre Laval. L'Église se déclare neutre mais fidèle au gouvernement légitime. Elle ne veut pas être mêlée en quoi que ce soit aux luttes politiques ; elle se veut décidée « *à éviter tout agissement politique ou partisan* » et à ne s'appliquer qu'au bien spirituel des âmes. Mais l'Église n'est qu'apparemment neutre et ne laisse aucune illusion sur ses sentiments maréchalistes aux collaborateurs de Paris. Sa fidélité est tout entière engagée auprès de Philippe Pétain, le chef de l'État : « *Nous professons dans le domaine social et civique un loyalisme complet envers le pouvoir établi du gouvernement de la France : nous demandons à nos fidèles d'entretenir cet esprit.* » L'Assemblée des cardinaux et archevêques, réunie à Lyon le 6 février 1941, reprend le même propos.

L'Église aurait pu s'en tenir à cette prudence de janvier-février 1941. Plusieurs raisons expliquent une évolution sensible. D'abord, le gouvernement après un hiver politiquement agité s'est à nouveau stabilisé et envisage des réformes profondes de la politique religieuse. L'évolution vers une collaboration militaire, acceptée en mai 1941 par l'amiral Darlan, provoque chez les catholiques une division en blocs encore très inégaux mais qui rend nécessaire pour l'Église l'adoption d'une ligne plus ferme, susceptible de refaire l'unité des chrétiens. La sensibilité au gaullisme, vive dans le Nord dès 1940, a gagné d'autres régions et d'autres cercles. Pour les mêmes raisons, les adversaires de la France libre expriment avec vigueur leur ressentiment. Le milieu des officiers catholiques est affecté par les événements du Levant, qui prennent des allures de guerre civile.

Au Proche-Orient, la France de Vichy se berçait encore des illusions de la puissance. C'était compter sans la Grande-Bretagne qui le considère comme une chasse gardée, où la France n'aurait jamais dû prendre pied. Adossée à l'Égypte qui est le pivot de la guerre en Méditerranée, elle maintient la Palestine sous un rude mandat et compte sur l'appui des royaumes arabes. Le mandat sur la Syrie, obtenu par la France au lendemain de la Première Guerre mondiale, peut être remis en question à l'occasion d'un nouveau conflit. L'armistice a laissé à la France un empire que la France libre a tenté de faire basculer de son côté et auprès des Britanniques. Mais si l'AEF et la Nouvelle-Calédonie se sont ralliées à de Gaulle, l'AOF, l'Afrique du Nord, l'Indochine et le Levant restent sous la direction de Vichy. Les Anglais ont l'occasion inespérée de s'emparer de la Syrie en mai 1941, lorsque Darlan accepte d'aider militairement les Allemands qui se portent au secours de la révolte de Rachid Ali en Irak. L'Angleterre réussit à mater la révolte mais elle ne pardonne pas l'aide limitée — avions allemands utilisant l'aéroport d'Alep, fournitures de matériel et de ravitaillement — que la France a donnée aux Allemands et qui oriente, vers une rupture de l'armistice, un retournement des alliances au profit des Allemands. Le calcul de l'amiral de France tourne au drame car les Britanniques et les Français libres attaquent la Syrie. Outre la volonté de représailles, l'occasion de chasser la France du Proche-Orient est trop bonne pour que les Britanniques la laissent échapper. Le général Dentz et la petite armée du Levant résistent brillamment. Mais quel drame pour l'armée française ! Les soldats de Vichy doivent tirer sur les Français libres, ce qui ne va pas sans troubler les âmes et les esprits même si prévaut l'idée de légitime défense.

L'amiral Darlan est désormais bien installé à la barre. Autoritaire, le petit homme ne souffre aucun manquement à la discipline. Toutes les institutions doivent servir au mieux le gouvernement. Il a suffisamment le sens de l'opinion pour saisir le rôle utile de l'Église au service des bonnes causes. Les scrupules de conscience ne l'étouffent pas en ce domaine religieux où il est à la fois indifférent et respectueux de la force morale de l'Église dont il recherche l'appui. Le résultat est bien visible dans la déclaration de l'Assemblée des cardinaux et archevêques de zone occupée le 24 juillet 1941, reprise le 5 septembre par l'assemblée de zone sud. Elle est un appel à l'union et au soutien au maréchal Pétain, qui a un sens fort dans le contexte politique d'alors : « *Nous voulons que, sans inféodation, soit pratiqué un loyalisme sincère et complet envers le pouvoir établi. Nous vénérons le chef de l'État et nous demandons que se réalise autour de lui l'union de tous les Français. L'union, toujours, est principe de force. Nous encourageons nos fidèles à se placer à ses côtés dans l'œuvre de redressement qu'il a entreprise sur les trois terrains de la famille, du travail, de la patrie, en vue de réaliser une France forte, unie, cohérente. Pour ce grand œuvre, nous leur demandons d'unir leurs efforts à ceux de leurs concitoyens.* »

Bref, la Syrie est perdue — dans l'honneur, d'après les dispositions de l'armistice de Saint-Jean-d'Acre —, oublions ce regrettable épisode et travaillons de nouveau de tout cœur à la Révolution nationale. Telle est bien la leçon des évêques français, de plus en plus engagés dans des combats politiques qui ne sont pas ceux de l'Église.

Dans les diocèses, les échos attendus à ces bonnes paroles s'élèvent. L'amiral Darlan, informé par ses préfets, lecteurs sans nul doute attentifs des *Semaines religieuses*, a de quoi être satisfait. Que les idéologues pétainistes soient marris de ce que les cardinaux et archevêques aient préféré s'en tenir au soutien au « pouvoir établi » alors qu'ils auraient aimé voir l'Église prendre position dans la querelle de la légitimité, ne gêne pas le pragmatique Darlan, qui a obtenu ce qu'il voulait et saura se montrer généreux.

Les recherches menées depuis une trentaine d'années dans les différents diocèses de France montrent que les évêques suivent ces consignes des cardinaux et archevêques avec fidélité mais selon leur tempérament. Il existe des circonspects et il y a les zélés, sans qu'il soit possible de peser chacune des catégories. En effet, nous ne disposons pas d'une source qui indique ce qui se passe dans tous les diocèses. En ce qui concerne l'opinion en général, j'ai exploité autrefois les rapports mensuels des préfets, qui m'ont permis d'avoir une idée précise des réactions des Français de tous les départements. Rien de tel n'existe pour l'Église. *Les Semaines religieuses* des diocèses sont utiles mais elles portent à croire que l'évêque s'exprime par le seul canal des communiqués, quasi officiels et soumis à la censure. Or, ils ont d'autres moyens d'action qui sont connus à l'occasion dans tel diocèse mais restent dans l'obscurité dans tel autre. L'évêque parle dans des réunions de prêtres ou de militants, s'entretient avec tel chrétien influent dont il sait qu'il diffusera sa pensée. Ses propos dans l'intimité ou la chaleur du petit groupe sont parfois différents des écrits parus dans *La Semaine religieuse* du diocèse. La bonne fortune offre un témoignage de l'attitude d'un évêque mais c'est loin d'être le cas pour tous les diocèses. Par ailleurs, si les écrits des *Semaines religieuses* sont datés, ces témoignages ne le sont presque jamais ou avec une approximation floue quand ils ne sont pas reconstitués bien des années plus tard. Intéressants pour nuancer l'opinion sur un évêque, ces témoignages ne sauraient être généralisés et tenir lieu de vérité pour toute la France. Nos contemporains, bercés par les pseudo-certitudes des sondages et la magie des chiffres, en sont déçus. Mais les sondages ne seraient que le sec et fade reflet d'une opinion moyenne, passive, qui ne nous disent rien sur les minorités ou les puissants, seuls véritables acteurs de la dynamique historique.

Évêques conformistes

Il est difficile de trouver en 1941 un seul évêque gaulliste. Mgr Saliège est courtisé par les gaullistes mais n'est pas acquis à la cause. On dit souvent qu'il a existé un seul évêque gaulliste, Mgr Blanchet. Je ne sais s'il a vraiment voulu rejoindre de Gaulle en 1940, mais il n'était pas encore évêque. Il a reçu l'évêché de Saint-Dié en 1941. À ce moment-là, il s'exprime dans sa première lettre pastorale qui sent bon la neutralité. Il ne fait aucune allusion au maréchal Pétain ni à sa politique. Les recommandations se bornent à un conseil indigent : personne ne doit rester inoccupé. Tous les diocésains doivent travailler.

Cette catégorie des évêques circonspects n'est pas très garnie. L'archevêque de Sens, Mgr Lamy, met en garde contre « *l'esprit de dénigrement et de critiques, de découragement et de désunion* ». De Tulle s'élève un même appel à se défier de l'esprit critique : « *Discuter ne sert de rien, prêter l'oreille à des nouvelles trop souvent tendancieuses et dangereuses non plus* », dit Mgr Chassaigne.

À Bordeaux, Mgr Feltin a recours à des formules interrogatives alambiquées pour réclamer, dans un message aux diocésains, un peu plus que le respect du pouvoir établi : « *Les catholiques fidèles à la doctrine de l'Église doivent, mieux que tous les autres, respecter l'autorité légitimement établie dans la patrie. Et, quand celui qui la détient, en a reçu une investiture officielle de l'Assemblée nationale, quand il a manifesté dans le passé une héroïque vaillance et, dans le présent, un sens politique aisé, qui pourrait lui refuser respect, obéissance loyale et confiance* ? » L'archevêque demande de s'interdire des « *jugements superficiels et hâtifs*[25] ». Ses propos deviennent, dans les mois suivants, froids et presque indifférents[26]. Il n'y a pas là de quoi faire du futur archevêque de Paris un résistant mais il convient de lui décerner la palme de la prudence.

L'attitude conformiste est la plus répandue. Mgr Mennechet, évêque de Soissons, rappelle à ses diocésains qu'ils doivent se plier à l'obligation de soumission à « l'autorité légitime » et il leur suggère de la commenter autour d'eux pour accroître « *l'union des pensées et des discours autour de la personne du Maréchal, qui détient entre ses mains les destinées de la France. Ce serait trahir la cause de la patrie et violer ses obligations de chrétien que de penser, de parler et d'agir autrement*[27] ». Mgr Serrand, évêque de Saint-Brieuc, encore modéré, souligne la « *parfaite légalité* » du pouvoir établi[28].

Évêques ultra-pétainistes

Des évêques n'hésitent pas en 1941 à aller au-delà des positions des cardinaux et archevêques et ils entrent sans barguigner dans la querelle de la légitimité.

Mgr Piquet, évêque de Clermont-Ferrand, ancien combattant, est sensible à la politique sociale du régime et il ne nourrit pas encore le moindre doute sur sa légitimité. Il s'adresse benoîtement à ses fidèles le 6 septembre 1941 : « *Nous remplissons notre devoir de chef religieux et de père de vos âmes, en vous disant en dehors et au-dessus de tout esprit partisan, qu'à l'heure présente, toutes dissensions à l'intérieur comme à l'extérieur, camouflées ou avouées, en quelques places qu'elles se trouvent est un malheur, une faute. C'est une faute contre l'esprit chrétien car la morale chrétienne enseigne la soumission au pouvoir légitime.* »

Les fidèles de Mgr Chollet, archevêque de Cambrai, n'ont pas droit aux problèmes de conscience ni aux doutes intellectuels. Ils sont invités à obéir dans un pur style militaire : « *Nous n'avons pas le droit de discuter la personne du chef ni ses commandements ; le subordonné obéit sans chercher ni demander la raison.* »

À Aix, Mgr Dubois de la Villerabel a clamé très tôt son enthousiasme pour le régime de Vichy et il se porte garant de la bonne conduite de tout son clergé : « *Nous devons tous nous serrer, sans hésitation, autour de l'illustre Maréchal [...] Reconnaître, en principe et en acte, le seul gouvernement légal de la France, c'est faire de bons Français. Ce serait un véritable crime dans les circonstances actuelles d'agir autrement ou même de réserver son adhésion.* »

Mgr Auvity a longtemps dirigé le diocèse de Bourges en tant que vicaire général puis comme évêque auxiliaire. Mais il n'a pas succédé à l'évêque de Bourges en 1935 et s'est retiré tristement dans son petit village de Germiny l'Exempt. En 1940, le Berrichon devient un évêque de Mende peu porté aux concessions. Dans *La Semaine religieuse du Gévaudan*, il mêle sans hésitation politique et religion : « *Une obéissance est exigée sans failles, passive, exempte de critiques et d'opinions divergentes, parce que ce serait nuisible à l'unité doctrinale. Obéir n'est plus un devoir civique seulement mais une obligation d'un caractère sacré.* »

À Arras, Mgr Dutoit, en intellectuel (il fut professeur de théologie morale à la faculté de théologie de Lille), justifie la légitimité du gouvernement par quelques arguments. Pétain a un passé de patriote actif (son rôle en 1917). Son gouvernement est constitutionnellement légitime : « *Le gouvernement du Maréchal est le gouvernement légitime de la France. Il a reçu l'investiture officielle d'une Assemblée nationale. Demandons-nous s'il y a un Français qui se sent d'humeur et de taille à donner des leçons de patriotisme au vainqueur de Verdun et au sauveur de l'année chancelante de 1917*[29]. »

Le cas du diocèse de Grenoble

Le diocèse de Grenoble est un riche exemple des réactions de l'Église. Le 19 juillet 1941, l'abbé Cayère a le devoir redoutable de prêcher à l'occasion de la « Semaine de la France d'outre-mer ». Période de recueillement sur l'Empire, elle est assombrie par les événements du Levant. À l'église Saint-Louis, en présence de l'évêque de Grenoble, l'abbé Cayère impose la foi du charbonnier : « *La France est un peu comme un navire engagé en ce moment dans une manœuvre singulièrement difficile et dangereuse. Chacun de nous, à son poste, ne voit pas grand-chose ; il ne sait rien des données extraordinairement complexes des grands problèmes qui se posent à nos chefs. Mais nous savons que le Maréchal est au gouvernail, il a l'esprit lucide, il aime la France plus que nous, il a les éléments pour savoir, pour décider. Il associe les grâces d'État, les secours spéciaux que Dieu lui accorde éternellement pour nous guider dans notre redressement providentiel*[30]. »

La Semaine religieuse du diocèse de Grenoble publie le 28 août 1941, en entier, la déclaration des cardinaux et archevêques de zone occupée et puis se replie sur l'aspect le plus religieux de l'union nationale. Le diocèse s'unit de cœur au pèlerinage national à Lourdes et participe à la grande Neuvaine nationale, à l'effet de confier la patrie à la tendresse maternelle de la Sainte Vierge. À la suite de la messe du matin, les curés récitent une dizaine de chapelets et disent une prière approuvée par Mgr Suhard (« *Nous remettons en Vous notre espérance. Vous êtes la Reine et la patronne de la France. Aux heures les plus critiques de notre histoire, vous nous avez toujours montré votre amour. Une fois de plus, vous nous sauverez* »). La cérémonie se termine par les invocations à la Vierge et aux grands saints du pays :

Cœur sacré de Jésus.
Sauvez la France. Priez pour la France.
Notre Dame de Lourdes,
Notre Dame de Salut,
Notre Dame de Chartres,
Notre Dame du Puy,
Notre Dame de Rocamadour,
Notre Dame des Victoires [...]
Saint Denis
Saint Remi
Saint Martin
Saint Louis
Saint Andéol
Saint François-Régis
Sainte Geneviève
Sainte Marguerite-Marie
Sainte Jeanne d'Arc
Sainte Bernadette
Sainte Thérèse de l'Enfant Jésus
Saints et Saintes de France
Sauvez la France. Priez pour la France.

Peut-on aller plus loin dans la connaissance du monde catholique du Dauphiné dans l'été de 1941 ? Des indices existent sur les réactions dans les paroisses. Les fidèles ont demandé des explications aux prêtres sur les problèmes politiques. Les curés ont confié à l'évêque le souci que leur causaient de telles sollicitations et, au cours de la retraite pastorale d'août 1941, l'évêque de Grenoble leur conseille une attitude « *toute de prudence* ». Mgr Caillot insiste pour que ses prêtres tournent sept fois leur langue avant de parler, car le prêtre a une grande influence en Dauphiné : « *Le prêtre n'est pas un simple particulier qui peut parler comme il veut, même à tort et à travers, sans que cela tire bien à conséquence. Ses paroles, à lui, comptent, elles portent, et plus souvent qu'il ne pense peut-être lui-même, tant à cause du caractère sacré de sa personne que de l'importance du poste qu'il occupe*[31]. » L'influence morale du prêtre doit-elle s'exercer pour éclairer les consciences ? L'idée de l'évêque de Grenoble est plutôt d'éviter la contestation et le développement d'un mauvais esprit public. Voilà l'Église gardienne du bon ordre politique. Mgr Caillot confie son espoir : un retour de la France à sa vocation providentielle de fille aînée de l'Église et de nation missionnaire, conformément aux paroles de saint Remi à Clovis : « *Apprenez que le royaume des Francs est prédestiné par Dieu à la défense de l'Église de Jésus-Christ. Tant qu'elle sera fidèle, il prospérera ; infidèle, il sera durement châtié ; cependant, il demeurera jusqu'à la fin des temps.* »

L'évêque de Grenoble est représentatif des prélats qui se gardent des proclamations trop tranchées en public et préfèrent exercer une influence par le conseil ou dans des entretiens choisis et discrets. Quelques ecclésiastiques n'ont ni sa prudence ni son habileté.

Maurice Lesaunier : une théologie du pétainisme

Certains prirent très au sérieux la mission de propagande politique, tel Maurice Lesaunier, directeur du séminaire des carmes, qui tenta d'assurer des fondements théologiques au pétainisme. En novembre 1941, il publia *La Conscience catholique en face du devoir civique actuel.* Cette lettre à un Français, qui porte l'imprimatur, se donne une allure officielle ; elle fut considérée par beaucoup comme une orientation doctrinale sérieuse. Cette œuvre de propagande ennuya la résistance chrétienne, qui chercha des arguments capables de la réfuter et les trouvera dans les *Cahiers du Témoignage chrétien.*

Sans aucun complexe, le père Lesaunier affirme qu'il n'est ni gaulliste ni anglophile, qu'il reconnaît l'autorité du gouvernement du maréchal Pétain et qu'il se soumet sans récriminer aux autorités occupantes. Il se présente en patriote et s'applique à démontrer que son attitude est commandée par la pure doctrine catholique. Pour établir qu'aucun catholique ne peut se soustraire à ces principes, il en appelle à saint Paul et à son épître aux Romains, « *Non est potestas nisi a Deo* » (« Il n'y a point d'autorité qui ne vienne de Dieu »). Tous ceux sur qui ce pouvoir s'exerce doivent lui être soumis comme à Dieu lui-même.

Le père va bien au-delà des évêques qui conseillaient, ordonnaient mais, animés d'une sainte charité, se gardaient bien de menacer. Maurice Lesaunier justifie, lui, la répression. Celui qui refuse d'obéir au gouvernement refuse d'obéir à Dieu et mérite donc un châtiment.

Résister à l'autorité légitime n'est pas plus permis que résister à la volonté divine. Faisant flèche de tout bois, l'auteur se métamorphose en historien et en constitutionnaliste pour établir la légitimité du gouvernement du maréchal Pétain. Il répond à l'étude de René Cassin, contestant dans la revue *La France libre* l'acte du 10 juillet 1940, qui donna le pouvoir constituant au maréchal Pétain. L'argument du juriste de la France libre était que l'Assemblée nationale n'avait pas le droit de déléguer le pouvoir constituant.

Subtilement, Maurice Lesaunier débusque l'argument d'une opinion publique conservatrice, qui garde toute sa confiance et son respect pour Philippe Pétain mais critique le gouvernement de l'amiral Darlan et sa politique. Il n'y a pas d'échappatoire possible : le gouvernement et le Maréchal ne font qu'un et Darlan participe à la légitimité de Pétain. Donc sont haïssables, comme rebelles à l'autorité légitime, le général de Gaulle et tous ceux qui le suivent. De l'antigaullisme, on glisse à la collaboration.

Le devoir des catholiques est de se soumettre aux règlements édictés par les Allemands : « *Je dirai même que, parce que catholiques, nous devons être les premiers à donner le bon exemple.* » Le Christ n'est-il pas le modèle de cette bonne soumission ? La Palestine était sous la dure administration romaine. Or, le Christ est le plus soumis de tous à la puissance occupante. Donc, les catholiques doivent, à son exemple, rendre à César ce qui est à César. L'auteur de ce libelle de propagande connaît bien son public catholique et patriote. Il lui concède qu'il est acceptable, dans le fond de son cœur, de souhaiter que la France retrouve son rang. Mais ce vœu légitime ne peut se traduire que dans la prière et le sacrifice, jamais dans l'action. Seul, le gouvernement peut essayer d'améliorer les conditions de l'armistice. Toute autre initiative aboutirait à l'anarchie.

ASSISES CULTURELLES ET RELIGIEUSES DU PÉTAINISME

Le pétainisme est né du mythe du vainqueur de Verdun et du nationalisme français[32]. Les catholiques lui ont offert un appui particulier. Comment comprendre la force de ce sentiment politique collectif sans prendre en compte les sensibilités, la culture propre à un groupe et à son temps ? De solides assises psychologiques, morales et culturelles ont étayé le pétainisme des catholiques.

La défaite, brisant les certitudes et les habitudes, développant une angoisse justifiée et un remords qui l'était moins, a sa part de responsabilité. Le phénomène est bien connu mais l'observateur s'est moins penché sur les incarnations des valeurs chrétiennes propres aux années trente et quarante, qui expliquent aussi le comportement des Français. L'étude de la religion populaire, si riche pour le Moyen Âge, n'a pas reçu la même attention au XXe siècle. Cet État français, qui savait si bien utiliser la liturgie et les symboles chrétiens dans son discours et ses cérémonies, en reçoit un nouvel éclairage.

Défaite et culpabilité

Les ingénieurs utilisent toutes les ressources de leur raison pour mettre au point les armes les plus perfectionnées. Toutes les capacités d'organisation et les meilleurs procédés de gestion sont mobilisés pour ravitailler, animer, mettre à même d'agir les grandes armées modernes. Et pourtant, que vienne la défaite, et les hommes, hier si rationnels, ne croient plus qu'au jugement de Dieu. La France a été battue, non pas parce qu'elle avait négligé une stratégie intelligente ni méconnu l'usage de certaines techniques, mais parce qu'elle ne méritait pas la victoire. Elle n'avait pas trouvé grâce auprès du Dieu des armées.

La raison du malheur, pour beaucoup de vaincus de 1940, est le péché que les peuples commettent comme les individus. Les catholiques sont, par culture, sensibles à cette litanie qui domine les esprits. Ils pensent : « *Nous avons été battus parce que nous étions coupables.* » Ce goût du *mea culpa* existe à tous les niveaux. Le chef de l'État a prêché d'exemple en désignant les responsables de la défaite. Le message du 10 octobre 1940 est fabriqué sur ce thème par le directeur de cabinet, Henri du Moulin de Labarthète (un sceptique pourtant) et le très idéologue ministre des Finances, Yves Bouthillier, sur un schéma de Gaston Bergery[33]. L'examen des responsabilités n'épargne que l'armée. Le régime politique de la IIIe République donnait l'illusion de la liberté à des citoyens, manipulés en réalité par les puissances d'argent, les politiciens démagogues et les groupes de pression de tout acabit. Le mal qui rongeait le sommet avait rencontré la complicité d'un peuple qui s'abandonnait. Tous sont responsables. Tous sont, ou seront, punis.

Les catholiques donnent leur interprétation qui apporte un soutien théologique à une vision pétainiste simpliste et qui, sans lui, n'aurait pas tenu la distance. Elle a comme vertu rare de lier le diagnostic de péché à la ferme espérance d'un rachat.

Le directeur de *La Croix*, le père Merklen, ne recule pas devant l'aveu de culpabilité. La France s'est effondrée parce qu'elle n'était prête ni diplomatiquement, ni militairement, ni surtout moralement. Le péché essentiel est désigné : le matérialisme[34]. À l'automne 1940 va circuler une *Prière pour la France*, composée par le vicaire général Dupin. Au recto, la Vierge écrase le serpent sous ses pieds et ses mains déversent sur la terre les rayons de ses grâces. Au verso est une courte prière, sans doute destinée aux enfants (elle est vendue par paquets de mille) :

Prière pour la France
Vierge Immaculée, regardez la
France, plongée dans la douleur et
L'humiliation !
[...]

Éclairez et convertissez la France !
Faites que, purifiée par l'épreuve,
Elle redevienne chrétienne et retrouve
Son rang d'honneur et sa prospérité.
Ainsi soit-il[35].

La source et la forme chrétienne de l'engagement des catholiques dans le pétainisme se trouvent dans quantité de documents spirituels intimes. La foi explique le refus d'une action violente — partir à Londres, continuer le combat en franc-tireur, s'engager dans la révolte résistante — et la résignation au pétainisme.

Un des meilleurs et des plus beaux textes que je connaisse est la méditation de Jean Calvet, professeur de lettres et doyen de la faculté des lettres de l'Institut catholique[36]. On trouve des accents voisins dans le journal de Jean Le Cour Grandmaison, de la Fédération nationale catholique, en qui Pétain avait entière confiance. Il en existe, inexploités, dans les tiroirs des demeures familiales ; ils ont été recouverts de poussière dans les cabinets des vieux prêtres et ces papiers sans héritiers sont devenus chiffons. Suivons donc ce grand témoin, Jean Calvet, patriote chrétien, tenté par le gaullisme et qui trouva sa voie dans le pétainisme. Il n'est pas de meilleur guide pour comprendre une source du pétainisme catholique.

Jean Calvet vit la défaite de la France comme l'agonie du Christ, auquel il confie son chagrin et auquel il demande la vérité. Combien de catholiques fervents ont-ils suivi la même démarche ?

Le 15 juin, il apprend la chute de Paris. La France, nouveau Christ des nations, entre en agonie. Il demande à Dieu que la France ne meure pas et il retrouve les accents simples du grand poète chrétien, Charles Péguy, pour lui recommander la fille aînée de l'Église, ingrate et innocente : « *Que la France ne meure pas. Elle vous a outragé : pardonnez-la, car au fond elle vous aime. Elle a, du moins, bonne volonté de vous aimer. Et elle a une manière cordiale de vous dire qu'elle vous aime, quand elle vous aime, en effet. Si elle disparaissait, qui vous aimerait de cette manière ? Il y aurait un ton, un accent d'amour qui manquerait au monde.* »

16 juin 1940. À Bordeaux, Philippe Pétain succède à Paul Reynaud comme chef du gouvernement. À minuit, il demande aux

Allemands à quelles conditions ils accorderaient l'armistice à la France qui reconnaît sa défaite.

Jean Calvet est tenté par la résignation, comme le Christ qui s'est tu devant la force injuste : « *Aidez-nous, ô grands silencieux à nous taire, à avaler nos affronts en silence, à contenir notre âme déchirée de silence.* »

17 juin 1940. Bordeaux. Philippe Pétain annonce au pays qu'il a demandé l'armistice : « *C'est le cœur serré que je vous dis aujourd'hui qu'il faut cesser le combat.* »

Charles de Gaulle, secrétaire d'État du précédent gouvernement, s'envole de Mérignac pour Londres dans un avion britannique.

18 juin 1940. Bordeaux : attente anxieuse de la réponse des Allemands.

Londres : le général de brigade Charles de Gaulle rédige des appels à continuer le combat. Il parle à la BBC. Peu de Français l'entendent.

Jean Calvet s'indigne de la « capitulation » et de l'humiliation. La France, fille aînée de l'Église, défendait le droit et le christianisme face au nazisme. Il se révolte devant un tel scandale et gémit : « *Pourquoi, pourquoi Dieu nous a-t-il abandonnés ?* »

19 juin 1940. Les Allemands acceptent d'accorder un armistice et demandent l'envoi de plénipotentiaires à Rethondes, dans la clairière de l'Armistice de novembre 1918.

20 juin 1940. Bordeaux : les ministres et les politiciens se disputent autour de la carte de France. Où sont exactement les Allemands ? Les partisans du départ des pouvoirs publics pour l'Afrique du Nord annoncent la progression rapide de l'ennemi et l'urgence à embarquer sur le *Massilia*. Les pétainistes actifs prétendent que rien ne presse et que les Allemands n'ont pas encore franchi la Loire.

Jean Calvet contemple aussi la carte de France. Sa géographie est chrétienne. Il voit Domrémy, Vaucouleurs, Orléans, Chinon, Reims, Paris, Rouen occupés, et il demande la protection de la patronne de la France : « *Ô Jeanne, guerrière miraculeuse, à qui rien ne résistait, rendez à nos chefs la confiance qu'ils ont perdue : rendez à notre pays la foi dans son avenir. Sauvez-nous encore une fois, sauvez-nous.* »

21 juin 1940. Pour l'intellectuel catholique, la révolte se dissipe et la résignation s'installe. Calvet s'abandonne à la Vierge : « *Soyez le repos dans ma fatigue, le calme dans ma fièvre, le soulagement dans mes larmes.* » Il renonce à juger car juger c'est accuser Dieu. À la lucidité et à la révolte, il préfère la chaleur et le réconfort que la Vierge dispense aux cœurs fidèles : « *Donnez-leur surtout, donnez à ceux qui ont la responsabilité du pouvoir, donnez le conseil et la force ; le conseil pour discerner dans l'inextricable nuit où ils se débattent le chemin le moins honteux et le moins sanglant où ils engageront le pays.* » Le ralliement au gouvernement du maréchal Pétain est accompli pour ce cœur noble et sincère de chrétien, qui renonce à la raison, incapable de l'aider à dominer son chagrin : « *Je ne comprends plus rien à rien. Je remets entre vos mains toutes ces choses obscures où je ne comprends rien.* »

22 juin 1940. Compiègne : l'armistice est signé.

23 juin 1940. Bordeaux : Philippe Pétain appelle Pierre Laval comme ministre d'État.

Calvet demande à Dieu de l'entendre, de lui épargner la déréliction : « *Donnez-nous aussi de tirer de ce malheur un fruit de restauration. Nous savons la cause de notre déchéance : faire effort, servir, se sacrifier, c'est cela que nous avions oublié, c'est cela qu'il faut retrouver.* »

Le ralliement passif à Pétain ne suffit pas à ces âmes inquiètes, angoissées par le péché. Elles ne s'apaiseront que par l'engagement au service du nouveau pouvoir qui représente, pour elles, une consolation et, pour la France, une chance de survivre.

Le journal catholique *La Croix* secoue les catholiques, tentés de s'abîmer dans les gémissements et dans l'inaction. Le père H.D. Noble y publie le 15 juillet 1940 un article très vif, intitulé « Dieu a-t-il puni la France ? ». Il ouvre des perspectives aux désespérés : « *La défaite qui endolorit notre patrie ne doit pas s'appeler : châtiment mais : peine médicinale, Dieu n'a pas puni la France. Il a permis aux événements de nous administrer une dure et bienfaisante leçon. À nous de tirer profit de cette salutaire épreuve.* » Le mois suivant, le père Merklen admire le dessein de Dieu en cette défaite brutale : « *Une catastrophe inattendue est venue brusquement nous réveiller. Catastrophe vraisemblablement providentielle ! Réveil béni*[37]. »

La souffrance est riche de biens insoupçonnés. Le dogme de la Rédemption, qui montre que du sacrifice douloureux naît le salut, vivifie l'existence des chrétiens de ce temps. À la fin du XXe siècle, ce dogme du sacrifice rédempteur n'est pas très sensible aux esprits chrétiens, portés à se satisfaire d'une vision confortable et superficielle de l'Amour du Christ. Ils s'attardent peu — en dehors du Carême, d'ailleurs vécu moins intensément que par le passé — sur la nature de l'Amour du Christ qui le porte à sacrifier sa vie pour le salut des hommes. Les Christ en croix qui, au XIXe siècle, figuraient dans leur cadre de velours dans tous les salons, ont été relégués dans les chambres quand ils n'ont pas disparu. La mystique du sacrifice existait encore dans les esprits et faute de la prendre en considération, on s'expose à ne rien comprendre au mouvement qui amène les catholiques français à soutenir la Révolution nationale et dont l'explication est bien au-delà de la « divine surprise ».

La vertu sacrificielle a inspiré la foi des combattants de 1914-1918. Comment expliquer sans cela qu'un pays accepte un million trois cent cinquante mille morts sans se révolter ? Il se résigne. Il consent, parce qu'il croit que ces morts seront les premiers sauvés et qu'eux-mêmes seront consolés.

Le chant du sacrifice, plus modeste, tout à fait quotidien, continue à s'exprimer après la Grande Guerre. Ne confondons pas la joyeuse troupe de riches Parisiens, de noceurs et de novateurs, avec les gros bataillons de la petite et moyenne bourgeoisie française, heureuse de sa vie morose et austère. La « jouissance » dénoncée par le maréchal Pétain n'a pas été le penchant majeur des Français, qui ont vécu dans la tristesse des après-guerres, tout au plus adoucie par les menus plaisirs de la famille, une alimentation moins chiche pour les uns, abondante pour d'autres, égayée par une élégance féminine qui doit beaucoup à de longues heures consacrées à la confection familiale. Si se dessinent les prémices d'un élargissement de la consommation, elles sont masquées par le culte des vertus d'économie et d'efforts, le devoir. La publicité elle-même joue de cette morale. Les premiers réfrigérateurs sont présentés à une clientèle potentielle aisée non comme une satisfaction de la gourmandise mais comme une économie — utiliser les restes, ne rien perdre — ou comme un moyen (au demeurant efficace) de préserver la santé de la famille. Pour les petits-bourgeois, le mobilier Lévitan n'est ni « beau » ni « chic » ; il est « garanti pour longtemps ». Les apéritifs eux-mêmes se déguisent en fortifiants ou en élixirs de santé. Le plaisir n'est pas une valeur des Français dont l'esprit reste marqué par une éducation puritaine. Le cinéma s'en tient à de chastes baisers et l'érotisme ne s'exprime que dans les regards. Les valeurs du plus grand nombre de Français sont l'effort, le travail, le sacrifice. Tout au plus s'esquisse une féminisation de l'éthique, avec une place plus large à la sentimentalité et à l'attendrissement, aux intérêts juvéniles de gaieté, d'angoisse, d'insouciance, de suffisance, d'irresponsabilité et aux découvertes contrôlées des joies de la vie.

Cultes de saints

Quelle est cette vérité que les catholiques croient reconnaître dans le pétainisme ? Pourquoi le discours pétainiste plaît-il tant ? Pourquoi adoptent-ils si facilement de tels comportements ?

Les normes affichées et proposées à leur énergie parlent à leur cœur. Ils ont d'abord aimé dans le pétainisme la voie du rachat du malheur du monde par une conduite tout intérieure. Le malheur est expié par le sacrifice, le dépouillement, un travail acharné. Les catholiques suivent la voie humble et soumise, conforme aux modèles que leur offraient la religion populaire et la vie des saints les plus révérés. Les chrétiens de ce premier XXe siècle ont donné leur cœur aux saints du dépouillement, de la contrition et du sacrifice. Quand s'instaure la Révolution nationale, il y a moins de vingt ans que l'Église a canonisé trois saints qui touchent la sensibilité des Français : Jeanne d'Arc en 1920, sainte Thérèse de Lisieux et saint Jean Eudes, inspirateur de la dévotion au Sacré-Cœur, en 1925.

La plus populaire est sainte Thérèse de Lisieux, qui voulait ramener à Dieu les âmes et qui a offert pour ce vœu le sacrifice de ses terribles souffrances de tuberculeuse, mourant étouffée à vingt-quatre ans. La dévotion à sainte Thérèse de l'Enfant Jésus et de la sainte Face s'est développée avec une rapidité exceptionnelle, entraînant un processus de canonisation accéléré (la béatification est demandée moins de vingt ans après la mort de Thérèse alors que le pèlerinage est déjà très actif). Le culte de sainte Thérèse s'est diffusé dans les milieux populaires et chez les femmes séduites par la « petite voie » qu'elle a proposée pour aller à Dieu. Si certains théologiens critiquaient la « mièvreté » de ses écrits et de son iconographie — la pluie de roses qu'elle promit de jeter sur terre [38] — c'était faute d'attacher à sa doctrine, poétiquement et banalement exprimée, toute l'attention qu'elle méritait. Justice lui a été enfin rendue en 1997 quand le pape Jean-Paul II a proclamé Thérèse docteur de l'Église. La voie de la sainte de Lisieux est accessible à chacun car elle n'est que l'amour irradiant les actes les plus simples de la plus banale des vies. Thérèse donne le courage nécessaire à ces vies difficiles et qui exigent une abnégation active et résolue. La grâce naît de l'abandon à l'Amour (elle écrit : « *Jésus, le doux petit enfant, changea la nuit de mon âme en torrents de lumière* [...] *En cette nuit où il se fit faible et souffrant pour mon âme, il me rendit forte et courageuse. Il me revêtit de ses armes* [39] »). Cette sainte des modestes et des cœurs forts a compris aussi bien que des grands théologiens quelles doctrines étaient nécessaires aux hommes du XXe siècle. En 1895, Thérèse Martin, la petite carmélite, compose pour la fête de Noël du carmel de Lisieux une pièce, *Le Divin mendiant de Noël*. Elle y rend sensible l'idée que non seulement Jésus aime l'homme mais aussi qu'il mendie son amour aux hommes pour l'aider à racheter les âmes. Dieu accorde de la valeur à la réciprocité de l'amour. La spiritualité thérésienne invite à l'action dans le domaine moral et spirituel.

Le cardinal Suhard, évêque de Bayeux en 1928, fut engagé par le pape Pie XI, qui disait que Thérèse était « *l'étoile* » de son pontificat, à entreprendre en son honneur l'érection d'une basilique. L'immense monument blanc, qui domine la ville où se trouve le carmel, fut inauguré dès 1937 par le légat du pape, le cardinal Pacelli, futur Pie XII. Il fut reçu par le gouvernement avec les plus grands honneurs, témoignage de nouvelles relations entre l'Église et la République.

Thérèse de l'Enfant Jésus était la mystique préférée du philosophe Henri Bergson. Elle fut une découverte pour l'intellectuelle Édith Stein, carmélite qui mourra déportée le 9 août 1942 et qui écrit : « *En lisant* l'Histoire d'une âme, *je me trouvais devant une vie totalement traversée jusqu'au bout par l'amour de Dieu. Je ne connais rien de plus grand, et c'est un peu cela que je voudrais, autant que possible, transporter dans ma vie.* » En 1928, Emmanuel Suhard, nommé évêque de Bayeux, nourrit une grande dévotion pour la sainte qui illustre son diocèse, plaçant dans son blason ses roses à côté des étoiles de Pontmain. Il entretient une affectueuse correspondance avec la supérieure du carmel, mère Agnès, la sœur de Thérèse, plaçant son épiscopat « *sous la garde de Celle que je me suis donné comme Patronne et comme Modèle*[40] ». La sainte est à l'origine de la mission du cardinal, qui installera à Lisieux le séminaire de la Mission de France.

Le Sacré-Cœur de Jésus appelle la France, heureuse mais angoissée du miracle qu'a été la victoire fragile de 1918, à renouveler les promesses de son baptême. Dans ces églises de villages s'élèvent les voix enfantines répétant les cantiques de la première communion :

Pour assurer notre victoire,
Seigneur, apprends-nous à souffrir ;
Pour ton honneur et pour ta gloire
Puissions-nous combattre et mourir.

Chaque 11 Novembre, devant les modestes monuments portant la longue liste des morts de la guerre, sur les places mais aussi dans les cimetières, les enfants des écoles récitent les vers :

Ceux qui pieusement sont morts pour la patrie
Ont droit qu'à leur tombeau la foule vienne et prie.

L'objet de cette méditation sur la souffrance et le grand consolateur est le Christ sacrifié sur la Croix. Le soldat perça son côté de sa lance et du cœur blessé s'écoula le sang du fils de Dieu. Après la Résurrection, les apôtres vénèrent ces plaies du Christ qui prouvent jusqu'où va son amour des hommes. Les Pères de l'Église préparent la dévotion au cœur transpercé. Le Moyen Âge connaît une explosion mystique de ce culte, qui prend peu à peu une forme liturgique ; saint Jean Eudes fait approuver en 1670 une messe du Cœur de Jésus[41].

À Paray-le-Monial, Marguerite-Marie Alacoque, disciple de saint François de Sales, reçoit entre 1673 et 1675 des visions de Jésus, qui ordonne à l'Église d'instituer une fête de son cœur. Au siècle suivant, l'appui de la reine Marie Leszczynska et celui des jésuites contribuent à la diffusion du culte. Le 25 mai 1899, Léon XIII consacre l'humanité au Cœur de Jésus. Pie XI vient d'approfondir la doctrine de la Réparation. Par le baptême, les hommes sont devenus compagnons d'expiation de Jésus et participent à son œuvre de réparation du péché.

De cette réflexion sur la signification du culte du Cœur sacré du Christ naît une vision moins idéologique et plus religieuse de l'histoire du grand édifice qui domine Paris de la blancheur éclatante du calcaire de Château-Landon et de ses coupoles néo-byzantines : le Sacré-Cœur. Deux bourgeois parisiens, Hubert Rohaut de Fleury et Alexandre Legentil, membres de la confrérie charitable Saint-Vincent-de-Paul, industriels, eurent l'idée en décembre 1870, au moment du premier désastre militaire de la France devant la Prusse, de susciter la construction d'une église à Paris pour la libération de la capitale, le salut de la France vaincue et la délivrance du pape, qui se considérait comme prisonnier dans la ville de Rome où le roi d'Italie installait la capitale du nouvel État-nation enfin unifié. La suppression des États de l'Église, l'appui donné à cette cause par la France et par la Prusse créaient la « question romaine ». L'archevêque de Paris, Mgr Guibert, encouragea l'idée du vœu national. La Chambre royaliste vota le 24 juillet 1873 la loi d'utilité publique imposant à la ville de Paris la vente du terrain qu'elle possédait sur la butte et qui était idéal pour la construction envisagée.

On a parlé d'expiation du sang versé sous la Commune de Paris. La chronologie montre que le vœu est antérieur et que son sens est plus large et plus généreux. Pour les deux notables parisiens, la France avait vocation à bénéficier, comme une personne, du salut qu'apporte le Christ. Mais elle s'y est dérobée par mépris de Dieu (la fête napoléonienne, symbolisée par la construction de l'Opéra, le goût du lucre attesté par la destruction du vieux Paris par Haussmann), par négligence pour les pauvres livrés à une industrialisation cruelle aux prolétaires et par la complicité de Napoléon III avec les ennemis du pape. Mais le Christ si bon a rappelé par Marguerite-Marie Alacoque que son cœur est aimant et que le pardon viendra de son culte. La basilique sera donc dédiée au Sacré-Cœur de Jésus. Dix millions de catholiques ont donné pour la basilique de pèlerinage. Le 1er juin 1940, au cœur de la défaite, le cardinal Suhard, archevêque de Paris, en présence du gouvernement, consacre dans la basilique Paris et la France au cœur de Jésus et de Marie.

Marthe Robin, la stigmatisée de la Drôme

La vigueur de la foi catholique se révèle non seulement dans ces larges pratiques et croyances collectives, tournées vers les cultes consacrés du Sacré-Cœur et de Thérèse, mais aussi dans son renouvellement par l'émergence de nouveaux postulants à la sainteté. Ils attirent déjà des âmes ferventes autour d'eux ; des visites aux lieux inspirés s'organisent. Des paroles sont recueillies par les premiers hommes d'Église, alertés et éclairés par ces âmes de feu.

Quatre-vingts ans après Lourdes, la Vierge délivre de nouveau un message aux Français dans une humble maison de paysans de la Drôme, où gît sur un lit une jeune fille diaphane, Marthe Robin, la stigmatisée de la Drôme.

Cette paysanne est née le 13 mars 1902 à Châteauneuf-de-Galaure. Jeune fille à la santé fragile, elle songe à entrer au carmel. Elle médite des lignes qu'elle a trouvées dans un livre de piété : « *Tu cherches la joie, la douceur ; c'est à la souffrance qu'il faut te préparer* [...] *Il faut donner à Dieu, tout*[42]. » Sa vie spirituelle est liée à celle de Thérèse de l'Enfant Jésus. Il n'y a pas un an que la carmélite de Lisieux a été canonisée lorsque Marthe Robin tombe gravement malade. En 1926, elle reçoit trois visions de sainte Thérèse, qui lui annonce qu'elle guérira et qu'elle devra prolonger sur terre la mission qu'elle-même avait commencée. La vie de Marthe Robin va devenir celle du renoncement et de la passion mystique. Anorexique, elle est paralysée et, à partir de 1929, elle vit alitée dans sa chambre, faiblement éclairée par une bougie.

En 1930, Marthe Robin reçoit les stigmates du Christ. Dès lors, chaque semaine, elle revit la Passion. Dans la nuit du jeudi au vendredi, elle souffre et crie. Elle croit porter tout le péché du monde. Vers 17 heures le vendredi, elle pousse un cri et tombe dans un sommeil extatique. Des larmes de sang coulent de ses yeux. Elle a des visions de la Vierge. Elle s'arrête de gémir et dit à son directeur de conscience, le père Pinet : « *Mon Père, maman est là.* » Le lundi, elle revient à la conscience. À la demande de Rome (Pie XII enverra à son chevet le théologien Garrigou-Lagrange), elle est examinée en 1942 par trois médecins, les Dr Dechaume, Ricard et Bansillon. Ils ne concluent pas à des phénomènes purement hystériques et s'inclinent devant ce que le psychiatre Mottet appelle une « *énigme biologique* »[43]. L'abbé Faure fait écrire l'acte d'abandon de Marthe à la volonté de Dieu, inspiré de l'acte d'offrande à l'amour miséricordieux de sainte Thérèse : « *Dieu éternel, Amour infini, ô mon Père. Vous avez tant demandé à votre petite victime. Prenez donc et recevez tout.* »

Des pèlerins accourent vers la ferme de la Drôme. Pour répondre au vœu de Marthe Robin, le père Pinet fonde des foyers de charité qui sont actuellement au nombre de soixante-dix, témoignant de l'importance du sacerdoce des chrétiens et de la valeur de la vie communautaire. Les statuts de cette association de fidèles ont été appréciés par Rome en 1986. Que recherchent les fervents catholiques qui dirigent leurs pas vers la ferme de la Drôme ? Une parole qui réconforte et permette de retrouver la voie simple. Après une attente dans la salle, ils pénètrent dans la chambre obscure, discernant mal la petite forme allongée sur le lit. Ils entendent surtout une voix, d'abord douce et espiègle, puis vigoureuse, presque pythique. Marthe ne dit rien de compliqué. Elle conseille sur des histoires de vie, banales, un peu douloureuses. Elle éclaire chacun par un rappel des valeurs simples : Dieu et amour, famille et espoir.

Marthe n'hésite pas à dépasser le cercle de ses fidèles. Elle a pris à cœur le destin de la France. Le 10 février 1936, elle annonce à son directeur de conscience une nouvelle Pentecôte d'Amour, qui couronnera le renouveau de l'Église (Marthe Robin est une des patronnes du renouveau charismatique en France). En mai 1940 — nouvelle Jeanne d'Arc — elle fait tenir un message au président Daladier : surtout que les troupes françaises évitent de s'avancer en Belgique. La défaite venue, Marthe Robin accomplit un nouveau sacrifice ; elle déclare qu'elle perd volontairement la vue. Elle accomplit le dernier acte physique de l'abandon qu'elle projetait en 1926 : « *Plus rien de moi... Par moi... Pour moi... Je renonce à jamais à moi-même et à tout, et me voue tout entière à la prière, à la souffrance, à l'Amour.* »

Le pétainisme a joué des sentiments sincères d'un peuple et s'est appuyé sur cette sensibilité populaire catholique. Les propagandistes n'avaient aucune retenue à faire vibrer la sensibilité populaire par des procédés sans pudeur. Le RP Samson de l'Oratoire consacre une petite brochure, *La Conscience française et son drame (Nihil Obstat* du 27 juillet 1941), à la nécessaire « repentance ». Il n'hésite pas devant l'anecdote qui arrache des pleurs. Il évoque le souvenir d'une scène édifiante qu'il dit avoir observée, le 17 juin 1940, sur les routes de l'exode, près de Briare. Les civils sont mitraillés par les Stukas allemands. Un homme désespéré tient dans ses bras le corps mutilé de son enfant, mort. Tout à coup, près de lui, venant du fossé, s'élève une voix enfantine, affolée, plaintive : « *Maman ! Où est maman ?* » La petite fille est seule, hélas, à jamais. L'homme pose le corps de son fils, prend la main de la fillette vivante et s'éloigne avec elle, vers la vie.

Pour comprendre l'adhésion à ce pétainisme de l'été 1940, il fallait évoquer la religion populaire, dire les préoccupations intimes et les élans du cœur des Français catholiques. Ce n'est pas la raison qui les engage derrière Philippe Pétain, c'est toute une culture, une sensibilité, le cœur.

Dans le désastre de 1940, les catholiques français méditent plus que jamais sur la Passion du Christ. Ils ont sous les yeux le cœur blessé, le cœur souffrant du Christ. Le sang coule pour permettre la consolation et le pardon, susciter l'espoir dans la nuit de la défaite. Aussi, lorsque Philippe Pétain dit le 17 juin 1940 : « *Je fais à la France le don de ma personne pour atténuer son malheur* », les catholiques le reconnaissent immédiatement. Qui a découvert cette phrase ? Le Maréchal l'a-t-il tirée de son enfance chrétienne de neveu du curé ? Y a-t-il eu un serment à la croix de Mazinghem comme le soutint, dans l'incrédulité générale, un de ses parents par alliance [44] ? Ou bien des catholiques de son entourage, bons connaisseurs du dogme et habiles psychologues de l'âme humaine, lui ont-ils suggéré une des plus efficaces formules de propagande de la France de Vichy ?

Le procédé des concordances entre le message chrétien et le discours du maréchal Pétain est encore utilisé en février 1942 dans le supplément des écoles primaires supérieures de la revue de la JEC, *Messages* : « *Rapprochons deux affirmations : "Qui n'est pas avec moi est contre moi. Qui n'amasse pas avec moi dissipe" (Luc, XI, 23). "La vie n'est pas neutre ; elle consiste à prendre parti hardiment. Il n'y a pas de neutralité possible entre le vrai et le faux, entre le bien et le mal" (Pétain)* [45]. »

La confrontation de l'événement brutal — défaite et occupation — avec les phénomènes de mentalité, de rythme plus ample explique la force du pétainisme des catholiques mais elle permet aussi de résoudre une contradiction qui a toujours gêné les historiens du catholicisme lorsqu'ils abordaient la période de la Seconde Guerre mondiale. Ils comprenaient mal comment avaient pu coexister dans l'âme des catholiques pétainisme et esprit de résistance. Ils avaient des difficultés à cerner les rapports de la masse catholique avec les militants actifs et les clercs plus avancés, à moins de rejeter la première dans les ténèbres du mépris et d'exalter à l'excès les vertus des héros qui étaient dans le sens de l'histoire. L'historien du catholicisme peut-il se satisfaire de cette vision du monde et du grand drame de l'Occupation, où la lumière de l'esprit et l'intelligence des événements n'auraient été dispensées qu'à une petite élite ?

L'attention aux mentalités populaires et à la spiritualité évite d'opposer la foule catholique suivant les voies obscures et irrationnelles du pétainisme à une élite possédant, dès le premier souffle, le sens de la résistance. Pour l'une et pour les autres, la culture du sacrifice est forte et conduit tout autant à l'engagement dans la Révolution nationale, au patriotisme silencieux qu'à la résistance chrétienne. Et cela pour des êtres différents mais aussi, parfois, pour le même homme.

JEANNE D'ARC ENTRE LA FRANCISQUE ET LA CROIX DE LORRAINE

Aucun régime qui aspire à la durée ne peut se passer de symboles. La Révolution française a usé et abusé des images antiques. Bonaparte plaça les abeilles de Chilpéric sur le manteau du sacre. La IIIe République érigea ses statues sur les esplanades et fit vibrer les discours de ses orateurs de références athéniennes. La liberté au front cerclé de rayons dresse son poing flamboyant sur l'île aux Cygnes à Paris, se dissimule sous les marronniers de la modeste place du Pilori dans le quartier royaliste de Poitiers ou incarne la ville de New York. Quand les délibérations des conseils municipaux ruraux deviennent lourdes d'ennui, l'esprit des conseillers se repose à la vue des plantureuses Marianne. Le coq gaulois se dresse sur ses ergots pour saluer le lever du soleil et défier l'aigle impériale. Les cérémonies républicaines n'ont pas le faste de celles de la monarchie mais la République s'applique aux liturgies.

L'État français a eu le souci de renouer avec les grandes liturgies politiques et nombre d'entre elles sont aussi des liturgies religieuses[46]. Mais il n'y réussit bien que dans ses premiers mois. Petit à petit, le consensus autour des symboles de la patrie se délite et chacun investit les symboles de ses valeurs en ces batailles de l'imaginaire, qui sont le seul jeu des peuples qui s'interdisent le combat par les armes.

Le gouvernement de Vichy ne réussit pas à monopoliser la célébration de Jeanne d'Arc, sans doute parce qu'il lui était interdit de désigner les ennemis à « bouter » hors de France. Il fut pris de vitesse par la France libre, qui se plaça sous le patronage de la sainte lorsque l'amiral Muselier ordonna le 2 juillet 1940 que les bâtiments de la future flotte libre « *porteraient à la poupe les couleurs nationales françaises et à la proue un pavillon carré bleu orné d'une croix de Lorraine rouge*[47] ». La croix de Lorraine était née. Cette croix dont l'origine remonte aux croisades apparut en janvier 1477 sur les bannières de René II à la bataille de Nancy[48] ; la double traverse évoque peut-être l'inscription INRI qui surmonte la Croix du Christ et évoque la Résurrection. La croix devint chère aux Lorrains après le traité de Francfort de 1871, qui avait livré trois départements de l'Est aux Allemands. Quelques mois après ce triste traité, les évêques de Strasbourg et de Metz déposaient au pied de la Vierge de la colline de Sion — la colline inspirée de Barrès — une plaque sur laquelle figurait une croix de Lorraine brisée, portant l'inscription : « *Ce n'est pas pour toujours.* » Après le traité de Versailles de 1919 qui rendit les provinces perdues à la France, une nouvelle inscription fut gravée : « *Ce n'était pas pour toujours.* »

Le 1er mai 1941 à 20 heures 25, la BBC célèbre l'espoir de la résurrection de la patrie : « *Au chevet de la patrie blessée, tous les Français*

— acharnés naguère à se diviser contre eux-mêmes — recomposent le visage douloureux et défiguré de la France. » Et la consigne est donnée : « *Le 11 mai, fête de Jeanne d'Arc, tous les Français s'uniront dans une seule pensée ; la liberté de la patrie. Ce jour-là de 15 heures à 16 heures, ils se trouveront tous sur les promenades publiques de nos villes et de nos villages. Ils y passeront individuellement ou en famille ou par groupes d'amis ; ils ne formeront pas de cortège, le silence absolu régnera ; mais en se regardant l'un l'autre droit dans les yeux, leur regard suffira pour exprimer leur volonté commune et leur fraternelle espérance. L'ennemi ne nous aura pas. Il sera chassé de chez nous.* »

Pierre Limagne, bon observateur de l'opinion, note le 11 mai 1941 que le pavoisement recommandé à tous par le gouvernement reste limité aux édifices publics et que le seul zèle, assez suspect à ses yeux, est celui des instituteurs (« *un zèle de néophytes*[49] »). Il note : « *Remarqué dans les rassemblements, avant le défilé, nombre de jeunes gens qui se montraient mutuellement, cachées sous le revers du veston, les couleurs franco-britanniques.* »

Le 10 mai 1941 fut lue à la BBC la *Prière de Jeanne d'Arc* de Georges Bernanos. Le romancier chrétien, qui vit en Amérique du Sud, s'en prend plus aux pétainistes qu'à l'ennemi allemand (« *entre lui et nous un compte est ouvert, nous le réglerons tôt ou tard*[50] »).

L'État français a hésité avant de trouver un ton juste pour célébrer Jeanne d'Arc. Il semble d'abord vouloir se démarquer de la propagande antianglaise des collaborateurs, qui affichent à Paris des images où les flammes du bûcher de Rouen se confondent avec celles s'élevant des navires bombardés le 3 juillet 1940 par les Britanniques à Mers el-Kébir. La sainte qui lance un lourd regard de reproche vers l'Ouest redit :

J'aimerais mieux
rendre l'âme à Dieu
que d'être en la main des Anglais.

Le 11 mai 1941, le maréchal Pétain prononce une courte allocution sur une sainte aux vertus consensuelles : « *Paysanne de nos marches de l'Est, fidèle à son sol, fidèle à son prince, fidèle à son Dieu* », certes torturée au vieux marché de Rouen mais « *martyre de l'unité nationale* ».

Gare aux publicistes qui se risqueraient à évoquer l'image d'une combattante. Ils subissent le sort du père Bartz, dont le beau texte patriotique fut mutilé par la censure avant de devenir méconnaissable dans *La Croix*. Le ton en était trop guerrier en ces temps d'armistice.

Une interprétation purement religieuse, dévirilisant Jeanne d'Arc, était seule tolérée. Albert Bessières répondait aux attentes de l'État français en célébrant la première vertu de Jeanne : la piété. Il rappelait son indignation quand, à Patay, elle vit un soldat frapper un prisonnier. Elle saute de cheval, s'assied sur une pierre et appuie sur ses genoux la tête du blessé. Elle le prépare à la mort par de douces paroles. « *Le blessé expire, les yeux sur les yeux de Jeanne, qui lui joint les mains en l'appelant son frère. Ces gestes de Jeanne vaudront plus, pour nous façonner une âme, que ses miraculeuses victoires*[51]. » La leçon est l'union nationale pour l'amour et la fraternité, contre les gaullistes qui dressent les uns contre les autres les enfants de France.

L'État français aimait offrir aux Français des dramaturgies à grand et sobre spectacle. Le catholique Henri Ghéon écrivit en 1941 une ode chorale, *Sainte Jeanne d'Arc*, sur l'espoir d'une nouvelle renaissance de la patrie, « *vingt fois jetée à bas et vingt fois relevée* ». La renaissance, enseigne le dramaturge, se réalisera par la prière :

> Premier chœur — *Oui, Jeanne, la prière pour*
> *Supporter l'abaissement.*
> Second chœur — *La prière pour supporter la séparation,*
> *Les privations, les souffrances.*
> Premier chœur — *Oui, Jeanne, la prière pour*
> *Augmenter la foi.*
> Second chœur — *La rendre à ceux qui ne l'ont*
> *Plus, la multiplier chez les autres.*
> [...]
> Premier et second chœurs — *Et les actes suivront*
> *Et notre ciel s'éclairera.*
> Jeanne — *Rayonnera, rayonnera, mes chers fils.*
> *Comme Jésus, Marie et les lis sur mon étendard,*
> *Au-dessus de la France ressuscitée !*
> *Priez ! Aimez ! Et rassemblez vos cœurs*[52].

En 1942, le gouvernement donna plus d'éclat encore à la fête de Jeanne d'Arc, que le nouveau ministre de l'Éducation nationale entreprit d'expliquer à la jeunesse de France. Le 9 mai 1942, il fit lire un message en deux versions adaptées à l'âge des auditeurs ; le message pour les petits est poésie, pour les jeunes gens il est un appel au respect des jeunes filles que n'aurait pas récusé la JOC : « *Que règne* — écrit le ministre — *entre jeunes gens et jeunes filles une camaraderie franche qui ne permet pas d'autre amour que celui qui unira loyalement les époux.* » Enfin, un petit hommage à Pétain conclut le message : « *Si Jeanne d'Arc revenait, elle irait droit à lui pour le reconnaître et le saluer, et ils n'auraient qu'à croiser leurs regards pour s'apercevoir qu'ils sont de la même race et qu'ils sont d'accord*[53]. »

Le gouvernement voulut organiser dans certaines villes une cérémonie confiée à la jeunesse, appelée à proclamer devant la cité sa foi et sa volonté. La liturgie en fut confiée à René Bruyez, auteur d'un drame, *Jeanne et la vie des autres*, qui transforma l'espace urbain en scène de la Révolution nationale. Au douzième coup de midi commence la cérémonie, près de la statue de Jeanne d'Arc ou près du monument aux morts, où la foule s'est rassemblée en demi-cercle. S'avancent une théorie de fillettes et deux colonnes de garçonnets déposant des fleurs tricolores en parterre. Les couleurs sont hissées et les personnalités prennent place au premier rang. Alors du peuple assemblé s'élève un dialogue pédagogique. Le premier récitant célèbre l'âme chevaleresque et évangélisatrice de la France « *millénaire et impérissable* ». Un second récitant lui répond en chantant le peuple paysan qui sut toujours donner sa vie à de bons chefs protecteurs. Il fallait en venir, par la bouche du troisième adolescent, au chef rédempteur :

> *Je crois à l'injonction des Morts*
> *Au devoir impérieux des Vivants*
> *Et à la nation libre que composeront leurs fils.*
> *Je crois en le Chef aux yeux de Ciel*
> *Qui, pour la Rédemption lente et sûre,*
> *Ayant attaché son nom à la victoire,*
> *Accepta de le voir*
> *Iniquement*
> *Enchaîné au désastre.*

Dans le ciel s'élèvent les sonneries des cloches de la Résurrection. Elles s'atténuent, ralentissent, permettant dans le silence retrouvé la récitation de versets qui constituent le cœur de la cérémonie.

> Un jeune homme — *Jeanne*
> *Grâce à qui la France est redevenue la France ;*
> *Nous entendons veiller au maintien de la France*
> Une jeune femme — *Jeanne*
> *Qui avez consacré à la Résurrection de la Patrie*
> Les petites filles — *Votre jeunesse*
> Premier groupe de garçons — *Votre foi*
> Second groupe de garçons — *Et votre volonté*
> Premier jeune homme — *Nous jurons*
> Second jeune homme — *D'y consacrer à notre tour*
> Premier groupe de garçons — *Notre jeunesse*
> Second groupe de garçons — *Notre foi*
> Les petites filles — *Et notre volonté.*

C'est ensuite au tour des parents de consacrer leurs enfants à la France. Après ces chœurs, les personnalités quittent la place.

Les cloches sonnent à la volée. La jeunesse entonne le couplet de la *Marseillaise* : « *Amour sacré de la patrie...* »

1942 est une année intéressante parce que, pour la première fois sans doute, s'exprime une critique de catholiques, pourtant traditionnels et pétainistes, contre la vision païenne des responsables de la jeunesse. Le discours d'Abel Bonnard leur déplut. Se souvenant qu'il était poète, il avait voulu expliquer la vocation de la sainte aux petits enfants : « *Si Jeanne d'Arc* — expliquait-il — *a pu redonner son âme à la France, c'est qu'elle-même chaque jour avait prié de tout son cœur dans l'église de Domrémy ; c'est aussi qu'elle avait suspendu des guirlandes au vieil arbre séculaire et mystérieux qu'honoraient les fillettes du pays. Derrière elle, il y avait les saintes qui ont quitté leurs vitraux flamboyants pour l'accompagner et les fées qui lui ont parlé dans l'ombre des branches.* » Des catholiques, intransigeants et jusque-là bons pétainistes, s'indignent de cette interprétation douteuse et païenne de la vie de la sainte. Y a-t-il des vitraux dans l'église de Domrémy ? Seul un esprit malin est capable de voir dans les « dames » — les saintes de Jeanne — des « fées ». Enfin, cet arbre sacré se déploierait mieux dans les légendes germaniques que dans la vie d'une sainte catholique [54].

En 1943, la censure veillait et ne laissait plus passer les critiques, même là où elles n'étaient pas attendues. Le ton des cérémonies resta lénifiant.

En 1944, la fête de Jeanne d'Arc fut exploitée par les propagandistes collaborateurs contre les Alliés, qui bombardaient les villes de France. S'alignent dans les ruines les cercueils de bois blanc contenant les restes mutilés des victimes.

Le Conseil des ministres avait décidé qu'il n'y aurait pas de cérémonies officielles pour la sainte Jeanne d'Arc. Et puis ce fut la surprise. Le maréchal Pétain, qui résidait en Seine-et-Oise au château de Voisins, se rend inopinément dans les ruines fumantes de Rouen. Il visite en voiture le quartier effondré de la cathédrale et au monument érigé, place du Vieux-Marché, sur l'emplacement du bûcher de la sainte ; il dépose une gerbe au pied de la statue puis s'entretient avec des jeunes en culotte de golf et spencer trop court. Un service religieux est célébré ensuite dans la seule église utilisable, Saint-Ouen. Tandis que le vent, qui s'engouffre par les vitraux brisés, soulève la nappe d'autel, Pétain entend l'office à côté de l'archevêque de Rouen, Mgr Petit de Julleville.

Philippe Henriot vit tout le profit qu'il pouvait tirer de la visite de Pétain à Rouen. La consigne n° 1538 de la propagande ordonne aux journaux de donner une présentation très étoffée de la cérémonie de Rouen. Pierre Limagne n'est pas convaincu pour autant et note le dimanche 14 mai : « *Le Maréchal profite de la lassitude générale et de l'émotion causée par des bombardements épouvantables pour essayer de faire applaudir sa politique "de chien crevé" et sa personne*[55]. »

DÉVOTIONS DE L'OCCUPATION ET TEMPS FORTS DE LA FOI

L'Occupation fut un temps de grande piété. Ce coup d'arrêt à une déchristianisation, qui hantait les responsables de l'Église, est dû à l'événement qui multiplie les victimes, révèle aux esprits distraits par le monde la colère de Dieu et redonne du prix à la protection des saints. La lueur qui surgit dans les ténèbres et le chaos réchauffe des âmes jusque-là engourdies. Analysant la pratique religieuse dans ces terres du Nord, restées si chrétiennes, Serge Laury estime que l'Occupation avait provoqué un réveil de la piété[56]. Partout augmente le nombre de chrétiens qui font leurs Pâques. L'assistance à la messe est plus nombreuse. Neuvaines et récollections attirent. Les prières s'élèvent dans tous les milieux lors des bombardements. En 1941, le diocèse d'Arras est consacré au Sacré Cœur et les maires ruraux s'associent aux cérémonies. Les plaques du Sacré Cœur sont apposées au-dessus de la porte après la consécration au cours de laquelle, en face de la statue du Sacré Cœur portée dans la maison et déposée dans une pièce ornée, le chef de famille lit la consécration. En 1942 est proclamée l'Année mariale.

Un peu partout en France, le clergé a l'impression que les catholiques vivent plus intensément leur foi. Son expression publique leur donne une intense satisfaction. Les processions déroulent à nouveau leurs chantantes théories dans les villes. La réappropriation de l'espace public réjouit les cœurs humiliés des catholiques tout en agaçant plus d'un laïc. À Vichy, le nonce apostolique conduit la procession de la Vierge noire de Saint-Blaise le 15 août 1940 et le 15 août 1941. À Reims, la procession de La Lunade interrompue en 1894 reprend son cours et réunit en 1941 3 000 participants dont beaucoup de notables et de fonctionnaires. La *Semaine religieuse d'Évreux* affiche le bonheur des chrétiens : « *Pour la première fois depuis le 17 mai 1883, Dieu s'est avancé, dimanche, à travers notre ville*[57]. » Une paroissienne de la cathédrale Saint-Pierre à Poitiers confie sa joie au professeur André Latreille : « *Le Petit Jésus a pu sortir de la cathédrale !* » Renouer le fil des traditions interrompu par l'anticléricalisme de la IIIe République semble justice. Les grandes cérémonies ont une autre signification. Deux d'entre elles ont frappé les esprits : l'immense rassemblement de la jeunesse au Puy-en-Velay en août 1942 et le pèlerinage itinérant de Notre-Dame de Boulogne qui dura jusqu'en 1948.

Le pèlerinage de la jeunesse au Puy (août 1942)

Rassembler 120 000 jeunes au Puy en août 1942 était-il une manifestation de nature politico-religieuse ou le témoignage de la seule ferveur religieuse de la jeunesse française ? Les premiers historiens y virent un triomphalisme politique. Opinion excessive car la ferveur et la sincérité de la jeunesse rassemblée sont éclatantes[58]. Le mélange ambigu de la religion et de la politique a produit cet étrange pèlerinage, qui n'est pas assimilable à une manifestation politique.

Le pèlerinage de la jeunesse est un temps de renouveau du culte marial voulu par l'Église en 1938. Le congrès marial se tenait tous les quatre ans. Celui de Boulogne en 1938 avait décidé, pour célébrer le vœu de Louis XIII vouant en 1638 la France à la Vierge, de consacrer pendant dix ans un culte spécial à la Vierge Marie. Le congrès suivant aurait dû se tenir au Puy en 1942. Il fut remplacé par un pèlerinage de la jeunesse dont le père Doncœur et le père Forestier eurent l'initiative. Le père Doncœur était le très vigoureux guide de la Route, la branche aînée des scouts. Ses engagements avaient toujours été éclatants et il avait un incontestable tempérament de propagandiste. Exilé douze ans en Belgique par l'anticléricalisme des républicains, le jésuite était rentré en France en 1914 où il devint un aumônier militaire valeureux (présent pendant trente mois aux combats devant Mézières, trois fois blessé, Légion d'honneur avec sept citations) et l'un des inspirateurs du mouvement combattant, animateur de la DRAC. Il était rédacteur aux *Études* lorsque Édouard Herriot commença à envisager des mesures contre les religieux. Jacques Péricard, l'homme de *Debout les morts*, ouvrit au jésuite le populaire *Almanach du Combattant* (100 000 exemplaires) pour sa lettre ouverte à Édouard Herriot. Après avoir reproché au chef radical d'avoir fui toute visite au front pendant la guerre, Doncœur lui décoche la flèche du Parthe : il n'a pas plus peur des gaz et des balles que des « *embusqués de la politique* » et il lance son défi : « *Eh bien, non, nous ne partirons pas ! Pas un homme, pas un vieillard, pas un novice, pas une femme ne repassera la frontière, cela jamais !* »

Il fut aumônier de la Route, contribuant à la renaissance du chant populaire par la publication de recueils de chansons françaises, la fondation de chorales[59]. Fondateur des éditions de l'Orante en 1934, il y publie en 1942 un *Péguy, la révolution et le sacré*, qui prend valeur de doctrine du régime. Il a popularisé auprès des jeunes la spiritualité du pèlerinage, de la marche pour Dieu. Pendant l'Occupation, il accepte de remplacer l'aumônier des routiers qui est prisonnier et, à ce titre, engage les scouts à participer au pèlerinage de 1942. Mgr Martin, évêque du Puy, et le père Forestier, aumônier des scouts, ont discuté à Lourdes lors du pèlerinage du Rosaire de 1941 et décidé de remplacer le congrès marial par cette grande cérémonie pour les jeunes. Organisé par les scouts, le pèlerinage attire les jeunes chrétiens des mouvements spécialisés, des jeunes des Chantiers de jeunesse et des compagnons. Les autres diocèses furent associés car une prière fut dite en chaire le 15 août 1942 en union avec le pèlerinage du Puy[60].

La finalité du pèlerinage fut donnée par le père Forestier : « *Aller porter nos supplications pour la France souffrante, demander la libération des prisonniers et le maintien de l'unité française.* » Les pèlerins n'oublient pas leur devoir de pénitence pour les fautes du passé, la confiance car la providence les aidera et l'espérance que justifie l'intercession de la bonne Vierge. Les thèmes d'avenir l'emportant sur le regret du passé, la jeunesse était tout naturellement l'acteur et la vedette de la cérémonie.

Le pèlerinage se déroule sur trois jours au cours desquels la jeunesse s'empare de ce site volcanique fantastique, où jaillissent d'étranges pitons que couronnent des symboles chrétiens.

Le 12 août 1942, les pèlerins arrivant par groupes régionaux s'arrêtent sur les hauteurs dominant le Puy. Ils annoncent leur arrivée par un feu allumé sur les hauteurs. Quand la dernière flamme s'est embrasée dans la nuit lui répond l'embrasement du rocher du Puy. Un projecteur éclaire la statue de la Vierge du rocher Corneille.

Le 13 août, les délégations, en bon ordre derrière les oriflammes et les madones, se rendent à la cathédrale.

Le 14 août 1942, au camp routier, Mgr Martin célèbre la messe avec douze prêtres. Quatre mille communions sont distribuées. Le moment le plus fort fut le chemin de croix du rocher d'Aiguilhe à la cathédrale. Les jeunes suivent la grande croix qui marque les stations comme sur la *Via Dolorosa* de Jérusalem. À la première station, ils demandent pardon pour « *l'apostasie publique qui a rejeté Jésus de notre peuple et l'a condamné à mourir dans l'âme de ses enfants* ». À la seconde station, le prédicateur s'écrie : « *Vous êtes à genoux. Courbez-vous pour recevoir la croix de toutes les souffrances de notre peuple : souffrances des humiliations de la défaite [...] Nous avions trop oublié qu'elle était la croix de la Rédemption de la France. Prenez cette croix comme le Christ prit la sienne pour le rachat de notre peuple.* »

Les autorités politiques n'apparaissent qu'au troisième jour, le 15 août à 11 h 30, quand, après les messes, est diffusé par haut-parleurs le message du maréchal Pétain, place du Breuil, qui est appel à l'union, souvenir des prisonniers et sens donné à la prière, afin que le « *pays soit libéré des épreuves qu'il subit en ces jours* ». Le chef de l'État n'était représenté que par le secrétaire d'État Georges Lamirand et les autorités préfectorales et légionnaires locales, les chefs des institutions de jeunesse. Ils s'effacent derrière les prélats, Mgr Gerlier qui célébra la grand-messe, et les évêques (Mgr Fillon, archevêque de Bourges, Mgr Martin, évêque du Puy, Mgr Piguet, évêque de Clermont,

Mgr Couderc, évêque de Viviers, Mgr Choquet, évêque de Lourdes, Mgr Heintz, évêque replié de Metz, Mgr Bornet, évêque auxiliaire de Lyon) dont le cortège parcourut la ville l'après-midi. Le père Doncœur demanda, après la clôture officielle du pèlerinage, aux Alsaciens-Lorrains de prier pour la délivrance des chères provinces. Aucune autre allusion — les victimes récentes de la barbarie nazie ne manquaient pourtant pas en août 1942 — ne fut exprimée.

La ferveur religieuse l'emporta sur la manifestation politique et, même si la politique ne pouvait être absente le 15 août 1942, elle est moins à mon avis celle de la collusion de l'Église et du pouvoir politique que celle de l'affirmation, en pleine crise de la jeunesse unique, du caractère chrétien de la jeunesse française et la sereine confiance d'une reconstruction de la France par une jeunesse catholique.

Le grand Retour de Notre-Dame de Boulogne

La dévotion à la Vierge inspira aussi un pèlerinage qui semble avoir rencontré un réel succès populaire : le grand Retour de la Vierge de Boulogne [61]. Le congrès marial de Boulogne de 1938 avait consacré pour dix ans la France à la souveraineté de Marie. Dans une chapelle de Boulogne figurait une statue commémorant l'arrivée miraculeuse au VIIe siècle d'une barque sans matelots et sans rames et brillante de lumière. Quand elle s'échoua, les habitants découvrirent une statue de la Vierge, qui fut vénérée tout au long de l'histoire par les rois de France et les guerriers, Godefroy de Bouillon comme le maréchal Foch. La statue fut montrée en 1938 aux paroisses de la Somme et parcourut en 1939 les champs de bataille de la Première Guerre mondiale. Elle se trouvait en 1942 au monastère d'Igny-en-Champagne, qu'elle quitta pour gagner Le Puy pour le pèlerinage de 1942 (elle franchit très légalement la ligne de démarcation et non pas cachée, comme on le dit, dans un véhicule plein de légumes...). Puis elle gagna Lourdes.

Le pape, pour répondre au vœu de la Vierge de Fatima, consacra le 8 décembre 1942 le monde au Cœur immaculé de Marie, et les évêques de France consacrèrent à leur tour la France à la Mère de Dieu (28 mars 1943). Le père Ranson suggéra de mieux associer les Français à ce désir pontifical en organisant un pèlerinage autour de la statue de Notre-Dame de Boulogne, qui regagnerait à petites étapes sa chapelle d'origine. Ainsi se manifesteraient le retour à Dieu du peuple de France et l'obéissance de l'Église de France au saint-père. Le père Ranson reçut du nonce apostolique l'octroi d'indulgences particulières pour les pèlerins, auxquels était rappelée parfois la parole de Benoît : « *Le royaume de France est le royaume de Marie, à cause de cela, il ne périra pas.* » En mars 1943, la statue arriva dans le diocèse de Toulouse puis, en mai, elle gagna le diocèse de Montauban où Mgr Théas organisa les itinéraires et le rituel. La mission paroissiale itinérante se perfectionna et, jusqu'en 1948, ce furent quatre statues qui « itinérèrent » dans les paroisses selon quatre directions (Midi et Alpes, Est, Centre, Ouest).

À Lyon, en septembre 1943, la Vierge fut conduite de Saint-Irénée à la basilique de Fourvière par une procession de plusieurs milliers de personnes. Des hommes passèrent la nuit en prières. Le dimanche matin, les jeunes filles des groupes mariaux, en longues robes blanches, coiffées d'un voile immaculé, escortèrent la statue jusqu'à la primatiale où Mgr Gerlier dit que la prière s'imposait quand tous les moyens humains s'avéraient impuissants. L'après-midi, Notre-Dame allait consoler les malades de l'Hôtel-Dieu en une cérémonie à laquelle assistait le corps médical. À l'entrée de la chapelle, treize nouveau-nés prêts à recevoir le baptême attendaient. Dans la nef, les malades avaient été installés sur des couchettes par les brancardiers de Lourdes. Quand la statue gagna le chœur, la foule entonna : « *Chez nous, soyez Reine.* » Le père Fournier montra que les souffrances des malades ne sont pas inutiles lorsqu'elles sont offertes pour la France et pour la paix. Notre-Dame fut alors placée sur un char traîné par des prisonniers rapatriés et conduit en cortège à travers les cours de l'hôpital. En tête de la procession marchaient les élèves sages-femmes, les communautés hospitalières, les rapatriés d'Allemagne, le clergé[62].

Le rituel, limité au début à une veillée de prières le soir de l'arrivée de la statue suivie le lendemain d'une messe, se gonfla de diverses pratiques. Les jeunes de la paroisse prenaient en charge la traction du char de la Vierge. Les paroissiens étaient préparés par plusieurs semaines de récits historiques et merveilleux sur Notre-Dame de Boulogne. Ils avaient fleuri l'église et élevé un arc de triomphe. Le chant de l'*Ave* annonce les paroissiens voisins qui remettent le char aux nouveaux visités, qui récitent le *Salve Regina* et marchent parfois pieds nus. Le cortège s'avance en priant. On récite dix chapelets puis, sur un signe des missionnaires, les chrétiens entonnent :

Vierge, notre Espérance
Étends sur nous ton bras,
Sauve, sauve la France,
Ne l'abandonne pas.

Au chant du *Pace Domine*, répété trois fois, la foule met les bras en croix. Les hommes dans les champs s'agenouillent quand passe la grande croix du pèlerinage. Dans le village, une halte au monument aux morts permet de prier pour les prisonniers de guerre. Des hommes portent la lourde statue dans le chœur de l'église où se déroulent confession et veillée mariale puis la messe de minuit. Au moment de la communion est lu par tous les fidèles le feuillet de consécration à

Marie qu'ils signent ensuite (on parle de sept millions de consécrations).

Puritanismes vichyssois

L'adhésion des catholiques au pétainisme tient autant aux souvenirs du catéchisme qu'à la séduction d'une doctrine politique. Elle est morale. Du pétainisme, les catholiques aiment le ton chrétien. La soudaine pénitence, la mortification imposée par les multiples pénuries matérielles devenaient gage de sincérité. Il était un retour à un âge agraire mythique, aux mœurs patriarcales, à la retenue morale, à la simplicité des rapports humains.

La célébration de la famille et des enfants était le rayon de soleil des femmes de prisonniers et des humbles qui, dans la société, n'ont ni autre richesse ni occasion de fierté. L'altruisme donnait à chacun l'estime de soi, par ces appels incessants de l'État à la solidarité et à la charité. Que d'occasions de se dévouer et d'être généreux : ouvroirs pour réfugiés, paniers pour les pauvres, billets de loterie pour le Secours national, colis pour les prisonniers ! Il existait peu de distractions en dehors des fêtes de charité [63]. Les quêtes étaient quotidiennes, l'obole obligatoire.

Les plaisirs faciles s'étaient enfuis mais le culte de la santé physique et morale s'y substituait avec bonheur. Le sport, la grâce, l'effort sur soi occupaient les écrans. L'alcoolisme était combattu, non sans succès d'ailleurs. Le puritanisme imposait un retour à des codes que la génération précédente avait frondés dans les villes. Les relations entre garçons et filles, la coquetterie et le flirt étaient réprouvés. L'évêque de Soissons s'émouvait du port indécent du short par les jeunes filles lors des séances d'éducation physique et le général Weygand chassait de la piscine de Vichy ceux qu'attirait la contemplation des corps plus que la nage dans le bassin. Les bals publics étaient interdits.

L'affaire Simone de Beauvoir fut lancée par une plainte des présidents des œuvres catholiques de la paroisse du seizième arrondissement de Paris, qui s'émurent de certaines lectures recommandées par le professeur de philosophie du lycée — Gide, Proust, Mauriac — et par la plainte de la mère d'une de ses anciennes élèves, Nathalie Sorokine, pour incitation de mineure à la débauche. Jean-Paul Sartre fut aussi l'objet d'une enquête. Le recteur Gilbert Gidel était d'avis de les écarter tous les deux de l'enseignement : « *Le maintien de Mademoiselle de Beauvoir et de Monsieur Sartre dans des chaires de philosophie et de l'enseignement secondaire me paraît inadmissible* — concluait le conseiller national — *à l'heure où la France aspire à la restauration de ses valeurs* [64]. » Sartre fut protégé par son état de prisonnier de guerre et l'excellence de son enseignement. Aucune preuve décisive ne fut apportée de relations entre Mlle de Beauvoir et Mlle Sorokine, mais Simone de Beauvoir fut exclue du ressort de l'Académie de Paris en raison d'un mépris affiché de la morale lui interdisant le rôle d'éducatrice.

L'État se veut paternel. Il intervient dans la vie privée mais, finalement, moins que ne l'auraient souhaité certains catholiques. Cette relative modération est due au réalisme des gardes des Sceaux, Joseph Barthélemy et Maurice Gabolde, et plus encore à la bonne nouvelle : le taux de natalité augmentait ; les craintes démographiques n'étaient plus d'actualité. Il se confirmait qu'en ce domaine mesures incitatives et psychologiques valent mieux que défense et répression. Le gouvernement de Vichy avait à sa disposition un arsenal quasi complet contre l'avortement, dans la ligne des lois publiées après les énormes pertes humaines de la Première Guerre mondiale que venait renforcer le code de la famille du 29 juillet 1939, très sévère envers les avorteurs. La propagande de l'État français célèbre la mère dont la fête est désormais officielle et dénonce les femmes qui se font avorter comme des meurtrières et les avorteurs comme des assassins. Le bénéfice du sursis est supprimé pour de tels crimes (1er septembre 1941). La répression touche surtout les « faiseuses d'anges ». Si l'on cite toujours l'exécution le 29 juillet 1943 d'une blanchisseuse, avorteuse professionnelle, un examen des condamnations par les tribunaux incite à conclure que la traditionnelle indulgence fut maintenue (un tiers des prévenus est acquitté). L'Église ne suivit pas les médecins eugénistes, acharnés dans l'esprit d'Alexis Carrel à exiger des mesures inacceptables pour tout esprit raisonnable et pour les fins connaisseurs de la société que sont les confesseurs.

Le maréchal Pétain a été surtout soucieux d'apaiser les inquiétudes des prisonniers de guerre mariés, qui ne retrouveraient pas tous une épouse aussi aimante qu'en 1939 et qui avait pu succomber en cinq ans à des tentations ou à d'infâmes suborneurs. La loi du 23 décembre 1942 punit de trois mois à trois ans de prison quiconque vivrait en concubinage notoire avec la femme d'un prisonnier de guerre. L'État se préoccupa des enfants nés des aventures extra-conjugales des femmes de prisonniers et une commission se réunit même à Vichy pour envisager le destin de ces petits. D'aucuns souhaitaient que la mère les abandonne afin de préserver la paix du ménage. Pétain fit remarquer que la joie du retour s'accompagnerait pour le prisonnier du pardon de l'offense et de l'adoption affective de l'enfant. La vie serait plus forte que tout et l'État allégerait ses charges.

Des ecclésiastiques espéraient que le gouvernement de Vichy interdirait le divorce, en suspendant la loi Naquet « *responsable*, — disaient-ils — *de la destruction de sept cent mille foyers* ». Cette fois encore, le garde des Sceaux modéra les illusions de retour en arrière. Il préféra cibler son action sur les jeunes couples auxquels l'État imposa de patienter devant leurs déceptions. Il fut désormais impossible d'engager une instance de divorce dans les trois premières années de mariage. Le juge avait ensuite la possibilité d'imposer aux impatients deux fois deux ans de délai. Ces sept années de réflexion ne seraient pas troublées par de mauvais modèles, car la presse n'avait plus le droit de parler des divorces de personnalités diverses. L'adultère et la condamnation d'un des époux à une peine infamante restaient des motifs de demande immédiate de divorce. Le mariage religieux du chef de l'État avec la maréchale, jadis divorcée et dont le premier époux était décédé, fut célébré, par procuration, dans la chapelle privée du cardinal archevêque de Paris.

L'Église rendait à chaque sexe sa fonction traditionnelle. Aux hommes d'exercer les activités extérieures et intellectuelles, les travaux pénibles. Les femmes retrouvaient le rôle de mère et éclairaient le modeste foyer de leur présence affectueuse, de leur grâce et de leur dévouement à accomplir les tâches qui atténuent les difficultés matérielles de la vie. La défaite de 1940 semblait avoir arrêté le temps et permit de détruire les perversités de la société urbaine. L'éducation de la femme — petit esprit fragile et influençable — ne s'arrête pas à l'adolescence. La société d'illusions, portée par la presse et le cinéma, pénètre dans l'intimité des familles et suscite des comportements futiles qu'il importe de prévenir. La résolution des fidèles de la Révolution nationale se traduit par un rappel de la saine nature de la femme : « *Ne donnons plus notre faveur, nos applaudissements aux divettes de music-hall, aux stériles, aux étoiles divorcées du cinéma, ni à toutes les figures peintes et épilées se promenant en cheveux courts et en costumes masculins*[65]. » L'évêque de Grenoble demandait au clergé de refuser la communion aux femmes qui se présenteraient en pantalon de ski.

Des catholiques retrouvaient avec plaisir le rôle de censeurs des mœurs et de protecteurs des faibles. La rue et le cinéma recelaient de grands dangers. Il n'était pas question d'interdire mais de contrôler.

À Versailles, des curés et des directeurs d'écoles publiques et privées adressèrent à l'évêque, Mgr Gosselin, une pétition demandant l'instauration dans chaque département d'un comité de censure, classant en deux catégories les films : « *A : visibles par les enfants — B : interdit aux enfants* », donnant un visa pour les publications périodiques affichées chez les commerçants et leur interdisant « *l'étalage et la vente de ces petits objets (jouets, amorces, pistolets, confiseries, etc.) inutiles ou dangereux, qui incitent les enfants au gaspillage, parfois au larcin et créent un climat moral déplorable*[66] ». À Cahors, Mgr d'Araquy lacérait, boulevard Gambetta, une affiche de cinéma représentant un homme embrassant une femme en maillot de bain. Le responsable de l'association des hommes catholiques procédait à quelques expéditions punitives du même type[67].

Le cinéma ne pouvait pas être interdit mais il fut discipliné pour la plus grande satisfaction des catholiques. *Pépé le Moko, Les Dégourdis de la IIe, Casbah* ou *Dédé la Musique* offensaient surtout le goût. Les thèmes immoraux — adultère, amours d'hôtels borgnes, avachissement psychologique et démoralisation — ont fait condamner *La Bête humaine, Hôtel du Nord, La Maison du Maltais, Quai des Brumes, Le jour se lève. Lucrèce Borgia* et *La Tour de Nesles* n'ont pas eu l'excuse du genre historique. La *Règle du jeu* et *La Rue sans joie* ont été victimes de leur critique sociale. Les films de nature pornographique étaient peu nombreux à arriver au stade de la réalisation et moins d'une demi-douzaine furent censurés. L'interdiction de *Cargaison blanche*, de *Club de femmes*, des *Demi-Vierges* ou de *Franco de port* n'a pas porté grand tort au septième art. Le cartel d'action morale déplore que les représentants des familles, des enseignants, des délégués des ligues de moralité ne soient pas associés à la nouvelle commission de censure, composée de fonctionnaires. Il s'étonne que les films interdits par Vichy soient projetés en zone occupée où les associations morales passent à l'action. Le 27 octobre 1940, l'Alhambra à Asnières projette *On a retrouvé une femme nue*. Des jocistes chahutent. La direction appelle la police qui conduit les jeunes ouvriers chrétiens au poste. Le 7 décembre 1941, *Le Puritain* passe sur l'écran du cinéma des Variétés à Gennevilliers. Une soixantaine de jeunes gens d'un centre de jeunesse interrompent la projection en réclamant des films propres. Puis ils se lèvent en criant : « *Les bons Français suivez-nous* », sans succès. Eux aussi finirent au commissariat de police. Le péché n'est pas interdit sur les écrans mais il doit avoir valeur d'édification. Les bonnes intentions de l'Église se traduisent dans des œuvrettes gentillettes, pas plus niaises d'ailleurs que la production générale du film français d'avant-guerre. Elles produisent un beau film, *Les Anges du péché*, qui est un hommage à l'œuvre des religieuses de Béthanie vouées à la rédemption des prostituées. Il est vrai que le père Bruckberger et Jean Giraudoux s'étaient associés pour écrire le scénario.

2

LES CONGRÉGATIONS
OU
LES BIENFAITS DU RÉGIME DE VICHY

LES CONGRÉGATIONS, UNE BLESSURE ENCORE À VIF

Les « congrégations » ne sont plus qu'un mot banal et oublié d'où s'est enfuie la puissance émotive qui l'a habitée. Et pourtant, les Français de la Belle Époque se sont déchirés à propos des congrégations. Même le phénomène des sectes, renaissant en cette fin de XXe siècle, ne donne qu'une pâle idée de la violence des passions que suscita jadis la question des congrégations. Elles incarnaient pour la plus grande partie des élites républicaines la puissance de l'Église et constituaient les suppôts d'un cléricalisme qu'il fallait supprimer pour établir, enfin, la République parfaite, le règne du progrès et des libertés. Pour les catholiques, l'État, en s'en prenant à cette expression de la vie religieuse, révélait son caractère idéologique et totalitaire. L'époque qui va de Waldeck-Rousseau à Combes fut vécue par les catholiques français comme un retour de l'Antéchrist, alors que les républicains estimaient qu'ils libéraient les hommes de l'obscurantisme.

À cause de leurs caractères de permanence, des risques d'influence d'étrangers et de leur poids économique et politique, les congrégations ne bénéficient pas de la loi du 1er juillet 1901 sur les associations. Le titre III de cette loi leur impose de demander l'autorisation législative (sous l'Ancien Régime il leur fallait une autorisation du roi). Une fois autorisées par une loi, les congrégations accèdent à une existence régulière. Elles acquièrent une capacité analogue à celle des établissements publics et peuvent se constituer un patrimoine. Leurs obligations sont assez minces : tenir à la disposition du préfet la liste des membres, l'état des biens, un compte des recettes et dépenses [1].

Malheureusement, les successeurs de Waldeck-Rousseau n'avaient pas son sens équilibré de l'intérêt public et son libéralisme. Ils cherchaient, poussés par le parti radical, les loges franc-maçonnes et l'idéologie du progrès et des lumières, la destruction des congrégations.

Le camp laïc, vainqueur, voulut donner quelque satisfaction à ses électeurs. Alors que l'article 14 de la loi du 1er juillet 1901 n'interdisait l'enseignement qu'aux membres des congrégations non autorisées, la loi du 7 juillet 1904 l'interdit à tous les congréganistes. Membre d'une congrégation autorisée ou membre d'une congrégation non autorisée, le congréganiste qui persistait à enseigner commettait un délit passible de pénalités. La Chambre des députés auprès de laquelle le gouvernement déposa les demandes d'autorisation des congrégations (61 pour les masculines et 81 pour les féminines) était issue des ardentes élections de 1902 opposant congréganistes et anticongréganistes qui l'avaient emporté de peu. Les députés continuèrent la bataille électorale à la Chambre et rejetèrent, entre mars et juin 1903, les demandes d'autorisation des congrégations.

Les congrégations, dont la demande était ainsi rejetée, ainsi que les congrégations enseignantes à partir de 1904 furent dissoutes. Autant que le principe, les conséquences matérielles et humaines indignèrent les catholiques. Les 19 000 membres devaient se disperser. Des congrégations choisirent de quitter la France et se réfugièrent en Belgique, en Italie, en Espagne, en Angleterre. Les congréganistes restés en France souffrirent des poursuites pénales pour fausses sécularisations et reconstitution de congrégations dissoutes (637 condamnations de 1906 à 1911). L'actif des congrégations fut dispersé par un liquidateur puis par l'administration des domaines. Il n'y a pas lieu d'analyser ici si le bénéfice espéré fut atteint et quels avantages certaines collectivités locales ou certains particuliers en tirèrent. Les biens furent vendus. Il arriva que des personnes amies des congrégations se portassent adjudicataires. En 1940, certaines liquidations n'avaient pas encore été réalisées par les domaines.

La crise passée, la République se fit plus compréhensive. L'Union sacrée de 1914 fit suspendre l'exécution des lois de 1901 et 1904. La Première Guerre mondiale rendit impossible le retour au régime prévu par les lois de 1902-1904. L'opinion n'y était plus favorable et les religieux n'acceptaient plus d'être traités en délinquants. Ils avaient répondu de grand cœur à l'appel de la patrie. 9 281 religieux et 14 097 religieuses rentrèrent à l'armée, dans les ambulances et dans les hôpitaux. Au lendemain de la guerre, nombreux étaient les combattants qui avaient découvert dans le religieux et dans la bonne sœur de l'hôpital avant tout un être secourable et courageux. Les religieux anciens combattants firent état de leurs services, comme en témoigne *Le Livre d'or du clergé et des congrégations.* Pouvait-on à nouveau persécuter et exiler de tels hommes et femmes ? L'Alsace-Lorraine retrouvée n'avait pas connu la législation anticléricale et il était dangereux et malséant de la lui appliquer, alors que l'Allemagne avait respecté liberté et intérêts des religieux. L'abbé Bergey organisa la défense des religieux en créant la DRAC (Ligue des droits des religieux anciens combattants), qui faisait de la propagande parmi les catholiques, jouait les groupes de pression au Parlement et dans la presse, assurait les liaisons et l'information des religieux. En 1924, la DRAC fut en pointe dans le combat contre les projets du Cartel des gauches d'imposer l'application des lois laïques aux départements alsaciens et lorrains retrouvés. La ligue revendiquait 30 000 adhérents et travaillait avec l'Association des prêtres anciens combattants forte de 13 000 membres. Elle se livrait à la propagande dans les établissements d'enseignement libre. Avant la guerre, François Mitterrand fut l'heureux lauréat de la coupe d'éloquence de la DRAC. Bien des actifs de la Révolution nationale y ont fait leurs premières armes.

Le statut international de la France avait changé. Elle n'était plus la vaincue de 1870 qui venait d'écraser une guerre civile (la Commune) avec difficulté et dans un bain de sang, seule et tenue en suspicion sur la scène internationale. La victoire de 1918 avait fait de la France une grande puissance. Elle avait, par les mandats conférés par la SDN, obtenu de nouvelles responsabilités au Proche-Orient. La propagande de guerre, à laquelle les catholiques avaient bien contribué, donnait à la France l'image d'une championne des libertés. L'Italie fasciste s'appuyait sur les accords du Latran pour apparaître en Afrique comme le soutien de la cause catholique. Bientôt, la France serait seule avec la Grande-Bretagne à soutenir les valeurs spirituelles dans une Europe livrée à la barbarie antichrétienne du nazisme. Or, les religieux entretenaient toujours un vaste réseau d'écoles au Proche-Orient et en Amérique latine. Ils contribuaient à la diffusion de la langue française et à l'influence de la France sur les élites des pays étrangers et des colonies. Le Quai d'Orsay était sensible à cette œuvre de rayonnement dont bénéficiait la France. Aussi, nombreux étaient ceux qui souhaitaient un assouplissement de la législation sur les congrégations. Des propositions favorables à des congrégations utiles virent le jour mais aucune ne put aboutir au Parlement avant 1940. L'exemple était venu de haut, puisque l'ancien président de la République, Raymond Poincaré, un bon laïc, redevenu au bout de sept ans chef du gouvernement, proposa, en 1922, à la Chambre des députés d'autoriser cinq congrégations missionnaires (Société des missionnaires du Levant, Missions africaines de Lyon, Franciscains français pour les missions à l'étranger, Pères blancs, Institut missionnaire des Frères des écoles chrétiennes). Le rapporteur de la Commission des Affaires étrangères était Maurice Barrès. Le projet de loi ne fut pas considéré avant 1924. Il fut repris par Poincaré et élargi à neuf congrégations missionnaires. Voté par la Chambre des députés le 27 mars 1929, il ne fut pas examiné par le Sénat, citadelle du laïcisme. À la Chambre des députés, les esprits évoluaient.

Le rapprochement entre l'Église et les républicains des dernières années du régime s'explique par la conscience de défendre dans l'Europe totalitaire des valeurs communes de liberté. En mai 1939, deux cents députés déposèrent une proposition de loi réclamant l'abrogation des lois laïques de 1901 et 1904. L'exposé des motifs en appelait à l'union pour préserver les fondements de la civilisation occidentale : « *En face du conflit ouvert entre la philosophie des États totalitaires, inhumaine et brutale, et la civilisation des pays démocratiques, humaniste et chrétienne, il apparaît que l'union plus étroite de tous les Français dans la justice et l'égalité constitue un élément essentiel de la force morale et matérielle de la nation.* »

On n'est pas surpris de lire sous ce texte la signature de députés chrétiens ou de droite : Robert Schuman, François Valentin, Tixier-Vignancour, Xavier Vallat, Ybarnegaray, Polimann, Louis Marin, Jean Le Cour Grandmaison, de Kérillis, Chiappe, Joseph Laniel, mais on relève aussi le nom de quelques radicaux comme Vincent Badie.

La demande de retour à la liberté pour les congrégations figurait en tête du mémorandum d'inspiration pontificale remis par le cardinal Verdier, archevêque de Paris, au Quai d'Orsay en janvier 1940.

On voit donc que le régime de Vichy n'a pas radicalement innové par sa législation sur les congrégations. La rupture idéologique est moins vive que les bons républicains de la IVe République ne voulaient l'avouer. Rien n'aurait été possible sans la tolérance de fait observée par l'État — à l'exception du Cartel des gauches que le Front populaire se garda bien de rééditer — entre les deux guerres mondiales et sans la conscience que le fascisme menaçait les valeurs de l'Europe humaniste et chrétienne. Mais on a aussi observé que, quelle que fût l'évolution des esprits, l'État républicain était incapable de revenir sur la législation de 1901-1904, car il se heurtait au Parlement, en particulier aux sénateurs, gardiens intransigeants des principes laïcs et républicains. La volonté réformatrice de Vichy, l'influence des catholiques dans les institutions et l'État et, enfin, la suppression le 11 juillet 1940 de la Chambre des députés et du Sénat offraient l'opportunité d'un nouveau statut des congrégations, qui ferait bénéficier 3 204 établissements des bienfaits du gouvernement de l'État français. La brèche avait été ouverte par une congrégation, la Grande Chartreuse.

LA GRANDE CHARTREUSE OUVRE LA VOIE

La bataille pour ce grand et magnifique monastère, perché à mille mètres d'altitude à Saint-Pierre dans l'Isère, est exemplaire. Elle montre combien furent efficaces la ténacité de quelques catholiques et leur attachement à ce haut lieu de la spiritualité occidentale. Elle révèle aussi que les républicains se débattirent dans des histoires sans fin, nées des conséquences mal appréciées de la sécularisation des biens ecclésiastiques. La raison n'avait nulle place dans ces luttes locales mettant aux prises des défenseurs entêtés de la foi et des politiciens anticléricaux mais accablés par la gestion de biens sans utilité autre que religieuse. Les catholiques menèrent une véritable campagne d'opinion de longue haleine, où ils surent mobiliser les bonnes volontés, les relations, saisir les opportunités politiques et user contre leurs adversaires d'une arme toujours mortelle en France, le ridicule.

Le retour en 1940 des moines à la Grande Chartreuse est attribué à tort au maréchal Pétain. Or, l'autorisation fut donnée par le ministre de l'Intérieur de la IIIe République, Georges Mandel.

Le monastère de la Grande Chartreuse, dans l'Isère, est un des plus célèbres au monde. Vénérable, il l'est par ses très lointaines origines et par son rôle dans l'histoire du christianisme occidental. Il fut fondé au XIe siècle par saint Bruno. L'élection du prieur de la Grande Chartreuse donne en même temps un général à toute la congrégation. Le prestige et l'influence de la résidence en France d'un général de congrégation sont appréciés par l'État. Il y demeura jusqu'en 1792 et y revint en 1816. La vie des moines blancs combinant l'isolement du contemplatif dans leur petite maison avec un minimum de vie collective, la dureté d'une vie austère de ces végétariens, le silence, la beauté des lieux, saisissante sous la neige, impressionnent et suscitent la curiosité.

Les chartreux ne sont pas aussi coupés du monde que le suggère la lecture des règles cartusiennes. Ils sont devenus d'habiles entrepreneurs. Si, dans les montagnes du Dauphiné, la vigne qui inspira, en Champagne, à dom Pérignon un produit excellent et rémunérateur ne pousse pas, en revanche il y fleurit des herbes aux vertus connues des contemplateurs de la nature alpestre. Les moines résolurent de mettre au point une liqueur. L'absinthe, la mélisse, le petit œillet rouge et quantité d'autres plantes finirent par réaliser un élixir délicieux. Les chartreux lui donnèrent leur nom et la lancèrent en 1835. Le succès fut grand, justifié par la qualité d'un produit dont ils réussirent à garder le secret. La congrégation tirait de gros bénéfices de la distillerie et, si l'essentiel allait au denier de Saint-Pierre (dons au pape) et à l'entretien de ces vastes bâtiments, ils se répandaient aussi en Dauphiné. Les pères entretenaient des écoles catholiques, assumaient les frais d'un hôpital à Saint-Laurent-du-Pont, un asile de sourds-muets à Curière. Il n'était pas une association à but charitable qui s'adressât à eux sans obtenir un don. Leur puissance sociale était devenue considérable en Isère. Leurs adversaires dénonçaient les moines faiseurs d'argent et accueillirent avec intérêt les lois sur les congrégations.

Les chartreux, peu nombreux, bien appréciés par la société française, ne doutaient pas d'obtenir le droit de vivre en paix dans leurs montagnes. Ils demandèrent dans les formes imposées l'autorisation législative, qui leur fut refusée le 26 mars 1903.

Le supérieur général des Chartreux écrivit à Émile Combes, chef du gouvernement, que le tribunal de Dieu l'attendait : « *Là, plus de chantage, plus d'artifices d'éloquence, plus d'effets de tribune ni de manœuvres parlementaires, plus de faux documents, ni de majorité complaisante, mais un juge calme, juste et puissant, et une sentence sans appel contre laquelle ni vous, ni moi, ne pourrons élever de protestation.* »

Le 29 avril 1903, ce fut l'expulsion des quarante-huit religieux. Ces épisodes ont marqué l'imaginaire des catholiques et sont racontés dans les livres édifiants. La mémoire catholique n'a oublié aucune des images de ces persécutions. Les moines s'étaient enfermés dans le chœur, où ils chantaient le *Sub tuum* cartusien. Il fallut arracher les pères chartreux aux stalles. Ils sortirent par le porche de l'hôtellerie. La foule des amis crie : « *Vive les chartreux* », « *À bas les crocheteurs* ». Les soldats obéissent aux ordres mais saluent les moines. Le colonel de Coubertin, commandant le 4e régiment de dragons de Chambéry, présente une demande de mise à la retraite. Dom Michel Baglin emmena les moines en Espagne puis en Italie, à Farnetta.

L'affaire n'était pas terminée, car les chartreux avaient beaucoup d'obligés et d'amis. Ils allaient trouver en Léon Poncet, directeur de *La République de l'Isère et du Sud-Est*, un défenseur tenace.

Mgr Caillot créa en 1924 la ligue dauphinoise d'action catholique qui œuvra, sous l'impulsion du vicaire général Dubey, à la mobilisation de l'opinion pour le retour des chartreux. En 1927, elle organisait à Voiron un grand rassemblement de catholiques avec la participation du député Jean Ybarnegaray. Le chef du gouvernement reçut deux fois les amis des chartreux. Il semblait disposer à résilier le bail mais Léon Perrier, ancien ministre des Colonies, s'éleva contre l'initiative au nom de son Conseil général et des grands principes. Conscient que la non-utilisation des bâtiments pouvait être reprochée à l'assemblée locale, Perrier eut l'idée, après accord avec le recteur de Grenoble, de transformer le monastère en hôtellerie pour universitaires fatigués. Ils les logerait dans l'hôtellerie et les cellules.

La bagarre reprit, plus feutrée mais aussi résolue. Ne pouvant pas dénoncer une atteinte au caractère spirituel du lieu, les catholiques procédèrent avec une doucereuse onction. Le président de la ligue dauphinoise Bonnet-Eymard écrivit à tous les universitaires français pour leur demander de ne pas se rendre complices du Conseil général de l'Isère en allant respirer, pour 35 francs par jour, l'air de la Chartreuse. Il pourrait leur procurer d'autres séjours avantageux et sans remords. Il vint surtout des universitaires étrangers. Des militants catholiques allèrent leur expliquer qu'ils méditaient en des lieux spoliés aux bons moines, dont l'expulsion leur était narrée avec des détails émouvants. Des reproches voilés étaient adressés à ces intellectuels que la presse locale baptisait « les coucous ». Peu revinrent dans ces conditions gênantes.

La Seconde Guerre mondiale permit aux chartreux de rentrer dans le monastère fondé par saint Bruno. Les esprits avaient beaucoup évolué. La demande de retour des chartreux ne choqua ni le ministre de l'Intérieur ni les fonctionnaires, qui cherchèrent à concilier les intérêts de l'État et le respect dû à ce grand témoin du christianisme. Les moines se présentaient dans la situation attendrissante de réfugiés. Installés à Farnetta en Italie, ils se trouvaient exposés lorsque la guerre sembla imminente entre l'Italie et la France. Treize d'entre eux gagnèrent la France. Qui aurait le cœur assez dur pour refuser à ces malheureux de rentrer dans leur maison ? Ils demandèrent comment ils devaient procéder au député Jean Ybarnegaray, un orateur du meeting de Voiron qu'ils savaient dévoué à leur cause. Le député, très célèbre chez les Croix-de-Feu, s'adressa au ministre de l'Intérieur Georges Mandel, dont les services étaient concernés et qu'il pensait favorable aux congrégations. Il avait en effet veillé en 1939 à la publication de décrets créant des conseils d'administration des missions religieuses. Ces textes facilitaient l'administration des biens des missions ainsi que les legs.

L'intervention de Jean Ybarnegaray fut efficace puisque, le 8 juin 1940, le ministre de l'Intérieur, Georges Mandel, recevait le procureur général des Chartreux, le frère Chastenet de Géry, et le préfet de l'Isère. La démarche des chartreux avait été appuyée par une lettre de la chancellerie du Vatican, que la France ménageait en espérant une pression du pape pour maintenir l'Italie en dehors du conflit. Mandel se dit, pour sa part, favorable au retour des chartreux à Saint-Pierre. L'installation étant provisoire, elle ne devrait pas poser trop de difficultés. Le départ du gouvernement pour Bordeaux à la suite de l'effondrement du front de la Somme, le changement de ministère se traduisant par l'arrestation de Georges Mandel, accusé de « complot » empêchèrent une décision étatique qui était prête. Pendant ce temps, les chartreux avaient bien mené localement leur affaire, sans respect excessif des formes. Le 21 juin 1940, trois pères, dom Michel, dom Bernard et dom Ferdinand, accompagnés du maire de Saint-Pierre-de-Chartreuse, se présentèrent aux portes du couvent. Sur réquisition du maire, les gardiens ouvrirent les portes. Les chartreux se réinstallèrent au monastère.

L'événement fut connu en dépit de la débâcle. Paul Claudel est au château de Brangues, dans l'Isère, non loin des moines. Il écrit dans son *Journal* le 4 juillet 1940 : « *Les C.* [Chartreux] *reprennent leurs biens volés. Espérons que c'est le premier coup aux lois infâmes imposées par Jaurès et Émile Combes.* » Le reste de la France a su l'épisode. *La Revue des deux mondes* le fait connaître le 1er août 1940 par un article de Paul Coulet, qui voit dans ce retour un signe du projet divin sur les

Français. Il remarque que « *c'est le besoin de réagir contre l'effroyable décadence morale de son temps qui jadis a conduit saint Bruno vers le "désert" de la Grande Chartreuse. Il n'est peut-être pas mauvais que ses fils y reviennent aujourd'hui pour opposer à la frénésie de jouissance, dont nous avons failli mourir, l'exemple silencieux de leur austérité* ».

Il n'est pas meilleur exemple de la continuité entre la IIIe République finissante et le régime de Vichy que ce retour des chartreux ! Autorisé verbalement par Georges Mandel, il était illégal puisque l'ordre dissous n'avait aucune capacité juridique et occupait *de facto* un bâtiment de l'État. Le gouvernement de Pétain allait accepter l'héritage et élaborer une loi portant reconnaissance légale de l'ordre des Chartreux. Le 4 mars 1941, le *Journal officiel* publiait la loi du 21 février 1941, signée de l'amiral Darlan, du ministre des Finances Bouthillier, du ministre de l'Agriculture Caziot et du ministre de l'Instruction publique Jacques Chevalier, professeur de philosophie à l'Université de Grenoble. Elle portait reconnaissance légale de l'ordre des Chartreux sis à la Grande Chartreuse. Six autres établissements de la congrégation étaient autorisés, à Sélignac (Ain), Montrieux (Var), Mougères (Hérault), Beauregard (Isère), Nonengue et Latour (Aveyron). Tout nouvel établissement devrait être autorisé par décret rendu en Conseil d'État. La concession des immeubles dépendant de la propriété domaniale de la Grande Chartreuse est subordonnée à la condition expresse que la congrégation y conserverait le siège de l'ordre et la résidence de son ministre général.

L'affaire était exemplaire mais restait exceptionnelle. Aboutissement de longues démarches des amis de la congrégation, elle devait beaucoup au futur ministre de l'Instruction publique, le Grenoblois Jacques Chevalier. La décision avait été facilitée par des raisons de politique étrangère. L'opportunité de ramener en France la direction de la congrégation avait été saisie. Enfin, il ne s'agissait que d'un nombre très faible de moines. Bien que l'Église de France eût souhaité la généralisation du procédé, le gouvernement de Vichy se déroba et il fallut plus d'un an avant qu'un texte ne tente de bien régler la question globale des congrégations.

AMIS ET ADVERSAIRES VICHYSSOIS DE L'ÉGLISE

Qui donna l'impulsion à la reconnaissance des congrégations ? Les progrès de la connaissance historique ne permettent plus de se contenter d'un expéditif « Pétain décida ». Derrière les noms des chefs — Pétain, Napoléon III, de Gaulle, Mitterrand — sont désignés maintenant des collaborateurs, des groupes, des hommes d'influence, des institutions. Le projecteur se braque sur l'arrière-plan de la scène pour éclairer le rôle d'hommes discrets mais responsables de décisions précises. Un peu plus de lumière est-elle possible aussi en ce domaine si secret de l'histoire religieuse ?

Le maréchal Pétain a joué son rôle. Il n'est sans doute pas le plus dynamique. Sans être animé d'une foi ardente, Philippe Pétain a de la sympathie pour les hommes d'Église. Le nonce apostolique à Vichy, Mgr Valerio Valeri, exerce sur lui une certaine influence. Le chef de l'État assiste à Vichy à quantité de cérémonies religieuses auxquelles sa fonction le contraignait en partie. Mais il n'en manifestait — à la différence de l'amiral Darlan — aucune impatience. Il a accepté que le cardinal Suhard bénisse dans sa chapelle privée — et par procuration — son union civile avec la maréchale Pétain. On vit même le chef de l'État choisir une discrète et petite église de campagne, à Brugheas, pour assister à la messe de Pâques de 1941. Il se rendait aussi à Saint-Rémy-en-Rollat, petite localité voisine de Vichy. Sincérité ? Sens de la fonction de chef d'un État nouveau qui n'était plus la République laïque ? Volonté de donner l'exemple ? Il y a de tout cela dans son attitude. Il parle publiquement des problèmes religieux, surtout aux enfants. L'instruction religieuse est une contribution précieuse à l'éducation. Je ne sais pas si le maréchal Pétain a vraiment dit à ses petits interlocuteurs : « Une bonne messe n'a jamais fait de mal à personne », mais il leur a conseillé d'aller écouter le curé de la paroisse : « Vous allez au catéchisme. C'est bien. Il n'y a que de bonnes choses à y apprendre. »

Aussi Pétain accueille-t-il volontiers les propositions de loi en faveur de l'Église et, sans s'en mêler directement, accorde-t-il à son propre entourage une totale confiance pour donner satisfaction à cette grande institution d'ordre et de morale. Certains ministres sont intéressés par les problèmes religieux. Ils ont été en contact avec des ecclésiastiques dont l'action leur a paru utile au bien public, ou ils ont bien conscience que les aspects religieux joueront un rôle dans la mission plus générale dont ils ont la charge. Les plus concernés par la politique religieuse sont le ministère des Affaires étrangères et le ministère des Colonies.

Le ministre des Affaires étrangères de Vichy, Paul Baudouin, est un homme malheureux. D'abord, parce qu'il est sans cesse concurrencé par Pierre Laval, ministre d'État et vice-président du Conseil, qui considère que les Affaires étrangères ne sont que les relations franco-allemandes. Ensuite, parce qu'il est pénible de devenir responsable de la diplomatie d'un pays qui passe de la situation de grande puissance à l'humiliation de la nation vaincue et occupée. Baudouin tente d'échapper à l'unique liaison franco-allemande pour rappeler au monde que la France existe encore. Très intéressé par les affaires italiennes, il attache aussi une grande importance au Vatican et espère qu'il apportera un soutien à la politique française. Cette France défaite n'a plus beaucoup d'amis. Elle cherche à jouer la carte des pays latins qui sont tous catholiques. La tradition de la propagande de la Première Guerre mondiale oriente les efforts vers les pays d'Amérique latine, très sensibles aux solidarités catholiques. Une nation diminuée n'a plus que la ressource de se poser en victime, incarnant quand même des valeurs spirituelles. Baudouin juge bon aussi de faire comprendre au Vatican que les temps ont changé et qu'à la République laïque, ennemie de la religion, succède un régime qui renoue avec les traditions les plus anciennes et les plus chrétiennes. Ce n'est peut-être pas une réapparition de Clovis qui fit baptiser l'État chrétien mais on s'en rapproche, ne serait-ce qu'en prenant pour emblème la francisque. Il importe d'éviter de s'aligner idéologiquement sur l'Allemagne nazie, dont le saint-père n'apprécie guère la doctrine, mais il faut apporter les premières pierres à la construction d'une Europe spirituelle, latine, chrétienne. Baudouin est lui-même croyant, lié au mouvement scout, fréquentant à Vichy son ami Jean Ybarnegaray et le général Weygand. Les initiatives des catholiques trouvent en lui un accueil enthousiaste et il est le protecteur des mouvements de jeunesse chrétiens. Paul Baudouin joue la carte de la papauté et présente la France comme la plus malheureuse des servantes de l'Église. À l'automne 1940, s'abat sur le Vatican toute la litanie des persécutions infligées par l'occupant à l'Église de France : perquisition chez Mgr Liénart à Lille, perquisition à l'archevêché de Paris, perquisition à *La Croix* et aux *Études*, la revue des jésuites, expulsion de Mgr Heintz, évêque de Metz. Les congrégations enseignantes seraient menacées en zone occupée car elles constituent « *l'obstacle le plus rude rencontré par les autorités occupantes dans leur politique de conquête de la jeunesse*[2] ». Le 11 juin 1941 est adressée la copie d'un rapport de Mgr Ruch, évêque de Strasbourg, au nonce, à propos de l'attitude des Allemands qui refusent de respecter en Alsace le Concordat de 1801. Il est demandé plusieurs fois au Vatican d'intervenir discrètement auprès des Allemands dans les affaires d'Alsace et de Lorraine.

Quand Vichy ne s'indigne pas d'atteintes avérées aux libertés de l'Église, il monte en épingle de petits événements qui doivent donner l'impression d'une persécution. L'archevêque de Besançon s'était élevé dans sa *Semaine religieuse* contre des manifestations de sympathie de quelques diocésains envers les Allemands. Il les avait rappelés à plus de dignité. Le voilà sommé par les occupants de désavouer ses propos. Il n'est pas jusqu'à la presse et la radio collaborationnistes qui ne servent à montrer à la Curie que Vichy est bien placé pour devenir une nouvelle ville sainte. Les collaborateurs de Paris décrivent l'hôtel du Parc... comme une jésuitière, preuve qu'elle suit les conseils et les influences qui plaisent au pape.

Paul Baudouin tremble à l'idée que la France libre pourrait entrer dans les grâces du Vatican. Le 24 septembre 1940, il s'émeut d'une émission de la France libre où Charles de Gaulle est présenté comme un défenseur des valeurs du christianisme. Il s'agit peut-être du message très dur du romancier catholique Georges Bernanos, qui vit au Brésil et dont un texte a été lu, le 9 septembre 1940, à la BBC par Jacques Duchesne. Il y reprenait le sobriquet donné à Pétain, « le vieux syndic de la faillite » et dénonçait le discours expiatoire, assimilant la radio de Vichy à la trahison incarnée dans Ferdonnet, le propagandiste de Radio-Stuttgart (« *La voix de Vichy c'est la voix du traître de Stuttgart* »). On peut aussi penser à l'émission du catholique Maurice Schumann, le 17 septembre 1940, consacrée au ralliement du général Catroux qui apporte à la France libre « *l'héritage spirituel de Lyautey* ». Le ministre des Affaires étrangères écrit à l'ambassadeur auprès du Vatican : « *Il vous appartient de marquer à vos interlocuteurs que, si de funestes circonstances ont interdit à la France de poursuivre la lutte armée pour l'idéal chrétien, elle n'en demeure pas moins la Fille aînée de l'Église comme l'atteste entre autres la récente abrogation des lois sur les congrégations.* »

Une nation aussi démunie que la France de 1940 ne se pose pas la question de brute proférée par Staline : « *Le Vatican ? Combien de divisions ?* » La France compte sur le rayonnement moral de la papauté, bon relais vers les catholiques américains, et des pays neutres. Cette stratégie fut efficace car le 18 février 1941 le cardinal Maglione, secrétaire d'État, demandait aux nonces à Berne, Madrid, Buenos Aires, Rio de Janeiro et au délégué apostolique à Washington de rétablir une vérité occultée par la propagande allemande quant à la situation religieuse de divers pays : Allemagne, Pologne et France. Le Vatican faisait état de perquisitions chez plusieurs évêques, de l'interdiction opposée à plusieurs prélats de regagner leur siège épiscopal, de l'occupation du séminaire de Saint-Dié, de persécutions en Alsace où la cathédrale de Strasbourg, fermée au culte, était devenue une halle pour concerts profanes.

La France attache du prix, bien informée par son ambassadeur, aux moyens dont dispose la papauté pour rompre le monopole de la propagande nazie, qui étouffe l'Europe : Radio-Vatican et la presse pontificale. Le Vatican — État souverain — n'est pas en principe soumis à la censure fasciste.

La radio vaticane est dirigée par les jésuites. Le général des jésuites, le père Ledochowski, homme très fin et remarquablement informé, n'est pas hostile à la France. Les émissions françaises sont réalisées par un jésuite, le RP Mistiaen. Il est belge mais ne partage pas la méfiance des autres jésuites belges envers la France, jugée comme un suppôt de l'anticléricalisme. Le père Mistiaen, lui, aime la France. Il met en scène les gestes si rares du saint-père à l'égard de la France et prodigue des encouragements aux auditeurs français. Wladimir d'Ormesson dit de ce jésuite : « *Sans lui, les catholiques français auraient le sentiment — justifié — que le Saint-Siège s'est tenu dans le silence envers eux, aux pires heures de leur existence nationale*[3]. » L'ambassadeur propose de lui agrafer après la guerre la croix de la Légion d'honneur.

L'Osservatore romano n'est pas seulement consacré à la publication des encycliques pontificales et aux nouvelles ecclésiastiques. Ses dirigeants l'ont ouvert, avant la guerre, aux informations générales internationales. Les fascistes italiens enragent de cette évolution et voudraient le cantonner à un bulletin ecclésiastique, car il est lu par des Italiens qui, sans être des fidèles pieux, cherchent tout simplement à échapper à la propagande fasciste. La guerre a développé en bagarre cette animosité contre un journal libre. Les vendeurs de *L'Osservatore romano*, qui se risquent dans les rues de Rome, sont roués de coups. Pour le moment, le directeur du journal, le comte Della Torre, un ami de la France, tient bon. Les rares échos favorables à la France ne paraissent en Italie que grâce à lui et sont ainsi connus en Allemagne, aux États-Unis, en Amérique latine. Le 2 août 1940, *L'Osservatore romano* congratule la France dans un article du comte Della Torre, « Sur la voie des réformes », qui analyse les réformes scolaires et familiales. Le ministre Émile Mireaux est félicité d'avoir démantelé la forteresse des instituteurs, « *capables de barrer la route à l'autorité et au prestige de l'État* ». L'organe de presse du Vatican souligne qu'il reste à résoudre la question des droits civiques et du statut des congrégations. Ces conseils sont autant d'incitations au zèle pour les conseillers de Pétain. Le 12 septembre 1940, *L'Osservatore romano* apprend à ses lecteurs que les moines ont regagné la Grande Chartreuse. Le 1er octobre est la fête de saint Remi. Ce jour-là, Radio-Vatican s'attache à faire revivre la figure de l'évêque de Reims, qui donna aux Francs un souverain chrétien. Le lendemain, *L'Osservatore romano* consacre un second article au « Testament de Saint Remi » et parle de l'afflux de fidèles dans les églises de France.

Cette bienveillance envers la France revenant aux sources de son baptême suscita la fureur de *Regime fascista* contre le journal du Vatican, accusé de consacrer trop de place à Pétain, « l'idole des catholiques » et dénonça l'hypocrite transformation de la démocratie jacobine en démocratie chrétienne. Ces critiques n'empêchèrent pas *L'Osservatore romano* de publier le discours de Pétain, au Conseil national de juillet 1941, sur la réforme de la Constitution et de montrer la parenté des idées chrétiennes avec la Charte du travail et le discours de Pétain à Commentry.

L'appui de l'amiral Darlan à la politique religieuse a de quoi surprendre en raison de sa réputation. Qu'il ait été personnellement anticlérical est certain. Il n'était cependant pas franc-maçon, déclarant sous forme de boutade : « *Mon père l'était pour deux.* » Comme tous les marins, il est sensible à l'action bienfaisante des missionnaires dans les colonies. Dans une lettre à Joseph Barthélemy, il relève « *l'apport fécond* » des congrégations à l'influence française aux colonies[4]. Il se souvient que Georges Leygues — son patron en politique — avait proposé que les congrégations missionnaires conservassent des noviciats. Il parle de congrégations, « *outlaws juridiques en France mais qui, hors de France, contribuent au rayonnement de l'âme, de la spiritualité et de la culture française* ». Il cite le cas de Mgr Leprêtre, membre d'une congrégation dissoute et pourtant investi en Syrie des fonctions de vicaire apostolique. Au Levant, ce sont les capucins, les franciscains, les Petits Frères de Marie-de-Saint-Genis-Laval, les jésuites qui, tous légalement dissous, entretiennent par leurs écoles la culture française. L'amiral Darlan est net : « *La politique religieuse de la France doit être une et c'est en ce sens que l'adoption du projet m'apparaît nécessaire malgré une argumentation superfétatoire : si on a mal taillé, il y a une quarantaine d'années, il importe aujourd'hui de bien recoudre et de rouvrir la porte de la communauté nationale à ceux qui ont servi le pays.* » Darlan fait confiance, pour élaborer cette nouvelle politique religieuse, à son ami Henri Moysset qui, au fond de lui-même, est défiant à l'égard d'une telle révolution législative.

Pierre Laval a eu une politique religieuse assez méconnue. Après le débarquement américain en Afrique du Nord et surtout après l'accès du général de Gaulle à la présidence du CFLN, la France libre commence à compter. Une course s'est engagée à Rome auprès du clergé français, pour imposer le bon droit du général de Gaulle contre celui de Pétain : premier bénéficie de l'appui du cardinal Tisserant et de l'évolution de la guerre. Il a contre lui sa collaboration avec les communistes. L'ambassadeur de France auprès du Vatican pourfend les gaullistes, surveille les progrès de la propagande des amis du Général, dont les sentiments religieux sont vus avec sympathie. Léon Bérard, l'ambassadeur, joue à fond la carte de la défense de l'Occident chrétien contre le communisme et il a bien besoin d'user de l'argument des bienfaits de Vichy à l'égard de l'Église.

Le garde des Sceaux, qui rédige les lois et décrets, est directement intéressé par la nouvelle politique religieuse. Après tant d'années consacrées à réfléchir à la réforme de l'État et au « Redressement français », ce club de hauts fonctionnaires, de parlementaires et d'hommes d'affaires, Raphaël Alibert, ancien conseiller d'État, a conservé, refoulé, le prurit de la réforme. Les textes succèdent aux textes au rythme d'un tempérament anxieux et exalté. Il est assisté d'un directeur de cabinet, également issu du Conseil d'État, Pierre de Font Réaulx, qui est un catholique fervent[5]. On ne sait si Alibert partageait la même foi, très vive dans sa famille, mais il avait gardé quelques attaches religieuses[6]. Il est un ancien élève du Caous, le célèbre établissement de jésuites de Toulouse. En août 1940, Raphaël Alibert reçoit la visite d'un ancien préfet des études du Caous, le père Émile Carnus, que ses quatre-vingts ans n'ont pas empêché de se rendre à Vichy.

Le second ministre de la Justice, Joseph Barthélemy, est attentif aux préoccupations de l'Église. Il connaît depuis 1920 Valerio Valeri, qui était alors jeune attaché de la nonciature de Paris, et nourrit une vive admiration pour sa finesse et sa simplicité. Il n'hésite pas à lui demander son aide pour les questions religieuses en Alsace et tient compte dans ses projets de constitution des traditions chrétiennes. Si sa constitution est autoritaire, elle repousse toute divinisation de l'État, considérée comme païenne. L'État, écrit-il, « *ne possède pas en lui-même sa foi et sa raison d'être* », il se soumet au bien commun qui ne peut ignorer une transcendance[7]. Les réformes religieuses trouvent un appui au ministère de la Justice, alors que le ministère de l'Intérieur les considère avec méfiance.

La décision politique prise, il restait à procéder à la rédaction définitive des textes. Le suivi des dossiers est réalisé par de hauts fonctionnaires, qui ont les moyens de retarder la mise en application et, dans une certaine mesure, d'infléchir la politique religieuse. Travaillent ensemble des membres des cabinets du chef de l'État, du chef du gouvernement, des ministères de l'Intérieur et de la Justice et des fonctionnaires. Les spécialistes des affaires religieuses ne s'improvisent pas et ils sont rares, car la tradition s'en est perdue avec la séparation de l'Église et de l'État. Ils sont, en général, un héritage de la IIIe République, nouvel exemple de la continuité, au-delà des têtes politiques, entre les deux régimes.

Investis de la confiance des responsables politiques, les spécialistes des cabinets éclairent leur démarche de contacts avec les intéressés. Ils accueillent volontiers les informations que leur fournissent les ecclésiastiques sur les dispositions législatives et sur les difficultés à prévoir. L'avis des hommes d'Église est écouté, sinon suivi. Est-ce caractéristique de l'État français ? Est-il anormal ? La science politique a depuis longtemps médité sur les « groupes de pression »[8]. Quant à Philippe Pétain, il ne manque pas d'en dénoncer de très agissants... sous la IIIe République. Le phénomène est donc permanent dans la vie politique, mais alors que dans un régime parlementaire les représentants des groupes de pression caressent députés et sénateurs, dans un régime autoritaire, ils s'adressent aux ministres et aux cabinets ministériels.

Trois conseillers d'État ont participé à l'élaboration de la législation religieuse de Vichy. Au cabinet du maréchal Pétain, André Lavagne est appelé au printemps 1941 pour renforcer une équipe mal armée pour négocier avec l'Église. Catholique fervent, il est aussi attaché aux droits de l'État. Lavagne est patriote, assez proche du général Weygand (l'armistice, rien de plus que l'armistice), détestant Laval. Il quittera le cabinet en mai 1943.

Pierre Sauret est proche d'André Lavagne pendant cette période.

Fils du général Henri Sauret, dignitaire de la franc-maçonnerie, il était jeune sous-chef du cabinet du ministre de l'Intérieur Malvy lorsque celui-ci décida, le 2 août 1914, de suspendre l'exécution des décrets de dissolution et de fermeture d'établissements congréganistes. Sous-préfet de Péronne en 1914, il est décoré de la Croix de guerre par Philippe Pétain. Depuis les années trente, Pierre Sauret est devenu au ministère de l'Intérieur le spécialiste des congrégations, dont il publie un précieux répertoire. Après avoir travaillé avec Jean Giraudoux au commissariat général de l'Information en 1939-1940, il est rappelé au ministère de l'Intérieur à la nouvelle sous-direction des Cultes. Sa compétence est grande, reconnue par tous. Sa bienveillance en fait un élément mesuré et sûr d'une nouvelle politique religieuse de l'État[9].

L'adversaire le plus ardent des congrégations religieuses ne fut donc pas celui qu'on accuserait sur sa réputation d'anticlérical, l'amiral Darlan. S'il n'en restait qu'un, il logeait dans un minuscule bureau du ministère de l'Intérieur en la personne d'un modeste fonctionnaire du bureau des Cultes, le catholique Louis Canet[10]. Jeune homme (né en 1883), ce fils d'un professeur d'histoire de Rouen s'était passionné après l'agrégation pour l'histoire des textes sacrés. Il classa à l'École pratique des hautes études les manuscrits du texte grec du livre de Daniel. Son passage à l'École française de Rome (1912-1916) ne fit pas énormément avancer la recherche sur les prophètes bibliques, mais orienta son auteur vers les questions de liturgie à l'époque gallo-romaine et le mit surtout en appétit devant les riches méandres humains de l'Église catholique romaine de son temps. Guidé par Mgr Boudinhon de Saint-Louis-des-Français, un canoniste distingué, il apprit vite les subtilités de la cour pontificale et les équilibres dans les congrégations (ce sont, à Rome, des sortes de ministères qui constituent le gouvernement de l'Église ou Curie). Il apprit mais il n'aima pas. Il observa la centralisation grandissante de la direction de l'Église catholique et la réprouva. À Rome, il pensait à la France et, en cette période de renouveau du nationalisme, il souffrait de ce qu'elle ne fût pas aussi bien considérée dans cette petite ville, promue capitale du récent royaume d'Italie. Louis Canet restait catholique mais estimait que l'Église catholique avait le droit d'adopter dans chaque pays une spécificité, qui était nationale. L'Église nationale devait rester fidèle à ses racines et à sa culture, surtout lorsqu'elle était aussi affirmée et riche qu'en France. La volonté d'uniformiser et de centraliser de la papauté devenait un danger. En d'autres temps, il se serait reconnu gallican. La Première Guerre mondiale précipita et confirma les sentiments de Louis Canet. En 1916, il fut attaché au bureau de presse de l'ambassade de France à Rome, où il eut des échanges quotidiens avec ses amis des cercles dirigeants d'une Italie, désormais alliée de la France et de la Grande-Bretagne. La politique de paix du pape Benoît XV, préoccupé des risques révolutionnaires de prolongation de la guerre et du sort du catholique empire d'Autriche-Hongrie, suscita l'indignation de Canet. Il interpréta ces tentatives de paix comme de la germanophilie.

L'ambassadeur de France à Rome était enchanté du zèle et de la compétence grandissante de cet intellectuel et il le recommanda à Aristide Briand, qui l'appela après la victoire. La France avait retrouvé l'Alsace et le nord de la Lorraine où le Concordat napoléonien demeurait. Il fallait un renfort de canoniste, spécialité juridique qui n'était plus très à l'honneur, la séparation de l'Église et de l'État commençant à avoir des conséquences intellectuelles. À Noël 1919, Louis Canet prenait ses fonctions d'adjoint au directeur des Cultes à Strasbourg. À peine peut-il le temps de visiter la belle cathédrale et d'entrevoir le mont Sainte-Odile, qu'Alexandre Millerand, chef du gouvernement, l'arrachait à l'Alsace en janvier 1920 pour en faire son conseiller technique pour les affaires religieuses. Louis Canet s'installa au ministère des Affaires étrangères. Bruno Neveu a évoqué son bureau du Quai d'Orsay, envahi jusqu'au plafond de dossiers, sans cesse complétés par cet agrégé qui trouvait autant de plaisir à apprendre qu'à agir. Il demandera longtemps, en vain, une extension de son minuscule domaine, démontrant au secrétaire général du Quai qu'il était indécent de faire attendre dans un couloir les prélats qui lui rendaient visite et peu conforme à la dignité de l'État de dégager une chaise des dossiers empilés, en soufflant la poussière (il frémissait quand une main bien intentionnée se proposait d'épousseter les précieux documents).

Lorsque Édouard Herriot voulut supprimer l'ambassade près le Saint-Siège, il s'en remit au conseiller pour trouver des arguments. Il utilisa ces fameux articles que Louis Canet avait écrit dans la *Revue de Paris* contre la politique germanophile de Benoît XV. Or, le nonce à Paris, Mgr Maglione, secrétaire d'État en 1941, et Pacelli, pape depuis 1939, avaient été étroitement associés à cette politique de Benoît XV. Ils furent ulcérés et désignèrent le coupable de telles révélations. Au Vatican, si le pardon est de rigueur, la mémoire est longue. Il fallait s'attendre à Vichy que toute mesure, où la Curie subodorerait la main de Canet, fût tenue pour suspecte. Mais pouvait-on se passer d'un homme aussi savant ? En 1929, Canet est nommé maître des Requêtes au Conseil d'État au tour extérieur. L'homme ne vivait que pour son travail. Il refusait les invitations mondaines et consacrait ses loisirs à des études religieuses. Son goût le portait vers les auteurs spirituels du XVIIe siècle, Bérulle et les penseurs de Port-Royal. Il édita l'œuvre du père Laberthonnière. En 1940, il évacue ses dossiers sur les bords de la Loire et suit le gouvernement. Il se retrouve à Royat où s'installe le Conseil d'État. La politique religieuse de Vichy lui offre l'opportunité de faire avancer, au soir de sa carrière, sa conception gallicane. Il met le gouvernement en garde contre la centralisation vaticane et veille à tout ce qui pourrait renforcer l'autonomie de l'Église de France. Il occupe au Conseil d'État, qui va devenir le pivot de la nouvelle politique religieuse, une situation incontournable et qui va souvent gêner les initiatives de Vichy et les ambitions des évêques.

PREMIERS PAS : L'AUTORISATION D'ENSEIGNER ET DE SOIGNER

La première décision concernant les congrégations est précoce et partielle. Le ministère de l'Intérieur travaillait sur un projet de statut des congrégations, esquissé en 1939. Les difficultés surgissaient à chaque page et rien n'avançait bien vite. Conscients de leur responsabilité, les hauts fonctionnaires ne cédaient pas à l'impatience brouillonne de Raphaël Alibert, le garde des Sceaux, boulimique de textes nouveaux, plus ou moins bien rédigés. On était à la veille de la rentrée scolaire et le gouvernement tenait à manifester sa bienveillance à l'école libre. La loi du 3 septembre 1940 fut donc publiée sous une forme destinée à n'attirer l'attention que des intéressés. Le procédé est souvent utilisé par Vichy, qui ne tient pas à porter à la connaissance du public un certain nombre de ses décisions. La loi du 3 septembre 1940 abolit l'article 14 de la loi de 1901, interdisant l'enseignement aux congrégations non autorisées, et la loi du 7 juillet 1904 interdisant l'enseignement aux membres des congrégations même autorisées et prononçant la suppression des noviciats. Désormais, les membres des congrégations enseignantes peuvent officier dans des écoles appartenant à des tiers et les congrégations autorisées pour l'enseignement peuvent obtenir, par décret en Conseil d'État, le droit de fonder des établissements. Les Frères des Écoles chrétiennes, par exemple, pouvaient se développer. Cette demande de liberté d'enseignement figurait en tête d'un mémorandum rédigé par le cardinal Verdier, archevêque de Paris, remis au Quai d'Orsay en janvier 1940.

L'Église fut déçue par la loi, qui n'était qu'une régularisation implicite du droit à l'existence des congrégations. Elle voulait plus, en particulier le règlement de tout ce qui concernait le patrimoine des congrégations et les droits civils de congréganistes. Pour eux, le régime d'exception demeurait.

Raphaël Alibert pensait régulariser la situation des congrégations. Il fit rédiger deux projets de loi très favorables aux congrégations, qui n'aboutirent pas. Le ministre de l'Intérieur Peyrouton, franc-maçon peu favorable au projet, dressa habilement des obstacles. Non qu'il se dît adversaire d'un statut des congrégations, mais il se posait en défenseur d'une Révolution nationale, à peine entamée. Considérer les congrégations comme des associations est une erreur sur la nature des ordres religieux. Dans l'association, le lien entre les adhérents est lâche et aliène peu leur personnalité au profit du groupe. Le lien entre les membres de la congrégation est strict, ces derniers abandonnant presque tous les éléments de leur personnalité au profit du groupe. De là naissent une personnalité et une action puissante de la congrégation, une stabilité que ne connaît pas l'association dont l'action reste limitée à ses buts. De durée infinie, la congrégation a des moyens d'action moraux sur la population française et relève d'une puissance étrangère, le Vatican[11]. Ces arguments, repris des débats de la fin du XIXe siècle, sont appuyés par d'autres raisons contemporaines. Le ministre de l'Intérieur rappelle qu'il vient d'interdire les sociétés secrètes, qu'il supprime les associations de fonctionnaires, comme les syndicats professionnels. Sa lutte contre tout ce qui entrave l'autorité de l'État serait menacée si on créait une exception pour les congrégations. Le danger est que s'abriteraient, derrière le statut bienveillant des « sociétés de pensée », tous les francs-maçons, syndicalistes, spécialistes des groupes de pression dont Pétain veut supprimer l'influence dans les affaires du pays.

La crise politique qui suivit le renvoi de Pierre Laval, le 13 décembre 1940, et qui dura jusqu'en février 1941 élimina l'opposition personnelle de Marcel Peyrouton qui partit comme ambassadeur en Argentine.

En attendant les grandes décisions, le nouveau garde des Sceaux, Joseph Barthélemy, prépara avec l'amiral Darlan des textes facilitant les activités des religieuses. La conclusion d'un simple contrat administratif entre chaque religieuse et le directeur de l'établissement hospitalier fut proposé. L'État revint aussi sur la loi du 24 mai 1825 de Charles X. Afin d'éviter une captation des héritages par les congrégations féminines, elle interdisait aux congrégations de femmes de bénéficier de legs universels et empêchait les religieuses de léguer plus du quart de leurs biens personnels à leur communauté. Les legs universels sont désormais licites, dès lors que l'établissement bénéficiaire poursuit une finalité charitable. La religieuse peut léguer à son couvent jusqu'à 100 000 francs.

Considérées sans doute comme mineures, les communautés féminines ne furent même pas associées aux âpres négociations ouvertes entre l'État et les congrégations.

LES CONGRÉGATIONS RECONNUES À LA SAUVETTE

L'État français espérait régler la situation des congrégations en publiant discrètement au *Journal officiel* une loi leur permettant d'accéder à la reconnaissance légale. Mais cet État français dont chacun s'accorde à reconnaître le caractère autoritaire se montra faible avec les congrégations. Voulant leur donner satisfaction il leur demanda ce qu'elles souhaitaient mais il choisit mal ses interlocuteurs. Le dialogue avec l'État fut monopolisé par l'intransigeante DRAC qui voulait imposer l'exigence maximum : le statut de l'association. La DRAC réunit le 18 avril et le 1er juillet 1941 les supérieurs des ordres religieux qu'elle prétendit avoir rallié à ses objectifs, ce qui est très exagéré car les supérieures des congrégations féminines étaient absentes et les Frères des écoles chrétiennes, par exemple, voulaient s'accorder avec un État disposé à leur remettre le reliquat de 14 millions auquel ils avaient droit. De leur côté, les évêques étaient disposés à une rapide solution de compromis mais Mgr Suhard, chargé du dossier, n'osa pas imposer son point de vue à la terrible DRAC. La ligue des religieux avait l'appui du ministère de la Justice.

À l'Intérieur Sauret et, au Conseil d'État, Canet criaient au cléricalisme et se déclaraient les gardiens vigilants de l'intérêt public menacé. L'amiral Darlan excédé remit l'affaire entre les mains du nouveau ministre de l'Intérieur Pierre Pucheu. Les congrégations n'avaient pas à se féliciter du changement car l'ancien normalien était sensible aux campagnes anticléricales de la presse collaborationniste de Paris. Il agit avec brutalité dans un dossier qui interférait avec celui des subventions à l'école libre. Il soupçonnait, en ministre de l'Intérieur bien informé, les congrégations de sentiments de romantisme gaulliste [12].

La seconde grande crise ministérielle de Vichy en avril 1942 sembla débloquer la situation. L'amiral Darlan, depuis l'affaire de Syrie où les tentatives de collaboration s'étaient terminées par une catastrophe — la perte du Levant —, avait perdu de son autorité. S'engluant dans une lutte contre le général Weygand, il s'aliénait le soutien de bien des pétainistes. Pierre Laval profita de son affaiblissement pour relancer ses manœuvres et réussit à revenir à la direction du gouvernement le 18 avril 1942.

Les partisans du statut des congrégations au cabinet du maréchal Pétain mirent à profit la crise politique pour faire publier le statut des congrégations. Ce fut acrobatique et les artisans de la loi savaient qu'une occasion aussi inespérée ne se retrouverait pas. Pierre Laval, alors lié à un Déat anticlérical, ne passait pas pour un ami de l'Église. Les textes étaient prêts le 8 avril mais les adversaires tenaient bon. Un petit groupe de quatre hommes, favorables aux congrégations, s'activa toute la journée, multipliant les coups de fil, les allées et venues entre les chambres de l'hôtel du Parc. Henri Moysset ne cédait toujours pas. Joseph Barthélemy grondait. Une suggestion du délégué de l'épiscopat à Vichy, Mgr Chappoulie, fut décisive. Il fit ajouter au rapport préliminaire au chef de l'État une phrase qui présentait le texte comme provisoire : « [...] *en attendant qu'il soit possible d'adopter une solution d'ensemble étudiée en accord avec l'Église* ». Enfin, en cette soirée du 14 avril 1942, le maréchal Pétain signait la loi sur les congrégations. Il était huit heures et demie du soir.

Le 17 avril 1942, un jour avant l'accession au pouvoir de Pierre Laval, deux lois datées du 8 avril 1942 (n°s 594 et 595, pp. 2446-2447), dont la première, de nature fiscale, accompagne la grande loi précédée du rapport au chef de l'État, paraissaient au *Journal officiel.* Elles sont signées du maréchal Pétain, d'Henri Moysset, ministre d'État, du garde des Sceaux Joseph Barthélemy, du ministre de l'Intérieur Pierre Pucheu et du ministre des Finances, Yves Bouthillier. La loi comporte deux volets : est abrogé l'article 13 de la loi du 1er juillet 1901, qui imposait aux congrégations l'obligation d'être autorisées par une loi et qui prévoyait que leur dissolution se faisait en Conseil des ministres. Chambre des députés, Sénat et Conseil des ministres étaient trois organismes où prévalaient le critère et la passion politiques. Le nouveau texte considérait que la loi de 1901 était inappliquée donc inutile et proposait de la modifier. L'abrogation de l'autorisation par le Parlement rend les congrégations existantes licites. Il n'existe plus, à partir du 17 avril 1942, aucun délit de congrégation. Quant à la dissolution de la congrégation, elle dépendrait désormais d'un avis conforme du Conseil d'État, moins soumis aux tempêtes politiques et où la décision n'est pas rapide.

Reste qu'il y a obligation d'une autorisation par l'État. Henri Moysset avait refusé jusqu'au bout la simple déclaration par les intéressés, comme pour une association. Moysset affirmait : « *L'État doit maintenir l'exercice de ses prérogatives régaliennes vis-à-vis des congrégations.* » On en revint donc à la tradition royale, qui était celle de l'autorisation des congrégations par l'autorité publique. La loi du 17 avril 1942 s'inspire de la reconnaissance d'utilité publique conférée à certaines associations laïques. Dès lors, la congrégation ne demande pas une autorisation (elle est licite) mais la « reconnaissance légale ». Qui accorde la reconnaissance légale ? Non plus une assemblée parlementaire mais le Conseil d'État saisi par le gouvernement.

La procédure envisagée par la loi du 17 avril 1942 est à la fois habile et pionnière. Elle correspond à la pratique vichyssoise d'écrasement du rôle des assemblées législatives et, au-delà, au mouvement général de renforcement de l'exécutif et de promotion des instances juridictionnelles. Elle a l'avantage de la discrétion puisque les avis du Conseil d'État intéressent rarement la presse. C'est le processus qui a été adopté à l'initiative du général de Gaulle sous la Ve République et qui fonctionne actuellement à la satisfaction de tous. En bénéficient des congrégations catholiques, orthodoxes et même bouddhistes (le 8 janvier 1988, a obtenu la reconnaissance légale la communauté bouddhiste Karmé Dharma Chakra de Saint-Léon-sur-Vézère et, le 26 juin 1992, en bénéficiait la communauté Karma Tartchine Chundroup à Biollet, dans le Puy-de-Dôme). Cette remarquable continuité historique dans l'élaboration d'un statut des congrégations a longtemps été tenue quasiment secrète. Il y a peu de temps les spécialistes du droit canon et un historien en ont éclairé la curieuse histoire[13].

La reconnaissance légale est nécessaire pour que soit réglé le sort des biens des congrégations non encore liquidés. Actif immobilier et mobilier, reliquat résultant de la liquidation sont remis à la congrégation dès qu'elle a obtenu la reconnaissance légale qui, leur donnant la pleine personnalité juridique, les rend capables de recevoir dons et legs.

L'avantage de recevoir des dons et legs est diminué par le coût élevé des droits de mutation à titre gratuit. L'État retient jusqu'à 60 % du don. Par ailleurs, entre 1880 et 1895, deux impôts spéciaux avaient touché les congrégations, considérées comme trop riches. Le premier est dit « impôt sur le revenu », qui frappe leurs biens, et une « taxe d'accroissement » annuelle sur les biens qui ne sont pas affectés aux œuvres. Tout cela était lourd et souvent supérieur aux revenus réels des congrégations. La générosité du gouvernement de Vichy envers l'Église se marquait dans la seconde loi du 8 avril 1942, qui supprimait la taxe d'accroissement pour les biens non seulement affectés aux œuvres charitables mais aussi aux œuvres d'enseignement et d'éducation populaire. Le champ couvert par les œuvres d'éducation populaire est assez large puisqu'il concerne les œuvres d'éducation des sourds et muets, où les religieux ont fait merveille, les écoles. L'impôt spécial sur le revenu, qui gênait tant les congrégations, est abrogé par une loi du 24 octobre 1942 (*Journal officiel* du 1er janvier 1943). Enfin, l'État renonçait à tous les impôts de mutation à attendre de la réintégration dans le patrimoine des congrégations, bénéficiant de la reconnaissance légale, de biens détenus par des « tiers » (ils étaient souvent des « hommes de paille »).

André Lavagne, chargé de mission au cabinet du maréchal Pétain, annonça la publication de la loi à Mgr Chappoulie dès le 17 avril et ce dernier avertissait aussitôt Mgr Suhard. André Lavagne explique bien à son interlocuteur la portée d'une loi qui apporte de grandes corrections mais n'est pas le changement total espéré par certaines congrégations. Pour aller plus loin, il fallait attendre une évolution des esprits et des cœurs ainsi qu'une modification durable des conditions politiques. Il faisait ainsi allusion à l'opposition laïque à attendre de la presse collaborationniste de Paris. Ce « progrès modeste » correspondait aux deux adages : « *Le mieux est l'ennemi du bien* » et « *Un bon tient vaut mieux que deux tu l'auras* »[14]. Il fut dit à l'épiscopat, à charge d'information, que le texte était un acte unilatéral provisoire et que, plus tard, l'État en discuterait directement avec le Saint-Siège.

Si le nonce apostolique a témoigné sa satisfaction d'une loi provisoire, l'accueil réservé à ce texte important par les ordres religieux déçut ses auteurs, qui s'estimèrent mal récompensés de leur hardiesse.

RELIGIEUX ET PAPAUTÉ FONT ÉCHOUER LE STATUT DES CONGRÉGATIONS

Cette loi équilibrée fut un échec. Actuellement, les grands ordres se donnent un beau rôle en écrivant leur histoire, en prétendant que leur défiance envers le gouvernement de Vichy a inspiré leur refus. De là à s'affirmer résistants... comme le proclama plus tard le père Philippe des carmes nommé à l'Assemblée consultative, il y a plus d'un pas ! Il affirmait que le « sabotage » de la loi du 8 avril 1942 était un acte de résistance au régime de Vichy. C'est sans doute aller trop loin car leur motivation véritable était moins nette et tenait aux doutes sur l'avenir du régime de Vichy et à la crainte d'une remise en cause sévère par ses successeurs. Ont joué aussi fortement la déception de n'avoir pas obtenu le régime plus libéral de l'association tel que le souhaitait la DRAC et la volonté de la Curie de ne pas tolérer des congrégations échappant à sa centralisation.

Le 21 mai 1942 se réunirent trente-trois supérieurs majeurs de la zone occupée. L'assemblée fut présidée par le RP dom Coziem, abbé de Solesmes, assisté des RP dom Olphe-Gaillard, abbé de la Source, Quénard (assomptionnistes), Lebescomte (eudistes). Le père Rouolt, un dominicain, exposa le contenu de la loi et déplora que fût maintenu le principe de l'autorisation. Dom Olphe-Gaillard s'appuie sur le caractère provisoire du texte et fait voter que le statut légal définitif doit être élaboré en accord avec le Saint-Siège. Le père Rouolt justifie une stratégie de rejet de la demande de reconnaissance légale, tout en bénéficiant de la licité de la congrégation, afin d'amener le gouvernement à faire de nouvelles avances. L'irréalisme des supérieurs, fouaillés par la DRAC, était total, dans la mesure où ils connaissaient les circonstances tout à fait exceptionnelles et inopinées qui avaient permis la publication « miraculeuse » de la loi du 8 avril 1942. L'état d'esprit né de la clandestinité, l'ignorance juridique les empêchaient de voir les avantages de la sécurité et de la transparence juridiques.

La DRAC prit l'initiative d'une réunion à Lyon, le 8 octobre 1942, des supérieurs des ordres majeurs de zone sud, afin de confronter les sentiments et les intentions quant à la loi du 8 avril 1942. La ligue y fit de la surenchère et déclara que la loi du maréchal Pétain donnait très peu. Elle appuyait sa stratégie sur l'expression qui avait permis à Mgr Chappoulie de l'imposer aux responsables de l'État français — « *en attendant que* [...] » et elle concluait qu'un statut légal des congrégations devait être à nouveau discuté avec le gouvernement, afin d'obtenir plus qu'un « *remaniement d'une loi reconnue par tous comme une loi injuste et inapplicable*[15] ». Le père Rieu peignait les supérieurs majeurs de congrégations, « *décidés à attendre avec patience que la loi prenne un visage de vérité et que justice soit faite à Dieu en nos personnes et en notre saint état* ».

La DRAC s'entêtait à réclamer le « droit commun » des associations sans même réfléchir à ce qu'il comportait. Son ignorance du droit contemporain est confondante et aurait entraîné de graves dangers pour son programme car, sous le régime de Vichy, les associations sont loin d'être libres ! L'application du régime des associations, tel qu'il ressort de la loi du 18 juillet 1941, aurait soumis toutes les réunions du culte à une déclaration préalable, avec possibilité de refus discrétionnaire par l'administration. La ligue parle de « droit commun » des associations mais veut, en réalité, beaucoup plus. Un conseiller du cabinet du maréchal Pétain a bien vu que la DRAC réclame des « *privilèges exorbitants que jamais nos rois les plus pieux n'auraient songé à lui abandonner, dont aucune sorte de groupement n'a joui et qui, au bout de peu de temps, entraîneraient des conséquences aussi préjudiciables pour notre intérêt national et l'ordre intérieur que pour les congrégations elles-mêmes* ».

La position intransigeante des religieux, entraînés par la DRAC, relève du « syndrome de Solesmes ». Le choix utopique s'inspire d'une philosophie de la rébellion à l'égard des pouvoirs publics, dans la droite ligne du combat de dom Guéranger, cet abbé de la Sarthe qui rétablit en France la règle bénédictine, en fondant en 1832 l'abbaye de Solesmes et en 1853 le prieuré de Ligugé. Dom Guéranger avait un tempérament à multiplier à plaisir les polémiques contre les évêques, contre le régime politique français et même contre ses amis[16]. Ce goût de la polémique, cette défiance extrême devant les pouvoirs publics, cette révolte contre des évêques toujours suspects de gallicanisme, un ultramontisme doctrinal sont des traits qui se retrouvent intacts dans l'attitude de la DRAC. La ligue veut que l'État donne aux congrégations tous les avantages et toutes les libertés sans qu'elles aient à connaître l'État. Elle affiche sa vieille hostilité aux congrégations d'hommes aussi éminentes que les lazaristes, les sulpiciens, les Pères du Saint-Esprit et les Missions étrangères (appelées « les quatre plaies de l'Église ») et les Frères des écoles chrétiennes, et elle reproche aux chartreux d'avoir demandé la reconnaissance légale. Quant aux congrégations féminines, j'ai déjà dit qu'elles n'ont même pas été consultées.

Il n'y eut que trois ou quatre congrégations pour braver alors les foudres de la DRAC. Mieux informées, ou susceptibles de recueillir des avoirs importants, leurs représentants demandèrent de ne pas les condamner si les supérieurs recherchaient la reconnaissance légale. Les Frères des écoles chrétiennes, qui avaient suivi pas à pas la difficile élaboration de la loi, se déclarent satisfaits. La même attitude favorable à la reconnaissance légale est adoptée par les dominicains et par les Frères de Saint-Gabriel. Les uns et les autres déplorent le ton adopté par les supérieurs, qualifiant de « simple remaniement » une loi signée par le maréchal Pétain, dont la bonne volonté ne saurait être mise en doute. Les Frères des écoles chrétiennes furent dénoncés et durent expliquer leur position au secrétaire d'État, le cardinal Maglione.

La conclusion de la réunion du 8 octobre 1942 fut que les religieux se contenteraient de la licité de l'existence des congrégations et que l'on ne demanderait pas la reconnaissance légale : « *Nous sommes donc unanimes à estimer préférable de ne pas accepter l'offre qui nous est faite de demander au gouvernement la reconnaissance légale.* » Tout au plus, les membres de l'assemblée adressaient-ils au chef de l'État l'hommage de leur gratitude pour le fait acquis de leur existence désormais licite.

La seconde raison de l'échec de la loi du 8 avril 1942 vient du Saint-Siège qui ne veut pas que les congrégations françaises prennent trop d'importance et retrouvent une puissance que leur a fait perdre l'évolution historique, qui les soumet de plus en plus à Rome. La Curie trouve avantage à continuer à les diriger à sa guise. Elle réprouve l'exigence contenue dans la loi de l'obligation d'établir leur siège en France avec résidence du supérieur général. Le pape ne souhaitait pas que s'installent en France des supérieurs indépendants du supérieur général résidant souvent à Rome. L'exigence de Vichy risquait de créer une dualité dans le haut commandement des ordres. En fait, l'échec s'explique par une opposition entre les exigences de l'État français et les obligations du droit canon. La réunion du 8 octobre 1942 aurait dû rester secrète mais le gouvernement de Vichy connut la substance des libres et vifs échanges, car le contrôle postal ouvrit une lettre du père Rieu, supérieur général de la Société de Marie, qui la présidait, à Mgr Rastouil, évêque de Limoges.

La réussite de la loi sur les congrégations était bien compromise par la réaction des supérieurs de congrégations. Les pétainistes s'employèrent à vaincre leur méfiance. Si, petit à petit, congrégation après congrégation, se dessinait le mouvement de demandes de reconnaissance légale auprès du Conseil d'État, ils auraient fait vivre la loi dans l'équilibre de la liberté religieuse et de l'intérêt de l'État. Il fallait décider un grand ordre qui entraînerait les autres. Mais, en dehors de la surveillance de l'administration financière et de renseignements sur les membres, légers et faciles à obtenir par d'autres voies, quel intérêt pour le pays recherchaient ces grands serviteurs de l'État ? Le vieux rêve gallican animait ces beaux esprits. On voit alors toute l'administration française en rapport avec l'Église mettre au premier rang de leurs préoccupations la centralisation de l'Église. Qu'il s'agisse des diplomates auprès du Vatican ou des conseillers d'État, sensibles à ces dossiers, tous analysent le mouvement récent de concentration du pouvoir ecclésiastique à Rome comme excessif et dommageable à l'influence française. Les deux ambassadeurs qui se succèdent au Vatican, Wladimir d'Ormesson et Léon Bérard, sont fort différents de tempérament et de philosophie politique, mais ils ont en commun un même regret du faible poids de l'Église de France et des Français dans la direction des affaires de l'Église catholique. On les voit déplorer le petit nombre des cardinaux français et se lamenter sur la présence unique à Rome d'un seul cardinal de Curie, le cardinal Tisserant. Avec un des deux secrétaires particuliers du pape (l'autre est Allemand), le tour est vite fait de l'influence française.

Les conseillers d'État comptent sur les congrégations pour assurer le rayonnement de la France dans l'Église. Mais ils observent que, depuis la fin du XIXe siècle, le pape invite les supérieurs généraux à installer à Rome le siège central des congrégations. Les ordres français suivent d'autant plus le mouvement qu'ils sont traités avec suspicion, interdits et dissous par le gouvernement français. À Rome, la direction de l'ordre échappe assez vite aux Français. Un ordre, même d'origine française, s'internationalise et devient indifférent aux intérêts français. Certes, en 1914, des moines à l'étranger sont venus se mettre au service du pays mais il exista aussi des centaines de défaillances. Dans ces ordres internationalisés, le service de la France n'est plus assuré. On enseigne encore le français dans leurs établissements scolaires à l'étranger, mais par tradition et parce que les familles puissantes de ce pays y voient une composante indispensable à une belle éducation et une ouverture internationale.

Les fonctionnaires de Vichy ont espéré que les dominicains, les Frères de Saint-Jean-de-Dieu et les Frères des écoles chrétiennes demanderaient la reconnaissance légale. Les deux dernières congrégations ont sollicité, en effet, la reconnaissance légale. Ils comptaient surtout sur l'Institut des frères des écoles chrétiennes qui, dès 1941, était en rapport avec eux. La loi de 1901 y avait beaucoup diminué la place des Français, qui passèrent des deux tiers des membres à moins du tiers en 1939. Ils étaient encore 4 800. Ils possédaient en France 410 établissements d'enseignement et 75 234 élèves. Surtout, leurs écoles touchaient au Levant 5 000 élèves et 6 800 en Égypte. La reconnaissance exigeant la résidence en France du directeur général effacerait le départ du pays de ses dirigeants en 1936. Le Conseil d'État s'orienta vers l'élaboration de statuts types élaborés par Sauret. Début juillet 1942, le frère François de Sales est disposé à entamer le processus de demande de reconnaissance légale. L'affaire était bien engagée quand le Vatican y mit fin. Le 17 juillet 1942, Mgr Maglione, secrétaire d'État, dit à l'ambassadeur de France Léon Bérard que l'obligation pour les congrégations, dont le supérieur général réside à l'étranger, de désigner un de ses membres établis en France comme directeur général autonome était inacceptable[17]. Si le directeur de la congrégation reconnue était un mandataire du supérieur général, il n'y aurait pas d'opposition du pape, mais qu'il soit élu par un chapitre général et entouré d'un conseil serait refusé comme contraire aux constitutions des instituts religieux. Le pape voyait dans cette disposition exigée par les conseillers d'État un risque de scission entre le haut commandement congréganiste et le commandement national et interdirait aux congrégations d'appliquer la loi du 8 avril 1942. En mars 1943, le procureur général des Frères des écoles chrétiennes s'entretient avec l'ambassadeur Bérard à Rome. L'ambassadeur de France lui dit que la situation n'était pas mûre. Si une demande de reconnaissance légale était présentée avec un dossier comportant un statut sans directeur général autonome, elle rencontrerait l'opposition efficace de Louis Canet, campant sur son gallicanisme : Léon Bérard suggérait au frère François de Sales de voir directement Pierre Laval, qu'il s'engageait lui-même à informer auparavant. Le plan fut efficace.

Selon Michel Brisacier, un des plus fins connaisseurs des congrégations, Pierre Laval a reçu le 18 février 1944 le frère François de Sales et saisit l'intérêt politique d'accorder la reconnaissance légale aux Frères des écoles chrétiennes. Il accepterait de renoncer à exiger un transfert de la maison mère à Paris. De Rome, Léon Bérard est averti des menées de Louis Canet et met en garde Pierre Laval. Louis Canet a élaboré un projet tortueux : faire arriver au Conseil d'État deux projets de reconnaissance, l'un très favorable émanant de l'Intérieur (Sauret-Laval), et l'autre, très critique, venant du ministère des Affaires étrangères. La contradiction entre les deux dossiers permettrait au conseiller d'État Louis Canet de jeter le trouble chez ses collègues du Conseil d'État et d'obtenir le rejet de la demande. Le plan et les menées de Canet réussirent puisque le Conseil d'État, examinant la demande des Frères des écoles chrétiennes en août 1944, observa que le dossier n'était pas assez explicite et suggéra de le compléter.

À la Libération, la loi du 8 avril 1942 apparaissait comme vaine puisque seuls les chartreux, les chartreuses de Nonenque à Marhagues-Latour dans l'Aveyron et les carmélites de Créteil (27 août 1943) avaient obtenu la reconnaissance légale.

L'ordonnance du 9 août 1944 maintint à titre provisoire la loi sur les congrégations mais la reconnaissance légale ne fut jamais accordée sous la IVe République. Il fallut attendre la Ve République de Georges Pompidou pour que la question des congrégations fût résolue dans la ligne de la loi du 8 avril 1942.

ENCORE LES DIOCÉSAINES

Un dernier problème financier et juridique, issu de la loi de séparation de l'Église et de l'État, n'était pas bien réglé en 1940 : la dévolution et l'administration des lieux de culte. La question intéressait cette fois l'Église séculière.

On se souvient que la loi de séparation de l'Église et de l'État retirait les lieux de culte et biens de l'Église séculière aux menses et fabriques qui les géraient depuis longtemps. Elle remettait ces biens à des organismes de droit privé, les associations culturelles. Le pape refusa les associations culturelles qui ne respectaient pas l'organisation propre de l'Église. Les évêques et cardinaux français avaient d'ailleurs averti le gouvernement que ces associations culturelles, laïques, organisées en dehors de l'autorité des évêques et des curés, niaient la constitution de l'Église et seraient considérées comme schismatiques. La rupture eut lieu. À partir de 1908, l'État distribua à diverses collectivités les biens des établissements du culte. Au lendemain du premier conflit mondial, grâce à l'attitude du Bloc national, au dialogue renoué par la nouvelle ambassade de France auprès du Vatican et à la sagesse du Conseil d'État, l'affaire avait été renégociée. Le pape acceptait les « associations diocésaines » par la bulle *Maximam gravissimamque* du 18 janvier 1924. La Chambre adopta le projet de loi sur les associations diocésaines mais le Sénat ne prit même pas la peine de l'examiner. Or, sous la IIIe République, une loi devait être votée par les deux Chambres.

Le gouvernement de Vichy, par la loi du 15 février 1941, permit l'attribution aux associations diocésaines des biens encore sous séquestre. Il mit en scène deux actes destinés à combler les catholiques. Le 10 février 1941 est remis à l'association diocésaine de Tarbes et Lourdes le domaine de la grotte de Massabielle, lieu d'un pèlerinage fréquenté par les catholiques du monde entier, dont la générosité était d'un grand profit pour l'institution à laquelle le « domaine » était attribué. Le gouvernement de Vichy le retira au bureau de bienfaisance de la ville de Lourdes qui en bénéficiait pour le redonner à l'Église. Le 17 avril 1942 sont rétrocédés à l'association diocésaine de Nîmes les lieux du pèlerinage de Notre-Dame de Rochefort, dont l'origine remonte à Charlemagne.

La capacité des associations diocésaines est augmentée puisqu'elles obtiennent le droit de recevoir des libéralités (loi du 25 décembre 1942). Enfin, si les églises de caractère historique avaient les moyens d'être entretenues comme patrimoine artistique, il restait la question des petites églises ou des bâtisses paroissiales sans beauté particulière. Barrès, en son temps, avait animé une campagne sur la grande pitié des églises de France. Lieux des moments de joie et de douleur des paroissiens, elles méritent de rester pimpantes au cœur du village et du quartier. Le clocher doit continuer à égrener les heures. Aussi purent-elles recevoir, par exception à la neutralité inscrite dans la loi de séparation, des subventions des collectivités locales pour des réparations.

LES TRIBULATIONS DE L'ÉVÊQUE QUI VOULAIT RÉCUPÉRER LES BIENS DE L'ÉGLISE

La plupart des ecclésiastiques se réjouissent de pouvoir enfin réparer les outrages des ans infligés à leur église. On n'aurait pas en France les disputes de Don Camillo et de Peppone ! Ils comprennent que la discrétion est leur meilleure alliée pour établir ces nouveaux rapports avantageux entre l'Église et l'État. Il y eut cependant un évêque pour ne pas se contenter de réparations et pour croire que l'Église pourrait récupérer les biens qui lui avaient été arrachés par la séparation de l'Église et de l'État. Il allait se heurter à toute l'administration coalisée. Il est vrai que l'évêque d'Évreux s'était vu spolié d'un beau palais épiscopal et de quatre séminaires ! Mgr Gaudron, évêque d'Évreux, n'hésita pas à mobiliser préfet, cabinets ministériels, nonce apostolique, ministres pour que justice soit rendue à l'Église. Était-il pionnier d'un mouvement qui ne demandait qu'à s'élargir ou un évêque saisi à la gorge d'un besoin urgent et légitime ? Il avait une excellente raison, en tout cas, d'obtenir à titre exceptionnel réparation des injures de 1906, parce que en 1940 il se retrouvait à la rue. La ville d'Évreux avait été ravagée par la guerre. L'évêché et le grand séminaire étaient détruits. Mgr Gaudron avait trouvé un asile provisoire chez des amis mais ses séminaristes se trouvaient en pension à l'Institut catholique de Paris. L'évêque eut une illumination alors qu'il ressassait ses malheurs : le maréchal Pétain était envoyé par Dieu pour réparer les fautes d'Émile Combes. La détresse lui inspira un plan hardi. Il écrivit au maréchal Pétain en décembre 1940 pour qu'on lui rende le palais épiscopal et un des séminaires, pris par l'État en 1906 et donné au département de l'Eure. Le département s'empressa de le relouer à l'État pour y loger... la Trésorerie. En 1941, le Conseil général était suspendu et remplacé par une petite commission administrative de quelques membres choisis par le gouvernement parmi les conseillers généraux. Ces rescapés de l'épuration des collectivités locales n'avaient rien à refuser au gouvernement de Vichy et aimaient beaucoup leur évêque. Ils étaient d'accord pour céder le palais épiscopal à l'évêque pour un franc symbolique et ils proposaient même de payer la moitié des impôts fonciers.

Alors commença le ballet des fonctionnaires hostiles et habiles à se repasser le mistigri. Le préfet rendit une visite amicale au trésorier payeur général pour l'avertir qu'il allait devoir quitter son humide palais. Le fonctionnaire reconnut que ce palais était bien incommode pour des activités administratives. La hauteur des plafonds interdisait à ses maigres allocations de chauffage d'assurer un peu de tiédeur aux scribes. Mais il n'avait guère envie de déménager pour complaire à Monseigneur. Et d'ailleurs où trouver un appartement dans cette ville sinistrée ? Mgr Gaudron pouvait bien être patient et attendre son départ, car le trésorier-payeur comptait prendre sa retraite dans dix-huit mois.

L'évêque d'Évreux en appela au ministre de l'Économie et des Finances afin que de faciliter l'évacuation des fonctionnaires des anciens locaux ecclésiastiques. Sur injonction ministérielle, le trésorier-payeur accepta de grimper au second étage et de s'y installer, pour ses derniers mois d'activité professionnelle, dans le modeste logement du concierge. On ne pourrait pas lui reprocher de manquer de bonne volonté et de modestie. Il cédait le premier étage à l'évêque, sauf son cabinet et une pièce pour le service du Portefeuille. On se serrerait... Cependant, il avertissait que les biens de l'État risquaient de pâtir de la situation née du départ du concierge. Cet employé avait la charge d'entretenir le chauffage et de surveiller des conduites d'eau qui supportaient mal les hivers normands. Il ne serait pas convenable que Monseigneur, ou l'éminent fonctionnaire des Finances, jouassent ce rôle ancillaire, très absorbant au demeurant et requérant la présence permanente du responsable. D'ailleurs, le bail de location entre le département et l'État n'arriverait à échéance qu'en 1945. Lui-même aurait un successeur, plus jeune et moins effrayé sans doute par tous ces tourments domestiques. Ne serait-il pas plus raisonnable d'attendre ?

L'évêque, devant la mauvaise volonté courtoise des fonctionnaires, se demandait s'il reverrait un jour les beaux plafonds du palais épiscopal et il menait un combat aussi difficile pour son séminaire. Il ne réclamait pas les quatre édifices pris en 1906 et se contenterait du séminaire Saint-Taurin. Or, une école professionnelle y avait été installée. Le préfet, très attentif aux besoins de l'Église, proposa une solution qui évitait le déménagement coûteux des machines. Les écoles normales n'étaient plus occupées depuis que les normaliens fréquentaient le lycée. L'évêque proposa que l'État vende l'école normale de garçons à l'association diocésaine qui proposait 70 000 francs, somme modique pour l'État mais convenable, estimait l'association, pour un bien « volé ». Le ministre de l'Éducation nationale, Jérôme Carcopino, tergiversa, il ne voulait pas prendre de décision prématurée. L'école normale de garçons était vide mais le resterait-elle ? Le proviseur du lycée lui faisait savoir que l'arrivée des normaliens surchargeait le lycée et qu'il serait sans doute utile d'y annexer l'école normale.

Le nonce à Vichy fut alors sollicité par l'évêque. Il se rendit à l'hôtel du Parc, intervint au cabinet du maréchal Pétain, qui promit de faire diligence. Un chargé de mission du cabinet civil quitta donc Vichy et alla enquêter les 17 et 18 septembre 1942 à Évreux, non sans s'arrêter à Paris pour convaincre le directeur de l'enseignement primaire. Auprès de l'envoyé du Maréchal, l'évêque cria misère. La pension de ses séminaristes lui avait coûté près de 150 000 francs chaque année par candidat ! Le Secours national, qui lui accordait 100 000 francs en 1941, avait réduit sa subvention à 50 000 francs en 1942. Le chargé de mission osa émettre qu'un département aussi riche que l'Eure pourrait contribuer un peu plus à la formation de ses futurs pasteurs. L'évêque se récria. Certes, le département était riche ; les produits agricoles ne s'étaient jamais vendus aussi cher mais on ne change pas la nature humaine et les fidèles de ce diocèse donnent peu. Le chargé de mission se crut plus heureux que Lucien Leuwen à Nancy pour concilier les parties. Mgr Gaudron obtiendrait l'école normale de garçons et cohabiterait avec l'inspecteur d'académie, qui occupait une aile. Après tout, à la guerre comme à la guerre, ils pouvaient bien se supporter...

C'était compter sans l'inspecteur d'académie, aussi fervent laïc que le trésorier-payeur général. Il fit le gros dos, se soumit en apparence mais participa à la fronde souterraine des fonctionnaires contre le retour du cléricalisme. Le ministre de l'Éducation nationale, Jérôme Carcopino, s'était refusé à prendre une décision qui déplaisait à ses fonctionnaires dont il connaissait l'aptitude à l'inertie. Son successeur, Abel Bonnard, fut plus franc et, le 12 mai 1943, écrivit à Pétain qu'il n'était pas d'accord. Il mettait le gouvernement en garde contre une décision sans précédent mais qui ne serait pas sans suites. Dès qu'elle serait connue, elle serait invoquée comme précédent par tous les évêques de France (déjà l'évêque de Beauvais avait introduit une requête analogue). L'État était-il capable de résister à la vague qui allait déferler ? « *Répondre favorablement, si on le juge bon, à une demande de ce genre, cela devrait être la marque de bienveillance et de condescendance que donnerait un État très fort. Malheureusement, nous sommes loin de pareille situation* », écrivait-il. Surtout, Abel Bonnard comprenait les alarmes du corps enseignant de l'État devant les avantages accordés à l'enseignement privé et il prédisait que cette affaire deviendrait un brûlot : « *Mettre aujourd'hui* — écrivait le ministre de l'Éducation nationale — *les séminaristes dans la maison où l'on formait hier les instituteurs, c'est, pour qui connaît l'âpreté et la petitesse des passions locales, un acte auquel il ne sera que trop aisé de donner une valeur symbolique.* »

Était atteint le moment où des demandes de l'Église, qui auraient été considérées comme légitimes en 1940, prenaient aux yeux de certains ministres de Vichy l'apparence d'une revanche susceptible de provoquer les instituteurs et les fonctionnaires d'une administration toujours sourcilleuse sur la laïcité. Chacun resta dans ses meubles.

3

L'ÉCOLE : RETOUR DU RELIGIEUX ET SUBVENTIONS

ENJEUX SCOLAIRES ET INTELLECTUELS

L'école constitue un enjeu entre l'Église et l'État. Que souhaite l'Église de France en 1940 et 1941, sans le dire ouvertement ? Elle veut que l'enseignement religieux devienne obligatoire pour tous les enfants français. Elle attend une grosse aide financière pour l'école libre.

L'enjeu est idéologique et l'affaire est passionnelle, car elle repose sur des croyances et des convictions bien ancrées, issues de l'histoire où chacun combat avec sincérité et passion pour la vérité, le salut du monde et des hommes.

L'Église, en France, n'a jamais accepté que l'enseignement lui soit arraché. Elle considère qu'elle a créé l'enseignement en Occident, que la culture gréco-latine a survécu dans les siècles barbares grâce à ses monastères. L'antériorité lui donne des droits contre un mouvement intellectuel — la laïcité — qui prend les allures d'une tromperie et d'une usurpation.

S'il ne s'agissait que de pouvoir, les conflits se régleraient par un partage, mais le destin de l'humanité serait en question quand à l'école libre se dit la prière du matin et quand à l'école laïque, le maître commence son cours de morale.

L'enseignement ne se sépare pas de l'éducation, pensent les catholiques. Si enseigner est cultiver l'intelligence, éduquer a une plus vaste ambition et s'adresse à l'être tout entier. L'homme n'est pas qu'intelligence. Il possède une âme, nourrit une inquiétude et un besoin religieux que néglige un enseignement laïc.

Pour les partisans de la laïcité — et au premier rang d'entre eux les maîtres d'école — l'enseignement doit respecter la liberté de l'enfant, faire abstraction des aspirations irrationnelles et renvoyer l'enseignement religieux à la famille. L'enseignement d'État s'adressant à tous se garde d'aborder un domaine qui relève de la sphère privée, de conceptions personnelles, discutables ou respectables, mais qu'il importe d'ignorer dans l'enceinte scolaire où règne la neutralité.

Les chrétiens ne peuvent vivre leur foi qu'en étant apôtre, c'est-à-dire en révélant la bonne parole, en éduquant les âmes ignorantes, en convertissant.

Les partisans de la laïcité ne veulent pas aider une propagande religieuse et glissant de là à des considérations nées de la manière dont ils interprètent l'action de l'institution dans l'histoire, ils estiment que délivrer un enseignement religieux serait contribuer au maintien et au développement de l'Église, institution dont ils contestent le droit à l'universalité.

Les demandes des catholiques sont un devoir moral et une obligation spirituelle. Plus prosaïquement, ils considèrent que, payant des impôts et proportionnellement beaucoup, ils ont droit à ce que l'État partage la redistribution entre les deux enseignements, selon les vœux des chefs de famille. Et cet argument les rallie à l'idée de liberté.

Les enseignants laïcs sont, après la défaite, sur la défensive. Accusés de toutes parts, ils se défendent au moins d'avoir mal enseigné. On peut leur demander de reconnaître des fautes mais pas de se renier dans leur vocation. Ils ne s'adressaient pas qu'à l'intelligence des enfants mais avaient à cœur de préparer à la vie sociale de futurs parents, de bons travailleurs, des citoyens responsables, des adultes capables de se bien conduire par l'exercice de la raison, la modération des passions, le respect critique — pas trop ! — de l'autorité et l'amour de la liberté d'autrui. La morale a toujours été enseignée à l'école primaire, mais elle ne repose pas sur une transcendance. Or, seule la transcendance, estiment les chrétiens, l'éclaire, la rend forte et agissante. La querelle reprend à ce point précis. Les enseignants laïcs reconnaissent la modestie et la pauvreté des fondements de la morale laïque, mais — « qui veut faire l'ange fait la bête » — ils observent que l'Église n'a pas encore réussi à répandre dans la masse des catholiques un comportement et une morale constamment vivifiés par la transcendance divine. Seule une petite élite catholique en assure le rayonnement.

On voit bien que, dans le silence imposé, sont prêtes à s'affronter à nouveau, avec toujours les mêmes arguments, deux conceptions méditées et rivales qui arment des troupes prêtes à rallumer les guerres religieuses, où l'on ne cède qu'à la force sans renoncer à ses convictions. Les frontières des camps sont mobiles et évoluent en fonction du dynamisme des fidèles catholiques et des forces du monde laïc. Le mouvement des idées y joue son rôle comme les initiatives de l'État.

L'évolution des idées devient favorable aux catholiques au XXᵉ siècle. La « modernité » des idées des Lumières, si forte au XIXᵉ siècle, a perdu de sa nouveauté. La Première Guerre mondiale a porté un coup très dur à un positivisme déjà remis en question. Les intellectuels catholiques et spiritualistes ont retrouvé du prestige dans la république des lettres. Les catholiques ont l'impression de participer activement à l'aventure intellectuelle de leur temps et de rayonner sur la cité. Ils croient que se rassembleront autour de ces idéologies de troisième voie — entre le libéralisme honni et le marxisme détesté — les âmes sincères et les curieux de nouveauté. Dans l'Europe des années trente écrasée par le communisme et le fascisme, les intellectuels catholiques sont des éléments dynamiques et heureux du rayonnement intellectuel et spirituel de la France. La fin des complexes est le début de la reconquête.

L'État contribue au déplacement des frontières entre le monde de la laïcité et la société christianisée. Les intellectuels catholiques y attachent un peu moins d'importance que dans le passé, comptant désormais beaucoup plus sur le dynamisme de l'action catholique que sur le pouvoir pour christianiser la société. Mais cette culture étatique demeure chez les dirigeants de l'Église, qui n'ont pas besoin de grands efforts pour comprendre l'intérêt spirituel de bonnes lois et des contraintes imposées par le pouvoir. Il y a tant d'injustices à réparer à l'égard des chrétiens !

Le travail d'approche et d'amitié des milieux intellectuels et artistiques par les catholiques a porté ses fruits. Les Maritain ont beaucoup œuvré pour rassembler des artistes et de jeunes intellectuels. Les peintres Rouault, Denis, le futuriste Gino Severini, Chagall, Arp, le musicien Érik Satie et l'homme de tous les dons, Jean Cocteau, se retrouvent chez eux. Faute de rayonner dans l'Université, ils investissent l'édition. La collection « Le Roseau d'or » chez Plon publie Henri Ghéon, Ramuz, *Un nouveau Moyen Âge* de Nicolas Berdaïeff, *Défense de l'Occident* d'Henri Massis et bien entendu l'*Humanisme intégral* de Maritain. Il attire chez Plon Stanislas Fumet, avec lequel il édite la première journée du *Soulier de satin* de Paul Claudel et *Sous le soleil de Satan* de Georges Bernanos. Ce fut un beau succès — 60 000 exemplaires — qui montra qu'un roman sur les troubles de l'âme et la sainteté rencontrait un public[1].

LA DROITE ET L'ÉCOLE

Les catholiques ne subissent plus les coups de l'adversaire, devenus sans objet depuis la séparation de l'Église et de l'État ou bien inutiles depuis l'Union sacrée et le déplacement des dangers, incarnés désormais dans les totalitarismes. Leur pensée s'inspire de quelques impressions, de pas mal de préjugés et d'un sentiment de supériorité dont on ne sait s'il est spirituel ou social.

Tous déplorent la dégradation de la morale et le matérialisme grandissant. Les chrétiens n'aiment pas le libéralisme et le développement économique. L'obsession du bien-être et des distractions chez les riches, la poursuite d'un mieux-être matériel et la fascination pour les plaisirs urbains pour les autres, sont réprouvées. La société industrielle a transformé des paysans équilibrés et pourvus d'une suffisance acquise par un travail régulier en une masse prolétaire, abrutie d'un travail répétitif, ne trouvant de satisfaction que dans les loisirs frelatés proposés par le même système économique, qui trouve le moyen d'en tirer encore profit : cinéma, sports de masse, spectacles de music-hall. La radio en devient l'interprète en pénétrant au cœur des foyers. Les pèlerinages et les pieux exercices du dimanche sont concurrencés par les trains de plaisir à la mer, les guinguettes et les matchs. L'exaltation de la beauté et de la force corporelle, un sentimentalisme niais ou la liberté des mœurs dans une société aux rôles brouillés détournent le peuple des valeurs éternelles. La jeunesse se laisse prendre à ces leurres et le pourrissement s'infiltre jusque dans les meilleures familles de la bourgeoisie chrétienne. L'effort et le sacrifice ne sont plus proposés en modèle de vie. Que sera la société de demain si ses chefs n'ont plus de vertu ?

L'événement est jugé en fonction de cette philosophie de la réprobation. La défaite n'est pas technique — chars, canons, stratégie ne sont que des facteurs secondaires —, elle est morale. Les hommes n'ont pas trouvé les chefs naturels qu'engendre une bonne éducation chrétienne. Mal commandé par des élites défaillantes, incapables de lui insuffler un élan et un esprit dont elles étaient dépourvues, le peuple a oublié ses vertus guerrières, son aptitude au sacrifice traditionnel, d'où cette gigantesque débandade de 1940. Les grands chefs de la Première Guerre mondiale — le maréchal Pétain en tête qui a sauvé le pays et l'armée de la déroute menaçante en 1917 —, les anciens combattants de la Légion française des combattants, dont Pétain est le président, viennent au secours de leurs frères plus jeunes pour leur réinculquer les vertus défaillantes. Mais ils ne veulent pas que le système responsable du désastre puisse à nouveau produire ses effets délétères sur les jeunes générations. La réforme de l'éducation est indispensable.

L'enseignement de la France se compose de trois ordres : à la base, l'enseignement primaire, puis le secondaire, enfin l'enseignement supérieur. Les facultés étant fréquentées par un petit nombre d'étudiants, elles n'intéressent guère les réformateurs. Il en est de même de l'enseignement secondaire, qui reste un privilège de la bourgeoisie et de la petite-bourgeoisie. On arrêtera par des digues appropriées le risque d'un « envahissement » des classes par des couches sociales qui feraient mieux d'orienter les talents de leurs enfants vers un enseignement technique. Seul le primaire suscite tous les soins du gouvernement de Vichy. Il touche tous les Français et a donc priorité absolue, car les erreurs « pourrissent » les fondements de l'édifice, sans réparations ultérieures possibles. L'avenir de toute la nation est affecté par les fautes et négligences de l'État à l'égard de l'école primaire.

La politique scolaire intéresse les milieux conservateurs de l'entre-deux-guerres. Ils cherchent l'appui des enseignants catholiques qu'ils regroupent autour de revues et dans des associations syndicales, qui rencontrent un certain succès dans la région parisienne, et unissent des universitaires et des instituteurs[2]. Beaucoup de ces dirigeants et inspirateurs se retrouveront à Vichy, nouvelle preuve de la gestation de l'État français sous la IIIe République. Le Redressement français d'Ernest Mercier, dont Alibert fut un temps secrétaire général, s'est penché sur la question de l'enseignement, pour lequel Lucien Romier, Émile Mireaux et le professeur de droit Mestre firent des propositions novatrices. L'impulsion est venue du Cercle Fustel de Coulanges, fondé en 1927 par des membres de l'Action française, Henri Boegner et Georges Canteor, deux professeurs de lycée. Le Cercle est actif à Paris, Lyon, Poitiers, Strasbourg, Aix, Caen, Grenoble, Besançon, Montpellier, c'est-à-dire les villes universitaires où quelques professeurs l'animent. Les universitaires et les enseignants qui fréquentent le Cercle combattent l'école unique, la laïcité pervertie en laïcisme, l'influence de la franc-maçonnerie et exigent une réforme de l'enseignement de l'histoire. Ils souhaitent un enseignement insérant mieux l'enfant dans la famille, la région, le métier. À partir de l'accession de Hitler au pouvoir, ils dénoncent le pacifisme du monde enseignant. En 1936, le Cercle publie un bilan de ses réflexions sous le titre explicite *L'Éducation et l'idée de patrie*. Le congrès de 1935 fut présidé par les professeurs Bernard Faÿ et Albert Rivaud. Abel Bonnard, de l'Académie française, Jacques Chevalier et René Gillouin participent aux réflexions et élaborent une doctrine. Quatre d'entre eux ont voulu devenir ministre de l'Éducation de Pétain.

Des mouvements corporatifs gravitent autour du Cercle Fustel de Coulanges. Au temps du Cartel des gauches naît l'Union nationale des membres de l'enseignement public (UNMEP), à partir d'un comité d'initiative composé des professeurs Joseph Hours, André Fugier, Maurice Blondel, Pierre Mauriac et Jacques Chevalier, qui en devint le dynamique secrétaire général. L'Union corporative des instituteurs est dirigée par un maître de la région parisienne, Serge Jeanneret. Les deux mouvements cherchent à briser le monopole du Syndicat national des instituteurs (SNI) et se posent en défenseurs des instituteurs victimes de brimades attribuées à leurs croyances religieuses. Ils demandent une formation des instituteurs ouverte aux humanités classiques, une meilleure collaboration entre l'école et les métiers. À partir de 1936, ils dénoncent les dangers du pacifisme et rejoignent les polémiques anticommunistes de Fortier, directeur de *L'Instituteur national*.

Les idées de cette droite corporative séduisent des minorités résolues, mais leur dénonciation de la politisation de l'enseignement plaît à des professeurs qui ne partagent pas toutes leurs options. En 1936, lors des élections aux conseils départementaux de l'enseignement primaire, leurs candidats ont 8 % des voix (26 % dans la Seine). Le Syndicat national des lycées et collèges, qui préconise une action corporative, recueille 51 % des suffrages dans les établissements secondaires.

Le Cercle Fustel de Coulanges a pris l'initiative de rencontres entre enseignants et officiers. Le général Weygand est toujours disponible pour les conférences et dîners-débats. Le maréchal Pétain ne refuse jamais son patronage, Franchet d'Esperey non plus. Aussi, l'intérêt des grands chefs militaires pour la pédagogie est-il nourri des idées du Cercle Fustel de Coulanges qui complètent leur expérience. Comme tout cadre, les officiers ont des idées sur l'éducation mais l'autorité acquise dans l'organisation de la troupe et le maniement des armes, les responsabilités nationales attendues les amènent un peu plus souvent à exprimer leur sentiment.

Le général Weygand s'est toujours senti une responsabilité particulière, qu'il assume dans des préfaces ou dans des brochures comme ce curieux *Mères, faites de vos fils des hommes*, où il rappelle les matrones à leur devoir de former des êtres civils. Dans une préface à la réédition en 1935 du célèbre ouvrage de Lyautey, *Du rôle social de l'officier*, il s'en prend à l'enseignement pacifiste du Syndicat national des instituteurs. Jean de Lattre de Tassigny occupe ses loisirs forcés à Opme, près de Clermont, à élaborer tout un programme d'éducation des jeunes.

Le maréchal Pétain se pique d'être un théoricien de l'éducation. Lorsqu'en 1934 le chef du gouvernement, Gaston Doumergue, lui demanda d'être ministre de la Guerre, il accepta à regret, prétendant qu'il préférerait être ministre de l'Éducation nationale. Il écrit au ministre nommé, Louis Berthod, qu'il importe de former une « *jeunesse résolue, virile et bien préparée à l'accomplissement de son devoir militaire* ». Il publie, en cette même année de crise, une étude dans *La Revue des deux mondes* et récidive en 1940.

Pétain et l'éducation

Le maréchal Pétain avait l'âme pédagogique. Il ne condamnait pas mais il était persuadé qu'il lui appartenait de redresser les erreurs et d'armer élèves et instituteurs pour un parcours efficace sur la voie nouvelle. Au bout, il y avait la rénovation du corps social retrouvant l'enthousiasme, récusant les doutes, acceptant joyeusement la discipline, bâtissant une France nouvelle à partir d'hommes nouveaux.

Le chef de l'État, après avoir puni les mauvais maîtres, montre sa sollicitude pour les bons et les enfants. À la rentrée de 1940, il se rend dans le joli village de Lalizolle et prend place sur l'estrade pour s'adresser aux élèves. Le 13 octobre 1941, il enregistre dans une petite école de l'Allier un message pour les écoliers où il célèbre les vertus de ténacité et de loyauté. Il n'a pas dû être mécontent des maîtres puisqu'il fera célébrer la rentrée suivante par une grande réception, une fête et un banquet des instituteurs à Vichy. Ses conceptions d'ensemble, il les expose dans *La Revue des deux mondes* du 15 août 1940 en un article, « L'Éducation nationale ». Cet article représentait pour lui l'équivalent du livre de Renan, *La Réforme intellectuelle et morale*, qui a tant compté pour les réformateurs politiques. Il commence par dénoncer quatre erreurs qui pervertissaient l'enseignement en France : croire que l'instruction remplace l'éducation, la laïcité qu'il baptise « neutralité », l'école unique excluant l'école libre et enseignant la division sociale, l'école sans racines. Elles sont autant de condamnations de la laïcité. Instruire seulement l'esprit est une conception trop partielle de la mission de l'enseignement : « *Il y avait à la base de notre système éducatif* — écrit-il — *une illusion profonde : c'était de croire qu'il suffit d'instruire les esprits pour former les cœurs et pour tremper les caractères. Il n'y a rien de plus faux et de plus dangereux que cette idée.* » Le remède sera dans la promotion de l'école chrétienne et la transformation de l'école qui, renonçant à la pure laïcité, enseignera la valeur des régions (universités régionales), l'amour du travail manuel, « *le respect de la personne humaine, la famille, la société, la patrie. Elle ne prétendra plus à la neutralité. La vie n'est pas neutre ; elle consiste à prendre parti hardiment. Il n'y a pas de neutralité possible entre le vrai et le faux, entre le bien et le mal, entre la santé et la maladie, entre l'ordre et le désordre, entre la France et l'Anti-France* » (l'Anti-France a droit à une majuscule). Les qualités physiques et le caractère seront aussi cultivés que l'intelligence et les dons artistiques. Une pratique — modérée — du sport développera la santé, le courage et la discipline.

Et la population française, que pense-t-elle ? À la base, la confiance demeure dans un enseignement d'État sévère et qui donne aux plus doués des enfants une petite chance d'occuper un strapontin dans le théâtre social. Les maîtres sont respectés mais la jalousie à l'égard de ces semi-intellectuels affleure. On ne leur pardonne rien car ils sont issus du peuple et on les enfermerait volontiers dans les pièges d'une vocation austère et désintéressée, qui fait d'eux de nouveaux ecclésiastiques... sans soutane. La régularité d'un traitement, même modeste, la sécurité d'emploi, le logement, la retraite, le lycée gratuit pour leurs enfants qui réussissent si bien, les vacances surtout sont enviés et constituent autant de reproches qui resurgissent quand l'État met en doute les « hussards noirs ». Dans les régions catholiques et de droite, on met en question le rôle de propagandiste républicain de l'instituteur, le travail de la femme et le cumul des traitements.

Quand on s'élève dans l'échelle sociale, la jalousie démocratique, si forte dans le peuple, disparaît mais la recherche de boucs émissaires s'affirme. Les reproches que la bourgeoisie adresse aux instituteurs trouvent un écho passager dans le peuple. S'il y a eu défaite, c'est qu'il y a eu trahison. Les communistes sont souvent accusés mais qui a poussé à la guerre sociale ces hommes ? Qui leur a mis de telles idées dans la tête et de telles haines au cœur ? On fait le procès d'un enseignement socialiste et pacifiste, de la rupture entre l'ensemble des Français et les formateurs de la jeunesse. Les maîtres qui, avant 1914, célébraient la nation, manœuvraient les bataillons scolaires, étaient en accord avec l'ensemble de la nation. Les nouveaux professeurs de pacifisme et de socialisme plaisent à certains mais suscitent méfiance et désapprobation chez les autres. L'idéologie pacifiste du Syndicat national des instituteurs, qui réunit presque tous les instituteurs, apparaît comme une rupture inadmissible de la neutralité scolaire[3]. Que vienne la défaite, les maîtres d'école, surtout s'ils ont été de bons soutiens du Front populaire, sont accusés par une partie du village d'y avoir contribué. Le président local de la Légion française des combattants les aura à l'œil et exigera d'eux un comportement de saine repentance.

Aux professeurs de lycée, on n'a jamais demandé d'enseigner une morale, supposée assez solidement inculquée dans les années précédentes. La compétence de ces hommes sérieux et exigeants n'est pas mise en doute. Mais c'est la conception générale d'un enseignement neutre qui est mise en cause. Le lycée instruit mais il ne donne pas d'éducation. Les détracteurs de l'enseignement secondaire ont bien assimilé les reproches de Maurice Barrès dans *Les Déracinés*. Cette instruction ne développe que l'intelligence et néglige l'âme, les vertus, le caractère. Elle donne des ambitieux sans cœur, des êtres épris d'abstraction et méprisant le réel, des hommes qui, indifférents aux responsabilités sociales et au devoir de développement spirituel de tous, ne peuvent être des chefs.

La défaite devant l'Allemagne confirme à la bourgeoisie la pertinence de ses craintes antérieures quant à une cohésion sociale, minée par les professeurs de marxisme et laissée sans soins par les maîtres de l'État. Les anecdotes significatives constituent la trame des propos de retrouvailles. Qui n'a pas cité des munitions curieusement défectueuses, un matériel qui refusait de fonctionner ou qui explosait entre les mains des soldats ? Des pièces manquantes et introuvables ? Tant de prisonniers constituaient une affaire suspecte. Pour ces Français, les arsenaux et les usines d'armement étaient le champ de manœuvres des agents de l'Internationale communiste, entraînant au sabotage les ouvriers benêts ou dévoyés. On a eu le résultat de dix ans de flatteries électorales du peuple, de laisser-aller des petits chefs découragés, de déliquescence de la conscience professionnelle et du travail bien fait, remplacés par l'aspiration aux loisirs et au bien-vivre. La discipline avait disparu. L'esprit de revendication envenimait les rapports sociaux. Personne n'acceptait d'obéir. Nul n'osait plus commander. La loi des quarante heures et celle des congés payés de Blum sanctifiaient ces mauvaises mœurs. Elles étaient responsables de la production insuffisante d'armements face à un adversaire qui travaillait, dans la joie, plus de soixante heures par semaine dans les usines de la Ruhr avec, en récompense pour les ouvriers d'élite, une courte croisière sur le Rhin. La comparaison avec la Première Guerre mondiale sautait aux yeux : les hommes de la Marne et de Verdun avaient d'autres vertus qui ne sont pas innées mais le fruit d'une éducation. Aux instituteurs patriotes de la Belle Époque avait succédé une génération pacifiste et sans fortes convictions quant à sa mission morale. Il faudrait rebâtir une éducation nationale. On ignorait volontiers les 170 000 morts de 1940 qui auraient révélé que les hommes ne s'étaient pas si mal battus et on se refusait à une autocritique des conceptions de la défense nationale et de la stratégie. Elle aurait abouti à une conclusion sur l'absence d'intelligence des événements et des nécessités du temps. Or, l'intelligence était la coupable, la première des vertus à jeter au rebut : « Science sans conscience... »

L'ÉGLISE ET LA RÉFORME SCOLAIRE

L'Église se trouvait sur le terrain sentimental et moral qui lui est familier. Elle n'eut aucune peine à se faire l'écho de ces rancœurs et de ces appréciations morales, qui tenaient lieu d'autocritiques. Elle répondait au désarroi et aux aspirations. Elle proposait un modèle de comportement, d'éducation, de redressement qui prenait dans la détresse les couleurs brillantes de l'espoir.

Le père Raoul Plus, le 28 août 1940, condamne la société de facilité d'avant-guerre qui démolissait les vertus familiales et les actes d'éducation : « *Cinémas et magazines emboîtaient le pas. Ce n'était partout qu'étalage de luxure, glorification de l'adultère, du divorce ou de l'amour libre. L'institution sacrée du mariage était, de gaieté de cœur, sabordée.* » L'oubli de Dieu à l'école avait préparé le terrain[4]. La critique de l'enseignement laïc ne tardait pas. L'école primaire se contentait d'un « *catéchisme où se mêlaient en un magma informe des aphorismes empruntés à ces petits prophètes : Rousseau, Condorcet, Renan, Comte, Buisson*[5] ».

Les rêves de pouvoir sur les esprits fleurissaient dans l'Église en ces mois d'été comme les coquelicots dans les champs. Ils en auraient le caractère éphémère mais ne manquaient pas de hardiesse. Mgr Suhard a rédigé pour l'Assemblée des cardinaux et archevêques un plan à présenter au gouvernement. Le cardinal déclare que l'État doit former de bons Français. Pour atteindre ce but, il préconise trois moyens : le catéchisme, la morale à base divine telle que la concevait Jules Ferry et, enfin, une surveillance du travail et de la morale des instituteurs. Bientôt, les catholiques vont être plus précis dans leurs dénonciations et ils désignent du doigt les pépinières laïques où les futurs instituteurs sont formés, déformés, endoctrinés : les écoles normales départementales.

Pour Marcellin Lissorgues, l'origine des malheurs de la France n'était pas bien difficile à trouver : « *La France expie, à cette heure, l'immense faute d'avoir permis cette perversion générale de la pensée qui a provoqué l'effondrement des consciences*[6]. » D'où vient ce venin ? Dans chaque école normale primaire, « *les puissances ténébreuses empoisonnaient la nation* ». Les enfants du peuple, attirés par un traitement régulier, l'image accessible d'une vie consacrée aux enfants et à l'esprit, constituaient une élite intellectuelle qui était soumise, en vivant dans cet antre laïc, à une « *asphyxie spirituelle* ». L'éditorialiste catholique dresse un effrayant tableau des méfaits de ces contremaîtres du peuple au service inconscient de la franc-maçonnerie : « *On les dressait pour des batailles qui, parce qu'elles étaient antichrétiennes et antisociales, devaient en somme être livrées contre la France. On entretenait en eux le feu dévorant de toutes les haines. Et la plupart de ces jeunes hommes, dont la culture générale était sommaire et dont on avait avec vigilance borné l'horizon, devenaient les maîtres dangereux des masses populaires, qu'ils entraînaient dans l'abîme de mensonges où eux-mêmes, poussés par des forces puissantes et obscures, avaient été impitoyablement plongés*[7]. »

La théorie et le programme des catholiques sont bien élaborés. Restait à trouver les hommes pour les mettre en œuvre. Une réforme de cette ampleur n'est pas facile à réaliser. Le milieu des enseignants ne s'attaque pas facilement. Ses vertus morales, la dignité de vie de ses membres, le respect pour leur mission interdisent des attaques frontales. Bien soudés, les enseignants sont protégés par une administration, en partie issue du milieu et qui est sensible à la philosophie des sociétés de pensée. La franc-maçonnerie va voir ses activités interdites mais les anciennes amitiés des fils de la Veuve ne se dissolvent pas par décret.

Dans un premier temps, le gouvernement de Vichy a confié l'Éducation à des hommes de grande qualité intellectuelle et point trop marqués par les querelles religieuses. Mais ils ne firent l'affaire ni de Pétain, un peu déçu par leur caractère de gestionnaire peu révolutionnaire, ni surtout des militants catholiques qui essaient de pousser au ministère les leurs, en dénigrant la modestie des initiatives des responsables.

BATAILLES POUR LE MINISTÈRE DES JEUNES ÂMES

L'Éducation nationale n'est pas considérée comme un des grands postes ministériels du gouvernement de Vichy, puisque le titulaire ne porte pas toujours le titre de ministre mais simplement celui de secrétaire d'État. Sur six titulaires, trois furent ministres : Albert Rivaud (16 juin-12 juillet 1940), Émile Mireaux (12 juillet-6 septembre 1940) et le dernier, Abel Bonnard (18 avril 1942-août 1944). Les trois autres — Georges Ripert (6 septembre-13 décembre 1940), Jacques Chevalier (13 décembre 1940-23 février 1941) et Jérôme Carcopino (23 février 1941-18 avril 1942) — ne sont que secrétaires d'État. La différence entre les deux titres n'est pas considérable et vient surtout de la volonté du maréchal Pétain, à l'automne 1940, de ne pas voir trop de monde autour de la table du Conseil des ministres, par goût de militaire du commandement pyramidal, à cause de la fatigue et d'une légère surdité lui rendant incommode une nombreuse compagnie. Le secrétaire d'État ne participe pas au Conseil des ministres, sauf lorsque sont traitées les affaires de son département. Cette situation leur sera favorable au moment des procès en Haute Cour, qui ne peut les rendre responsables des décisions politiques du gouvernement de Vichy. Les secrétaires d'État sont rattachés à divers ministères. Georges Ripert et Jacques Chevalier dépendaient de la Justice, Carcopino passa de la Guerre à l'Intérieur, mais ils ont en général beaucoup d'autonomie, surtout lorsqu'ils ont de la personnalité. Jérôme Carcopino n'est en rien subordonné au ministre de la Guerre Huntziger et, lorsqu'il mettra en avant son rattachement au ministre de l'Intérieur Pierre Pucheu, ce sera par pure tactique pour refuser de trop céder à l'Église.

Le premier ministre de l'Éducation nationale est Albert Rivaud, qui fut de toutes les tentatives pour imposer avant-guerre l'idée que seul un recours au maréchal Pétain sauverait la France. Ce professeur d'université est polyvalent. Il est philosophe mais surtout connu comme spécialiste de l'Allemagne, auteur d'un *Relèvement de l'Allemagne* dont il dénonce le dynamisme irrépressible et dangereux pour ses voisins. À Bordeaux, il a pensé à quitter la France si l'armistice était déshonorant. Cet homme ironique et serein n'a aucune illusion sur les possibilités pour Pétain d'obtenir des avantages de la collaboration : « *Je connais bien les Allemands* — confie-t-il. *Il sera dupé. Il mettra le petit doigt dans l'engrenage et n'en pourra plus sortir. Ils permettront tout et ne tiendront rien. Il deviendra leur prisonnier malgré lui*[8]. » Rivaud n'a, par ailleurs, pas la moindre vocation de réformateur de l'école, comme en témoigne le plan indigent de réforme de l'Université que publiera *La Revue des deux mondes*, en passe de devenir le nouveau *Bulletin officiel de l'Éducation nationale*[9]. Pour Rivaud, l'enseignement doit être simplifié et animé par l'instinct vital qui ne souffle que dans les régions. (Ce professeur de l'université de Poitiers a quand même abandonné la butte qui domine le Clain pour la rive gauche de la Seine, puisqu'il enseigne à la Sorbonne.) Les universités régionales seront tirées de leur léthargie et promues. Elles recruteront soigneusement les étudiants, après enquête sur leurs aptitudes intellectuelles et leur moralité. L'enseignement théorique sera limité au profit du travail sur le terrain : dans les salles d'hôpital et dans les bibliothèques. Le professeur deviendra le conseiller et le guide de ses élèves, ce qui sera facilité par l'exclusion de l'Université des étudiants paresseux.

Albert Rivaud, décidément, n'est pas du bois dont on imagine les ministres de Vichy. Le 12 juillet 1940, il est remplacé par Émile Mireaux, sénateur des Hautes-Pyrénées. Cet agrégé d'histoire est passé, comme André François-Poncet, par la Société d'études et d'informations économiques où les espoirs de l'Université se transforment en excellents serviteurs des milieux économiques. Codirecteur du *Temps*, il est devenu récemment membre de l'Académie des sciences morales et politiques. Venu à Vichy pour participer à la réunion de l'Assemblée nationale, il a manifesté pour la révision constitutionnelle un zèle digne des plus hautes récompenses. L'Instruction publique, qui lui est offerte par Raphaël Alibert le 12 juillet 1940, n'est sans doute pas ce qu'il ambitionnait. On le voit promener sa haute silhouette d'ancien rugbyman, jouer les hommes absorbés par des pensées élevées qui ne donneront pas lieu à des actions d'éclat. Ancien membre du Cercle Fustel de Coulanges, il en reprend les idées sur la nécessité de réviser les manuels scolaires, en particulier ceux d'histoire qui négligeaient le Moyen Âge et les siècles monarchiques pour célébrer uniquement la grande Révolution française et le bonheur enfin apporté au peuple par la IIIe République [10].

Déçu par la pauvreté des propositions de son ministre, Philippe Pétain demande au garde des Sceaux, Alibert, toujours prêt à bâcler des textes durs, de lui établir un programme de réformes. Le garde des Sceaux nourrit alors d'autres obsessions et, rencontrant devant l'hôtel du Parc le philosophe René Gillouin qui faisait sans doute les cent pas en attendant la sortie d'un ministre, il l'engage pour rédiger le pensum. René Gillouin est protestant et il brûle de servir. Proche de l'Action française, il a fréquenté aussi le Cercle Fustel de Coulanges et a des idées sur l'enseignement et un peu sur tout, d'ailleurs. Il veut être utile et rêve de s'établir dans les corridors du pouvoir à l'hôtel du Parc.

Dans la petite chambre d'un modeste hôtel de Vichy surpeuplé, René Gillouin rédige, sur le guéridon, un plan de redressement. Deux nuits blanches, plus éclairées par l'enthousiasme du réformateur que par l'unique ampoule de 25 watts chère aux propriétaires des hôtels de gare, permettent de boucler l'œuvre. Pétain reçoit le mémoire et, dès le lendemain, deux gendarmes se présentent à l'hôtel pour le quérir : on le demande au saint des saints. Le Maréchal veut parler du texte avec lui, avant le dîner. Gillouin s'entend dire que son projet correspond bien à ce que veut le Maréchal, qui lui demande de lui servir de rédacteur-conseiller (Pétain pense « rédacteur », Gillouin croit entendre « conseiller ») et lui enjoint d'insister sur les points essentiels, qui ont trait « *aux méfaits de l'individualisme, du rationalisme, de l'optimisme et d'une absurde confiance dans la vertu de l'instruction pour la formation de la personne* ».

Gillouin espérait devenir le secrétaire général du ministère de l'Éducation nationale mais c'était sans compter avec Chevalier qui s'empare du poste le 26 août 1940 en s'exclamant que le temps des protestants, maîtres de la direction de l'enseignement, est révolu. Il faut lui donner une compensation car il n'a pas été nommé ministre et s'est vu préférer un quasi-inconnu, Georges Ripert, spécialiste de droit international et maritime, venu à Vichy pour s'informer de la convocation de la Cour de Riom à laquelle il avait été nommé. Alibert, déjà jaloux de Chevalier, s'est empressé de donner le ministère à un professeur de droit assez peu intéressé et qui ne comprend pas l'origine de son élévation. Peu importe le manque de passion de ce Méridional sceptique, son secrétaire général, Chevalier a du dynamisme et des idées pour deux. Qui est-il, ce secrétaire général frustré de ses ambitions ministérielles, dégingandé dans un manteau trop grand, à l'allure vieillotte de fonctionnaire des contributions, sauf quand l'œil flamboie derrière les lunettes rondes et que l'on voit accompagner de plus en plus le maréchal Pétain au cours de sa promenade dans le parc d'Allier ?

JACQUES CHEVALIER, UN CATHOLIQUE À LA TÊTE DE L'ÉDUCATION NATIONALE

Jacques Chevalier est Bourbonnais, philosophe, conservateur et ardent catholique.

Bourbonnais, Chevalier l'est par naissance, par héritage et par amour. Il naît le 13 mars 1882 à Cérilly, en bordure de la forêt de Tronçais. Il est l'homme de cette magnifique forêt, exemple parfait d'équilibre entre l'homme travailleur et son milieu naturel. En 1913, il publie une étude de géographie humaine, *La Forêt de Tronçais*, qui est une analyse minutieuse des métiers de la forêt, un programme écologique contre certaines pratiques regrettables de l'administration des Eaux et Forêts et presque une philosophie de vie. Cette forêt de chênes de Tronçais, qui donna au XVIIe siècle le bois du Louvre, des grands navires et, jusqu'à nos jours, des fûts où vieillit le cognac, est une mère nourricière et un trait d'union entre les petits pays. Au philosophe, elle donne l'image de la permanence, de la continuité et d'une restauration de l'énergie, « *utile dans un monde qui va sans cesse s'usant et se dégra-*

dant ». Les leçons de ceux qui soignent et exploitent sagement la forêt sont de grande valeur : « *Notre siècle est destructif. On veut toujours gagner ; on ne réserve rien. Un jour, la source sera épuisée. Alors vous vous rappellerez ce que vous aura dit le charbonnier de la forêt de Tronçais.* » Sa philosophie politique et sociale, Chevalier la tient de son éducation catholique et de l'éducatrice sylvestre : « *Respectons la forêt régulatrice du climat, protectrice de l'eau, mère et nourrice de la vie sociale, de la tradition nationale et de tous les arts. Un pays qui ne respecte pas ses arbres, comme un pays qui n'a pas d'enfants, est un pays qui serait voué à la mort*[11]. » On comprend pourquoi les Chantiers de jeunesse amèneront les jeunes dans les forêts pour les initier au forestage et à la confection du charbon de bois. Un dimanche, Chevalier entraîna Pétain visiter un de ces chantiers et organisa une petite cérémonie pour lui dédier un chêne.

Les vacances ramènent l'enfant puis l'adulte dans la maison familiale de Cérilly, où il se ressource. Dans cette terre bourbonnaise, ses ancêtres ont été enseignants, notaires, officiers. Ils ont honoré Dieu. Dans la lignée du père se trouvent deux prêtres morts en 1794 sur les pontons de Rochefort, martyrs de leur foi. Le père est polytechnicien. Il fut de 1910 à 1917 directeur du génie, second de Joffre, et connut donc bien le général Pétain. Dissipons ici une légende qui a trompé Pierre Giolitto, qui fait de Jacques Chevalier un filleul de Pétain. L'acte de baptême prouve que le parrain de l'enfant est Théodore, son grand-père maternel[12].

Élève de l'École normale supérieure, Jacques Chevalier a des goûts divers : les lettres, les sciences l'attirent autant que la philosophie. Sa rencontre avec Bergson est décisive pour son orientation. En 1905, il est reçu second à l'agrégation de philosophie et restera un des disciples favoris de Bergson. Le jeune agrégé peut se lancer dans la recherche. Il est surtout intéressé par les problèmes religieux, qu'il vit intensément sous la direction du père Pouget, le grand et méconnu maître spirituel du premier quart du XXe siècle. On parle toujours de Lucien Herr comme d'un maître à penser des normaliens socialistes, en oubliant les autres. Herr a amené au socialisme Jean Jaurès et Léon Blum. Il est loin d'être le seul de ces « éveilleurs » de jeunes esprits. Tout aussi important fut le rôle, chez les jeunes catholiques, du lazariste Pouget. Il a existé tout un groupe de philosophes spiritualistes dont le rayonnement, à l'exception du plus célèbre d'entre eux, Bergson, est minoré, voire oublié, dans l'histoire intellectuelle et culturelle de la France. Dans cette constellation d'esprits philosophiques brillent le père Pouget, Jacques Chevalier et son disciple, Jean Guitton dont le livre, *Portrait de M. Pouget*, publié en 1941, est le premier hommage public rendu au prêtre lazariste que Paul Claudel appelait le « Socrate chrétien ». Mauriac a dit l'émotion qu'il ressentit à la découverte du livre : « *Cet inconnu nous était envoyé de par-delà la mort, pour nous rendre confiance dans l'esprit humain illuminé par la grâce.* »

Guillaume Pouget naquit dans le Cantal en 1847. Il aurait été comme ses parents un pauvre paysan auvergnat s'il ne les avait inquiétés par sa volonté de savoir — il apprit à lire seul dans un vieil alphabet — et si le curé ébahi par son intelligence ne les avait incités à l'envoyer au petit séminaire de Saint-Flour. En 1867, il était reçu dans la congrégation de la Mission (les lazaristes). Il tâtait de toutes les sciences : Écriture sainte, physique, biologie, théologie et philosophie. Il apprit l'araméen, le copte et le syriaque. Il enseignait les sciences au petit séminaire d'Évreux puis, à partir de 1888, les sciences et l'Écriture sainte à la maison mère de Paris. Il ne pouvait que participer à la révolution intellectuelle qui soumet à critique les textes bibliques avant de fonder la théologie. Les textes ne sont plus considérés, *a priori*, comme inspirés de Dieu. Les théologies fondées sur la Bible sont donc mises en question. La crise rénanienne, la crise moderniste ont inquiété la papauté, qui a exigé l'arrêt de telles études. Le père Pouget est privé d'enseignement. Sa santé s'altère. Il perd quasiment la vue en 1907. Dès lors, il médite les textes saints que sa monumentale mémoire a fixés, compare et distingue. Guitton a dit de lui : « *Il était une université ramassée en un crâne.* »

Chevalier se souvient de sa première rencontre avec le père Pouget, dans la maison de la rue de Sèvres : « *Je m'assis sur un petit tabouret et M. Pouget, sans autre préambule, se mit à me parler, deux heures durant, de Paul et de Jean, du peuple juif et de la mission du Christ. Du premier coup, je fus conquis et je m'attachai à lui pour jamais, pressentant, sans le comprendre pleinement, la grandeur incomparable qui se cachait derrière tant de simplicité. Jusqu'à la dernière heure, il demeura pour nous le maître auquel nous avions recours dans toutes nos difficultés, celui qui les résolvait d'un mot avec une infaillible sûreté ou qui, par sa seule présence, les faisait s'évanouir comme une ombre à la pleine lumière du vrai.* »

Chevalier introduira plus tard ses propres disciples chez le lazariste, Jean Guitton, Emmanuel Mounier[13]. Pour Jean Guitton, la critique biblique savante du père Pouget ressuscite le Christ des chemins pierreux, attentif à tous, « *bon avec les petits, sévère avec les grands, semant la parole, selon les occasions* ». Il propose une vision contemporaine de Dieu : « *La physique de Planck, de Bohr, d'Einstein ou de De Broglie le ravissait ; il y voyait l'infatigable action d'un être qui ne cesse jamais d'agir, mais qui n'a pas besoin de créer.* »

Chevalier obtint une bourse pour étudier à Oxford, où il commença sa thèse. Il y rencontre le fils de lord Halifax, Edward Wood, avec lequel il parcourt à bicyclette les ravissantes routes de la campagne. La liaison a sans doute été favorisée par le lazariste Portal, qui tenait le rôle d'un aumônier officieux de l'École normale supérieure. M. Portal était, avec lord Halifax pour l'anglicanisme et le cardinal archevêque de Malines pour les catholiques, un pionnier de l'œcuménisme. Le jeune homme fréquenta le manoir de Hickleton comme plusieurs normaliens. Jean Guitton y séjourna avec Chevalier pour la première fois en 1926. Cette amitié britannique va demeurer solide au-delà de l'armistice, facilitant des contacts entre Pétain et Churchill en octobre 1940. Notre philosophe en herbe quitte à regret Oxford pour la très confortable Fondation Thiers à Paris, qui permet à des jeunes gens de l'élite intellectuelle de se vouer entièrement à la recherche et à l'écriture et... parfois au farniente. D'Oxford, il avait rapporté le sujet de sa thèse, *La Formation de la nationalité et les réveils religieux au pays de Galles*. Le sujet ne fut pas goûté par les maîtres en Sorbonne, à moins que le contenu n'en ait pas été assez élaboré, et la soutenance lui fut refusée. Le père Pouget lui redonna du courage et lui trouva un sujet plus classique, *La Notion du nécessaire chez Aristote*. Il lui conseilla même le comportement à adopter durant la soutenance, qui eut lieu à l'université de Lyon en 1914. En 1920, il devenait professeur à l'université de Grenoble, à laquelle il allait rester fidèle. Le souci du rayonnement de la culture française l'amenait dans sa chère Angleterre mais aussi en Italie et en Espagne pour des cours et des conférences.

L'Espagne allait beaucoup compter pour Chevalier. Doué pour les amitiés viriles et intellectuelles, il se lia avec Miguel de Unamuno, avec lequel il fit en 1911 un pèlerinage à la Pena de Francia : « *Nos âmes*, écrit le jeune homme, *étaient touchées à nu au pied de cette croix véritable que la foi populaire a dressée au col de la Pena de Francia, entre la Castille et le Portugal.* » La guerre d'Espagne fut pour lui un drame intensément vécu. Sa sensibilité à vif fut blessée par les positions finalement divergentes des catholiques français. Lui n'a aucune hésitation. Il a connu la République et déteste le zèle antireligieux des Républicains qui ne comprennent pas que le peuple, encadré par l'Église, mêle à cause de son histoire (la « reconquête » catholique sur les Maures envahisseurs) la religion et l'amour de la nation et se trouve à mille lieues de leur mentalité. Il interroge un paysan sur le gouvernement républicain et aurait entendu : « *Il plaît aux uns, mais il ne plaît pas aux autres. — Et qui appelez-vous les autres ? — Le peuple espagnol.* » Chevalier voit la main des francs-maçons dans la préparation d'un coup de force communiste, inauguré par l'assassinat de Calvo Sotelo. En juillet 1936, le philosophe donnait des conférences à Santander. Il écrit pour le *Journal des Débats* un récit des journées tragiques (24, 25, 26 juillet 1936) et il développe sa vision dans une brochure, *Les Événements d'Espagne*, où il affirme que le putsch est né « *de l'explosion du sentiment national et non pas du tout, comme on le prétend, d'une sédition factieuse* ».

Jacques Chevalier, en intellectuel intransigeant, veut voir la guerre civile d'Espagne comme un affrontement de valeurs, un combat du Bien contre le Mal. Le conflit accentue sa propension à envisager le catholicisme comme une forteresse, non seulement assiégée mais encore menacée par la trahison des défenseurs naturels. La condamnation du communisme dans l'encyclique pontificale de 1937, *Divini redemptoris*, trace leur devoir aux catholiques : soutenir la croisade chrétienne de Franco. Or, si dans un premier temps il a l'impression de l'unanimité des catholiques, il voit avec angoisse les divisions des esprits après l'attaque par les « croisés » de la ville sainte des Basques, Guernica. Passe encore que son ancien élève Mounier s'indigne. Il sait quelles influences jouent sur lui et pardonne. Mais Mauriac ! Mais Georges Bernanos, qui déserte le camp franquiste ! La subversion est à l'œuvre aussi en France. Chevalier est, on le devine, l'homme d'un seul choix, irrévocable, sans nuances et sans mesure. En 1937, avec Legendre, directeur-adjoint de la Casa Vélasquez, il élabore un programme de réforme de l'enseignement pour Franco. L'affaire révélée par le *Journal des débats* n'alla pas plus loin mais ce n'est donc pas de 1940 que date la vocation réformatrice du ministre de l'Éducation de Vichy.

Cette mentalité de croisé, incompris autant que résolu, était renforcée par ses combats de professeur et de syndicaliste. En 1925, en pleine crise politico-religieuse née des projets laïcs du Cartel des gauches, il participe à la fondation de l'Union nationale des membres de l'enseignement public, qui réunit les enseignants catholiques. Il en reste longtemps le secrétaire général. Le bulletin de l'Union nationale des membres de l'enseignement public dénonce les brimades contre les enseignants catholiques. Il met en question le monopole de représentation du Syndicat national des instituteurs, son laïcisme et son pacifisme. On y trouve même l'idée de réintroduire les devoirs religieux dans les programmes d'enseignement.

Dans sa propre université, Chevalier est aussi un militant. Il attribue à la « haine » du président du Conseil général de l'Isère, Perrier, son retard à être promu dans l'ordre de la Légion d'honneur. Rancunier, le notable se serait opposé « dix-sept » fois à ce que Jacques Chevalier la reçût. Il s'en plaignit à Bergson, qui intervint en sa faveur auprès d'Anatole de Monzie, qui donna le ruban rouge à l'ami du philosophe en disant : « *Je réponds à l'appel du héros.* » La remise de la Légion d'honneur, dans l'appartement de Bergson, fut pour Chevalier l'occasion d'inviter le père Pouget et de provoquer la rencontre de ses deux maîtres.

À la veille de la guerre, Jacques Chevalier semble revenu à une vision plus sereine de la vie. Il publie un curieux essai, *Cadences*, qui reçut le prix Barthou de l'Académie française. Réfléchissant sur l'histoire religieuse de l'Europe, il suggère ce que seraient une société et une politique idéales : chrétienne et démocratique. Le christianisme éviterait les dérives totalitaires qui guettent la démocratie lorsqu'elle ne cherche que l'égalité. Le philosophe est attaché à une vision de l'histoire limitée à celle des affrontements des conceptions morales et religieuses. Il retient que, depuis le XVIe siècle, la pensée moderne n'est que l'histoire de la rivalité de l'homme contre Dieu, dont les fruits sont amers sinon mortels. Le postulat initial est la négation par ces mauvais philosophes de l'éternité. La vie de l'homme, privée de la perspective de la vie éternelle, est devenue matérialiste et la civilisation en a souffert[14].

De la négation de l'éternel naissent la négation de l'individu et de la personne et le dessèchement de l'obligation morale. Les sociologues de l'école de Durkheim et de Lévy-Bruhl, comme Marx, anéantirent l'individu au profit de la collectivité. Ils ont réduit l'obligation de la morale à une contrainte de la collectivité et proclamé que Dieu n'est rien de plus que la société pensée symboliquement. Une vague foi en l'humanité ne console pas les hommes de la mort et ne peut leur fournir les règles qui « *justifiaient dans la joie le sacrifice à plus haut que soi* ». Heureusement vinrent Blondel et Bergson. *L'Évolution créatrice* et *Les Deux sources de la morale et de la religion* ont démontré que « *la force de l'obligation procède, non pas de la pression exercée sur nous par la société, qui n'est qu'une manifestation* [...] *du mouvement vital, mais d'une aspiration et d'un élan dont les âmes privilégiées, les mystiques, une sainte Thérèse, un saint Jean de la Croix, nous montrent le principe et la fin dans l'Amour qui a tout fait, Dieu*[15] ». Lui, Chevalier, veut faire connaître à tous les Français et d'abord aux maîtres de la jeunesse ce message de spiritualité, qui délivre l'homme des fausses valeurs du communisme ou du fascisme : « *Ainsi, de toutes parts, en notre pays de France, et par lui dans l'humanité, éclôt ce renouveau métaphysique qui rend l'homme à lui-même en le donnant à Dieu.* »

Il est quand même dommage quand on porte en soi un tel message sur les raisons qu'ont les hommes désespérés et troublés de retrouver l'espoir, de parler aux seuls normaliens et étudiants de Grenoble, de se répéter dans une petite association d'enseignants et de ne rayonner que sur le Dauphiné. Il sent, comme tous ces hommes des années trente — de Gaulle agit de même ! —, qu'il doit devenir le conseiller d'un grand chef.

Il eut l'occasion en 1938 d'exposer ses idées sur l'éducation au maréchal Pétain. Il le rencontra à un dîner à Paris le 20 juin chez des amis, les Darré-Touche, et s'entretint avec lui en janvier 1939. En novembre 1939, Chevalier écrit au président du Conseil Daladier pour lui demander de réintroduire Dieu dans la vie publique officielle. L'année 1940 a été éprouvante pour lui. La défaite renforce son tourment né de la mort de sa fille. Une opération délicate à cette époque a pu engendrer une légère dépression nerveuse. Il réagit par un désir d'agir et de réaliser les réformes auxquelles il pense depuis longtemps.

Comment Pétain ne se souvient-il pas des projets de réforme et des principes pédagogiques qu'il lui a exposés ? Il sollicite à nouveau Mme Darré-Touche de lui ménager un entretien avec le chef de l'État. L'évêque de Grenoble, Mgr Caillot, l'encourage à s'approcher du pouvoir. Il écrit à Pétain. Il écrit au général Weygand et dénonce les insuffisances des réformes de l'enseignement, qui ont oublié de rétablir Dieu dans les programmes de l'école. Enfin, en août 1940, tous ces efforts aboutissent à une invitation à Vichy, où il expose à Pétain la nécessité d'une action politique plus énergique. Il a jeté sur le papier ses projets les plus chers : rétablissement du budget des cultes, bon scolaire pour les familles confiant leurs enfants à l'enseignement catholique, rejet de la concurrence que font les activités sportives du jeudi au catéchisme. Il a peut-être déjà entretenu Pétain d'un projet qui lui est cher : grâce à son amitié avec lord Halifax, prendre un contact secret avec les Britanniques afin d'établir un *modus vivendi.* Le fait qu'il s'entretienne avec Henri Moysset, intéressé par cette importante question, confirmerait l'hypothèse. On commence à se dire qu'il faudrait garder Chevalier à Vichy. Le clan catholique pousse sa candidature. Outre à la personne d'Alibert, le philosophe de Grenoble fait sa cour à deux personnalités catholiques qui comptent à Vichy : Henri Massis, l'idéologue de la Révolution nationale, et le jésuite Desbuquois, grand propulseur de carrières sous le signe du catholicisme social. Jacques Chevalier est déçu de n'être pas nommé secrétaire d'État à l'Instruction publique et ronge son frein quand le garde des Sceaux dit qu'« *on l'a trouvé trop marqué* ». L'identification du *on* est hypothétique. Alibert ? Laval ?

Le choix de Georges Ripert, qui ne recherchait même pas la charge de ministre, serait vexant pour Chevalier si Alibert ne lui faisait valoir que le véritable maître du ministère, ce sera lui. (Il est officiellement secrétaire général le 11 septembre 1940.) Georges Ripert sera commode pour endosser les responsabilités et essuyer les mécontentements que va engendrer la politique ferme que lui, Alibert, exige et que Chevalier réalisera mieux dans l'ombre.

A l'assaut des écoles normales et du SNI

Chevalier explique à Ripert qu'il faut s'attaquer à la réforme de l'enseignement primaire et que la solution est de supprimer les écoles normales départementales. Georges Ripert consulte des experts. Certains conseillent de maintenir les écoles normales, auxquelles tout un milieu local est attaché, et de modifier en douceur son corps enseignant afin d'en éliminer les propagandistes de la foi laïque et des idées subversives.

Les professeurs des écoles normales primaires étaient issus d'un concours spécifique et affectés à ces pépinières laïques. Après l'École normale supérieure de Saint-Cloud pour les hommes et de Fontenay-aux-Roses pour les femmes, ils rejoignaient, à vie, les écoles normales départementales pour se consacrer à la formation des élèves-instituteurs. Le souci de former des pédagogues orientait les études. Les instituteurs en sortaient, formés au même moule, rigoureux et exacts à remplir leurs obligations. L'orientation idéologique des instituteurs était attribuée à cette formation spécifique. Il suffirait de casser le corps des professeurs de l'École normale primaire, de les brasser avec les professeurs de lycée, pour modifier l'état d'esprit.

Jacques Chevalier voulait briser les ghettos intellectuels que constituaient les écoles normales départementales. Il était inspiré par une idéologie mais aussi par un sentiment plus généreux, dont il pensait que les instituteurs lui seraient reconnaissants. Il voulait transformer leur situation sociale et intellectuelle et les former, non comme des techniciens de la pédagogie, mais comme tous les cadres de la nation.

Les élèves-instituteurs n'étaient pas autorisés à passer le baccalauréat et il leur était, par là même, interdit de s'inscrire à l'Université et de poursuivre des études supérieures. Ils ne bénéficiaient pas du même enseignement secondaire. À l'âge où s'éveille la curiosité intellectuelle, où s'affirment les capacités d'abstraction, ils étaient privés du contact avec les humanités et les grands textes. Leurs professeurs, plus passionnés de pédagogie que de culture désintéressée et de science, les enfermaient dans une formation technique étroite. Ils recherchaient la rigueur, l'application stricte dans les tâches professionnelles, l'adhésion à un « esprit maison ». La culture désintéressée et l'éveil de l'esprit critique — privilège de l'enseignement secondaire — n'étaient pas la priorité de leur formation. Or, Jacques Chevalier aime les élèves-instituteurs, issus du peuple, à la pureté de sentiments, à la droiture respectables. Lui-même a donné des cours aux normaliens et pris conscience de la nécessité d'ouvrir leur esprit à tous les courants philosophiques. Il estime injuste de condamner les maîtres de l'enseignement primaire à des conceptions philosophiques partielles. Il lui est insupportable qu'ils ignorent Blondel et Bergson.

Le ghetto social et mental créé pour les instituteurs n'a plus que des inconvénients. Deux cultures coexistent en France ; celle qui s'est frottée aux humanités domine aisément l'autre, qui s'en trouve frustrée. On en trouve un exemple charmant et souriant dans *La Gloire de mon père*, où Marcel Pagnol montre, tempérés par l'estime et l'affection, les duels intellectuels entre son père, pétri des préjugés de l'école normale, et son oncle catholique, plus bourgeois. Tous les cadres du pays, pense Chevalier, doivent bénéficier du même enseignement secondaire d'éveil à l'esprit critique et donnant les moyens d'acquérir une large culture. La technique pédagogique enferme dans des recettes et limite les horizons. Les bienfaits à attendre du passage par un véritable enseignement secondaire sont au moins de trois ordres :

idéologique, national et social. Les œillères liées à l'idéologie diffusée par les écoles normales primaires tomberont. Les professions libérales, les fonctionnaires supérieurs ne tireront plus de leur formation une condescendance facile. Les instituteurs bénéficieront de la même culture, ce qui entraînera une plus grande compréhension dans les élites de la nation, un langage commun, une plus grande cohésion nationale. Enfin, ces instituteurs, pourvus désormais du baccalauréat, ne nourriront plus ces complexes de frustration, ces préjugés sociaux, assises d'un esprit aigri et révolutionnaire. La voie de la promotion sociale leur est ouverte, puisque le baccalauréat invite à entrer à l'Université — qu'on avait volontairement fermée jusque-là aux titulaires du brevet supérieur — ceux des instituteurs qui seraient intéressés par la science ou par une seconde carrière.

La loi du 18 septembre 1940 est donc inspirée par Jacques Chevalier. Elle supprime les écoles normales primaires et intègre élèves et professeurs dans les lycées en seconde B comme boursiers d'internat. Elle leur fait obligation de préparer le baccalauréat. Une année de formation pédagogique sera organisée après le baccalauréat. Une telle réforme aurait été réalisée par Jean Zay en 1936, elle serait célébrée par ceux-là mêmes qui la vilipendent encore aujourd'hui, sans doute parce qu'ils en ignorent le contenu ! Pierre Giolitto cite la réaction du *Journal des instituteurs* à un projet de Jean Zay de réformer la formation des maîtres : « *Toucher aux écoles normales* — y lit-on — *ce serait menacer le recrutement même de notre personnel enseignant laïc, le tarir en quantité et en qualité, car l'élite issue du peuple se dirigerait vers des carrières moins ingrates*[16]. »

Chacun voit dans une réforme ce qui nourrit sa passion. L'historien n'a que faire de considérations de ce niveau. Il faut remarquer que la IVe République rétablit les écoles normales primaires, où j'eus autrefois le plaisir d'accomplir mon stage d'agrégation (il y avait dix-sept élèves par classe...), mais aligna la formation des élèves sur celle du lycée et les obligea à passer le baccalauréat. J'ai eu pour maîtres à l'Université et, plus tard comme collègues, nombre d'éminents professeurs issus des écoles normales et qui avaient poursuivi loin leurs études grâce au passage par le baccalauréat. J'ai lancé un jour une recherche sur l'école normale de Loches, à la demande de trois de ses anciens élèves, l'un doyen de la faculté des sciences de Besançon, l'autre professeur de géographie puis député-maire de Tours, ministre (Jean Royer) ; le troisième était général (la Résistance étant aussi passée par là). Aucun ne regrettait l'école normale du passé qui leur aurait refusé le baccalauréat et la promotion sociale.

Georges Ripert a cédé à Chevalier, mais n'a pas la même conception des relations avec le syndicalisme enseignant. Pour Chevalier, l'État, suivant la doctrine pétainiste, doit être indépendant des groupes de pression. André Tardieu avait le premier déploré l'influence des syndicats dans la fonction publique. Chevalier dénonçait depuis longtemps l'emprise du Syndicat national des instituteurs sur le ministère, plus particulièrement sur la direction de l'enseignement primaire, sur les rectorats. Les militaires ont le SNI en horreur à cause des positions pacifistes des congrès, gênantes chez des hommes qui ont vocation à être officiers de réserve et troublantes pour des éducateurs du peuple.

Mais, à Vichy, le pacifisme n'était pas honni par tous et il avait constitué une plate-forme bien utile pour asseoir, en juillet 1940, un régime issu de l'armistice. Georges Ripert était disposé à renouer avec la grande tradition des dirigeants de la IIIe République de ralliement des chefs syndicaux, dont les troupes sont agitées mais les responsables sensibles aux arguments du pouvoir. Le gouvernement de Pétain, dans un premier temps, avait cherché à détruire l'influence du SNI, une des plus belles « féodalités » enkystée dans l'administration. Il était étonnant que, dans une société française peu syndicalisée, le pourcentage des instituteurs adhérant au SNI ait dépassé 80 % [17]. La convivialité y trouvait son épanouissement dans un milieu très homogène. Le bulletin du SNI, *L'École libératrice*, apportait chaque semaine aux instituteurs des leçons et des exercices bien faits et utiles. Était-ce suffisant pour expliquer ce quasi et puissant monopole ? Sans doute pas. Les ministres avaient fini par associer le syndicat à la gestion de la carrière des enseignants. Le secrétaire départemental du SNI siégeait dans les conseils consultatifs de l'enseignement primaire. Obtenir un poste recherché, éviter une mutation, devenir directeur d'école ou inspecteur primaire, tout cela passait par le bureau du secrétaire du SNI. Qui n'y était pas syndiqué était suspect et sa carrière s'en ressentait. Le SNI était majoritaire dans tous les départements, sauf en Alsace et en Meurthe-et-Moselle. Les membres de l'UNMEP avaient dénoncé ces pratiques. Dès le 22 juillet 1940, une circulaire du ministre Émile Mireaux supprimait provisoirement les comités consultatifs, auxquels il reprochait d'enlever toute autorité à l'administration. Désormais, les recteurs proposeraient les mouvements des instituteurs en tenant compte des mérites professionnels, des charges de famille mais aussi « *de leur valeur morale, de l'exemple qu'ils ont toujours donné, par la dignité de leur attitude et leur respect de la loi et de la discipline aux populations au milieu desquelles ils ont exercé leurs fonctions, de leur fidélité au devoir civique et au service de la patrie* ».

L'impatience est grande chez les catholiques conservateurs, spécialistes des questions d'enseignement, de voir le gouvernement de Vichy supprimer l'influence du SNI [18]. Le ministre Georges Ripert préfère adopter un comportement politique. Il veut consulter André Delmas, l'ancien secrétaire du SNI, avant de publier son projet et peut-être songe-t-il à se ménager l'appui d'un homme qu'on lui dit facile et désireux de retrouver les antichambres ministérielles au prix de quelque reniement. Ripert promet même à André Delmas de lui obtenir un entretien avec le maréchal Pétain.

Cette fois, c'en est trop pour Chevalier. Il s'est ménagé, contre Ripert, l'appui du garde des Sceaux Alibert qui reproche au ministre sa mollesse à écarter du conseil de l'université de Paris un doyen qu'il croit juif. La manifestation des étudiants de Paris devant la statue de Clemenceau, le 11 novembre 1940, suivie de la fermeture de la Sorbonne est attribuée à sa maladresse et à son irrésolution. Chevalier s'étrangle de colère à l'idée que son ennemi Delmas va pénétrer à nouveau au cœur de l'État. Il obtient du contrôle postal l'ouverture et la communication de tout le courrier de Delmas. Il dépouille fiévreusement ces indiscrétions ; soudain son cœur bat la chamade : dans une lettre, Delmas se vante auprès de ses amis syndicalistes de ce que, grâce à Ripert et à lui, ils auront plus que jamais audience au ministère de l'Éducation nationale. Il bondit dans le bureau de Pétain, lui mettant sous le nez la preuve de la naïveté, pour ne pas parler de trahison, du ministre de l'Éducation nationale. Ripert est écarté. Ainsi s'explique que, le soir du 13 décembre 1940, le maréchal Pétain déclare : « *Les démissions de M. Laval et de M. Ripert sont acceptées* », associant le ministre de l'Éducation, coupable de « delmasisme », à une affaire plus grave à laquelle il n'avait point part. On mesure par là l'influence de Jacques Chevalier sur l'esprit de Philippe Pétain.

L'arrivée de Jacques Chevalier, précédé d'une réputation de dévot dans ce ministère de l'Instruction publique où l'on est laïc et parfois au regret de l'interdiction de la franc-maçonnerie, a suscité des inquiétudes. Son tempérament ne rassure pas non plus. Un fonctionnaire chevronné du ministère peint ce nouveau « don Quichotte en veston noir » : « *Il va à son but avec cet air absent, cette sorte de candeur où l'on veut voir une cautèle dissimulée, une sorte de sentiment d'absence qui émane de ce long profil* [...] *du visage tout entier levé vers un on ne sait quoi qu'il doit être le seul à voir. Puis reviennent ces éclairs brusques, ce fulminement de l'œil, ce tremblement de la voix, cet embrasement de toute sa personne quand il croit à un travestissement de sa pensée, à une erreur voulue par quoi il serait livré à d'imaginaires adversaires*[19]. »

Conscient de sa valeur, il ne doute pas que les plus grands honneurs doivent le couronner au soir de sa vie. Il invite à venir conférer avec lui celui qui a la responsabilité des Beaux-Arts, Abel Bonnard, pour parler de la « Française ». L'académicien accourt, ravi et croyant que Chevalier allait lui offrir, en compensation du secrétariat d'État à l'Éducation, l'administration de la Comédie-Française. Il est surpris quand le philosophe de Grenoble s'ouvre à lui de sa « fièvre verte ». N'est-il pas trop tôt pour déclarer sa candidature au fauteuil de Bergson à l'Académie française[20] ? Il n'est pas plus adroit dans son ministère, montrant un tempérament actif, emporté et autoritaire. Il ne tolère aucune mise en garde et tout appel à la prudence est considéré comme une faiblesse héritée de l'ancien régime et une porte ouverte à la trahison des nobles objectifs de la Révolution nationale. Dès le 13 décembre, Jacques Chevalier publie la loi sur les « Conseils départementaux de l'enseignement primaire », qui rétablit des conseils consultatifs auprès du recteur mais en supprimant les moyens d'influence du SNI. Les quatre conseillers généraux sont éliminés ; les quatre instituteurs ne sont plus élus par leurs collègues mais sont nommés, ce qui empêche le secrétaire du SNI d'y siéger. Deux instituteurs de l'école libre y participent pour les questions disciplinaires.

Le 18 décembre 1940, Chevalier signe un arrêté que son prédécesseur avait laissé traîner interdisant l'enseignement supérieur à cinquante-trois professeurs juifs[21]. À la faculté de droit de Paris, Aftalion, Lévy-Bruhl, Oualid sont exclus des amphithéâtres, de même qu'en médecine les professeurs Lévy-Valensi et Lévy-Solal. En lettres, les professeurs Ancel, Marc Bloch, Gustave Cohen, Louis Halphen, Wahl ne peuvent enseigner à la rentrée de janvier 1941. Le ministre a donné plus facilement des autorisations de garder leur poste à des assistants, maîtres de conférences et chefs de clinique (Jean Bernard, chef de clinique à Paris, Albouker, chargé de cours à Alger, Jankélévitch, maître de conférences à Lille, Gurvitch, chargé de cours à Strasbourg). Le seul professeur à garder son poste est Émile Aron, de l'école de médecine de Tours. Jacques Chevalier agit moins par antisémitisme idéologique que par zèle politique et administratif. Il n'hésite pas, en revanche, en janvier 1941, à rendre un hommage radiophonique ému et courageux à son maître, le philosophe Henri Bergson, qui venait de mourir, il est vrai aux portes du catholicisme. (Le grand philosophe avait renoncé à l'ultime conversion par solidarité avec les juifs persécutés, écrivant dans son testament rédigé en février 1937 : « *Mes réflexions m'ont amené de plus en plus près du catholicisme, où je vois l'achèvement complet du judaïsme. Je me serais converti si je n'avais vu se préparer, depuis des années* [...], *la formidable vague d'antisémitisme qui va déferler sur le monde. J'ai voulu rester parmi ceux qui, demain, seront des persécutés* ».)

Le collaborateur de Chevalier, André Fugier, lui apprend à un retour à Vichy, tard dans la soirée, le décès d'Henri Bergson. Son chagrin est vif mais l'émotion est surmontée par la décision de donner quelque publicité à ce décès que les collaborateurs de Paris auraient recouvert de silence. Chevalier dicte des articles différents pour l'agence Havas, pour le *Petit Dauphinois*, pour *La Revue des deux mondes* et pour *Le Figaro*. L'article du *Figaro* parut le 11 janvier 1941. Les autres furent arrêtés par la censure mais la radio diffusa un message de Chevalier qui, par ailleurs, envoya son collaborateur, le philosophe chrétien Louis Lavelle, le représenter aux obsèques avec ordre d'y lire le télégramme adressé à Mme Bergson, où il exprimait ses sentiments « *à titre de ministre, de disciple et d'ami, l'un des plus intimement chers* »[22]. Dans le Midi, les amis de Bergson tentèrent aussi de lui rendre hommage. Le père Auguste Valensin fit passer un papier dans *L'Éveil de Nice* le 11 janvier, qui fut repris par *La Croix* le 26 janvier 1941. À Marseille, Berger (le caractérologue) organisa au grand amphithéâtre, trop petit pour l'assistance, une séance d'hommage inaugurée par un télégramme de Chevalier, composée de conférences de Segond, d'un texte de Maurice Blondel et de l'article de Chevalier dans *Le Figaro*[23]. Les journaux de la collaboration s'indignent et ironisent lourdement sur les trémolos de la voix de Chevalier annonçant qu'il pleure la disparition de son admirable maître. *Le Cri du peuple* lâche du venin antisémite : « *M. Jacques Chevalier aurait pourtant eu une belle occasion de montrer qu'il y avait quelque chose de changé en France. En reconnaissant, nous le voulons bien, les talents de Bergson, mais en annonçant que si l'on continuait à l'étudier en France, ce serait pour dénoncer chez lui des vices particulièrement subtils et nocifs du judaïsme. Pour remonter la chaîne qui relie Bergson à ses ancêtres les rabbins. Et pour révéler un beau cas de battage juif et de jobarderie des intellectuels enjuivés*[24]. » Cet hommage courageux ne lui sera jamais pardonné par les Allemands et par les collaborateurs.

La destruction des écoles normales primaires, pépinières du laïcisme, réjouit l'Église, qui doit à Jacques Chevalier nombre de satisfactions. A-t-on, dans les milieux ecclésiastiques, profité de sa réputation de catholique fervent pour le pousser à une politique cléricale ? Des indices existent de sollicitations pressantes et de démarches insistantes. André Fugier est discret dans son rappel de la résistance de Jacques Chevalier à des visiteurs, qui cherchaient à faire prendre à l'Université « *en matière religieuse une attitude opposée à ses principes de base. J'ai été témoin, en plusieurs audiences, de la vivacité qu'atteignaient quelques-unes de ces exigences (c'en était) et de la fermeté avec laquelle elles furent repoussées* ». Le terme d'« audiences » désigne des solliciteurs extérieurs — pouvaient-ils être autres que des ecclésiastiques ? — et non des ministres ou membres des cabinets de Pétain. Sans céder sur toute la ligne, Jacques Chevalier fut sensible à la plupart des demandes.

La première réclamation fut résolue par un peu de bonne volonté, car la séparation de l'Église et de l'État avait permis de conserver un certain statut aux aumôniers de lycée, de prison, d'hôpitaux. Depuis 1927, sans doute par mesure d'économie à l'époque de la stabilisation du franc, le traitement des aumôniers de lycée avait été supprimé. Le 23 février 1941, un décret de Chevalier leur accordait un traitement de professeur licencié de 5e classe. Mgr Suhard, archevêque de Paris, demanda à Chevalier de ne pas placer les aumôniers de lycée à un indice trop élevé, afin d'éviter un contraste fâcheux avec les ressources modiques des curés.

Le financement de l'école libre restait toujours posé par les associations de parents d'élèves de l'école libre et par les évêques. Jacques

Chevalier, favorable au bon scolaire, ne fut cependant pas autorisé par Pétain à entreprendre de projet important. Il utilisa au maximum les possibilités existantes et se tourna vers l'aide aux enfants plutôt que vers l'aide aux écoles, qui aurait bouleversé la législation française. Il étendit le bénéfice des bourses de l'enseignement technique aux élèves de l'enseignement technique privé. Le 9 décembre 1940, Mgr Guerry demande à Jacques Chevalier d'aider les écoles libres. Un million d'enfants fréquentait l'école primaire libre. Les mouvements de population vers le Sud, l'installation de réfugiés du Nord dans un Midi où restait plus fragile le tissu des écoles libres, avaient créé des besoins en locaux. La pénurie de combustibles et les difficultés de ravitaillement pesaient lourdement sur le fonctionnement de petites écoles libres pour lesquelles l'Église demandait une aide. Nombre de conseils municipaux étaient prêts à épauler ces établissements scolaires libres et des maires attendaient du nouveau régime l'autorisation de donner quelques moyens aux écoles de leur ressort. Mais la jurisprudence est formelle : les subventions directes d'un conseil municipal, destinées par exemple à compléter le traitement des maîtres ou à payer le chauffage, sont interdites. Chevalier et ses services savent qu'en revanche les aides aux enfants fréquentant l'école libre sont autorisées s'ils sont indigents. Le maire est autorisé à leur donner des bons de vêtements et souliers. Il peut même les admettre dans les cantines municipales (arrêt Duvillard du 8 janvier 1926). Les aides sont remises aux parents de l'enfant. Bien entendu, le maire doit offrir les mêmes secours aux enfants indigents de l'école laïque. Georges Ripert accorda le bénéfice de la caisse des écoles, créée en 1867, aux écoles libres. Cette caisse, destinée à favoriser la fréquentation scolaire, est alimentée par des dons mais surtout par des subventions de la municipalité. En étendre le bénéfice aux enfants des écoles libres engageait sur la voie de subventions indirectes. Une loi du 6 janvier 1941 permit aux communes de contribuer aux dépenses d'éclairage, de chauffage, de fournitures scolaires, au fonctionnement des cantines des écoles primaires libres.

La patte de Chevalier se reconnaît dans une mesure purement idéologique, qui réveilla railleries et critiques des derniers défenseurs autorisés de la laïcité. La morale était enseignée alors à l'école primaire mais la référence à Dieu avait disparu en 1923. Le maréchal Pétain introduisit l'enseignement de la morale dans son projet de constitution les « Principes de la Communauté ». Le nouveau programme de morale, élaboré le 23 novembre 1940 par le secrétaire général à l'Éducation (*Journal officiel*, 5 décembre 1940), avait tout pour plaire au chef de la Révolution nationale. La principale innovation concernait la première année de l'école primaire supérieure, classe fréquentée par les enfants qui ont obtenu le certificat d'études. Le maître, pendant une heure hebdomadaire, se livrera à des « *entretiens familiers et lectures sur les principaux devoirs envers nos semblables (famille et patrie) et envers*

Dieu ». Le maître parlera d'abord de la politesse, de la formation de la volonté, des devoirs de la vie en société que sont la justice et la charité, du respect de la propriété et ses devoirs (bonté et générosité). Son cours culminera dans l'étude des fins de la morale : bonheur, idéal moral, appel du héros, du saint, de Dieu. Pour la deuxième année d'école primaire, des entretiens sur les devoirs envers autrui et envers Dieu sont prévus. Chevalier, très satisfait de cette initiative révolutionnaire, commente dans le bulletin du secrétariat d'État à l'Intérieur (10 décembre 1940) : « *L'école sans Dieu a donc vécu. L'école laïque, c'est-à-dire non confessionnelle, subsiste mais elle sera comme régénérée.* »

Enfin, l'enseignement religieux était intégré dans les horaires scolaires de l'enseignement secondaire, à raison d'une heure et demie par semaine (décret du 6 janvier 1941, *Journal officiel* du 26 février 1941). Cet enseignement religieux était considéré comme une « option », ce qui est moins que « obligatoire » mais plus que « facultatif ». L'intégrer dans les horaires scolaires laissait entendre qu'il serait donné dans les locaux scolaires.

Le ministre s'inquiète un peu de l'accueil que réserveront les instituteurs à son initiative. Il fait une déclaration à la presse qui sent plus le philosophe que l'homme politique. Les instituteurs ne seront pas astreints à enseigner le dogme comme au catéchisme mais n'auront aucun prétexte pour s'y soustraire, car l'idée de Dieu ne relève pas uniquement de la foi : « *Elle relève d'abord de la raison. Elle peut et doit être évoquée sur le plan rationnel, indépendamment de toute considération religieuse.* » Et il explique que l'État, en introduisant les devoirs envers Dieu dans les programmes de morale, ne fait que reconnaître une des acquisitions de la raison que la « *pensée humaine a posée comme la seule base possible de la morale* ».

Les pressions de l'Église qui connaît la bonne volonté et le zèle catholique de Jacques Chevalier, sont fortes, indiscrètes, murmure-t-on au ministère. Le 14 janvier 1941, Mgr Gerlier parle à Pétain des réformes nécessaires et s'entretient ensuite avec le chef de cabinet de Chevalier de la détresse de l'école libre (il avance le chiffre de cent millions). Le 15 janvier 1941, Mgr Suhard envoie à Vichy l'abbé Radenac, responsable de l'enseignement libre, qui connaît à fond l'histoire des rapports entre l'Église et l'État et qui est un interlocuteur implacable. Le cardinal lui a donné mission d'obtenir dans l'école publique un local pour l'enseignement du catéchisme. Les horaires hebdomadaires seraient de deux heures pour la préparation de la communion solennelle et d'une heure pour le catéchisme de persévérance, suivi après l'année de la communion.

Les premières réactions aux réformes cléricales de Jacques Chevalier sont discrètes : joie dans *Le Figaro* sous la plume de Jean Le Cour Grandmaison ou dans *Le Petit Parisien*, de La Rocque. *La Croix* célèbre comme un modèle l'accord intervenu entre l'évêque de Limoges, Mgr Rastouil, et l'inspecteur d'académie qui fixe les horaires de classe de 8 h 30 à 11 h 30 et de 14 à 17 heures, afin de permettre que l'heure de catéchisme soit placée à 11 h 30 ou à 13 heures.

Mais, le 9 janvier 1941, René Château dans *L'Œuvre* s'inquiète du cléricalisme de Vichy : « *Le principal dessein de M. Jacques Chevalier est en effet de faire rentrer l'Université française dans le giron de l'Église* », et il se gausse de l'introduction de l'instruction religieuse à l'école : « *Autrement dit, tous les instituteurs et les professeurs de France auront à retrousser leurs manches et à prouver Dieu. Il n'est pas exclu d'ailleurs qu'on leur adjoigne à l'école même de saints collègues plus aptes à l'enseignement du catéchisme.* » Le 13 février 1941, *Les Nouveaux Temps* de Jean Luchaire sont plus durs : « *M. Chevalier sort de son rôle ; la confiance des Français, en très grand nombre incroyants, n'a pas chargé le Maréchal et ses équipes de revenir sur ce qu'il y avait de juste, d'indiscutable dans les lois laïques.* » On est plus étonné de voir le mensuel catholique, *Esprit*, entonner la même chanson. Gabriel Marcel défend dans le numéro de février 1941 la liberté de conscience des instituteurs. Le secrétaire général de l'Institut catholique de Paris, M.-G. Brulliard, trouve la loi Chevalier dangereuse car elle réveille des passions. Le 27 février 1941, le recteur en parle au cardinal Suhard. Certains organes catholiques estiment que Chevalier a été inutilement maladroit en risquant de réveiller la guérilla au village et qu'il aurait été bien plus utile de faire porter la revendication sur la collation des grades, en réclamant pour l'enseignement libre le droit de donner les mêmes diplômes[25].

La contestation violente ne vient que de la presse collaborationniste, vendue aux Allemands. Cette presse se veut populaire et les collaborateurs sont persuadés que vibre toujours dans le peuple français la corde de la laïcité. Suivant les obsessions d'Otto Abetz, cette presse a l'habitude de dénoncer le cléricalisme d'un Vichy réactionnaire. N'y aurait-il pas d'autre raison à cette ire contre Chevalier ? L'anticléricalisme renaissant ne serait-il pas la seule cause du départ de Jacques Chevalier de l'Éducation nationale et de la hargne des Allemands contre lui ?

La confiance de Pétain en Chevalier ne tient pas à la religion. Elle vient des activités secrètes de Chevalier. Quand Pétain renvoie Laval le 13 décembre 1940, il ne lui reproche pas de mener trop loin sa politique de collaboration, mais de ne pas lui demander conseil. Le Maréchal a le souci de ne pas aller jusqu'à la rupture avec la Grande-Bretagne. Par divers canaux — chargé d'affaires du Canada, Dupuy, ambassade à Madrid —, Pétain tente de joindre directement et secrètement Churchill[26]. Chevalier a une part importante dans cette reprise des relations. Il a chargé d'une mission à Londres un étrange professeur de philosophie, Louis Rougier. Cet étonnant intellectuel, propagateur malheureux en 1938 des idées du néolibéralisme, a joué un grand rôle politique mais toujours dans l'ombre. C'est à lui que Marcel Déat révéla son projet de parti unique fasciste en le rencontrant sur les bords de l'Allier. Le professeur alla confier son inquiétude à son ami le général Weygand, qui se chargea de mettre en garde Pétain contre les initiatives fascistes de Déat[27]. La mission de Rougier auprès de Halifax et de Churchill ne fut qu'un demi-succès. Chevalier trouva un meilleur intermédiaire : Pierre Dupuy, chargé d'affaires du Canada.

Le 4 décembre 1940, Dupuy lui apportait un message oral de Halifax : « *Dites bien à nos amis français que nous sommes dans une situation extrêmement délicate. Nous ne pouvons pas nous sauter au cou. Il faut maintenir entre eux et nous un état de tension artificielle [...] mais derrière une façade de mésentente, il faut nous entendre.* » Le lendemain, Pétain, de retour de Marseille, est mis au courant. Toujours vigilant quant à la précision de la langue, il dit que « froideur » artificielle conviendrait mieux que « tension ». Le 9 décembre, Jacques Chevalier qui — contrairement aux propos de ses adversaires — ne passe pas tout son temps libre dans les sacristies, reçoit un message de Dupuy : « *Tout va bien. Les Allemands soupçonnent-ils quelque chose ?* » Ils ont des espions à Vichy et, après le 13 décembre, des amis de Laval se souviendront qu'il semblait s'agiter et conférer mystérieusement au second étage de l'hôtel du Parc.

Le dernier jour de l'année 1940, Matthews, chargé d'affaires américain, apporte deux notes du gouvernement britannique, transmises par Dupuy. Chevalier avertit Pétain, qui demande au nouveau ministre des Affaires étrangères, Pierre-Étienne Flandin, d'être présent. Avant midi, ils lisent les notes et les brûlent ensuite dans la cheminée.

Ces missions de politique étrangère contribuent à la mise à l'écart de Chevalier du ministère de l'Éducation nationale. Pierre Laval le met sur la même liste d'ennemis que son protecteur Raphaël Alibert. Pétain juge plus prudent de rendre son ami Chevalier — attaqué non par hasard le 13 février 1941 (date du retour de Dupuy) — à une ombre propice. Mener des entreprises secrètes n'est pas compatible avec des initiatives hardies et contestées contre la laïcité. À la fin de février 1941. Chevalier quitte le ministère de l'Éducation nationale pour le secrétariat d'État à la Famille, où il sera moins exposé.

La politique cléricale personnelle de Jacques Chevalier a sa part de responsabilités dans le malaise politique. D'abord, les textes sont publiés en période « d'interrègne ». L'amiral Darlan n'est pas encore reconnu comme chef du gouvernement. Philippe Pétain, comme toujours, donne un accord de principe mais on sait bien que, devant l'obstacle, il ne soutient pas ceux qui ont emporté un accord dans l'ambiguïté. Si le texte doit causer quelque ennui politique, le Maréchal ne s'obstine pas. Il cède.

Pierre-Étienne Flandin, président de l'Alliance démocratique, responsable de l'Information, est furieux que Chevalier ait convoqué les journalistes pour leur commenter les lois scolaires récentes. Il estime que la publication de textes touchant à la laïcité relevait d'une décision collective. L'amiral Fernet, toujours d'excellent conseil, fait remarquer à Jacques Chevalier qu'une loi doit toujours être présentée en Conseil des ministres avant d'être publiée ! Le maréchal Pétain lui-même lui reproche sa précipitation, lui défend de donner plus à l'Église et de parler avec des journalistes. Il lui dit qu'il s'est comporté en néophyte qui a besoin d'apprendre les usages ministériels.

Mais la hargne de la presse parisienne, en particulier l'article de Jean Luchaire le 13 février 1941, semble un signal de l'opposition des Allemands. Entre-temps, Darlan a fait surveiller le professeur. À Vichy, rien ne se dissimule très longtemps à une police omniprésente. Henri Dorgères, chef des Agrariens, rend visite à Chevalier le 10 février et ce n'est pas pour lui parler d'agriculture. Un complot conservateur dans l'air ? Il revient aux oreilles de Darlan que le nom de Chevalier a été prononcé pour occuper sa place de chef de gouvernement.

Chevalier n'est pas invité au Conseil des ministres du 15 février 1941. Mauvais signe ! Le 23 février 1941, il est officiellement nommé ministre de la Famille et de la Santé. Il s'y montra actif, complétant le corps des délégués régionaux à la Famille. Il mit en place en mars 1941 une allocation aux travailleurs salariés non assurés sociaux et l'allocation de salaire unique. Il poussa à l'organisation du Comité consultatif de la famille française et habilita le Centre de coordination et d'action des mouvements familiaux à représenter les familles auprès des ministères. Il est à l'origine de la loi du 8 août 1941, qui facilite l'adoption. Il prépara la retraite des vieux, permettant à Pétain de dire : « *Je tiens toutes mes promesses, même celles des autres* » (allusion à la promesse de Blum en 1936 que la « pause » interdit). L'idéologie colore ses actions et lui inspire toujours des mesures pleines de bonnes intentions mais dont il néglige l'accueil que l'opinion leur réservera. Voilà donc notre Chevalier repris du démon clérical. Il veut que passent dans la législation ses convictions personnelles et il considère qu'un régime autoritaire est un excellent moyen de les imposer. La loi du 2 avril 1941 limite les cas où le divorce et la séparation sont possibles. La création de la carte de priorité pour les mères de familles nombreuses (loi du 18 juin 1941) se justifiait par les difficultés du ravitaillement, imposant de longues attentes dans les queues devant les magasins. Elle servait de coupe-file pour des mères d'enfants en bas âge qu'une bonne ou une grand-mère ne remplaçait pas auprès des petits laissés à la maison. Elle fut mal accueillie et heurta le sentiment égalitaire des Françaises et les mentalités anti-natalistes. À Paris, en particulier, les cris « À la queue, À la queue » s'élevaient contre la malheureuse qui tentait de faire usage de sa carte.

Une extrême fatigue, la déception devant les difficultés de l'action, une tension nerveuse insupportable chez cet intellectuel activiste, qui ne comprenait pas la résistance des hommes et des faits hostiles, contraignent Chevalier à se retirer en août 1941. Nous le retrouverons à Cérilly en 1943 et 1944.

JÉRÔME CARCOPINO : PARCOURS D'UN AMBITIEUX

L'amiral Darlan avait trouvé un bon successeur à Jacques Chevalier. Il ne voulait plus d'un homme de convictions religieuses fortes, allié objectif de l'Église, dans les négociations capitales qui allaient s'engager. Il lui fallait un universitaire d'esprit ouvert ayant le sens de l'État, capable de résister avec courtoisie mais fermeté aux pressions des ecclésiastiques et apte à travailler avec une équipe ministérielle. Bien que tournant souvent en dérision les beaux esprits, l'amiral de France ne rejetait pas un certain prestige intellectuel pour ce ministère de l'Éducation nationale. Il le trouva en Jérôme Carcopino, l'historien de la Rome antique, recteur de l'université de Paris. L'appel à Jérôme Carcopino permettait surtout d'éviter de nommer le candidat des Allemands, Abel Bonnard, dont les mœurs, le style, l'entourage déplaisent au maréchal Pétain, pourtant entiché d'ordinaire des académiciens.

Normalien, Jérôme Carcopino, fils d'un médecin d'origine corse installé dans l'Eure, l'est jusqu'au bout de la plume. Ses prolixes *Souvenirs de sept ans*, écrits après le non-lieu dont il bénéficia pour résistance, constituent un ennuyeux annuaire des normaliens qui ont jalonné, facilité, contrarié sa carrière. À croire qu'un homme n'a d'intérêt pour lui que s'il est chef de l'État ou ancien normalien... Il aime le pouvoir à une distance raisonnable. En fait, il préfère la gestion où son autorité se déploie sans heurts, car le fonctionnaire est très obéissant à l'époque de Vichy.

Le jeune agrégé de 1904 découvre, au second étage du palais Farnèse où siège l'École française de Rome, la mixture enivrante des recherches sur l'histoire de Rome, de la société mondaine et des reflets du pouvoir. Il médite, en vue d'une thèse, sur les origines du port d'Ostie, mesure le terrain, aménagé depuis un quart de siècle par une cinquantaine de familles de Romagne qui ne sont pas encore venus à bout de ce repaire prolifique de moustiques. Mgr Duchesne, le directeur de l'École française, lui apprend comment un jeune savant se comporte dans les milieux diplomatiques mais ne peut pas lui fournir les moyens des fouilles archéologiques. Seuls de riches particuliers, épris de la réputation flatteuse « d'antiquaires », se livrent largement à l'archéologie. Faute de fouilles, Carcopino dispose de la belle bibliothèque de l'École française et du doute cartésien, qui vont lui permettre de rédiger une thèse remarquée sur *Virgile et les origines d'Ostie*. De nombreux ouvrages sur la République et l'Empire suivront ce premier essai.

Nul historien ne peut vivre à Rome sans être fasciné par l'Église. Jérôme Carcopino y éprouve du respect pour cette grande institution dont, cependant, il constate l'injustice et l'obscurantisme, fruits de menées secrètes, de préjugés que dominent difficilement et seulement les grands papes. Il a été choqué par l'interdiction qui frappa la publication des trois premiers volumes de *L'Histoire de l'Église* de Mgr Duchesne[28]. L'affaire lui révèle aussi les subtilités de l'ambition littéraire. Mgr Duchesne a-t-il été frappé pour modernisme ou parce que son élection à l'Académie française a blessé un rival ecclésiastique ? Le cardinal de Cabrières, évêque de Montpellier, avait l'ambition d'être académicien, ce que ne justifiait certes pas la légèreté de sa culture littéraire, pas plus que la minceur de ses publications. Mais il aurait été d'usage que le protonotaire apostolique qu'était Mgr Duchesne s'effaçât devant un prince de l'Église. Il n'en fut rien et les ouvrages du nouvel académicien furent mis à l'Index.

En 1937, grâce à Jean Zay, Jérôme Carcopino retrouva Rome et la direction de sa chère École française. Les temps avaient bien changé. La société romaine était aussi agréable qu'au temps du comte Primoli mais elle était contrainte au silence. Se rendre aux conférences organisées par Carcopino et l'ambassadeur André François-Poncet, dans le salon d'Hercule du palais Farnèse, apparaît comme une fronde mondaine contre les fascistes au pouvoir. La culture raffinée, le goût de la culture française de l'élite italienne contrastent avec la brutalité de la clique fasciste. Mussolini n'impressionne nullement un Carcopino, prévenu par ses amis, même si le hasard a permis la publication en 1936 du *César* du professeur. Il est choqué par la vulgarité du Duce et par son goût de la pose. Il assiste aux ravages de la législation antisémite chez les intellectuels italiens, privés d'emploi et souvent contraints à l'exil.

À Rome, l'historien de la Rome antique cultive sa réputation de savant capable d'être aussi un homme de lettres. Il est membre de l'Institut et il publie en 1939 un ouvrage de bonne vulgarisation qui aura un grand succès, *La Vie quotidienne à Rome à l'apogée de l'Empire*. Il élargit le réseau de ses relations utiles. Il est remarqué par le chartiste Lucien Romier, conférencier et directeur du *Figaro*, qui sera un jour le conseiller de Philippe Pétain. Les diplomates apprécient sa réserve et son aptitude à comprendre les situations délicates. Il s'entend bien avec André François-Poncet, l'ambassadeur qui n'a pas oublié sa formation universitaire. L'un et l'autre sont des amis du maréchal Pétain que Carcopino va retrouver régulièrement lorsqu'il est introduit en 1934 dans le cercle du « déjeuner Hervieu ». Ce cénacle réunit deux fois par mois, autour de mets fins, des personnalités de qualité. Le président en était, depuis la mort de Louis Barthou, le maréchal Pétain.

Paul Valéry était le plus brillant des convives et l'esprit le plus étincelant des déjeuners de ce cercle de centre-gauche, qui contribua à la réputation d'un maréchal Pétain « républicain ». Par le cercle Hervieu, Pétain, qui n'avait ni formation universitaire ni pratique intellectuelle exigeante mais d'autres qualités, acquiert une coquetterie intellectuelle qui le persuade aisément qu'il accède aux sommets de la vie créative, culturelle et morale de la France.

Du déjeuner Hervieu à Vichy, il existe une grande distance couverte par des ombres. Comment Carcopino, cet universitaire prudent, se trouva-t-il propulsé au ministère de l'Éducation nationale ?

Les titres administratifs et universitaires ne lui manquaient pas. Directeur de l'École normale supérieure à son retour d'Italie, il est nommé recteur de l'université de Paris à la place du recteur Roussy, tenu pour responsable des manifestations d'étudiants le 11 novembre 1940. Carcopino adopte le comportement nécessaire à un recteur d'un pays vaincu, qui sollicite la réouverture d'une université fermée par l'occupant. Les Allemands n'ont rien contre lui. Mais un tel honneur et une telle responsabilité n'échoient pas à un grand universitaire pour d'aussi banales raisons. À suivre les *Souvenirs*, plus destinés à masquer qu'à dire la vérité, le lecteur croirait qu'il fut abasourdi quand Fernand de Brinon, délégué général du gouvernement, lui proposa au nom de l'amiral Darlan d'être ministre de l'Éducation nationale. Puisque le mémorialiste répugne à l'aveu de toutes les démarches et attitudes qui préparent une telle promotion — rien n'arrive par hasard —, à nous de les rechercher.

D'abord, Jérôme Carcopino est pétainiste. Dans l'armée d'Orient, si éprouvée aux rives des Dardanelles, il entend en 1915 un capitaine lui vanter le général Pétain, le seul à comprendre quelle doit être dans la guerre actuelle l'utilisation massive de l'artillerie. De Salonique et de Monastir en 1916, il suit avec angoisse le déroulement de la bataille de Verdun. Il craint l'écroulement des armées en 1917 et salue le redressement moral opéré par Philippe Pétain. Servir un tel homme, participer à une telle gloire, qui n'en rêve ?

Lorsqu'en juillet 1940 Émile Mireaux, directeur du *Temps*, est nommé ministre de l'Éducation nationale, Jérôme Carcopino, se souvenant qu'il fut son « archicube » à l'École normale supérieure, lui écrit une de ces délicates lettres de félicitations qui font figure de candidature. La direction de l'École normale supérieure, proposée par Mireaux, absorbe un temps le besoin d'activité de Carcopino et écarte les ambitions de cabinet ou de direction ministériels. Georges Ripert, le successeur de Mireaux, lui laisse entendre au cours d'une visite, rue d'Ulm, que ses jours sont comptés. Lui succède le secrétaire général, Jacques Chevalier. Encore un normalien ! Ce normalien-là, Jérôme Carcopino le connaît et ne l'apprécie pas. Il le trouve étroit, insupportable et ne s'intéresse nullement à son œuvre de philosophe. Il l'a connu quand Chevalier venait présider le baccalauréat en Italie, dont les lycées relèvent de l'université de Grenoble. Il a été agacé quand, au nom de cette université, Chevalier prétendit contrôler les instituts français de Florence et de Naples. Jérôme Carcopino l'emporta mais n'oublia pas.

La lettre de félicitations que le recteur de Paris adresse à son nouveau ministre le 16 décembre 1940 ne témoigne pas d'un respect excessif : « *Je n'ose point t'offrir de félicitations au moment où tu atteins le degré suprême de notre hiérarchie, car plus on s'élève plus s'accroît le fardeau des responsabilités et plus aussi s'amassent chez les autres ces provisions de haineuses jalousies qui depuis un mois me sont dispensées à moi-même.* » Le récit de la visite qu'il lui rend le 23 décembre 1940 à Vichy révèle le manque de confiance et de sympathie entre les deux hommes. L'objet en était la composition du Conseil de l'université de Paris. Chevalier voulait substituer aux doyens élus, assesseurs du recteur, des professeurs nommés directement par le gouvernement. Carcopino demande audience au Maréchal. Jacques Chevalier, méfiant, tient à l'y accompagner. Jérôme Carcopino remarque que le nouveau ministre jouit de sa supériorité toute fraîche. Cent mètres séparent le ministère de l'Éducation nationale, installé à l'hôtel Plaza, de l'hôtel du Parc, résidence de Pétain. Jacques Chevalier désigne sa place à Jérôme Carcopino : devant, à côté du chauffeur. Lui prend place à l'arrière, si bien que la sentinelle de l'hôtel du Parc saura à qui présenter les armes. Il n'est pas de petites satisfactions, surtout si celles-ci — pense Carcopino — risquent d'être éphémères.

Le recteur de Paris raconte volontiers son entrevue avec Pétain et le déjeuner à la table de Pétain. Il y rencontre Raphaël Alibert, qui répond brutalement à son salut : « *Tiens, vous à Vichy, monsieur le Recteur ! Qu'êtes-vous venu y faire ?* » Bonne question à laquelle le lecteur ne trouvera aucune réponse dans les *Souvenirs* de Carcopino. On ne saura jamais pourquoi — en dehors de la défense de ses assesseurs, fort honorable (surtout après 1944) — Jérôme Carcopino s'est précipité à Vichy, qui l'a appelé (pas Raphaël Alibert en tout cas) et qui il a rencontré dans l'après-midi. Pensait-il demeurer plus longtemps et dans une plus glorieuse situation à Vichy ? Un épisode tragi-comique pourrait être interprété dans ce sens. Jérôme Carcopino doit regagner Paris mais il se retrouve démuni d'argent et son hôtelier déclare qu'il gardera les bagages tant qu'il ne sera pas payé ! Or, à la veille de Noël, les banques sont fermées et le recteur de Paris risque d'être en situation de grivèlerie. Comptait-il être logé comme ministre ? Carcopino réussit à joindre un responsable du ministère de l'Éducation nationale, qui téléphone au cabinet du Maréchal[29]. L'attaché de cabinet de service, tout morose de passer la soirée de Noël dans une chambre-bureau loin de sa famille, se récuse. Il faut insister pour qu'il intervienne auprès de l'hôtelier ombrageux, qui consent de mauvais gré à rendre sa valise à Jérôme Carcopino.

Le recteur de Paris, observateur attentif, intéressé par les ennuis que Chevalier récolte de ses initiatives cléricales, se rapproche du poste envié où il est sûr de déployer de meilleures qualités. Exaspéré et sans doute poussé par ses amis, il saisit la plume pour en appeler au chef de l'État. Nul ne niera qu'il faut être appuyé en haut lieu ou animé d'une forte conviction pour se permettre une telle démarche contre son ministre ! Le 20 janvier 1941, Carcopino dénonce à Pétain l'inconséquence du décret Chevalier, qui nie toute valeur à l'élection des doyens et sape les fondements hiérarchiques de cette belle et ancienne corporation qu'est l'Université.

Le 16 février 1941, l'amiral Darlan est à Paris. A-t-il vu Jérôme Carcopino et lui a-t-il proposé la succession de Chevalier, qu'il défendait encore une semaine plus tôt ? Les Allemands, qui ont prononcé la condamnation du philosophe de Grenoble, doivent accepter le successeur. Ils tiquent un peu parce que Carcopino a collaboré en 1939-1940 avec le commissariat général à l'Information, dont la propagande antigermanique n'est pas oubliée. Le nom d'un autre candidat, Paul Hazard, circule à Paris. Carcopino va l'emporter. Le 22 février 1941, l'amiral Darlan fait de lui un secrétaire d'État à l'Instruction publique, qui sera rattaché au ministère de la Guerre. La victoire de Carcopino est due à ses démarches personnelles mais surtout à la personnalité que les Allemands poussaient, Abel Bonnard, dont les relations germaniques et les mœurs particulières déplaisaient au maréchal Pétain. Mais Abel Bonnard, écrivain brillant, membre de l'Académie française, n'était pas candidat à écarter sans ménagements. Le secrétaire perpétuel de l'Académie française, André Bellessort, qui fut sollicité se récusa mais examina quel illustre écrivain serait capable de répondre aux critères qui avaient conduit à la démarche du gouvernement de Vichy. Lucien Romier, nouveau conseiller de Philippe Pétain, le connaît et l'apprécie. Auprès de l'amiral Darlan, Henri Moysset a sans doute donné le même avis favorable. Carcopino apparaissait comme un candidat très présentable : pas connu des milieux politiques, membre de l'Institut et brillant écrivain dont l'œuvre fait bonne figure à côté de celle du poète et essayiste Bonnard. Il a la réputation de tenir les fonctionnaires difficiles, d'être habile et prudent. Il n'est pas hostile à l'Église mais il n'a rien d'un dévot.

QUAND L'AMIRAL RENCONTRE LE CARDINAL

Les qualités politiques de Jérôme Carcopino allaient être sollicitées dans la difficile négociation qui s'engageait avec l'Église.

Par la voix de la plus haute autorité, le pape, il était demandé à

Pétain d'aller plus loin que la simple réparation des injustices commises. Léon Bérard, nouvel ambassadeur de France près le Vatican, avait remis ses lettres de créance à Pie XII le 9 décembre 1940. Le pape poussait le gouvernement de Pétain à agir en faveur de l'enseignement catholique[30]. « *Le Pape* [...] *rend pleine justice* — télégraphie Bérard — *aux réformes que le gouvernement français a déjà accomplies dans l'ordre de l'enseignement. Mais il estime, à n'en point douter, que l'Église ne sera pas en mesure d'exercer pleinement sa mission dans les circonstances présentes, tant que, à côté de l'enseignement d'État, l'enseignement libre n'aura pas été pourvu d'un statut légal qui semble nécessaire à son existence parmi les difficultés grandissantes de ce temps*[31]. »

Le cardinal Suhard, archevêque de Paris, était discrètement demandeur. Il invita un compatriote de la Mayenne, Henri Dodier, proviseur du lycée Saint-Louis, promu inspecteur général, représentant à Paris le directeur de l'enseignement primaire, à venir le voir. Reçu le 13 janvier 1941 à 11 heures rue Barbet-de-Jouy, Henri Dodier se vit chargé de transmettre au secrétaire d'État à l'Instruction publique les salutations du cardinal persuadé qu'il fallait fermer la page des divisions idéologiques des Français : « *Le but essentiel* — dit-il — *c'est la réconciliation de l'instituteur avec le curé.* » Les deux interlocuteurs s'attendrirent au souvenir de la bonne entente qui avait toujours régné à Brains-sur-les-Marches, où un jour le curé gronda le petit Emmanuel Suhard qui avait négligé de saluer l'instituteur. L'inspecteur général Dodier montra la difficulté de la tâche, car l'état d'esprit du Maine n'était pas celui de toute la France. « *Mais difficile n'est pas impossible* », dit Suhard qui ajouta : « *Faites savoir à votre ministre, je vous en prie, que nous sommes tout disposés à faire le premier pas*[32]. » Le message transmis à Chevalier tomba sur Carcopino et sur l'amiral Darlan, qui était d'accord pour répondre aux vœux du pape et aux souhaits de l'évêque. Il appliqua sa méthode pour résoudre les problèmes : s'informer et brusquer les hommes pour obtenir, par surprise, un résultat. Il fixe un calendrier très court qui prend de vitesse les dignitaires de l'Église, habitués à de plus longues négociations : demande d'audience de l'amiral Darlan à l'archevêque de Paris pour le 4 mars 1941, décision au Conseil des ministres du 7 mars 1941. En soi, ce calendrier est l'indice d'une rupture par rapport à l'époque de Chevalier. Les ministres ne sont plus à l'écoute de l'Église. L'État décide après avoir pris avis, sans plus.

Muni de la note Carcopino-Lavelle qu'il lit à son interlocuteur, l'amiral Darlan rencontre à Paris le cardinal Suhard le mardi 4 mars 1941. Trois points sont abordés au cours de ce long entretien : le loyalisme du clergé français, l'enseignement de la religion aux enfants, le sort de l'enseignement privé.

Les deux interlocuteurs sont d'accord pour éviter la renaissance d'affrontements autour du rétablissement de l'enseignement religieux. Il est préférable de dispenser les instituteurs d'un tel enseignement.

Encouragé par l'amiral Darlan qui lui dit que dans la Marine la moitié des officiers sont issus de l'enseignement privé et qu'il est impossible de reconnaître ensuite leur origine, tous les officiers se dévouant de la même manière, le cardinal Suhard expose ses difficultés financières. Une déclaration de l'État relative à une aide serait un encouragement pour ses bienfaiteurs actuellement démoralisés. Le cardinal archevêque a usé du meilleur argument de l'Église lorsqu'elle demande à l'État d'aider l'école libre : c'est un enseignement qui coûte peu au budget de l'État car il est largement financé par les parents, par les bienfaiteurs et par le renoncement du personnel à une rémunération qui dépasse le seuil de la subsistance (le célibat de nombreux enseignants religieux rend acceptable un traitement qui ne permettrait pas de nourrir une famille).

Le cardinal, après quelques considérations politiques, revient sur le communiqué que publiera l'État à propos de l'enseignement religieux. L'amiral Darlan réussit à le convaincre de renoncer au terme de « Dieu » au profit de « valeur spirituelle » ou de « valeur religieuse »[33]. L'amiral Darlan et le cardinal Suhard se séparent enchantés l'un de l'autre. L'entourage du cardinal Suhard n'a pas la même impression puisque le lendemain, il adresse une lettre, signée du cardinal, à l'amiral Darlan disant qu'il préférerait que soit maintenu le mot « Dieu » dans la circulaire à établir par le ministre de l'Instruction publique. Il existe là un malentendu car le cardinal Suhard est persuadé, à l'issue de l'entretien, que Darlan accepte que l'enseignement religieux soit une matière « à option » dans l'enseignement public. L'amiral Darlan n'a rien agréé de tel ou n'a pas prêté la moindre attention à l'expression « à option ». Un enseignement à option fait partie des obligations scolaires, est noté et doit être remplacé par un autre enseignement s'il n'est pas suivi par l'enfant. Un enseignement « facultatif » est proposé mais l'élève qui ne le suit pas va jouer ou se reposer.

Le Conseil des ministres du 7 mars 1941 donne licence à l'amiral Darlan et à Jérôme Carcopino d'effacer les dispositions cléricales (et non soumises au Conseil des ministres) de Jacques Chevalier, tout en instaurant un régime laïc ouvert aux apports de la religion. L'équilibre était difficile à réaliser. Il fallait convaincre la plupart des ministres et surtout le maréchal Pétain, qui estimaient bonnes les initiatives cléricales.

La tâche de Jérôme Carcopino est difficile. Il commence par une analyse des décisions de Chevalier, dont il démontre la légèreté et le risque, déjà visible, de heurter une partie des Français et des enseignants et, par là, de ranimer des luttes religieuses éteintes, de diviser au lieu d'unir. Il critique le partage de la caisse des écoles entre écoliers de l'école publique et écoliers de l'école libre. La caisse des écoles publiques est alimentée par des bienfaiteurs de l'école publique et par quelques subventions des municipalités : « *Faire payer les galoches de ceux qui fréquentent l'école privée par une caisse fondée et jusqu'à présent alimentée par les amis de l'école publique, c'est une opération de très contestable délicatesse.* » Le résultat sera le tarissement de la caisse par écœurement des donateurs et l'obligation pour les municipalités de compenser leurs défaillances par des ponctions importantes sur leur budget. Il propose donc de créer deux caisses des écoles, l'une pour l'école publique alimentée par ses bienfaiteurs laïcs et l'autre pour l'école privée garnie des dons de ses partisans et — nouveauté — par les subventions des municipalités.

L'enseignement de Dieu dans les cours de morale fut sapé par le nouveau ministre devant des collègues ébahis de voir tomber l'une après l'autre leurs propres défenses. Carcopino se déclara « laïc » car « libéral ». L'école enseigne ce que les hommes pensent et non ce qu'ils croient mais il n'est plus question de maintenir le « laïcisme », assimilé à l'irreligion d'État. L'école n'a pas à persister dans un positivisme dépassé par le mouvement du monde, la science et la philosophie. Respectueuse de la religion, elle ne la professera pas pour autant. En interdisant aux enseignants d'enseigner la religion, on évitera au mieux une rivalité avec les curés, au pire des polémiques. S'il est impossible « *d'éteindre les étoiles du ciel, on ne peut les allumer sur commande* » et il faut respecter la recherche de foi des âmes qui serait brisée par une religion officielle. Le mérite de l'Église est de s'opposer à tout totalitarisme par le message de l'Évangile. Carcopino compte sur les leçons de l'histoire pour rendre sensibles aux enfants les bienfaits du christianisme dont la culture européenne est pétrie. Il mettra au programme les saints (saint Louis, Jeanne d'Arc, saint Vincent de Paul) et la civilisation chrétienne (le mouvement monastique, la culture médiévale).

Jacques Chevalier, absent, avait quand même alimenté tous les ministres par un mémorandum justificatif que deux d'entre eux défendirent. Joseph Barthélemy, le garde des Sceaux, ami de Mgr Gerlier, fut le plus incisif contre Jérôme Carcopino, qu'il estimait mais qu'il trouvait bien passionné de laïcité [34]. Carcopino furieux apostropha son confrère en l'interrogeant : « *Qu'est-ce que Dieu ?* » Joseph Barthélemy calma le jeu en refusant de s'engager dans ce débat philosophique et en faisant remarquer que simplement le mot « Dieu » touchait plus l'âme des enfants et des gens simples que les « valeurs morales et spirituelles ». Tous les ministres se taisaient en écoutant ces vifs échanges d'universitaires. Caziot, le ministre de l'Agriculture, dit qu'une époque aussi dure exigeait des sacrifices et que seule la religion avec les promesses de l'au-delà stimule l'esprit de sacrifice. Carcopino n'hésita pas devant un argument facile : Pétain avait obtenu à Verdun, en 1916, des sacrifices inouïs, avec des soldats qui venaient de l'école laïque ! Le maréchal Pétain regarda l'amiral Darlan, qui s'arrêta de dessiner sur sa feuille de notes, cligna des yeux. Pétain se leva, comme pour accomplir une décision déjà arrêtée avec l'amiral, et demanda à Carcopino de lui soumettre les textes de loi. Il les approuve le 15 mars, donne quelques conseils à son ministre sur la manière de les présenter à la radio.

Jérôme Carcopino justifia à la radio la suppression de la loi Chevalier par le respect d'une opinion publique divisée et qui est toujours marquée par des affrontements historiques. L'union viendra d'une raisonnable séparation : « *Le pays dit : l'instituteur à son école, le curé à son église, l'instituteur ami du curé.* » Il aime beaucoup sa formule qui se retrouve dans l'exposé des motifs de la loi du 10 mars 1941, qu'il adresse à Pétain : « *Le régime équitable que je propose fera que le curé deviendra l'ami de l'instituteur. J'espère que des instituteurs de plus en plus nombreux fréquenteront l'église, mais je suis certain que mon espoir serait déçu si le curé entrait à l'école au nom de la loi.* » Carcopino remarque que, les enfants étant libres le jeudi, les locaux scolaires sont fermés et qu'il n'y a aucune raison pour que le catéchisme s'enseigne ailleurs que dans des lieux sacrés. L'application pratique de la loi est confiée à la bonne volonté des inspecteurs d'académie, invités à consulter l'évêque pour fixer les horaires de cet enseignement religieux : « *Donnée en dehors des édifices scolaires, l'instruction religieuse est comprise, à titre* d'enseignement facultatif, *dans les horaires scolaires suivant des conditions qui seront fixées par les inspecteurs d'Académie, après entente avec les autorités religieuses de leur ressort.* »

Les programmes à l'école primaire comportent, pour le premier cycle, une éducation morale et patriotique. Au cours élémentaire, les bambins étudieront les messages du maréchal Pétain et « *les forces morales et leurs sources spirituelles* ». Au cours moyen, ils réfléchiront sur les devoirs et l'unité française et seront sensibilisés à « *la civilisation chrétienne* ». Le second cycle invite à une réflexion sur la patrie, la famille et la place de l'individu, à propos de laquelle seront évoqués « *l'idéal moral, l'appel du héros et du saint, les valeurs spirituelles, la civilisation chrétienne* ». Les catholiques sont déçus. Des cours d'histoire et de morale remplacent une instruction de nature religieuse.

Lorsque sont publiés les programmes, Mgr Fleury, évêque de Nancy, lance un cri de surprise et de douleur : « *Notre émotion est d'autant plus légitime que si, enfant, le nom de Dieu n'était plus prononcé à l'école depuis soixante ans, jamais, quoi qu'on ait affirmé — même aux heures les plus sombres de la persécution religieuse — il n'avait été totalement rayé comme le fait cette nouvelle loi.* » Paul Lesourd n'y va pas par quatre chemins et dénonce la réintroduction au ministère de l'Instruction publique de la franc-maçonnerie : « *Nos athées actuels, au nom de la liberté de conscience, refusent à Dieu droit de cité. Ils interdisent à la Révolution nationale de changer quoi que ce soit à l'athéisme obligatoire de l'école publique.* » Le nouveau régime se laissera-t-il terroriser par une poignée de francs-maçons ? Est-ce une révolution nationale qui se déploie ou s'incline-t-elle devant les idéologies anciennes : « *Oui ou non, la doctrine officielle de l'Université s'inspire-t-elle encore des immortels principes ? Avons-nous rompu avec l'idéologie de 1789 ?* »

Il est inexact de dire qu'il y eut entre Mgr Suhard et Jérôme Carcopino un « dialogue aisé ». La politesse imprègne les échanges mais la discussion est âpre et difficile. Le cardinal Suhard aura l'impression de n'avoir pas été entendu par le gouvernement et gardera de ces difficiles négociations une impression désagréable.

Lorsque le cardinal Suhard reçoit le texte de la loi du 10 mars 1941, il tombe de haut. Il croit à la duplicité de l'amiral Darlan dont il est persuadé d'avoir entendu des promesses généreuses. Il hésite entre croire qu'il a mauvaise mémoire ou devoir reconnaître que le rusé Gascon s'est joué de lui. Avec la simplicité qui le caractérise, il décide de téléphoner directement au secrétaire d'État, Jérôme Carcopino. Lui disant les réserves que suscite le texte écrit, il s'enquiert du contraste entre les engagements de l'amiral Darlan et un texte de loi tellement en retrait. À Carcopino revient la tâche pénible d'être déplaisant avec un aussi aimable prélat. Il l'écoute avec le plus grand respect mais il le rappelle aux exigences de l'opinion publique. Il n'acceptera aucune modification à une loi qui fait beaucoup de concessions à l'Église. Aller plus loin choquerait les instituteurs qui n'ont pas démérité, contrairement aux insinuations d'une certaine presse, et transformerait l'école d'État en école confessionnelle.

L'archevêque de Paris est aussi entêté et résolu que Carcopino. Espérant sauver l'essentiel des promesses de Jacques Chevalier, il demande par lettre l'arbitrage du maréchal Pétain. Le froid, la dénutrition et la fatigue des enfants, une saine économie devraient permettre au curé d'utiliser les locaux scolaires, dans certaines régions, en raison du climat et des longs trajets. Il s'émeut de ce que le catéchisme ne soit pas compris dans les horaires scolaires comme enseignement à option. Entre une bonne dose supplémentaire de mathématiques ou de grammaire et l'enseignement religieux, l'enfant peut choisir le catéchisme. Entre aller s'amuser et le catéchisme, il négligera son instruction religieuse. Mgr Suhard sent que la bataille de l'enseignement religieux en tant qu'enseignement à option est perdue. Il s'affole et se croit trompé car a disparu de la loi Carcopino la garantie contenue dans la loi du 28 mars 1882, insérant l'enseignement religieux dans les horaires scolaires, sur deux jours de la semaine. L'Assemblée des cardinaux et archevêques à Lyon adopta, à sa suggestion, le vœu d'insérer l'enseignement religieux dans les horaires scolaires et regretta avec douleur la suppression du nom de Dieu dans les programmes officiels des écoles publiques.

L'affaire était grave. La révolte grondait parmi les évêques. L'amiral Darlan en était ennuyé car il avait cru résoudre une question épineuse en tranchant dans le vif et il avait agi trop rapidement. Il comptait sur une Église satisfaite pour obtenir un soutien des prêtres et des catholiques à sa politique. Il invita le cardinal Suhard à se rendre à Vichy pour dissiper les malentendus et exprimer ses souhaits (il restait à régler le statut financier de l'école libre).

Le 15 mars 1941, Son Éminence arriva à Vichy. Elle eut trois entretiens, l'un avec Jérôme Carcopino, le second avec l'amiral Darlan, le dernier avec le maréchal Pétain. Mgr Suhard fut beaucoup plus direct qu'à Paris. Il déclara à Carcopino que l'enseignement des principes de la civilisation chrétienne était un moyen d'ignorer Dieu. Il balaya d'une question l'argument favori de Carcopino, selon lequel les instituteurs n'étaient pas capables d'un tel enseignement théologique : « *Monsieur le Ministre, un très grand nombre d'instituteurs ne sont pas en état d'enseigner les devoirs envers la patrie, ni les principes de la Révolution nationale. Qu'allez-vous faire ?* » Le ministre, pour une fois, découvrait que l'étude de l'éloquence de Cicéron ne lui donnait pas les moyens de convaincre un prélat. Il invoqua, à court d'arguments, l'opposition de l'opinion telle que les révélaient les articles de la presse de Paris. Un sourire fin éclaira le visage de Mgr Suhard et plissa ses yeux de malice : « *Monsieur le Ministre, je ne vous ferai pas l'injure de croire que vous confondez la presse de Paris avec l'opinion des Français ?* » On en resta là. Jérôme Carcopino, d'ordinaire tout fier de ses entretiens, se garde d'évoquer cette conversation dans ses *Souvenirs*.

L'amiral Darlan reprit ensuite le même thème de l'hostilité de la presse parisienne à la législation Chevalier et la sensibilité du peuple français à une renaissance du cléricalisme. Quant au maréchal Pétain, chapitré par Darlan, il gémit que le pays était plus pourri qu'il n'avait cru et qu'il ne fallait pas aller trop vite, heurter les mentalités.

Mgr Suhard ne laisse plus désormais un entretien sans réflexion ultérieure et sans trace écrite. Le 17 mars 1941, il écrit à l'amiral Darlan que la loi du 10 mars 1941 ne lui convient pas parce qu'elle déforme la loi Chevalier du 6 janvier 1941, qui chargeait également les maîtres de l'école d'État et les prêtres de l'instruction des enfants de l'école laïque. Or, la loi Carcopino ne parle plus que d'un enseignement facultatif auquel la plupart des enfants préféreront le jeu ou le repos, les conditions exceptionnelles de distance et de climat autorisant l'utilisation de l'école ayant disparu. Il se dit inquiet de la suppression dans la loi de la garantie de deux jours sans école contenue dans la loi du 28 mars 1882. Cette dernière demande n'est guère acceptable, car il n'en a jamais été question dans l'entretien qu'il vient d'avoir avec l'amiral Darlan. Il présente une nouvelle requête : ne pas gêner les patronages du jeudi après-midi.

Le 6 avril 1941, le cardinal Suhard écrit à Jérôme Carcopino pour sauver l'enseignement religieux comme matière à option. Il y tient ! Il ne cède que sur les locaux qui seront religieux... s'ils sont chauffés.

Enfin apparaît le nouveau problème du jeudi après-midi à garder libre pour permettre les activités des patronages, concurrencées par les activités sportives imposées par le gouvernement. Jérôme Carcopino ne cède en rien sur le caractère facultatif de l'enseignement religieux mais il rédige sur le coup, datée du 7 avril 1941, une circulaire aux services de l'Éducation nationale recommandant de laisser les enfants totalement libres le jeudi et le dimanche. Ce n'est pas lui qui accepterait que les activités du commissaire général aux Sports, Jean Borotra, concurrencent les patronages catholiques : « *Vous pouvez compter sur moi, Éminence, pour modérer, s'il était excessif, le zèle des services de M. Borotra.* »

L'archevêque de Paris, rassuré sur l'avenir de ses patronages, ne remercie même pas et écrit à nouveau le 24 avril 1941 que les patronages c'est bien, mais qu'une circulaire ne donne pas la garantie de la loi de 1882 et qu'il serait bon de publier un décret mentionnant précisément que les heures de catéchisme font partie des heures d'enseignement. Le même message est envoyé à l'amiral Darlan. Le secrétaire d'État à l'Éducation nationale se laisserait aller à son tempérament bouillant s'il perdait patience, mais il tient à sa réputation d'homme pondéré et se souvient qu'il a aussi du sang normand par sa mère. Il choisit de se taire. Plus aucune réponse ne vient de son ministère. Il fait beau et les provinces attendent la visite du nouveau ministre. Le 10 mai 1941, il s'excuse avec désinvolture de n'avoir pu répondre au cardinal archevêque de Paris. Il a dû aller visiter les collections du Louvre abritées à Montauban, puis il s'est rendu à Montpellier pour les cérémonies du 1er Mai. Bref, une masse d'occupations prioritaires qui montrent l'intérêt qu'il porte aux remontrances du cardinal Suhard. C'est seulement le 10 mars 1942 que les horaires scolaires intégreront l'enseignement religieux, à l'effet de ne pas priver les enfants catholiques du total repos du jeudi.

Jérôme Carcopino, en accord avec l'amiral Darlan, distille les bienfaits à l'Église pour qu'elle en sente tout le prix et pour que la partie de l'opinion attachée à la laïcité n'en prenne pas ombrage. L'ensemble de sa politique scolaire, socialement conservatrice, a de quoi plaire à l'Église car elle maintient toute l'emprise de l'institution religieuse sur la formation des élites et des cadres du pays. Dans le secondaire, la seule rivalité tolérée entre l'enseignement d'État et l'enseignement libre sera celle de l'excellence. Dans cet esprit, il ouvre le prestigieux concours général entre les meilleurs élèves des lycées aux élèves des écoles libres. La gratuité progressive de l'enseignement secondaire décidée par Herriot en 1932 constituait une concurrence pour l'enseignement secondaire libre, toujours très cher. Carcopino supprima la gratuité pour la seconde, la première et les classes terminales des lycées. Les bourses sont accordées aux élèves de l'enseignement d'État et à ceux de l'enseignement privé, qui obtient des représentants dans les jurys. Le concours s'adoucit. Tout élève qui obtient 12 sur 20 bénéficie d'une bourse.

LES SUBVENTIONS DE L'ÉCOLE LIBRE

L'Église enseigne qu'envoyer les enfants dans une école catholique est une obligation pour des parents chrétiens. Le titre III du livre III de droit canon est explicite et incontournable pour tout catholique : « *Tous les fidèles doivent recevoir dès l'enfance une éducation qui, non seulement, ne s'oppose en rien à leur religion et à l'honnêteté des mœurs, mais dans laquelle la formation religieuse et morale tienne la première place.* »

Une école neutre est inacceptable pour un fidèle. La finalité de l'école n'est pas de former l'esprit et de donner des connaissances — la masse en saura bien toujours assez ! — mais de permettre à l'enfant de développer les virtualités de son baptême. Il est conseillé aux parents de fuir une école où seraient acceptés les enfants d'une religion non catholique. Un tel enseignement dit « mixte », réunissant des enfants catholiques, protestants et juifs, avait suscité l'opposition de l'Église catholique en Alsace chaque fois qu'il était proposé.

Encore fallait-il que la fréquentation de l'école libre fût accessible aux parents catholiques. La guerre avait rendu la situation plus difficile. L'augmentation des prix, la dégradation des ressources des ménages menaçaient les budgets de l'école libre. Le gouvernement avait conscience de cette situation et voulait aider un enseignement bien considéré par les nouveaux responsables de l'État. Quelques cas émouvants nés des malheurs de la guerre témoignaient d'une évolution des esprits. À Dunkerque, par exemple, les enfants de l'école publique détruite étaient accueillis à l'école paroissiale. Restait à estimer les besoins et à agir avec discrétion et mesure.

Le cardinal archevêque de Lille, Mgr Liénart, était le plus intéressé à résoudre cette question. Il était partisan de la solution la plus libérale, le « bon scolaire ». Chaque enfant vaut à ses parents une allocation, dite « bon scolaire », qu'ils portent à l'école de leur choix. Joseph Toulemonde, un industriel de Roubaix, président du Comité des APEL (Association des parents d'élèves de l'école libre), avait rédigé un projet de bon scolaire qu'approuva Mgr Liénart. L'Assemblée des cardinaux et archevêques soutenait ce projet maximaliste. Le 31 mai 1941, Joseph Toulemonde exposait son plan à Vichy. Chaque enfant serait muni d'un bon estimé à sept cents francs (salaire mensuel d'un petit employé) à remettre à l'école. Le gouvernement refusa un système clair mais qui prendrait la forme d'un statut de l'école libre, rompant avec les lois laïques. Il risquait aussi d'attiser la concurrence entre les deux enseignements et de remettre en cause des équilibres.

On craignait que le système du bon scolaire n'amène le clergé à des pressions sur les parents pour qu'ils retirent leurs enfants de l'enseignement d'État et que ne se rallume la guerre locale.

Cette fois encore, le ministre de l'Éducation, Carcopino, se tint coi. Il fallut une lettre très ferme du maréchal Pétain (préparée par son cabinet !) pour que la question soit reprise. Le 18 juillet 1941, Pétain lui enjoignait d'étudier le moyen de développer « *un enseignement libre et protégé* » par une « *construction équitable et pratique* »[35]. Pétain demandait que tout soit prêt pour le 26 juillet 1941. Ce style administratif à la hussarde déplut à Jérôme Carcopino, qui offrit sa démission. Un délai lui fut accordé, nécessaire pour élaborer un projet de l'État au lieu de céder à la facilité, de se résigner au plan Toulemonde et pour convaincre des fonctionnaires peu favorables. Le nouveau ministre de l'Intérieur, Pierre Pucheu, prétendait que cette question était dans ses attributions. L'amiral Darlan n'avait pas l'esprit libre puisqu'on était en plein dans la crise syrienne. Il fut décidé de laisser de côté les hommes du Nord, industriels, parents d'élèves et cardinal de Lille, et de se concerter avec le cardinal Suhard. À ce choix présidaient plusieurs raisons. Les liaisons avec le Nord, rattaché à Bruxelles, étaient difficiles, le secret en était impossible à assurer. On savait Mgr Liénart intransigeant et raide, très attaché au bon scolaire. L'archevêque de Paris montrait plus de souplesse à ce sujet. Jérôme Carcopino, au fond, aimait bien cet interlocuteur tenace mais réaliste.

Les promoteurs de l'aide à l'école libre furent donc l'amiral Darlan, le ministre de l'Intérieur, Pierre Pucheu, et le ministre de l'Éducation, Jérôme Carcopino, aussi peu sensibles les uns et les autres aux arguments purement religieux mais soucieux de régler un problème sans rien bouleverser, en respectant les droits de l'État et, pour deux d'entre eux, en créant un efficace instrument de pression sur l'Église. Le Conseil des ministres approuva le 21 juillet 1941. À la suggestion de Pierre Pucheu, l'aide fut considérée comme un secours provisoire non comme un droit ni un statut de l'école libre. Le cadre administratif et géographique de l'aide — le département et le préfet — indique bien le refus de trop engager l'État. Chaque année, les responsables de l'école libre indiqueraient leurs besoins aux préfets qui, assistés d'une commission convenable, y répondraient. Les subventions ne figureraient donc pas au chapitre de l'Éducation mais au budget du ministère de l'Intérieur. Carcopino mettrait en avant pour les évêques l'argument que seraient ainsi évités les retards et la mauvaise volonté de ses propres fonctionnaires épris de laïcité. La commune, si propice aux querelles scolaires, serait contournée. Enfin, le droit était respecté car les lois laïques n'avaient jamais interdit les subventions des conseils généraux. La transparence et les contrôles seraient plus simples au niveau du département, où tout se sait et se voit. Le ministre des Finances, Yves Bouthillier, fut enchanté du dispositif de décentralisation. Les diocèses coïncidaient le plus souvent avec les départements. Les besoins de l'enseignement libre étaient différents selon les départements : là, très grands, ailleurs, insignifiants. Les deniers du contribuable seraient bien employés et le ministre des Finances, qui est aussi un fin politique, se réjouissait du dialogue instauré entre l'évêque et le préfet. Il caressait l'idée qu'il puisse déborder du seul cadre financier et s'étendre à celui de la politique. À un préfet généreux et compréhensif qui demande de l'aider à tenir l'opinion, peut-on refuser quelques bonnes paroles et quelques discrètes interventions ? Évidemment, le « bon scolaire » n'aurait pas ouvert de telles perspectives de collaboration entre l'Église et l'État...

Jérôme Carcopino fut chargé de terminer l'épure avec le cardinal archevêque de Paris. Personne d'autre n'avait envie de se charger de la corvée. Henri Moysset avait toutes les qualités nécessaires mais il se récusa. Pierre Pucheu n'était pas assez diplomate et avait des tâches politiques plus urgentes. Jérôme Carcopino dut s'exécuter. Il eut l'excellente idée de venir à l'entrevue avec l'inspecteur général Dodier, que le cardinal connaît bien et qui a déjà servi d'intermédiaire. Il rédigea le procès-verbal de l'entretien du 17 septembre 1941. Jérôme Carcopino expliqua à l'archevêque que la loi lui semblait restreindre les libertés de l'enseignement libre mais qu'il n'est pas d'aide étatique sans un contrôle, qui serait compréhensif et bienveillant. Ravi de ces bonnes paroles, Emmanuel Suhard affirma que ces avantages donnés par l'État ne seraient pas considérés comme une revanche et il accepta de bon cœur le contrôle pédagogique prévu : pas d'utilisation de manuels interdits à l'école laïque (s'agit-il de manuels signés de noms juifs ? plus vraisemblablement de manuels chrétiens polémiques), adaptation progressive des maîtres au niveau exigé à l'école publique, inspection, présentation de tous les élèves aux examens afin d'éviter des polémiques fondées sur des statistiques faussées et d'apprécier le niveau de l'enseignement. Le ministre s'engagea à ce que toutes les écoles primaires, dont la faiblesses des ressources et l'importance de leurs effectifs seraient montrées, verraient leurs demandes satisfaites car l'État français serait large : « *Vos élèves et vos professeurs reconnaîtront, souhaitons-le* — avança Carcopino — *la générosité dont témoigne à une heure aussi tragique de notre histoire la signature du Maréchal au bas d'une loi scolaire dont le libéralisme n'avait pas encore été atteint.* » Le cardinal s'engageait moralement à ce que l'Église renonce à pousser ses avantages et à ne pas mettre à profit cette aide pour ouvrir de nouvelles écoles. Le budget de 1942 accorda à l'école libre 386 millions, celui de 1943, 471 millions. Toutes les demandes reçurent satisfaction.

L'ACA examina les textes précis du gouvernement le 15 octobre. Le désaccord entre « maximalistes » et « diplomates » s'y exprima sous forme de vœux. L'un était une affirmation de principe : à des subventions reposant sur la précarité temporaire, les archevêques préféraient le fondement permanent et moral du libre choix de l'école par le chef de famille. L'autre était pratique et financier. Les prélats voulaient maintenir, à côté des subventions des préfets, celles des municipalités, acquises depuis la loi Chevalier, modifiée, du 6 janvier 1941. Angoisse de manquer après tant de difficultés ? Précaution légitime contre l'aspect transitoire des secours préfectoraux ? Esprit pratique et critique astucieuse du projet Carcopino qui n'aidait que les écoles à effectifs convenables et en situation difficile, alors que les subventions des municipalités concernaient aussi bien des écoles prospères que celles qui criaient détresse ? Toutes les écoles, enfin, ne tenaient pas à faire connaître leur budget à l'État.

Le Conseil des ministres se réunit aussitôt et considéra que les évêques étaient trop gourmands ou mal formés aux règles de la comptabilité publique : un établissement ne peut toucher de l'État des sommes pour l'ensemble de ses dépenses et d'autres fonds des municipalités pour des dépenses précises déjà couvertes ! Le 2 novembre 1941, sans plus consulter, le chef de l'État signait les lois d'aide à l'école libre. Elles disposent qu'à partir de la rentrée d'octobre 1941 les écoles primaires privées, menacées de fermeture à cause de l'insuffisance de leurs ressources, pourront recevoir du préfet des subventions sur les fonds du budget départemental.

Un dernier point, dont Carcopino ne parle pas dans ses *Souvenirs*, dut être réglé. À qui et selon quelles conditions serait versée la manne des subventions ? Cette question est sensible pour l'Église, toujours soucieuse de voir reconnaître par l'État son organisation et l'autorité épiscopale. Elle aurait voulu que l'évêque du diocèse touchât une « enveloppe » globale qu'il aurait répartie à son gré et selon les besoins qu'il estimait les plus intéressants. L'État refusa et décida que les subventions seraient d'abord obligatoirement affectées à relever les traitements misérables des maîtres de l'enseignement privé, portés progressivement jusqu'à 60 % de ceux des maîtres de l'enseignement public. La précision révèle la gêne matérielle des maîtres du privé et la mesure cherchait à rallier des personnes influentes et respectées. L'évêque ne gardait que 10 % de l'enveloppe pour frais généraux.

En 1942, l'Église obtint ce qui lui avait été refusé en 1941. Là où fonctionnait une caisse unique des écoles, elle serait maintenue. Le cas était assez fréquent dans le Nord. À Lyon, le maire nommé, Georges Villiers, l'avait établie en une ville où son prédécesseur radical, Édouard Herriot, n'aurait pu le faire. Mgr Suhard s'employa à atténuer la déception des partisans du bon scolaire. Il écrit dans ses carnets le 7 novembre 1941 : « *Les concessions accordées par la bienveillance du Maréchal ne sont pas en rapport avec l'unanimité du pays. Nous en servir avec sagesse et de telle façon que nous les fassions admettre par l'opinion. Ne pas triompher de ce succès, mais l'accepter modestement [...] Gagner l'Université qui est un corps moral nécessaire.* »

4

UNE JEUNESSE SOUS PROTECTION CHRÉTIENNE

« *Nous referons chrétiens nos frères* », disaient dans les années trente les jeunes chrétiens de la JOC. Quand les évêques de France considèrent les organisations de jeunesse sous l'Occupation, ils pensent que dans quelques années cette promesse inouïe sera tenue et que la France sera redevenue chrétienne. Leurs adversaires, partisans de la laïcité, ont disparu du paysage politique et social et la jeunesse — France de demain — est encadrée par l'Église. Les chiffres portent à l'optimisme. L'épanouissement des mouvements de jeunes, en dehors des obligations scolaires, était connu mais pendant longtemps on n'a pas pris l'exacte mesure de ce dynamisme. J'avais moi-même avancé en 1972 que l'Église encadrait 15 % de la jeunesse sous l'Occupation. Des conversations avec Yves-Marie Hilaire m'orientèrent vers la recherche d'estimations plus élevées. La publication récente du journal d'Angelo Tasca, chargé par le conseiller de l'amiral Darlan, Henri Moysset, d'un rapport sur la jeunesse en 1941, confirmait le sentiment que nous avions de l'importance de l'emprise catholique sur la jeunesse.

Les effectifs de la jeunesse — filles et garçons entre 14 et 21 ans (il faudrait y ajouter les enfants d'âge scolaire encadrés pendant leur temps libre) — sont en 1941 de 5 200 000. Les mouvements chrétiens en concernaient 2 560 000 :

Scoutisme français	110 000
ACJF	700 000
Union chrétienne de jeunes gens et jeunes filles	22 000
Compagnons de France	28 000
Cœurs vaillants, Âmes vaillantes	1 200 000
Total	2 560 000 [1]

Un tel succès ne s'atteint pas par hasard. Il est le résultat d'un double mouvement, l'un à long terme correspondant à un projet ancien de l'Église, l'autre lié à la conjoncture de la défaite et de l'établissement de l'État français.

L'Église a le devoir de s'occuper de la jeunesse. Comme l'État se désintéresse des enfants dès lors qu'ils ont accompli leurs obligations scolaires — 14 ans en 1936 mais souvent 12 ans quand le certificat d'études est obtenu —, les adolescents sont happés par le monde du travail et abandonnés à eux-mêmes si la famille n'est pas en mesure de répondre à leurs besoins de culture, d'activités et de formation.

L'Église a eu le mérite de comprendre que la vie des adultes est une charge triste et prématurée pour ces adolescents que les curés voient s'éloigner à regret. À l'époque du catéchisme, ils avaient le contact avec les enfants, leur dispensant les premiers éléments de la doctrine chrétienne, les associant aux cérémonies religieuses. Le jour de la confirmation a été remise au jeune chrétien une belle estampe intitulée « Précieux souvenir si vous êtes fidèle », attestant baptême, communion et confirmation où, sous l'hostie et le Sacré-Cœur, sous la protection de sainte Jeanne et de saint Michel, figurent la Cène, les images et les attestations de baptême, communion et confirmation de l'enfant. Elle sera souvent accrochée au-dessus du lit. Les curés déplorent que leur influence bienfaisante cesse alors de s'exercer et que commence le temps où s'arrête la pratique religieuse. La formation chrétienne, légère, ne suffit pas à nourrir les aspirations d'une jeunesse qui s'éveille à l'esprit critique et qui subit l'empreinte, au moins en ville, de la culture païenne. Le catéchisme de persévérance ne plaît pas aux adolescents qui ne veulent pas être confondus avec les enfants et qui sont peu intéressés par la doctrine. Le prêtre ne les reverra plus avant le mariage. De ce regret des prêtres à les voir partir vers l'inconnu et les dangers qui menacent une âme insuffisamment armée est née l'idée des patronages.

L'invention du patronage est ancienne même si son apogée se situe au début du XXe siècle[2]. Les deux premiers patronages furent en 1835 et en 1836 ceux de l'abbé Caire à Marseille et d'Emmanuel d'Alzon à Nîmes. En 1851, la sœur Rosalie fonde à Paris le premier patronage de filles. Les parents de milieux ouvriers confient volontiers les adolescents au patronage, afin de leur éviter le désœuvrement et les dangers de la rue. En 1900, il y a 4 000 patronages catholiques, véritables bancs d'essai de la pédagogie des loisirs de jeunesse. À la même époque, le sport s'y introduit (basket, football). Cette œuvre paroissiale a contribué à donner des militants de qualité et constitué un vivier pour le syndicalisme et les associations spécialisées. De la Société Saint-Benoît-Joseph-Labre sont sortis de jeunes dirigeants de la CFTC. Des contacts plus simples s'établissent dans le jeu, la fanfare, le théâtre entre le vicaire et le petit groupe. Le cinéma fournit les fonds et attire les enfants du quartier. Lorsque après la Première Guerre mondiale le père Lhande porte le Christ dans la banlieue, il fonde toujours avec l'Église un patronage qu'il considère comme « *l'organisme le plus important de la conquête religieuse du peuple et l'arme maîtresse pour la formation des jeunes [...] Il devient un correctif puissant aux idées subversives que renferme trop souvent l'enseignement de maîtres enrôlés dans les milices du socialisme ou de l'anarchie* »[3]. Si les adolescents se moquent un peu des pratiques gentillettes et puériles de tous ces *Cœurs vaillants* (nom de leur journal lancé après 1928), ils gardent un souvenir finalement sympathique et attendri du « patro ».

Écarté par l'État laïc de l'encadrement scolaire de la masse, où toute initiative prend l'allure d'une bataille à mener, le clergé trouve beaucoup de charme et de réconfort dans ces activités parascolaires. Il y élabore une pédagogie moins contraignante que celle, si autoritaire, de l'école. Les notions d'effort, de réussite laissent la place aux plaisirs partagés, à l'émotion, à l'affectivité. Les désirs des jeunes sont pris en considération. Des responsabilités leur échoient. Dans ces activités parascolaires, on impose moins qu'on ne propose. On relaie l'autorité du haut vers la base par la dynamique du groupe, dont les vertus insoupçonnées se révèlent aux curés animateurs.

Parallèlement se sont développés les mouvements de jeunes de milieux bourgeois. La Première Guerre mondiale a accéléré les initiatives de l'ACJF (Association catholique de la jeunesse française) et développé l'idée de solidarité. Deux mouvements, inégaux par les effectifs, préparent de jeunes cadres prêts à s'investir en 1940.

DES MODÈLES À L'OMBRE DU MARÉCHAL LYAUTEY

Les fils de la bourgeoisie chrétienne se pénètrent de l'obligation de leur mission sociale. La Première Guerre mondiale a joué un rôle accélérateur en rendant sensible la solidarité des Français dans le sacrifice et le malheur.

En 1919, quelques étudiants proposent leurs services au vieux patronage de Reuilly, fondé soixante ans auparavant par les sœurs de Saint-Vincent-de-Paul. Le plus enthousiaste est Robert Garric, nostalgique de l'Union sacrée des tranchées, disciple de Lyautey. Ce normalien est un grand bourgeois parisien lettré, passionné de théâtre. Sa première idée est de moderniser le cercle d'études du patronage pour en faire le moyen d'une efficace formation continue, où ceux qui ont le privilège du savoir le partagent avec ceux qui en ont été privés, en évitant une relation trop hiérarchique par l'adoption d'une démarche de service et d'amitié. Il s'agira de fixer une ligne pédagogique d'enseignement mutuel correspondant aux besoins détectés par les adhérents. Les jeunes formulent les thèmes annuels de formation. La bibliothèque relaie les causeries en permettant de nourrir des exposés. Des cours de dessin industriel, d'anglais et de français sont créés dans ces « Équipes sociales ». Le normalien Jean Guitton prend la charge des plus petits. Les loisirs sont enrichissants. Le dimanche voit les équipiers découvrir les musées de Paris. Aux beaux jours, ils visitent la vallée de Chevreuse et Port-Royal. Deffontaines, le géographe, met au point sa méthode d'excursion-enquête. L'amitié éclôt entre étudiants et les élites des ouvriers ou des employés : « *À flâner sur les routes* — écrit Garric —, *à écouter ensemble la leçon de ces paysages et de ces souvenirs, l'intimité venait, questionneuse et douce ; quel était le nom, le prénom de ce voisin de route ? L'âge de cet autre ? Les occupations journalières ? Les projets d'avenir ? Questions et réponses nous faisaient partager nos vies : quand on débarqua à Paris, le rayonnement continuait ; une grande alliance était née*[4]. » S'ajoutent au cercle d'études le samedi de mise en commun des pensées et des cours. L'été, une semaine réunit les compagnons dans la douce Touraine. Garric fait appel aux étudiants des grandes écoles, aux Beaux-Arts et à la conférence Laënnec (médecine), qui envoient des volontaires pour créer à Belleville, Clignancourt de nouvelles Équipes d'interéducation et d'amitié sociale sous l'invocation de Notre-Dame de Lourdes. La province est gagnée à son tour par les villes universitaires : Strasbourg, Poitiers, Clermont-Ferrand. Garric ne renonce pas à lancer ses cercles dans les petites villes sans université : Aurillac, Toulon, Épinal, Quimper, Brive. Ainsi se forme une méthode — prise de responsabilités, fixation d'objectifs, participation, écoute des autres — et une idéologie des loisirs et de la jeunesse. Le temps de loisir permet d'atténuer l'inégalité culturelle des Français et l'activité en commun efface les ignorances entre classes, qui font le lit des haines et de l'égoïsme.

Le scoutisme, né en France à la veille de la Première Guerre mondiale, fournit un autre modèle. Chacun connaît son origine britannique. Un officier, Baden Powell, s'effraya, au moment de l'examen des recrues pour la guerre des Boers, de leur état physique très déficient. L'enfer de la ville industrielle, ses taudis avaient produit ces garçons malingres et épuisés. Baden Powell eut alors l'idée de rétablir pour les jeunes les liens rompus avec la nature, la meilleure et la plus saine des éducatrices. Le moral devait aussi en bénéficier grâce à des activités qui donneraient à cette masse passive la conviction que le progrès naît des efforts et du sens des responsabilités. Le scoutisme rencontra un grand succès dans la bourgeoisie aisée au lendemain du premier conflit mondial. Partant de Neuilly, il conquit les paroisses riches de Paris, balayant les réserves des curés, effarouchés de ses origines protestantes. L'uniforme d'inspiration militaire et les sorties en plein air plaisaient beaucoup. En 1939, il existait en France 700 000 scouts[5].

La mentalité des scouts français est moins démocratique que celle des scouts anglais, qui mettent l'accent sur la participation, même modeste, de chacun aux actions communes. En France, le scoutisme renforce la conscience d'appartenir à une élite sociale, un sentiment de supériorité mêlé à pas mal d'ignorance naïve des autres milieux. Les lettres des scouts de Tours en 1939-1940 sont très révélatrices de ces illusions de modernité et de monopole de l'intelligence pratique. Ces jeunes garçons s'étonnent de ce que leurs compagnons, qui n'ont jamais été scouts, soient très capables d'allumer un feu, de cuisiner et d'organiser des tâches ! Dans ce scoutisme, les signes d'appartenance prennent une importance excessive et la notion de « chef » est frappée d'hypertrophie. On se vante d'y acquérir du caractère, c'est-à-dire qu'on y apprend l'art de commander et d'être obéi. Tous ces jeunes aspirent à « servir ». Vichy va leur en fournir l'occasion.

L'idéologie de la jeunesse de Vichy doit beaucoup à ces expériences de l'entre-deux-guerres. Elle se forme dans *La Revue des jeunes*, dont Garric assure la direction en 1932 avec le RP Forestier, aumônier national des Scouts de France. Il a été question en 1932 de fondre *La Revue des jeunes* avec *Esprit.* La revue d'Emmanuel Mounier incarne la démocratie chrétienne alors que *La Revue des jeunes* reste fidèle au catholicisme social et attend plus de l'action sociale que de l'engagement politique dans la République. L'une et l'autre participent au bouillonnement intellectuel et spirituel contemporain de la grande crise économique qui a cru trouver dans la Révolution nationale et dans la Résistance sa voie de réalisation[6]. *La Revue des jeunes* considère que le salut de la France viendra d'un retour au religieux. La France de la défaite s'exprimera-t-elle autrement ? Le 15 juin 1936, le père Forestier résume dans *La Revue* les espoirs du vieux catholicisme social auquel les tensions brûlantes des occupations d'usines et la lutte des classes ont redonné une actualité : « *Et peut-être la grâce pourra s'infiltrer à travers les lézardes de la société issue du libéralisme matérialiste.* » En annexe à *La Revue des jeunes* est publié *L'Étoile filante*, organe de « La Route universitaire » qui est le mouvement d'anciens scouts, désormais étudiants ou jeunes cadres. « La Route » est la création du père Doncœur et du père Forestier, qui amènent les jeunes gens à apprécier les pratiques communautaires et à les présenter comme une valeur nouvelle.

Sous la grande ombre du maréchal Lyautey, qui leur a donné une mission — « *Du social. Faites du social* » — des hommes se rencontrent, font appel les uns aux autres pour animer leur milieu professionnel, partagent les mêmes aspirations. Tel est le terreau où se constitue le véritable réseau qui va créer les institutions de la jeunesse à Vichy. Raoul Dautry, patron de la SNCF, s'intéresse à eux. Deffontaines, un des conférenciers de son Centre de formation sociale des cadres de l'industrie et du commerce, invite un disciple de Lyautey, le polytechnicien Georges Lamirand, auteur du *Rôle social de l'ingénieur.*

Un réseau, encore mal connu, s'est formé avant la guerre dont l'inspirateur est Lyautey et qui recrute chez les cadres de l'industrie, parmi les polytechniciens, dans la haute administration, dans l'armée[7].

Le mot de « réseau » est-il trop fort pour caractériser cette nébuleuse ? Il a au moins l'avantage de suggérer que des liens existent avant 1940. La lecture des différents souvenirs des fondateurs des mouvements de jeunesse m'avait toujours donné une impression curieuse de similitude [8]. Le schéma est toujours le même. Ces hommes, assez discrets sur leur parcours intellectuel et spirituel antérieur, sont bouleversés par la défaite et décident de réagir en se consacrant à la formation parascolaire des jeunes. Ils rencontrent, « un peu par hasard », un ministre de Vichy qui leur fournit les fonds nécessaires et leur laisse carte blanche pour créer et innover. L'absence de réflexion sur les origines plus lointaines de leurs idées ne surprend pas trop, car ils se présentent toujours en hommes d'action, peu portés à l'introspection. L'écriture de souvenirs chez de tels hommes ne les amène guère à relier, comme le feraient des historiens et des intellectuels, leur action à des mouvements d'idées plus vastes. Chacun d'eux se croit unique, illuminé par une idée dont il ignore qu'elle était dans l'air du temps. Les recherches de Bernard Comte sur les origines de l'école d'Uriage confirmèrent cette impression que la création des mouvements de jeunesse à l'époque de l'État français n'est pas la simple juxtaposition de réactions individuelles à la défaite et à la conjoncture. Elle a été préparée par des projets et des réflexions antérieurs, auxquels ne manquait que la volonté étatique pour se concrétiser. L'exemple des Chantiers de jeunesse ne manque pas d'enseignements.

LES CHANTIERS DE JEUNESSE [9]

Le service militaire est interdit dans la France de l'armistice mais nombreux sont les officiers qui regrettent l'opportunité qu'il offrait de former l'esprit de jeunes. Par ailleurs se posait le problème précis du premier contingent de la classe 40, qui avait été appelé en mai. Bousculés par l'invasion, les garçons erraient entre la Loire et les Pyrénées. Les Allemands n'attendaient que de les voir renvoyés dans leurs foyers mais le général de La Porte du Theil, polytechnicien et ancien commandant de l'École d'application de l'artillerie à Fontainebleau, et le secrétaire d'État à la Guerre, le général Colson, imaginent une sorte de substitut du service militaire qui présente bien des avantages : maintenir les 40 000 garçons sous les drapeaux évite d'accroître le chômage qui inquiète dans l'été 1940 (un commissariat au chômage est créé) et permet de donner un emploi aux jeunes officiers que l'armée devrait autrement renvoyer à la vie civile, puisque le traité d'armistice n'autorise qu'une armée de 100 000 hommes. Il fait beau en ce mois de juillet 1940. Pourquoi ne pas envoyer ces jeunes faire du camping ? Faute d'initiation prohibée au combat, on les formerait à un esprit de discipline nationale par un scoutisme musclé et adapté. L'essentiel est que les jeunes aient un long « rendez-vous » avec la nation et qu'une reprise en main leur laisse un autre moral que celui qu'engendre une débâcle. Les deux généraux inventent une pratique qui n'est pas militaire tout en correspondant à un idéal national. Les mouvements de jeunesse et surtout le scoutisme constituent des modèles éprouvés : une vie communautaire, active et sportive au contact de la nature durcira les corps, les âmes et maintiendra les énergies au service de bonnes causes. Le général Weygand, un peu sceptique, approuve. La réussite est certaine si bien que la première expérience est systématisée. La loi du 18 janvier 1941 astreint tous les jeunes garçons de vingt ans à un stage de huit mois aux Chantiers (on évite avec ces huit mois les mois d'hiver qui poseraient des problèmes matériels). Il est à noter que les fils d'étrangers sont appelés. Les jeunes juifs sont requis pour les Chantiers de jeunesse, au moins jusqu'en juillet 1942. (Je ne crois pas qu'ils aient eu accès aux stages d'Uriage.)

La Porte du Theil appelle à la rescousse ses amis du « réseau » et, parmi eux, le toujours inventif commandant de La Chapelle, le créateur des cercles sociaux d'officiers. Une atmosphère chrétienne enveloppe les Chantiers de jeunesse, qui vont avoir leur aumônier. Le 6 juillet 1940, La Porte du Theil, ancien commissaire de la province d'Île-de-France des scouts, parle à son vieil ami, le dominicain Marcel-Denys Forestier. Accepte-t-il de l'aider à encadrer et à former le contingent de la classe 40, incorporé en juin 1940 ? Il lui déclare : « *Je ne conçois pas une institution sans morale, et je ne conçois pas une morale sans Dieu.* » Méditant sur le bilan des Chantiers, à la cathédrale de Clermont-Ferrand, le 31 janvier 1943, le père Forestier voit dans leur réussite le résultat d'une protection spéciale : « *J'aime à croire* — dit-il — *qu'ils sont nés sous le patronage et même sous l'inspiration de Notre-Dame-du-Port.* » Les aumôniers sont considérés dans les groupements comme de véritables assistants qui participent à l'organisation et à l'élaboration pédagogiques. En 1940, il existe soixante-dix aumôniers pour trente-cinq groupements. La suppression de l'intermédiaire des sous-officiers est une initiative du père Forestier, persuadé que le contact direct des jeunes avec l'officier offre une civilité plus grande. Le jeune officier permet aux stagiaires de s'identifier à un modèle prestigieux et chaleureux.

Faute de préparation à une défense armée, on se rabat sur l'éducation avec l'excellente justification que la précédente, donnée par la famille et l'enseignement, était un échec : trop douillette, trop amollissante, trop individualiste. Un peu de rudesse matérielle, l'exercice physique et le travail manuel dans la nature rétablissent un équilibre rompu par la société industrielle et la vie bourgeoise. La nature éduque, affirme le père Forestier : « *Reprendre contact avec la nature, marcher en chantant sur la route, se gorger de soleil et d'air pur, semble être une régénération pour compenser l'usure des villes et retrouver par le contact direct le sens du mystère, du sacré, le pressentiment de la présence de Dieu*[10]. » L'équipe, la communauté disciplinée sont les derniers remèdes aux vices d'une société considérée avec pessimisme et, en réalité, fort mal connue. L'emploi si fréquent du futur et la forme volontariste du discours de La Porte du Theil sont autant de fuites dans l'utopie d'un autoritaire qui, faute de mission de défense armée de la nation, se réfugie dans l'incantation éducative et le dressage d'une société civile qui inquiète.

Occuper les jeunes n'est pas difficile. Le travail manuel sert l'intérêt collectif. La Porte du Theil, fils d'un ingénieur des Eaux et Forêts, est aussi enthousiaste que le ministre Jacques Chevalier pour restaurer l'intérêt pour l'exploitation ancestrale de la forêt. En ces temps de blocus et de pénurie, ses ressources deviennent précieuses et elle fournit, en plus du chauffage, quantité de produits de substitution. La fabrication du charbon de bois, utile aux véhicules à gazogène, anime de ses fumées les clairières des forêts. L'assèchement des marais prend une allure moderne ; la restauration de villages abandonnés est dans la bonne ligne du *Regain* de Jean Giono ; de petites exploitations — briqueteries, saboteries —, les travaux agricoles absorbent les jeunes énergies. Le sport, le cérémonial et un strict emploi du temps suffisent à remplir la journée des jeunes. Nourrir leur imagination et leur affectivité est plus délicat. Le mérite des Chantiers est d'avoir envisagé le problème, ce qui s'explique par le caractère paradoxal de l'entreprise dans la France de l'armistice. Le contraste risquait d'apparaître désespérant entre l'absence du moindre moyen militaire, dans une Europe retentissant du fracas des armes et des combats, et la volonté de restaurer la nation française. La mystique du chef et des chefs devrait y pourvoir : « *On ne fait rien de bien si l'on n'obéit pas* — énonce le général de La Porte du Theil. *Comme on s'est déshabitué d'obéir, comme le respect de toute autorité s'en est allé de notre société, elle en est morte.* » La justification du commandement — qui est la victoire et le salut du groupe — étant mal assurée, l'amour du chef le renforce et vivifie une discipline qui est aussi celle du cœur. La finalité est la formation d'un Français probe et fort.

LES COMPAGNONS DE FRANCE

Les Compagnons sont la réalisation de jeunesse la plus intéressante du gouvernement de Vichy[11]. Ils sont nés des bouleversements sociaux de la défaite et de la volonté de quelques hommes d'aider les jeunes de milieu populaire, avec peut-être quelque arrière-pensée d'utilisation politique.

L'initiative est née au cabinet de Paul Baudouin — encore lui ! — d'un ancien scout de vingt-huit ans, diplômé des sciences politiques,

Henry Dhavernas. Son conseiller religieux, le père Forestier, et le directeur du cabinet de Baudouin, l'ancien commissaire scout Charles Célier, l'encouragent à réaliser son projet. Il a constaté que beaucoup de jeunes se trouvaient en difficulté, coupés de leur milieu ou sans travail. Les combats perdus et l'exode ont poussé vers le Sud des jeunes gens qui sont devenus des réfugiés, vivant d'une chiche indemnité et sans travail régulier. D'autres, qui sont revenus au pays après l'armistice, ont trouvé l'usine fermée. Pour eux, l'école est finie. Obtenir un apprentissage exige le soutien matériel de parents, pas toujours possible si le père est prisonnier ou lui-même au chômage. Alors la rue ? La clochardisation ? Dhavernas comprend qu'il faut à la fois leur donner un travail, une formation professionnelle et un environnement humain chaleureux et parfois, tout simplement, un lieu pour manger et dormir.

L'affaire est rondement menée. Le général Weygand donne son accord et offre cinq cents télégrammes pour convoquer les dirigeants de mouvements et relations intéressés. Le secrétaire d'État à la Jeunesse et à la Famille, Jean Ybarnegaray, suit. La duchesse de Montpensier met à sa disposition le parc de Randan, où se dressait jadis un grand château qui a brûlé. La réunion est organisée par une association dirigée par Dhavernas, le diplomate Étienne de Croÿ et le chef scout André Cruiziat. Sont invités à Randan quarante-six responsables issus à égalité des mouvements confessionnels (seize du scoutisme, sept de l'ACJF) et de mouvements laïcs, dont des associations sportives. Tous approuvent la création du mouvement Compagnons de France pour les jeunes voulant s'engager pour le relèvement du pays ; les autres mouvements demandent que l'État reconnaisse l'autonomie des mouvements et les aide ; les mouvements désigneront des représentants chez les Compagnons pour les animer. Paul Delouvrier, à Vichy, inscrit les candidats.

En un an, 20 000 jeunes de 14 à 19 ans sont attirés en zone non occupée, 300 centres de travail sont créés. Le directeur de la Jeunesse obtient un gros budget pour la lutte contre le chômage des jeunes, dont les Compagnons de France bénéficient. Les compagnies autonomes assurent l'encadrement total des jeunes. Les compagnies de Chantiers, plus souples, donnent une petite rémunération, le repas de midi pour les jeunes qui rentrent chez eux en fin d'après-midi. Chez les Compagnons, l'uniforme est bleu, le béret basque (idée d'Ybarnegaray). L'insigne est un coq. Le recrutement populaire facilite la liberté des relations entre l'encadrement et les Compagnons. Tous se tutoient.

L'histoire des Compagnons n'est pas aussi lisse que celle des Chantiers de jeunesse, contrôlés par les militaires traditionalistes et au public toujours renouvelé. Les Compagnons de France deviennent un enjeu du pouvoir entre les groupes politiques, qui s'affrontent derrière la façade d'unité de la Révolution nationale. Leur direction suscite des concupiscences car les dotations financières sont considérables (30 millions de subventions en 1942) ; les membres de milieux populaires constituent une masse de manœuvres que les partis de collaboration voudraient mettre à leur service. Le secrétaire général du ministère de l'Instruction publique, le catholique Jacques Chevalier, est très intéressé par les Compagnons. Lorsque leur premier protecteur, Paul Baudouin, quitte après Montoire le ministère des Affaires étrangères, il reste un peu de temps en charge des questions de jeunesse. Jacques Chevalier s'agite pour que les Compagnons n'échappent pas à l'emprise des catholiques. Il met en cause Henry Dhavernas, qui est accusé d'être allé à Paris après le renvoi de Pierre Laval et d'avoir eu des contacts avec les Allemands. Une enquête est lancée sur le désordre de la gestion financière des Compagnons, prétexte à l'écarter car son intégrité personnelle est moins en jeu que sa nouvelle orientation politique. Dans le cas contraire, il est difficile de comprendre qu'il soit encouragé à passer le concours des l'Inspection des finances. Deux hommes proches de la collaboration, arrivés dans l'équipe Darlan en février 1941, ont aussi des projets sur les Compagnons : Paul Marion, secrétaire d'État à l'Information, et Pierre Pucheu, venu du PPF et des milieux industriels, secrétaire d'État à la Production industrielle puis ministre de l'Intérieur. Quand se pose la question de la succession de Dhavernas, Marion pousse un normalien, ami de Dhavernas, Armand Petitjean, qui ne cache rien de ses sentiments fascisants. S'il veut diriger les Compagnons, c'est pour éliminer des catholiques peu sûrs d'un mouvement où — dit-il —, là comme ailleurs, des « *généraux battus* » et des « *gaullards passifs et communards militants foncent comme des vautours sur les centres, les écoles, les chantiers, les délégations et le secrétariat à la Jeunesse*[12] ».

La structure des Compagnons — une association — permet aux catholiques de se défendre en souplesse. L'assemblée générale de l'association est bien préparée. Elle suggère à Henry Dhavernas de démissionner et se refuse à le remplacer par Petitjean. Paul Noddings de la JOC, proche de l'archevêque de Lille, Mgr Liénart, propose de recourir à un triumvirat provisoire. Deux membres des Compagnons, Henri de Knyff et Albert Gortais de l'ACJF, travailleront avec Michel Dupouey, homme de Jacques Chevalier, qui a eu le temps avant de changer de ministère de nommer à la direction des services de la Jeunesse Louis Garrone. Il choisit lui-même le successeur d'Henry Dhavernas et n'a aucun mal à faire agréer par l'assemblée générale du 18 mai 1941 le capitaine Guillaume de Tournemire. Le père Maydieu, dominicain, a recommandé cet homme d'élite à Louis Garrone. Il est officier, disciple du maréchal Lyautey et très intéressé par les problèmes de jeunesse. Après la manifestation des étudiants et lycéens du 11 novembre 1940 aux Champs-Élysées, le gouvernement de Vichy a souhaité envoyer dans ce milieu un observateur chargé d'améliorer leur situation matérielle. Il a suggéré la création de foyers étudiants dans chaque faculté. Il a été choisi par Louis Garrone pour ses qualités d'homme d'action, sa fidélité chrétienne, son patriotisme et une grande modestie (un bon connaisseur des Compagnons, Robert Hervet, dit qu'il plaisait à Garrone que Tournemire fût « *homme d'action et non théoricien, Français de vieille race et soldat prestigieux, cultivé mais ennemi des idéologies, soucieux avant tout de bien faire* »[13]).

Toutes ces institutions du secrétariat à la Jeunesse avaient besoin de cadres et d'un esprit commun que l'école des cadres d'Uriage entreprit de former.

L'ÉCOLE DES CADRES D'URIAGE

L'école d'Uriage est devenue un mythe qui est né sous l'Occupation quand le château médiéval du chevalier Bayard peuplait les rêves de rénovation de jeunes hommes hésitant entre le pétainisme et la Résistance. Il a été entretenu ensuite par ses instructeurs — Hubert Beuve-Méry, fondateur du *Monde*, y fut directeur des études —, ses conférenciers promus maîtres à penser de l'après-guerre (Émmanuel Mounier), ses stagiaires mus en technocrates encore un peu humains (Paul Delouvrier).

En dépit de tout ce qui a été écrit, la fonction exacte d'Uriage demeure un mystère.

Au sens strict, Uriage est un centre de stages pour les cadres du secrétariat d'État à la Jeunesse, cherchant à attirer des jeunes stagiaires d'horizons plus variés. Le centre adopte le nom d'école mais les dirigeants clament la rupture avec l'univers scolaire. Uriage ressemble à une université d'été mais il n'y a derrière elle ni parti politique ni mouvement. Elle récuse l'accusation d'être une centrale de propagande et célèbre la « formation » qu'elle dispense mais dont elle n'a les moyens ni en personnel scientifique ni en durée (quelques semaines de stage). Bernard Comte la qualifie d'utopie, ce qui n'est pas mal trouvé. La finalité, proclamée et rêvée, est la formation des élites, mais l'école se contente de proposer, par un camp scout militarisé, un « style », notion floue s'il en est. Uriage est héritière du Sillon de Marc Sangnier et des idéologies communautaires du XXe siècle.

La naissance d'Uriage doit beaucoup au « réseau » déjà évoqué, jésuites, scouts de la Route, militaires. Paul Baudouin, Ybarnegaray et le général Weygand encouragent les premières initiatives. Au cabinet de Baudouin, le commandant de La Chapelle, responsable des cadres à la direction de la Jeunesse, facilite la création des écoles de cadres. Le fondateur des cercles d'officiers, disciple du maréchal Lyautey, a été séduit par les plans du capitaine Dunoyer de Segonzac, membre des cercles depuis 1936. Cet officier a des origines qui évoquent celles d'un Charles de Gaulle. Dans les deux familles, on sert l'État comme homme de loi, professeur, officier. Après Saint-Cyr, le cavalier choisit l'arme blindée mais, lui, ne se révolte pas en 1940, voyant l'origine de la défaite dans une faillite du moral dont les élites sont responsables[14]. Il se confie au commandant de La Chapelle, qui le convie à Vichy avec son adjoint, le capitaine Audemard d'Alançon, et leur demande de créer une école de cadres du SGJ. Ils acceptent et envisagent d'élargir un jour le recrutement bien au-delà de ce secrétariat d'État à toute la fonction publique, afin de donner aux élites françaises un « *code des attitudes extérieures et intérieures* ». L'école s'installe à la Faulconnière puis s'éloigne de Vichy lorsque Dunoyer de Segonzac découvre un château fort près de la station thermale d'Uriage.

L'idéologie d'Uriage est un héritage et une élaboration née des conférences, conversations et échanges lors des sessions de formation. Tout projet sort d'un diagnostic qui ne distingue pas les hommes d'Uriage du grand mouvement d'examen de conscience après la défaite et des analyses pessimistes de la société libérale. Catholiques, ils ont un regard négatif sur une société qui a cru pouvoir s'édifier sans eux, mais comme ils sont professeurs d'énergie, ils se réjouissent d'avoir l'opportunité de la transformer et d'y jouir de pouvoir. Ces purs n'aiment ni le libéralisme de la société industrielle, ni l'individualisme qui n'est, pour eux, que de l'égoïsme, ni le régime républicain décadent, offrant le spectacle des obligés de l'escroc Staviski ou la fuite éperdue en 1940 des parlementaires devant toute responsabilité. Si tous avaient échoué, restait une aristocratie du cœur et du caractère qui ne s'était jamais compromise dans un monde peu honorable et d'où viendrait la régénération. Se sachant peu nombreux, ils décupleraient leur influence en éduquant d'autres élites encore silencieuses et négligées dans les différentes strates de la société. Uriage est donc un projet social et non un plan scolaire. L'école a la vocation d'une université mais son absence de finalité scientifique lui donne la prétention de former ceux qui commanderont demain, non plus comme jadis parce qu'ils sont riches ou compétents ou violents mais parce qu'ils auront prouvé leur aptitude à servir, dans la discipline, des valeurs nationales communautaires. Cette élite sélectionnée à Uriage, peu nombreuse, ne renversera pas la société formée par l'histoire mais y prendra sa place et par ses vertus dynamisera le tissu social.

Édifiée pour le perfectionnement de ses membres, Uriage se conçoit comme un ordre de chevalerie des temps modernes, envoyant ses preux vers un monde où insuffler la vérité et leur permettant de se ressourcer par un retour régulier au manoir. Chaque soir, les bûches flambent dans la grande cheminée du château. La salle est ornée de fresques et dominée par un immense portrait de Pétain, signé Malespina. Le « Vieux Chef » — surnom du directeur Pierre Dunoyer de Segonzac — qui s'isole dans la journée apparaît, donne quelques paroles aussi lourdes de sens qu'elles sont brèves et la veillée peut commencer. L'école est aussi une institution du régime politique vichyssois, qui distribue largement l'argent des contribuables à des fins idéologiques vagues et fluctuantes. À Vichy, il y a toujours un emploi dès lors qu'une recommandation nimbe le candidat, pour un fils de hobereau qui ne veut pas déchoir, pour un ancien scout qui n'aime pas le travail de la terre, pour un agrégé dégoûté de l'enseignement, pour un jeune prisonnier de guerre évadé, plus riche d'ambition que d'insertion, pour un journaliste privé d'activité. Les subventions assurent le bonheur de petits groupes qui en profitent en laissant planer l'obscurité sur leurs véritables finalités. Il suffit de vouloir « refaire la France ». Il y a de la secte dans Uriage, à moins qu'elle n'ait été que la forme permise du rêve adolescent de vieux scouts et de jeunes officiers, patriotes sans patrie et sans armes.

L'école d'Uriage est une fondation chrétienne qui prétend en remontrer à l'Église officielle en choisissant son courant. Son discours affecte un respect de la liberté religieuse mais moins comme une réalité que comme une volonté d'attirer un public diversifié. L'enseignement est résolument spiritualiste et les valeurs chrétiennes en sont le plus solide fondement. Pour les responsables, une attention exagérée est accordée à la tenue et au comportement qui est tout imprégné de pratiques, tellement intégrées dans les groupes de catholiques qu'elles leur demeurent inconscientes. On parle beaucoup de respect d'autrui et de liberté mais qui n'est pas en phase avec le groupe doit s'en aller. Les contacts des instructeurs avec leur famille ne sont pas interdits mais se trouvent réduits au minimum à cause de l'ampleur des tâches d'un emploi du temps écrasant, obligeant la plupart des « chefs » à être présents sans cesse aux côtés des stagiaires, tôt le matin, aux repas et aux veillées communes. La participation au « décrassage » (expression favorite de militaires pour qualifier l'exercice physique en petite tenue aussitôt après le lever) est obligatoire. Les repas commencent par un chant et le dîner s'achève par une lecture méditée. La transparence règne. La sincérité est préconisée. L'élégance est un souhait. Le « loyalisme » à l'égard des chefs, Dunoyer et Pétain, est une soumission totale. Confidences et témoignages au cours des prises de parole, examens publics de conscience imposent un conformisme et frisent l'inquisition psychologique et morale.

Si l'on passe des organisateurs aux stagiaires, l'empreinte s'allège car les stages sont brefs. Les stagiaires ont des réactions contrastées. Ils subissent ou bien ils adorent ou ils détestent. Le journal de Jean Le Veugle entre dans la catégorie des séduits enthousiastes[15]. Ce jeune protestant patriote, candidat à un poste dans un centre de jeunesse, est en stage à Uriage du 15 au 29 juillet 1941. Il donne son emploi du temps : 7 heures : réveil au cor de chasse, « décrassage » musculaire ; 8 h 45 : lever des couleurs ; 9 à 10 h 30 : cercles d'études par chalet ;

10 h 45 à 11 h 30 : hébertisme ; 12 h 15 à 15 h 15 : déjeuner puis temps libre ; 15 h 30 : conférences au château ; 17 h 15 à 18 h 15 : chantier manuel ; 19 h 15 : dîner ; 20 h 45 : veillée au château.

Les activités par petit groupe et collectives, la vie intellectuelle et le culte du corps alternent. Château et parc réunissent tous les stagiaires. Les équipes de douze stagiaires ont chacune un petit chalet et un instructeur. L'instructeur, Bertrand d'Astorg, en impose par un style aristocratique. Il dirige la première veillée au chalet, exigeant de la terminer par la « *méditation, le silence, invitation à la prière personnelle intérieure* ». Il demande à chacun de raconter sa vie et confie à ses jeunes que, catholique social, il a créé à Paris un groupe de jeunes engagés dans les expériences sociales. Le 19 juillet, il parle du christianisme et de la structure hiérarchique de l'Église catholique, soulignant la force du christianisme qu'il oppose aux carences des chrétiens. Les conférenciers sont Louis Salleron sur le corporatisme, Paul Claudel, Herr, commissaire des Chantiers de jeunesse, René Benjamin, présentant un portrait de Pétain dont il estime les pensées supérieures à celles de Pascal ; Louis Garrone explique la pédagogie de l'école des Roches, Lacroix analyse le marxisme. Un concert de piano de Reine Gianoli, les danses folkloriques de « Jeune France » et un jeu dramatique sur la ligne de démarcation et l'unité française des compagnons routiers agrémentent quelques soirées. Une visite-enquête de deux jours, selon la méthode Deffontaines, à la mine de la Mure coupe la monotonie de l'emploi du temps mais, note le stagiaire, les femmes qui trient le charbon « *nous jettent des regards défiants, leurs yeux sont mornes* ».

La méfiance initiale du jeune stagiaire s'est évanouie et il s'engage dans la communauté spirituelle d'Uriage par la promotion Richelieu. Dunoyer de Segonzac, le dernier jour, reçoit son engagement et lui dit : « *Servez la France faites tout votre devoir là où vous vous trouverez et selon les circonstances.* » Jean Le Veugle sort transporté de l'entretien : « *Je sais que toute ma vie je m'efforcerai de suivre la ligne d'Uriage, d'obéir aux valeurs incarnées par le vieux Chef.* » Dès le 15 août, il revient à Uriage avec sa fiancée et soixante jeunes ouvriers pour la fête de l'Ascension, après une longue marche par la Grande Chartreuse. Sur les routes, ils chantent le *Canon d'Uriage* :

De nos ruines, de nos fautes
Nous portons la rage au cœur
Préparons nos combats
Sans trêve et sans peur.
Que remontent à nos lèvres
Le mot fier, la chanson pure.
Retrouvons entre nous
La vie simple et dure.
Tous ensemble unissons-nous,

Dans nos âmes, dans nos corps,
Nous voulons des Français
Décidés et forts.

Tous les stagiaires n'ont pas l'enthousiasme de Jean Le Veugle. Les jeunes fonctionnaires que l'amiral Darlan eut l'idée d'y envoyer, en particulier les futurs diplomates, n'apprécient ni les exercices physiques ni le maniement de la pioche à finalité éducative, ni l'attention excessive des chefs dont ils se doutent qu'ils feront un rapport selon les normes d'une éthique à laquelle ils n'ont pas de raisons d'adhérer. L'esprit critique, cultivé à l'Université, les fait sourire de ce copinage gentillet et imposé. La contestation s'exprime par une question à la conférence du commissaire aux Chantiers de jeunesse : « *Quelle culture intellectuelle donnez-vous à vos jeunes ?* », suivie de ricanements dans la salle. Paul Claudel lui-même subit un début de chahut. Il explique sa vision de Jeanne d'Arc dressant vers le ciel ses mains jointes et enchaînées et, comme trois fois il mime le geste, des rires fusent dans la salle et certains lancent à mi-voix les commandements de l'hébertisme : « *Un, Deux, Un, Deux. Allons garçon !* »

Les raffinés s'irritent de l'inconfort. Ils traitent Segonzac, qui a critiqué leur « *esprit bourgeois* », de dictateur et d'hypocrite (« *et lui, il ne couche pas en chalet, on ne le voit pas à l'hébertisme* »). La nourriture des plus médiocres de plats de carottes et de bettes suscite des disputes au réfectoire, où les appétits aiguisés par l'hébertisme et le travail en plein air ne se sustentent pas d'idéologie et d'échanges chevaleresques. Des catholiques trouvent trop hardi l'enseignement de l'abbé de Naurois et de Mounier. Henri Massis, venu prononcer des conférences, ne se sent pas apprécié. Soudain, on apprend que Mgr Bruno de Solages, qui devait entretenir les stagiaires, est interdit de parole.

Une dernière catégorie d'opposants — peu nombreux — suscite des dénonciations contre l'esprit d'Uriage. L'enseignement y est patriotique. Des stagiaires, issus des mouvements de collaboration, parlent de trahison des ordres des chefs de la France. Aux stagiaires favorables à l'esprit de résistance, Dunoyer, en proie aux contradictions de sa position et méfiant, semble par trop absent et silencieux. Il vit dans la crainte des « moutons ».

LES FASCISTES VEULENT UNE JEUNESSE UNIQUE

Les collaborateurs de Paris se déchaînent après le renvoi de Pierre Laval de Vichy. Un de leurs thèmes favoris est l'emprise cléricale sur le gouvernement de Vichy. Ils lui attribuent la persécution des instituteurs laïcs et la chasse aux francs-maçons. Le journal *La France socialiste* dénonce en janvier et février 1941 le secrétariat général à la

Jeunesse peuplé, selon lui, des créatures de l'Église. *L'Œuvre* de Marcel Déat n'est pas en reste pour critiquer l'esprit « *cléricalo-revanchard des anciens scouts qui travaillent au secrétariat général à la Jeunesse* » (mars 1942). Le SGJ serait incapable de préparer la jeunesse aux tâches exaltantes de la nouvelle Europe : « *Ce qu'on offre ce sont des vieilleries poussiéreuses et sentant la naphtaline et l'encens*[16]. » Il est tout à fait scandaleux que le SGJ ne s'adresse qu'à une petite minorité, chrétienne ou docile, et abandonne les autres jeunes.

La solution à ce diagnostic pessimiste et intéressé ? Créer une « jeunesse unique » selon le modèle allemand. L'hebdomadaire *Jeunesse*, aux mains du PPF, a lancé une enquête sur l'avenir de la jeunesse à laquelle répondent tous les grands noms de la collaboration. Robert Brasillach est net : « *Cette union de la jeunesse se fera par la création d'un cadre unique où les jeunes seront formés à la même école dans une organisation unique*[17]. » Drieu La Rochelle s'aligne. Maurice Bardèche rêve : « *L'heure est à la jeunesse unique, prolongement du parti unique*[18]. » Maurice Ivan Sicard se voit bien, lui aussi, dans le rôle d'un *Führer* de la jeunesse : « *Il faut ramener par tous les moyens et par la force si c'est nécessaire la jeunesse française aux forces élémentaires qui composent la patrie : la terre, le sang, la race*[19]. »

Dans un premier temps, l'amiral Darlan méprise ces épigones de Baldur von Schirach et se borne à soumettre au contrôle de l'Éducation nationale le SGJ, les Chantiers, le commissariat général aux Sports, la direction de la Formation des jeunes et la direction du Travail des jeunes qui passe au bastion du laïcisme qu'est la direction de l'Enseignement technique (loi du 23 avril 1941). La perte du gros budget du commissariat au Chômage des jeunes attriste les dirigeants du SGJ, mais Georges Lamirand garde le poste de secrétaire général à la Jeunesse, dont il avait la charge depuis le 27 septembre 1940. Il appartient au réseau catholique. Robert Garric a présenté le jeune ingénieur, affecté en Lorraine, au maréchal Lyautey. L'admiration de Lamirand est si grande pour le maréchal Lyautey qu'il se place respectueusement dans son sillage en publiant *Un rôle social de l'ingénieur*, où il explique que le sens du commandement nécessaire aux cadres de l'industrie doit s'allier au respect humain et à la compassion active. Il évoque encore en 1941 combien l'étonna le fatalisme de tous devant la mort des jeunes apprentis victimes de l'insalubrité des usines, où leur travail les obligeait à passer de la chaleur des fours au froid des cours. Il créa le premier comité de sécurité de la région en se promettant que les adolescents ne mourraient plus d'affections pulmonaires. Dans ses autres postes — il fut directeur de Renault —, il institua des cours professionnels et veilla à la collaboration entre les représentants du personnel et l'encadrement. Dans ses fonctions au SGJ, Lamirand montre plus ses qualités d'orateur que sa rigueur gestionnaire. Il parcourt avec enthousiasme la France et l'Afrique du Nord, multipliant meetings et discours.

À Vichy, le véritable maître du SGJ est Louis Garrone, le directeur de la Formation des jeunes. Louis Garrone est un ancien professeur de l'école des Roches, qui pratique pour les enfants de la meilleure société une coûteuse éducation anglaise. Il est très lié à la hiérarchie catholique. Jérôme Carcopino se défie de lui mais le ministre de l'Éducation nationale n'a pas vraiment le contrôle des affaires de jeunesse qui restent autonomes. Louis Garrone entreprend une politique très favorable aux mouvements de jeunesse. Il négocie avec leurs dirigeants l'établissement de liens souples avec le SGJ, qui prendront la forme d'une « convention d'agrément » signée entre le SGJ et Mgr Chollet, représentant l'épiscopat, le 17 décembre 1941.

Tout mouvement de jeunesse doit recevoir l'agrément du SGJ. L'État est informé des finalités, des projets d'activités du mouvement qui donnera à ses jeunes un complément de formation morale et civique. Le mouvement qui reçoit l'agrément du SGJ touche des subventions.

La théorie du « mandat » donné par la hiérarchie aux mouvements catholiques assure la confiance de l'État quant à leur bonne orientation ; en cas de défaillance, les évêques sauront rappeler aux dirigeants des mouvements qu'ils n'ont d'autorité qu'en vertu du « mandat » concédé par la hiérarchie et qui les associe provisoirement à l'œuvre apostolique dans une tâche délimitée et contrôlée. Tout mandat peut être retiré. On voit d'ailleurs la JEC (Jeunesse étudiante catholique) s'aligner sur des positions de strict respect du pouvoir établi[20]. Louis Garrone, assuré du conformisme politique des mouvements, leur permet de poursuivre en toute liberté leur formation spécifique. Jérôme Carcopino, poussé par le ministre de l'Intérieur Pierre Pucheu, qui partage les préventions de la collaboration parisienne contre l'Église, reproche à Louis Garrone d'avoir abdiqué l'autorité de l'État et d'avoir tout cédé à l'Église dans ces conventions d'agrément ne permettant pas des contrôles assez stricts. Il obtient dès janvier 1942 le renvoi de Louis Garrone, qui est remplacé par Georges Pélorson qui inquiète l'Église.

Pélorson est encore un enfant gâté de la rue d'Ulm, ami intime de Beckett et pédagogue original. Il a dirigé l'école bilingue de Neuilly et écrit un réquisitoire féroce contre l'état de délabrement matériel de l'enseignement public en France. Son petit brûlot, *De l'enfant à la nation*, s'en prenant aux illusions démocratiques de l'enseignement officiel, n'a trouvé d'éditeur qu'en 1941. Son réquisitoire contre le SGJ, prononcé en janvier 1942 au théâtre des Ambassadeurs à Paris, effraie les catholiques de Vichy. Il leur semble nécessaire d'encadrer ce pédagogue exalté, de bien marquer quelle influence a le droit de s'exercer sur la jeunesse, et de prévenir toute déviation doctrinale. Leur porte-parole sera Henri Massis.

La jeunesse, le catholicisme et la nation ont toujours constitué les grandes inspirations de la vie d'Henri Massis, qui fut célèbre avant la

Grande Guerre par l'enquête sur le renouveau du nationalisme dans la jeunesse étudiante. *Les Jeunes Gens d'aujourd'hui* ne sont sans doute pas la peinture exacte des étudiants français mais une contribution de ses auteurs (« Agathon » est le pseudonyme d'Henri Massis et d'Alfred de Tarde) au roman de l'énergie nationale sous le double patronage de Maurice Barrès et de Charles Péguy. Au lendemain du conflit, il devint rédacteur en chef de la *Revue universelle* où, après une courte collaboration avec Maritain, il assura la permanence d'une pensée d'Action française. Dans les années vingt, Massis dénonça les obsessions impérialistes et les mythes de la révolution conservatrice allemande. Les années trente durcissent une pensée qui a peine à se renouveler. Influencé par ses jeunes et nouveaux amis, les intellectuels « cadets de l'Alcazar » — Thierry Maulnier, Robert Brasillach, Jean-Pierre Maxence — il se tourne vers les combats intérieurs, pourfendant les démocrates-chrétiens et tout particulièrement Emmanuel Mounier. Il a pris l'initiative du *Manifeste des intellectuels français pour la défense de l'Occident et de la paix en Europe*, publié le 4 octobre 1935 pour la défense de l'Italie accusée de barbarie dans l'affaire éthiopienne. *La Vie catholique* lui répond par le *Manifeste pour la justice et pour la paix contre l'inégalité des races*, montrant avant la lettre l'unité du genre humain. Ses adversaires ont signé : Borne, Delavignette, Jean Lacroix, Madaule, Emmanuel Mounier, P.-H. Simon. En 1941 il les repère autour du château d'Uriage, d'où il cherchera à les débusquer.

Attaché comme officier de presse de 1939-1940 au général Huntziger, il se rallie à la Révolution nationale où il voudrait insuffler les principes du catholicisme et de la civilisation gréco-latine[21]. Il suit volontiers le rapport élaboré par le père Valette pour Mgr Suhard, en août 1941, et intitulé : « Problème de la jeunesse unique ». L'État doit s'effacer devant les groupes intermédiaires — famille, communautés religieuses — et limiter son action sur la jeunesse. Il coordonne les activités des mouvements, leur offre un appui, peut leur demander un service de nature nationale mais aller au-delà frôlerait le risque totalitaire. La jeunesse unique est pour l'Église un projet totalitaire inacceptable. Si Massis en est bien d'accord, il s'inquiète cependant d'une trop grande liberté laissée à des organisations de jeunesse, désormais puissantes mais qui sont manipulées par des groupes saisis d'ivresse idéologique. À l'hôtel du Parc, Massis et Henri Moysset, le conseiller de l'amiral Darlan sur les questions de jeunesse, estiment qu'il est temps de préciser les exigences doctrinales de l'État et d'éviter des dérives des spécialistes des questions de jeunes manquant de largeur de vues. Angelo Tasca, dans un rapport à Henri Moysset, s'inquiète de la création d'un véritable mythe de la jeunesse qui « *risque d'accorder* — dit-il — *une valeur en soi à un âge qui est, par nature, infirme et indiscipliné, et surtout de l'isoler du corps social*[22] » et des générations antérieures. Plus utile sera l'éducation qui insère dans les milieux naturels où les dérives politiques de toutes sortes seront évitées. Le projet était de rattacher le SGJ directement au chef de l'État.

Henri Massis compose avec l'amiral Fernet la liste de la commission du Conseil national, afin de laisser les opinions diverses s'y exprimer mais il réussit à y constituer une solide majorité favorable aux intentions du pouvoir. Massis veut liquider les projets totalitaires et mettre en pleine lumière ceux qui les soutiennent. Mais il profitera du tribunal du Conseil national pour redresser les déviations chez les démocrates-chrétiens de l'école d'Uriage et chez les Compagnons.

La commission de la Jeunesse du Conseil national de 1942 appelle donc quelques adversaires du SGJ : un proche de Laval, Jean Montigny, le syndicaliste Marcel Roy. Les vedettes se neutraliseront ; Gaston Bergery et Abel Bonnard sont tous deux candidats au ministère de l'Éducation nationale, ce qui accroît la colère du titulaire actuel du poste, Jérôme Carcopino, contre cette réunion du Conseil national. Le barrage à ces conseillers dangereux est solide. L'Église a peuplé la commission du Conseil national d'adversaires de la jeunesse unique et de défenseurs des mouvements chrétiens de jeunesse. Ont été appelés Alfred Cortot le pianiste, Mgr Beaussart, archevêque auxiliaire de Paris, le pasteur Boegner, Jean Le Cour Grandmaison, l'ancien vice-président de la FNC, le député Georges Pernot, le héraut de la famille, Henri Dorgères de la Corporation agricole, Robert Garric, commissaire général du Secours national, le général Lafont, chef du scoutisme français, le général de La Porte du Theil, commissaire général aux Chantiers de jeunesse, et François Valentin, de la Légion française des combattants.

Henri Massis a tout préparé et d'abord un questionnaire pour nourrir la réflexion des conseillers nationaux où, d'emblée, il donne sa propre appréciation antitotalitaire : « *L'État ne doit-il pas se préoccuper surtout de rendre aux groupes naturels leur vitalité et le sens de leur responsabilité à l'endroit de la jeunesse*[23] *?* » Henri Massis voudrait que le Conseil national condamne à la fois le totalitarisme de la jeunesse unique et les initiatives dangereuses des fidèles d'Uriage et des « *amis de Marx* [sic] *Sangnier* »[24]. Il écrit le discours que prononce le maréchal Pétain à l'ouverture de la session du Conseil national, le 5 mars 1941. Pour Pétain et Massis, l'État respecte les communautés naturelles — famille, métier — mais a le devoir de contrôler la façon dont elles s'acquittent de leur tâche. Quand elles faiblissent, il les soutient, quand elles s'égarent, il rectifie leurs fautes. Pétain déclare : « *Notre jeunesse doit être nationale, comme notre État lui-même, mais il ne saurait être question de créer une jeunesse d'État.* » Les discussions furent vives mais les partisans d'une jeunesse unique, Pierre Pucheu, Abel Bonnard, Gaston Bergery, Roy, furent paralysés par les catholiques qui concédèrent — le sacrifice leur pesait peu — que le mouvement Compagnons et l'école d'Uriage seraient astreints à plus de discipline et que les chefs en extirperaient les germes de gaullisme et de démocratie chrétienne. Avec l'aide des communautés, spirituelles, familiales, professionnelles sera rejetée la jeunesse unique au profit d'une jeunesse unie et d'une doctrine de la jeunesse... à élaborer.

L'Église a triomphé grâce à l'appui de Philippe Pétain et d'Henri Massis. Cependant, si le danger collaborationniste s'éloigne, elle devra partager des responsabilités avec les milieux professionnels : corporation agricole et entreprises, un éventuel appel aux instituteurs ; un temps d'arrêt est mis à la création d'un encadrement spécialisé dans la jeunesse, qui apparaît comme trop catholique, trop tenté par la démocratie chrétienne. La position des pétainistes rêvant d'une neutralité impossible et comptant sur des organismes à peine viables (la Charte du travail démarre tout juste et fort mal), hésitant à maintenir leur choix initial d'une Église dont le dynamisme incontrôlé les inquiète, était fragile.

LES ÉQUIPES NATIONALES D'ABEL BONNARD

En avril 1942, Pierre Laval revient au pouvoir. Il se sépare de Carcopino et appelle celui qui languissait, depuis longtemps à l'ombre des Allemands, après ce ministère de l'Éducation nationale. Le nouveau maître de la jeunesse, brillant essayiste politique (son pamphlet contre les modérés est un petit chef-d'œuvre), poète, mondain, sans préjugé de mœurs, n'est sans doute pas un excellent choix pour conduire la jeunesse sur la voie de l'honneur et de la morale. Ses colères aussi injustifiées qu'imprévues répandent d'abord la crainte au ministère, qui se transforme en indifférence à la tâche et en dégoût. Il a amené avec lui une équipe qui rejette l'apparente neutralité de Carcopino et adopte le critère politique collaborateur comme ligne d'action. Le nouveau directeur de cabinet du ministre est un jeune professeur, Jacques Bousquet, fondateur des Jeunes du Maréchal dans les lycées parisiens. Il était devenu en octobre 1941 directeur de l'École des Cadres de zone nord à La Chapelle-en-Serval, qui était la rivale et la version collaborationniste d'Uriage. Lorsqu'il avait comparu devant le Conseil national, il avait bondi dans la petite salle de la villa Strauss en faisant le salut nazi. Si l'Église est réservée à l'égard de Pierre Laval, elle est résolument hostile à Bonnard et à son équipe.

L'idée des Équipes nationales est née d'initiatives de professeurs parisiens engagés et de la conduite des Jeunes du Maréchal dans le bombardement de la région parisienne en mars 1942. Pourquoi ne pas profiter de la bonne volonté des jeunes pour les enrôler dans une action utile de solidarité en faveur de toutes les victimes civiles ? Telle était la façade très convenable des Équipes nationales, dont les intentions cachées étaient de créer un mouvement de jeunesse unique où se fondraient les jeunes chrétiens. Le danger d'absorption dans un mouvement totalitaire est grand. La hiérarchie a joué serré car, liée par la convention d'agrément qui apporte des fonds à ses mouvements et qui exige de ceux-ci une action civique elle ne peut tout refuser. Pèse sur elle la menace d'une dénonciation de la convention d'agrément. La tactique des évêques est, d'abord, d'éloigner du SGJ les adversaires déclarés de l'Église, ensuite, de laisser les jeunes dirigeants des mouvements chrétiens déclarer leur répulsion à travailler avec les « fascistes » du SGJ.

Les Équipes nationales seraient ouvertes aux adhésions individuelles, attirant les jeunes catholiques pour les mêler à la masse des jeunes laïcs. Le serment des Équipes nationales : « *Français par le sol, par la race et par l'histoire, je jure de faire comme le Maréchal le don de ma personne à la France et de me soumettre sans réserve à la discipline et à l'honneur des Équipes nationales* », semble inacceptable aux catholiques.

Jusqu'à la Libération, la guérilla sévit. Le SGJ exige des mouvements catholiques le service civique accepté dans la convention d'agrément mais dans une structure étatique contraignante. Il menace de supprimer la convention d'agrément.

Quand l'État utilise les obligations de la défense passive rendue nécessaire par les bombardements sur la France pour attirer les jeunes catholiques dans des actions communes de secours dans le cadre des Équipes nationales, la hiérarchie ne peut pas les refuser mais veille à ce que les catholiques y participent, non pas individuellement, mais sous le pavillon catholique.

Quand le 21 octobre 1942 est confiée aux responsables du SGJ la coordination des actions de tous les jeunes le cardinal Gerlier demande son avis au comité général de l'ACJF ; les représentants de la JOC disent « non » à sa suggestion, présentée avec une réserve et une délicatesse de bon ton. Le cardinal ne se formalise pas, déclarant : « *La JOC jouera toujours les enfants terribles* » et il passe au point suivant de l'ordre du jour[25]. Réunis à Nîmes le 31 octobre 1942, l'ACJF, la Route, le chef compagnon, Guillaume de Tournemire, le chef des scouts, le général Lafont, le pasteur Boegner dirent qu'ils répugnaient à travailler avec des mouvements laïcs qui ne pensaient qu'à la politique. Guillaume de Tournemire mit en avant l'impossibilité pour les Compagnons d'œuvrer avec les Équipes nationales au risque de perdre leur hiérarchie spécifique.

Le remplacement de Lamirand par Félix Olivier-Martin, un professeur de droit venu du PSF, n'est pas favorable à l'Église. Le SGJ, renonçant provisoirement à un accord au sommet, préfère investir les dirigeants catholiques locaux, plus sensibles aux pressions et critiques. En mai 1943, Mgr Feltin est alerté par les mouvements catholiques de Bordeaux. Ils s'étaient portés spontanément au secours des victimes lors des bombardements mais le SGJ les a avertis qu'ils ne devraient plus jouer un tel rôle à moins d'adhérer aux Équipes nationales, où il leur promet une autonomie[26]. Mgr Feltin conclut fin juin 1943 un accord avec le délégué régional à la Jeunesse, qui préserve les structures autonomes des mouvements de jeunesse catholique tout en assurant les conditions de la participation des jeunes chrétiens aux tâches collectives. Un recensement des jeunes des mouvements est organisé. Ils sont placés sous l'autorité d'un chef désigné par l'évêque, dont le rôle est de traiter avec le délégué régional à la Jeunesse. Ainsi, les jeunes catholiques participeront à la défense passive mais en tant que mouvement catholique identifiable.

Cependant le texte sur la participation des jeunes à la protection civile que signe Pierre Laval, le 17 juin 1943, et la circulaire d'application du 18 juin 1943 tiennent à peine compte de l'autonomie des mouvements catholiques. Ils soumettent indistinctement les jeunes de 12 à 25 ans au service de la protection civile sous la direction d'un chef départemental chargé de coordonner l'action civique et sociale des jeunes. L'ACJF demande alors à ses adhérents de ne pas collaborer avec les Équipes nationales et de travailler avec la Croix-Rouge. Félix Olivier-Martin menace, si la circulaire n'est pas appliquée, de retirer l'agrément aux mouvements catholiques.

La solution adoptée reste ambiguë, pour ménager les dirigeants de l'ACJF, auxquels la hiérarchie a rappelé la théorie du mandat qui les oblige à lui obéir. Les accords seront locaux. En cas de sinistre, l'ACJF enverra, s'il y a demande, ses propres secouristes. L'Église se prêtait donc à une collaboration locale avec les Équipes nationales (plus forte dans certains diocèses) mais, distinguant une action propre de « secourisme » dans l'ACJF, elle maintenait les buts propres et la formation spécifique des mouvements : action ponctuelle commune mais pas de fusion idéologique. L'État, reconnaissant les difficultés de la hiérarchie à imposer aux mouvements une autorité contestée, préférait renoncer à sa jeunesse d'État et maintenir la fiction d'une jeunesse unie. Au total, l'Église avait évité une dérive totalitaire de la jeunesse française.

5

L'ÉGLISE ET L'ANTISÉMITISME

La question de la culpabilité de l'Église catholique, dans la politique antisémite sous l'Occupation, n'est pas de celles qui troublent les foules. En revanche, elle passionne et déchire les intellectuels et les militants chrétiens. Si les simples fidèles se sont interrogés — de l'aveu même de l'assemblée des évêques de France — sur la cérémonie de repentance de l'Église catholique, l'intelligentsia nourrit sa réflexion de trois grands textes : la protestation de Mgr Saliège contre la persécution des juifs le 23 septembre 1942, l'admonestation de *Témoignage chrétien* : « *France, prends garde de perdre ton âme* » (novembre 1941), et cinquante-six ans plus tard la « repentance » exprimée par les évêques français à Drancy en une fin de chaude journée d'automne (le mardi 30 septembre 1997), quelques jours avant l'anniversaire du premier statut des juifs.

Il est légitime de rechercher quelle faute a commise l'Église catholique et d'en examiner en toute objectivité les conditions, les raisons et les limites. L'erreur faite hier ne saurait, pour autant qu'elle soit avouée, fonder la confiance aveugle dans le discours épiscopal d'aujourd'hui.

À un portail de la cathédrale de Strasbourg se dressent de fières et voluptueuses statues d'allégories. Une de ces jeunes femmes est accablée sous le poids de ses fautes et de ses aberrations ; ses yeux sont bandés : c'est la Synagogue. À côté d'elle s'affirme triomphante une femme épanouie : l'Église. Le portail de la cathédrale est-il une image qui s'impose pour l'éternité ?

L'Église de France fut-elle aveugle ?

L'Église de France fut-elle complice ?

L'Église de France a-t-elle été sauvée par ses Justes ?

UN ANTIJUDAÏSME CATHOLIQUE MULTISÉCULAIRE

Les catholiques ont pratiqué l'antisémitisme depuis l'Antiquité. L'imprégnation des esprits a donc, au début du XXe siècle, couleur d'évidence historique. Elle offre tout le poids de la tradition, valeur honorée par les catholiques, peu sensibles à l'émancipation de la Révolution française et de la République attribuée par eux aux idées laïques, suspectes par nature. Un frémissement, né de la volonté de quelques ecclésiastiques, a cependant ébranlé la surface d'un bloc hérité des siècles, pendant la période la plus récente de l'entre-deux-guerres. L'État français allait-il entraîner les catholiques à renouer avec les siècles d'aversion ou les religieux parviendraient-ils à maintenir, contre des procédés inhumains, l'effet de ces premiers pas vers la charité et l'amitié ?

La tâche était difficile car tout le passé retentissait de méfiances réciproques, de haines devenues mépris et ignorances. Aux malédictions de la Synagogue contre les convertis au christianisme, présentes dès le Ier siècle dans la prière quotidienne des juifs, aux dénonciations de l'imposture du Christ, aux complicités avec le pouvoir persécuteur avaient répondu au siècle suivant les premiers écrits chrétiens de Tertullien et de saint Irénée, lançant le thème du peuple déicide puni par la dispersion loin du sol des ancêtres. Il devait rencontrer des oreilles attentives et se perpétuer dans la culture catholique à travers les siècles. Si l'on compare les quatre Évangiles, force est pourtant de constater que seul Matthieu raconte l'épisode de la malédiction appelée par Pilate sur les juifs. Pour Jean, Marc et Luc, le gouverneur Pilate affirme hautement que Jésus, à lui déféré par le sanhédrin pour jugement, est innocent, mais lassé par son insistance et l'excitation du peuple, il le livre pour être crucifié. Seul Matthieu se perd dans des histoires édifiantes sur la méchanceté de ses persécuteurs. Pilate, averti par sa femme (« *N'aie point affaire avec ce juste* »), propose de donner la grâce à un prisonnier en l'honneur de la Pâque. Il offre au peuple de choisir entre le voleur Barabbas et Jésus. Le peuple semble hésiter car, dit Matthieu, les chefs des prêtres et les anciens persuadèrent la foule de demander Barabbas. Alors Pilate, qui doit à Matthieu le sens de la mise en scène, se lava les mains en disant : « *Je suis innocent du sang de cet homme, à vous d'en répondre !* », et le peuple, dit Matthieu, s'écria : « *Que son sang soit sur nous et sur nos enfants.* » Les autres évangélistes n'ont pas été sensibles à ces paroles de fanatisme (Matthieu 27). Au IVe siècle, saint Jean Chrysostome, dont la « Bouche d'or » de docteur de l'Église fut dans ses homélies d'une particulière violence, condamne le peuple déicide [1].

La chrétienté médiévale oscilla entre la tolérance, assortie d'un contrôle des juifs, de nombreuses limitations à leurs activités édictées dans les conciles et les expulsions, voire les massacres. Des papes se firent parfois les défenseurs des juifs sans que leurs paroles de douceur aient beaucoup d'efficacité. Le thème du peuple déicide, puni, objet d'exécration particulière, demeure dans la liturgie du Vendredi saint jusqu'à Pie XII. Pierre Pierrard, l'historien du rapprochement entre juifs et catholiques, se souvient de sa pieuse enfance de petit Lillois. Le Vendredi saint, il était surpris par les grandes oraisons où, par huit fois, les catholiques demandent au Christ de pardonner à ceux qui l'ignorent et de les convertir. Avant les six premières oraisons, le prêtre fait agenouiller les fidèles mais, à la septième oraison consacrée à la conversion des juifs, nul n'est invité à s'agenouiller[2]. À la huitième oraison pour la conversion des païens, le peuple catholique plie à nouveau le genou.

L'époque moderne apporta en Europe à la fois l'émancipation juridique des juifs (sauf en Russie et en Roumanie) et un regain d'antisémitisme, moins religieux et plus politique, fondé sur la théorie de la race développée à partir de la philosophie hégélienne, les études linguistiques, l'anthropologie. Les catholiques n'ont guère de raisons d'y être sensibles mais ils se fondent, avec leurs préjugés propres, dans les grandes masses fières de savoir lire, ivres de connaissances légères acquises sans que l'esprit critique ni la culture véritable n'aient été développés. La presse de propagande flatte et structure les instincts de la foule, et utilise les frustrations et les blessures de la vie. Aux déceptions, aux rancœurs, au malaise, elle propose des noms de responsables et sachant bien que le peuple a de l'indulgence pour Barabbas, elle lui jette des noms de responsables : les juifs, les capitalistes, l'argent-roi, les traîtres, Rothschild, Dreyfus.

Tout un groupe de propagandistes où se côtoient le journaliste de chantage et l'écrivain à la mode, épris de confortables tirages, flattent les goûts populaires et profitent de la mode nationaliste, qui confond dans la même vague grands écrivains et habiles sans autre inspiration que de cultiver les schémas « politiquement corrects » qui, à bon compte pour les uns et les autres, tiennent lieu de pensée. Quotidiennement, l'actualité est mise en scène selon les recettes du roman-feuilleton et apporte les preuves de la pertinence des passions et des convictions, qui tiennent chaud au cœur et donnent l'illusion d'une communauté protectrice et toujours menacée. Edouard Drumont, fort du succès de *La France juive* (édité en 1886, le livre connaîtra cent éditions), fonde en 1892 *La Libre Parole*. En dépit du désordre de sa vie personnelle, Drumont s'affiche comme catholique pratiquant et nombreux furent les prêtres et les fidèles à participer en 1898 aux listes de souscription en faveur de la veuve du colonel Henry, l'auteur du « faux patriotique » contre Dreyfus. Bien que le texte des *Protocoles des Sages de Sion* sentît le faux fabriqué par la police, il connut après 1905 un prestige sulfureux chez les chrétiens auprès desquels il dénonçait une conspiration internationale juive contre la civilisation chrétienne.

La presse apparut aux propagandistes de la foi comme un instrument de reconquête des esprits. Les Assomptionnistes développent une presse multiple et bien adaptée à la nouvelle société française. Elle recueille l'adhésion du clergé et des fidèles influents qu'elle dispense de toute autre formation de l'esprit. *Le Pèlerin* et *La Croix* rencontrent un grand succès. *La Croix*, qui se proclame le « *Journal le plus antijuif de la France, celui qui porte le Christ, signe d'horreur aux juifs* », tire à plus de 200 000 exemplaires. Plus de 25 000 prêtres lisent sans sourciller : « *Le juif, c'est l'ennemi, tel est le cri chrétien depuis le Golgotha jusqu'à nos jours* », et divers arguments qui glissent du religieux au politique[3]. L'habileté de *La Croix* fut d'incarner le juif éternel sous les traits de groupes jalousés ou de l'ennemi dissimulé de la France. Aux commerçants et aux artisans, elle dénonce les pratiques de leurs nouveaux concurrents venus d'Alsace. À ceux qui ne réussissent pas dans la République à conserver un pouvoir politique et culturel, elle offre l'explication du complot et la marginalisation organisée des élites traditionnelles. *L'Action française* n'en dira pas beaucoup plus. La condamnation du journal royaliste par la papauté en 1926 n'a pas entamé ce vieux fonds, car la ligue n'est pas interdite aux chrétiens pour son antisémitisme mais pour sa confusion des valeurs et la sacralisation du nationalisme. Si elle détourne de Maurras bien des fidèles — et surtout de grands noms de la littérature —, elle justifie aux yeux des autres le vieux thème du complot contre la France, après celui du complot contre la Russie des tsars qui engendra la révolution bolchevique.

Les stéréotypes chez les catholiques doivent autant à la littérature de vulgarisation qu'à la lecture du Nouveau Testament ou à la liturgie catholique. Les frères Jérôme et Jean Tharaud ont une lourde responsabilité dans la diffusion de calomnies antisémites vulgaires dont ils truffent des romans bien troussés, dont l'exotisme mesuré et les procédés journalistiques séduisent une bourgeoisie qui a le sentiment de percer sans trop d'efforts les grands secrets du monde. Le plus caractéristique de ces brûlots est *L'Ombre de la Croix* publié en 1917. Les Tharaud y peignent avec pittoresque la vie d'une famille juive des Carpates et de Pologne. L'ancêtre, quand il passait devant la Croix de la forêt d'Hounfalou, s'arrêtait : « *Il cracha, détourna la tête et prononça la formule rituelle : "Maudit sois-tu, toi qui as fait une autre religion !"* » Le lecteur découvre la vie rituelle des juifs, l'obsession du savoir qui est prière mais aussi pouvoir. On voit l'enfant juif, si doué, partir en Occident où il renie sa religion, découvre la liberté et use de son intelligence formée par les textes religieux pour s'enrichir et dominer : « *Je noue et dénoue les affaires les plus compliquées : un seul mot tombé de ma bouche fait la prospérité ou la ruine.* »

UNE TOUTE FRAÎCHE ÉVOLUTION DES ESPRITS DE RARES ÉLITES

Un changement se dessina entre les deux guerres mondiales, où la réflexion géopolitique a pour le Saint-Siège autant d'influence que la réflexion doctrinale. Le mouvement philosémite n'affecte que les instances dirigeantes de l'Église catholique et, en France, quelques religieux et de rares évêques.

L'Église a vu aux lendemains du premier conflit mondial vaciller les cadres d'un monde politique, dont la stabilité assise sur les grands empires offrait un cadre rassurant à son action. L'effondrement au cœur de l'Europe de l'empire chrétien d'Autriche-Hongrie a mis fin à des habitudes de pensée et d'action. L'éclatement d'un empire russe, après avoir été bien vu — l'orthodoxie perdait ses appuis politiques et l'action de l'Église catholique devenait possible — inquiétait car il déversait sur l'Europe les poisons de la révolution et de l'athéisme. Il faudrait désormais appuyer l'action de l'Église sur les bastions politiques les plus solides. Les empires avaient disparu, les États-nations avaient triomphé. Si au XIXe siècle la papauté, indignée par la constitution de l'État italien qui se réalisait au détriment des États pontificaux, avait manifesté son hostilité au mouvement nationaliste de constitution des États, elle devait maintenant les considérer avec bienveillance, s'appuyer sur eux.

Sauvées du bolchevisme, sans doute à cause des grandes forces spirituelles de leurs peuples, l'Allemagne et l'Italie étaient les enfants chéries du Saint-Siège, sa première préoccupation, l'objet de tous ses soins. La Grande-Bretagne et la France, ces vieux États-nations, avaient triomphé et étendaient leur influence, diffusaient leurs modèles économiques et politiques sur l'Europe centrale. Que l'une soit anglicane, l'autre laïque, devait être considéré, non comme un mal, mais avec réalisme. Cet éloignement éviterait des conflits de nature théologique et les désaccords anciens se résorberaient. Les nations victorieuses étaient des puissances économiques et militaires modérées. Elles comprenaient peu à peu que l'Allemagne, qui constituait le rempart le plus efficace contre la Russie bolchevique, devait être ménagée. Le rapprochement entre la France et l'Allemagne de 1925 à 1932 enchanta le Vatican, prêt à entonner les louanges du Briand de Locarno dont il oubliait que ce dernier avait été le rapporteur de la loi de séparation de l'Église et de l'État.

La conquête du pouvoir en Allemagne par Hitler n'inquiéta pas plus le Vatican que celle de Rome par Mussolini. Les accords du Latran réglant la question romaine (1929) étaient une victoire après tant d'affronts. L'Église s'employa à les célébrer et elle contribua ainsi à construire une bonne image de l'Italie fasciste parmi les catholiques. On voit bien en France quelle fut la satisfaction engendrée par la résolution de la question romaine. Mussolini y gagna la réputation d'un diplomate et d'un modéré. Il est vrai que la nature du régime ne choquait à peu près personne. Pierre Laval ne pensait qu'à l'entente avec la sœur latine. Jean-Paul Sartre et Simone de Beauvoir mettaient joyeusement à profit les réductions sur les chemins de fer consenties afin de visiter une Italie où le fascisme ne diminuait pas leur plaisir. Pourquoi les catholiques auraient-ils été plus exigeants ?

On n'a pas toujours bien compris en France combien la papauté tenait à l'Allemagne, qui était l'objet de ses tourments. La politique du Vatican restait marquée par les mauvais souvenirs du *Kulturkampf* de Bismarck. Elle craignait toujours que le gouvernement allemand ne renoue avec le combat de l'unité nationale contre l'Église catholique, accusée de pervertir l'esprit allemand. Elle croyait que la politique des concordats était efficace pour s'en préserver. Le concordat conclu en 1933 avec l'Allemagne apparaissait comme le résultat d'efforts anciens du nonce Pacelli (il avait conclu avant son retour à Rome des concordats avec la Bavière et la Prusse et veillé au concordat avec l'Allemagne). Il semblait un remerciement au vote du parti catholique — le *Zentrum* — qui avait permis à Hitler d'obtenir les pleins pouvoirs au Reichstag. Le Vatican se défendait d'approuver et de soutenir quelque régime que ce soit, mais la coïncidence des dates dénotait une précipitation, sans doute due au machiavélisme politique de Hitler, au demeurant assez fâcheuse.

La papauté soutenait l'Allemagne chrétienne éternelle mais commençait à se demander si ses intérêts étaient défendus par le chef qu'elle s'était donné. Le pape voyait bien que les catholiques étaient réduits dans le Reich à la discrétion et à la passivité. Pour les nazis, la religion était d'ordre purement psychologique et privé. Les catholiques ne devaient pas chercher à jouer un rôle dans la nouvelle société allemande. Leurs conceptions étaient respectées à condition qu'elles s'enferment dans une conscience silencieuse. D'où chez les nouveaux maîtres du Reich une politique de harcèlement contre les activités de l'Action catholique dont le fondement est la christianisation active de la société. Les nazis, qui prétendaient au monopole de construction de la nouvelle société allemande, n'admettaient pas de telles prétentions, traduites en termes de concurrence inadmissible. La seconde divergence de fond tenait à la politique de la jeunesse. Socle de l'Action catholique et vivier des cadres de l'Allemagne chrétienne de demain, la jeunesse ne pouvait pas être abandonnée par l'Église aux élucubrations délirantes et païennes des maîtres à penser du régime. Rosenberg attaquait d'ailleurs grossièrement le dogme catholique ; l'école était un des moyens d'action d'une propagande vulgaire et les nazis saisissaient tous les prétextes pour diminuer l'emprise des écoles confessionnelles.

Le Vatican commença à regarder avec intérêt du côté des nations démocratiques. Il en appréciait la richesse et la force et se demandait s'il ne devait pas se servir d'elles pour ramener l'enfant terrible allemand à la raison. Une pression de ces puissances sur les dirigeants nazis, devenus incontrôlables et sensibles à la seule force, serait, elle, capable de les ramener à plus de prudence et de raison.

L'Église se rendait compte qu'une politique commune avec la Grande-Bretagne et surtout avec la France pourrait être défavorablement exploitée par les nazis et gêner les catholiques allemands. Si elle était impuissante à modifier l'image de capitaliste de la Grande-Bretagne, elle n'en était pas trop gênée. En revanche, une entente avec la France du Front populaire où Blum levait le poing avec Thorez, héritière d'un pacte de 1935 avec l'URSS, donnerait lieu en Allemagne à toute une propagande sur l'alliance indécente de la Croix et de la faucille, troublante pour les catholiques allemands. C'est en partie pour cette raison et sans que la décision fût jamais explicitée (le Vatican attirait plutôt l'attention sur le Mexique et l'Espagne) que furent publiées à trois jours d'intervalle, en mars 1937, deux encycliques qui touchaient au domaine idéologique, avec une finalité de politique internationale : *Divini redemptoris* et *Mit brennender Sorge*.

La première encyclique, rédigée en latin, est donc adressée à l'Église universelle. Elle condamne le communisme athée comme « *intrinsèquement pervers* ». La conséquence est l'interdiction formelle de toute action commune avec les marxistes et les Soviétiques et tout régime de type communiste est implicitement reconnu comme inacceptable. *Mit brennender Sorge* (« Au milieu des brûlantes préoccupations ») n'est nullement une condamnation du régime nazi. Le Vatican ne pratique pas l'ingérence dans les affaires politiques d'un État, et d'autant plus lorsqu'il a conclu un concordat avec lui. Que dit alors *Mit brennender Sorge*, rédigée en allemand et donc destinée essentiellement aux catholiques allemands ? L'encyclique est une dénonciation des violations du concordat de 1933 par les autorités allemandes et un rappel doctrinal à la vérité évangélique que risque d'obscurcir chez les fidèles la propagande des nazis. L'encyclique met les catholiques allemands en garde contre le paganisme de la doctrine nazie, la déification de l'État, les mythes du sang et de la race. Elle déplore les entraves mises à la liberté d'association et d'action des catholiques. Elle n'est donc pas consacrée à l'antisémitisme. L'hostilité ouverte des nazis et une persécution violente, comme la Nuit de Cristal à laquelle le cinéma a donné un large écho, le poids des émigrés d'Allemagne et d'Autriche en Grande-Bretagne et en France, une attention aux réactions de la presse amènent le Vatican à attacher à l'antisémitisme un peu plus d'intérêt sans qu'il domine. Le caractère secondaire de cette préoccupation ne saurait surprendre car la papauté ne s'est pas comportée si différemment des États démocratiques, qui ne s'émeuvent guère de l'antisémitisme. Le rapprochement entre le gouvernement Daladier et l'Allemagne nazie, éclatant lors de la visite de Ribbentrop à Paris en décembre 1938, est à cet égard caractéristique.

Le pape Pie XI ne dissimule pas son aversion pour Hitler. Il quitte le Vatican lorsque Hitler rencontre Mussolini à Rome en mai 1938, gagnant sa résidence d'été de Castel Gandolfo, en laissant dire qu'il trouve l'air de Rome irrespirable. Or, la température est encore supportable à cette saison dans la Ville éternelle. Le dégoût d'une pollution idéologique le dispute au souci d'éviter tout incident pour le cas où Hitler demanderait une audience au pape. La refuser serait insultant pour les Allemands. L'accorder prêterait à toutes les propagandes et serait mal vu des États démocratiques. Pie XI se livre aussi à des déclarations. Le 21 juillet 1938, il met en garde les jeunes Italiens de l'Action catholique et demande aux recteurs des universités catholiques de réfuter les écrits racistes. Le 6 septembre 1938, il lance aux représentants de la presse belge le fameux « *spirituellement, nous sommes des Sémites* ». La phrase est sans cesse répétée mais on ne devrait pas la séparer du propos qui la précède, où le pape reconnaît aux États le droit d'élaborer une législation contre les « abus » que commettent les juifs. Il atténue ainsi la portée de sa déclaration philosémite.

L'antisémitisme avait été condamné par le décret du Saint-Office du 25 mars 1928. Fallait-il se répéter ? Pie XI a-t-il voulu lancer dans le monde une grande encyclique contre l'antisémitisme comme on nous le dit actuellement ? Deux auteurs, savants, l'ont récemment soutenu, non sans susciter des doutes chez les uns et des interrogations chez les autres. L'idée sous-jacente est que Pie XI préparait une encyclique dont la mort interrompit le processus d'élaboration, que son successeur Pie XII aurait brisé en toute connaissance de cause[4]. Un bénédictin belge de l'abbaye de Maredsous, le père Passelecq, vice-président de la commission nationale catholique belge pour les relations avec le monde juif, et un bibliothécaire de Strasbourg, Bernard Suchecky, ont uni leurs efforts et rassemblé leurs travaux antérieurs, pour reconstituer l'histoire d'une encyclique que Pie XI avait fait préparer et qui n'a jamais été publiée. Les auteurs soutiennent qu'il s'agissait d'une encyclique contre l'antisémitisme et déplorent qu'elle n'ait pas été publiée. Ils accusent implicitement Pie XII de l'avoir écartée.

Le pape Pie XI demanda en juin 1938 un projet d'encyclique sur le racisme et l'antisémitisme à trois jésuites : le Français Desbuquois, le théologien allemand Gustav Gundlach qui était un de ses familiers, et l'Américain John Lafarge, qui avait écrit contre le racisme dont souffraient les Noirs américains. Ce dernier mit au courant des premiers travaux le supérieur général des jésuites, le père Ledochovski. À Vanves, près de Paris où se trouve l'Action populaire, le père Desbuquois coordonne la rédaction de l'encyclique dont les premiers mots sont *humani generis unitas* (unité du genre humain).

Le projet d'encyclique avait environ quatre-vingt-dix pages, dont moins de douze concernaient le racisme et l'antisémitisme, ce qui réduit un peu le caractère révolutionnaire que lui prêtent les auteurs de l'ouvrage. Les plus larges développements avaient trait aux périls qui menacent le monde contemporain — matérialisme et communisme — l'État, l'Action catholique. Ces propos minoritaires sur le racisme, quels étaient-ils ?

L'encyclique commence par le rappel de la mission providentielle du peuple juif et l'incrédulité d'un peuple jadis choisi... Elle établit aussi une différence entre le droit qu'a l'État de prendre des mesures contre « *l'influence injuste et néfaste du judaïsme économique et intellectuel* » et les abus de ce type de législation, dès lors que ne sont pas respectées « *les règles de la justice et de la charité* ». L'encyclique reprend la condamnation que fit le Saint-Office le 25 mars 1928, présentée avec quelque condescendance pour le peuple juif : « *C'est pour l'Église catholique une pratique constante de prier pour ce peuple juif, dans lequel jusqu'au Christ la promesse divine était manifeste, et cela malgré ou plutôt à cause de l'aveuglement dont ce peuple a témoigné par la suite. Mû par sa charité envers ce peuple, le Siège apostolique l'a pris sous sa protection pour lui épargner les mauvais traitements injustifiés et de même que ce Siège apostolique réprouve tous sentiments d'envie et de jalousie parmi les peuples, il condamne tout particulièrement la haine contre le peuple autrefois choisi par Dieu, cette haine qu'aujourd'hui l'on a coutume de désigner communément sous le nom d'antisémitisme.* » Pour l'Église, le glissement est rapide de l'antisémitisme à l'antichristianisme, car les deux religions sont proches. Le peuple élu est comme un arbre sur lequel aurait été greffé le christianisme. L'Église catholique redoute des attaques contre le Christ, fils d'une femme juive.

Cette encyclique n'a pas été publiée à cause de la maladie, puis de la mort du Pape Pie XI en mars 1939. On a allégué la destruction des réseaux catholiques clandestins, qui avaient permis la diffusion de *Mit brennender Sorge* et qui n'auraient pas pu être reconstitués rapidement et sans risque d'accusation d'espionnage pour les catholiques allemands et autrichiens[5]. Après Munich, en période de résorption du chômage (même grâce au réarmement), l'accueil en Allemagne n'aurait pas été bon pour une encyclique facile à présenter comme un acharnement obsessionnel. Par ailleurs, les analyses des auteurs n'apportaient pas de nouveautés par rapport à des textes récents. Le successeur de Pie XI, Pie XII, estima qu'il était inutile de porter une condamnation solennelle de l'Allemagne nazie dont il reconnaissait, par ailleurs, le droit d'adopter une législation contre les juifs. Il ne souhaitait pas jouer sa partie dans le concert d'une propagande des démocraties libérales contre l'Allemagne. Il lui sembla plus équitable de proclamer l'unité du genre humain, négation du racisme, dans l'encyclique *Summi pontificatus* (octobre 1939).

Cette longue évocation prouve bien que, dans les années trente, la papauté a condamné le racisme, le totalitarisme et l'antichristianisme. Sa manière balancée de traiter l'antisémitisme est difficile à accepter pour les hommes de la fin du XXe siècle, qui savent ce que fut Auschwitz. Ils pourraient admettre que le pape n'avait pas en 1939 les lumières pour prophétiser l'inimaginable né dans un peuple que le pape aimait. Les microbes malfaisants à l'œuvre en Allemagne sont repérés mais l'Église estime que, une fois averti, le peuple allemand est assez sain pour les combattre puisqu'ils n'ont pas subi de modification radicale par rapport à ceux qui furent contrôlés dans le passé.

Pourquoi le Saint-Siège, confiné dans son petit État de quarante hectares et dont les interventions pour la paix à la fin de la Première Guerre mondiale ont été critiquées, aurait-il été en pointe par rapport aux États libéraux ? La Grande-Bretagne, enchantée de l'accord de désarmement naval que Hitler avait eu l'habileté de signer en 1935, ne pensait qu'à un apaisement des relations internationales qui couvrait tous les renoncements. Lorsque Pie XII observait les démocraties, il constatait leurs difficultés à dominer les effets économiques et sociaux du capitalisme, leurs divisions sociales, la crainte que l'opinion inspirait à des dirigeants sans courage. Il se disait que ces chefs sans autorité des démocraties accueilleraient avec reconnaissance, maintenant que s'écroulaient les idéologies libérales et républicaines, toute aide spirituelle et tout programme de concorde sociale. Grâce à l'action catholique de Pie XI, l'Église avait ses conceptions de troisième voie entre le capitalisme, « désordre organisé », et le marxisme récusé. Elle offrait des bataillons de catholiques prêts à se dévouer à la concorde sociale. Le pape, lui, œuvrerait publiquement pour la paix, ce qui plaisait à la Grande-Bretagne et à la France, s'efforcerait de retenir l'Italie de s'engager dans la guerre aux côtés de l'Allemagne et espérait que cette pression serait suffisante pour retenir l'Allemagne nazie de se lancer dans une mortelle aventure. Pie XII était un optimiste et il ne croyait pas au Mal.

La papauté estimait que l'influence réelle tient moins aux encycliques qu'à ses agents d'influence, qui connaissent bien les milieux sociaux et intellectuels d'un pays et constituent les pionniers et les relais d'une action efficace. La France s'ouvrait depuis vingt ans à ce genre d'initiatives.

En France, l'antisémitisme était mis à l'écart au profit de l'union de tous dans la Première Guerre mondiale. Les anciens combattants eurent à cœur après le conflit de souligner ce qui les unissait plus que ce qui les divisait. *Tribune juive* lança une enquête sur l'antisémitisme auprès d'hommes politiques et d'anciens combattants. Henri de Kérillis répondit que « *les juifs forment une province originale de la nation française, comme les Bretons, les Flamands et les Basques* ». Joseph Barthélemy y condamna l'antisémitisme[6]. Juifs et chrétiens agirent ensemble pour les droits des religieux anciens combattants et l'accès à la radio. Le Rassemblement mondial contre le racisme et l'antisémitisme réunit à la salle Japy, le 12 janvier 1938, l'abbé Viollet, le rabbin Kaplan, le pasteur Cooreman. Georges Bidault assista en novembre 1938 à la réunion de la LICA à la Mutualité, à Paris. L'Institut catholique de Paris était sensible à la lutte contre le racisme. Mgr Baudrillart note dans son journal, le 19 novembre 1938, combien il apprécie la lettre du cardinal Verdier au cardinal van Roey, de Malines, contre « *la doctrine inhumaine, antijuridique, antiscientifique, injuste, absurde, qui constitue le racisme allemand et son odieuse conséquence : l'antisémitisme impitoyable qui sévit en Allemagne. Combien il est heureux que l'Église catholique élève la voix en dépit de toutes les menaces. C'est la voix de Dieu et celle de l'humanité* »[7].

Le ton de la presse catholique change. *La Croix* passant sous la direction du père Merklen parle désormais très peu des juifs et évite, au moment de l'affaire Stavisky, de suivre la ligne adoptée au temps de l'affaire Dreyfus.

Trois ecclésiastiques jouèrent un rôle très actif dans le rapprochement entre catholiques et juifs : le jésuite Bonsirven, l'oratorien Marie-André Dieux et le RP Devaux. Le père Joseph Bonsirven eut le mérite d'infléchir l'attitude des catholiques dans leurs rapports avec les juifs. Le professeur d'exégèse au scolasticat d'Enghien introduisit en 1927 dans la revue des jésuites, *Études*, une chronique du judaïsme français. Il proposa de ne plus s'assigner de manière provocante la finalité de conversion des juifs. Il était préférable de créer une attitude fraternelle, d'étudier les langues sémitiques et de mener des actions en commun. L'essentiel était de créer une amitié qui recueillera si Dieu le veut, un jour lointain, sa récompense. Il écrit : « *Que juifs et chrétiens se montrent fraternels les uns envers les autres, et tout aussitôt tomberont les préventions génératrices de haines et de défiances*[8]. » Le père Devaux, supérieur général des Pères de Notre-Dame-de-Sion dont la vocation était la conversion des juifs, fit de sa revue, *Le Bulletin catholique de la question d'Israël*, un carrefour des intellectuels et des savants en sciences religieuses[9]. Les grands intellectuels catholiques veillaient désormais à éviter de blesser les juifs. Si Bernanos, qui revenait de loin, restait fidèle à l'idée d'un statut des étrangers, il se prononçait contre toute persécution. Jacques Maritain — encore lui ! — qui s'intéressait à la pensée juive, écrivit un article sur « L'impossible antisémitisme » et prononça le 5 février 1938 une conférence sur « Les juifs parmi les nations ». La plupart des journaux et revues catholiques dénoncèrent les œuvres antisémites de Louis-Ferdinand Céline.

Le mouvement de rapprochement entre catholiques et juifs est resté limité à des élites. La politique antisémite de l'État français allait imposer une réflexion sur l'utilité d'élargir au-delà de ce cercle étroit, jusque-là jugé seul capable de réaliser un effort de remise en cause des vieilles croyances, une critique des préjugés catholiques sur les juifs. Faudrait-il envisager d'étendre ce courant de recherches à des groupes plus importants, à toute la société catholique ? Comment y parvenir en si peu de temps, après tant de siècles d'enseignement du mépris ? La tâche était-elle prioritaire ? Était-ce bien le rôle de l'Église ?

LA POLITIQUE ANTISÉMITE DE L'ÉTAT EN 1940

Les premières mesures de suspicion et d'exclusion prises par l'État français passèrent inaperçues ou ne semblèrent pas illégitimes. Elles relevaient de l'autorité d'un État que menaçait la dissidence et ne concernaient pas spécialement les juifs, ou bien elles répondaient à une demande de certains éléments du corps social. Les mesures antisémites se dissimulaient dans des dispositions particulières. Les masques tombèrent quand le gouvernement publia, le 3 octobre 1940, un statut des juifs.

Le garde des Sceaux, Raphaël Alibert, a beaucoup œuvré en juillet 1940. Dès qu'il a assuré la dictature par les actes constitutionnels du 11 juillet 1940, il légifère sur la jouissance de la nationalité française. Une loi du 16 juillet 1940 (*Journal officiel* du 17 juillet 1940) facilite la procédure de déchéance de la qualité de Français. Accélérée, la procédure ne passe plus par les institutions judiciaires puisqu'une notification par voie administrative ou par une publication par le ministre de l'Intérieur suffit. L'intéressé n'a guère de recours : une semaine lui est accordée pour présenter les pièces de son dossier de défense. Évidemment, impossible depuis Londres !

Le lendemain, une loi réserve — à l'exception des anciens combattants — aux citoyens nés de père français l'accès à la fonction publique et les emplois dans les collectivités locales. Elle ne surprend pas car, déjà sous la IIIe République, la loi du 19 juillet 1934 avait interdit aux naturalisés l'accès à la fonction publique avant un délai de dix ans. Quelques jours plus tard, ce sont toutes les naturalisations postérieures au 10 août 1927 (date d'une loi qui les facilitait) qui sont remises en question. La loi du 22 juillet 1940 prévoit en effet une révision générale de ces acquisitions de nationalité par une commission spéciale. Aucune défense n'est présentable. Le garde des Sceaux prononce seul le retrait de nationalité sans avoir besoin de le motiver. La mesure peut être étendue à la femme et aux enfants de l'intéressé, même s'ils sont français d'origine. Ce seront un jour 15 154 retraits de naturalisation qui seront prononcés, dont environ 6 000 concernent des juifs.

La loi n'a pas particulièrement frappé l'opinion. La presse de la zone non occupée, qui se réinstalle lentement à Vichy et à Lyon et qui vit de subsides du gouvernement, respecte les consignes et entonne volontiers le thème de la réaction contre les faveurs dispensées aux émigrés allemands après 1933, qui ont mal reçu leur récompense puisqu'ils « *ont jeté les Français dans la guerre contre l'Allemagne* ». À Paris, les premiers organes de presse, qui reparaissent sous contrôle allemand, ont toutes les raisons de se réjouir de telles dispositions. La loi du 27 août 1940 abrogeant la loi Marchandeau du 21 avril 1939, qui punissait la propagande antisémite, rendait ces attaques licites.

L'austère lecture du *Journal officiel* révèle que l'État français manie volontiers l'arme de la dénaturalisation contre les adversaires actifs de l'armistice puisque à partir du 23 juillet 1940, tous les Français qui ont quitté le sol national entre le 10 mai et le 10 juin 1940, sans ordre de mission ou motif valable, encourent la même peine. Charles de Gaulle va appartenir à la cohorte des déchus de la nationalité française. L'émotion n'a pas dépassé le cercle des familles des intéressés.

Plus lourdes de conséquences sociales visibles sont les mesures prises le mois suivant. Elles apparaissent au détour de lois apparemment anodines sur l'organisation de diverses professions. L'État français semble n'être que l'écho de milieux professionnels attachés, depuis la grande crise économique, à fermer leurs activités aux confrères étrangers. La loi du 16 août 1940, instituant un ordre des médecins, réserve l'accès de cet art aux seuls Français. Louis-Ferdinand Céline n'est pas un cas isolé de médecin antisémite. Les critiques à l'égard du favoritisme pratiqué par certains professeurs de médecine parisiens n'étaient pas rares et l'assimilation aux diplômes français des diplômes des facultés de médecine d'Europe centrale et orientale, généreusement accordée dans l'euphorie des années vingt et de la naissance de petits États amis de la France, avait soulevé de lourdes critiques. Une première loi, le 21 avril 1933, réservait désormais aux Français et naturalisés, docteurs d'État français, l'établissement comme médecin. Les étudiants en médecine jugeant la loi insuffisante demandèrent de nouvelles dispositions, qui se traduisirent partiellement dans une loi de 1935 exigeant des naturalisés d'avoir accompli le service militaire (ou un délai au moins équivalent) avant leur installation [10].

Les avocats, qui souffraient encore plus que les médecins de la raréfaction de la clientèle due à la crise économique, avaient aussi obtenu le 19 juillet 1934 que les naturalisés, en application de la loi de 1927, ne puissent être inscrits au barreau pendant dix ans. Dans la droite ligne de cette politique, une loi du 10 septembre 1940 entravait l'accès du barreau pour les étrangers. Me Jacques Isorni, qui sera un jour l'avocat préféré du maréchal Pétain et l'ardent défenseur de sa mémoire, eut à justifier, en raison de ses origines, son inscription au barreau.

La loi instituant le 3 octobre 1940 un statut des juifs, tout en semblant dans la continuité de toutes ces mesures de défense de l'État, pose quand même le problème de sa véritable origine.

Nombre d'historiens depuis Robert Aron ont résolu la question par un raisonnement simple : Vichy était sous l'influence de l'Action française. L'Action française était antisémite. Donc l'État français de Vichy a élaboré une législation antisémite[11]. Il n'est plus possible aujourd'hui de se contenter de ce syllogisme. Ni Laval ni Darlan, qui ont un rôle dominant dans le Conseil des ministres et dans le fonctionnement de l'État, n'étaient sensibles à l'influence de l'Action française ! Ils se considéraient comme de sincères républicains et se moquaient des ambitions et des illusions du prétendant, le comte de Paris.

Il existe donc un problème : pourquoi l'État français a-t-il élaboré, et si tôt, un statut des juifs ?

Les procès des responsables en 1945 n'ont pas dissipé ce mystère, qui ne sembla pas beaucoup intéresser les jurés, parmi lesquels se trouvaient pourtant des résistants juifs. Le statut des juifs était alors considéré comme une des mauvaises mesures du gouvernement de l'État français. Sans plus. Je crois, qui plus est, qu'il avait moins d'importance que la violation de l'article 2 de la loi constitutionnelle de 1879, interdisant de remettre en cause le régime républicain et de confondre les responsabilités du chef de l'État et celles du chef de gouvernement. L'acte d'accusation contre Philippe Pétain que présente le procureur général Mornet, le 23 juillet 1945 devant la Haute Cour de justice, s'efforce de dresser la thèse d'un complot de Pétain, ami des cagoulards, contre la République. Il montre la coupable collaboration avec la machine de guerre nazie, mélangeant dans une curieuse et accablante confusion « l'accord de Montoire » et la main serrée, la perte de l'Empire, le sabordage de la flotte et le Service du travail obligatoire. Dans ce long réquisitoire, un seul paragraphe est consacré à la législation antisémite, et sous une forme ambiguë : « *Comment justifier d'avoir, au lieu de se retrancher derrière l'impossibilité d'aller à l'encontre de toute la législation, comme de toutes les traditions françaises, édicté ces abominables lois raciales dont il eût cent fois mieux valu laisser aux autorités occupantes le soin d'en appliquer les principes*[12] *?* » L'accusation en moins de cinq lignes se glisse entre un télégramme à l'amiral Robert aux Antilles et les sections spéciales.

Il est pourtant question de Raphaël Alibert dans cet acte d'accusation, mais uniquement pour son appartenance supposée à la Cagoule. Un rocambolesque complot entre Hitler et cette organisation serait, pour le procureur général Mornet, le grand responsable des malheurs des Français. De l'action réelle du garde des Sceaux, rédacteur du premier statut des juifs, les jurés ne surent rien !

Encouragés par le chef d'inculpation — atteinte à la sûreté de l'État et trahison au profit de l'ennemi — les accusés et leurs avocats eurent beau jeu de développer la même défense : le premier statut des juifs du 3 octobre 1940 a été élaboré dans l'obligation où se trouvaient les dirigeants de l'État français de devancer les terribles intentions allemandes relatives aux juifs. Apprenant que les occupants préparaient un texte très dur pour les juifs de France, le gouvernement improvisa à la hâte un statut français des juifs. « Coupant l'herbe sous le pied » aux Allemands, il n'était destiné qu'à protéger les juifs français des lois nazies. Bien plus doux que le statut allemand, le statut français prévenait la persécution nazie. L'antériorité prouvait en 1945 l'absence de complicité. Elle prouve aussi tout autre chose.

Il n'est pas utile de s'appesantir sur les éventuelles vertus préventives d'un acte juridique français. Le traité d'armistice ne donnait pas aux Allemands le droit de légiférer en ce domaine. Le statut n'aurait pas été applicable à la zone sud. Si, en zone nord, les Allemands s'arrogeaient, sous prétexte de sécurité, le droit de contraindre les juifs à se soumettre à des vérifications d'identité et s'ils leur imposaient des restrictions à la circulation, ces mesures n'étaient pas de l'ordre du statut et n'avaient aucune portée générale. Elles n'expliquent pas la publication du premier statut des juifs. La raison véritable n'était pas de mise dans un procès de trahison et l'aveu en 1945 gênait les inspirateurs.

L'élaboration d'un véritable statut des juifs est d'une autre nature et oblige à s'interroger sur les raisons du choix d'une forme aussi solennelle.

Il est incontestable qu'un statut fut voulu par le garde des Sceaux de l'époque. Sa personnalité et son étrange comportement psychologique ont pesé sur ce choix.

Raphaël Alibert, le législateur du premier État français, est catholique mais la foi qu'il éprouve à l'époque est plutôt faible et conformiste. Il n'en est pas de même de son directeur de cabinet, Pierre de Font-Réaulx, un maître des requêtes au Conseil d'État, un être de flamme d'une grande ferveur. À en croire Charles Pomaret, les deux hommes méditaient leur coup avant même de s'installer à Vichy puisque le ministre du Travail entendit, le 1er juillet 1940, Alibert lui déclarer en ces termes que le sort des juifs allait être réglé : « *Avec Font-Réaulx, je prépare un texte aux petits oignons.* » La défaite et un régime en gestation sous son inspiration permettaient à ce maître queux de l'antisémitisme de laisser éclater un sentiment qu'il avait caché avec soin quand il travaillait pour Ernest Mercier et les milieux économiques. Il dut patienter encore trois mois avant de parvenir à ses fins.

L'homme est vindicatif et n'oublie aucun de ses anciens échecs électoraux, qu'il attribue aux menées tortueuses des ennemis de la patrie. L'absence d'opposition à l'État français ne lui semble pas normale. Certainement — pense Alibert — tous ces êtres malfaisants dissimulent mais ils n'attendent qu'un moment de faiblesse de l'État pour se réveiller. Il est donc nécessaire, non seulement de punir des actes mais aussi de les prévenir, en extirpant de l'administration ceux qui, par nature, sont des destructeurs dont il veut bien croire qu'ils s'ignorent. Il importe de faire œuvre pédagogique car Alibert est bien de cette race des hommes politiques français qui, depuis deux siècles, s'imaginent à intervalles réguliers avoir été choisis par le destin pour ouvrir les Français à la vérité, les éduquer, leur imposer une idéologie. L'homme politique français a deux manies : il se croit des dons d'écrivain, il a le goût de la pédagogie sans en avoir en général la compétence. En tout cas, il n'a qu'exceptionnellement le respect de la liberté de ceux qu'il représente. Il les voit, après l'époque désagréable des élections, comme un troupeau indiscipliné qu'il importe à la fois de tondre et de diriger avec autorité. Les Français, qui ne confient quand même pas aux hommes politiques le soin de sauver leur âme, ont la bonté — sauf dans de rares périodes d'épuration — de ne pas les rappeler à la modestie qui conviendrait à la fonction de délégué du peuple.

La pédagogie politique consistait pour Alibert à révéler à chaque responsable français que la nation a des ennemis en son sein et que l'euphorie d'un triomphe miraculeux ne devrait pas mener à en oublier l'existence, sous peine de vivre des lendemains amers. La meilleure méthode est d'éliminer des institutions d'autorité et des magistères d'influence ces ennemis silencieux et endormis comme marmotte en hiver. Lui, Alibert, est convaincu qu'il a été envoyé aux Français pour les armer contre leur bienveillance et leur naïveté, voire une jobardise facile à exploiter. Tenace, il argumente auprès des sceptiques, pousse les indécis, bouscule les raisonnables. Dans le microcosme de Vichy, il est difficile de lui échapper.

Il revient à la charge et on l'écoute, quels que soient les doutes sur son équilibre, car il a jusque-là réussi. Il a amené Pétain au pouvoir en neutralisant à Bordeaux l'opposition du président de la République et de responsables politiques importants ; il a empêché le départ du *Massilia* et le transfert des pouvoirs publics en Afrique du Nord. Il a magistralement contribué à la mise entre parenthèses de l'ancien régime et de la République entre le 9 et le 11 juillet 1940. Certains ministres s'étonnent de son zèle de législateur. Alibert est saisi d'une véritable manie législatrice dans les domaines les plus divers et le *Journal officiel* grossit à la mesure d'une production délirante. Publier des textes législatifs apaise ses angoisses et satisfait, pour un temps, sa conscience. Et puis il repart, de bureau en bureau, à l'hôtel du Parc pour persuader. Comment a-t-il réussi à imposer ses obsessions ?

Philippe Pétain est facile à convaincre, d'autant plus que les arguments de Raphaël Alibert sont repris par son médecin et ami, Bernard Ménétrel, dont la correspondance montre une propension à mépriser son prochain et une rancœur contre les juifs du milieu médical. Mais des membres influents du gouvernement sont peu portés à aller aussi loin, même s'ils font des concessions formelles aux obsessions des Allemands. Leur hésitation tient à leur tempérament, au souci des priorités gouvernementales d'un grand pays momentanément écrasé, à une préférence pour l'action discrète et des mesures sur lesquelles les chefs peuvent revenir en monnayant leur bienveillance. Ni Laval ni surtout Darlan — des hommes qui comptent au gouvernement — ne sont des idéologues. Pragmatiques, ils se contentent de l'arsenal répressif existant, sont les ennemis des grandes constructions juridiques dont les conséquences sont difficiles à mesurer et à maîtriser. Il a donc fallu pour les décider une impulsion extérieure d'importance.

Le statut des juifs a été examiné en Conseil de cabinet le 30 septembre 1940, où il fut surtout question des juifs étrangers et de l'exclusion des juifs français de certaines fonctions. Le lendemain, au Conseil des ministres, la discussion fut exceptionnellement longue. Deux autres lois de l'État français seront autant et encore plus durement discutées, la Charte du travail, adoptée seulement le 4 octobre 1941 et le STO en 1943. Alibert utilise comme argument l'incapacité des fonctionnaires à travailler de bon cœur à la Révolution nationale. Pierre Laval et François Darlan élèvent des doutes sur l'efficacité d'un statut à obtenir l'obéissance. Les fonctionnaires juifs ne sont pas assez nombreux — 3 500 environ — pour avoir une influence déterminante. Tel n'est pas l'avis du maréchal Pétain, qui estime qu'ils sont néfastes dans l'enseignement et dans la magistrature.

Les adversaires d'un statut des juifs élèvent des doutes sur son utilité. La fonction publique peut-elle d'ailleurs être considérée comme hostile au régime ? Marcel Peyrouton, le ministre de l'Intérieur, pas très sûr lui-même de sa situation, ne sait pas défendre ses fonctionnaires. Il aurait pourtant suffi que le ministre de l'Intérieur affirme avec force que toute cette belle administration, héritée de la IIIe République, ne demandait qu'à marcher dans une parfaite discipline au service de l'État pour que soit dissipée l'obsession du manque de moyens fiables pour imposer la politique de Pétain. Surtout, il a fallu que dans cette médiocre salle d'hôtel, cadre indécent pour un Conseil des ministres, chacun se convainquît que la souveraineté française était en question.

Raphaël Alibert est froissé que les ministres discutent son statut et se demandent ouvertement s'il est nécessaire. Ces mises en garde constituent pour le susceptible garde des Sceaux autant d'insultes personnelles et elles lui prouvent que, sans sa vigilance, la Révolution nationale serait balayée par un retour de la faiblesse, d'une part, et des forces du mal, de l'autre. L'adversaire du renouveau français est partout : dans les ennemis politiques repérables, chez les Allemands mais aussi en chacun des partisans du régime qui n'ont pas dépouillé leur sensiblerie et leur légèreté. Le triomphe politique sera passager si des précautions ne sont pas prises. Alibert entreprend chaque ministre pour le convaincre. Il utilise, pour réussir sa démonstration, des événements récents dont il exagère la portée. Il explique — et convainc — qu'il ne s'agit pas de publier seulement une législation contre les juifs mais qu'il importe, en cette affaire, de sauver la souveraineté française même. Quels événements, présentés par le garde des Sceaux, ont-ils persuadé les ministres de Vichy qu'il y avait une atteinte préjudiciable à la souveraineté française ?

En juillet 1940 les Allemands, qui intègrent l'Alsace dans le système administratif du Reich, expulsent 3 000 juifs alsaciens vers la zone non occupée. Le 8 août, le commandant de la police allemande de Bordeaux envoie 1 400 juifs allemands en zone libre. Depuis le début de septembre 1940, les dirigeants de l'État français savent que les Allemands préparent une ordonnance sur les juifs.

Il n'est pas certain que Laval ait été antisémite, car il ne nourrit guère de convictions. Il croit bon cependant de proférer à l'époque des propos hostiles à l'action des juifs, sans doute parce qu'il craint d'être « doublé » auprès des Allemands par plus activiste que lui. Le 23 juillet 1940, Pierre Marquet, maire de Bordeaux et ministre de l'Intérieur, a envoyé aux Allemands de Paris son chef de cabinet, Coustau, qui dénonce la mollesse de Laval et l'influence juive à Vichy (*sic !*)[13]. Laval multiplie alors les déclarations antisémites pour qu'elles soient rapportées aux Allemands et pour qu'on ne lui demande plus de protéger les juifs. Il fait savoir à Abetz qu'il écarte les juifs de Vichy. Le pasteur Boegner, venu le voir le 26 juillet 1940, entend des propos sévères sur les juifs : « *Les juifs, eux, ont fait tant de mal au pays qu'ils ont besoin d'un châtiment collectif*[14]. »

Le contexte de lutte pour un accord et une protection d'Abetz explique le soudain intérêt des milieux de Vichy pour une législation antisémite. Ils se persuadent que les Allemands y attachent de l'importance. Le 24 septembre 1940, le délégué général du gouvernement à Paris, le général Benoît Fornel de La Laurencie, dit que les Allemands de Paris l'ont interrogé sur l'existence d'une législation antisémite à Vichy et qu'il n'a pas su répondre. Dès le lendemain, Paul Baudouin, ministre des Affaires étrangères, adresse aux Allemands une protestation contre des mesures qui « *dépassent l'exercice des droits reconnus à la puissance occupante dans leur ensemble ; elles tendent à créer dans une partie du territoire français un régime d'exception et par un acte unilatéral des Autorités allemandes dans un domaine qui relève des seules Autorités françaises, elles rompent l'unité administrative de la France, unité pourtant reconnue par la Convention d'armistice*[15] ».

Une ordonnance allemande du 27 septembre 1940 interdit, entre autres dispositions, l'accès de la zone occupée à tous les juifs qui l'ont quittée. Or, le gouvernement de Vichy s'est alors donné comme tâche prioritaire de réaliser le retour des réfugiés de l'exode vers le nord. Le retour d'une partie de ces réfugiés, les juifs, qui avaient quitté Paris, devenait impossible. Raphaël Alibert se répandait auprès de tous les ministres en les effrayant. Tout montrait, disait-il, qu'il fallait s'attendre à l'avenir à de nouveaux empiétements allemands prenant prétexte d'une question juive non résolue. Et si les Allemands expulsaient vers la zone sud, comme ils avaient commencé à le réaliser, tous les juifs de la zone occupée ? Et pourquoi n'enverraient-ils pas vers une terre d'asile si peu protégée les juifs du Reich ? Ces projets et ces premières décisions allemandes mettaient en cause la souveraineté française. Un statut solennel des juifs — disait-il — affirmerait la souveraineté de l'État français. Outre qu'il préserverait les juifs français d'une confusion dommageable pour eux, il proclamerait que le gouvernement de Vichy ne serait accueillant ni aux juifs de zone nord, ni aux juifs du Reich. Raphaël Alibert, en juriste du Conseil d'État, observait que son argument de la souveraineté française — si sérieux, si désintéressé, absolument pas antisémite — intéressait et séduisait. Lancé par lui pour la première fois, il conduirait un jour aux pires compromissions, par exemple au moment de la rafle du Vel' d'Hiv'. Pour le moment, inventé et mis en scène par Raphaël Alibert, il permit de faire passer le statut des juifs.

Philippe Pétain intervint au Conseil des ministres du 1er octobre 1940 pour en justifier la nécessité[16]. La loi du 3 octobre 1940 porte donc la signature du chef de l'État, Philippe Pétain, et du vice-président du Conseil, Pierre Laval. L'ont signée le garde des Sceaux, Raphaël Alibert — son initiateur —, le ministre de l'Intérieur, Marcel Peyrouton, le ministre des Affaires étrangères, Paul Baudouin, le ministre de la Guerre, le général Huntziger, le ministre des Finances, Yves Bouthillier, le ministre de la Marine, l'amiral Darlan, le ministre de la Production industrielle et du Travail, René Belin, et le ministre de l'Agriculture, René Caziot.

Le statut des juifs est une loi courte : dix articles en tout. Elle définit le juif auquel s'applique la loi : toute personne issue de trois grands-parents de « race juive ». Avoir deux grands-parents juifs ne permet d'échapper au statut que si le conjoint est aryen. La sincérité de l'intégration à la communauté française se manifeste par le mariage mixte. On perçoit que le critère religieux de la race juive, qui apparaîtra dans le second statut, est inscrit en filigrane dans l'article 1. L'État français interdit aux juifs les fonctions politiques, toute fonction publique et la magistrature. Des exceptions sont prévues, à la fois par humanité et pour récompenser les efforts d'intégration, en faveur des anciens combattants, titulaires de la Légion d'honneur à titre militaire. Dans les deux mois, les fonctionnaires en poste seront tenus de démissionner et ils bénéficieront d'une retraite à partir de quinze ans de service.

Dès le lendemain de la proclamation du statut des juifs et afin de bien montrer les effets de la souveraineté française, était publiée la loi du 4 octobre 1940 sur les ressortissants étrangers de race juive. Signée de Pétain, Peyrouton, Bouthillier et Alibert, elle était liée au statut des juifs établissant une distinction entre juifs français et juifs étrangers. Les juifs étrangers pouvaient, selon cette loi du 4 octobre 1940, être assignés à résidence par le préfet ou internés dans des camps spéciaux. Bientôt, 40 000 juifs étrangers seraient internés dans différents camps de la zone sud : Nexon, Agde, Gurs, Noé, Récébédou, Rivesaltes, Le Vernet.

On aurait pu attendre de la haute juridiction que constituait le Conseil d'État, désormais reconnu comme la plus haute assemblée, la seule digne de rester dans le nouveau régime, une attitude de dignité et de courage. Mais le garde des Sceaux, inventeur du statut des juifs, en sortait. Il eut à cœur d'épurer une juridiction à laquelle il reprochait d'avoir été transformée par le Front populaire. Le 8 décembre 1940, le Conseil d'État était épuré. Des arrêtés renvoyaient six de ses membres, qui seront suivis par quelques autres. À Royat, où le Conseil d'État était replié, il ne fut pas question de constituer un centre d'opposition. Le Conseil d'État semble, dans l'ensemble, avoir été défavorable aux juifs cherchant à bénéficier des exemptions prévues par les statuts des juifs[17]. Le Conseil d'État se prononça même pour l'exclusion des juifs des emplois subalternes de l'administration, au prétexte qu'on ne saurait interdire à leur titulaire de rechercher ultérieurement un avancement conférant l'influence et l'autorité qu'interdisait le statut des juifs...

Fallait-il attendre plus des évêques que des conseillers d'État ? Sans doute pas.

INDIFFÉRENCE DE L'ÉGLISE AU PREMIER STATUT DES JUIFS

L'acte de « repentance » du 30 septembre 1997 donne une grande importance à l'abstention des catholiques devant le premier statut des juifs. Il estime que les dirigeants de l'Église auraient dû parler alors qu'ils ne risquaient rien et que les juifs de France en auraient été sauvés : « *Nous reconnaissons aussi que l'Église en France a alors failli à sa mission d'éducatrice des consciences et qu'ainsi elle porte avec le peuple chrétien la responsabilité de n'avoir pas porté secours dès les premiers instants, quand la protestation et la protection étaient possibles et nécessaires, même si par la suite il y eut d'innombrables actes de courage.* »

Quel orgueil éclate dans ce qui est affirmation de faits pour les évêques en « repentance » — parler aurait eu de l'influence —, qui n'est qu'une hypothèse, méritant plus ample examen pour l'historien ! La protestation était-elle possible ? Seul l'aveuglement dû aux lieux communs antijuifs a-t-il joué ? L'Église était-elle si puissante qu'elle aurait été écoutée ? Sans chercher à fournir des excuses à cette grande institution qui les rejettent toutes en ce soir du 30 septembre 1997, il faut lui rappeler qu'elle n'a pas à être considérée à part de l'opinion française, même si la source commune du judaïsme et du catholicisme est supposée lui donner une sensibilité particulière à la question de l'antisémitisme. L'Église subissait des contraintes qui s'imposaient à toutes les composantes de l'opinion. Ces obstacles sont d'ailleurs une gêne pour connaître ce que fut l'opinion et amènent l'historien à une extrême prudence dans ses appréciations.

L'État français est une dictature politique, qui ne favorise ni le débat d'idées ni ne tolère l'expression d'un désaccord. Le silence de ces années est un phénomène qui ne doit pas être oublié. On a dit en 1939 aux Français : « *Taisez-vous, les oreilles ennemies vous écoutent* », avant de leur assurer : « *Taisez-vous et faites-nous confiance* », pour finir par les menacer : « *Taisez-vous ou il vous en cuira.* »

Presse et radio sont contrôlées, censurées. Lorsque l'on écoute Radio-Vichy ou que l'on ouvre son quotidien, on n'y trouve qu'une information insignifiante, édulcorée, ce bavardage vide qui masque les réalités. Comme dans la presse. Il y a des pages, des éditoriaux, des récits, des colonnes et des photos mais d'information sur les vrais problèmes, aucune. D'où ce besoin de savoir qui amène à l'écoute de la BBC, à la recherche du bobard qu'on ne croit pas vraiment, à la diffusion de papiers clandestins, mais ce ne fut ni général ni immédiat. On retrouve donc l'importance de la chronologie et de l'histoire de l'événement.

Quand a lieu la rafle du Vel' d'Hiv' à Paris, dans la nuit du 16-17 juillet 1942, rien, mais absolument rien, aussi incroyable que cela paraisse à ceux qui découvrent aujourd'hui la presse de ce temps, n'est mentionné dans les journaux. Qui aurait connaissance des faits et s'en serait ému n'aurait pas eu de moyens d'exprimer publiquement son désaccord. Un courrier des lecteurs — la chronique est rare — n'aurait rien publié de tel et l'auteur de la lettre se serait signalé aux nombreux services de police du régime comme un suspect à surveiller. L'État français avait recours dans ces cas aux très pratiques internements administratifs.

Par ailleurs, la question de l'antisémitisme ne constituait pas la préoccupation majeure des Français. La plupart n'en ont gardé aucun souvenir. Le phénomène s'accentuait chez les catholiques par la défense qui leur était faite de s'ingérer dans le domaine de la décision politique. La question juive sous l'Occupation est une histoire, révélée et apprise, mais elle ne constitue qu'exceptionnellement une mémoire vécue. Quand les témoins ordinaires — à ne pas confondre avec les acteurs, dirigeants politiques, hauts fonctionnaires, propagandistes plus informés — évoquent spontanément leurs souvenirs et leurs préoccupations, de quoi parlent-ils ? Du choc et de la peur de mai-juin 1940, des prisonniers de guerre de leur famille et du chagrin d'une séparation de plus de cinq années, de la recherche obsédante de la nourriture, de la lutte contre un retour de la misère.

Les dirigeants de l'Église sont moins soumis à ces contraintes matérielles mais ils ne semblent pas avoir été beaucoup plus éclairés — même s'ils furent plus informés — que leurs ouailles. Le gouvernement de Vichy a tenu l'Église au courant du projet de statut des juifs. L'Église en a délibéré. Elle n'a pas vu d'objection à formuler. Le 31 août 1940, Mgr Gerlier, archevêque de Lyon, a parlé du projet d'un statut des juifs devant l'Assemblée des cardinaux et archevêques. Il s'est porté caution de la bienveillance des législateurs de l'État français, qui étudiaient les problèmes avec « *une bonne volonté manifeste* ». Il exposa que le devoir de l'Église était d'aider l'État dans son œuvre positive de reconstruction de la patrie. Le statut des juifs, qui les empêche d'exercer tout mode d'activité susceptible de nuire au bien commun du pays, est légitime dès lors qu'il sauvegarde les droits de la personne humaine.

En 1947, l'ancien secrétaire de l'Assemblée des cardinaux et archevêques, Mgr Guerry, archevêque-coadjuteur de Cambrai, écrit que les cardinaux et archevêques de France respectaient le droit de l'État de régler le problème politique posé par l'existence dans la nation d'une communauté qui résiste à toute assimilation. Pour les évêques, « *l'État a le droit et le devoir d'exercer une vigilance active, afin que la persistance de cette unité (de ladite communauté) ne porte pas atteinte au bien commun de la nation : tout comme il le ferait à l'égard des minorités ethniques ou d'un cartel international* »[18]. Pour lui, le « *statut qu'élabore un État doit s'inspirer des règles de la justice et de la charité, ne pas être animé d'un esprit de haine ou de vengeance politique* ». Les évêques et cardinaux estiment donc légitime un statut des juifs, dès lors que l'État respecte les principes de la justice à l'égard de citoyens qui ne s'en sont pas rendus indignes. La pension ou l'indemnité aux fonctionnaires juifs, l'exception faite pour les valeureux combattants, les bienfaiteurs de la civilisation française suffisaient sans doute à remplir les exigences de justice. Ils considéraient en outre comme parfaitement justifiée la commission de révision des naturalisations d'étrangers, car les « *naturalisations avaient été faites très hâtivement dans les années qui précèdent la guerre* ».

L'acceptation sans approbation du premier statut des juifs par l'Église peut être jugée selon deux modes de pensée. Soit on la considère dans l'absolu et par référence à une exigence éthique — attitude fréquente à la fin du XXe siècle — soit on se contente d'un jugement de nature historique qui, rejetant l'anachronisme, considère l'Église dans le contexte de son époque. Cette dernière attitude a la préférence de l'historien dont le savoir-faire resterait inutile s'il préférait endosser le rôle, d'une tout autre nature, de moraliste. Sur quoi reposera alors le jugement de nature historique ? La comparaison avec l'attitude d'autres grandes institutions, voire d'individus, s'impose. L'Église fut-elle la seule à se réfugier dans le silence complice et l'abstention ? Avait-elle à sa disposition des moyens d'action qu'elle aurait sciemment négligés ?

L'étude comparative est riche d'enseignements. Elle révèle la surprise réprobatrice des milieux sociaux, spirituels et professionnels, qui se livrent à des critiques très mesurées, avant de s'incliner. Leur désapprobation discrète a permis quelques adoucissements, bien insuffisants pour atténuer le chagrin de ceux qui étaient frappés d'exclusion et qui n'ont pas toujours connu la véritable réaction de leurs supérieurs, assez disciplinés pour incarner toutes les rigueurs de l'État français. En 1940, l'Église est donc en retrait par rapport à des autorités et à des institutions pourtant bien passives.

La Légion française des combattants était la première concernée par la législation antisémite, qui ne lui fut pas entièrement appliquée. La grande institution est caractéristique d'un régime autoritaire qui, refusant en 1940 le fascisme inclus dans le projet de Marcel Déat de parti unique, y substitua cette étonnante Légion[19]. La Légion française des combattants eut à se prononcer d'un double point de vue, à la fois pour le recrutement de ses membres — admettrait-elle les juifs, exclus de toute fonction politique et pédagogique, en son sein ? — et pour justifier aux yeux des Français l'antisémitisme comme élément de l'idéologie de la Révolution nationale.

Or, la Légion, la grande institution du maréchalisme, a un statut dans l'État nouveau et des effectifs considérables : 914 000 adhérents en juin 1941. Sous la présidence de son chef, le maréchal Pétain, elle réunit les anciens combattants volontaires au service de la Révolution nationale. Sa tâche civique est surtout consacrée à la propagande, dont les thèmes lui sont proposés par ses chefs. Les juifs n'ont pas été rejetés de la Légion française des combattants alors qu'ils le seront du Service d'ordre légionnaire (SOL), qui lui succède avant d'engendrer la Milice. Pour la Légion, la situation d'ancien combattant efface la qualité de juif. Avoir risqué sa vie, accepté le sacrifice suprême pour la patrie prouve l'intégration à la nation. Mais si les juifs ne sont pas exclus, ils ne sont que des membres de base de l'institution maréchaliste car ils n'accèdent pas aux organismes dirigeants qui, rappelons-le, ont une position officielle dans l'État. Les organismes nationaux leur sont interdits comme les organismes départementaux. Le Consistoire central des israélites de France s'émut de cette relégation et de la différence de traitement entre camarades du feu, dont on proclamait par ailleurs qu'ils étaient unis comme au front. Il demanda par lettre du 21 avril

1941 à Xavier Vallat que « *des instructions soient données pour que les sections départementales de la Légion admettent les anciens combattants israélites sur un pied d'égalité totale avec leurs camarades d'autres confessions et que certaines sections de la Légion cessent toute campagne antisémite* ». L'allusion visait entre autres la Légion de Nice qui, sous la direction de Joseph Darnand, manifestait un vif antisémitisme. Xavier Vallat maintint l'interdiction de confier des responsabilités aux juifs. On ne parlait pas en général de la question juive dans la première Légion, dont le directeur est le très catholique François Valentin, sans doute parce qu'elle aurait été susceptible de diviser les esprits. Le même François Valentin se défend d'avoir jamais donné de consignes antisémites. Le problème restait délicat à régler et la Légion crut lui donner une solution en proposant que les dérogations au statut des juifs concernent avant tout les anciens combattants. Elle est responsable en grande partie du discours sur la différence entre juifs français, juifs anciens combattants et juifs étrangers.

Le cas des fonctionnaires de l'enseignement, important par le nombre et les principes qui, en théorie, devraient l'inspirer, est un des mieux connus[20]. 986 enseignants furent renvoyés sur un total de 2 912 fonctionnaires juifs révoqués. Ce milieu fut plutôt atone dans l'expression de sentiments, estime Claude Singer qui évoque bien la « dernière classe » de l'exclu. Ce jour-là, il transmet à ses élèves un message de dignité et d'espoir patriotique qui prend, pour les jeunes, l'apparence d'une critique grave du régime mais il éprouve de l'amertume devant l'indifférence officielle de ses collègues et supérieurs. Certes, il exista quelques manifestations personnelles de sympathies et même un peu plus au lycée Henri-IV, où une pétition des professeurs fut envoyée au ministre, à la faculté de droit de Paris, où des critiques furent émises dans le discours de rentrée. Un rapport de l'inspecteur d'Académie, Gustave Monod, un protestant, rend compte au ministre de la réunion des proviseurs et directrices de lycées parisiens à la Sorbonne, le 4 novembre 1940, en vue d'étudier l'application du statut des juifs. L'inspecteur signale la mauvaise volonté des directeurs à appliquer les mesures, en particulier aux enseignants anciens combattants. Ils se montrent sceptiques sur la malfaisance des professeurs juifs, dont le nombre est inférieur à 3 % de l'effectif du corps enseignant. Gustave Monod ne cache pas au ministre qu'il partage le sentiment des proviseurs car est atteint par cette législation le libéralisme universitaire et c'est toute une conception de l'honneur intellectuel tiré des traditions humaniste et chrétienne « *qu'il apparaît impossible à un universitaire de renier* ».

Dans l'enseignement supérieur, le loyalisme ou l'attachement aux fonctions d'autorité l'emportèrent. Les recteurs et doyens manifestèrent un peu de gêne, nuancée de loyalisme pour un gouvernement bénéficiant de la connaissance de faits aussi graves qu'ignorés. Un doyen de Clermont-Ferrand prenait un air attristé pour assurer le collègue victime du statut des juifs de sa sympathie personnelle, non sans s'abriter derrière une opinion fataliste sur la dureté des temps quand ce n'était pas un cynique : « *Que voulez-vous, les bons payent pour les méchants*[21] *!* »

Des juifs éminents eux-mêmes n'ont pas saisi toute la gravité de la législation antisémite de Vichy. Ils reconnaissent presque tous que le gouvernement a le droit d'élaborer une législation restrictive des droits des juifs. Le grand rabbin de France Isaïe Schwartz admettait que l'État pouvait édicter quelques restrictions, à condition qu'elles n'imitent pas la législation allemande et ne portent pas atteinte à une égalité acquise sur les champs de bataille et par la communauté des valeurs : patrie, famille, travail. Il manifeste un attachement à la patrie qui le blesse : « *À une loi d'exception nous répondrons* — écrit le grand rabbin de France à Pétain — *par un dévouement sans défaillance à la patrie. En même temps, nous demeurerons fidèles au culte du Dieu Un, à la révélation du Sinaï.* [...] *Les Français israélites ont pris pour devise : Religion — Patrie. Toujours fidèles à cet idéal, nous puiserons notre courage et notre espérance dans l'amour de Dieu et dans les leçons de la Bible, source de la vie spirituelle du peuple français.* »

La réponse de Pétain est sèche et froide : « *L'obéissance à la loi est un des principes essentiels de tout État et une des conditions indispensables au redressement de la France que je poursuis, vous le savez, de toutes mes forces, en faisant appel au dévouement et, si besoin est, à l'esprit de sacrifice de tous mes concitoyens, dans quelque condition qu'ils se trouvent placés. Je suis heureux de constater que vous êtes animé de ces mêmes sentiments et je vous remercie de me les avoir exprimés.* »

Le Consistoire central était gêné par l'exil de son président Robert de Rothschild que remplacera en mars 1941 Jacques Helbronner. Ce grand notable considère les juifs étrangers comme des coreligionnaires indignes de partager avec les vieux juifs français la direction du judaïsme[22]. La solidarité se limite à la distribution de secours. Helbronner se sent socialement si loin de ces petites gens ! Son frère, Paul, est membre de l'Académie des sciences et compagnon d'alpinisme du pape Pie XI ; son frère, Louis, un avocat, a été avec P.-M. Gerlier secrétaire de la conférence du stage. Jacques est conseiller d'État, ancien combattant valeureux, chef de cabinet d'un ministre de la Guerre et chef du secrétariat du Comité de guerre. Il annonça à Pétain sa nomination de généralissime, à laquelle il avait contribué, et il resta son ami. Son exclusion du Conseil d'État le remplit d'amertume mais il ne dissipe pas sa confiance en Pétain. Mgr Gerlier est son porte-parole à Vichy. Lui-même considère qu'il pourra venir au secours des victimes connues, adoucir la législation. Il est persuadé que le gouvernement de Vichy veut sincèrement protéger les juifs français.

Le Consistoire, résigné, déplore surtout que le statut entretienne une confusion entre juifs français et juifs étrangers. L'invasion des étrangers a, selon Helbronner, suscité un antisémitisme qui s'est étendu aux vieilles familles françaises de religion israélite. Le statut ne devrait s'appliquer qu'aux familles récemment arrivées en France. Il serait d'accord pour que certains emplois — hauts fonctionnaires, professeurs d'université, directeurs de journaux et d'entreprises de spectacles publics — ne soient accessibles qu'aux Français comptant au moins trois grands-parents de nationalité française. Le nombre limité de juifs dans la fonction publique et la résignation des hauts responsables juifs, que connaissaient les dirigeants de Vichy, ont contribué à encourager une passivité générale.

Les réactions d'antisémitisme de la population française sont restées rares, même si la propagande de la presse collaborationniste et la législation les encouragent. Des protestations contre l'arrogance des juifs riches et leur pratique du marché noir sont enregistrées par les services de police antijuive de la Côte d'Azur, du Sud-Ouest, de Megève, des petites villes de cure et du Limousin où ils s'étaient installés, ce qui ne prouve que l'obsession antisémite de ces policiers, habiles à monter en épingle des réflexions nées du contraste des niveaux de vie. Le curé de Tournon-d'Agenais se distingue en envoyant, le 21 mars 1941, à Xavier Vallat une pétition de ses ouailles contre un projet d'assigner à résidence 150 juifs dans cette petite commune. La commune a 275 habitants et la pétition porte environ 160 signatures. Le curé la présente à Vallat en s'excusant de donner prise au soupçon d'insubordination à l'égard de l'administration et du Maréchal. La présence de nouveaux juifs est repoussée car ils ont déjà délabré les saines mœurs patriarcales en se livrant au marché noir (le ramassage du lait, concédé à l'un d'entre eux, révolte les habitants). Les paysans, tentés par le profit, perdent leurs vertus traditionnelles. « *D'une paroisse chrétienne, voici que maintenant elle devient une paroisse qui n'a plus de Dieu que le "veau d'or" et cet état d'esprit n'est pas pour relever l'âme française*[23]. » Si le maréchal Pétain exigeait, en dépit de leurs vœux, la présence des cent cinquante juifs à Tournon, ils se résigneraient mais ils demandent au moins de les *placer « dans un camp près d'une source ou d'un petit ruisseau* ». Une telle démarche reste exceptionnelle. Le propos officiel dans l'Église est plutôt : de tout mal sortira un bien. Ne gênons pas le chef qui promet tant de bons et tangibles bienfaits à l'Église. Le moment où est envisagé un nouveau statut de l'école n'est sans doute pas le plus approprié pour une critique de la politique de l'État. A existé aussi l'espoir que les juifs persécutés se convertiraient au christianisme.

Le 30 novembre 1940, *La Croix* publie un article au titre provocateur pour un journal au ton d'ordinaire si mesuré : « Les juifs sont-ils maudits de Dieu ? » L'auteur C. Martel affirme : « *Ici, nous avons toujours soutenu le juste milieu entre un antisémitisme trop sectaire et un philo-judaïsme trop aveugle.* » L'antisémitisme du statut des juifs n'est pas considéré comme « *sectaire* » et il ressort d'une volonté légitime de « *restreindre la trop large place que les israélites occupaient dans la direction des affaires françaises* ». Aux « philo-judaïques », il rappelle qu'il y a bien eu malédiction de la race juive quand, voyant Pilate abandonner Jésus à Caïphe et à ses sanhédrites en disant « *je me lave les mains du sang de ce juste* », les juifs répondirent : « *Que son sang retombe sur nous et sur nos enfants.* » Cependant, les expiations ne sont pas éternelles et une voie s'offre aux juifs pour y échapper : la conversion.

Les juifs ne doivent plus refuser d'entrer dans la nouvelle humanité régénérée par le Christ, « *le plus saint des enfants de leur race* », qui a été jusqu'à leur pardonner. *La Croix* poursuit, rassurant les catholiques : « *Il n'y aura plus de problème juif que le jour où, suivant la prophétie du juif converti saint Paul, Israël se sera retourné vers le Seigneur, cessant d'attendre un problématique Messie, pour reconnaître le Christ comme son Sauveur et son Dieu.* » Le dimanche précédent, tous les prêtres de France ont lu devant le saint sacrement, exposé à l'occasion de la fête du Christ-Roi, l'acte de consécration du genre humain au Sacré-Cœur, rédigé par Pie XI : « *Regardez, Seigneur, avec miséricorde les enfants de ce peuple qui fut jadis votre préféré. Que sur eux aussi descende aujourd'hui, en baptême de vie et de Rédemption, le sang qu'autrefois ils appelaient sur leur tête.* »

Une Église qui voit s'ouvrir devant elle les perspectives riantes d'un apostolat des masses incroyantes que l'enseignement religieux va toucher, et d'une conversion des juifs, n'a pas de raison de rendre publiques les réserves de certains de ses membres. Elles ont existé, même si elles furent timides et localisées. Il est juste de les évoquer.

Les premiers frémissements sont venus de Fourvière et de Lyon, capitale catholique de l'État pétainiste de zone non occupée. Ils ne constituent qu'un mince filet de voix que la hiérarchie sut parfaitement étouffer. Une grande conscience aussi vigilante que celle du père de Lubac ne s'est pas particulièrement inquiétée quand a été publié le premier statut des juifs. Le jésuite avait pourtant écrit en 1938 *Catholicisme*, où il rappelait les liens du judaïsme et du catholicisme. Il fallut attendre janvier 1941 pour qu'il sorte de son silence, et de manière très générale.

La faculté catholique de Lyon demanda au père de Lubac deux conférences sur les missions dans le cadre de la chaire spécialisée. Le jésuite invita son auditoire à analyser les principaux obstacles rencontrés par les missions. Le premier exposé fut classique mais il décida de consacrer la seconde conférence à l'obstacle que constituait pour les missions le racisme. Il ne fit cependant aucune allusion à la législation antisémite de Vichy. Il critiqua longuement les élucubrations de Rosenberg et cita l'instruction de la Sacrée Congrégation des séminaires et universités, adressée le 13 avril 1938 aux recteurs des universités catholiques et qui condamnait le racisme. L'occasion était belle de rappeler aux chrétiens français les paroles de Pie XI et d'éveiller leur conscience. Mais les autorités veillaient et la prudence l'emporta. Alors que la revue *L'Union missionnaire du clergé* avait publié la première conférence du père de Lubac, elle hésitait à éditer la seconde. Il lui fut demandé de rayer de ses analyses les critiques du racisme. Finalement, la revue renonça à publier la conférence[24]. Le père de Lubac est un propagandiste avisé. S'interrogeant sur l'accueil qu'il espère trouver dans l'opinion, il se rend compte que, même publié sous forme d'article dans une revue religieuse, il n'a guère de chances d'être compris. La masse des fidèles n'est ni sourde ni amorphe, elle est bercée par une « *amollissante euphorie* » et ne comprend pas les critiques alors que l'Église n'a jamais eu autant le vent en poupe. Il faudrait, pour l'inquiéter, qu'une autorité ecclésiastique fît une protestation de quelque solennité. Mais qui s'y risquera ? Qui admettra l'idée qu'elle est nécessaire ? Dans un monde aussi hiérarchisé, c'est bien le sommet qu'il faut ébranler et tout suivra.

Le jésuite se contente d'abord d'adresser le 25 avril 1941 — sept mois après le premier statut des juifs, un mois après la création du commissariat général aux Affaires juives — un mémoire à ses supérieurs où il leur confie l'angoisse qu'il ressent devant le silence des chefs de l'Église sur les mesures antisémites. Il n'a entendu d'aucun d'entre eux le « *plus timide rappel de doctrine, la plus modeste mise en garde, au moins en public* ». Que signifie ce silence alors que l'enseignement des papes est évident et que montent autour de la forteresse chrétienne les flots meurtriers ? « *Ne nous y trompons pas* — écrit Lubac — *l'antisémitisme actuel n'est plus celui qu'ont pu connaître nos pères : outre ce qu'il a de dégradant pour ceux qui s'y abandonnent, il est déjà de l'antichristianisme. C'est à la Bible qu'on en veut, c'est à l'Évangile aussi bien qu'à l'Ancien Testament, c'est à l'universalisme de l'Église, à ce qu'on appelle "l'Internationale romaine" ; c'est à tout ce que Pie XI revendiquait comme nôtre à la suite de saint Paul, le jour où il s'écriait : "Spirituellement, nous sommes des Sémites !" Il importe d'autant plus d'y prendre garde que cet antisémitisme fait déjà des ravages dans les élites catholiques, jusque dans nos maisons religieuses.* » Le mémoire du père de Lubac reste enfoui dans le secret de la maison de Fourvière. Le vigilant jésuite ne rencontra pas beaucoup de regards intéressés et attentifs. Il n'a pu s'épancher qu'auprès du père Fessard, qui partage ses sentiments mais ne sait pas comment agir. Le père de Lubac réunit à tout hasard une documentation sur l'antisémitisme et il la remet à son ami en vue d'une publication, dont la forme n'est pas arrêtée ni l'opportunité envisagée. La petite flamme continuera à couver sous la cendre.

L'ÉTAT FRANÇAIS SANS ÉTATS D'ÂMES

Il est impossible qu'il n'ait pas existé à Vichy d'homme de cabinet ni de fonctionnaire pour critiquer l'arsenal juridique antisémite. Ils n'ont pas rencontré, en tout cas, beaucoup d'écho. Plusieurs de ces âmes inquiètes viennent des milieux protestants. René Gillouin, porte-plume de Pétain, n'est pas écouté. Le pasteur Marc Boegner a plus de relations mais pas beaucoup plus de succès. Lorsqu'il tente d'alerter le ministre des Affaires étrangères Paul Baudouin, il s'attire des paroles sévères : « *... la Révolution nationale n'ira pas sans casser du bois. Il est nécessaire d'éliminer les juifs de la direction de l'État. On fera un procès à quelques "canailles" — Jean Zay par exemple — pour éclairer le peuple*[25]. »

Le général Brécard, grand chancelier de la Légion d'honneur, avait connu à Strasbourg alors qu'il y était gouverneur militaire le grand rabbin Isaïe Schwartz. Il lui ménage une entrevue avec le maréchal Pétain le 15 mars 1941[26]. Le dialogue ne s'est jamais noué entre les deux hommes qui se retiennent pour ne pas dire le fond de leur pensée ; le Maréchal : « *Vous devez être bien malheureux, monsieur le Grand Rabbin* [...] *Nous avons été injustes, je le sens, et j'en suis peiné, mais il n'y a rien à faire en ce moment.* »

Isaïe Schwartz aurait bien tort de croire que le chef de l'État lui ouvre une voie de négociation. Feignant de n'avoir pas compris, il demande qu'au moins les anciens combattants juifs, chers comme tous les combattants au cœur du vainqueur de Verdun, soient tous relevés, et sans l'interminable parcours juridique prévu, trop coûteux pour les moins riches, des interdictions du statut des juifs. Pétain joue les demi-sourds et n'entend que le mot « riches ». Il se lance dans un discours, révélateur de la nature de son antisémitisme, social et aucunement religieux. Il ne peut rien pour les juifs car l'opinion française a trop de reproches à leur adresser. Ils sont trop riches et trop intelligents et par là même ils suscitent la jalousie de la population.

Pétain dit : « *Il y en a beaucoup qui ont des châteaux.* »

Le rabbin répond : « *Je n'en ai pas, et la masse non plus ; on ne voit pas les masures.* »

Pétain rit : « *D'ailleurs, j'ai de bons amis israélites* » et puis, sans hésitation, il lance aux juifs le reproche de n'être pas intégrés dans la nation.

Le grand rabbin sursaute à cette critique amère en ce temps de lois d'exclusion. Mais, dans l'esprit de Pétain, il n'est pas question du statut. Le chef de l'État constate qu'il n'y a pas d'artisan rural juif. Il est évident que les juifs français ne sont pas paysans. Que cherchent-ils dans la ville qui pervertit ? Seule la terre ne ment pas.

Isaïe Schwartz abandonne le terrain glissant des sillons lourds de vérité. Il cite des faits qui froissent les bons juifs français : l'État ne les traite pas aussi bien que les autres communautés religieuses. La liste des membres du Conseil national vient d'être publiée. Dans cette institution de l'État nouveau qui élaborera la Constitution et conseillera le chef pour la mise en route des réformes, ont été appelées les élites de la société et de la vie spirituelle. Le pasteur Boegner, un archevêque, un simple prêtre y siégeront. Mais pourquoi n'a-t-on nommé aucun représentant du Consistoire central ? Surpris et, au fond, ravi de voir les reproches s'orienter vers la foire aux vanités, Pétain esquive : « *Il a déjà vécu et ne se réunira jamais*[27]. »

Schwartz a un meilleur argument. Il critique le gouvernement pour la propagande antisémite de la radio, si humiliante et si injuste pour les juifs français. Philippe Pétain, sans s'engager à intervenir, prononce des paroles à demi rassurantes : « *Il y avait des violents au gouvernement. Ils sont partis.* » (Il pense sans doute au garde des Sceaux, Raphaël Alibert.) Pétain, avec une bonne dose d'égocentrisme, ramène tout à lui et, bien que n'ayant rien accordé, se pose en protecteur : « *Priez pour que je vive encore longtemps* » (sous-entendu : ceux qui attendent ma succession seront pires que moi). Isaïe Schwartz dit alors à Pétain son effroi devant le comportement du commissariat aux Affaires juives et il remet au Maréchal un mémoire sur les relations du Consistoire et des Allemands en zone occupée. Pétain ne veut pas parler des Allemands et reprend l'antienne du retour à la terre, comme si l'installation de tous les juifs dans les fermes (sans doute celles qui sont abandonnées dans les Hautes-Alpes) allait résoudre tous les problèmes des juifs. Le grand rabbin n'a plus qu'à prendre congé. Il ne sera pas retenu à déjeuner. C'est une faveur qui n'est accordée qu'aux évêques.

Philippe Pétain et l'amiral Darlan ont le cœur serein et l'âme en paix. Le statut des juifs est légitime. Si l'application est délicate, il suffit, estime Darlan, de créer une bonne structure administrative et d'y placer — c'est le vœu de Pétain — un ancien combattant intègre et un catholique fervent. Xavier Vallat a été choisi.

UN CATHOLIQUE, COMMISSAIRE GÉNÉRAL AUX QUESTIONS JUIVES : XAVIER VALLAT

Xavier Vallat a participé comme parlementaire à l'Assemblée nationale des 8-10 juillet 1940 à Vichy. Très proche du général Weygand, il y est resté à sa demande comme secrétaire général aux Anciens Combattants. Il va pousser à l'unification des mouvements d'anciens combattants. Lorsque Weygand lui parle du projet de parti unique de Marcel Déat, il voit le danger et imagine la parade : transformer le mouvement unique des combattants en préparation en organisme civique placé sous la présidence de Pétain, rendant inutile le parti unique de Déat. Ainsi est créée la Légion française des combattants le 29 août 1940[28]. Seulement, les Allemands n'acceptent pas cette Légion. Ils n'ont pas oublié le rôle patriotique joué sous la République de Weimar par les anciens combattants et ils la soupçonnent de préparer la revanche. Aussi l'interdisent-ils en zone occupée. Ils reprochent à Xavier Vallat de nommer en zone sud les présidents départementaux sans les consulter et de favoriser l'accès aux responsabilités d'ennemis avérés de l'Allemagne. Ils lui font grief d'avoir nommé des présidents pour les départements alsaciens qu'ils ont rattachés au Reich, illégalement, mais il n'est pas bon de le laisser entendre.

Lorsque Otto Abetz bondit à Vichy pour aller chercher Pierre Laval, que Pétain a renvoyé, il exhale tous ses griefs à Pétain, qui le reçoit le 17 décembre 1940. Il exige, entre autres, le remplacement de Xavier Vallat au secrétariat des Anciens Combattants. Son départ fit partie de la négociation engagée pour la reconnaissance du gouvernement Darlan par les Allemands. Philippe Pétain acceptait de sacrifier personnellement Vallat pour sauver leur œuvre commune, la Légion française des combattants, mais il ne voulait pas que le retrait apparût comme une sanction. Il exigeait de lui trouver une autre mission. L'amiral Darlan fit plusieurs propositions à Vallat, dont le secrétariat général du commissariat aux Affaires juives, nouvellement créé, qu'il n'accepta pas par hasard mais parce que la mission l'intéressait.

Les sources chrétiennes de l'antisémitisme de Xavier Vallat ne font aucun doute. En homme qui ne connaît pas la « repentance », il s'en réclame avec lucidité, avec fierté, avec même un soupçon de provocation. Lors de son procès devant la Haute Cour de justice commencé le 2 décembre 1947, il n'est pas de ceux qui tentent de dissimuler leur antisémitisme et esquivent leur responsabilité dans la politique de l'État français, en plaidant leur ignorance des conséquences de leurs actes ou leur éloignement du pouvoir[29]. Antisémite et catholique, il l'a été. Il le demeure, par foi, par conviction, par raison.

Le nouveau commissaire général aux Questions juives est une forte personnalité, formée par une tradition, des valeurs et un milieu. Issu d'une famille conservatrice de « blancs » de l'Ardèche, il trouve dans cette terre de passions religieuses et politiques une foi catholique ardente, en conflit avec la religion réformée, et une vision politique contre-révolutionnaire. L'enfant a cru très tôt que la société politique rejette certains esprits et condamne les comportements qui ne suivent pas les normes républicaines, sans égard pour les libertés et les vertus personnelles. Son père, instituteur public, n'aimait pas plus la République qu'il n'en était apprécié, car les ministres d'alors considéraient comme peu convenable qu'un maître d'école chantât la grand-messe au lutrin. Ses qualités humaines et professionnelles, la popularité auprès des villageois d'un bricoleur complaisant ne compensaient pas ses mauvaises idées politiques et son zèle chrétien. Les nombreuses mutations qui suivirent expliquent la naissance du jeune Xavier à Villedieu, dans le Vaucluse, un 23 décembre 1891 et les pérégrinations du fonctionnaire loin de l'Ardèche. La famille était nombreuse ; huit enfants survécurent parmi les onze qui naquirent. Elle était aussi très pieuse. La sœur, Gérarda, fut religieuse ; un frère devint novice à la Compagnie de Jésus. À tour de rôle — car le billet était cher — chaque enfant accompagnait les parents à Lourdes. Xavier et son père ne manquaient jamais le pèlerinage de Lalouvesc, institué en 1902 par le député de Tournon, Gailhard-Bancel.

La guerre éprouva la famille Vallat. Un fils tomba en Argonne en 1915. Nicolas et Xavier furent grièvement blessés et amputés. Mais le conflit facilita la promotion politique et sociale de l'invalide car, aux législatives de 1919, la droite découvrit l'intérêt de placer sur ses listes de jeunes et glorieux anciens combattants. Le mouvement ancien combattant naissait avec une telle force que Vallat fut élu, premier en voix, sur la liste où son nom avait été placé en dernier en raison de sa jeunesse et de la modestie de ses origines[30].

Le nouveau député du Bloc national n'éprouva guère d'admiration pour les mœurs parlementaires mais il mit à profit son séjour parisien pour obtenir sa licence en droit et s'inscrire au barreau de Paris. Battu en 1924, il retrouve la Chambre des députés en 1928 et siège jusqu'à la guerre comme membre du groupe de l'Entente républicaine. Il avait adhéré, dès sa fondation, à la Fédération nationale catholique qui s'opposa à la politique anticléricale d'Édouard Herriot. Il collabore aux *Cahiers de l'Ordre* de l'abbé Duperron de 1927 à 1934 puis à la *Revue internationale des Sociétés secrètes* du chanoine Jouin où est dénoncé le « péril judéo-maçonnique ». Croix-de-Feu, Xavier Vallat n'a pas voulu adhérer au PSF du colonel François de La Rocque et il fut l'avocat de son rude adversaire Pozzo di Borgo. Attentif au maintien du traité de Versailles dans les années vingt, il nourrit de plus en plus de doutes sur l'aptitude des gouvernements français à résister à l'Allemagne.

L'antisémitisme de Xavier Vallat éclate lorsque se constitue le gouvernement de Front populaire. Il s'adresse à la Chambre à Léon Blum, le nouveau chef du gouvernement, en termes scandaleux : « *Votre arrivée au pouvoir, monsieur le Président du Conseil, est incontestablement une date historique. Pour la première fois, ce vieux pays gallo-romain sera gouverné par un juif.* » Il n'hésite pas à assumer ces propos en 1947 devant la Haute Cour de justice. Rappelé à l'ordre par le président, il explicite sa pensée : « *Je dis, parce que je le pense — et j'ai cette originalité ici qui, quelquefois, me fait assumer une tâche ingrate de dire tout haut ce que tout le monde* [sic] *pense tout bas — que, pour gouverner cette nation paysanne qu'est la France, il vaut mieux avoir quelqu'un dont les origines, si modestes soient-elles, se perdent dans les entrailles de notre sol qu'un talmudiste subtil.* » Il explique que les

Français se seraient inquiétés s'ils avaient su que les décisions étaient prises dans « *un cénacle où figuraient par ordre d'importance son secrétaire, M. Blumel, son secrétaire général, M. Moch, ses confidents, MM. Cain et Lévy, son porte-plume, M. Rosenfeld*[31]... » C'est bien l'antisémitisme qui l'anime contre le gouvernement et non pas une hostilité politique banale puisque, par ailleurs, il défend Roger Salengro, ministre de l'Intérieur de Blum, parfait honnête homme, injustement accusé de désertion. Il récidive lors du second cabinet Blum : « *Il me paraît inconvenant que l'union des Français se fît autour de l'homme qui représente si intensément le peuple que la malédiction divine a condamné à ne plus avoir de patrie.* »

Le procès en Haute Cour est mis à profit par Xavier Vallat pour manifester un antisémitisme d'État, qui est celui de l'Action française. Selon lui, les juifs, par leurs qualités mêmes, en arrivent rapidement à constituer un État dans l'État. Niant qu'il soit raciste, niant qu'il soit antisémite, Vallat proclame qu'il est « *antijuif* » par raison d'État et parce que, selon lui, « *l'antijudaïsme est un fait universel* ». Vallat est convaincu que les juifs sont inassimilables et il leur reproche de vouloir dominer les nations où ils vivent. En France, selon lui, la médecine et le barreau étaient « envahis », surtout à Paris, par les juifs. Il les débusque dans les banques d'affaires, le trust du blé, les transactions immobilières, le textile. Dans la presse, leur activité l'offense et il ne se rend pas au cinéma, leur quasi-monopole. Il fallait se défendre : « *La France était atteinte d'un transport juif au cerveau dont elle a failli mourir. Il nous a bien fallu prendre le bistouri. Nous avons voulu être des chirurgiens, et non des bouchers, encore moins des bourreaux*[32]. »

Xavier Vallat se différencie de Charles Maurras par l'obsession d'une justification religieuse de son antijudaïsme. Il n'est jamais à court de citations de la Bible, peut-être avec la maligne intention de gêner les catholiques associés aux laïcs dans le gouvernement de la IVe République. Il cite l'épître de Paul aux Thessaloniciens : « *Les juifs ne plaisent pas à Dieu et sont les ennemis des autres hommes* », et il ajoute : « *Dans les textes législatifs dont je suis devant vous pour prendre et payer la responsabilité, je ne me suis pas inspiré des doctrines des pays totalitaires, ni des doctrines raciales ; je me suis inspiré d'une doctrine, je le répète, qui a un long fondement dans nos traditions historiques et qui a sa garantie — qu'il ne faut pas dépasser — dans la doctrine même de l'Église*[33]. » Vallat cite la *Somme théologique* de saint Thomas d'Aquin et n'oublie aucun des conciles, qui au long des siècles médiévaux ont limité les droits des juifs. Il compte même les bulles pontificales destinées à « *préserver de l'emprise juive la civilisation chrétienne* » et n'en trouve pas moins de cinquante-sept attribuées à vingt-neuf souverains pontifes. Le contenu des documents pontificaux a retenu toute son attention. Il observe que la politique des papes s'est déployée largement : politique d'isolement (ghettos, vêtements distinctifs, expulsions, interdiction des mariages mixtes), dispositions politiques et économiques (pas d'accès aux charges publiques, à certains métiers, à la propriété, prévention de l'usure).

Vallat estime que la politique antisémite du gouvernement de Vichy est non seulement conforme à la tradition chrétienne mais encore humaine par rapport à la politique de persécution nazie. Elle est modérée, étant restée « *en deçà des dispositions prises au cours des âges par l'Église* ». Et réfléchissant au bilan de la politique du Maréchal, il est satisfait car il la trouve raisonnable en raison de tout ce qu'elle aurait pu décider et dont elle s'est abstenue : « *Le gouvernement du Maréchal n'a pas interdit aux juifs les mariages mixtes. Il ne leur a pas interdit d'avoir des domestiques non juifs. Il ne les a pas enfermés dans des ghettos. Il ne leur a pas imposé un insigne vestimentaire distinctif. Il ne les a pas expulsés de France. Or, il aurait pu faire tout cela en se couvrant par des précédents historiques trouvés dans les actes pontificaux*[34]. »

Vallat adhère aussi à un « antisémitisme moderne » fondé sur des analyses de type politique. Il en discerne l'origine dans la loi du 27 septembre 1791 de l'abbé Grégoire, qui met fin au régime discriminatoire des juifs en leur conférant la citoyenneté française. Pour Vallat, l'ubiquité du juif révèle tous ses effets néfastes car « *le juif sera citoyen de deux nations, d'abord Israël la nation universelle, ensuite de la nation particulière où il lui a plu de planter provisoirement sa tente.* » Or, il n'a pas oublié le commandement divin : « *Tu seras le peuple qui commandera aux autres.* » Nul ne trouve grâce aux yeux de cet adversaire des juifs : « *Assoiffé de pouvoir, le juif capitaliste veut ruiner le monde pour s'en emparer et le juif révolutionnaire rêve d'établir son pouvoir dans la destruction de l'ordre établi.* »

Vallat, qui pratique sans complexe un antisémitisme à la française, veut bien prendre quelques engagements auprès d'Otto Abetz auquel il rend visite début avril 1941. Mais il l'avertit qu'il faut ménager les hésitations du maréchal Pétain dont l'autorité morale est bien utile et qui ne supporterait pas une persécution des juifs français. Abetz soupira qu'il se contenterait pour le moment de la législation actuelle mais il conseillait, pour l'avenir, de qualifier d'étrangers les juifs français qui commettraient une infraction contre les intérêts de la nation française. Il est si content de sa proposition qu'il explique à son correspondant : « *Grâce à une loi de ce genre, on peut ensuite amener aussi la juiverie fixée depuis longtemps, et qui fait à peu près un cinquième de toute la juiverie qui s'est actuellement fixée en France, à quitter peu à peu complètement la France*[35]. »

LE SECOND STATUT DES JUIFS (2 JUIN 1941)

Le statut des juifs du 3 octobre 1940 n'était qu'une première étape. Les missions du commissariat aux Affaires juives annonçaient que d'autres dispositions seraient prises. Son rôle fixé par la loi du 29 mars 1941 était double : veiller à la liquidation des biens juifs, nommer des administrateurs provisoires aux entreprises juives et proposer au gouvernement des mesures législatives relatives aux juifs. L'amiral Darlan précisa les missions avec le consul allemand, Schleier. Il sortit de cette collaboration la loi du 19 mai 1941, qui ajoute au CGQJ une mission de coordination entre les secrétariats d'État et l'autorise à provoquer à l'égard des juifs des mesures de police commandées par l'intérêt national. Le commissariat contrôle administrativement l'Union générale des juifs de France (loi du 29 novembre 1941). L'essentiel restait l'aryanisation économique. Vallat voulait-il mettre l'économie française à l'abri de l'influence juive ? Il n'était pas tellement convaincu de son poids mais il se persuada que, si le CGQJ n'agissait pas, les entreprises juives de zone occupée seraient saisies par les Allemands et que s'accentuerait ainsi un peu plus une mainmise allemande sur l'économie française. L'aryanisation à la française des entreprises juives constitua l'un des volets du second statut des juifs ou loi du 2 juin 1941. Toutes les professions d'argent et de production non agricole — y compris celles liées aux spectacles — étaient interdites aux juifs. Les entreprises juives seront peu à peu aryanisées, confiées à des administrateurs aryens et éventuellement liquidées. La possession d'immeubles n'est autorisée que pour le logement de son propriétaire mais pas pour la location à des tiers.

L'autre volet du second statut des juifs est constitué par une définition qui se veut plus rigoureuse de la qualité de juif et par des exemptions plus souples, souvent destinées à régler la situation de protégés du gouvernement. Ces articles viennent des difficultés pratiques d'application du premier statut et du zèle technocratique et juridique de Xavier Vallat, qui prend au sérieux sa mission de traquer les lacunes de la première loi et d'en corriger des défauts. L'expérience révélait que le législateur avait été imprécis et négligent. La qualité de juif était définie dans le premier statut de manière raciale mais la notion de race n'existant pas en droit français, toutes sortes de difficultés d'application avaient été soulevées. Vallat, avocat et catholique, semblait capable de fournir une définition acceptable pour l'Église et l'opinion, commode pour les administrations et les tribunaux appelés à l'utiliser. (La preuve de non-judéité doit être fournie par la victime, ce qui n'empêche pas l'administration de justifier son action.) Une erreur, dont l'origine est sans doute pédagogique (que d'imprécisions devenues avec le temps des lieux communs et des erreurs respectées sont faites au nom de la pédagogie !), est souvent commise par des historiens dépourvus d'une formation juridique rigoureuse. Ils opposent, à tort, un premier statut des juifs, où la définition du juif serait raciale, à la définition du second statut où elle serait religieuse[36]. Les juristes et les spécialistes de l'histoire administrative de la période rétablissent la vérité. Jean Marcou a raison de qualifier la vision ordinaire des historiens de « *distinction artificielle et inexacte*[37] ». C'est bien, en effet, « *et à nouveau la race juive des grands-parents qui est invoquée à la base de la loi* ». Est juif celui qui est issu d'au moins trois grands-parents de race juive ou de deux grands-parents si le conjoint est lui-même issu de deux grands-parents de race juive.

La religion intervient ensuite, et donc en second, pour établir l'appartenance à la judéité des grands-parents (à quelle religion appartenaient-ils avant 1905 ?) et pour rattacher à la judéité une personne issue de deux grands-parents de race juive si elle appartient à la religion juive (ou y appartenait avant le 25 juin 1940, date qui élimine les conversions récentes).

Ces références religieuses du second statut sont ambiguës et dissimulent une conception prioritairement raciste car, selon la juste remarque de Jean Marcou, elles font fi « *en réalité de la conception qu'a le christianisme du baptême et de la conversion, et selon laquelle ils priment sur tout* »[38]. Si l'on prend l'exemple d'une personne qui est catholique mais qui a trois grands-parents juifs, sa judéité est définie par la race de la famille. Ce n'est que pour une personne qui a seulement deux grands-parents juifs que la qualité de juif peut être récusée par le critère d'adhésion à une religion chrétienne.

FRÉMISSEMENTS CATHOLIQUES AU SECOND STATUT DES JUIFS (JUIN-NOVEMBRE 1941)

L'opinion en général ne prêta pas plus d'attention au second statut des juifs qu'au premier. Les corps sortaient de l'hiver, affaiblis par une nourriture débilitante et la période de soudure n'apportait aucune autre amélioration que celle de la température. Bien des cœurs de patriotes allaient vibrer à l'annonce d'un conflit où s'affronteraient Russes et Allemands et les esprits se tournaient vers la Syrie où une guerre opposait les Français de Vichy à ceux de la France libre.

L'Église catholique fut, elle, ébranlée même si elle ne laissa pas percer en public ses doutes. Si, devant le premier statut, l'Église reconnaissait que l'État avait agi selon son droit, elle devait se poser, devant le second statut, des questions plus insidieuses, ne serait-ce que parce qu'il y était clairement affirmé que la conversion n'efface pas la race.

Une fois le statut du 2 juin 1941 publié, le gouvernement de Vichy se demande s'il n'est pas allé trop loin et s'inquiète de la réaction des chrétiens. L'amiral Darlan attache du prix au soutien des catholiques et cherche à éviter des scrupules aux âmes sensibles. Le grand poète, Paul Claudel déchante, à la fois pour des raisons personnelles et par jugement politique. Il avait adhéré de tout cœur à une Révolution nationale qui favorisait l'école libre et la morale mais l'appel à la collaboration après Montoire le choqua. Les collaborationnistes du style de Mgr Baudrillart le mettent hors de lui : « *Les catholiques "bien-pensants" sont décidément écœurants de bêtise et de lâcheté* », écrit-il le 22 novembre 1940, ce qui ne l'empêche pas de demander au maréchal Pétain de l'aider à monter *L'annonce faite à Marie*. Il va ressentir quasi personnellement l'antisémitisme de l'État français. Il n'a rien dit au premier statut des juifs mais, en 1942, il soupçonne le gouvernement d'antisémitisme forcené plus que de vouloir protéger les intérêts de la nation. Paul-Louis Weiller, le président de la société Gnôme-et-Rhône, dans le conseil d'administration de laquelle il siège, est parent par alliance du poète. Il avait été arrêté en octobre 1940 sur la demande du général Bergeret, ministre de l'Air. Pour Claudel, les motifs politiques et économiques de son arrestation ne sont que des prétextes, comme pour celles de deux autres constructeurs aéronautiques, Marcel Bloch et Émile Dewoitine, « *individus dangereux pour la sûreté de l'État* ». Il note aussi que Jean Zay, qui n'est nullement un frein à la réorganisation de l'industrie aéronautique, a aussi été interné. Ces internements émanent donc de Raphaël Alibert, un « *maniaque de l'antisémitisme* », et révèlent à Claudel la « *monstruosité de la procédure des internements administratifs* » : il compte sur le bon sens du maréchal Pétain qui a mis Alibert à l'écart pour réparer cette erreur. Il se rend donc à Vichy et intercède en février auprès de Pétain avec quelque efficacité, puisque Paul-Louis Weiller est libéré et astreint à résidence à Marseille, d'où il entrera en 1942 dans la clandestinité et la Résistance. Ses démarches dues à son prestige et aux autres amis de Paul-Louis Weiller ont été couronnées de succès. Claudel semble réconcilié avec Vichy puisqu'il dîne deux fois en mars 1941 avec le maréchal Pétain, qui lui promet une subvention de 50 000 francs pour *L'annonce faite à Marie*. En mai 1941, le poète revient à Vichy pour surveiller les préparatifs de représentation de sa pièce et sans doute pour obtenir une liberté complète de Paul-Louis Weiller. Elle ne lui est pas accordée et Claudel, furieux, qualifie ses interlocuteurs des pires injures (peut-être réécrites après la Libération...) : Peyrouton est « *une sombre canaille* », Barthélemy un lâche, Laval, Baudouin (absents de Vichy), Bouthillier, Achard sont qualifiés de « *crapules* »[39]. En mai 1941, Claudel s'entretient longuement avec l'ancien ambassadeur de France près le Vatican, Wladimir d'Ormesson, qui lui confie ses doutes sur le caractère de Pie XII mais aussi sa condamnation du nazisme, un nouvel athéisme. En octobre 1941, Claudel se rend à Lyon où il a une longue conversation avec Louis Barjon, un rédacteur de *Cité nouvelle*, revue de jésuites, qui lui montre que la Charte du Travail est une atteinte totalitaire contre le pluralisme syndical. Début 1942, il envoie au grand rabbin une lettre de protestation contre les mesures antisémites prises par le général von Stülpnagel (amende d'un milliard, menace de fusiller cent otages) en représailles d'attentats contre des soldats allemands : « *Je vous écris pour vous exprimer le dégoût, l'horreur et l'indignation que tous les bons Français, les catholiques notamment, éprouvent à l'égard des iniquités, confiscations et odieux traitements dont nos compatriotes juifs sont les victimes.* »

Philippe Pétain note le trouble des esprits dans son discours du 12 août 1941 où il avoue sentir « se lever depuis quelques semaines un vent mauvais. L'inquiétude gagne les esprits : le doute s'empare des âmes. » René Gillouin va consulter la nonciature et Xavier Vallat adresse un émissaire à Mgr Saliège, archevêque de Toulouse.

Il est maintenant possible de reconstituer cette fronde spirituelle qui aboutira en novembre 1941 à la publication du premier des *Cahiers de Témoignage chrétien*, d'en désigner l'origine géographique — Lyon — et d'éclairer les acteurs — les jésuites de Fourvière et leurs amis, le cardinal Gerlier. Évidemment, il faut s'entendre sur les limites de cette « opposition ». Répétons encore qu'il n'est pas question d'opposition classique dans une dictature militaire. Elle aurait conduit en prison ou en camp d'internement. Les moyens du rayonnement d'une opposition — presse libre, débats parlementaires, réunions de partis politiques — sont interdits dans l'État français. Force est donc de la rechercher dans des conduites plus discrètes et d'être moins exigeant pour en apprécier la réalité. La retenue propre à la vie ecclésiastique renforce l'aspect ténu et secret du phénomène. En tenant compte de ces critères, il est exact d'affirmer qu'il y a une forme d'opposition de l'Église à l'État français dès l'été 1941 et que le second statut des juifs en est une des raisons.

Petites propositions de grande importance à la faculté de théologie catholique de Lyon

À la lueur qui s'est allumée à Lyon sur la colline de Fourvière répond une petite flamme dans la plate et triste banlieue lyonnaise. Elle vient de loin, entretenue dans l'émigration allemande réfugiée en France.

Un militant chrétien allemand, Paulus Lenz-Médoc, avait pu sortir de prison grâce à la protection du cardinal Faulhaber. En 1933, il a gagné Paris où il a poursuivi sa dénonciation de l'antisémitisme nazi. L'invasion du nord de la France l'oblige à prendre à nouveau la fuite. Où aller ? L'adresse de l'abbé Remilleux à Lyon, qui avait participé entre les deux guerres à des rencontres de réconciliation entre

Allemands et Français, lui est donnée. C'est ainsi que Paulus Lenz-Médoc et sa femme trouvent asile à l'ombre de l'église paroissiale Saint-Alban, dont le curé est Laurent Remilleux. Le presbytère est toujours ouvert à l'exilé et une totale confiance s'établit entre les deux hommes. L'abbé Remilleux se convainc que la France n'est pas à l'abri des malfaisances de l'esprit nazi. Il discute avec Lenz-Médoc de la loi de juin 1941 et du durcissement de la législation antisémite. Paulus Lenz-Médoc est plus que jamais convaincu qu'une protestation d'autorités spirituelles freinerait un processus qu'il connaît trop bien pour en avoir subi les effets en Allemagne. L'abbé Laurent Remilleux, qui a encore trop confiance en Pétain pour agir de lui-même, lance l'idée de s'adresser à un professeur d'Écriture sainte à la faculté de théologie de Lyon, l'abbé Joseph Chaine[40]. Il était le neveu d'un avoué lyonnais qui, en 1901 dans une « Lettre d'un catholique lyonnais à un évêque », prenait la défense du capitaine Dreyfus. Ce spécialiste de l'Ancien Testament tenait Hitler pour satanique. La France risquait d'être subornée par un tel démon. Il préconisa une action des intellectuels et s'en ouvrit au père Louis Richard, professeur de dogme au séminaire universitaire de la rue des Farges et à la faculté de théologie, aussi limpide d'âme que lui, aussi peu intéressé, aussi candide au meilleur sens du terme. Lui aussi, comme l'abbé Remilleux, avait cru entre les deux guerres à une réconciliation franco-allemande[41]. Est-ce un hasard si le père Richard consulte le père Joseph Bonsirven, dont l'action pour un rapprochement entre juifs et catholiques a été pionnière entre les deux guerres ? L'auteur du *Judaïsme palestinien au temps de Jésus-Christ* et de la toute récente *Exégèse rabbinique et exégèse paulinienne*, de la chronique juive d'*Études* a quitté la Belgique en mai 1940 et s'est réfugié à Lyon. Il est naturellement de cette nouvelle aventure, qui est la première tentative collective de réaction dans l'Église au statut des juifs. Ces ecclésiastiques, spécialistes du judaïsme ou de l'Allemagne, connaissent le mémoire, déjà mentionné, du père de Lubac. La publication du second statut des juifs leur rend l'inaction insupportable. Ensemble, ils réfléchissent et décident qu'une autorité doit couvrir leur projet. Ils rédigent un texte qu'ils décident de soumettre au jugement des professeurs de la Faculté de théologie de Lyon.

Le projet présenté par le père de Lubac, le 17 juin 1941, est prudent. Il commence par affirmer le droit de l'État à promulguer des lois de sauvegarde de la nation et la révision des naturalisations, « *hâtivement accordées ces dernières années aux étrangers quels qu'ils soient* ». Il n'est pas contesté qu'il « *y ait une question juive* », mais elle devrait être résolue à la française. Viennent quand même les critiques contre le statut des juifs, injuste car il signale les juifs comme spécialement responsables des malheurs de la nation, injuste par ses effets rétroactifs sur les juifs français qui sent entrés au service de l'État qui ne veut plus d'eux, nuisible à l'esprit de communauté de la Révolution nationale inspiré de la « *tradition française et de la civilisation chrétienne* ». Enfin, la détermination du juif par le critère religieux introduit le délit d'opinion religieuse. Vient une vibrante affirmation de la communauté d'esprit des catholiques et des juifs : « *Nous sommes comme eux les fils d'Abraham.* » Les auteurs ne doutent pas de la conversion de ces fils d'Abraham : « *La bénédiction promise à sa descendance est encore sur eux, pour les appeler à reconnaître en Jésus le Christ qui leur a été promis.* » Ils regrettent donc que le second statut des juifs opère une distinction entre les baptêmes de juifs reçus avant le 25 juin 1940, réputés sincères et reconnus comme valables, et les baptêmes postérieurs à l'armistice tenus pour opportunistes et suspects.

L'intérêt de ce texte n'est pas dans un ton très « Révolution nationale » voulu par le père de Lubac pour en encourager la lecture[42]. Y est reconnu comme nécessaire un statut des juifs dont sont seulement déplorés les maladresses et les excès. La faculté de théologie, fidèle aux conceptions catholiques de ce temps, lui reproche avant tout de gêner la conversion des juifs. La critique éthique et juridique est singulièrement faible mais situer cet avis dans l'actualité immédiate — la publication de la loi du 2 juin 1941 — est une initiative exceptionnelle. Oser soumettre à un examen critique une loi du gouvernement de Vichy témoigne de hardiesse d'esprit, d'indépendance de jugement et d'un changement dans l'attitude des ecclésiastiques.

En dépit de sa modération, la « déclaration » de la faculté de théologie ne franchit pas le stade de la publication. De Lubac aurait voulu la présenter comme une déclaration solennelle de l'institution et proposait de la faire précéder d'une belle phrase : « *Devant la propagande antisémite aujourd'hui déclenchée dans le pays et les mesures législatives concernant les juifs qui viennent d'être promulguées, il ne nous est pas possible de nous taire.* » Les bons pères furent effarouchés par cette fronde ouverte. Était-ce bien la fonction d'une faculté catholique de théologie de critiquer publiquement les lois de l'État ? La possible réaction du gouvernement les effrayait. Le ministre de l'Intérieur n'était pas spécialement de leurs amis. Ne risquait-on pas une fermeture de la faculté ? Fallait-il diviser, par une prise de position critique, les catholiques ?

On en arrivait à ce que voulaient les habiles jésuites, qui avaient lancé l'affaire. Un problème grave était créé. Il devait être soumis au cardinal Gerlier, archevêque de Lyon, à qui serait demandé son arbitrage. Tous s'y soumettraient. Les initiateurs du projet pourraient l'en entretenir, le sensibiliser à leurs arguments. Le moyen qui permettrait de le rallier, à terme, se révélait efficace. Le cardinal Gerlier écouta et, s'il fit retour sur lui-même, n'en laissa rien paraître. Il déclara que la prudence était de mise, afin de ne pas attirer les regards des autorités politiques sur la faculté de théologie. Il proposa — c'est bien ce que les comploteurs espéraient — une solution de précautionneux compromis. Le texte ne serait pas publié et il serait adouci, en particulier le premier paragraphe. Mais il ne resterait pas enfoui dans les archives. Le cardinal acceptait qu'il soit diffusé clandestinement auprès de responsables catholiques sûrs et choisis.

De peu d'effets apparents, cette initiative lyonnaise de juin 1941, relayée par Mgr Gerlier quelque peu « manipulé » et par des jésuites, est d'une grande importance historique. Désormais, ses auteurs sont encouragés par la hiérarchie ecclésiastique à poursuivre dans la même voie de la semi-clandestinité.

Il est certain que le texte de la faculté de théologie a circulé dans des cercles influents. Il a été connu à Vichy par l'action d'un jésuite, le père Dillard, qui avait investi la *Villa Paisible*, près de l'église Saint-Blaise et jouait les conférenciers et les prédicateurs bénévoles. (Il réussit à prêcher le carême de 1941[43].) Le 27 juillet 1941 il prononce un sermon sur les mythes du XXe siècle. Tiens, c'est le thème de janvier 1941 du père Fessard ! Certes, Victor Dillard ne fait aucune allusion à la loi antisémite du 2 juin 1941, mais il met son auditoire en garde contre la pénétration, sous couleur de mesures politiques, de « *notions et de doctrines qui sont incompatibles avec notre catholicisme* ». Aux théories absurdes de Rosenberg sur le racisme, il oppose le respect des droits naturels de la personne humaine.

Il avait quand même fallu un an pour que la première parole contre le racisme allemand fût prononcée en chaire. L'étouffoir né des compromissions des évêques avec le gouvernement de Vichy avait bien fonctionné mais il épuisait ses effets.

Le père Riquet, très engagé dans l'action de secours à tous les réfugiés, a rédigé une note pour l'Assemblée des cardinaux et archevêques le 11 juillet 1941. Elle me semble aller moins loin que la critique émise par le père Dillard à Vichy, car elle s'englue dans les actions de charité à l'égard des persécutés sans dénoncer nettement les lois antisémites. Certes, la note du père Riquet, donnée à l'ACA par Mgr Courbe, parle d'une loi qui est un « *scandale pour la conscience chrétienne aussi bien qu'un défi à l'intelligence française*[44] ». Il avertit qu'elle sera interprétée comme une loi sectaire et une loi d'oppression contre la confession religieuse juive. L'Église va être amenée à collaborer avec l'État dans l'ignoble puisque la loi appréciait la pureté raciale d'après les certificats de baptême (ce n'est pas tout à fait exact) et elle sera sollicitée d'apporter sa contribution à la preuve. Le RP Riquet reproche à l'Église catholique de se satisfaire de la réparation des injustices commises à son égard, qui la rend aveugle aux injustices commises envers d'autres. Il cherche à obtenir un sursaut, non sur le fond mais quant à l'attitude de charité accrue qu'il faudrait développer pour les persécutés. Il demande à l'ACA d'obtenir de Vichy que les juifs bénéficient des mêmes secours et allocations que les autres. Ce thème de la charité nécessaire a plus touché les évêques que la protestation sur le caractère fondamentalement inacceptable de l'antisémitisme.

Les usages du rapport Bérard (septembre 1941)

S'il n'y a pas eu de protestation collective et officielle de l'épiscopat au second statut des juifs, des demandes d'explication ont été adressées à des personnalités de l'État français, dans des conversations qui ne laissent pas de traces. La préoccupation du gouvernement de Vichy de trouver une vague justification religieuse au second statut des juifs vient de ces étonnements discrets, de la personnalité de Xavier Vallat et du souci de donner des apaisements au partenaire ecclésiastique.

L'Église n'en est plus au « cachez ce secret que nous ne saurions voir », contemporain du premier statut, mais au froncement de sourcil et à un « nous aimerions être rassurés sur vos intentions ». Pour trancher, le maréchal Pétain se tourna vers le Vatican et il demanda le 7 août 1941 à l'ambassadeur de France, Léon Bérard, d'indiquer quelle était la doctrine de l'Église sur les juifs. Il était suggéré à l'ambassadeur d'essayer d'obtenir une consultation sur la législation de Vichy. Le pape y trouvait-il quelque objection à formuler ? Des erreurs avaient-elles été commises ?

La réponse de l'ambassadeur de France, Léon Bérard, le 16 septembre 1941 est rassurante[45]. Que les législateurs de Vichy aient la conscience en paix : « *Jamais il n'a été rien dit au Vatican qui supposât, de la part du Saint-Siège, une critique ou une désapprobation des actes législatifs et réglementaires dont il s'agit.* »

Cependant, l'absence de réaction actuelle ne garantit nullement une abstention définitive. Aussi, Léon Bérard se livre-t-il à une étude approfondie de la doctrine de l'Église catholique sur le racisme et l'antisémitisme. Ce gros rapport, très bien documenté, allait tracer les limites de l'action du gouvernement de Vichy et constituer un guide doctrinal sûr et opposable aux critiques éventuelles de l'Église. Il mérite une analyse solide.

Le premier point expliqué par l'ambassadeur près le Vatican est l'opposition foncière entre la doctrine de l'Église et les théories racistes. L'Église universelle professe l'unité du genre humain. L'Évangile sera annoncé à toute créature : « *Tout être humain a une âme immortelle, assistée de la même grâce et appelée au même salut que celle de tous ses semblables. Toutes ces propositions demeurent incompatibles avec une conception qui fait dériver de la conformation du crâne et de la qualité du sang les aptitudes et la vocation des peuples, leur religion même, pour établir finalement une hiérarchie des races, au sommet de laquelle apparaît une race pure ou royale que l'on nomme "aryenne".* »

L'ambassadeur analyse l'encyclique *Mit brennender Sorge* du

14 mars 1937 et cite cette phrase de Pie XI : « *Quiconque prend la race ou le peuple ou l'État, ou la forme de l'État, ou les dépositaires du pouvoir, ou toute autre valeur fondamentale de la communauté humaine — toutes choses qui tiennent dans l'ordre terrestre une place nécessaire et honorable — quiconque prend ces notions pour les retirer de cette échelle de valeurs, même religieuses, et les divinise par un culte idolâtrique, celui-là renverse et fausse l'ordre des choses créé et ordonné par Dieu : celui-là est loin de la vraie foi en Dieu et d'une conception de la vie répondant à cette foi.* » Mais Léon Bérard dit que le pape distingue le racisme — condamnable et condamné — des mesures antisémites : « *Sa pensée comporte, là-dessus, des distinctions et des nuances qu'il convient de noter.* »

L'histoire de l'Église prouve, selon l'ambassadeur, que l'Église considère les juifs non comme une race mais comme une communauté ayant des « *particularités ethniques* ». Le respect de la religion juive ne va pas jusqu'à la tolérance civique. La doctrine à cet égard est celle de saint Thomas d'Aquin dans la *Somme théologique* : « *Tout en proscrivant toute politique d'oppression envers les juifs, saint Thomas n'en recommande pas moins de prendre à leur égard des mesures propres à limiter leur action dans la société et à restreindre leur influence. Il serait déraisonnable de leur laisser, dans un État chrétien, exercer le gouvernement et réduire par là à leur autorité les catholiques. D'où il résulte qu'il est légitime de leur interdire l'accès des fonctions publiques ; légitime également de ne les admettre que dans une proportion déterminée dans les universités* (numerus clausus) *et dans les professions libérales.* »

Bérard n'est pas un conseiller ecclésiastique et il comprend bien que la préoccupation de l'État français n'est pas d'ordre purement doctrinal. Le Moyen Âge est d'un intérêt culturel certain mais ses interlocuteurs à Vichy sont préoccupés par toute autre chose : l'Église ne va-t-elle pas un jour condamner le second statut des juifs ? Il ne trouve, devant le silence du Vatican et son refus d'engagement, de recours que dans l'histoire immédiate. Il existe un précédent : la législation fasciste sur les juifs. Or, elle a créé des difficultés entre Mussolini et la papauté. En montrer la source permettra d'éviter de répéter ces erreurs et donc préservera l'essentiel de la législation française. Il ne s'agit plus de doctrine ni de morale mais de recettes politiques des plus sordides.

L'erreur des Italiens fut, selon Bérard, de toucher aux règles du mariage, en interdisant, sans consultation préalable du Saint-Siège, l'union avec un juif même converti. La loi française ne souffre pas du même défaut. Quant à l'interdiction de certaines professions, elle est reconnue par l'Église comme le droit de tout État d'user de son pouvoir.

Mais la définition juridique du juif dans la loi du 2 juin 1941 se réfère expressément à la notion de « race ». Pourvu qu'il n'ait pas plus de deux grands-parents de race juive, un juif qui prouve qu'il a adhéré avant le 25 juin 1940 à la confession chrétienne cesse d'être regardé comme juif par la loi du 2 juin 1941. Que la loi attache des effets juridiques à la conversion sera certainement apprécié au Vatican. Reste quand même une contradiction entre la loi française et la doctrine de l'Église. Le juif converti, qui a plus de deux grands-parents juifs, est considéré comme juif. C'est le « point unique » où le second statut des juifs est en opposition avec un principe professé par l'Église romaine.

Le jugement politique de Léon Bérard est rassurant : « *Comme quelqu'un d'autorisé me l'a dit au Vatican, il ne nous sera intenté nulle querelle pour le statut des juifs. Un double vœu cependant m'a été exprimé par les représentants du Saint-Siège, avec le désir visible qu'ils fussent soumis au chef de l'État français : 1) qu'il ne soit ajouté à la loi sur les juifs aucune disposition touchant au mariage. Là, nous irions au-devant de difficultés d'ordre religieux. On s'est fort ému, au Vatican, de ce que la Roumanie a adopté, sur ce point capital, des règles de droit inspirées ou imitées de la législation fasciste. 2) Qu'il soit tenu compte, dans l'application de la loi, des préceptes de la justice et de la charité. Mes interlocuteurs m'ont paru viser surtout la liquidation des affaires où des juifs possèdent des intérêts.* »

À condition que les conditions du mariage ne soient pas touchées et que la spoliation des biens juifs se réalise correctement et humainement (*sic*), les consciences des hommes politiques, des responsables des administrations seraient apaisées. Quant aux hommes d'Église qui s'inquiétaient des contradictions du statut des juifs et de la doctrine chrétienne, il serait commode de les neutraliser par les analyses de Léon Bérard.

Évolution de Mgr Gerlier

Il se peut que le contre-feu Bérard ait été efficace dans un premier temps mais il ne le fut pas éternellement. Un an plus tard, il était contré avec éclat par le nonce apostolique à Vichy, Mgr Valerio Valeri. À une réception diplomatique en août 1942, un diplomate sud-américain fit part au maréchal Pétain de l'émotion soulevée à l'étranger par les rafles contre les juifs. Pétain répondit que cette politique avait l'approbation du Vatican. Le nonce apostolique, qui entendit le propos, intervint pour dire « *respectueusement* » que c'était inexact. Le maréchal Pétain se fâcha et se fit cinglant : « *J'ai les rapports de mon ambassadeur.* » À quoi le petit nonce répondit avec son fin sourire : « *Il faut croire alors qu'ils contiennent des inexactitudes*[46]. »

On n'en était pas encore là à l'automne 1941 mais les demandes d'explication ennuyaient les responsables de Vichy. Mgr Gerlier évoluait de plus en plus dans le sens de la contestation. Certes, l'homme reste attaché à Pétain (à l'automne 1944, il aura encore sa photo dans son bureau). Il reproche en décembre 1941 aux dirigeants des *Semaines sociales* d'être trop réservés à l'égard du Maréchal, dont il vante « *la sagesse profonde, l'équilibre, la mesure, la finesse remarquable* ». Mais la politique de la jeunesse crée un froid et éveille le cardinal aux dangers de la doctrine nouvelle qui surgit dans l'État français. Il dira le 21 décembre 1941 à Pierre Pucheu, le ministre de l'Intérieur, que l'Église n'acceptera jamais une jeunesse d'État antichrétienne et il qualifie le candidat de Pucheu à la direction des Compagnons de véritable hitlérien. Il s'indigne du paganisme des articles de la *NRF*, de l'interview de Pucheu à *Candide* le 3 décembre 1941. Le 6 octobre 1941, il rencontre le délégué régional du commissariat aux Questions juives, qui a envoyé un compte rendu de l'entretien à Xavier Vallat. Le cardinal archevêque de Lyon se montre maintenant hostile à la politique du gouvernement. Ce texte est important car il prouve que l'évolution de Mgr Gerlier est bien antérieure aux rafles de l'été 1942 et provient de sa déception à la promesse qui lui avait été faite par Xavier Vallat d'importantes dérogations au statut des juifs, qui n'a pas été tenue, et des menaces sur les mouvements catholiques de jeunesse.

Le délégué régional aux questions juives ayant fait allusion au soutien que donne le rapport Bérard à son action, Mgr Gerlier manifeste son scepticisme : « *Je crois*, dit-il, *que M. Léon Bérard se fait beaucoup d'illusions. Sur qui s'appuie-t-il*[47] ? » (Le cardinal ne dispose pas encore du texte que le délégué lui résume.)

Mgr Gerlier, avant d'aborder le principal reproche qu'il fait à la politique du commissariat, se défend d'être un ami des juifs : « *Personne ne reconnaît mieux que moi le mal énorme que les juifs ont fait à la France. C'est le crac* (sic) *de l'Union générale voulu par les juifs qui a ruiné ma famille. Personne ne soutient avec plus d'ardeur que moi la politique du maréchal Pétain. Je me suis compromis pour lui, et il m'a été amèrement reproché certaines paroles décisives que j'ai prononcées sur les devoirs des Français envers lui. Mais sur ce terrain de la justice et de la charité, je ne peux vous suivre, vous en manquez.* » Le cardinal, auquel des exemples précis sont demandés, dit qu'il en a parlé quelques jours avant avec l'amiral Darlan et avec le maréchal Pétain. Si Darlan le niait, Pétain lui déclara : « *C'est vrai, cette question est à reprendre.* »

Une discussion s'engage alors sur les refus que le délégué régional a opposés à des juifs qui voulaient bénéficier des dérogations prévues par la loi aux grands serviteurs du pays. Si Mgr Gerlier admet volontiers que les banquiers et les marchands de biens ne bénéficient pas de dérogations, il ne comprend pas les refus opposés aux fonctionnaires anciens combattants. Des noms lui sont réclamés mais il ne cite de manière confuse qu'un préfet, originaire de Colmar, en poste à Lyon et qui a été révoqué. Il est curieux qu'on en reste à une conversation mondaine et que l'ancien avocat, Gerlier, n'ait pas mieux préparé le dossier. Le délégué régional le renvoie au Conseil d'État ou à une proposition du ministre pour des hommes « *vraiment intéressants* », comme le général Bloch ou Jacques Rueff (le délégué note méchamment que « *le visage de l'auguste prélat s'imprègne d'onction lorsque je cite ces deux serviteurs exceptionnels de l'État français* »). Mgr Gerlier reconnaît que Vallat est « *un excellent chrétien* » mais il répète que la justice et la charité sont des devoirs dont nul ne saurait se départir et qui ont été rappelés dans la déclaration des cardinaux et archevêques le 20 juillet 1941. Il ajoute, en quittant son interlocuteur, que la situation des hommes est douloureuse. Le pasteur Boegner lui a dit qu'il connaissait nombre de juifs qui ne voient d'issue que dans le suicide. Peu après, Mgr Gerlier tient à peu près les mêmes propos à Xavier Vallat. On en restait aux interventions discrètes auprès des dirigeants de l'État français et aux bonnes paroles privées. Le 21 janvier 1942, Mgr Gerlier écrit au grand Rabbin de France : « *Si l'enfant Jésus revenait vivre en France, c'est au camp de Drancy qu'il voudrait demeurer avec ses frères malheureux.* » Le 16 juin 1942, l'ACA de zone sud protestera contre la mise à sac de la synagogue de Nice.

Une autre réaction, plus ou moins spontanée, suit la publication du second statut des juifs. La référence à la religion pratiquée par les grands-parents ainsi que la preuve de non-judaïté à partir du sacrement du baptême poussent nombre d'Aryens — en particulier les conjoints de juifs — mais aussi des juifs à demander des certificats de baptême vrais ou faux. Le commissariat aux Affaires juives de Marseille envoie un avertissement aux autorités ecclésiastiques en raison de la fréquence de certificats de complaisance délivrés aux juifs. Un inspecteur du CGQJ se présente, à Paris, à l'église Saint-Ferdinand-des-Ternes. Il porte un dossier bien garni et dit son intention de vérifier sur les registres paroissiaux la conformité des certificats de baptême issus de cette paroisse. Le curé Aubé refuse de lui communiquer les registres paroissiaux et critique sévèrement la politique du gouvernement[48]. À Tarbes, l'abbé Bourdette est en question pour avoir délivré des certificats de complaisance. Il est bien d'autres paroisses en France à avoir pratiqué cette politique de charité active. Le mouvement irritait les partisans de la collaboration mais l'Église, s'étant vu retirer le service public de l'état civil sous la Révolution française, n'était pas tenue d'apporter son aide aux recherches administratives. Il y eut plus d'un prêtre pour sourire de cette petite revanche qui était en accord avec la conscience. Le 28 août 1942, le chef de la police aux questions juives, dépité de la fermeture des registres paroissiaux des églises de Paris à sa malsaine curiosité et de la multiplication des certificats de baptêmes, écrivit au cardinal Suhard, archevêque de Paris, qu'il ne prendrait plus en considération aucun acte religieux s'il n'était pas authentifié par l'évêque dont dépendait la paroisse[49].

Remous à Lyon et en Provence

L'Église catholique n'a pas attendu la rafle du Vel' d'Hiv', le 17 juillet 1942, pour prendre ses distances par rapport à l'État français. L'impulsion au changement est venue de Lyon et de Toulouse, où fidèles enracinés et intellectuels réfugiés créent un milieu dynamique, qui exerce une influence sur l'esprit des ecclésiastiques.

Les catholiques lyonnais ont une forte personnalité, une grande fierté, des œuvres et des moyens considérables. L'autorité de leur nouvel évêque, le très superficiel et très bon Pierre-Marie Gerlier, repose sur une harmonie avec cette culture catholique lyonnaise. Le cardinal observe le terrain comme les militants les plus avancés réfléchissent à la meilleure méthode pour se couvrir de l'autorité du primat des Gaules. Le cardinal Gerlier est peu à peu investi par les militants lyonnais. Les lézardes qui vont marbrer la belle façade d'unanimité de l'Église catholique naissent sur les bords du Rhône. Les effets en restent contenus et protégés par une hiérarchie à la fois bienveillante à l'égard des contestataires et bien vue du gouvernement à cause de son discours pétainiste. Quand les jésuites de Fourvière ont souhaité que l'Église se démarque de Pétain, l'archevêque de Lyon a imposé le silence et la patience, mais les pères ne manquent pas de relais.

On fronde joyeusement à Lyon. Les appartements sont grands et discrets. Si l'on se sent surveillé, on quitte le centre de la ville pour une de ces villas des environs, de disgracieuse architecture mais dont le vaste parc protège les habitants et les visiteurs des regards curieux. Les Fumet se retrouvent à Kamanlot sur la colline Saint-Just. Certains sont tentés d'établir des communautés spirituelles. Les professeurs enseignent mais ils ont une vocation d'intellectuels ; Jean Lacroix et Joseph Hours sont à la recherche d'une bonne cause. La faculté de droit se partage entre le conformisme et la critique. Paul Bastid a rejoint son épouse, agrégée de droit et fille de Basdevant, bien informé des réalités internationales puisqu'il est encore le conseiller du ministère des Affaires étrangères[50]. Naît dans le foyer Bastid une petite fille à laquelle est donné le prénom très républicain de Marianne. Dès octobre 1940, un autre professeur de droit appartenant à une vieille famille de Savoie, François de Menthon, crée une feuille clandestine, *Liberté*. En ville, la vieille *Chronique sociale*, ou la librairie Saint-Augustin de Pierre Crozier, un gaulliste de première heure, sont des lieux de rendez-vous pratiques.

Les paroissiens protestants du temple de la rue Lanterne sont ébahis par la prédication de leur pasteur suisse Roland de Pury, qui a discerné d'un seul coup d'œil l'incarnation du mal dans l'État français. Il lui reproche moins le cléricalisme catholique que de favoriser les errements dont il a suivi l'élaboration en Allemagne nazie ; disciple du théologien suisse Karl Barth, expulsé d'Allemagne, il rêve d'une « Église confessante » dénonçant les perversions du siècle et l'asservissement des clercs au pouvoir. Il craint que les fidèles ne s'associent aux entreprises de l'État par une action sociale qui n'est qu'apparemment neutre et n'aliènent comme l'a montré la pitoyable aventure des « chrétiens allemands », adorateurs de Hitler, la liberté des églises. La réflexion doit se recentrer sur les exigences non sociales du message divin. Le 14 juillet 1940, les pasteurs barthiens réalisent une action concertée. Charles Westphal à Grenoble, Henri Clavier à Clermont, André-Numa Bertrand à Paris et Roland de Pury à Lyon s'en prennent à la soumission des Français à un gouvernement de résignation. Rue Lanterne, cet éclat est mal vu de la communauté protestante, qui estime qu'un pasteur étranger devrait être réservé dans le domaine politique. Quelques paroissiens cependant l'entourent à la sortie du temple pour le féliciter de son sermon[51]. Le pasteur de Pury cherche à travailler avec les catholiques et les dissidents. Par sa coreligionnaire, Bertie Albrecht, amie de Frenay, il connaît *Combat* et rencontre le père Chaillet. À Villeurbanne, dans la banlieue de Lyon, s'est fondé un « Foyer du jeune homme » pour aider les jeunes Alsaciens déserteurs de l'armée allemande. Les liens avec la Suisse d'abord intellectuels (à l'automne 1940, le théologien Karl Barth, qui y est réfugié, encourage les protestants français à ne pas s'abandonner : « *Dans l'Église de France, la guerre doit continuer spirituellement* ») deviennent plus actifs.

Le cardinal Gerlier a plaisir à sentir autour de lui l'effervescence intellectuelle et spirituelle d'une ville qui ambitionne de remplacer, comme lieu de jaillissement d'idées, un Paris étouffé par l'occupation allemande. Il va être entraîné loin de ses premières passions pétainistes par quelques clercs et intellectuels contestataires. Le maître secret de la dissidence spirituelle est un intellectuel, Stanislas Fumet, codirecteur avec Maritain de la collection « Le Roseau d'or » chez Plon. Quand la revue des dominicains *Sept* a été suspendue par le père général de l'ordre, Fumet a bien voulu diriger la revue qui lui succéderait, *Temps présent.* À partir de novembre 1937 il y réunit de brillantes signatures : François Mauriac, Jacques Maritain, Gabriel Marcel, Henri Ghéon, Jacques Madaule, Daniel-Rops ; philosophes et littéraires — P.-H. Simon, Mounier, Étienne Borne — voisinent avec l'économiste François Perroux. Paul Vignaux et Gaston Tessier de la CFTC donnaient une coloration très sociale à cet hebdomadaire, où un journaliste de l'Agence Havas, Maurice Schumann, tenait sous le pseudonyme d'André Sidobre la chronique de politique étrangère. La revue fusionna avec *La Vie catholique* de Francisque Gay.

Les dominicains, Maydieu, Boisselot et Chéry ont soutenu la publication en créant un réseau d'« Amis du *Temps présent* ». Ils se réjouissent en juin 1940 de l'accession de Charles de Gaulle — un abonné de *Sept* — au secrétariat d'État à la Défense nationale.

La débâcle amène Stanislas Fumet à Lyon où il envisage de reprendre la publication de sa revue. Il va demander les autorisations nécessaires à Vichy où il a quelques protections. Henri Massis a publié au « Roseau d'or » *Défense de l'Occident* et, en dépit de froissements dus à l'Ethiopie et à la guerre d'Espagne, envisage avec intérêt la publication en zone sud de revues animées d'un véritable esprit social et d'un solide patriotisme qui équilibreraient la presse de Paris, et contribueraient à élaborer la doctrine de la Révolution nationale.

La tentation d'une action dans le pétainisme de la première Révolution nationale a existé chez des intellectuels catholiques. Les uns, assez rares il faut le reconnaître — Jean Guitton au premier rang — l'ont assumée sans honte sinon sans inconvénients. D'autres en ont été gênés après la Libération auprès de leurs amis politiques et idéologues et ont préféré se souvenir de leurs sentiments gaullistes et résistants cachés dans leur cœur en 1940 plutôt que d'actes manifestant les illusions pour une véritable Révolution nationale. Uriage a séduit Mounier qui a fait reparaître *Esprit ; Temps nouveau* est autorisé par les services de l'Information, qui n'ont pas la naïveté de subventionner la presse d'opposition. Dans la pratique des relations avec le régime, les divergences apparaîtront et les ruptures s'imposeront mais le respect de la chronologie oblige à reconnaître qu'on n'en est pas encore là le 20 décembre 1940 quand sort le premier numéro de *Temps nouveau* auquel le Lyonnais Louis Terrenoire, gendre de Francisque Gay, apporte sa collaboration. On y trouve des articles de Sirius (Beuve-Méry), de Joseph Hours, du père Lebret ; de son château lointain de Saliès, Charles d'Aragon envoie des chroniques rurales. Peu à peu, le réseau se reconstitue et l'aventure commencée avec la bénédiction pétainiste virera à la Résistance.

Les dominicains ne semblent pas avoir particulièrement soutenu Stanislas Fumet, à l'exception du père Chéry. En revanche, les jésuites de Fourvière sont séduits. Les pères Chaillet, Fontoynont, Ganne, Fessard et Tilliette lisent et font lire *Temps nouveau.*

La rencontre décisive qui va faire sortir la contestation des profondeurs des « jésuitières », pour toucher un public plus large, est due à Stanislas Fumet. Par lui s'est opérée la jonction entre les catholiques lyonnais et la première résistance intérieure française.

Henri Frenay, un officier des services de renseignements, se sentait mal à l'aise dans l'armée de Vichy, vouée par faute d'armistice aux parades modestes, à la reconversion dans l'administration ou les œuvres sociales, au camouflage d'armes qu'il est interdit d'utiliser, à l'humiliation et à l'attente. Sans rompre des contacts avec ses camarades de Vichy qui pourront se révéler utiles et faute d'une aide un peu sérieuse de la France libre, Frenay commence des démarches qui l'amènent à créer une résistance intérieure. Il installe le centre de l'action, qu'il mène avec Bertie Albrecht, à Lyon où il rencontre Stanislas Fumet. Le journaliste catholique mettra le fichier de *Temps présent* à la disposition d'Henri Frenay, qui y trouvera nombre de ses responsables et des contacts fructueux. Stanislas Fumet dit un jour à Frenay : « *Étant donné ce que vous faites et ce que vous voulez faire, il est important, je crois, que vous rencontriez le révérend père Chaillet. Présentez-vous à lui de ma part, pas avant quatre ou cinq jours, je le préviendrai de votre visite. Je serais bien étonné si vous ne trouviez pas rapidement avec lui un terrain d'action commun.* » Frenay va aller frapper au 2 de la montée de Fourvière, où le père Chaillet l'accueille.

Pierre Chaillet est un Franc-Comtois, né en 1900 dans une famille paysanne. Solide, entêté, il est, comme beaucoup d'hommes de cette province, plus observateur et renfermé qu'expansif. Ce grand propagandiste de presse est avare de paroles. Tempérament ou expérience quasi professionnelle du secret ? Il y a bien des mystères dans cette vie [52].

Les études philosophiques abstraites ne le passionnent pas et il s'y donne parce que c'est l'usage pour un sujet d'élite chez les jésuites, mais sans ténacité. Il travaille sur la théologie de Tübingen et en particulier sur Jean-Adam Moelher, auteur de *L'Unité dans l'Église* (1825) qu'il édite aux éditions du Cerf en 1938 et que le Saint-Office accueillit mal car pesait toujours sur Moelher le soupçon de paternité du modernisme. Pour le centenaire de la mort de Moelher, en 1939, le RP Chaillet prépare un livre de mélanges rendant hommage au maître de l'école de Tübingen par une coopération de théologiens français et allemands. Le titre choisi sonne comme une protestation contre l'enfermement des Allemands dans l'étouffoir nazi : *L'Église est une*. Cet intérêt pour l'œcuménisme a poussé plus d'un de ses fidèles vers les relations internationales ou lui a permis de nouer d'utiles relations. La pensée de Moelher est une réaction contre les Lumières — souligne le RP Chaillet — une affirmation de la liberté de l'Église par rapport au pouvoir, un appel à l'engagement, une invitation à être témoin de son temps. Il n'est pas besoin de chercher bien loin dans les années trente pour être témoin de son temps. La formation européenne des jésuites a permis à Pierre Chaillet de connaître l'Europe centrale. En 1934, il a effectué sa troisième probation en Autriche où il observe l'humiliation de ce petit État privé de son grand Empire et la tentation de l'Anschluss. En 1936-1937, il est à Rome où il ne se plaît guère. Les enseignements de théologie à Fourvière sont agrémentés pendant les vacances de séjours d'études en Allemagne, où il est reçu par l'ambassadeur François-Poncet qui lui fait beaucoup de compliments sur la Compagnie de Jésus. Il visite les capitales d'Europe orientale : Belgrade, Budapest, Sofia et Bucarest. Accomplit-il alors d'autres missions ? Il est possible qu'il soit entré en contact avec le 2e Bureau qui lui aurait demandé des collaborations occasionnelles. Il serait resté en 1933 une année à Beyrouth. En 1938, le cabinet de Daladier, chef du gouvernement et ministre de la Défense, veille sur Chaillet. L'ambassadeur en Italie, Charles-Roux, qu'on ne savait pas aussi passionné de théologie, veut voir publier les travaux sur Moelher qui effarouchaient la papauté.

Le drame de l'Anschluss a concerné le père Chaillet, attentif à la situation de l'Église en cet État capté par Hitler où il accomplit deux voyages et sur lequel il publie en 1939 (chez Bloud et Gay) *L'Autriche souffrante*. Il observe la satisfaction de la hiérarchie catholique, son manque d'autonomie et d'autorité. Et pourtant, la persécution autrichienne commence. L'antisémitisme est flatté. Manifestement, le père Chaillet n'approuve pas.

En France, il organise l'accueil de réfugiés d'Allemagne et d'Autriche pour lequel ses connaissances linguistiques et culturelles sont bienvenues. Les services de renseignements ont aussi toujours beaucoup à apprendre des réfugiés. Le jésuite crée un Comité de secours aux réfugiés chrétiens dont il propose la présidence au cardinal Gerlier et la vice-présidence au pasteur Roland de Pury. Il met ainsi en pratique les relations œcuméniques et se lie avec l'étrange abbé Glasberg.

L'abbé Glasberg est un juif ukrainien converti et baptisé le 8 juin 1933[53]. Après un exil en Allemagne et en Yougoslavie, il se retrouve à Paris en 1932. Il fut protégé par les trappistes de l'abbaye de Sept-Fons dans l'Allier et par Mgr Gonon, évêque de Moulins, qui l'ordonna prêtre en 1938 après ses études au séminaire universitaire de Lyon. L'abbé Glasberg demanda à Mgr Gonon de le détacher au diocèse de Lyon où il s'installa à l'église Saint-Alban auprès de l'abbé Remilleux. Là venaient frapper les réfugiés d'Allemagne et d'Autriche.

Lorsque la guerre éclate, le père Chaillet est affecté au 5e Bureau (qui succède pour le renseignement au 2e Bureau) et envoyé en mission d'observateur en Hongrie. Il y entretient de bonnes relations avec le comte Teleki, président du Conseil et bon catholique patriote. L'aumônerie de la colonie française est à peine une couverture et lui laisse du temps pour une tournée de conférences, des contacts avec les personnalités. Ses rapports révèlent une attention à l'économie, aux phénomènes d'opinion et un souci de peser exactement les influences internationales. Il s'interroge sur la solidité des ralliements au nazisme dont il préfère douter.

La défaite, vécue de loin, le choque. Il a connaissance de l'appel du général de Gaulle et dit qu'il se rallia tout de suite à lui (« *Dès ce jour, je résolus d'apporter ma collaboration à ce refus et à cette volonté, qui n'étaient pas d'un homme, mais d'un peuple, du peuple de France, ma patrie*[54] »). Le nouvel ambassadeur nommé par Vichy souhaite le garder mais le père Chaillet ne veut plus servir la France dans ces conditions. Il a trop incarné aux yeux de ses amis hongrois la volonté de résistance au nazisme pour se lier à l'État qui a signé l'armistice. Il se sent mal informé de ce qui se passe réellement en France ; ni sa fougue ni sa loyauté ne s'accommodent de silence, d'attente humiliante et de double jeu. Il fait en sorte que la province de Lyon le rappelle.

Le RP Chaillet passe par Istanbul et se rend au Levant, où il enseigne à l'université Saint-Joseph, gagnée au gaullisme. Il a de nombreux contacts avec les officiers mais l'armée du Levant, plutôt pétainiste, n'a pas envie de retenir ce jésuite aux fortes convictions. En l'état actuel de la documentation, il est impossible de savoir s'il a rencontré — la Palestine est proche — des agents de l'Intelligence Service et s'il a noué des liens avec les quelques gaullistes de Syrie, comme Seyrig.

En décembre 1940, le père Chaillet revient en France. Il se rend à Vichy pour régler les formalités de démobilisation et sans doute pour des raisons plus secrètes. À Lyon, il retrouve le milieu d'aide aux réfugiés de l'Europe centrale. Il écrit un peu dans *Temps nouveau* de Stanislas Fumet, qui prend l'initiative de lui présenter Henri Frenay. Les deux hommes se comprennent à demi-mot. Le RP Chaillet accepte de tenir, sous le nom de Testis, la chronique religieuse des *Petites Ailes* devenu *Vérités.* Quand il connaîtra mieux la montée de Fourvière, Frenay dira : « *J'ai toujours eu l'impression, Dieu me pardonne si je médis, que, dans cette maison des jésuites, on complotait à chaque étage et peut-être même dans chaque cellule.* » Que trouvent les catholiques dans les sévères articles de *Vérités* ? Une analyse des crimes allemands, en particulier l'euthanasie des malades mentaux, et la dénonciation qu'en font des évêques allemands. Il reprend aussi les propos de Radio-Vatican contre la doctrine athée nazie.

Le père Chaillet est ravi de cette première expérience de presse clandestine, qui correspond bien à sa volonté d'alerter la conscience des chrétiens par une action purement intellectuelle, qui ne risquât pas d'attirer la foudre du gouvernement sur les institutions de l'Église. Il va prendre son autonomie quand Henri Frenay substitue *Combat* à *Vérités.* D'accord avec François de Menthon, Frenay ne souhaite pas le maintien d'une chronique religieuse à *Combat.* Les activités de renseignements de *Combat* présentent des dangers qu'il n'y a pas de raison d'imposer à des religieux qui s'en tiennent à une résistance spirituelle. Mais il était dommage de perdre le contact avec la mouvance catholique constituée autour de Testis-Chaillet. De leur côté, les résistants chrétiens souffraient depuis la suppression en août 1941 de *Temps nouveau* de l'absence d'une publication. La chronique de Testis de toute manière était trop brève pour en tenir lieu. Aussi, Henri Frenay proposa-t-il au père Chaillet de l'aider à imprimer et à diffuser une publication spécifiquement catholique.

Stanislas Fumet de son côté lui recommande Louis Cruvillier, qui a travaillé avec lui à *Sept* et à *Temps présent* où il a acquis la pratique des « Amis » du journal, une préfiguration des diffusions parallèles, utiles en temps ordinaire pour assurer un public à des titres non commerciaux et qui allaient constituer d'excellents et surprenants moyens d'une presse clandestine.

La question juive a été en partie à l'origine de la suspension de *Temps nouveau*. Le 9 mai 1941, Stanislas Fumet signale à Xavier Vallat que le public de Lyon — il y a eu un chahut d'étudiants chrétiens — accueille mal la projection du *Juif Süss*. Il dénonce la niaiserie du sujet, la grossièreté des jugements et un message infidèle aux enseignements de l'Église : « *On ne nous fait grâce d'aucune ficelle, d'aucune corde à pendre le juif. Dieu, quelle bêtise !* » Une suspension d'une semaine sanctionne cette critique cinématographique qui ne s'en tenait pas à apprécier la finesse du traitement de la lumière et la joliesse des décors. Le ton impertinent et les appels à la dignité et à la fierté françaises transformèrent le provisoire en définitif le 1er août 1941. Pour Stanislas Fumet et ses proches, les ambiguïtés étaient levées. L'affaire de Syrie, dont on ne montre pas assez l'impact, si important sur l'opinion des élites, a ouvert bien des yeux. C'est elle qui amène les premières grandes ruptures. Le père de Suzanne Bastid, le professeur Basdevant, qui avait cru à une application loyale de l'armistice, démissionne de ses fonctions de conseiller du ministère des Affaires étrangères. En août 1941, le maréchal Pétain prononce le discours où il peint le « *vent mauvais* » qui se répand sur la France où renaît l'esprit critique et une contestation qui va, pour des raisons opposées, de la gauche à l'ultra-pétainisme.

Le temps était venu pour l'Église, après avoir engrangé les fruits de la fidélité au régime, de penser aux bénéfices spirituels de l'opposition. S'affirmait l'impatience des militants chrétiens, peu satisfaits de servir une Révolution nationale qui s'incarnait mal dans l'homme de la IIIe République qu'était resté l'amiral Darlan.

De La Voix du Vatican *aux* Cahiers du Témoignage chrétien

Toujours en zone occupée, en Provence, existait aussi une contestation des milieux bien-pensants. Les *Cahiers du Témoignage chrétien* aurait-il existé sans *La Voix du Vatican* ? Le nom de la première publication est bien connu mais celui de la seconde ne l'est que de quelques initiés bien qu'elle fût pionnière et constituât un modèle[55]. Le père de Lubac parle à son propos de « *véritable aîné* » des *Cahiers du Témoignage chrétien.*

La Seconde Guerre mondiale est une gigantesque bataille des ondes radiophoniques que gagneront les Britanniques. Qu'aurait été Charles de Gaulle sans l'appel du 18 juin 1940 sur les ondes de la BBC et sans la série des émissions « Honneur et Patrie » ? Le Vatican émet aussi pendant la guerre en suscitant le dépit des fascistes italiens qui ne parviennent à le limiter que de mai à septembre 1941. Les jésuites du collège Saint-Joseph d'Avignon eurent l'idée le 3 juillet 1940 de transcrire les émissions qu'ils captaient et Henri Barral qui préside la section d'Avignon du parti démocrate populaire se chargea de les diffuser en feuilles ronéotypées. Elles furent imprimées ensuite par les Perrin de Marseille en liaison avec les dominicains, sous le titre de *La Voix du Vatican* (septembre 1940-1942).

La livraison est fondée sur un réseau comme celui qui, en Allemagne, diffusa l'encyclique *Mit brennender Sorge*. Il échappe aux premières investigations de la police car la plupart des diffuseurs n'ont jamais fait parler d'eux. La protection de l'Église s'étend, discrète, sur eux. L'aspect de la publication, et son contenu, austère, théologique, ne sont pas au premier abord soupçonnables. Son sérieux et son ton élevé rebutent le policier ordinaire qui n'y comprend pas grand-chose et renonce, par ennui et manque de culture religieuse, à poursuivre sa lecture de textes austères et théologiques. Tout cela — forme, mode de diffusion — va être repris par les *Cahiers du Témoignage chrétien.*

ENFIN TÉMOIGNAGE CHRÉTIEN (NOVEMBRE 1941)

Il n'y a plus de mystère sur les véritables auteurs du premier des *Cahiers du Témoignage chrétien*. L'ambiguïté est venue de ce que le contenu « *France, prends garde de perdre ton âme* » est un texte du père Gaston Fessard mais c'est bien le père Chaillet qui l'a édité. Le père Fessard avait écrit un texte destiné aux étudiants pour les mettre en garde contre la collaboration. Un jéciste (membre de la jeunesse indépendante chrétienne) tenta en vain de le faire imprimer par l'imprimeur de *La Voix du Vatican* à Marseille. Le père Chaillet, qui en avait un exemplaire et se retrouvait chargé de publier un périodique clandestin, estima que ce texte correspondait à des attentes d'intellectuels catholiques et, qu'en cas de saisie, son aspect théologique et moral protégerait ses auteurs et diffuseurs. Il l'actualisa dans sa dernière partie qui n'est pas la meilleure. Le *Cahier* se démarquait par la forme de *Combat* et son style ecclésiastique lui permettrait de pénétrer très largement dans les milieux de l'Église. Il serait d'ailleurs adressé aux évêques. L'imprimeur de *Combat*, J. Martinet, de Villeurbanne, réalisa les 5 000 exemplaires du premier numéro du « Cahier du témoignage catholique » que le père Chaillet modifia au dernier moment en *Cahiers du Témoignage chrétien*, afin d'y associer les protestants.

Quel était le propos de ce premier des *Cahiers* publié en novembre 1941 ? Il était antiallemand et antinazi, au nom de la doctrine chrétienne.

La démonstration se déroulait en trois temps. Les Allemands persécutent les églises chrétiennes en Allemagne, en Autriche, en Pologne et en Alsace. Une citation de Radio-Vatican du 28 mars 1941 appuyait l'affirmation, confirmant la filiation entre les *Cahiers du Témoignage chrétien* et *La Voix du Vatican*, et elle expliquait que cette persécution n'était pas le fruit de circonstances — crise économique, guerre — mais était l'essence même du nazisme :

1. La persécution est la conséquence de la doctrine nationale-socialiste. La philosophie nazie est hégémonique et ne tolère l'existence d'aucune autre doctrine. Pour les Allemands, le christianisme doit disparaître. S'appuyant sur les textes de Hitler et de Rosenberg, le père Fessard montrait le caractère mortel du terrorisme intellectuel du nazisme. La doctrine est raciale, opposant les races nordiques, viriles et supérieures, aux races orientales, femelles et dissolvantes. Les Germains ont mission de régénérer l'Europe par le culte de la race, quels qu'en soient les moyens.

2. L'enseignement et la pratique du national-socialisme nient la dignité et l'unité humaines, réduisent le droit naturel universel à ce qui est utile au peuple allemand. La valeur d'amour apportée par le christianisme paulinien est un principe dissolvant des sociétés racistes, qui ne reconnaissent que l'honneur de la race. Tous les moyens doivent être employés pour faire triompher la doctrine nazie et la race des Germains : mensonge, terrorisme intellectuel et meurtre.

3. L'Église condamne les principes et la pratique du nazisme, comme le montre l'encyclique *Mit brennender Sorge* du 14 mars 1937.

On relève une condamnation de toute législation qui n'est pas fondée sur le droit naturel et qui ne respecte pas les droits que l'homme tient de Dieu.

Moins difficiles à suivre étaient la deuxième et la dernière parties sur les procédés de la persécution nazie, de manière générale et en France. Le lecteur est excusé des erreurs qu'il aurait jusque-là pu commettre car le monstre nazi use de procédés cauteleux auxquels un homme de bonne foi peut se laisser prendre. Les nazis ne se présentent pas au premier abord comme des brutes mais ils veulent séduire en proposant un but honorable, puis ils compromettent par une action commune et transforment le collaborateur d'occasion en complice du crime. Qui s'y refuse est contraint par la violence.

Cette réflexion psychologique est prémonitoire par sa perspicacité et son réalisme. Le lecteur s'en souviendra devant les rafles contre les juifs de l'été 1942. Sous un prétexte convenable — assurer la souveraineté de l'État français sur l'ensemble de la France — les Allemands jettent les hauts responsables politiques et administratifs français dans le tourbillon d'une action commune qui, voilant les finalités nazies, les entraînent dans leur perversion.

Expliquer les risques que couraient les Français n'allait pas sans difficulté. Les maréchalistes sincères n'ont aucune envie qu'on leur dise qu'on les trompe et qu'ils se trompent. Le jésuite procède avec prudence. Il admet que les buts proposés sont excellents. Nul catholique ne refusera de construire une Europe de la paix par la justice, de rénover la France par le culte du Travail, de la Famille et de la Patrie, de soutenir l'école libre. Mais ce dévouement au maréchal Pétain risque d'être dévoyé car il est mis au service des buts nazis sur lesquels est jeté le voile du silence. En effet, pour des finalités convenables, le moyen préconisé par le gouvernement — la collaboration — est dangereux. Il permet aux nazis de répandre leur doctrine, en désignant par exemple aux Français les juifs comme leur ennemi. Les catholiques sont invités à prêter plus d'attention aux menaces contre les mouvements de jeunesse en zone occupée et à ne pas accepter de se taire. L'appel final est lancé à ceux qui se veulent catholiques et Français, toujours : « *En attendant l'heure de Dieu, nous ne cesserons de crier : France, prends garde de perdre ton âme !* »

D'où vient le poids de ce premier des *Cahiers du Témoignage chrétien* ? Certainement pas de la date. En novembre 1941, d'autres messages résistants ont été lancés. La BBC des Français libres est de plus en plus écoutée. Une presse clandestine non chrétienne s'est déjà affirmée. Seuls les évêques convaincus de l'obligation de résister, c'est-à-dire fort peu, ont médité les *Cahiers du Témoignage chrétien*. Les autres en ont été choqués. Le cardinal Gerlier, concerné par une publication, même clandestine, de ses diocésains, avait reçu le premier numéro des mains du père Chaillet, qui lui demanda une semaine plus tard ce qu'il en pensait. Il fut sévère et demanda à Pierre Chaillet de transmettre le message suivant aux rédacteurs : « *Dites-leur que je leur interdis de continuer. C'est inadmissible : ils attaquent le Maréchal*[56] *!* »

Il faut apprécier l'influence des *Cahiers* en considérant les publics que visaient les auteurs. Ils appartiennent au moins à deux catégories.

Les *Cahiers* s'adresse aux catholiques qui ont jusque-là révéré le maréchal Pétain et soutenu la Révolution nationale sous la direction de leurs pasteurs — les évêques — qui les y appelaient. Ils ne sont pas rejetés comme responsables et fautifs — c'eût été de mauvaise propagande —, ils sont appelés à s'élever à une vérité supérieure qui leur a été cachée. Il n'est pas certain que l'effet attendu par les auteurs des *Cahiers* sera totalement atteint mais des déçus du régime, des victimes de ses tracasseries pourront être amenés à se poser des questions et à rechercher des arguments qui leur donnent un peu d'assurance pendant la délicate période des ruptures et abandons. L'histoire du régime de Vichy est aussi celle des retraits silencieux de ses partisans initiaux. Ils ne deviennent pas antimaréchalistes mais ils ne servent plus et c'est un résultat qui compte dans la grande bataille engagée. À la Légion française des combattants, les adhérents sont moins nombreux à participer aux cérémonies au fur et à mesure que passe le temps. L'abstention, c'est déjà une première bataille gagnée. Nul ne pourra plus dire : « *Père, pardonnez-leur car ils ne savent pas ce qu'ils font.* » Combien de catholiques ont-ils déserté les rangs du maréchalisme militant ?

Combien de prêtres ont-ils renoncé à proposer des finalités entachées de politique à l'ardeur de leurs ouailles les plus actives ? Combien de catholiques ont-ils été retenus d'un engagement dangereux par un conseil donné dans le secret du confessionnal ou dans un échange amical ? Si l'historien n'a aucun moyen d'en prendre la mesure exacte, il ne doit pas se dispenser de poser la question.

Le second public est celui des militants catholiques, intellectuels, un peu démocrates populaires, jeunes souvent, aspirant à avoir des responsabilités dans la société. Pour eux, les *Cahiers du Témoignage chrétien* furent un choc et un apport. Son effet tient à sa forme exigeante et à son contenu dense. Commencer par un exposé de doctrine plutôt que par les exemples de persécutions s'est révélé un bon choix. Les *Cahiers du Témoignage chrétien* rompait avec le discours pétainiste dans lequel la France catholique baignait depuis deux ans ; la chanson de la seule culpabilité française, de la résignation soumise, de l'accomplissement des devoirs dans la morosité, le silence sur les comportements des Allemands et la propagande primaire lassaient la jeunesse intellectuelle. Soudain, une publication traitait ses lecteurs en s'adressant à l'intelligence, exigeait un effort, proposait un raisonnement rigoureux. Elle invitait à développer son esprit critique, replaçait le drame français infiniment et vainement ressassé depuis deux ans dans le contexte européen et dans un débat idéologique. Avec les *Cahiers du Témoignage chrétien*, le Bien et le Mal étaient fondés en raison. Enfin la lecture de la revue avait le parfum de l'œuvre clandestine. En le lisant, la jeunesse défiait une autorité pesante et dont les justifications étaient, à ses yeux, épuisées.

Autour de cette jeunesse veillaient, attentifs à ne pas perdre le contact et avides de complicité, tout le groupe des jeunes aumôniers, de professeurs de l'enseignement catholique. Les jésuites ont nourri l'espoir de toucher un ensemble d'hommes, modeste en nombre mais influent, par leurs jeunes amis et par leurs enfants. Ils visaient les notables de l'Action catholique, les syndicalistes chrétiens et certains curés, directeurs et administrateurs diocésains des œuvres. Le succès des *Cahiers du Témoignage chrétien* vient du contenu de la publication mais aussi des caractéristiques de sa diffusion, qui implique le lecteur qui devient un militant. Le modèle n'est pas catholique puisqu'il appartient plus largement à la presse clandestine de la Résistance, mais l'originalité tient à un milieu strictement défini par une croyance religieuse.

Le mouvement de Témoignage chrétien est bien connu grâce à l'étude modèle qu'en a réalisé une de ses anciennes militantes — la jeune étudiante en histoire de Lyon en 1942, Renée Mély — Renée Bédarida — qui a accumulé, au bon moment, de nombreux entretiens avec les témoins[57]. Les militants de Témoignage chrétien sont étudiants, enseignants, jeunes médecins, libraires, imprimeurs, bibliothécaires, syndicalistes, actifs des secrétariats sociaux, ecclésiastiques.

Combien étaient-ils ? Cinq cents sont identifiables. Ils sont jeunes. Plus de la moitié des adhérents ont moins de trente ans. Les femmes représentent un quart de l'effectif, ce qui n'est pas négligeable car elles sont plus nombreuses que dans le milieu étudiant et proportionnellement bien plus nombreuses que dans la plupart des mouvements politiques.

Un tiers des militants de Témoignage chrétien sont des ecclésiastiques. L'étude sociologique confirme l'impression née de la lecture : *Témoignage chrétien*, intellectuel et bourgeois, est l'expression de la résistance des étudiants et des aumôniers. Ces êtres jeunes et ces prêtres n'ont pas de passé d'engagement politique mais ils ne viennent pas d'un désert de la sensibilité idéologique. La moitié d'entre eux lisaient, avant l'Occupation, la presse de la gauche catholique : *L'Aube, Sept, Temps présent.* Ils ont reçu une préparation aux responsabilités dans la société pour plus de la moitié d'entre eux, qui sont passés par le scoutisme (assez peu) et par les mouvements d'action catholique spécialisée, surtout la JEC (jeunesse étudiante chrétienne) et la JOC. Une question s'impose à l'esprit : l'action catholique spécialisée conduisait-elle à la Résistance comme on le dit en général, ou bien la résistance spirituelle en 1941 est-elle la forme d'activité juvénile de ce milieu spécifique ? Pour des étudiants catholiques, l'engagement dans les œuvres sociales apparaît, en raison des incitations mêmes de la hiérarchie catholique, comme une attitude conformiste. Avoir vingt ans, voir l'Europe à feu et à sang et militer pour le vieux Maréchal qui chevrote que le meilleur des comportements pour les Français est d'attendre et de profiter d'un répit pauvre et gris, quelle horreur ! Le génie des aumôniers est d'avoir compris ce bouillonnement d'énergie refoulée, prêt à s'investir dans des actes de contestation juvénile et de lui avoir proposé le dérivatif indispensable, aux risques limités, capable de leur donner le sentiment de défier le pouvoir pour la patrie, le pape et les valeurs chrétiennes. Seuls des esprits supérieurs et des caractères d'élite sont capables d'une telle découverte et ils constituent l'avant-garde d'une masse d'aveugles qu'ils dirigeront un jour, à leur tour. Enfin, les engagements irréfléchis dans les troupes communistes étaient évités (rappelons-nous que telle militante de Témoignage chrétien affichait dans son bureau, à la fois *Mit brennender Sorge* antinazi et *Divini redemptoris* anticommuniste).

Si, par *Témoignage chrétien*, un substitut fut trouvé à des mouvements spécialisés qui prenaient par trop l'allure vieillotte de bon conformisme social et d'ennuyeuse neutralité politique des patronages d'antan, le mouvement ne fut pas seulement un moyen de sauver l'action catholique spécialisée. La jeunesse et la fougue des militants de Témoignage chrétien et le dynamisme de la société globale française attirèrent les militants vers d'autres actions. 80 % des fidèles de Témoignage chrétien ont agi dans d'autres structures. Plus du tiers d'entre eux ont appartenu à des réseaux de renseignement. Un nombre à peu près équivalent se retrouve dans de grands mouvements résistants, essentiellement Combat et Défense de la France.

Stanislas Fumet avait eu la main heureuse en s'assurant la collaboration de Louis Cruvillier et en le recommandant au père Chaillet. Il a appartenu à l'ACJF et il est compagnon de Saint-François, un centre d'amitiés catholiques fondé en 1927 autour de Marc Sangnier. Il allait se dévouer à la diffusion du mensuel, prendre son bâton de pèlerin et visiter les régions de la zone sud, pour trouver des responsables de la diffusion. Le fichier des « Amis de *Temps présent* » sert de point de départ. Parfois un ecclésiastique indique une personne sûre et qui connaît du monde dans des coins reculés ou dans les petites villes.

Pour la fabrication, Cruvillier s'entoure d'une minuscule équipe d'étudiants en médecine, histoire, géographie que l'aide des amis de Combat rend efficace. Les tâches de préparation d'impression d'un texte, l'organisation pour un travail rapide et la diffusion d'un mensuel ne sont pas très faciles, en temps ordinaire, pour des non-professionnels. Les difficultés sont accrues par la clandestinité même si des imprimeurs courageux et expérimentés prêtent leur savoir-faire. Après un premier essai à Saint-Étienne, l'impression des *Cahiers du Témoignage chrétien* s'est réalisée à Lyon, à l'imprimerie Pons et Neveu. Eugène Pons est un sympathisant, ancien silloniste. Il sera arrêté plus tard et déporté en juillet 1944 au camp de Neuengamme où il meurt. Le mensuel est imprimé les jours de fermeture de l'entreprise grâce à Pons, son gendre, au contremaître Henri Venier et à deux ouvriers Marcel Planchet et Curiotti. Les étudiants se chargent des tâches annexes à l'impression. Le papier est fourni par Combat et entreposé chez les parents d'un étudiant, à la maison de soieries Colin. Le plus dur est d'enlever rapidement la marchandise avant l'ouverture des ateliers pour le travail courant. Le collège des jésuites offre un local pour l'empaquetage.

Diverses solutions — colis postaux, envois par le train — sont utilisées pour la diffusion de la publication. Le tirage a varié selon les numéros de 5 000 exemplaires à 35 000 (avril 1943). Le *Courrier de Témoignage chrétien* qui visait un public plus populaire n'a pas le même succès car il n'est pas assez nourri pour les intellectuels et pas assez simple pour la masse. Les *Cahiers du Témoignage chrétien* a créé un réseau de diffuseurs enthousiastes grâce aux militants de Combat, à des étudiants et à des professeurs, à des syndicalistes et à des prêtres. Le Massif central, la vallée du Rhône, les villes des Alpes et le Sud-Ouest ont de solides et discrets noyaux de bénévoles. La zone occupée n'a guère été touchée avant 1943[58].

Le cas de Montauban est exemplaire et doit tout à une femme, employée des assurances sociales et responsable du secrétariat social du diocèse, Marie-Rose Gineste, une militante de la CFTC[59]. Elle eut connaissance de l'appel du 18 juin 1940 de Charles de Gaulle, qui confirma son refus immédiat de l'armistice. En août 1940, elle commence à rendre de petits services aux réfugiés de la région : faux papiers pour des séminaristes qui regagnaient le diocèse d'Arras, organisation du retour des Belges qui rentraient au pays sous la houlette du RP Boon, directeur de l'Œuvre catholique d'aide aux réfugiés. Dans son bureau où elle paie les assurés sociaux, elle expose les encycliques pontificales *Divini redemptoris* et *Mit brennender Sorge*. Elle reçoit fin 1940 un texte sur le racisme décrypté de Radio-Vatican, qu'elle diffuse auprès d'amis. Elle est sollicitée à l'automne 1941 par Louis Cruvillier, qui lui demande d'être la responsable de la diffusion des *Cahiers du Témoignage chrétien*. Responsable départementale de *Combat*, elle répand les deux journaux avec l'aide d'une amie de la CFTC, Marie Colombani, répétitrice au lycée, membre des « Amis de *Sept-Temps présent* ». Son activité s'étendra au camouflage d'enfants juifs, à la propagande contre le STO avec l'aide de Léo Hamon. Ses bonnes relations avec le secrétaire du commissariat de police facilitent ses multiples engagements et le secrétariat social de Montauban sert de local pour les réunions de l'état-major de l'Armée secrète.

Marie-Rose Gineste adresse le journal au procureur de la République, au préfet, aux dirigeants des syndicats. Elle décide que le recevront tous les dirigeants de l'Action catholique, les curés de la ville, les directeurs de séminaires et des collèges. Au début, elle dépose les *Cahiers du Témoignage chrétien* dans la boîte à lettres de l'évêque, Mgr Théas, puis lui remet en main propre.

De étudiants de Toulouse alimentent la Ville rose. Il est incontestable que les *Cahiers du Témoignage chrétien* a joué son rôle dans les protestations épiscopales contre les rafles de juifs dans l'été 1942.

RAFLE DE JUILLET 1942 : TOUJOURS LE SILENCE DE L'ÉGLISE

En janvier 1942 (quelques semaines avant, disent d'autres sources), les nazis ont décidé de mettre en route la solution finale d'extermination des Juifs d'Europe occupée. La France est appelée à fournir sa contribution. Le gouvernement commence par esquiver les demandes de déportation mais tout change quand la nouvelle équipe policière, amenée par Laval en avril 1942, voit dans la livraison des juifs étrangers l'occasion d'affirmer l'autorité de l'État en zone occupée. René Bousquet, secrétaire général à la Police, entre avec zèle dans la voie d'une collaboration policière qui, à ses yeux, débarrasse la France de la charge d'émigrés et manifeste la souveraineté française, dans le domaine du maintien de l'ordre, sur l'ensemble du pays. Il prépare donc avec les Allemands la grande rafle des 16-17 juillet 1942 à Paris, qui doit livrer 22 000 juifs aux trains qui franchiront le Rhin.

La rafle ne s'est pas déroulée de manière satisfaisante pour les responsables français. Des fuites ont eu lieu, si bien que seulement 12 884 juifs ont été arrêtés au lieu des 22 000 prévus. Dans les camps se retrouve une majorité de femmes (5 802) et d'enfants (4 051). Beaucoup d'hommes, avertis, s'étaient cachés et il ne restait au domicile qu'environ 3 000 hommes. Les enfants, que les nazis n'avaient pas envisagé d'emmener, sont donnés afin d'améliorer la réalisation des objectifs initiaux et de préserver les juifs français. La rafle matinale n'est pas passée inaperçue. La population parisienne des quartiers populaires a posé des questions et admonesté les agents de police. La séparation inhumaine des familles a ému les Parisiens.

En zone sud, une grande rafle se prépare pour le 26 août 1942 et des convois vident les camps pour alimenter Drancy et Compiègne. Maintenant, la presse collaborationniste avoue les expulsions, en annonce d'autres, tout en faisant allusion à une astreinte à un travail utile dans le Reich.

L'été 1942 est au cœur du drame de la conscience chrétienne. Le voile n'est pas encore levé sur divers épisodes. L'attention a été tellement attirée sur d'excellents contre-feux — la lettre de Mgr Saliège du 23 août 1942, le sauvetage des enfants juifs — que les bonnes questions n'ont peut-être pas été posées. Certaines interrogations doivent être proférées.

Les responsables de l'Église ont connu la rafle du Vel' d'Hiv' des 16-17 juillet 1942 et ils ont alors observé un silence collectif. Pourquoi ?

Que signifient les protestations isolées de quelques évêques de zone sud fin août et début septembre 1942 ? Quels en furent les effets ?

Enfin, quel rôle ont été amenées à jouer les organisations humanitaires chrétiennes ? Et comment ont agi ceux des religieux qui sont des « justes » ?

Les Français se demandent maintenant pourquoi il a fallu attendre le 23 août 1942 — plus d'un mois après la rafle de Paris — pour entendre une réaction de l'Église. N'aurait-elle pas accompli quelque geste avant ?

Il faut dire que l'Église n'aide pas beaucoup à la découverte de la vérité. Mise en cause à plusieurs reprises, d'abord à la Libération, puis à la fin des années soixante par ses adversaires, sollicitée par des historiens du catholicisme, pour finalement se livrer en 1997 à une « repentance » où la mise en scène ne manquait pas (heure choisie et collaboration avec les « médias », présence des enfants, lieu, petites flammes qui dansent dans le crépuscule), l'Église n'a pas cherché à mettre à la disposition du public les moyens de se forger une opinion fondée et d'établir la vérité. Elle a publié très peu de documents. Soit il n'y a rien de plus à dire après les lettres épiscopales de Mgr Saliège,

Mgr Théas, Mgr Gerlier et Mgr Delay en août et septembre 1942, soit les rares publications apparaissent comme des leurres lancés pour affirmer que l'Église ne recule pas devant la vérité et que les curiosités qui se manifestent encore n'ont pas lieu de rester en éveil.

Or, qu'a publié l'Église depuis 1945 ? Le plaidoyer de Mgr Guerry en 1947 n'a pas atteint son but. Les textes qu'il cite — et qui n'auraient pas dû être négligés — n'ont même pas été pris en considération, tant le ton général de justification en temps d'épuration les rendait peu crédibles. Aux attaques d'autres adversaires, au temps du *Vicaire*, l'Église répondit par la publication d'extraits de ses archives — *Actes et Documents du Saint-Siège*[60] — essentiellement diplomatiques et qui ne remplacent pas l'accès direct à la totalité des archives. Tout récemment le Vatican n'a pas envoyé de représentant au grand colloque du CDJC « Comment écrire l'histoire de la Shoah » puisque ses archives ne sont pas ouvertes après 1923. Il est juste de dire que l'Église n'est pas seule à restreindre les consultations de documents. Les armées, un peu partout dans le monde développé, possèdent leurs propres services qui procèdent à un examen préalable par leurs chercheurs, pour des documents, il est vrai, assez techniques. Les épaves, les bonnes fortunes et les indices distillés au cours des ans finissent quand même par éclairer l'historien tenace.

L'instance ecclésiastique, qui était à même de se prononcer, est l'Assemblée des cardinaux et archevêques. Elle s'est réunie en janvier, en juillet, en octobre 1942. La question de l'antisémitisme et des réactions éventuelles de l'Église y a été évoquée. En janvier, une mise au point sur les textes gouvernementaux a été présentée. La réunion la plus importante est évidemment celle du 21 juillet 1942, quelques jours seulement après la rafle du Vélodrome d'Hiver. Un document, sûr, permet de connaître la réaction des archevêques : une lettre du nonce apostolique Valerio Valeri au cardinal Maglione du 29 juillet 1942. Les événements récents ont constitué le sujet d'une discussion capitale des archevêques : l'Église catholique élèverait-elle une protestation contre la rafle ?

Certains archevêques étaient partisans de la protestation publique. Mais ils étaient une minorité qui ne réussit pas à convaincre l'Assemblée. Ce point-là est acquis. Identifier les membres de la majorité et de la minorité est plus difficile. Si je me fonde sur la nature de certains arguments utilisés contre le projet de protestation, je formule l'hypothèse que les opposants à une protestation collective sont les archevêques de la zone occupée. Il est dit dans le compte rendu de l'ACA qu'une protestation publique attirerait l'attention des Allemands sur les catholiques. Les nazis ne manqueraient pas de se livrer, comme en Allemagne, à des représailles sur les membres de l'Action catholique en zone occupée. Qui était si sensible à l'Action catholique et qui craignait le plus les représailles des Allemands ? Les cardinaux Suhard et

Liénart, pasteurs de zone occupée, sont dans l'inquiétude pour l'Action catholique. Je ne sais rien de plus pour Mgr Suhard. Je suis d'avis d'attribuer le rôle le plus hostile à une intervention de Mgr Liénart, archevêque de Lille, pour deux raisons. Son attachement à l'Action catholique est sa première préoccupation de pasteur. Il existe aux archives départementales un dossier ACA où figurent d'étranges notes sur une assemblée des cardinaux et archevêques discutant des rafles de juifs[61]. « *Destinés à disparaître du continent. Qui les soutient est contre nous. Expulsions prescrites. Réponses : les uns sont nôtres : à conserver, les autres étrangers — les rendons. Non, tous doivent partir par nos services dans les deux zones. Projet individualiste. Lettre à notre gouvernement par humanité. Secours de l'assist.* (sic) *sociale près des enfants dans les centres. Eux-mêmes ne demandent de nous que charité. Lettre adressée au nom de l'humanité et de la religion.* »

Comme le lecteur peut le constater cet ensemble de notes est mystérieux. D'abord il n'est pas daté mais une comparaison avec les ordres du jour des assemblées des cardinaux et archevêques permet d'affirmer qu'il est écrit par Mgr Liénart, archevêque de Lille, après la réunion de l'ACA du 21 juillet 1942[62].

Ces notes révèlent que la question de la destination finale des juifs fut posée par les archevêques, qui concluent qu'ils sont « *destinés à disparaître du continent* ». Quelle est l'origine de cette information ? Le gouvernement ? Une autre source ? Conclusion personnelle ? Le gouvernement n'est pas à l'origine de l'information car Pétain ne disait rien et Laval s'en tint toujours au mythe nazi d'une colonisation de l'est de la Pologne. Les deux sources vraisemblables sont le nonce apostolique ou le grand rabbin Kaplan à Lyon via Mgr Gerlier.

L'émotion créée par la perspective d'une extermination est annihilée par la réflexion suivante, d'interprétation délicate : « *Qui les soutient est contre nous, expulsions prescrites.* » Tout repose sur l'identification de ce « *nous* ». Si « *nous* » représente l'Église, Mgr Liénart estime qu'elle ne doit pas agir avec ses adversaires. Allusion aux protestants ? À des résistants ? Rien de cela n'est satisfaisant. La seconde partie de cette phrase elliptique, « *expulsions prescrites* », permet de penser qu'est résumé un argument des chefs politiques de la France, qui ont expliqué aux évêques que les internés juifs seraient expulsés en Allemagne et qui ont menacé ceux qui soutiennent les juifs d'être soupçonnés de se comporter en adversaires du régime de Vichy. Quelle attitude adopter ? Elle repose sur une distinction entre juifs, qui est celle de l'État français : « *Les uns sont nôtres : à conserver.* » Les juifs français seront protégés par l'État. Les « *autres étrangers — les rendons* ». Laval a toujours parlé ainsi à ses interlocuteurs.

Que décide l'Assemblée parfaitement informée ? Elle refuse une protestation collective et s'en remet à une action individuelle (« *projet individualiste* » ?). Une lettre sera adressée au gouvernement, assez vague (« *au nom de l'humanité et de la religion* »). Les auteurs de cette démarche bien limitée, timide et respectueuse de l'action de l'État français, étouffent les troubles de leur conscience : les juifs eux-mêmes ne demandent rien aux catholiques (« *Eux-mêmes ne demandent de nous que charité* »). Restent les enfants qui seront aidés (« *secours* » ne veut pas dire « sauvetage »).

L'Assemblée des cardinaux et archevêques arrêta : « *Une motion concernant certains événements récents est rédigée pour être remise au gouvernement par les soins de S.E. le cardinal Suhard. Il en sera fait état dans les assemblées provinciales* » (compte rendu de l'ACA).

Les craintes des archevêques de zone occupée l'ont donc emporté sur l'indignation de certains archevêques de zone sud. La perspective de représailles des Allemands sur les mouvements et l'Action catholique a paralysé des pasteurs qui se sont demandé si leur rôle était d'attirer par une protestation publique la foudre sur le troupeau que le Seigneur leur avait confié. L'acte aurait été révolutionnaire et irréfléchi, même pas demandé par les représentants autorisés des victimes.

Le cardinal archevêque de Paris se chargea donc de prendre la plume. Sa lettre, datée du 22 juillet 1942, disait à Philippe Pétain l'émotion des cardinaux et archevêques devant les persécutions, en particulier contre les femmes et les enfants, et demandait qu'ils soient à l'avenir traités avec justice et charité. Le principe même de l'arrestation et de la livraison aux Allemands n'était pas mis en cause. Au lecteur d'apprécier la valeur de la première protestation de l'Église catholique :

> « *Monsieur le Maréchal. Profondément émus par ce qu'on nous rapporte des arrestations massives d'Israélites opérées la semaine dernière et des durs traitements qui leur sont infligés, notamment au Vélodrome d'Hiver. Nous ne pouvons étouffer le cri de notre conscience. C'est au nom de l'humanité et des principes chrétiens que notre voix s'élève pour une protestation en faveur des droits imperscriptibles de la personne humaine. C'est aussi un appel angoissé à la pitié pour ces immenses souffrances, pour celles surtout qui atteignent tant de mères et d'enfants. Nous vous demandons, Monsieur le Maréchal, qu'il vous plaise d'en tenir compte, afin que soient respectés les exigences de la justice et les droits de la charité.*
>
> « *Emmanuel Cardinal Suhard, Archevêque de Paris.* »

Les cardinaux et archevêques n'ont apparemment pas le moins du monde conscience que la rafle du Vélodrome d'Hiver révèle une politique systématique d'extermination dont le gouvernement de Vichy se rend complice. L'ACA en a pourtant parlé. Les archevêques se choquent surtout de la cruauté de la séparation des mères et des petits enfants. Cette sensiblerie aura l'atroce effet pervers d'accélérer la déportation des enfants que les Allemands ne demandaient pas et qui leur fut quasiment imposée par l'État français, pour ménager la sensibilité des Français et les scrupules de l'Église relatifs aux valeurs familiales.

L'Église avait surtout hésité à froisser un gouvernement si respectueux jusque-là des valeurs chrétiennes et qu'elle espérait détourner des tentations malsaines. Elle veut encore croire en la bonté et en l'efficacité d'un maréchal de France que Pierre Laval (sur lui elle ne nourrit aucune illusion), directement responsable en tant que ministre de l'Intérieur, a certainement laissé dans l'ignorance d'actes dégradants.

Mgr Chappoulie, qui était favorable à une action plus énergique, eut la pénible mission de porter la lettre de Mgr Suhard au maréchal Pétain et d'informer le nonce apostolique. Mgr Valerio Valeri estima, à regret, que la lettre de Mgr Suhard était « *une protestation assez platonique* ».

Le 23 juillet 1942, le représentant de l'ACA à Vichy, Mgr Chappoulie, se rendit à l'hôtel du Parc. Au cabinet du maréchal Pétain, il transmet son émotion et informe de la cruauté des projets allemands (déportation dans des wagons à bestiaux. « *Ils verront à l'arrivée ce qui reste de vivant* », dit un de ses interlocuteurs). Il déclare à qui veut l'entendre : « *L'Église de France est à la limite de ce qu'elle peut supporter.* » Le 25 juillet, il remet au maréchal Pétain la lettre du cardinal Suhard.

L'action du Consistoire

Le Consistoire central n'a pas été beaucoup plus incisif que les archevêques mais ses membres risquaient plus, même s'ils avaient été assurés que les juifs français étaient protégés. Faute d'être reçu par le Maréchal, Helbronner écrit à Pierre Laval et dénonce des persécutions dont l'étendue et la cruauté atteignent un degré de barbarie que l'histoire a rarement égalé. Rien n'est dit sur les responsables d'actrocités dont le gouvernement de Vichy semble innocent. Le Consistoire central des israélites de France manifeste toujours sa confiance dans la bienveillance du gouvernement français — il ne le tient pas pour complice mais pour aveugle et impuissant — et il lui demande de sauver tant d'innocents auxquels ne peut être reprochée que l'appartenance à la religion juive.

Un témoignage accablant pour Jacques Helbronner est donné par Raymond-Raoul Lambert, administrateur de l'UGIF-Sud, qui le rencontre sur le quai de la gare de Perrache le 28 juillet 1942. Lambert lui dit son angoisse et lui demande d'intervenir. Helbronner lui répond qu'une telle démarche est inutile car Laval n'a rien concédé, encore qu'il puisse changer d'avis. À son journal, Lambert confie sa déception et sa rancœur : « *Le sort des étrangers ne l'émeut nullement*[63]. » Le 2 août, Helbronner reçoit Lambert, qui le supplie à nouveau de voir Laval, s'attirant cette étonnante réplique : « *Si M. Laval veut me voir, il n'a qu'à me convoquer, mais dites-lui bien qu'à partir du 8 août et jusqu'en septembre je pars en vacances et que rien au monde ne pourra me faire revenir.* » L'abbé Glasberg confirme qu'en présence de tiers, Helbronner demandait de ne pas intervenir pour les juifs étrangers, afin de ne pas attirer la foudre sur les juifs français[64].

Le témoignage de Lambert serait terrible s'il était fiable, mais l'est-il ? Les rapports sont exécrables entre le Consistoire central israélite, dont Helbronner est le chef, et Lambert qui a négocié, sans lui, avec Xavier Vallat, commissaire général aux Questions juives, la création de l'UGIF[65]. L'affaire réveillait de vieilles tensions entre le Consistoire, très jaloux de son autorité et issu des vieilles familles juives françaises et des élections, conformes à la tradition même si elles étaient peu représentatives des réalités de la communauté juive, et les dirigeants d'associations sociales qui ne jouissaient pas de notoriété. Xavier Vallat avait joué Lambert contre le Consistoire qui, fier d'avoir évité un *Judenrat* et préservé l'autonomie du culte et de l'enseignement, tenait à rappeler sans cesse l'UGIF à la modestie et à sa mission sociale. Les grandes questions politiques de la communauté juive n'étaient pas du ressort de l'UGIF mais du Consistoire. Aussi, lorsqu'il voit Lambert, administrateur de l'UGIF-Sud, Jacques Helbronner, le président du Consistoire, se garde de toute confidence et lui rappelle avec hauteur qu'il appartient à un autre monde, qui prend des vacances et n'est nullement inquiet de l'avenir des juifs français. Quant aux autres... que Lambert s'occupe de leur apporter des secours. Helbronner ne croyait plus d'ailleurs à l'efficacité de démarches. Si lui n'avait rien obtenu, que pouvaient espérer les autres ? Il s'offusqua même des tentatives d'un autre membre du Consistoire, Robert Angel Olchanski, qui avait gardé, depuis l'avant-guerre, des relations dans les milieux politiques républicains. En août 1942, inquiet des bruits d'arrestations en zone sud, il remit à Pierre Cathala, ministre des Finances, une note très dure pour Pierre Laval où il insistait sur les conditions d'un transfert conduisant les déportés à la mort. Cathala donna cette note à Laval le 21 août 1942. La section permanente du Consistoire atténua l'allusion à la mort (« *un sort final* » des déportés) dans sa note du 25 août 1942.

De son côté, le grand rabbin Kaplan avait vu Mgr Gerlier le 17 août et lui avait demandé d'intervenir directement à Vichy auprès de Pétain, ce que refusa le cardinal qui promit seulement, pour le moment, une lettre. Le 19 août, poussé par le pasteur Boegner, Mgr Gerlier écrivit bien à Pétain demandant d'épargner s'il était possible de grandes souffrances aux juifs. Le rabbin Kaplan poursuivait ses contacts avec les autorités catholiques puisqu'il rencontrait, sans doute grâce à Robert Angel Olchanski, le père Gillet, supérieur général des dominicains. Cette première entrevue, qui eut lieu en présence du père Chenu, arrivé de Paris, fut encourageante. Au récit des événements, le père Gillet s'écria : « *Il faut prendre position contre de tels actes à Notre-Dame avec la crosse et la mitre.* » Mais, lorsque Kaplan et Olchanski le rencontrèrent à nouveau le 17 septembre 1942, le ton avait changé. Le père Gillet, qui était intervenu auprès de Laval, justifia la politique du gouvernement, contraint d'exécuter les ordres allemands. Après tout, la défaite de la France lui enlevait sa liberté d'action et les drames ne concernaient pas les seuls juifs : les Alsaciens-Lorrains ne venaient-ils pas d'être mobilisés dans l'armée allemande sans que Vichy puisse empêcher ce malheur ?

Le manque d'illusions d'Helbronner sur la réussite des démarches à Vichy était justifié. Sa confiance dans la protection de la zone sud était erronée. Sa certitude que les juifs français seraient épargnés n'était pas avouable à Lambert, ancien dirigeant du CAR, qui s'intéressait surtout aux juifs étrangers.

La rafle du Vélodrome d'Hiver n'avait pas donné le nombre de victimes voulu. Comment réaliser l'objectif ? Deux moyens apparaissaient comme les meilleurs. Si les Allemands acceptaient d'inclure les enfants dans les déportations, le chiffre initial grossirait. Il restait aussi le vivier de la zone non occupée où des juifs étrangers étaient déjà rassemblés dans des camps d'internement : 10 000 victimes nouvelles seraient aisément réunies.

Les fonctionnaires concernés s'employèrent à compléter le contingent exigé par les Allemands. Ils plongèrent leurs filets dans les camps de la zone sud pour en extraire les juifs étrangers.

Le 7 août 1942 arrivait de Gurs à Drancy le premier train de juifs déportables. Trois autres trains suivirent jusqu'au 14 août 1942 en provenance des camps de Récébédou, Noé, Le Vernet, Rivesaltes, Les Milles. Les départs ont été brutaux et ont donné lieu à des scènes déchirantes quand les parents laissèrent derrière eux leurs enfants. Jusqu'au 26 août 1942, ils ont le choix de les emmener avec eux, ce qu'ils évitent, ou de les laisser au camp, ce à quoi ils se résignent tant la destination les effraie.

Pierre Laval obtient des Allemands la déportation des enfants, qui attendaient à Pithiviers et à Beaune-la-Rolande. Les enfants sont ramenés à Drancy d'où ils sont envoyés par cars vers la gare de déportation. Le spectacle le plus insoutenable — la souffrance de petits enfants traités comme un troupeau destiné à l'abattage — s'est déroulé dans ces constructions à bon marché entourant un espace central. Les enfants, déjà mal nourris dans le Loiret, arrivent dans une situation de détresse sanitaire et morale qui arrache des larmes aux femmes charitables qui les ont approchés pour les laver et les ravitailler. Atteints de dysenterie, ils souffrent de coliques et souillent vêtements et paillasses. À peine un quart d'entre eux possèdent un gobelet et ils tendent des boîtes de conserve pour recueillir l'eau qui leur est distribuée. Ils sont tondus. Quand on les réveille de nuit pour les faire monter dans les autobus, on les trouve enlacés comme des chatons sur leurs paillasses. Les femmes n'arrivent pas à les séparer et à leur faire quitter leur abri nauséabond. Les gendarmes interviennent pour qu'ils dégringolent les escaliers, titubant de sommeil et de douleur, traînant parfois un baluchon et un petit frère qui marche à peine.

Enfin ils s'en vont, cinquante par autobus. La sensibilité des derniers Français à les voir vivants — service d'ordre et cheminots — est préservée : ils montent dans des wagons où il y a assez d'adultes pour en prendre soin. Ceux qui ont survécu au voyage seront gazés en Allemagne à la descente des trains.

Ces déportations de zone sud ne sont pas passées inaperçues. Les chrétiens en particulier ont des témoins actifs dans les camps qui ont alerté les autorités religieuses.

Les chrétiens, plutôt les protestants que les catholiques d'ailleurs, sont présents dans les camps d'internement. Les liaisons internationales des protestants français avec les grands organismes humanitaires protestants, qui ont des représentants à Genève, expliquent cette situation. Le rôle de l'organisme humanitaire, la Cimade, est important. Ce comité intermouvements auprès des évacués était un mouvement d'aide aux réfugiés alsaciens et lorrains des zones frontalières, que le gouvernement français avait jugé prudent d'évacuer en Limousin, Poitou et Périgord en 1939. Il s'est reconverti en aide aux internés des camps d'internement à Gurs, où deux assistantes sociales ont vaincu les réserves de l'administration à accueillir des observateurs extérieurs, en proposant des layettes et des vêtements. Un local leur est donné et, sans autorisation officielle, la Cimade travaille à l'amélioration de la vie des internés par des aides matérielles, en organisant des cours. Ses assistantes œuvrent à Gurs, Brens, Rieucros, Rivesaltes. Leurs relations sont bonnes avec la direction des services à Vichy, reconnaissants du travail accompli pour humaniser à peu de frais l'internement des étrangers.

Lorsque sont envoyés à Gurs des juifs allemands, les organisations humanitaires internationales de secours proposent leurs services qui sont regardés avec méfiance par Vichy mais, des deux côtés, on se met d'accord pour un *modus vivendi*. Les organisations internationales s'effaceront derrière la Cimade française et elles seront tolérées en restant discrètes. La Cimade devient ainsi le canal par lequel transitent les fonds des organisations internationales protestantes et juives. Est arrivé dans le Midi David Lowrie, du secrétariat général de l'YMCA (Unions chrétiennes de jeunes gens) dont la branche féminine, l'YWCA, compte Mme Rockefeller parmi ses bienfaitrices. Tout cela explique la tolérance de Vichy. Le maréchal Pétain connaît le rôle bienfaisant de ces deux organisations dans la Première Guerre mondiale, où elles fondèrent des foyers du soldat et envoyèrent des colis aux prisonniers. Il ménage aussi l'ambassadeur des États-Unis à Vichy qui protège Lowrie.

Lowrie s'est occupé avant-guerre des réfugiés tchèques. Il sait ne pas se mettre en avant et apprend aux différentes organisations de confessions religieuses ou idéologiques à se connaître et à travailler ensemble. Il crée un comité de coordination pour l'assistance dans les camps, dit Comité de Nîmes. Ainsi se concertent des associations protestantes, françaises ou anglo-saxonnes (Cimade, YMCA) ; juives (l'OSE, Œuvre de secours aux enfants), l'ORT (Organisation, reconstruction, travail) qui ouvre des ateliers d'apprentis, l'aumônerie, le JOINT (American Jewish Joint Distribution Committee), catholiques avec essentiellement l'abbé Glasberg, qui a l'idée de créer avec l'autorisation de l'inspection des camps, créée par Vichy, des petits centres d'accueil pour réfugiés, gérés par eux-mêmes sous contrôle de la préfecture. Il a reçu du saint-père un million pour son œuvre et crée le Côteau fleuri au Chambon-sur-Lignon, le foyer Marie-Durand à Marseille, qui devinrent des modèles pour les centres d'hébergés en semi-liberté. Il s'en ouvre avec la protection de l'administration de Vichy, à Naillat (Creuse), Douadic (Indre) ou Châteauneuf (Puy-de-Dôme). Ces centres d'accueil, baptisés par les instigateurs — l'abbé Glasberg, Nina Gourfinkel, déléguée du Comité d'assistance à la population juive frappée par la guerre (RELICO), et le Dr Weill de l'OSE — « centres antiallemands », furent acceptés par Vichy parce que le diocèse de Lyon les patronnait et parce qu'ils ne coûtaient pas cher (le traitement d'un économe), car un astucieux système mettait leur entretien à la charge du tiers le plus aisé des résidents et l'autoconsommation était la règle dans ces petits kibboutz de réfugiés. Quelques espoirs furent déçus mais des résidents furent sauvés par les contacts établis à l'extérieur.

Le lien que Glasberg entretient avec le gouvernement de Vichy par le cardinal Gerlier, la Cimade l'établit par le pasteur Marc Boegner. Tout ce qui se passe dans les camps est ainsi connu de l'étranger, auquel le gouvernement français est attentif, à condition que cela ne gêne pas sa politique de collaboration avec l'Allemagne. À Genève, les bureaux internationaux des organisations juives sont en liaison avec le Conseil œcuménique des Églises. À Nîmes, le Comité de coordination permet une observation et des activités utiles à des mouvements de finalité autre que la seule assistance. Y étaient représentées, par exemple, les organisations américaines et celles liées à l'émigration, comme le Centre américain de secours (CAS) et l'Unitarian Service Committee du diplomate Noël Field. Installés à Marseille, ils travaillaient avec le camp de transit des Milles, près d'Aix-en-Provence, où étaient envoyés les candidats à l'émigration.

Les projets de déportation des juifs de zone sud sont connus depuis la mi-juillet 1942 par David A. Lowrie, informé d'une conversation tenue par Laval à un membre du Conseil national qui pourrait être Marc Boegner. Lowrie se rendit à Vichy le 4 août et informa l'ambassade américaine. Il ne nourrit pas d'illusions sur le sort qui attend les déportés et n'est pas dupe de la fable du « travail utile », car il sait que sur les listes figurent enfants et vieillards et que, d'autre part, la « réserve juive » en Pologne n'a pas un grand besoin de travailleurs. Il dit nettement alors qu'il existe un plan allemand pour l'Europe nouvelle faisant « *appel à l'épuration des éléments indésirables*[66] ».

Informée par David Lowrie, Madeleine Barot, secrétaire générale de la Cimade, se rend à Vichy et enquête auprès des services de l'inspection des camps, qui ne semblent pas spécialement émus[67]. Que la Cimade se rassure, elle pourra continuer à jouer un rôle utile, par exemple en veillant à l'application des exemptions prévues (juifs français, combattants de l'armée française, vieillards, parents de jeunes enfants).

Par David Lowrie et Madeleine Barot sont prévenus l'abbé Glasberg et le pasteur Boegner. Le père Arnou du Comité de coordination, reçu par Lowrie le 6 août, avertit le nonce. Par l'abbé Glasberg, le cardinal Gerlier est aussi mis au courant. Il a été contacté par le grand rabbin Kaplan, qui s'était rendu à la gare en apprenant qu'un train de déportés juifs, arrivant du sud, devait s'y arrêter. Il n'est pas autorisé à leur parler et, en désespoir de cause, jette des morceaux de pain par les ouvertures des wagons de marchandises.

Les autorités ecclésiastiques sont au pied du mur. Elles savent que Pierre Laval ne cédera pas sur la déportation des juifs étrangers, élément important à ses yeux de la politique de collaboration et nouveau moyen de prouver qu'il est seul capable de mener une politique difficile et d'avoir raison contre tout le monde. Il se dérobe aux sollicitations de Mgr Suhard en prétendant que les Allemands n'écouteront que le pape : « *Abetz m'a dit que c'était au pape de parler de ce problème* », lance-t-il avec hauteur.

FAUTE DE MIEUX, MGR SALIÈGE

Mgr Gerlier estime que l'Église est offensée et en est en partie responsable, car elle ne s'est pas assez affirmée face à cet État cynique. Il est peut-être temps d'élever la protestation solennelle qui a été refusée par certains prélats en juillet 1942. Mais la situation évolue très vite depuis la rafle du Vel' d'Hiv', qui était encore trop proche le 21 juillet pour que la signification en soit bien perçue. La rafle n'était — craint-il — que la première étape dans un plan global nazi avec lequel l'Église doit éviter le moindre soupçon de complicité passive. Les archevêques ont pu évoluer depuis juillet 1942. Il demande donc à Mgr Chappoulie, tout gagné au projet, et en accord avec le nonce apostolique déçu de la mollesse de l'ACA de juillet 1942, d'entreprendre la tournée des évêques pour savoir s'ils veulent élever une protestation collective et solennelle. La réponse fut la même qu'en juillet et Mgr Suhard, archevêque de Paris, pesa de tout son poids pour l'abstention tant il craignait les représailles des SS. Lorsque Mgr Chappoulie insiste en septembre 1942 pour qu'il durcisse son attitude, il lui répond qu'il veut s'en tenir à un « *juste milieu* ». Il lui explique qu'en agissant autrement, l'Église de France se mettrait dans son tort parce qu'elle se mêlerait d'une affaire politique. Si elle critiquait le gouvernement, les ennemis de l'État français clameraient partout qu'il y a de graves désaccords entre l'Église et l'État.

Un autre argument aurait pu jouer sur les prélats : l'exemple des évêques étrangers qui ont solennellement protesté, comme en Belgique. Il a donné à réfléchir mais les évêques français concluent que les situations sont très différentes. La Belgique n'a pas de gouvernement. Elle est sous occupation militaire et n'a gardé qu'une administration qui n'a pas autorité pour prendre une attitude politique. Le roi se considère comme prisonnier et ne dit jamais rien. Devant le vide étatique, l'Église de Belgique, par ailleurs très portée au cléricalisme, considéra qu'il était nécessaire qu'elle se substituât aux autorités politiques absentes. En revanche, en France, aucune de ces conditions n'existait. Il y avait un pouvoir politique très présent et même jaloux de ses prérogatives. Une proclamation solennelle de l'épiscopat serait considérée comme un empiétement inacceptable. L'Église de France ne tenait pas à être soupçonnée de cléricalisme.

Deux actions seront cependant lancées pour apaiser les tourments de conscience de la minorité des évêques. Elles n'ont pas l'ampleur qu'aurait atteinte une protestation solennelle. Elles prennent la forme, habituelle, de l'intervention secrète et directe auprès du chef de l'État, et, plus nouvelle, de textes destinés à l'opinion publique catholique de milieux choisis.

Marc Boegner et Pierre-Marie Gerlier se concertent le 18 août 1942. Mgr Gerlier, sans doute averti par Mgr Suhard, lui dit qu'il est inutile de s'adresser à Laval. Ils décident d'écrire au maréchal Pétain. Mgr Gerlier soupire que le procédé s'est toujours révélé vain mais le pasteur Boegner insiste.

Le 19 août, Mgr Gerlier rédige la lettre dont il a déjà été question, en espérant émouvoir le bon cœur du maréchal Pétain. La missive, assez mal tournée, respire la gêne. Il lui demande de renouveler ses « *efforts* » (il est bien placé pour en connaître la faiblesse) pour épargner aux juifs déportés des souffrances nées de « *l'organisation matérielle des convois* » et des traitements, qui portent atteinte aux « *droits essentiels de tout être humain* » :

« Lettre du cardinal Gerlier au maréchal Pétain, Lyon, le 19 août 1942, I, place de Fourvière.

« Monsieur le Maréchal, Il m'en coûte de vous écrire aujourd'hui pour un douloureux motif. Votre bienveillance accueillera néanmoins cette lettre, dictée par ma conscience, et que m'inspire, vous le savez, un attachement respectueux et fidèle. Nous apprenons que les si pénibles mesures prises en zone occupée contre les juifs commencent à être appliquées de ce côté-ci de la ligne. D'autres vont suivre sans doute celles qui s'exécutent actuellement. Interprète de tous les Archevêques de la zone libre, comme Son Éminence le Cardinal Suhard le fut récemment des Archevêques de la France occupée, j'ai le devoir de m'associer en leur nom à sa démarche, et j'ose vous demander avec insistance, Monsieur le Maréchal que soient épargnées, s'il est possible, à ces malheureux les souffrances qui en accablent déjà un si grand nombre. Nous n'oublions ni la complexité du problème, ni les grandes difficultés que peut rencontrer le Gouvernement en cette matière et les efforts qu'il accomplit ; et nous savons les sentiments personnels du Chef de l'État. Mais nous ne pouvons, comme Évêque et comme Français, songer sans un serrement de cœur à tout ce qui, dans la nature des traitements subis ou de ceux à prévoir, comme dans l'organisation matérielle des convois — j'ai fourni à cet égard à Monsieur le Préfet Régional les précisions données par un témoin oculaire — méconnaît les droits essentiels de tout être humain et les règles fondamentales de la charité. Je confie ces préoccupations douloureuses au grand souci de justice et à la profonde bonté que nous admirons tous en vous, Monsieur le Maréchal, comme nous avons admiré, le 15 août, au Puy, le magnifique message à la jeunesse que nous écoutions avec tant d'émotion reconnaissante, et je vous prie de vouloir bien agréer l'hommage de tout mon religieux respect[68]. »

Le pasteur Boegner est plus vigoureux dans ses critiques et reproche au gouvernement du maréchal Pétain de ne pas respecter le droit d'asile pour les étrangers qui savent qu'un « *sort terrible* » les attend dans le Reich. Il donne aussi plus de détails sur les conditions du transfert d'une population traitée comme du bétail.

Quels résultats ces démarches ont-elles obtenus ? Le bilan est bien mince. Selon un des témoins les plus mêlés aux événements de Lyon, l'abbé Glasberg, encore amer et très dur dans son jugement quarante ans plus tard, Mgr Gerlier se félicita des conséquences de son intervention en ces termes : « *Chers amis, nous avons obtenu quelque chose et je pense que vous allez nous féliciter : à partir de maintenant, ces personnes, ces juifs, seront déportés de la zone sud non plus dans des wagons à bestiaux comme vous nous l'avez décrit, mais dans des wagons de 3e classe. Nous sommes très fiers de ce résultat. Évidemment, hélas ! seulement jusqu'à Paris, car à partir de Paris, le Maréchal ne peut plus rien faire, ce sont les Allemands qui commandent*[69]. » Le secrétaire général de la préfecture de la Gironde, Maurice Papon, s'est vanté d'avoir réquisitionné des wagons de voyageurs plutôt que des wagons de marchandises et d'avoir fourni des couvertures aux déportés.

Le 20 août 1942, René Bousquet, secrétaire général à la Police, envoyait aux préfets régionaux un télégramme destiné à maintenir la neutralité administrative parmi les fonctionnaires et ecclésiastiques qui se laisseraient aller à trop de compassion envers les déportables :

> *« Intérieur Cabinet à Préfets Régionaux zone libre. Télégramme n° 12640. Vous prie me proposer éventuellement par télégramme sous timbre "Cabinet" internement administratif personnes dont attitude ou actes entraveraient exécution mes instructions sur regroupement Israélites. Visa : René Bousquet. »*

Faute de protestation collective, il fut décidé que seuls quelques évêques de zone sud, résolus à agir enfin, feraient connaître leur sentiment selon les formes canoniques. Ils parleraient comme évêque de leur diocèse à leurs fidèles. La protestation n'aurait pas de caractère public puisqu'elle ne serait lue qu'à l'église, à l'occasion de la messe. Restait le choix de la date. Par des fuites, il fut connu que la police préparait, pour compléter les déportations insuffisantes à partir des camps, une rafle en zone sud pour le 26 août 1942. Tout tournerait autour de cette date. Mgr Saliège, archevêque de Toulouse, était tout désigné pour l'opération. Il est le juste parmi les justes. Handicapé, il sait ce qu'est la souffrance. L'homme dont les muscles du larynx se paralysent saisit la chance morale d'élever une voix que les bien-portants ont rentrée dans la gorge. Son intervention doit à sa personnalité, à ses convictions et aussi à l'influence d'un environnement.

Le Midi toulousain résiste

La région de Toulouse n'aime pas se taire longtemps. Les habitants ne se satisfont pas d'être spectateurs silencieux des événements. Ils s'engagent, avec vigueur, d'un côté et de l'autre. De la collaboration, il ne sera pas encore parlé mais il est éclairant de montrer la naissance d'un esprit résistant, qui amenait à lire différemment les événements.

Des castels des cadets de Gascogne aux maisons rurales longtemps abandonnées faute d'héritier resté à la terre et soudain ranimées par les réfugiés de l'Est et de Paris éblouis des bonnes nourritures, des gentilhommières perdues aux rédactions de petites revues, des logements surpeuplés d'un Toulouse accueillant à l'étranger aux grandes maisons religieuses survivantes en ce pays radical, se tissait un réseau invisible de complicités et d'amitiés entre des hommes qui n'accordaient aucune confiance à l'Allemagne hitlérienne. Aucun d'eux ne se serait dit « résistant ». Les mieux éduqués et les plus célèbres — beaucoup le devenaient dans cette France provinciale de zone non occupée où les capitales de province retrouvaient une vie créatrice — formulaient une insatisfaction, exprimaient leur colère qui rencontrait l'ennui, le désarroi, l'attente des autres et ils les orientaient vers une opposition de plus en plus raisonnée.

De son château de Monstractuc, le général de Castelnau écrivait des articles enflammés que *La France catholique* ne sauvait pas souvent des griffes de la censure. Il rugissait de fureur en écoutant la radio nationale et se vengeait de son inaction par des mots dont la verdeur n'avait été atténuée ni par l'âge ni par les honneurs. Un prêtre venu lui rendre visite voulut lui transmettre un message du cardinal Gerlier : « *Le cardinal Gerlier m'a chargé de vous dire...* » Il n'alla pas plus loin, interrompu par une furieuse apostrophe du général de Castelnau : « *Il a donc une langue ? Je croyais qu'il l'avait usée à lécher le cul de Pétain*[70]. » Le voisin du général, le poète belge Kotchnisky cita le mot à André Pironneau, le journaliste. Et bientôt, à Toulouse, tout le monde répétait le trait. La librairie Jouanaud devenait un lieu de rendez-vous de la jeunesse. Le préfet de la Haute-Garonne notait que les démocrates-chrétiens du département et les membres de la JOC étaient antihitlériens sans concession[71].

Près d'Albi, Jacques Madaule rencontrait, dans un manoir délabré de Saliès, Charles d'Aragon qui interrompait ses travaux agricoles pour rédiger des articles pour *Temps nouveau* et méditer un livre promis aux éditions Bloud et Gay. Robert d'Harcourt s'arrêta au château et mit Charles d'Aragon en rapport avec les curieux hôtes de l'archevêché d'Albi. Son titulaire, Mgr Moussaron, révérait le maréchal Pétain mais il donnait asile à des religieux allemands qui avaient fui le Reich.

On a vu l'excellent accueil que les *Cahiers du Témoignage chrétien* avait reçu dans le Sud-Ouest, à Montauban, à Toulouse. Cruvillier avait même pris un contact direct fin 1941 avec l'archevêque pour lui présenter l'entreprise clandestine. Il fut encouragé et reçut un soutien du recteur de l'Institut catholique, Bruno de Solages, et de l'entourage de l'archevêque, le chanoine Gèze, l'abbé René de Naurois, l'abbé Callebat.

Mgr Bruno de Solages, qui appartient à une grande famille du Sud-Ouest (propriétaire des mines de Carmaux), préside aux destinées d'une curieuse maison d'enseignement supérieur[72]. À l'Institut catholique de Toulouse, on honore activement l'antifascisme, on est pétainiste et on fronde le pouvoir.

À l'Institut, qui a beaucoup augmenté ses effectifs d'étudiants laïcs sous l'Occupation, car aller à Paris est devenu une aventure, la Révolution nationale séduit par son moralisme familial, le régionalisme occitan, le rapprochement avec l'Église (le chanoine Louis Capéran, professeur au grand séminaire et à l'Institut catholique, publie en 1941 *France nouvelle et Action catholique* et en 1943 *L'Enseignement dans la France nouvelle* où il se félicite de l'abandon du laïcisme). Les abbés Decahors et Salvat sont attirés par le message régionaliste et les effluves péguystes du discours de la Révolution nationale. Mais cette adhésion n'entraîne pas l'infidélité aux pratiques d'accueil aux persécutés. La bibliothèque de l'Institut devient un lieu très fréquenté par l'ancien recteur de l'université de Barcelone, Serra-Hunter, Dominique Pallerola, l'irrédentiste Sarrois van Swell, Walter Hégard. Des intellectuels juifs se retrouvent en ce havre : le philosophe allemand Ernest Kamnitzer, Ignace Meyerson, Georges Friedmann et Julien Benda. Mgr Martimort fonde pour eux les « Conférences de la Bibliothèque » que fréquentent leurs amis et des intellectuels repliés à Toulouse, Edgar Morin, Léon Hamon, Jean Cassou, beau-frère de Jankélévitch.

Mgr de Solages défie le pouvoir, multipliant dans ses prônes à Toulouse ou à Montauban, chez Mgr Théas, les allusions à « *Pilate, représentant des autorités occupantes* » ou en participant le 22 mai 1941 à un hommage public à Bergson, où il déclare : « *La patrie d'un homme — quand cette patrie surtout est la France — s'inscrit beaucoup plus dans son cœur que dans son sang.* » Il utilise les discours de rentrée de l'Institut catholique pour délivrer un message sur la conduite du chrétien dans la cité. Le 12 novembre 1940, le discours de la rentrée est consacré à l'éducation. Le contenu ne se démarque pas trop de tout ce qui s'écrit alors dans les cercles pétainistes bien-pensants mais le ton est moins geignard et, à part une allusion à la mystique du moindre effort et au culte des loisirs, il ne condamne pas le passé.

Le discours de 1942 fut plus hardi. Il est un vibrant hommage à la vérité, bien à sa place dans une faculté mais qui prend un ton particulier en cette époque de propagande primaire et de censure. La lecture des *Cahiers du Témoignage chrétien* est passée par-là. Mgr Bruno de Solages donne comme mission aux professeurs et aux élèves le culte exigeant de la vérité, qui est lucidité. Bossuet n'a-t-il pas dit : « *Le pire dérèglement de l'esprit est de voir les choses comme on veut qu'elles soient et non de les voir telles qu'elles sont* » ? Du travail intellectuel, le recteur glisse à l'actualité et déplore la vérité étatique unique, dénonçant la radio, « *diffusion organisée d'un mensonge qu'on fabrique* ». Le discours de rentrée du recteur était imprimé. Le censeur ne s'opposa pas à la diffusion de la prise de position d'un grand notable de l'Église, mais il supprima quelques phrases, peu nombreuses mais trop liées à l'actualité du moment. Mgr Bruno de Solages s'emporta contre cette censure courtoise, refusant d'en être complice : « *La publication tronquée d'un document constitue un faux. Ce n'est pas au moment même où je m'élève, au nom des droits de la Vérité, contre les falsifications de tout genre que je vais accepter de m'en rendre complice.* » Au nom de la vérité ? Surtout au nom de la supériorité de l'Église sur le pouvoir temporel : « *D'ailleurs* — poursuit-il — *en ces matières qui sont essentiellement d'ordre doctrinal et moral, c'est à l'autorité spirituelle et non au pouvoir temporel de juger ce qui est opportun ou non. Le contraire n'est point exercice de l'autorité, mais désordre.* » La Révolution nationale amènerait-elle à restaurer les règles de la société chrétienne médiévale ? Le recteur de l'Institut catholique de Toulouse, refusant un texte tronqué, ordonna à l'imprimeur de ne pas tirer son discours.

À la rentrée de 1943, Mgr Bruno de Solages récidiva dans son affirmation de la primauté du magistère de l'Église dans la société contemporaine : « *Quant au nom de la morale, l'Église intervient dans les affaires de la vie humaine, bien souvent on lui reproche de se mêler de ce qui ne la regarde pas. Or, sous l'angle de la morale, tout la regarde* », et il défie le censeur : « *Je n'admets d'autre censure que celle du magistère de l'Église.* » En 1942, l'influence des *Cahiers du Témoignage chrétien* apparaît comme en 1943 celle du *Prince esclave* du père Fessard[73]. Reprenant ce texte difficile, il explique l'enseignement qui devra être donné sur l'État. Critique, il soumettra son jugement non au respect du pouvoir établi mais à l'aptitude du pouvoir de fait à servir le bien commun. L'ordre juridique qui repose sur la justice est mal respecté et autorise la « *protestation de la conscience humaine qui sévit de nos jours comme jamais* », et reprenant le message de Noël 1942 de Pie XII, il demande que l'État et les fonctionnaires retirent les mesures qui lèsent « *la liberté, la propriété, l'honneur, la condition et la santé des individus. Le pape a dit que l'État n'est pas au-dessus ni de la critique ni du contrôle et il doit permettre à toutes les familles spirituelles de se développer en son sein*[74] ».

Le recteur de l'Institut catholique inscrivit pour l'année universitaire 1941-1942 six étudiants juifs qui étaient au-delà du *numerus clausus*. Le commissaire aux Affaires juives dénonça la pratique au ministre de l'Intérieur, sans grand effet d'ailleurs[75].

Un tel milieu intellectuel encouragea l'archevêque à affirmer sa personnalité.

Jules Géraud Saliège est né dans une pieuse famille d'Auvergne le 24 février 1870 à Crouzy-Haut, non loin de Mauriac. Son oncle, l'abbé Jules Monteil, vicaire auxiliaire de l'église de La Madeleine, le fit venir à Paris au séminaire de Saint-Sulpice car il avait, en bon Auvergnat, des ambitions pour sa famille. Devenu prêtre, il retrouva l'Auvergne au séminaire de Saint-Flour qu'il dirigea avec un bonheur qu'interrompit la mobilisation d'août 1914. Jusqu'en 1917, il est aumônier militaire et il noue des liens d'amitié avec Mgr Llobet, évêque de Gap, qu'il connaît aux Éparges. Après la guerre, ils se voient souvent. Saliège succède à son ami comme évêque de Gap ; les divergences politiques — l'Action française pour Mgr Llobet, *Le Sillon* pour Jules Saliège — n'avaient pas place dans leurs relations. Gap ne fut qu'une étape dans sa belle carrière car l'archevêché de Toulouse lui fut proposé peu après. Il partit pour la Ville rose avec quelque appréhension. Le montagnard n'est pas attiré par cette ville à la culture et aux mœurs inconnues. Il écrit à ses amies du carmel de Saint-Flour : « *Toulouse est pour moi l'inconnu. J'irai, conduit par la Providence ne sachant qu'une chose, c'est que j'aurai à y souffrir.* » Il prit comme devise : « *À l'ombre de la Croix* ». En 1932, une épouvantable maladie se déclara ; le bulbe rachidien se paralysait. Bientôt l'archevêque fut paralysé des talons au cou ; l'élocution devenait difficile.

Comme les autres archevêques, Mgr Saliège fut séduit par la Révolution nationale. La politique familiale, l'union sociale, les mesures en faveur de l'école libre lui plaisaient. Le 5 novembre 1940, il reçut le maréchal Pétain à Toulouse. Il célébra comme le cardinal Gerlier le sacrifice et l'ardeur patriotique du chef de l'État : « *À qui devez-vous* — disait-il aux Toulousains — *de ne pas être dans un territoire occupé ? À un homme, à un Français qui a fait don de sa vie au pays. S'il n'avait pensé qu'à lui, il aurait continué à jouir en paix d'une gloire justement acquise. Ses réactions sont nationales, son cœur nous appartient. Il vit et travaille pour la patrie*[76]. »

Un jour, le cardinal Saliège semble être déçu par l'État français. En attendait-il plus ou commence-t-il à prêter l'oreille à un entourage qui le critique ?

Les espoirs de cléricalisme s'éloignent lorsque le pieux ministre de l'Instruction publique, Jacques Chevalier, est remplacé par Carcopino, un universitaire qui évite les professions de foi. En février 1941, l'amiral Darlan est au pouvoir. Il est bien connu dans le Sud-Ouest où on ne le classe pas parmi les amis de l'Église. L'État qui distribue des largesses entend en contrôler l'usage et devient pesant. Dans l'été 1941, le cardinal Saliège met ses amis en garde contre l'État français. Au père Fernand Cavallera qui avait lancé dans *La France catholique* du 29 juin 1941 un appel à la coopération civique des catholiques avec l'État nouveau, il montre que l'aumônier commet une erreur, sur la nature de cet État qui n'a rien de chrétien. Mgr Saliège rappelle : « *L'État français demeure neutre. Il demeure païen* », et il donne pour preuve une circulaire du ministre de l'Intérieur, Pierre Pucheu, ordonnant aux préfets d'enlever les crucifix dont des maires avaient accepté l'accrochage sur les murs des écoles[77]. La Charte du travail du 4 octobre 1941 allait renforcer sa critique de l'État français. Il semble avoir rencontré, par l'intermédiaire du chanoine Gèze, des syndicalistes chrétiens qui, à Toulouse, sont hostiles à Vichy dès 1940, ce qui n'est pas le cas de la

CFTC de zone occupée. Le secrétaire de l'UD-CFTC de Haute-Garonne, Brodier, est un ami de Vanhove, militant de *Témoignage chrétien.*

Des informations sont parvenues à Londres sur les sentiments du cardinal Saliège, qui amènent Charles de Gaulle à lui adresser une curieuse lettre où il le charge, discrètement, de mettre l'épiscopat en garde contre un appui trop fort au gouvernement de Vichy[78]. Lorsque des manifestants protestent en juillet 1942 place du Capitole contre la venue à Toulouse du conférencier-propagandiste allemand, Friedrich Grimm, des prêtres sont présents dont le fameux abbé René de Naurois, que des stagiaires d'Uriage dénoncent comme gaulliste. Le même mois, Mgr Saliège adresse à ses diocésains une lettre banale sur l'âge de la communion solennelle mais qui est suivie d'un communiqué ordonnant des prières publiques à l'intention des ouvriers requis en Allemagne. Était-ce suffisant pour faire de Jules Géraud Saliège le héraut de la conscience chrétienne contre la politique de Pierre Laval ?

Un mystère entoure la lettre qu'a écrite, le 23 août 1942, Mgr Saliège. Sa réalité est incontestable, sa vigueur et son courage aussi. Mais s'agissant d'un texte de cette importance, on peut être exigeant sur ses conditions d'élaboration. Or, là, trop de divergences sont apparues entre 1966 et 1988 pour ne pas créer un malaise. Cette impression de semi-vérités sanctifiées par le témoignage est un problème général pour toute l'histoire des mouvements clandestins, qui ne laissent pas de traces notables dans les archives de l'État. L'affaire Aubrac a révélé, en 1997, une crise de confiance entre témoins et historiens. Dans le cas Saliège, comme dans le cas Aubrac, il s'agit d'histoire orale pour l'essentiel. Or, cette histoire orale n'est pas fiable. Que dire des témoignages que l'on veut bien donner aux historiens ? Honnêteté et scrupule sont fréquents. Des connaissances nouvelles apparaissent. Mais existent aussi les mauvaises rencontres, nées de l'oubli compréhensible, de la confusion entre ce que le témoin a vu et ce qu'il a lu, de la présomption de celui qui n'avoue pas qu'il était mal placé pour savoir. Le pire — mais qui reste rare — est la volonté de manipuler l'historien. Ce rapide survol montre que, en dépit d'apports utiles, il y a bien des raisons de se méfier de l'histoire orale. Or, le récit de l'élaboration de la lettre de Mgr Saliège relève de l'histoire orale, puisque le cardinal n'a pas laissé de journal de cette période de sa vie.

Avant de proposer mon interprétation, je signalerai un défaut de méthode assez fréquent que présente la focalisation sur un fait (une lettre, un appel) qui ne devrait recevoir son sens que d'autres événements. Le rôle de l'historien est justement de tisser la trame de ces rapports. Sans cette élaboration existe un récit mais l'histoire est absente.

Nous avons tous découvert avec enthousiasme en 1966 l'attitude de Mgr Saliège, en lisant l'ouvrage pionnier de Jacques Duquesne, *Les*

Catholiques français sous l'Occupation (Grasset). L'auteur présentait la réaction de l'archevêque de Toulouse comme un réflexe spontané au récit qu'il entendit le 20 août 1942 des événements de Noé et de Récébédou : « *Il ne cache pas sa colère. Avec ses collaborateurs, il décide que sa protestation sera immédiate. Il rentre à l'archevêché, rue Perchepinte, sonne sa secrétaire, mademoiselle Buisson, et de sa voix rauque et mal assurée lui dicte vingt-trois lignes* » (p. 256).

L'historien Jean-Louis Clément fut le premier à relever les contradictions des témoins[79]. Au lieu de se contenter de reprendre en confiance les récits édifiants qui faisaient de Jules Géraud Saliège un héros solitaire, il se livra à l'une de ces rigoureuses critiques de textes que l'Université exige des candidats à un doctorat d'histoire. Il mit en question un récit hagiographique fondé sur des témoignages oraux, postérieurs à la mort de l'archevêque, produits vingt ou trente ans après l'événement. Ils donnaient une vision simple et belle d'une grande âme d'évêque, conduit par un tempérament généreux et enflammé à une action spontanée, solitaire, un peu irréfléchie. C'est moralement très beau. Mais est-ce bien vraisemblable ? Que le lecteur juge.

Mgr Louis de Courrèges d'Ustou et Mgr Joseph Chansou attribuent tout à l'effet produit par le récit des actions dans les camps que lui livra Thérèse Dauty, assistante sociale de l'Aide catholique aux étrangers[80]. Le 20 août, elle raconta à l'archevêque dans quelles conditions les juifs avaient été raflés à Récébedou et elle lui dit : « *Monseigneur, ils attendent une voix.* » Mgr Saliège écrivit alors sa lettre qui reflète une forte émotion.

Une autre interprétation avait été donnée qui donne un rôle au père Chaillet, tant il est vrai qu'on prête facilement aux âmes généreuses. Le 28 juin 1965, le père Henri de Lubac affirma à l'historienne Renée Bédarida qu'il était allé visiter Mgr Saliège à la demande du père Chaillet, que Germaine Ribière de la JECF, sa meilleure adjointe, avait alerté. Il le trouva décidé à protester et il lui sembla déjà informé.

Il n'est pas illogique de trouver le père Chaillet, fondateur des *Cahiers du Témoignage chrétien*, à l'origine de la lettre de Mgr Saliège. Un tract de *Témoignage chrétien*, « Lettre confidentielle aux autorités religieuses, civiles et militaires, aux hommes et aux femmes de France », invitant à une protestation publique, a été retrouvé aux archives de la Haute-Garonne. Moins compréhensible, en revanche, est cette démarche compliquée qui consiste pour le jésuite de Fourvière à envoyer de Lyon à Toulouse, à l'autre extrémité de la France non occupée, le père de Lubac pour faire écrire une lettre à l'archevêque ! Le père Chaillet se serait simplifié la vie en présentant sa demande à son interlocuteur lyonnais normal, et bienveillant à son égard, le primat des Gaules, l'archevêque de Lyon, Pierre Gerlier.

Vingt ans après avoir distillé ses confidences à Renée Bédarida, le père de Lubac prenait la plume pour livrer un petit livre, qui ne méprise pas la polémique, *Résistance chrétienne à l'antisémitisme. Souvenirs 1940-1944*[81]. Il y modifiait son témoignage de 1965 et introduisait un nouvel acteur, le cardinal Gerlier, qui aurait sondé des évêques afin d'émettre une protestation contre les traitements infligés aux juifs étrangers. Il laisse entendre qu'il était chargé de cette mission d'information et de pression auprès de Mgr Saliège. Il est bizarre qu'il n'ait pas mentionné Mgr Gerlier en 1965.

La vérité ne gagnerait-elle pas à associer deux individus, le rebelle Saliège et le prudent Gerlier ? Et il faudrait élargir le cercle car, si Mgr Gerlier n'est sorti de l'ombre qu'en 1988, où sont donc les autres évêques ? Loin des projecteurs ? Éternellement dans l'ombre des coulisses ? Tous ces responsables ecclésiastiques doivent monter sur la scène. N'étaient-ils au courant de rien ? N'ont-ils rien pensé ?

Nous ne nions pas la visite du père de Lubac à Toulouse mais nous la tenons pour une information sur l'échec d'une action collective des évêques qui avait été envisagée. Elle devenait le feu vert pour une action personnelle de Mgr Saliège, une action épiscopale vigoureuse mais limitée.

Cette interprétation de l'acte de Mgr Saliège, remédiant à la carence de ses confrères, permet d'expliquer les silences initiaux du père de Lubac. En 1965, ni les historiens ni le public ne s'intéressaient beaucoup à la réaction de l'Église devant la persécution antisémite. Les grands colloques d'historiens de Grenoble et de Lyon se sont tenus en 1976 et 1978[82]. *Vichy-Auschwitz* de Serge Klarsfeld, qui prouva la collaboration administrative et livra des documents nombreux et d'intérêt primordial, est de 1983. En 1965, le père de Lubac pouvait donc user de ces demi-vérités. Mais elles ne suffisaient plus vingt ans plus tard. Un témoin — et un témoin jésuite — parle parfois autant pour jeter un voile sur l'essentiel que pour contribuer à l'établissement de la vérité. Son témoignage de 1965 confirmait l'acte héroïque et personnel du fougueux archevêque de Toulouse. Pourquoi le modifia-t-il en 1988 ?

Le père de Lubac était alors mécontent des historiens et il pensait que les recherches universitaires récentes ternissaient l'image de Mgr Gerlier, archevêque de Lyon, et par là même de l'Église catholique dans son ensemble. Cette impression lui inspira l'aveu médité de son propre rôle de messager entre Mgr Gerlier et Mgr Saliège. Mais, cette fois encore, il ne leva qu'un minuscule morceau du voile. Il ne dit rien des entreprises de Mgr Gerlier et de Mgr Chappoulie pour une protestation collective ni de la consultation des évêques qui venait d'avoir lieu. Soit le père de Lubac les ignorait, soit il ne voulait pas révéler qu'elles avaient abouti à un refus de protestation collective des évêques contre la persécution antisémite.

Dans cette carence de l'Église, Mgr Saliège fut désigné, avec son accord, comme avant-garde. Ses disgrâces physiques le préserveraient d'une répression brutale. L'effet de sa lettre pourrait être sereinement apprécié et donner lieu à d'éventuels développements. Il n'y aurait donc pas l'usage d'une force de frappe mais prudente escalade.

Mgr Saliège fut heureux de rédiger, sur son célèbre bureau débordant de papiers entassés, la lettre datée du 23 août 1942 :

> *« Lettre pastorale de S. Exc. Mgr Saliège, archevêque de Toulouse, sur "la personne humaine", lue en chaire le 23 août 1942 sans commentaire.*
>
> *« Mes très chers Frères, Il y a une morale chrétienne, il y a une morale humaine, qui impose des devoirs et reconnaît des droits. Ces devoirs et ces droits tiennent à la nature de l'homme ; ils viennent de Dieu. On peut les violer... Il n'est au pouvoir d'aucun mortel de les supprimer. Que des enfants, des femmes, des hommes, des pères et mères soient traités comme un vil troupeau, que les membres d'une même famille soient séparés les uns des autres et embarqués pour une destination inconnue, il était réservé à notre temps de voir ce triste spectacle. Pourquoi le droit d'asile dans nos églises n'existe-t-il plus ? Pourquoi sommes-nous les vaincus ? Seigneur, ayez pitié de nous. Notre-Dame, priez pour la France. Dans notre diocèse, des scènes d'épouvante ont eu lieu dans les camps de Noé et de Récébédou. Les juifs sont des hommes, les juives sont des femmes. Les étrangers sont des hommes, les étrangères sont des femmes. Tout n'est pas permis contre eux, contre ces hommes, contre ces femmes, contre ces pères et ces mères de famille. Ils font partie du genre humain ; ils sont nos frères comme tant d'autres. Un chrétien ne peut l'oublier. France, Patrie bien-aimée, France qui porte dans toutes les consciences de tous tes enfants la tradition du respect de la personne humaine, France chevaleresque et généreuse, je n'en doute pas, tu n'es pas responsable de ces horreurs. Recevez, mes bien chers Frères, l'assurance de mon affectueux dévouement.*
>
> *« Signé : Jules Géraud Saliège, archevêque de Toulouse. »*

Ce texte médité, où Mgr Saliège affirme que les juifs sont frères des catholiques, a la simplicité d'une plainte, d'une révolte et d'une prière.

Le texte fut polycopié sur la ronéo de la Maison des œuvres et envoyé au séminaire où se déroulait jusqu'au vendredi à midi une retraite d'une centaine de prêtres. La lettre leur fut directement remise afin d'assurer le secret. Un prêtre de la cathédrale aurait dénoncé la lettre au préfet qui interdit la diffusion du message à la date prévue et demande des modifications de termes. Mgr Saliège n'accepte que deux changements d'expression (il remplace « *horreurs* » par « *erreurs* » et « *scènes d'épouvante* » par « *scènes émouvantes* »). Le chanoine Gèze procède à un nouveau tirage et va le porter lui-même à bicyclette aux paroisses de la ville de Toulouse. La police a débarqué chez les curés de la ville pour interdire la lecture de la lettre à la messe du lendemain. Le chanoine Gèze, qui vient de ranger sa précieuse bicyclette, trouve dans le hall de l'évêché une délégation de curés de Toulouse, embarrassés. Quel doit être leur comportement ? Faut-il braver les autorités ? Mgr Saliège maintient-il son ordre ? Le chanoine leur dit que l'archevêque est couché mais qu'il va l'interroger à travers la porte. Il entend des sons furieux qu'il traduit par : « *Qu'ils la lisent ! Qu'ils la lisent !* »

Le préfet a envoyé un télégramme à chaque maire du département afin qu'il informe les curés que la lecture du document est interdite.

On estime que la lettre de Mgr Saliège n'a été lue le 23 août 1942 que dans la moitié des paroisses. Certains curés ont trouvé le texte trop violent et attendu une modification ou une confirmation pour la lire le 30 août. Des curés, encouragés par l'interdiction du préfet, ont trouvé que l'évêque prenait une initiative de nature politique qui allait susciter la désapprobation d'une partie des fidèles, dont les sentiments leur étaient connus, ou en tout cas diviser les auditeurs, les uns se choquant de ce qui réjouissait les autres. Le message épiscopal ne fut pas lu, par exemple, ni par l'archiprêtre de la cathédrale ni par le curé de la paroisse Saint-Nicolas. Des curés de campagne n'ont pas reçu le texte à temps. Quelques prêtres, qui avaient renoncé à lire le texte, s'estimant mal informés des faits allégués, passèrent à l'acte quand le maire leur signifia une interdiction qui mettait en cause les libertés de l'Église. Enfin, il y a la manière de lire qui ne sera jamais connue... À la messe du 23 août, tout n'a certainement pas été compris. Les fidèles écoutent distraitement ce qui se dit en chaire et les gens simples ne sont à même de comprendre un texte oral que s'il est lu avec art et soin. Tout dépend de l'attitude et de l'application à bien dire de chaque curé.

Jules Géraud Saliège recherchait un écho bien au-delà de son diocèse et il ne fut pas déçu. La lettre fut recopiée par des militants de Témoignage chrétien, qui la diffusèrent à des amis ou par le réseau de correspondants. Le numéro d'octobre-novembre 1942, « Collaboration et fidélité », publiera d'ailleurs les différentes protestations des évêques en commençant par celle de Mgr Suhard. La presse clandestine résistante non chrétienne fit état de la lettre. Surtout, elle passa à l'étranger. Traduite en allemand à l'Institut catholique de Toulouse, elle fut envoyée en Suisse où la presse la mentionna. Elle arriva en Espagne. Dès le 30 août 1942, Maurice Schumann en avait lu un long extrait à la BBC.

À Vichy, le chef du gouvernement, ministre de l'Intérieur, est furieux[83]. Il craint le jugement des Allemands sur son manque d'autorité et s'inquiète des réactions des diplomates étrangers, qui lui posent sans cesse des questions sur les arrestations. Le nonce apostolique étant absent de la capitale de l'État français, Laval convoque le 25 août 1942 à l'hôtel du Parc le secrétaire de la nonciature pour une communication. Il lui lit la lettre de Mgr Saliège et laisse éclater sa colère devant l'acte qu'il qualifie de purement politique. Il sait que tout l'archevêché de Toulouse est un repaire de gaullistes et que le journal clandestin *Combat* y est imprimé. Si le Saint-Siège acceptait de mettre Mgr Saliège à la retraite, il lui en serait obligé. Laval précise que ce texte ne changera rien à sa politique de retour en Allemagne de tous les juifs arrivés de l'Est. S'ils trouvent asile dans les établissements religieux, il n'hésitera pas à les en arracher. Après les menaces, il se radoucit et lance avec ironie qu'il comprend mal l'attitude de certains prélats en contradiction avec les pratiques anciennes d'une Église qui n'hésitait pas, autrefois, à imposer les signes distinctifs jaunes aux juifs.

Selon la décision de Laval, la rafle de zone sud se déroule dans la nuit du 26 au 27 août 1942. 6 584 arrestations auront lieu. Alors, l'évêque de Montauban, département où se trouvent des camps et où joue une influence protestante, Mgr Théas, qui avait déjà critiqué la collaboration trois mois plus tôt, écrit une lettre à ses diocésains qui doit être lue le dimanche suivant à la messe. Lui aussi proclame que juifs et chrétiens sont frères et que les mesures prises violent les droits de la personne et de la famille. Il note que la France n'en est pas responsable. La lettre n'a pas la vigueur et la beauté de celle de Mgr Saliège. Elle est plus mesurée, ce qui devrait en permettre une lecture orale plus large que celle de l'archevêque de Toulouse : « *26 août 1942. Lettre de S. Exc. Mgr Théas, évêque de Montauban sur le respect de la personne humaine, À lire le dimanche 30 août 1942 sans commentaire à toutes les messes dans toutes les églises et chapelles du diocèse. Mes bien chers frères, Des scènes douloureuses et parfois horribles se déroulent en France, sans que la France en soit responsable. À Paris, par dizaines de milliers, des juifs ont été traités avec la plus barbare sauvagerie. Et voici que dans nos régions on assiste à un spectacle navrant : des familles sont disloquées ; des hommes et des femmes sont traités comme un vil troupeau et envoyés vers une destination inconnue, avec la perspective des plus graves dangers. Je fais entendre la protestation indignée de la conscience chrétienne et je proclame que tous les hommes, aryens ou non aryens, sont frères parce que créés par Dieu ; que tous les hommes, quelles que soient leur race ou leur religion, ont droit au respect des individus et des États. Or, les mesures antisémites actuelles sont un mépris de la dignité humaine, une violation des droits les plus sacrés de la personne et de la famille. Que Dieu console et fortifie ceux qui sont iniquement persécutés. Qu'il accorde au monde la paix véritable et durable, fondée sur la justice et la charité. Signé : Pierre Marie, évêque de Montauban.* »

Mgr Théas avait averti le préfet François Martin qu'il lirait le lendemain, à la cathédrale, à la messe de la Légion française des combattants à laquelle le préfet devait assister, la lettre qu'il joignait. Il est convoqué par le représentant de l'État qui le sermonne : « *Vous ne pouvez pas lire cette lettre. — Tout ce que je peux faire c'est promettre qu'elle ne sera pas lue en votre présence à la messe de la Légion à laquelle vous devez assister. — Réfléchissez encore, Monseigneur* », ajouta le préfet, qui était conseiller national et protestant.

Le lendemain, Mgr Théas accueille le préfet à l'entrée de la cathédrale et l'accompagne vers le chœur. Les orgues couvrent leurs paroles : « *Vous avez réfléchi, Monseigneur ? — La lettre a été lue*, dit Mgr Théas, *dans toutes les églises du diocèse ce matin. Comme je vous l'ai dit, elle ne sera pas lue tout à l'heure devant vous. — Monseigneur*, répondit le préfet, *dans mon cabinet, je vous ai parlé en préfet, aujourd'hui dans votre église, je vous parle en chrétien, je vous approuve et je vous félicite.* »

Des religieux sont allés plus loin dans l'aide aux juifs. Ils appartenaient à des réseaux internationaux. Le père Marie Benoît qui avait quitté Rome pour la France en 1940 transforma le couvent des capucins à Marseille en centre de transit pour les juifs fuyant la zone occupée, souvent envoyés par les Dames de Sion Il organisait leur départ pour la zone d'occupation italienne ou pour l'étranger. Ce « juste » dirigea ensuite à Rome la Delasem (Délégation d'assistance aux émigrants) et ses liens avec la police évitèrent toute arrestation à ses protégés.

L'AMITIÉ CHRÉTIENNE À LYON

Les arrestations de juifs ont commencé à Lyon en août 1942 avant de culminer dans la rafle du 26 août 1942. Un petit groupe de militants chrétiens, l'Amitié chrétienne, décident d'agir pour donner un peu de charité à une opération inhumaine. Les finalités très pratiques de l'Amitié chrétienne portent la marque de ses animateurs ecclésiastiques, le père Chaillet et l'abbé Glasberg. Ils ont trouvé le moyen de résister activement aux Allemands en rendant service aux persécutés. Le père Chaillet participe, comme représentant du cardinal Gerlier, au Comité de Nîmes où il établit les relations avec le Joint et l'YMCA et d'où, par les assistantes bénévoles, il a toutes les informations sur les camps de réfugiés. À Lyon, un commerçant protestant, Gilbert Beaujolin, avait entrepris de préserver les biens de juifs en trouvant des administrateurs compréhensifs. Aidé d'un étudiant, Olivier de Pierrebourg, il mit sur pied une œuvre de secours, l'Amitié chrétienne. Le père Chaillet et l'abbé Glasberg la placèrent début 1942 sous le double patronage du cardinal Gerlier et du pasteur Boegner. Les membres sont souvent les mêmes qu'à Témoignage chrétien et des liens s'établissent avec des anciens d'*Esprit*, comme Jean-Marie Soutou, rendu disponible par la suspension d'août 1941 et qui en devint le secrétaire général. S'y retrouvent les catholiques Joseph Rovan, Germaine Ribière de la JECF, collaboratrice du père Chaillet, parmi les protestants le pasteur de Pury, Madeleine Barot. L'Amitié chrétienne est installée dans les anciens locaux de *Temps nouveau*, 12, rue Constantine. L'Amitié chrétienne offre ses services aux persécutés : aide matérielle, travail, filières d'évasion vers l'Espagne et la Suisse. Le service des faux papiers est pris en charge par un orfèvre en la matière, fournisseur aussi du 2e Bureau et du BCRA, le dessinateur Jean Stetten-Bernard. Un protocole d'accord a été élaboré par André Weil pour convaincre le rabbinat, qui redoutait des conversions. Il fut décidé que l'exercice du culte juif serait facilité dans les établissements de l'Amitié chrétienne et que les ecclésiastiques ne feraient pas partie du bureau mais seulement des comités d'honneur ; des ecclésiastiques pouvaient être chargés de la liaison entre le bureau et les autorités religieuses locales. Le financement vint des milieux juifs. En août 1942, le Consistoire donna cinquante mille francs aux œuvres de l'Amitié chrétienne. Les besoins augmentèrent brutalement et le Joint (Joint Distribution Committee) donna alors un crédit mensuel de deux cent mille francs à l'Amitié chrétienne. Ainsi furent établies les bases d'une coopération fort utile sous le couvert d'une association honorablement dirigée, selon les critères de l'État français : un cardinal, le président de la Fédération protestante, un doyen de faculté de droit (Garraud), un jésuite[84]... Et puis il y avait cet étrange abbé Glasberg, si bien évoqué par Nina Gourfinkel.

Levé à quatre heures du matin dans le modeste presbytère de Saint-Alban, il célébrait une messe pour ses réfugiés. Le vicaire à la soutane verdie et aux souliers éculés bourrait sa serviette de papiers et prenait le chemin de la préfecture ou de la sûreté et, là, il était reçu parce qu'il était prêtre et parce que, derrière ses grosses lunettes, engoncé dans sa pèlerine, il campait dans le couloir, patient, modeste. Il assiégeait les fonctionnaires, sollicitait leur bon cœur, soulignait leur intérêt à jouer double jeu. Et puis il ne présentait pas de demandes d'importance. Sa secrétaire dit que les notables ecclésiastiques le qualifiaient de « petit démarcheur » : « *Pour gens de peu et pour obtenir peu de chose : faire rapporter un avis de refoulement, un emprisonnement, une mise à l'amende, obtenir un papier insignifiant mais qui, à l'intéressé, apportait une liberté relative, la possibilité d'émigrer, de ne pas être jeté à la rue, du temps, de demeurer avec sa famille. De toutes petites choses sans intérêt qui, à raison de quelques dizaines par semaine, firent au bout de deux ans et demi un total appréciable de personnes soulagées*[85]. »

La rafle du 26 août 1942 fut connue d'avance grâce aux relations nouées par l'abbé Glasberg et le père Chaillet avec les policiers Chabert et Gueprattte du réseau Ajax. Le service des étrangers de la préfecture demanda à l'Amitié chrétienne de jouer le rôle de service social bénévole à la forteresse de Vénissieux, où sont amenées les victimes. Son rôle est d'aider à « humaniser » l'affaire et à contribuer aux opérations de « criblage », visant en principe à exclure du convoi les juifs relevant de diverses exemptions. Les militants étaient avertis, en particulier par la protestation du Consistoire, de l'extermination à laquelle étaient voués les juifs. Pour les adultes, ils ne pouvaient rien, mais ils eurent l'idée de sauver les enfants. Le chef du service des étrangers de la préfecture était d'accord avec eux pour leur épargner un sort atroce. Le 26 août 1942, René Bousquet décida que, désormais, les parents n'auraient plus le droit de laisser leurs enfants en France. Ne sachant trop si la mesure serait immédiatement appliquée, les membres de l'Amitié chrétienne entreprirent, non seulement de convaincre les parents de laisser leurs enfants, ce qui n'allait pas sans souffrance et sans larmes, mais ils eurent l'idée d'obtenir d'eux un papier qui pourrait protéger les abandonnés ; ils demandèrent aux pères d'écrire qu'ils transféraient la puissance paternelle au service social des étrangers. La préfecture régionale acceptait, reconnaissant que cette procédure était conforme à la circulaire 2859 Pol. du 15 août 1942. Le service des étrangers espérait que l'acte serait opposable aux dernières instructions de René Bousquet.

Devant les explications des chrétiens et de quelques fonctionnaires, les parents bouleversés entrevoyaient le sauvetage pour leurs enfants, ce qui ouvrait des perspectives terrifiantes sur leur propre sort. La plupart se résignèrent à l'abandon. Mais une mère se jeta par la fenêtre et un homme s'ouvrit les veines, éclaboussant de son sang les joues de l'enfant qu'il serrait contre sa poitrine. Le camp n'était que gémissements et pleurs. L'intendant de police de Lyon, Marchet, s'étonnait auprès de l'abbé Glasberg : « *Pourquoi crient-ils ?* », s'attirant une question : « *Et si on vous prenait vos enfants, vous ne crieriez pas ?* » Après une courte hésitation, le policier répondit : « *Oui, je pense bien.* » À cinq heures du matin, L'Amitié chrétienne avait réussi à « cribler » soixante adultes exemptés et à réunir une centaine d'enfants, auxquels on avait attaché au cou une étiquette portant leur état civil. On ajouta une douzaine de jeunes filles comme convoyeuses [86]. Les enfants furent transférés dans un immeuble de Lyon, 10, montée des Carmélites, où se trouvait le siège des Éclaireurs israélites (était-ce bien prudent ?). S'engagea alors une discussion entre la police et les responsables de l'Église. Poussé par les dirigeants de l'Amitié chrétienne, Mgr Gerlier exigea, avant de livrer l'adresse de l'asile des enfants, la promesse qu'ils resteraient en France et ne seraient pas déportés [87]. Le cardinal reçut le préfet Angeli le mardi 1er septembre au matin. Les dirigeants de l'Amitié chrétienne veillaient dans la pièce contiguë. Les arguments de Mgr Gerlier furent moraux (« *dépôt sacré* » des enfants entre ses mains) et surtout politiques : l'Église entendait protester par cet acte contre la remise des juifs aux Allemands.

Agissant ainsi, elle donnait un argument au gouvernement pour refuser les demandes indécentes des Allemands. Le préfet pourrait s'appuyer pour résister sur les difficultés que les mesures lui suscitaient dans l'opinion publique. Ce dernier argument n'était pas des plus adroits car le préfet y vit un défi à l'autorité de l'État. Il ne voulait pas intervenir comme Mgr Gerlier le lui demandait auprès du gouvernement et, devant un nouveau refus de donner les adresses des enfants enlevés, il annonça au cardinal Gerlier que le père Chaillet serait puni. Le jésuite fut en effet convoqué au commissariat et envoyé en résidence forcée à Privas, dans l'Ardèche, où il restera deux mois, reprenant ses études sur Moelher. En novembre 1942, l'abbé Glasberg se retira à Léribosc, dans une paroisse rurale du diocèse de Montauban, où il travaillera avec les maquis.

Le préfet Angeli a prétendu que, dans l'après-midi du 1er septembre, le cardinal lui téléphona un semblant d'excuses. Peu importait ces politesses car, quand la police se présenta aux adresses finalement indiquées, elle ne trouva aucun des enfants qui avaient été envoyés dans le Sud-Ouest ou dans des groupements de compagnons de France.

Pierre Laval ne se formalisa guère et s'employa à grossir l'importance de cette résistance auprès d'Otto Abetz, le 2 septembre 1942, et fit du père Chaillet le « supérieur des jésuites », bras droit du primat des Gaules.

Le 2 septembre, le cardinal Gerlier ordonnait la diffusion d'un communiqué qu'il avait rédigé le 30 août, en demandant la lecture aux diocésains à la messe du dimanche 6 septembre 1942. Protestation de la conscience devant les scènes inhumaines, le communiqué évoque aussi — influence du texte du Consistoire ? — la situation qui attend les déportés. L'Église réaffirme les droits de la personne humaine et du droit d'asile. Le cardinal a cru habile de consacrer près de la moitié de son communiqué aux fondements nécessaires à une véritable Révolution nationale voulue par le maréchal Pétain : justice, union des cœurs :

> *« Archevêché de Lyon. Communiqué de Son Éminence le cardinal Gerlier, archevêque de Lyon. Qui devra être lu en chaire, le dimanche 6 septembre et auquel ne devra être ajoutée aucune autre parole.*
>
> *« L'exécution des mesures de déportation qui se poursuivent actuellement contre les juifs donne lieu sur tout le territoire à des scènes si douloureuses que nous avons l'impérieux et pénible devoir d'élever la protestation de notre conscience. Nous assistons à une dispersion cruelle des familles où rien n'est épargné, ni l'âge, ni la faiblesse, ni la maladie. Le cœur se serre à la pensée des traitements subis par des milliers d'êtres humains et plus encore en songeant à ce que l'ont peut prévoir. Nous n'oublions pas qu'il y a pour*

l'autorité française un problème à résoudre, et nous mesurons les difficultés auxquelles doit faire face le gouvernement. Mais qui voudrait reprocher à l'Église d'affirmer hautement, en cette heure sombre et en présence de ce qui nous est imposé, les droits imprescriptibles de la personne humaine, le caractère sacré des liens familiaux, l'inviolabilité du droit d'asile et les exigences impérieuses de cette charité fraternelle dont le Christ a fait la marque distinctive de ses disciples. C'est l'honneur de la France de ne jamais abandonner de tels principes. Ce n'est pas sur la violence et la haine qu'on pourra bâtir l'ordre nouveau. On ne le construira et la paix, avec lui, que dans le respect de la justice, dans l'union bienfaisante des esprits et des cœurs, à laquelle nous convie la grande voix du Maréchal Pétain, et où refleurira le séculaire prestige de notre Patrie. Daigne, Notre-Dame de Fourvière, nous aider à en hâter le retour.

« Pierre-Marie Cardinal Gerlier, archevêque de Lyon.

« Si le temps ne permet pas de lire le même jour ce communiqué et celui que contient La Semaine religieuse *sur les prisonniers de guerre, c'est le présent communiqué qui doit passer le 6 septembre, le second étant renvoyé au dimanche suivant. »*

Le courrier de Mgr Gerlier révèle quelques réactions : vingt et un correspondants approuvent, neuf critiquent. Parmi les félicitations se trouvent le père Riquet et les étudiants en médecine de la conférence Laënnec, Vialatoux et la *Chronique sociale*, Jean Nocher, Robert Aron, les députés du Rhône de la Fédération républicaine, le député du Nord, ancien adversaire de Salengro, Henri Becquet. *Le Pilori* se déchaîne contre Gerlier, traité de « *talmudiste délirant* » comme *Je suis partout* ironisant sur le « *primat de De Gaulle* ». Le 22 septembre 1942, le nonce apostolique dit à Mgr Gerlier que le Saint-Siège veut aider les enfants juifs séparés des parents. Le Primat des Gaules se préoccupera encore du sort du général de Saint-Vincent, qui a refusé que ses troupes encadrent la déportation des juifs. Le 20 septembre protestent également Mgr Moussaron, évêque d'Albi, et Mgr Vansteenberghe, évêque de Bayonne. Mgr Delay, évêque de Marseille, se substitue à l'archevêque d'Aix, Mgr Dubois de la Villerabel, sur le diocèse duquel est situé le camp des Milles, mais dont les sentiments favorables à la politique de Pierre Laval ne permettaient pas d'attendre le moindre geste. La lettre du 4 septembre 1942, lue à la messe du 6 septembre, est très mesurée. Reconnaissant le droit de l'État de punir ceux qui lui ont fait tant de mal, il élève le cri de sa conscience en faveur des innocents qui seront « *peut-être envoyés à la mort* ». Comme Mgr Gerlier, Mgr Delay feint de croire que le maréchal Pétain reste fidèle aux valeurs chrétiennes et humanistes de la Révolution nationale. La seule nouveauté hardie est l'affirmation que les déportés vont peut-être à la mort. Aujourd'hui, la lettre semble prudente à l'excès mais, à l'époque, elle réconforta les Juifs qui en eurent connaissance. Raymond-Raoul Lambert compare l'attitude des évêques à l'abstention relative des rabbins pour conclure, après une visite le 6 décembre 1942 à Mgr Delay : « *Nos grands rabbins n'atteignent pas la cheville de tels prélats qui sont au sens plein des hommes.* »

ET LES PROTESTANTS ?

Les protestants n'éprouvent pas les troubles qui obscurcissent la conscience des catholiques quand ils se penchent sur leur comportement sous l'Occupation. Trois noms brillent dans la mémoire protestante — Karl Barth, Pomeyrol, le Chambon-sur-Lignon — comme autant de preuves de la résistance au nazisme. Cette bonne et droite conscience est justifiée par des actes mais elle a du mal à échapper à la volonté de construire un mythe — pourtant inutile — et d'elle émane comme une leçon de morale comparative à l'intention des catholiques qui, eux, ne sont pas sans reproches.

Pour les historiens du protestantisme comme Pierre Bolle, l'explication de l'esprit et du comportement résistants des protestants se trouve dans le barthisme. L'affirmation s'incorpore au vieux débat sur la « supériorité intellectuelle » des protestants sur les catholiques, en même temps qu'elle est un épisode de l'histoire culturelle interne du protestantisme. Les protestants sont persuadés que la lecture de la Bible a développé un esprit critique plus vif dans la masse protestante que dans une masse catholique n'ayant pas de contact direct avec les textes. La formation universitaire des pasteurs leur apparaît aussi comme une supériorité.

Karl Barth, un pasteur suisse, était en 1933 professeur de théologie à Bonn et déjà auteur fécond. Il va mener le combat contre les chrétiens allemands qui saluent l'arrivée au pouvoir de Hitler (« *cette doctrine n'a aucun droit de cité dans l'Église évangélique* »). Il anime avec Martin Niemöller l'Église confessante pour laquelle il écrit en janvier 1934 une confession de foi en dix-sept thèses (les thèses de Barnem les résument en six points). Niemöller est envoyé en camp de concentration et le Suisse Barth invité à regagner le pays natal[88]. Il s'installe à Bâle en 1935 et consacre beaucoup d'énergie à avertir les protestants européens des dangers du nazisme. Ses idées sont diffusées en France par le pasteur Pierre Maury qui, après Ferney-Voltaire, est pasteur de Passy avec Marc Boegner. Il préside à la diffusion du barthisme dans de petites revues, *Hic et Nunc, Foi et Vie, Le Semeur*. Le message est qu'il faut désobéir aux exigences d'un État totalitaire.

En 1939, puis en octobre 1940, Karl Barth s'est adressé, par l'intermédiaire de Charles Westphal, pasteur à Grenoble, aux protestants de

France. Il déchire les illusions d'une pseudo-neutralité que leur serine sans cesse la propagande officielle car — dit-il — les raisons de combattre le nazisme, « *construction de l'enfer* », demeurent au-delà de l'habile victoire militaire de Hitler. Il met en garde contre une prédication de l'humilité chrétienne qui accepterait la résignation devant l'hypnose hitlérienne. Ses lettres ont circulé sous forme d'extraits dactylographiés. L'une d'elles sera publiée ultérieurement dans le second des *Cahiers du Témoignage chrétien*, « Notre Combat ».

Les intellectuels protestants connaissent et réprouvent l'hérésie des chrétiens allemands, adorateurs de l'État. Avec ou sans Barth, les intellectuels protestants ont réfléchi sur le drame allemand qu'ils connaissent bien. De Wilfred Monod à Donnedieu de Vabres, ils montrent les racines luthériennes du racisme des chrétiens allemands. Le parcours d'un historien comme Edmond Vermeil témoigne de son amour de l'Allemagne et de ses déceptions. Comme le père Chaillet, il admira l'école de Tübingen, consacrant sa thèse à Johan Adam Mölher. Il travailla aussi avec Charles Andler, le pourfendeur du pangermanisme. Il a cru en la République de Weimar et dans un rapprochement franco-allemand. Professeur à la Sorbonne, il a été la cheville ouvrière de la commission franco-allemande de révision des manuels scolaires des deux côtés du Rhin ; en expurger les erreurs historiques, les préjugés ultra-nationalistes était un premier pas vers une meilleure compréhension entre les peuples. D'autres qui militaient dans ce courant du rapprochement des deux peuples resteront pacifistes et certains verseront dans la collaboration. Edmond Vermeil, lui, est trop attentif observateur des réalités de son temps et des documents pour être prisonnier de partis pris idéologiques. C'en est fini du rapprochement quand il découvre les manuels nazis avec leurs exercices racistes, diffusant la plus grossière propagande pangermaniste. Weimar et la démocratie n'étaient qu'un mince vernis sur la culture allemande. En 1937, il publie *Les Documents de la Révolution allemande*, où il établit une continuité de Nietzsche à Rosenberg par Möller van den Bruck et la révolution conservatrice [89].

Au château de Pomeyrol (Bouches-du-Rhône) se réunissent les 16 et 17 septembre 1941 treize pasteurs et théologiens dont certains ont déjà manifesté leurs réserves à l'égard de l'idéologie de Vichy : Roland de Pury, Jean Cadier, Georges Casalis. Trois laïcs, eux aussi très engagés, Suzanne de Dietrich et Madeleine Barot de la Cimade, René Courtin, professeur à Montpellier, fondateur du mouvement de résistance Liberté, se joignent à eux. Le modèle de la confession de foi de Barnem inspire la forme du texte élaboré : citations bibliques suivies de « thèses ». La cinquième thèse enseigne que l'obéissance à l'État a des limites. La septième thèse élève une protestation solennelle contre un statut « *rejetant les juifs hors des communautés humaines* », qui est la première et sans doute unique condamnation chrétienne du statut.

Les seize de Pomeyrol réussissent ce que la faculté catholique de théologie de Lyon n'a pas osé réaliser. La huitième thèse préconise la « *résistance à toute influence totalitaire et idolâtre* ». Seulement douze des membres de la première assemblée de Pomeyrol ont signé ces thèses. Elles sont quand même connues du monde protestant car à Pomeyrol succède aux théologiens un congrès de la Post-Fédération, avec quatre-vingt-six participants. Le texte leur a été remis, même s'ils n'en ont pas discuté. Il le sera au synode régional d'Annecy grâce au pasteur Charles Westphal (21-22 octobre 1941) devant une centaine de délégués, Roland de Pury, le pasteur Boegner qui n'y attache guère d'intérêt dans ses *Carnets*. Les présidents des conseils régionaux de l'Église réformée de France le recevront. Ces thèses suscitent des « contre-thèses » par le groupe conservateur Sully, que le pasteur collaborationniste de Lourmarin, Noël Vesper, a rédigées. L'année suivante, du 26 au 19 novembre 1942, se réunissent à Pomeyrol une cinquantaine de pasteurs de la zone sud autour du président du Conseil œcuménique des Églises, W.A. Visser't Hooft, rédigeant neuf déclarations que Marc Bœgner ne peut approuver car il n'est pas présent quand elles sont mises au point. Elles affirment le respect de la personne humaine et du droit d'asile, rejettent le racisme, redisent qu'Israël est le peuple élu et émettent le vœu que l'Église réformée se prononce publiquement sur la politique antisémite.

La haute vallée du Chambon-sur-Lignon est devenue un refuge et un lieu de transit pour les juifs. Située en Haute-Loire, elle va étendre son entreprise sur les villages de l'Ardèche voisine. On dit souvent : « *5 000 Chambonnais — 5 000 juifs* » pour caractériser l'accueil réalisé par les habitants du Chambon aux réfugiés juifs. Les chiffres sont faux mais la réalité d'un asile est attestée dans ces villages où est encore vivant le souvenir des persécutions du XVIIe siècle. Les fidèles sont « *pieux, mélancoliques et austères ; ils sont méfiants vis-à-vis de toute autorité, n'écoutant que leur conscience ou leurs pasteurs*[90] ». On estime qu'environ 900 juifs sont passés par cette vallée peuplée de 3 500 paysans ou y ont séjourné. À certains moments, la population juive peut atteindre 12 % des hameaux[91]. Plusieurs facteurs expliquent ce miracle. La région est huguenote et ses notables — pasteurs, maires — ont des liens avec la Suisse. Le maire de Chambon-sur-Lignon, Charles Guillon, est, à Genève, membre du Comité universel des Unions chrétiennes ; la figure du pasteur du village, André Trocmé, a été longtemps exaltée mais semble actuellement susciter des réserves de la part des historiens, en raison d'une personnalité teintée de mégalomanie et du caractère trop privé de ses archives. Le pasteur Édouard Theis dirige le collège cévenol ; il doit être cité avec le pasteur Marc Donatille, arrivé en 1942, et le directeur de l'école publique, Roger Darcissac. Le refuge a été facilité par les habitudes d'accueil touristique en été dans une montagne fréquentée par les Stéphanois et les Lyonnais. Des réfugiés ont montré la voie du séjour hivernal dès 1939. Les apports économiques sont appréciables car les juifs réfugiés sont aisés ou pris en charge par des organisations humanitaires. Le collège cévenol rencontre un grand succès. De 35 élèves en 1939 il passe à 300 en 1942. Le trimestre, qui coûte 400 francs en 1939, sera fixé à 1 200 francs en 1942, plus le prix de la pension de famille, 900 francs par mois. Un autre facteur favorable existe : la bienveillance du préfet de la Haute-Loire, le colonel Robert Bach. Il est persuadé que vit là une élite qui mérite d'être protégée (la neige s'en charge pendant cinq mois de l'année). Il a prévenu deux fois le pasteur d'opérations de police. Il intervient en février 1943 en faveur des deux pasteurs et du directeur de l'école arrêtés, parlant d'arrestations arbitraires produisant un effet déplorable sur une population bien pacifique[92]. Des réfugiés allemands vivent pendant toute la guerre dans le canton de Tence. Au printemps 1941 fonctionne la première maison d'accueil, une *Guespy* (guêpe). Par parrainage, des Suisses, Suédois et Américains prennent en charge une famille ou une classe, un enfant trois, six mois ou plus longtemps. Le Secours suisse aux enfants a créé des maisons d'enfants recevant une trentaine de jeunes de huit à dix-sept ans (*Faïdoli, L'Abric, Les Grillons*). Daniel Trocmé, cousin du pasteur, ouvre en septembre 1941 *Les Roches* pour des étudiants sortis des camps (catholiques, protestants ou juifs). Arrêté le 29 juin 1943 avec dix-huit pensionnaires, il a été déporté et est mort à Maïdanek. Début 1942, la Cimade ouvre *Le Coteau fleuri* pour quatre-vingts malades et des jeunes mères.

La vérité ne se résume pas à ces épisodes sans erreurs. Des protestants et des plus célèbres ont eu leur période pétainiste. Un pasteur aussi intransigeant avec les exigences de la foi que Jean Cadier, de Montpellier, reconnaissait comme les évêques catholiques un ton chrétien dans les discours du maréchal Pétain (« *Écoutez les discours du Maréchal, et vous serez frappés de leur accent chrétien. Les préceptes qu'il a formulés dans cette langue d'une simplicité et d'une structure admirables sont directement inspirés par l'Évangile* », dit le pasteur de Montpellier le 23 mars 1941 devant, il est vrai, la Légion française des combattants[93]). À Vichy, René Gillouin croit pouvoir jouer un rôle bienfaisant. Et puis il y a le pasteur Marc Boegner. Président de la Fédération protestante de France et du Conseil national de l'Église réformée de France. Il a de l'amitié pour Philippe Pétain. D'abord inquiet du sort de la minorité protestante dans un régime où les catholiques jouent un grand rôle, il est rassuré par Pétain qui le flatte et lui dit tout le bien qu'il pense des protestants. Il est satisfait de sa nomination comme conseiller national, en janvier 1941, tandis que le cardinal Suhard représente les catholiques dans l'Assemblée. Tout est en ordre ! Le pasteur Boegner donne de son temps en acceptant des conférences sur la rénovation nationale, car il est enchanté — comme Paul Claudel — de la politique familiale du régime et de la lutte antialcoolique.

Le 26 mars 1941, il écrit sa sympathie au grand rabbin de France. S'il y a un problème créé par l'immigration massive d'étrangers et par les « *naturalisations hâtives et injustifiées* », il estime que la solution doit s'inspirer du respect de la personne humaine et il lui promet d'intervenir pour obtenir une refonte du premier statut des juifs. Il écrit sèchement à l'amiral Darlan, son ancien camarade à la préparation à l'École navale, pour lui exprimer l'inquiétude d'une Église protestante qui sait ce que sont les souffrances de la persécution. C'est lui qui pousse le 19 septembre 1941 le cardinal Gerlier à intervenir auprès de Pétain. Il aurait voulu une démarche commune, comme les deux lettres dans la même enveloppe ainsi que cela s'était fait sous la République avec l'archevêque de Paris lorsque les émissions religieuses avaient été supprimées à la radio et après le 6 février 1934.

La réaction collective de l'Église réformée semble assez lente en zone sud. À Paris, fin mai 1942, les pasteurs de zone occupée ont averti Fernand de Brinon qu'ils mettraient en cause le port de l'étoile jaune dans leurs prédications. André-Numa Bertrand, pasteur du temple de l'Oratoire du Louvre — lieu où se disent des paroles vigoureuses — a porté le message. Une certaine impatience se manifeste après les rafles car, si la lettre de Marc Boegner à Pétain circule, des fidèles souhaitent un acte plus solennel, surtout lorsque des évêques catholiques ont parlé entre le 22 août et le 6 septembre 1942. Le message général aux fidèles protestants n'est rédigé que le 22 septembre et lu début octobre dans les temples. Ce retard s'explique mal. Volonté de consulter les pasteurs de zone sud ? Le pasteur Boegner a rencontré soixante-deux pasteurs au musée du Désert à Mialet, le 6 septembre 1942, sans conséquence publique immédiate. Il leur recommande d'aider les juifs. Le 8 septembre 1942, il rencontre Mgr Gerlier à Lyon et il craint que l'émotion ne prenne l'apparence d'une opposition politique. En accord avec Mgr Gerlier, il va voir Laval à Vichy le 9 septembre 1942. L'échange est dur entre les deux hommes. Boegner cherche à savoir jusqu'où Laval est décidé à aller et il lui demande s'il se livrera à une chasse à l'homme. Sur sa réponse affirmative, il plaide au moins pour que les enfants restent en France. Laval s'irrite, parle de son action de « prophylaxie », déclare qu'aucun enfant ne doit rester en France. Une mise en garde de Boegner quant à une déclaration des Églises n'émeut guère le chef du gouvernement : « *Les Églises ? m'a-t-il dit, elles en ont fait bien d'autres... qu'elles fassent ce qu'elles veulent, je continuerai à faire ce que je dois*[94]. »

L'État, de moins en moins sûr de son bon droit, alterne désormais déclarations brutales pour asseoir son autorité et promesses implicites de fermer les yeux sur des actes de l'Église qu'il tolérera. Les grands notables ecclésiastiques s'en contentèrent. Laval laissa entendre au pasteur Boegner que les avertissements des évêques et pasteurs au moment des offices seraient tolérés. Il a accepté aussi le sauvetage des enfants, qu'il avait d'abord refusé deux jours auparavant. Le 11 septembre 1942, le pasteur Boegner voit René Bousquet, secrétaire général à la Police, le conseiller le plus écouté, et, ravi, il entend de lui qu'il est interdit de donner asile aux juifs de plus de seize ans et aux étrangers entrés en France après 1933. Il en conclut que certains juifs étrangers vivant en France depuis plus de dix ans et les jeunes pourront être cachés. Le procédé de transfert de la puissance paternelle utilisé par le père Chaillet est même accepté, à condition qu'elle soit donnée à une personne privée et non plus à une œuvre.

Le communiqué du Comité national de l'Église réformée, du 22 septembre 1942, tient compte de ces entretiens avec Laval et Bousquet car il manifeste la crainte de se mêler de politique et du souci de ménager le chef du gouvernement, qui a laissé espérer, dès lors que son autorité est respectée, quelques gestes de compassion.

INFLUENCE DE L'ÉGLISE ?

Le gouvernement français ne reprocha rien aux évêques mais il ne changea pas immédiatement sa politique. Pierre Laval affecta de voir dans les lettres des évêques, que Mgr Chappoulie porta le 7 septembre, la conséquence d'un manque d'informations. Il précisa à Mgr Chappoulie que, si les évêques voulaient traiter des arrestations et déportations de juifs dans leur assemblée, il demandait à y participer pour leur exposer les difficultés du gouvernement. Informer, pour une dictature, c'est faire de la propagande. Les services de l'information n'avaient pas d'illusions sur l'efficacité d'une campagne de presse pour contrer l'effet des lettres épiscopales. On annonce à la radio nationale le 27 août 1942 qu'une causerie sur les juifs aura lieu à 22 heures par un certain abbé Jacques. Après la diffusion de la lettre de Mgr Saliège, un abbé fut chargé par les services de la propagande de rédiger un article sur « La papauté et les juifs », montrant que le pape ne reprochait rien au gouvernement français. Il s'acquitta de sa tâche et Simon Arbellot, directeur du service de presse, fut chargé de le faire publier à Toulouse. Il alla l'offrir à Maurice Sarraut, directeur de *La Dépêche de Toulouse*, qui refusa. Il ne trouva asile qu'au *Grand Écho du Midi*. Une consigne de presse recommande aux journaux de publier ce texte contre une « *propagande sournoise* » qui est entretenue « *par les adversaires de la Révolution nationale. C'est là une manœuvre politique qu'il convient de déjouer et à laquelle les catholiques ne doivent pas se laisser prendre. S'il nous vient quelque désir d'effusion fraternelle, pensons plutôt aux*

1 200 000 prisonniers qui, eux du moins, sont d'authentiques fils de France[95] ». La consigne n'a été observée que par *Le Moniteur* de Laval, le *Courrier du Centre* de Limoges. Elle fut suivie d'une consigne impérative de reproduction obligatoire qui fut finalement retirée devant la protestation des directeurs de journaux.

Devant cette inertie, d'une part, et la bonne volonté politique de Mgr Saliège, d'autre part, qui affirme dans *La Semaine religieuse* son loyalisme à l'égard du gouvernement, Laval se modère, estimant qu'une escalade dans la propagande contre les évêques deviendrait néfaste. Elle était inutile puisqu'il avait réalisé ce qu'il voulait : déporter le maximum de juifs étrangers. Le maréchal Pétain, chapitré par le nonce, alerté par Mgr Gerlier et le pasteur Boegner, ne voulait pas aller plus loin. Les diplomates étrangers cachaient à peine leur mépris sous des interrogations faussement naïves. Attaquer l'Église, bon soutien du régime, si utile pour calmer les rebelles à la relève, serait maladroit. Laval n'avait pas à renforcer la propagande de ses rivaux en collaboration, à Paris, toujours prêts à emboucher la trompette anticléricale.

Le 12 septembre 1942, Laval convoqua les journalistes et leur recommanda de ne pas parler de la réaction de l'Église catholique et il ajouta qu'il la trouvait naturelle, ajoutant, bonhomme : « *À chacun sa spécialité.* » Il rentra son sourire finaud pour affirmer aux journalistes qu'il était bien décidé à se débarrasser de tous les apatrides arrivés en France depuis 1936. Il n'avait pas voulu imposer l'étoile jaune mais, s'il y avait des provocations, il serait contraint d'y arriver[96]. Il joua aussi l'apaisement avec les hauts fonctionnaires. Le 25 septembre 1942, il invitait pour la première fois les préfets de région. Son très long exposé concerne les prélèvements de main-d'œuvre mais il parla aussi des réactions de l'Église aux déportations. Il commença par dire qu'il n'éprouvait pas d'antisémitisme et qu'il avait toujours respecté l'Église, « *parce qu'il faut une morale et que la religion est un besoin impérieux de l'homme* ». Il considérait comme normales les lettres des archevêques Gerlier, Théas, Delay : « *Que l'Église, par ses évêques, exprime dans des manifestes ses sentiments de charité chrétienne, je n'y vois pas d'inconvénient. Dans la vie, chacun doit remplir sa mission : celle des évêques, c'est celle qu'ils font et la mienne, c'est de faire ce que je fais.* » Il avoua même son admiration pour le style de Mgr Saliège : « *Quand l'archevêque de Toulouse a publié son mandement — il est bien fait d'ailleurs, c'est un modèle pour ceux qui ont à rédiger des proclamations, il est magnifique — je l'ai admiré, mais j'ai fait venir le représentant du nonce et je lui ai dit : "Le papier est joli. L'intention, pas mauvaise. Mais il faut faire attention aux mauvais réflexes qui peuvent venir des Allemands. Ces proclamations risquent d'aggraver le sort des juifs étrangers et même français*[97]. »

Le lecteur sait déjà que le représentant du pape n'a pas vu en Pierre Laval un défenseur des juifs. Le compte rendu de la nonciature s'adressait à la Curie, celui de Laval à ses préfets de région qui lui avaient transmis l'émotion d'une partie de la population à la critique des évêques et aux rafles des juifs. Pierre Laval, la première colère passée, et Pétain consulté, tenait compte de l'opinion. Il insistait sur son « *libéralisme* » et attribuait à sa résistance la renonciation des Allemands, le 21 septembre, à déporter 8 000 juifs français. Il concluait cette partie de son exposé par un excellent conseil : « *Je vous demande de ne pas faire de l'antisémitisme.* »

Les préfets régionaux devaient donc quitter Vichy avec la résolution de parfaitement exécuter les ordres de déportation, sans y mettre de sentiment. Laval tenait le même discours au père Gillet, qui lui avait été dépêché. Il reçut à déjeuner cet ami qui avait marié sa fille en 1935. Il haussa les épaules quand le père Gillet souligna les risques de choquer les évêques et déclara qu'il tenait l'affaire pour de peu d'importance : « *Après tout, les évêques ont fait ce qu'ils doivent faire, mais moi, je fais ce que je dois faire comme chef du gouvernement*[98]. »

En 1942, les Églises avaient compris et admis que le gouvernement protégeât avant toute autre considération les juifs français. La participation aux opérations de criblage manifeste — quels que soient les objectifs charitables des plus honorables qui guident les acteurs — l'intériorisation de la distinction. Le respect des droits de l'État anime les chefs des trois communautés religieuses. Les Églises se replient sur le sauvetage des enfants. Les interventions des évêques vont faciliter la protection accordée aux juifs par des individus éclairés par leur conscience et guidés par le cœur. Les responsables des Églises restent persuadés que l'intervention personnelle et discrète auprès des plus hauts responsables politiques est l'action la plus efficace et la mieux tolérée. En 1943, un succès doit être attribué à l'intervention de l'Église.

Les Allemands s'en tenaient en 1942 aux juifs non français, non sans impatience. Le 6 juillet 1942, Dannecker, chef du service antijuif en France, écrivait à Eichmann : « *À ce jour, nous n'avons pu aborder que la question des juifs apatrides pour faire du moins démarrer l'action. Dans la seconde phase, nous passerons aux juifs naturalisés en France après 1919 ou 1927*[99]. » Les nazis demandèrent de dénaturaliser les juifs qui avaient récemment reçu la nationalité française, et ils étaient nombreux. Le commissariat aux Affaires juives prépara une loi de dénaturalisation des juifs, qui n'est pas prise en considération par le pouvoir, Bousquet préférant la procédure d'annulation des décrets de naturalisation de juifs à partir de 1932. Un projet de loi fut cependant remis par Bousquet à Hagen, chef supérieur des SS et de la Police, le 12 avril 1943. Les SS n'en sont pas satisfaits car la date de 1932 ne livrerait « que » 20 000 juifs, alors que, si celle de 1927 était retenue, ils en espèrent 50 000 (lettre de Knochen du 21 mai 1943). Un projet de loi avec la date de 1927, rédigé par le garde des Sceaux, est communiqué aux Allemands le 10 juin 1943. Laval fait savoir le 10 août qu'il n'est pas signé.

Le 14 août 1943, le chef de la Gestapo de Vichy, Geissler, rencontre Laval, Guérard et Bousquet. Laval explique que Pétain a pris connaissance des projets de loi : « *Il était très en colère car, d'après l'un des projets, les femmes et les enfants des juifs concernés devaient eux aussi être dénaturalisés.* » Laval, lui, déclara qu'il n'avait pas compris que les juifs dénaturalisés seraient arrêtés par les Allemands. Une loi d'une telle portée ne pouvait être signée que par Pétain lui-même (lettre de Röthke, 15 août 1943).

Le maréchal Pétain a consulté Mgr Chappoulie, délégué des cardinaux et archevêques, pour lui demander un avis, qu'il lui donne par lettre du 21 août 1943. Mgr Chappoulie, au nom des chefs de l'Église de France, lui démontre l'iniquité d'une telle loi. Le gouvernement doit respecter un engagement de la République, se garder de persécuter des innocents et de jeter le trouble dans l'opinion. Il préconise de continuer la procédure suivie en début d'année du retrait individuel de la nationalité :

« *Vichy, le 21 août 1943.*

« *À Monsieur Jean Jardel, Secrétaire Général de M. le Maréchal de France, Chef de l'État.*

« *[...] comme il est clair que ce projet aurait aussitôt sur le plan social et humain des conséquences particulièrement graves, je suis autorisé à exprimer ici un sentiment dont je suis, d'ailleurs, convaincu qu'il est celui de mes chefs. Si les juifs qui ont reçu la nationalité française depuis 1927 s'en voient privés en vertu d'un texte signé par le Chef de l'État, ils deviendront du coup apatrides. Les autorités d'occupation procéderont alors à leur arrestation en masse et à leur déportation (au moins en ce qui concerne les hommes valides), vers l'Est européen. Il y aura donc dislocation brutale des familles, séparation des enfants et de leurs parents. [...] Aujourd'hui, de nouvelles déportations provoqueraient parmi les catholiques une vague accrue d'émotion et de tristesse et il est probable que les évêques se croiraient tenus de faire une fois encore entendre leur voix. L'Église catholique, enfin, considère que la morale chrétienne qu'elle a la charge d'enseigner à tous les hommes vaut, non seulement pour les individus mais pour les peuples et leurs gouvernements. Or, l'un des principes essentiels de cette morale (Sa Sainteté Pie XII n'a cessé de le rappeler solennellement durant ces dernières années) consiste dans le respect de la parole donnée, la fidélité aux engagements pris en pleine conscience et liberté. Le gouvernement de la République française, agissant en pleine indépendance de cause, avait décidé d'accorder à des étrangers qu'elle avait librement accueillis sur le territoire national la citoyenneté française. Aujourd'hui le Maréchal de France, en acceptant de céder à la pression qui s'exerce sur lui, manquerait, me semble-t-il, à l'engagement solennel pris par le gouvernement de la République s'il retirait, en bloc, la nationalité française à des hommes et des femmes sous le seul prétexte de leur race, race qui n'était un mystère pour personne au moment de leur naturalisation. Pour qu'il n'y ait pas manquement à une parole donnée, il faudrait, à mon avis, qu'une commission, statuant sur chaque cas particulier, décidât de la déchéance de la nationalité française pour des motifs déterminés (tort causé au peuple français par tel ou tel individu), et non pour le motif général de la race. Toute autre attitude en la matière me paraît, personnellement, incompatible avec les principes de la morale chrétienne dont doit s'inspirer dans toutes ses actions un chef d'État soucieux de demeurer fidèle aux valeurs spirituelles qui ont fait, dans le passé, la grandeur de la France et lui ont valu une incomparable réputation d'honneur parmi les nations.*

« *Mgr Chappoulie*[100]. »

Mgr Chappoulie remit la lettre entre les mains du maréchal Pétain et lui déclara que le pape s'inquiétait de son attitude. Pétain répéta à de Brinon que « *le pape est personnellement en souci pour le salut de l'âme du Maréchal* ». À quatre-vingt-sept ans, c'est là une préoccupation qui compte. Il veut que soit examiné chaque cas de dénaturalisation et que la nationalité française soit maintenue pour ceux qui ont acquis des mérites à l'égard de la nation (lettre Knochen après entretien avec de Brinon, de retour de Vichy, 25 août 1943). L'évolution de la situation en Europe — renversement de Mussolini — a joué son rôle de frein. L'Église et l'État agissent de concert.

L'Église n'a pas cru qu'il était de sa mission d'empêcher la poursuite des rafles de juifs étrangers. Elle a implicitement négocié avec le gouvernement le droit d'alerter les fidèles sur une action inhumaine de l'État et suscité une action charitable ; admettant que l'État devait « faire la part du feu », elle acceptait la déportation des juifs étrangers si elle sauvait les juifs français et elle orientait les énergies vers le sauvetage des enfants. Aurait-elle pu aller au-delà ? Obtenir plus ? L'antisémitisme a une dimension catholique mais dans la société laïque française de ce temps, il a bien d'autres sources. Il est puissant et n'aurait pas été beaucoup entamé par la parole de l'Église.

La force de l'antisémitisme français apparaît dans un curieux document du commissariat général aux Affaires juives. Le gouvernement, un peu inquiet des réactions des Églises à ses actions de persécution, demande, fin novembre 1942, au CGQJ de réaliser une enquête dans toutes les régions de zone sud sur l'antisémitisme. La méthode Gallup de sondages fut appliquée (3 150 personnes interrogées) et le rapport rédigé en 1943 — à utiliser avec précaution en raison du caractère d'une méthode récente et des interprétations idéologiques du CGQJ — révèle la force de l'antisémitisme de l'opinion française[101].

QUESTION : AIMEZ-VOUS LES JUIFS ?		
NON	OUI	INDIFFÉRENTS
51,5 %	12 %	36,5 %

Les raisons invoquées pour justifier l'antisémitisme sont surtout économiques. Le facteur religieux est absent. Seulement 7 des 364 philosémites invoquent un argument religieux (nécessité de la charité chrétienne). Les mesures prises par le gouvernement sont approuvées par 51 % et condamnées par 31 % des interrogés (il fallut un peu de courage pour exprimer son opposition). 18 % sont indifférents ou refusent de répondre en manifestant une certaine condamnation.

Les hommes expriment plus leur antisémitisme que les femmes. Les milieux sociaux et culturels se différencient fortement :

AIMEZ-VOUS LES JUIFS ?

	NON	OUI	INDIFFÉRENTS
Ouvriers	43,4 %	12,2 %	44,2 %
Employés	54,8 %	13,8 %	31,2 %
Commerçants	54,9 %	10,4 %	34,6 %
Professions libérales	54 %	18,6 %	26 %
Agriculteurs	62 %	3,6 %	34,1 %
Étudiants	81,4 %	7,4 %	11,1 %

Les sensibilités régionales réservent des surprises, même si les termes utilisés par le CGQJ durcissent les positions.

ORIGINE RÉGIONALE DES ANTISÉMITES

RÉGIONS	ANTISÉMITES DÉCLARÉS	PHILOSÉMITES DÉCLARÉS	INDIFFÉRENTS
Montpellier	90,4 %	<1 %	8,8 %
Limoges	85,6 %	<1 %	14,3 %
Saint-Étienne	63,8 %	6 %	31 %
Toulouse	52,10 %	17 %	30,8 %
Nice	47,1 %	15,7 %	37,5 %
Marseille	47,6 %	13,7 %	37,1 %
Clermont-Ferrand	46 %	2,3 %	51,3 %
Lyon	35,7 %	25 %	39,2 %
Grenoble	23,3 %	12,8 %	64 %

Les tableaux confirment le faible poids du facteur religieux dans un antisémitisme de nature économique. Le marché noir est évoqué dans les régions de Limoges et de Saint-Étienne et dans le monde rural en général. Faut-il voir dans les attitudes plus philosémites des régions de Toulouse et de Lyon l'influence de l'Église ? Ce n'est pas certain. Elle n'est presque jamais invoquée par les personnes interrogées, qui mettent plutôt en avant une réaction de type patriotique (ne pas s'aligner sur une idéologie allemande) ou psychologique.

SAUVER LES ENFANTS JUIFS

Les chrétiens qui avaient pris en charge le service social dans les camps se trouvèrent pris au piège. Les fonctionnaires de Vichy, qui appréciaient leur collaboration, leur proposaient de poursuivre leurs actions en se chargeant du « criblage » des convois. À eux de déterminer qui était déportable ou qui devait rester au camp, en fonction de la législation, et de corriger les erreurs fréquentes d'état civil des étrangers. Ils éprouvèrent alors le paradoxe de toute organisation humanitaire : continuer à mener une action charitable dans une politique globale inacceptable conduit à lui apporter une aide involontaire. La recherche de plus de justice dans l'horreur rend celle-ci tolérable ou la dissimule. Faut-il, dans ces conditions-là, continuer à collaborer ? Les assistantes sociales de la Cimade se rendirent tout de suite compte de la vanité de leur action sociale. Toutes disent que, lorsqu'elles arrachaient dix personnes au convoi de départ, celles-ci étaient aussitôt remplacées par d'autres, qui n'étaient pas plus coupables.

La solution à cette crise de conscience fut de se consacrer au sauvetage des enfants et les chrétiens lui apportèrent toute l'aide qui leur fut demandée. Pierre Laval et René Bousquet les y autorisaient. Germaine Ribière, de la JECF, représentait les catholiques. Elle travaillait avec Ledermann, représentant de l'OSE (Œuvre de secours aux enfants, juive), au camp de Rivesaltes. Germaine Ribière reçut l'appui des milieux catholiques de Toulouse. En décembre 1942, Georges Garel de l'OSE fut reçu par le cardinal Saliège, qui lui proposa d'insérer les actions de sauvetage dans le cadre des organisations catholiques. Il le remit entre les mains de Mgr Courrèges d'Ustou, l'archevêque coadjuteur, avec une lettre de sa main : « *Je recommande à votre bienveillance le porteur de la présente et ses intentions.* »

Environ 400 enfants juifs furent placés dans des familles et des institutions religieuses de l'archevêché. En Lot-et-Garonne, la Ligue des familles nombreuses organisait les placements ; en Haute-Garonne, l'Œuvre de Sainte-Germaine pourvoyait à l'entretien des enfants. Ailleurs, en Hautes et Basses-Pyrénées, dans le Lot, le Tarn-et-Garonne, le Secours national, le Mouvement populaire des familles. la conférence Saint-Vincent-de-Paul, la Ligue féminine d'Action catholique mettaient leurs moyens à la disposition des juifs. Elles acceptèrent que soient inscrits comme membres de leur personnel les juifs, cadres de l'OSE. Les cartes d'alimentation et de textiles, les faux certificats de naissance furent fournis par les œuvres. Elles se chargèrent un jour de l'achat de 400 paires de galoches à Romans et en Haute-Vienne. Certains de ces enfants avaient encore leurs parents qui vivaient aussi en clandestins. Les priver de contacts épistolaires avec eux aurait été prudent mais cruel. Les parents devant ignorer l'adresse des enfants, un double circuit fut mis en place. Les parents juifs donnaient le courrier aux assistantes sociales de l'OSE, qui le confiaient aux correspondantes du circuit catholique qui le portaient aux enfants. Plus de 1 500 enfants furent ainsi placés et sauvés (il n'y eut parmi eux que quatre arrestations[102]).

En zone nord, le sauvetage fut plus difficile. Le Dr Minkowski, un psychiatre d'origine polonaise, ancien combattant, gérait les fonds de l'OSE. L'action la plus notable vint de la congrégation de Notre-Dame-de-Sion, rue Notre-Dame-des-Champs, vouée à l'origine à la conversion des juifs, tournée vers une meilleure compréhension entre juifs et chrétiens. Le père Devaux, organisa tout un réseau de placements d'enfants juifs. Les prêtres des paroisses parisiennes amenaient les enfants au couvent de la congrégation, où ils passaient le temps nécessaire. Le père Devaux les conduisait souvent lui-même à la gare Montparnasse proche ou à Austerlitz et remettait un petit groupe de huit ou dix enfants à une convoyeuse bénévole, qui les amenait chez des parents nourriciers indiqués par le clergé local de Mayenne, Vendée, Manche, Calvados, Eure-et-Loir et Dordogne. La mairie du village remettait les cartes d'alimentation. 443 enfants furent ainsi placés. D'autres communautés religieuses ont donné leur aide, comme les sœurs de Saint-Vincent-de-Paul.

La question du sauvetage des enfants juifs n'est pas exempte de tristes polémiques. Tous n'admettent pas que la seule charité chrétienne fût la motivation de l'action des chrétiens. La conversion des juifs au christianisme reste un point toujours sensible des relations entre juifs et chrétiens et elle interfère tout naturellement dans le débat historique. Considérant le rôle de la congrégation de Notre-Dame-de-Sion, dont la mission est la conversion des juifs et des affaires exploitées par la presse comme celle des enfants Finaly, Maurice Rajsfus a soutenu dans *N'oublie pas le petit Jésus* (Mayla, 1994) que les catholiques cherchaient à convertir les enfants juifs. C'était une véritable inquiétude de la communauté juive puisque André Weil, conseiller juridique du Consistoire, en parla avec le père Chaillet et le cardinal Gerlier, qui promit qu'il n'y aurait aucune pression sur les enfants.

Le cas des enfants Finaly échappa sans doute à l'autorité ecclésiastique par la volonté d'une personne laïque, Mlle Brun, moins contrôlable qu'une religieuse. Elle avait recueilli début 1944, dans sa pouponnière Saint-Vincent-de-Paul à Meylan dans l'Isère, les petits Finaly, Robert, deux ans et demi, et Gérald, un an et demi, les enfants du docteur Fritz Finaly et de sa femme Annie, des juifs autrichiens, réfugiés depuis 1939 à La Tranche. Ils lui confièrent les bambins de peur d'être arrêtés sous peu. Leur crainte était fondée car ils furent internés et déportés en février 1944. La directrice de l'œuvre, Antoinette Brun, et l'intendante Marie s'attachèrent aux enfants et les firent baptiser. Le 28 mars 1948, leur tante, qui vivait en Nouvelle-Zélande, souhaita que ses neveux viennent vivre auprès d'elle et s'indigna d'une conversion forcée. Le drame commença. Antoinette Brun se présenta en mère adoptive blessée. Elle aimait ces petits comme les enfants qu'elle n'avait pas eus et refusait de les rendre à leur tante. Un si brutal changement, d'environnement et de culture et sans doute de religion, serait pour eux un traumatisme. Les avoir sauvés lui donnait quelques droits. L'opinion se passionna. En janvier 1953, à la grande indignation du public, Antoinette Brun fut écrouée par décision de justice pour non-présentation d'enfants, qui avaient disparu. Tout un réseau de religieux les avait envoyés en Espagne. Le père Augustin Lemoire, supérieur du Collège du Sacré-Cœur, la supérieure de Notre-Dame-de-Sion à Marseille furent inculpés. Finalement et après médiation du père Chaillet, les enfants furent rendus à leur famille naturelle.

Maurice Rajsfus a consulté cent dossiers à l'Œuvre de Notre-Dame-de-Sion et a relevé trente-trois baptêmes qui, à ses yeux, justifient ses soupçons. Le récit d'un des meilleurs spécialistes de l'antisémitisme, Saül Friedländer, tout en sensibilité, me semble mieux approcher la réalité que l'affaire Finaly. Les Friedländer étaient des juifs de Tchécoslovaquie qui se réfugièrent en France après mars 1939. À Néris-les-Bains, dans l'Allier, la mère connut une dame de la noblesse catholique qui lui témoigna de la sympathie. Quand vint la persécution, les parents résolurent de tenter, pour eux, le passage en Suisse et de confier à Madame M. de L... le soin de placer le petit Saül dans une institution chrétienne et de veiller sur lui. Le père autorisait la conversion de l'enfant au catholicisme. Un prêtre conduisit Saül au pensionnat Saint-Béranger où il prit le nom de Paul-Henri. Il reçut le baptême au moment où ses parents étaient refoulés de Suisse. Accompagnés d'un jeune enfant, ils auraient sans doute été acceptés. Ils furent conduits au camp de Rivesaltes puis déportés dans le Reich, où ils disparurent. À Saint-Béranger, on vénère le maréchal Pétain dont le portrait orne le réfectoire et les classes. Bientôt, les élèves se passionnent pour les discours de Philippe Henriot qu'on leur laisse écouter. Les pères s'attachent à cet élève intelligent et docile qui se livre avec émotion à toutes les pratiques cultuelles. La Vierge, image de la mère disparue, réconforte l'enfant à l'affectivité blessée et inassouvie. Une vocation à la prêtrise se dessine qui ne doit pas tout à la reconnaissance, car la beauté du culte touche la sensibilité et l'âme de Paul-Henri : « *La visite des reposoirs nous exaltait, l'office du Vendredi saint nous bouleversait : nous suivions littéralement les pas du Sauveur, nous imaginions ses souffrances, nous pleurions sa mort, nous exultions à l'annonce de sa résurrection. J'étais passé au catholicisme, corps et âme*[103]. » Il faudra la rencontre en classe de troisième d'un père jésuite pour que Paul-Henri, averti par lui de son histoire et incité à exercer un choix définitif en toute liberté, nourrisse des doutes sur sa conversion. Le retour au judaïsme s'accomplira, plus tard, par raison et par fidélité aux parents disparus. Du catholicisme reste une empreinte sur la sensibilité, une préférence pour les préoccupations morales plus que l'acceptation de la réalité, une insatisfaction permanente.

Si des juifs nourrissent des soupçons sur le désintéressement spirituel des prêtres salvateurs d'enfants juifs, des catholiques blessés que leur soient prêtés de médiocres sentiments ont répondu par de graves insinuations. Et si l'UGIF et les œuvres juives avaient pris, pour préserver leur appartenance religieuse, des risques inconsidérés pour les enfants dont elles avaient la responsabilité ? Les petits abandonnés étaient groupés dans des « homes » repérables et facilement déportables. Les résistants, des fonctionnaires avaient signalé le danger et proposé la dispersion des enfants par les réseaux catholiques. Le refus opposé par les responsables juifs ne venait-il pas autant de l'ignorance du danger que de la crainte des conversions ? Plutôt perdre la vie que la foi des pères. Tout cela est passionnel. Si aucune attitude ne peut se prévaloir d'avoir été la meilleure, il est toujours sain d'éclairer les sous-entendus et les intentions cachées. Dans la plupart des cas, les comportements ont été spontanés. Les parents nourriciers catholiques ne traitaient pas les enfants juifs différemment de leurs propres enfants. En Vendée, ne pas envoyer les enfants juifs à la messe ou au catéchisme aurait attiré la réprobation sur la famille et désigné les enfants à la curiosité.

Pour les religieux et les religieuses, priver les enfants dont ils ont la charge de ce qui est le bonheur et la vérité de leur vie est une lourde contrainte. Les baptêmes étaient exclus tant que le retour des parents était attendu. Peu d'entre eux, pour avoir abandonné eux-mêmes les pratiques religieuses, avaient pensé à demander que les enfants restent de religion juive. Le doute était permis et ces âmes devaient recevoir une nourriture spirituelle. Enfin, accuser les religieux d'une volonté de conversion, c'est ignorer la culture catholique d'alors. Tous ceux qui ont fréquenté l'école libre de cette époque de foi sereine et de recherche des vocations se souviennent de l'insistance des pieux éducateurs à déceler une vocation de prêtre, à la suggérer à l'enfant. Ils répétaient tous : « *Il faut que tu y penses !* » Pourquoi leur comportement aurait-il été différent avec les enfants juifs ?

Au revoir les enfants *ou les sacrifices du père Jacques*

Sauver les enfants a plus correspondu à un élan du cœur, à un réflexe d'honneur humain qu'à un calcul. La plus noble des figures de ces justes est, à mon sentiment, le père Jacques de Jésus dont le film de Louis Malle, *Au revoir les enfants*, a popularisé la figure et qui a suscité de beaux témoignages de ses amis[104].

La spiritualité du XXe siècle fleurit dans des milieux modestes : une petite carmélite à Lisieux, une paysanne de la Drôme. Le père Jacques, fils d'ouvrier et professeur de collège libre, est un témoin spirituel du temps dont la sainteté est révélée par les cruautés de l'occupation de la France.

Raconter la vie de Jacques de l'Enfant Jésus est écrire le récit d'une pure vocation monastique que tout s'ingénie à contrarier : une naissance prolétarienne qui le réduit à la situation de fonctionnaire de l'Église au service de l'enseignement chrétien des enfants de la bonne société, la volonté de ses supérieurs l'obligeant à reprendre le fardeau pédagogique, à peine ses vœux de carme prononcés, l'appel obsédant et mortel des enfants juifs, victimes de la haine et de l'indifférence des hommes, qui le conduit au camp de déportation.

Il est dans la forêt de Fontainebleau, près d'Avon, un couvent de carmes, trop vaste pour les quelques moines qui ont survécu au grand exode consécutif à la séparation de l'Église et de l'État de 1905 et à la lutte contre les congrégations. L'exil en Belgique dura jusqu'à la Première Guerre mondiale qui ouvrit les portes à la réconciliation nationale, ressoudée dans l'enfer de Verdun.

Dans les années trente, quelques moines goûtaient de nouveau la paix de cet humide et sylvestre séjour. Le tumulte d'un monde, alors frivole avant de devenir un déchaînement de fureur, s'arrêtait à la lourde porte d'entrée. À jamais ? C'était sans compter sur le caractère et le tempérament de bâtisseur de leur provincial, le père Louis de la Trinité, que les hommes connaîtraient un jour sous le nom de Thierry d'Argenlieu. Il observait que les tempes des bons moines grisonnaient, que leurs pas devenaient plus lents. Les lendemains de l'ordre n'étaient pas assurés. Il fallait à tout prix susciter des vocations dans des milieux aisés afin de maintenir des carmes sur la terre de France. Le père Louis de la Trinité décida de créer un juvénat dans ce lieu retiré mais bien relié à Paris par le train. Il pensait que l'appel à la vie monastique s'y révélerait mieux que dans les grands établissements de jésuites et imaginait un petit collège où se mêleraient enfants destinés au noviciat et jeunes garçons auxquels des familles voudraient donner une éducation profondément religieuse, attentives à leur développement, dans un cadre chaleureux, au bon air de la forêt de Fontainebleau.

Le projet du père Louis de la Trinité rencontra l'hostilité des moines, contrariés à la pensée que la paix serait troublée par le vacarme d'une école. Aucun d'eux n'avait la vocation de l'enseignement. Il ne fallait pas non plus concurrencer un grand établissement scolaire de Fontainebleau. Le père Louis de la Trinité n'était pas homme à céder à ces premiers obstacles. Il s'arrêta à l'idée d'un petit collège, démarrant progressivement, isolé par divers aménagements du couvent afin que les jeux et les cris des enfants ne troublent pas la paix monastique. Quant au responsable de l'œuvre, il l'avait sous la main en la personne de son ancien novice, Jacques de Jésus, qui avait acquis au Havre toute l'expérience pédagogique nécessaire. Sa vocation était la vie retirée ? Cet homme modeste avait toutes les raisons d'obéir et de sacrifier provisoirement — après tout il n'avait que trente-quatre ans — ses goûts ! Il n'avait apporté aucun bien à l'ordre. Il le servirait activement, montrerait par ce petit sacrifice la solidité de sa vocation. La destinée d'un carme n'est pas de devenir directeur d'un collège, estimait Jacques de Jésus, qui se retrouvait, avec regret, ramené aux tâches pédagogiques qu'il avait cherché à fuir et auxquelles le contraignait son supérieur. Lucien Bunel, ce grand diable de Normand, au regard perçant, au profil aquilin, aux gestes énergiques et autoritaires, était une personnalité originale de l'Église de Normandie et d'origine modeste. Son père, ouvrier filateur, était devenu contremaître et avait fort à faire pour nourrir une famille de six enfants. Au foyer, une mère autoritaire et exigeante imposait les sacrifices nécessaires à une pieuse et stricte éducation. Elle se réjouit lorsque se révéla la vocation sacerdotale de son fils Lucien, à la réussite de laquelle elle consacra toute son énergie. Une légende familiale s'est créée autour du troisième enfant, prédestiné selon son entourage par des signes exceptionnels. Lucien a neuf ans et joue dans le jardin sous le regard de sa mère. Soudain, un vieillard à la longue barbe s'approche de la barrière et demande la charité à la mère, qui s'excuse de ne pouvoir lui donner quoi que ce soit. Elle désigne les enfants et allègue sa propre pauvreté. Mais Lucien s'est éclipsé. Il reparaît, sortant de la maison. À la main, il porte une grosse tranche de pain sur laquelle est posé un beau morceau de fromage. Il tend le tout à l'homme qui ne semble pas avoir envie du pain et ne touche pas le présent offert mais pose sa main sur la tête de l'enfant et dit avec une grande douceur : « *Je le savais, mon petit, que tu me donnerais ton pain ; je te remercie ; je n'en ai pas besoin, que le Bon Dieu te protège !* » L'enfant ne comprend pas, cherche à ouvrir la main du mendiant, insiste. Le contact est impossible et la parole s'élève sans émotion décelable : « *Non, merci, petit, ton geste me suffit.* » La mère, toujours vive, intervient. Elle dit à l'homme qu'il se moque de l'enfant et lui reproche de l'inciter au gaspillage. Jolie leçon ! Qu'il quitte tout de suite cette maison où il n'y a jamais trop de pain. La suite est un mystère qui frappa les témoins. L'homme s'en va et semble pénétrer à l'école voisine où il disparaît. Nul ne l'a vu ressortir et — plus étrange encore — les institutrices qui bavardaient dans l'entrée affirment que personne n'est entré. Chez les Bunel, on ne prononce pas le nom de Jésus mais on croit en une apparition. Lucien, lui, pense qu'un saint est passé. Pour tous, il est clair que l'enfant est appelé.

Les parents l'envoient au petit séminaire de Rouen où il se révèle un élève passionné de connaissances mais de caractère difficile. Gouailleur, il manifeste volontiers un esprit chagrin et critique. Un de ses professeurs note une volonté forte, presque farouche, un immense orgueil. Après le baccalauréat et le service militaire, il entre au grand séminaire pour découvrir qu'être prêtre ne satisfait pas son âme, avide d'une totale communion avec Jésus. Il a découvert la vie monastique au cours d'une retraite à la trappe de Notre-Dame-du-Port-de-Salut. Là est sa vocation. Il s'en ouvre à ses supérieurs et à sa famille. Sa mère se révolte : tous ces sacrifices pour le voir disparaître dans un couvent ! L'évêque de Rouen lui rappelle qu'il est boursier et qu'avant de réaliser une vocation personnelle, il doit se mettre au service du diocèse, dispenser les dons qu'elle a développés en lui, pour son rayonnement, en Normandie, au milieu des fidèles. Lucien hésite. Se résigne.

Bientôt, il enseigne à l'institution Saint-Joseph du Havre. Le premier contact avec les élèves est rude. Ils sont effrayés par ce grand garçon qui n'attache aucune importance à sa mise. Le crâne est presque rasé. Il porte des lunettes de fer qui durcissent le regard et, à ses pieds, il traîne de grossières et économiques chaussures ferrées. De cet étrange professeur, les enfants disent : « *C'est un moine ou un forçat.* » Ses supérieurs aussi s'étonnent. Il refuse la chambre de professeur comme s'il voulait signifier qu'il n'est pas voué à vie à la quiète éducation des rejetons de la bourgeoisie. Il choisit une cellule donnant sur une triste cour où jamais ne pénètre le soleil. Seuls les livres sont à la place d'honneur et l'objet de grands soins. Pour le reste, il ne tolère qu'un lit de fer, une table et deux chaises de paille en ce lieu où il n'est que de passage. Il exige une vie toute consacrée à Dieu. Disciple de Thérèse de l'Enfant Jésus, il lit et relit l'*Histoire d'une âme.*

Lorsque arrivent les vacances scolaires, il est aussi heureux que les élèves car il rejoint alors un monastère où il fait retraite. Il a découvert en 1925 le refuge d'Avon, « *un pauvre petit monastère de larmes, un carmel pieux, humble* ». Il souhaite y devenir moine. Mais l'évêque de Rouen est d'autant plus sourd à ses vœux qu'il estime que l'abbé Bunel réussit parfaitement dans la vie active du diocèse et qu'il est homme d'action. Pédagogue paradoxal, il déconcerte puis attire les cœurs des élèves. Il a, comme ses contemporains, découvert la pédagogie du scoutisme qui permet un rapprochement des enfants et de leurs chefs. Il veut entraîner sa troupe dans un voyage d'études en Grande-Bretagne. Il le finance en vendant une partie du seul trésor qu'il possède ici-bas : sa bibliothèque.

Surtout, l'abbé Bunel est devenu l'un des grands prédicateurs du diocèse de Rouen. Après le premier conflit mondial, les curés ne reculent plus devant des paroles qui secouent durement les fidèles, qui en ont vu d'autres. L'abbé Bunel possède une éloquence simple et rude, adaptée à la sensibilité combattante. Il va être engagé dans le combat contre les projets du Cartel des gauches d'appliquer strictement les lois laïques. La Fédération nationale catholique du général de Castelnau dépêche partout ses grands orateurs parlementaires, comme Xavier Vallat et Philippe Henriot. Le professeur de l'institution Saint-Joseph, l'abbé Bunel, qui parle si bien et qui est un ancien combattant, est envoyé dans la mêlée par l'évêque. Il secoue les énergies. Il scandalise les velléitaires. Il fustige les faibles. Il dénonce le scandale. On tue l'âme de la France — dit-il — en l'obligeant à boire le poison du laïcisme. Le retour de Poincaré au pouvoir ne ralentit pas sa fougue. Le 11 novembre 1926, le prédicateur prêche encore la croisade : « *Oui, Messieurs, je viens vous inviter à une guerre nouvelle, une guerre dure, âpre, sans trêve ni fin. Il s'agit de sauver l'âme de la France !* »

L'abbé Bunel a bien mérité de l'Église. En 1931, l'évêque de Rouen accepte enfin de le délivrer des enfants de Saint-Joseph et lui permet de se destiner aux ordres. Il peut entrer au carmel de Lille. On sait déjà comment, après ses vœux, le père Louis de la Trinité le nomma à la tête du juvénat d'Avon. Il explique au père Jacques de l'Enfant Jésus, nom choisi par l'abbé René Bunel, qu'il a le devoir d'assurer le recrutement pour un ordre encore fragile. Le père Jacques accepte sans plaisir. Assisté du père Philippe de la Trinité, capable de freiner la fougue de son tempérament, le père Jacques a toute liberté pour organiser son collège. Les élèves sont des enfants de la bourgeoisie et de la noblesse de Paris et du Nord. Certains ont déjà une vocation religieuse que les maîtres cultivent. Pour les autres, les parents souhaitent une stricte éducation religieuse et un internat qui encadre bien chaque sujet. Avon est un collège catholique expérimental. Les locaux pour lesquels le père Jacques a choisi des peintures gaies et claires sont pimpants. Il n'y a qu'une douzaine d'élèves par classe. Professeurs et enfants mangent ensemble au réfectoire, font de grandes balades en forêt. L'exercice physique — en particulier l'équitation — est à l'honneur. Mais Avon n'est pas un cocon qui isole du monde des enfants privilégiés. Le directeur a connu assez des milieux sociaux différents pour ne pas faire comprendre qu'il existe, attendant leur activité future, un monde plus dur. Il cherche à ouvrir sa thébaïde à tout ce qui peut apporter une image de la vie. Lui-même devient aumônier du camp d'éducation surveillée établi à Bourron-Marlotte. Il suscite des conversions parmi ces jeunes et il procède à une dizaine de baptêmes. Le père Jacques découvre les joies de la peinture et emmène des élèves visiter des expositions. Il invite à Avon de bons esprits de son temps à la recherche d'un cadre propice à leur enseignement. Depuis 1937, le

RP Dillard y organise des récollections d'étudiants, qui se terminent en général par un cross-country dans la forêt. Les élèves d'Avon seront appelés à l'âge adulte à exercer une fonction de direction et d'encadrement. Le père Jacques les y prépare en proposant des conférences de responsables soucieux d'action sociale. Le député catholique Jean Le Cour Grandmaison, Seydoux, directeur de l'École libre des sciences politiques, l'abbé Daniel de la JOC, Rome, spécialiste du corporatisme, parlent aux élèves. Des ingénieurs évoquent leur expérience personnelle et donnent l'image d'une vie où souffre la classe ouvrière.

Le père Jacques lui-même est à l'écoute des fracas du monde. Comment voit-il les régimes fascistes qui s'installent en Italie et en Allemagne ? La répulsion l'emporte devant ces pays jadis phares intellectuels de l'humanité, qui n'ont plus à offrir que le spectacle de la décadence de la moralité publique. Sa colère éclate lorsqu'il voit Daladier et Chamberlain céder les Sudètes à Hitler à Munich. Il s'indigne : les peuples ne savent-ils plus que « *la mort est préférable à un geste de déshonneur* » ?

Après la défaite, démobilisé, il retrouve la direction du petit collège occupé et dont il faut obtenir l'évacuation. Il ne se contente pas de se replier sur une mission étroite qui satisfaisait pourtant nombre de pédagogues : « *Travaillez. Prenez patience.* » Lui est épris d'activité et pense que le nouveau régime a la même volonté de renouveau. Il insuffle à ses collaborateurs le courage de reconstruire.

Le père Jacques aspire à une tâche plus difficile que de diriger les jeunes esprits. Cette sécurité et cette vie régulière ne sont pas à la mesure de son sentiment de trop peu donner, d'être trop économe comme l'était sa mère avec le divin mendiant. Le thème du sacrifice revient, obsédant, dans les écrits d'un homme qui enrage d'être un vaincu et se compare à ceux qui ont triomphé dans la Grande Guerre : « *J'ai honte* — constate-t-il — *d'appartenir à une génération qui a perdu la guerre. J'aurais aimé appartenir à une génération qui eût laissé d'elle un souvenir d'abnégation jusqu'au sacrifice de sa vie.* » Il a pu croire que Pétain, dont il accroche le portrait dans la grande étude, serait le maître d'œuvre du renouveau nécessaire mais il est si loin et les Allemands sont si près et si durs qu'il récuse l'attitude de résignation. Le père Jacques brûle de servir. Les murs du collège, qui protègent sa mission pédagogique, lui apparaissent comme un obstacle à son rayonnement sur les hommes. Pour échapper à cette oasis, il renoue avec la prédication, proposant ses services aux curés des environs. Il prononce des sermons où, devant une assistance paisible, il se livre au jeu des allusions patriotiques mais il ignore l'effet de ses paroles de flamme. Il a l'impression d'une plus grande influence lorsqu'il est consulté par des candidats à la réquisition pour le travail en Allemagne. Aux serviteurs, aux anciens élèves, il dit sans ambages : « *Dérobez-vous à cette duperie ! N'aidez pas l'effort de guerre des Allemands.* » Il offre même son aide à ceux qui ne savent pas comment refuser le départ. Aux uns, il indique des filières, à d'autres, il propose l'abri du collège qui, bientôt, ne manque plus d'aides-jardiniers, de cuisiniers ni de surveillants. Tous ces réfractaires sont pourvus de faux papiers fournis par la mairie d'Avon. Rémy Dumoncel, un ancien combattant, directeur de la maison d'éditions Tallandier, se dévoue à ses administrés et protège les activités de résistance. Son adjoint, Aristide Roux, est un gaulliste de la première heure, ce qui lui vaut les reproches du curé d'Avon, l'abbé Vayer. Le secrétaire de mairie, Paul Mathery, protège les réfractaires. Quand Maurice Dumoncel, étudiant, veut fuir le STO, le père Philippe lui trouve un abri en Touraine chez des parents d'élèves. Par ces hommes, le père Jacques entre dans le réseau Velite Thermopyles de Fontainebleau. Quand les Allemands demandent de désigner des otages en cas d'attentats sur les voies ferrées, Rémy Dumoncel se désigne avec le père Jacques et le père Philippe.

Dans l'hiver 1943, le père Jacques franchit un nouveau pas en accueillant des enfants juifs au collège. L'antisémitisme lui faisait horreur. Il avait confié des cours de science à Lucien Weil, professeur, qu'en application du statut des juifs le collège Carnot de Fontainebleau avait renvoyé. Il recommandait aux enfants de se découvrir lorsqu'ils rencontreraient un juif porteur de l'étoile jaune.

La supérieure de Notre-Dame-de-Sion de Melun s'adresse à lui. Les sœurs recueillent des fillettes juives dont les parents ont été déportés, mais ne peuvent se charger des garçons récemment arrivés. Le père Jacques accepterait-il de s'en occuper ? Mère Maria lui confie l'odyssée du petit Hans-Helmut Michel, réfugié de Francfort. Le 28 décembre 1942, deux hommes sonnent à la porte. Sur un signe de son père, Hans-Helmut s'enfuit par la porte de service. Lui a-t-on donné une adresse ? Il gagne la rive gauche, s'enfonce dans le lacis de rues étroites, évite le boulevard Saint-Germain et débouche sur la place Saint-Sulpice. Une grande église s'élève sur le côté. Il pénètre dans la nef grisâtre. Il s'assoit épuisé sur une chaise et s'y endort. Le curé remarque la petite forme tassée sur elle-même ; il réveille doucement l'enfant et l'emmène dans son logement. Il l'interroge brièvement avant de le nourrir et de le rassurer. Il sait à qui s'adresser et il l'emmène le lendemain à la congrégation Notre-Dame-de-Sion, qui l'envoie à Melun dans la maison de congrégation où transitent d'autres rescapés.

Le père Jacques, ému, est tenté d'offrir l'abri du petit collège d'Avon mais il ne veut pas prendre seul une telle responsabilité. Il consulte le provincial, le père Philippe, qui réfrène ce bel élan du cœur. Les carmes ont déjà charge d'âmes. Ces petits juifs risquent d'attirer l'attention des Allemands sur le collège auquel les parents ont remis en toute confiance leurs enfants. Un établissement d'enseignement, même en forêt, n'est pas discret. Il y a le personnel, des livreurs et surtout les enfants. Comment être sûr qu'une parole ne leur échappera pas lorsqu'ils rentreront chez eux et raconteront les incidents qui émaillent la vie du collège ? Ils se connaissent tous. Les nouveaux susciteraient curiosité et bavardages. Il serait plus prudent pour tous de confier les jeunes juifs à des couples sûrs. Le père Jacques acquiesce. Il fait le tour de ses relations et affirme que tous se récusent. A-t-il beaucoup insisté ? N'a-t-il pas envie, au fond de lui-même, de faire un geste de solidarité, d'y associer ces enfants privilégiés ? Les juifs sont si petits et ils ne sont que trois...

À la fin de janvier 1943, trois enfants entrent au collège sous une fausse identité. Hans-Helmut Michel devient élève de 6e sous le nom de Jean Bonnet. En 5e et en seconde viennent, sous les noms de Jacques Dupré et de Maurice Sabatier, en réalité Jacques-France Halphen, fils d'un chapelier et d'une modiste du Marais, arrêtés en juillet 1942, et Maurice Schlosser, fils d'un ingénieur de Pologne dont la mère vient d'être déportée. La présence des nouveaux ne passe pas inaperçue[105]. Dans ce milieu d'enfants aisés, ils portent un béret d'orphelin. Leurs vêtements usagés ne sont pas renouvelés et ne reçoivent pas les soins d'une mère ou d'une domestique attentive. Les boutons, ils les recousent eux-mêmes, avec application. Ils empruntent des mouchoirs que les camarades ne leur réclament pas. Aucun courrier, aucun paquet n'arrive jamais à leur nom. Pour eux, pas d'anniversaire ni de fête ! La tristesse d'être orphelin les tient souvent à l'écart de leurs camarades. Bons élèves, ils suscitent un peu de jalousie ou d'admiration. Dans ce pieux collège, les « orphelins » sont dispensés de messes et d'exercices religieux. Enfin, ils ne sortent jamais. Ils se tiennent éloignés, silencieux, de la joyeuse effervescence du matin des vacances où chacun, avant de prendre le train, échange adresses et plaisanteries.

Le père Jacques a tellement confiance dans ses élèves qu'il réunit les plus grands, de la 3e à la philo, en leur annonçant qu'il va leur confier un grand secret. Il leur révèle que leurs camarades sont juifs et qu'ils ont droit à la protection des chrétiens. Il exige des enfants un serment : ne jamais en parler entre eux et chez eux. Les enfants ont respecté leur parole et le drame qui se produit le 15 janvier 1944 ne leur est pas imputable. Ce matin-là, des policiers allemands pénètrent au collège, interrogent le directeur qui reste silencieux à leurs demandes. Les sbires vont dans les classes, ouvrent les portes avec fracas et réclament en criant : « *Les élèves Bonnet, Dupré.* » En classe, Bonnet a saisi un signe discret de son maître et ne bouge pas. Mais au second appel de son nom, il se lève, passe devant le professeur, lui serre la main, ne le voit pas essuyer les larmes qui ont coulé sur son visage et il suit les Allemands. La classe est atterrée. Dulac, le professeur, se ressaisit et dit : « *Vous avez tous compris. Prions pour votre camarade.* » Le nazi Korf signifie au père Jacques qu'il est en état d'arrestation. Il a une heure pour préparer ses affaires.

Les élèves sont mis en récréation puis rassemblés avec le

personnel. Korf s'avance sur le perron et braille : « *Trois élèves juifs ont été arrêtés dans ce collège.* » « *Trois camarades* », reprend un élève normand, Germain de Montauzan, ce qui fait exploser le gestapiste : « *Taisez-vous ! Vous n'êtes pas camarade d'un nègre ! Vous n'êtes pas camarade avec un juif !* » Korf tient à la main les cartes d'alimentation de tous les élèves et vérifie en appelant leur nom qu'il n'y a pas de clandestin. Il examine attentivement chaque enfant avant de l'envoyer se mettre en rang le long de la chapelle. Soudain, tous les regards enfantins se braquent sur les trois petits juifs, qui descendent les marches, gardés par les Allemands. Puis c'est au tour du père Jacques de s'avancer, béret sur la tête, valise à la main. Il s'arrête et, contemplant un long instant les élèves glacés, il leur lance : « *Au revoir les enfants ! À bientôt !* » Arrivé à la porte de la rue de la Charité, il se retourne et envoie un baiser[105].

Le père Jacques a été dénoncé. Pourtant, les enfants du collège se sont tus. Louis Malle, s'appuyant sur la connaissance précise qu'avait Korf de l'emploi du temps et des salles, imagine qu'un adolescent, employé subalterne, humilié — un Lacombe Lucien — a dénoncé la présence de juifs. Rien ne le prouve. Les activités résistantes du père Jacques sont à l'origine du drame. Deux hypothèses expliquent l'arrestation du 15 janvier 1944, que le directeur redoutait (ne venait-il pas de verser, sous forme de chèque, une avance de traitement de plusieurs mois à un professeur, père de six enfants ?). Les réfractaires du STO avaient attiré l'attention des Allemands sur le collège. Un jeune domestique du collège, André Le Vavasseur, un orphelin, réfractaire, fut envoyé par le père Jacques dans un maquis FTP. Le jeune garçon avait été arrêté par les Allemands à l'automne 1943 et avait donné des indications sur son parcours.

La dénonciation la plus efficace est liée à la mairie d'Avon, dont l'interprète, Charles Ziegler, était arrêté. La famille Weil subissait le même sort. Quelqu'un avait raconté à un collaborateur de Fontainebleau, l'antiquaire Jean Couëlle, que des juifs se cachaient au collège d'Avon, déjà repéré comme lieu de transit de réfractaires. Informé, Korf a pensé que l'arrestation du père Jacques serait un exemple propre à effrayer les notables résistants de la région et à lui assurer la tranquillité.

Korf annonce que le collège est fermé et doit être évacué avant la nuit. Il ne saurait quitter les lieux sans donner une de ces leçons dont les Allemands, pédagogues dans l'âme, sont si friands (il était professeur de géographie dans le civil) : « *Vous, petits Français, vous ne connaissez pas assez la discipline. Mais ça viendra, ça viendra.* » Les professeurs font déjeuner les enfants. Ils distribuent les cartes d'alimentation, les adresses à Paris où tous auront asile ce soir, au besoin chez des camarades, remettent l'argent de poche. Ils les conduisent à la gare. Le collège rouvrira au château du Plessis-la-Tour en Saône-et-Loire.

Les trois petits juifs (un quatrième réfugié a pu se cacher et s'enfuir) sont envoyés, comme la famille Weil, à Drancy. Ils y restent jusqu'au 3 février 1944, jour où ils font partie du convoi 67 qui emporte vers Auschwitz 1 214 personnes dont 184 enfants. Trois jours de voyage atroce avant d'entendre les Allemands les houspiller : « *Vite, vite.* » 214 déportés sont sélectionnés pour le travail. Les trois enfants, Hans Michel, Maurice Schlosser, Jacques Halphen, et les trois membres de la famille Weil sont gazés[106].

Amené à Fontainebleau, le père Jacques est interrogé plusieurs fois sans que le policier en tire plus que des reproches mesurés et des offres de sacrifice. Quand Korf lui dit qu'il est choqué de voir un maître et un religieux mépriser les lois, il répond qu'il ne connaît qu'une loi, celle de l'Évangile et de la charité, et il lui répète qu'il ferait mieux de le fusiller, lui, plutôt que de s'en prendre à des orphelins et à des pères de famille. Aux menaces, il oppose sa sérénité : « *Vous ne me faites pas peur et la mort n'est pas pour m'effrayer.* »

Korf ne sait plus que faire d'un prisonnier qui l'assomme des leçons qu'il l'a empêché de donner au collège. Il n'en tire rien et il doit en répondre. En effet, les amis du père Jacques se démènent pour le faire libérer. Le père Philippe s'est rendu à la Gestapo de Melun. Fernand de Brinon, ambassadeur de France auprès des Allemands, est alerté et intervient pour obtenir sa libération. Korf sait qu'il n'a rien à attendre en relâchant ce prêtre, qui aspire au martyre. Le père Jacques n'est pas de ceux qu'on retourne et il a vu trop de crimes sur ses compagnons : coups de fouet, suspension, baignoire. Il a choisi son camp et dit ne pas envisager de libération pour lui : « *Il faut des prêtres dans les prisons, si vous saviez.* »

Le 6 mars 1944 intervient le transfert au camp de Compiègne. L'Église est présente dans ce camp allemand d'avant le grand départ, avec sept prêtres et un jésuite. À Compiègne, on n'espère plus une libération. Pour diminuer l'angoisse des prisonniers, le père Jacques organise des causeries religieuses, psychologiques, sociales. Chaque jour, deux cents internés assistent à sa messe dont les intentions vont à la France, aux familles et à la Vierge Marie pour qu'elle ramène à Jésus ceux qui en ont oublié le chemin.

Chaque semaine, cinquante prisonniers sont désignés pour le départ redouté vers l'Allemagne. Le père Jacques encourage ses compagnons et s'impatiente de cette attente insupportable : « *C'est avec un de ces transports que je voudrais partir* », dit-il à ses compagnons silencieux. Enfin, le 27 mars 1944, il est sur la liste des déportés vers l'Allemagne. Il reste un mois au camp de représailles de Neue-Bremm, près de Sarrebruck, où il est employé à l'infirmerie avant de partir pour Mauthausen.

Dans le vaste camp de Güsen-Mauthausen, élevé au-dessus de la vallée du Danube, les nouvelles circulent vite. Les Français apprennent qu'un prêtre français est arrivé. Les catholiques se réjouissent car à Mauthausen, où les détenus appartiennent à vingt-cinq nationalités, il n'y avait pas de prêtre français mais cinq prêtres polonais dont on se méfiait un peu. Le père Jacques va être accueilli, entouré de respect et d'amour. Le prêtre déporté est sûr de sa vocation dans le sacrifice mais il espère quand même un signe. Le père Jacques demande à sainte Thérèse de l'Enfant Jésus de lui manifester sa protection et un encouragement à son ministère. Un ingénieur catholique, Henri Roussel, se présente à lui. Il lui apporte un peu de nourriture de la part de ses nouveaux fidèles, démunis d'entre les démunis. Roussel relève son numéro matricule en espérant le faire affecter à une tâche moins dure, condition même de la survie. Pendant un mois, il doit travailler au terrassement. Les esclaves du régime nazi portent des sacs de ciment de 50 kilos ou soulèvent à cinq de longs rails de 300 kilos au rythme rapide exigé par les kapos, qui frappent les défaillants. Le travail dure de 5 à 12 heures et de 13 à 17 ou 18 heures. La nourriture est régulière : eau noirâtre baptisée « café » le matin, à midi un brouet clair où flottent des épluchures, des feuilles de chêne, des tranches de rave. Le soir sont distribués avec la soupe 300 grammes de pain et une rondelle de saucisson, ou un carré de margarine ou une cuillerée de fromage blanc.

Roussel réussit à faire affecter le religieux à l'usine de fabrication d'armes. L'œdème enfle ses jambes. Son cœur s'épuise. Ses amis obtiennent son transfert au contrôle, ce qui lui permet de s'asseoir et même de s'entretenir avec ceux qui veulent lui dire quelques mots.

Après et avant les douze heures de travail, le prêtre confesse ceux qui le lui demandent. Il donne dans les blocs des petites conférences. Il répond aux questions de tous, se prêtant patiemment aux critiques que les communistes lui adressent. Sa grande joie fut de pouvoir dire la messe clandestinement dans la lingerie.

Il tente d'instaurer un peu de justice dans un camp où se mêlent résistants et condamnés de droit commun. Les vols de hardes, chaussures ou sabots pendant le sommeil sont la hantise des déportés. La distribution de nourriture est truquée par les détenus qui en sont chargés ou sont à la cuisine et qui gardent les fonds de récipients plus denses et plus roboratifs. Jacques adresse des reproches à ceux qui trafiquent avec les Allemands ; il quémande des suppléments de nourriture pour les malades ; un litre de soupe conduit le détenu à la cachexie ; masse graisseuse puis muscles fondent. Quand il tombe à 30 kilos, que les os sont simplement recouverts de peau il devient un « musulman », dernière étape avant une mort prochaine. Un litre et demi, c'est la survie. Au-delà, le religieux tente d'obtenir un don, en particulier pour les malades de l'infirmerie dont la ration — « *Qui ne travaille pas n'a pas besoin de manger* » — est réduite de moitié. Il donne l'exemple en refusant les suppléments de nourriture et les offre aux plus jeunes. Il propose de se grouper à quatre déportés et d'adopter un malade, auquel chacun réservera un quart de sa maigre portion.

Le carme s'affaiblit. En février 1945, ses camarades remarquent qu'il tombe parfois endormi sur sa table. Il tousse. Ses pommettes sont rouges. La fièvre et la faim l'épuisent. Quand les Américains délivrent le camp de Mauthausen, le 5 mai 1945, le père Jacques est immobilisé par une broncho-pneumonie. Une mission d'infirmières françaises l'arrache au camp où il gît, épuisé, incapable d'articuler les phrases. Il est transporté dans une infirmerie à Linz et entouré de soins attentifs. Il souffre beaucoup et ne jouit pas des draps blancs. Il ne comprend pas l'acharnement de ceux qui voudraient le ramener à la vie : « *Que d'histoires on fait pour moi* », dit-il à l'abbé Gray, un ancien prisonnier de guerre, qui lui donne le sacrement des malades. Le 2 juin 1945, il murmure : « *Avon, Avon* » et meurt le soir sans avoir prononcé d'autres paroles. L'abbé Gray le revêt de la robe de bure des carmes et son ami Roussel n'a plus que des mots qui n'attendent pas de réponse pour parler de ce frère aimant, acceptant le sacrifice dans la simplicité d'une âme apaisée et confiante :

Jacques haletant déchiré par le premier vent de la paix
Jacques balancé comme un nid au bout d'une branche
Jacques emporté.
Le vautour ne tourne plus autour du puits abandonné
Mon Dieu vous êtes là si calme près de moi
Un arbre qui m'abrite où le vent ne joue plus.

6

L'OBSESSION PROLÉTARIENNE DE L'ÉGLISE DE FRANCE

DE GRANDES ESPÉRANCES SOCIALES

L'Église et les catholiques ont vécu sous l'Occupation des expériences sociales riches et variées. Les plus fécondes ne sont pas venues d'où l'Église les espérait — de l'État — mais sont nées de la société dont les souffrances se sont accompagnées d'un jaillissement d'innovations spirituelles.

Les catholiques attendaient beaucoup de l'État français, qui avait promis le 10 juillet 1940 de fonder la constitution sur le respect du Travail, de la Famille et de la Patrie. Depuis 1936, la France est bercée de promesses et de législation sociales, qui peinent à compenser le brutal arrêt de la promotion ouvrière dû à la grande crise économique. Le Front populaire n'a pas seulement engendré hargne et rancœur des patrons. Une petite frange d'entre eux — dans *Les Nouveaux Cahiers* par exemple, revue financée par la banque Worms qui va être un des soutiens du premier État français — s'est ralliée à la modernisation sociale par l'organisation des forces syndicales et patronales. L'inspiration de ces réformateurs n'est pas le fascisme italien, dont l'étatisme les révulse, mais tient du modèle suédois, de l'État chrétien de Salazar et des conceptions sociales de la République de Weimar. La lutte des classes semble périmée. La promotion de la communauté la rendra inutile et vieillotte.

Le maréchal Pétain a l'âme sociale. Il est très fier de l'expérience réussie du généralissime qui, en 1917, sut mater les mutineries par le déploiement des qualités du « plus humain des chefs ». La solution de la question sociale est plus psychologique qu'économique. Les masses ouvrières sont dépossédées, méprisées, malheureuses. La satisfaction du beau travail n'existe pas dans l'usine moderne dont le meilleur rendement vient de la déqualification des travailleurs, manipulés comme les rouages élémentaires d'une machine. L'homme traité comme un objet manifeste une frustration normale et une souffrance qui doit être comprise. Le retour à l'artisanat donne dignité et bonheur aux travailleurs mais il ne concernera jamais qu'une minorité. Pour la grande masse, l'amélioration viendra d'une modification des rapports sociaux. L'encadrement s'ouvrira à la compréhension des problèmes et des besoins des ouvriers, qui seront amenés à s'exprimer et à participer. Le commandement moderne est à ce prix : de la dignité retrouvée naîtra la discipline sociale. Philippe Pétain accorde une réelle bienveillance aux travailleurs. Il donne de sa personne, ne négligeant ni discours sociaux du 1er Mai ni les visites aux travailleurs manuels, ni les leçons sociales vivantes. L'appel à la discipline sociale plaît à la bourgeoisie catholique. Le clergé relève les références aux grandes encycliques sociales du pape. Il traduit l'incitation à la concorde sociale en termes d'amour chrétien. Le chef de l'État invoque les grands patronages sociaux chrétiens, sans qu'il soit possible de faire la part de l'admiration sincère, de l'autosatisfaction ou de l'intérêt politique.

Lors de son voyage à Lyon, il a tenu à rendre hommage au père Antoine Chevrier, le dom Bosco français, déclaré vénérable par Pie X en juin 1913. Le 19 novembre 1940, une agitation inhabituelle anime le 75, rue Sébastien-Gryphe, une sinistre maison grise aux fenêtres étroites. Il y avait là en 1860 un bal public — *Le Prado* — où le vicaire de Saint-André de La Guillotière, le père Chevrier, installait une œuvre pour les enfants du peuple. À son initiative naquit l'Association des prêtres du Prado, vouée à l'apostolat des pauvres pour lesquels tous les sacrifices étaient requis : « *Tout est à eux* — disait le père Chevrier — *nous sommes leurs humbles serviteurs : ils peuvent disposer de nous et de tout ce qui est à notre usage ; notre santé, notre temps, notre vie leur appartiennent*[1]. » Le père Chevrier, ancêtre de l'Action catholique, rejetait l'action politique pour se concentrer sur les moyens de rendre la société plus chrétienne. Mais il a tant médité sur la défaite de 1870 qu'il était bon, après la défaite de 1940, de se mettre à son écoute. *Le Prado* a formé des ouvriers chrétiens. Leurs enfants sont assidus à leurs patronages. Des ouvriers y constituent une section de la JOC. En 1933, une œuvre pédagogique intéressante a été créée. Pendant un an, les enfants pourvus du certificat d'études fréquentent une école d'orientation professionnelle, où sont décelées leurs aptitudes pour un métier. Un centre agricole en Limousin recrée des racines rurales pour ceux qui n'aiment pas la ville ou ont peu de chances d'y réussir.

Au maréchal Pétain, le père Laffay présente l'œuvre ; le chef de l'État, enthousiaste, fait doubler le contenu de l'enveloppe qu'il avait préparée. Les Petites Sœurs des pauvres de la Villette reçoivent aussi une belle offrande. Par la suite, la plupart des visites du chef de l'État aux villes de zone sud sont l'occasion de témoigner sa générosité à une œuvre charitable catholique et de célébrer, par la même occasion, les éminents mérites de l'Église compatissante.

L'Église de France, libérée des soucis matériels par les bienfaits de l'État à l'égard de l'école et des mouvements de jeunesse, peut se consacrer à son œuvre sociale. La vocation sociale des catholiques français va enfin pouvoir s'épanouir. Ils avancent hardiment sur cette voie mais découvrent que l'action sociale ne s'isole pas et qu'elle a des implications politiques. Est-il possible d'assurer le déploiement des activités sociales en préservant l'autonomie et la pureté des chrétiens ? Les responsables de l'Église, qui font confiance à l'État français, n'ont discerné aucun piège. Éblouis par des perspectives nouvelles, ils ont fait fi de toute prudence. La guerre, qui les privait des contacts réguliers et traditionnels avec la Curie, a permis des élans incontrôlés et une totale hardiesse.

Les jésuites sont les grands inspirateurs de l'action sociale des chrétiens, telle que l'a voulue à la fin du XIXe siècle le pape Léon XIII, dont l'encyclique *Rerum novarum* révèle la sollicitude pour le prolétariat. En France où le catholicisme social a un demi-siècle de tradition, ils fondent en 1903 l'Action populaire qui, installée à Vanves en 1922, inspire les praticiens de la question sociale. Leur activité est multiple. Elle va de l'élaboration au plus haut niveau à la doctrine (le père Danset a collaboré à l'encyclique anniversaire *Quadragesimo Anno* en 1931 avec le père Desbuquois, sollicité aussi de coordonner une encyclique sur le totalitarisme) au conseil au modeste syndicaliste. L'Action populaire veille sur la jeune CFTC, créée au lendemain du conflit mondial. Elle organise des sessions de formation à l'action sociale, explique les problèmes et vulgarise la doctrine dans les pédagogiques fiches de l'Action populaire, participe au travail des *Semaines sociales*, qui réunissent chaque année sur un grand thème tous ceux qui ont le goût et le besoin d'une réflexion collective et vivifiante. Sous la présidence du doyen de la faculté catholique de droit de Lille, Eugène Duthoit, cette université d'été invite à méditer sur la fonction régulatrice de l'État, gardien du bien commun, sur le corporatisme ou sur l'économie. L'influence n'est pas négligeable, qui s'exerce sur le centre des jeunes patrons ou sur la Confédération française des professions commerciales, industrielles et libérales conseillée par le père Danset.

L'Occupation a gêné les activités de l'Action populaire sans les interrompre. Le père Desbuquois a quitté Vanves, où reste un modeste échelon, pour suivre les chemins de l'exode qui le conduisirent à Lourdes. Soucieux de ne pas s'éloigner du pouvoir, il est installé à la fois à Lyon et à Vichy où l'accueille la *Villa Paisible*. Plus actif et plus vaillant que jamais, le jésuite lance la publication des *Cahiers Renouveaux* puis de *Cité nouvelle* qui obtient des collaborations diverses, faisant appel au père de Lubac, publiant des réflexions qui auraient été victimes de la censure si *La Croix* en avait eu l'initiative et qui passent bien lorsque ce quotidien catholique les publie sous forme de citations des revues. Gustave Desbuquois a diffusé par courrier l'encyclique *Mit brennender Sorge* et des textes des évêques allemands et hollandais. Il ne faudrait pas pourtant faire de lui le résistant qu'il n'a jamais été. Il est avant tout intéressé par le monde des dirigeants politiques et les institutions nouvelles, dont il attend une impulsion pour le rayonnement de la doctrine sociale et l'influence de l'Église. Il pousse les jeunes militants à s'engager dans les institutions et dans certains ministères. Il convainc, par exemple, Jeanne Aubert, la présidente de la JOCF, d'entrer au SGJ pour s'occuper de la question des jeunes chômeuses. Il est parfois consulté, moins qu'il ne le souhaiterait. Il a grande confiance dans le ministre d'État, Henry Moysset, conseiller de l'amiral Darlan, chargé des réformes et passionné de corporatisme.

Accepter la Charte du travail

Le père Desbuquois s'impatientait devant le retard de la publication de la Charte du travail. Cette loi du 4 octobre 1941 fut très discutée à Vichy. Le patronat, appuyé par le ministre des Finances Bouthillier, avait réduit la participation ouvrière aux œuvres sociales, en rejetant toute participation économique. Desbuquois attendait de l'application de la Charte ordre, justice et concorde sociale et il s'employa à vaincre les réserves de la CFTC qui n'aimait pas le ministre du Travail, René Belin, un ancien de la CGT, et encore moins le syndicat unique prévu pour chacune des catégories (employés, cadres, ingénieurs, employés, agents de maîtrise, ouvriers). Le jésuite invite le père Villain à publier une brochure, *La Charte du travail et l'organisation économique et sociale de la production*[2]. Les critiques de la Charte y équilibrent les louanges. Tout en s'inquiétant du syndicat unique, Mgr Liénart et Mgr Gerlier reconnaissent qu'une loi prévenant la lutte des classes (la dissolution de la CGT a été bien vue), et mettant en œuvre la collaboration des acteurs sociaux, est conforme à la doctrine sociale de l'Église.

Les syndicalistes de la centrale chrétienne se divisèrent devant la Charte du travail, qui aurait été bien accueillie en 1940 mais qui à la fin de 1941 naissait dans un climat alourdi où le scepticisme à l'égard de la Révolution nationale se généralisait et où les positions des plus actifs devenaient plus tranchées. À la CFTC s'opposèrent les militants de zone sud — groupe de Toulouse avec Jean Brodier, Marcel Vanhove en relation avec Mgr Saliège, groupe de Lyon où vit maintenant Marcel Poimbœuf en relations permanentes avec le cardinal Gerlier — et militants parisiens entraînés par Jean Pérès. À cette opposition géographique et idéologique se superpose une tension sociale particulière à un syndicat fondé par les employés, qui en constituent le plus gros groupe, mais qui voudrait conquérir une clientèle ouvrière. Or, Jean Pérès est le secrétaire général de la Fédération des métaux ;

il fut très engagé dans les luttes sociales à Saint-Étienne en 1936 et jouit du prestige du véritable prolétaire.

Le 2 novembre 1941 se réunit à Lyon le comité inter-régional de liaison des organisations syndicales. Gaston Tessier, qui est membre du Parti démocrate populaire, mène l'opposition à la collaboration de la CFTC aux organismes prévus par la Charte du travail. Pérès et les syndicalistes parisiens défendent l'idée qu'il faut tenter l'expérience avant de juger. Par son ambiguïté, la résolution finale est digne des meilleures motions radicales-socialistes. Elle condamne le syndicat unique prévu pour chacune des catégories de salariés dans chaque profession mais elle laisse toute liberté aux organisations locales et régionales de la CFTC de participer. La position de collaboration l'a au total emporté. La hiérarchie dans sa majorité est satisfaite ; l'ACA, les 21-22 octobre 1942, demande aux syndicats chrétiens d'entrer à l'office des comités sociaux. Mais l'opposition a d'autant moins désarmé que Gaston Tessier est en contact avec la Résistance (il sera membre du CNR en mai 1943). Il réussit à s'opposer aux activités des Amis des travailleurs français en Allemagne et diffuse, le 10 juillet 1943, par le bureau du syndicat, un ordre d'abstention vis-à-vis des organisations nées de la Charte du travail[3].

LA MISSION DE FRANCE ET LA MISSION DE PARIS

Le syndicalisme chrétien posait trop de problèmes à l'Église qui se tourna, menée par le cardinal Suhard, vers un nouvel apostolat dont elle n'imaginait pas les développements révolutionnaires.

Paysan de naissance, professeur et apôtre dans l'âme, Emmanuel Suhard a toujours été préoccupé des moyens structurels de diffuser le message évangélique. L'Église de Dieu doit annoncer l'Évangile aux athées. La bourgeoisie a été reconquise au XIXe siècle. Reste le prolétariat urbain. Les moyens de sa reconquête furent mis en place par cet évêque, que l'on aurait cru douillettement habitué aux douces terres chrétiennes de l'Ouest. Longtemps, Emmanuel Suhard a modestement joué son rôle au séminaire de Laval, en formant de bons prêtres. Il n'a pas eu plus de difficultés en Normandie, terre de chrétienté, mais à Reims l'archevêque découvre un autre monde. Accédant à l'Assemblée des cardinaux et archevêques, il prend conscience d'avoir exercé jusqu'alors dans des conditions privilégiées. Il entend des archevêques déplorer l'étiolement de la foi et la faiblesse de la pratique. À cette époque, le clergé devient sensible à la littérature sociologico-religieuse sur le désert de la banlieue, des quartiers ouvriers et des ports, peints comme autant d'espaces où Dieu et l'Église sont ignorés. Un livre comme *Le Christ dans la banlieue (Enquête sur la vie religieuse dans les milieux ouvriers de la banlieue de Paris)* du père Lhande, paru chez

Plon en 1927, a rendu présent un phénomène longtemps ignoré et a éveillé remords et bonne volonté des chrétiens. Le cardinal Verdier a cru qu'il fallait construire des églises dans ces lieux informes où la ville déverse sa population, ses usines, ses hospices-mouroirs, ses logements bâtis à l'économie et mal entretenus. Mais à qui servent ces églises dues à la générosité des diocésains du cardinal ? Mgr Suhard, qui écoute les prêtres, sait qu'elles sont désertées. Les habitants des banlieues ouvrières y délèguent les vieilles femmes marquées par une pieuse origine rurale et les employés. Mais les habitants des banlieues du nord et de l'est de Paris, les ouvriers, ne pensent même pas à y diriger leurs pas. Ils ont perdu toute référence chrétienne. Il n'y a nulle hostilité de leur part. Ils ignorent sans gêne ni inquiétude la religion. Qui s'en inquiète dans l'Église ?

Le cardinal Suhard a découvert à Lisieux sa mission. Le carmel est un lieu où l'on prie pour les âmes des prêtres. Sainte Thérèse dit qu'il faut faire aimer l'Amour aux prêtres, qui le révéleront à ceux qui sont perdus dans les ténèbres. Elle, qui voulait être missionnaire au loin, découvre qu'elle a une mission plus proche : révéler la foi à qui l'ignore, sauver les âmes proches (« *Je voudrais* — disait-elle — *annoncer l'Évangile à toutes les parties du monde* [...] *Je voudrais être missionnaire non seulement pendant quelques années mais je voudrais l'avoir été depuis la création du monde et continuer de l'être jusqu'à la consommation des siècles* »). La première lettre pastorale de l'évêque de Bayeux pour le carême de 1929 s'intitule « Sainte Thérèse de l'Enfant Jésus, modèle de vie chrétienne et d'apostolat ». Il y rappelle que tout chrétien doit posséder une âme missionnaire. La mission n'est pas obligatoirement lointaine et l'esprit missionnaire trouve à s'exercer aussi bien en France. Au jeune abbé Leroy, qui lui confie son désir de partir pour les Missions d'Afrique, il rappelle qu'il existe une mission à quelques kilomètres, dans la banlieue industrielle de Caen : « *On n'y connaît vraiment pas le Christ. Pratiquement, on y vit en dehors de lui. C'est une vraie mission chez nous. Pour moi, c'est une véritable hantise. Tous les jours... tous les jours... tous les jours, je pense à tous ces malheureux, j'ai besoin de missionnaires, il me faut des apôtres*[4]. »

La conviction de Mgr Suhard ne s'affadit pas lorsqu'il s'éloigne du carmel de Lisieux. Le nouvel archevêque de Reims découvre la France déchristianisée, défi pour des prêtres qui ne se contentent plus des appréciations globales sur la foi des âmes dont ils ont la charge. La vulgarisation de la sociologie impose un diagnostic sans optimisme, qui révèle l'ampleur de la tâche. La foi semble mesurable. Chaque prêtre a toujours eu une appréciation globale de sa paroisse, considérée comme « bonne » ou « médiocre », mais ces concepts sont démodés. Désormais s'imposent la précision mathématique et le classement en catégories bien définies, permettant de comparer et de mesurer les améliorations. Ils vont comptabiliser les manifestations extérieures de la foi, qui se prêtent à l'établissement de séries. Ils comptent les assistants à la messe. Ils ne parlent plus de « fidèles » mais de « messalisants », de « pascalisants ». Ils tiennent une comptabilité des hosties distribuées les dimanches ordinaires, à Pâques. Bientôt, le chanoine Boulard cartographie la pratique religieuse de la France rurale. Sa carte constitue une alerte pour les prêtres des « régions déchristianisées », des taches blanches à effacer de ce visage de la France où brillent les zones pratiquantes comme la Bretagne ou le Pays basque. Ces déserts blancs, ainsi visualisés, suscitent angoisse et activité. Chacun se persuade que la mission en Afrique n'est pas plus urgente que dans le Bassin parisien. Le repli sur la mission intérieure correspond d'ailleurs aux premiers craquements dans l'empire colonial.

Des missionnaires sont nécessaires pour la reconquête chrétienne de la France. Où les trouver ? Le paradoxe est que les diocèses fervents sont riches en vocations sur lesquelles veille avec un soin jaloux l'évêque et que les régions déchristianisées envoient peu d'élèves au séminaire local. Or, les diocèses sont autonomes et chaque évêque garde ses jeunes prêtres. Mgr Suhard en a souffert en Champagne. Il a regroupé les services en district pour ménager les pauvres effectifs du clergé, alléger le travail par l'entraide et l'organisation mais il n'a assuré que les charges courantes. La reconquête des déserts de la foi, maintenant confondue avec la médiocrité de la pratique religieuse, qui l'accomplira ? La solution qu'imagine Emmanuel Suhard est pragmatique mais recèle des potentialités révolutionnaires. Elle porte une première atteinte à la structure très ancienne d'organisation du catholicisme français : l'autonomie du diocèse et la rigidité des paroisses. Lorsqu'il devient cardinal, Mgr Suhard se charge de cette réforme apostolique. Il sensibilise les archevêques à sa révolution tranquille : les diocèses riches en vocations prêteront des jeunes séminaristes aux diocèses défavorisés. Le transfert ne suffira pas sans formation adaptée des futurs missionnaires à leur tâche d'évangélisation d'un milieu déchristianisé. Mgr Suhard envisage la création d'un séminaire des missions intérieures, qui serait commun à tous les diocèses de France et financé par les bénéfices du pèlerinage de Lisieux. Le 29 mars 1939, il écrit à mère Agnès, supérieure du carmel de Lisieux et sœur de sainte Thérèse, ses désirs les plus ardents d'évangélisation missionnaire : « *La tâche sera rude* [...] *et pour cela je pense qu'il faut la confier à sainte Thérèse de l'Enfant Jésus.* » Il demande de favoriser, à Lisieux même, la formation de ce clergé missionnaire. Ainsi se construirait, après l'immense basilique qu'il avait fait bâtir, la « *Basilique spirituelle* », « *qui compléterait la première et que la chère sainte édifierait elle-même en se servant d'âmes sacerdotales et missionnaires, vers lesquelles allèrent toujours les préférences de son cœur*[5] ». Pour Mgr Suhard, la « Basilique des âmes » apporterait au culte de la sainte un accroissement « *prodigieux* ». Mère Agnès promet des prières mais elle souhaite une congrégation, ce qui n'est pas du tout le projet de Mgr Suhard, qui cherche une rénovation du clergé français pour une mission pastorale s'étendant à la France.

Le cardinal était tenace. Devenu archevêque de Paris en 1940, il reprend le projet qui se précise. Il veut installer à Lisieux un séminaire commun à tout le clergé français, appelant les séminaristes volontaires de tous les diocèses et les formant à la mission en milieu déchristianisé. L'archevêque de Paris arracha l'autorisation de son séminaire de Lisieux à l'Assemblée des cardinaux et archevêques de juillet 1941. Il choisit comme directeur le père Augros, un sulpicien, supérieur du séminaire d'Autun. Le père Lorenzo, curé d'Ivry, fut volontaire. Peu à peu, ce séminaire passait de la mission en zone rurale déchristianisée en Mission de France, sans limite géographique ou sociologique. Le séminaire ouvre ses portes le 5 octobre 1942 à une trentaine de séminaristes volontaires. L'équipe initiale des pères Augros et Lorenzo s'est accrue du père Perrot, secrétaire de Mgr Rémond, évêque de Nice, prédicateur à Radio Monte Carlo, du père Lévêque, de Paris, qui apprécie les expériences novatrices de la paroisse du Sacré-Cœur du Petit-Colombes, et du père Ferté, plus tourné vers le clergé rural[6].

À Paris, le cardinal Suhard allait franchir un nouveau pas. Il sentait qu'au-delà du quartier historique, aristocratique et politique du faubourg Saint-Germain, où il vivait, battait le cœur d'une ville ouvrière. Bien plus graves que les difficultés du clergé rural des campagnes champenoises étaient celles des prêtres de la banlieue. Le cardinal voulait conquérir la classe ouvrière (il dit en 1943 : « *Quoi qu'on dise et quoi qu'on fasse, c'est la classe ouvrière qui compte. Il est nécessaire que le renouveau se fasse principalement sur le plan de la classe ouvrière*[7] »). Plein de bonne volonté, il n'avait pas d'idée pour réaliser cette conquête. Seulement un grand désir, l'attente d'un signe. D'autres, sans doute, imaginaient pour lui et savaient comment le toucher. Le père Augros avait accueilli à la Mission de France de Lisieux les pères Henri Godin et Yvan Daniel de la JOC, qui nourrissent des insatisfactions et des projets hardis. L'abbé Godin, fils d'un employé du Jura, est un prêtre ardent de trente-six ans, aimant la jeunesse, peu à l'aise dans les structures qui étouffent les élans de cette personnalité qui a gardé comme une fougue naïve et confiante. La rencontre du père Desbuquois l'oriente vers la JOC. À Lille, il suit la formation des Missionnaires du travail, que vient d'organiser Eugène Duthoit. Il réalise un mémoire sur *Déclassement, religion et culture populaire. Essai de psychologie sociale*, où il s'interroge sur les rapports de la culture et de l'évangélisation. Il voit dans la paroisse une organisation qui repose sur des normes bourgeoises. Attirantes pour les employés, elles sont un obstacle pour le prolétariat. Ainsi armé, l'abbé Godin rejoint la JOC de l'avenue de la Sœur-Rosalie, où il est chargé d'animer les deux fédérations de Paris-Nord et de Vincennes. Il se sent mal à l'aise au secrétariat national, pense partir en Algérie au moment où survient la guerre. La nouvelle expérience de la Mission de France le passionne. Au cours d'un séminaire des dirigeants de la JOC dans l'Aisne, il trouve en l'abbé Yvan Daniel, aumônier de la JOC pour Paris-Est, une âme sœur. Le sentiment d'insatisfaction dans leur mission jociste est le même chez ces deux responsables, peut-être inconsciemment influencés par toute une propagande des milieux de collaboration qui reprochent aux mouvements d'Église de n'encadrer qu'une frange de la jeunesse. Le devenir des brebis qu'ils ont amenées au Christ inquiète les jeunes pasteurs. Ils se persuadent — à partir de l'expérience des jeunes foyers chrétiens, si peu nombreux — que « leurs » jeunes devenus adultes sont déçus par la paroisse. S'y sentant mal à l'aise, ils s'en éloignent et tout le travail antérieur accompli auprès de ces âmes d'ouvriers est perdu. Ils confondent l'éloignement de la pratique des jeunes parents d'une trentaine d'années — observable dans toutes les activités sociales — avec un dégoût à l'égard de la paroisse. Le retour de prisonniers libérés, qui parlent de l'expérience d'un christianisme sans cadre et sans classes, les éblouit. N'y aurait-il pas là le ferment actif d'une nouvelle spiritualité ? La structure nouvelle de la Mission de France, où l'abbé Godin donne des conférences, est accueillante aux recherches hardies. Son supérieur, le père Augros, conseille d'entretenir Mgr Suhard. Les deux abbés sont reçus par l'archevêque de Paris le 28 août 1942. L'abbé Godin sait frapper les esprits. Quand Emmanuel Suhard lui demande avec quelque maladresse : « *Qu'est-ce qu'on dit de moi à l'usine ?* », la réponse fuse : « *C'est bien simple, on dit que vous êtes un sale capitaliste.* » Le silence atterré du cardinal encourage l'abbé Godin à poursuivre. Mgr Suhard lui dit que la JOC est quand même un beau succès. L'abbé Godin explose et crie tout le mal qu'il pense de la paroisse, qui gâche le travail accompli dans la JOC : « *Éminence, nous travaillons à remplir les tonneaux percés. On tourne en rond dans les paroisses. La JOC est plus ou moins empêchée d'aller aussi loin qu'elle est faite pour aller*[8]. » Mgr Suhard demande à réfléchir et engage les abbés Daniel et Godin, en accord avec la Mission de France du père Augros, à lui présenter un rapport écrit. Très vite, un cahier polycopié, *Mémoire sur la conquête chrétienne en milieu prolétaire*, est rédigé. Le cardinal le dévore le lundi de Pâques 1943 ; il confie à son secrétaire Le Sourd : « *Je n'ai pas dormi cette nuit. Je suis bouleversé. Je savais bien des choses, mais je n'aurais quand même pas cru que ce fût à ce point.* » Il part pour sa résidence de Bagneux, y invitant le supérieur du petit séminaire de Paris et le père Augros. Il adresse le mémoire à divers prêtres pour consultation (Mgr Chevrot de Saint-François-Xavier, l'abbé Labourt de Saint-Honoré d'Eylau, le supérieur de Saint-Sulpice). Sa décision est vite prise. Il va fonder la Mission de Paris.

Que contenait donc ce mémoire, qui fut publié en juillet 1943 par le père Maydieu sous le titre *La France, pays de mission* ? L'abbé

Guérin, aumônier de la JOC, donne une préface à ce cahier de la collection « Rencontre », qui est dédicacé au chanoine Cardijn (fondateur belge de la JOC) et plus généralement :

> « *À tous ceux qui se sont totalement dévoués*
> *à la conquête de la masse ouvrière,*
> *qui s'y sont usés, qui s'y sont brisés,*
> *À ceux aussi, qui s'y sont blasés* [...]
> *Et qui n'y croient plus* [...][9]. »

Le ton est donné : désenchantement de jeunes aumôniers de la jeunesse ouvrière, qui tirent de leur expérience, promue par toute une mode intellectuelle au rang de vérité irréfutable, un diagnostic pessimiste sur le catholicisme français. La rencontre avec un vieux cardinal, professeur dans l'âme et peu intellectuel, la sérénité d'un clergé qui se sent désormais aimé et qui n'a plus à cacher les faiblesses de l'institution ont permis la diffusion de *La France, pays de mission*. Le petit livre va atteindre rapidement les 100 000 exemplaires en raison d'une attente, de son ton simpliste et autoritaire, de l'emprise sur l'esprit des lecteurs de la sociologie, sacrée reine des sciences de l'immédiat, et d'une vision des missions en terres coloniales dont les réalités, mal connues, sont parées de la couleur rose qui convient au dessein des utopistes.

La première affirmation est un choc pour ceux qui croient la France chrétienne, parce que 90 % des enfants sont baptisés et ont fait leur première communion. Pour les abbés Godin et Daniel, la France populaire est païenne. La culture bourgeoise, qui se confond actuellement avec le christianisme, est un obstacle à un rayonnement de la vie religieuse dans le monde ouvrier. Les exemples de cette triste réalité abondent. La paroisse Sainte-Marguerite, dans le faubourg Saint-Antoine de Paris, compte 35 000 habitants. En 1943, 1 900 fidèles assistent à la messe. La première communion rassemble 80 filles mais seulement 31 garçons. La JOCF attire 50 jeunes filles mais la JOC n'a aucun adhérent. Quel avenir pour le christianisme dans ces conditions ? Il disparaîtra d'un monde qui sera ouvrier (les aumôniers de la JOC en sont convaincus).

Quelques jeunes ouvriers sont attirés à la JOC mais dès qu'ils prennent place dans la paroisse, ils sont rebutés. À la chaude atmosphère et au milieu monocolore protégé succède un certain brassage social régi par la culture et les manières bourgeoises. Plusieurs d'entre eux ne peuvent y accéder, se découragent et retournent au monde ouvrier païen. Or, baptiser et convertir, c'est intégrer dans une communauté chrétienne. Si certains s'accrochent finalement dans la paroisse, c'est au prix de la renonciation à leur culture et à leur comportement ouvriers. La réussite est individuelle mais ils sont perdus pour la conquête de la classe ouvrière, qui les voit mués en petits-bourgeois et qui les rejettent. Ces militants chèrement couvés sont devenus inaptes à la transformation de la classe ouvrière. La dichotomie entre les mouvements spécialisés populaires et la paroisse est considérée comme le grand obstacle à la christianisation du monde moderne.

Les solutions ne sont pas aussi nettes que le diagnostic porté. Ils ont vu. Ils ont jugé rapidement. Mais s'ils sont avides d'action, ils n'en ont pas une très claire idée. La première solution consiste — selon l'expérience paroissiale du père Michonneau — en une réforme des pratiques paroissiales : suppression des bancs retenus par les riches, des classes de mariage et d'enterrement, de la liturgie en latin et finalement lutte contre l'argent mais aussi contre l'individualisme au profit de pratiques communautaires. La seconde demande, un peu voilée, est la prolongation de l'expérience de communauté sociale ouvrière pour la JOC. Le poids de leurs aumôniers s'accroîtrait dans la vie des communautés chrétiennes, au détriment des curés, grâce à une nouvelle étape de consolidation pour ces jeunes chrétiens encore fragiles. N'y a-t-il pas risque de perte de confiance de la paroisse en ses valeurs ? La coexistence est-elle possible ? Les abbés novateurs ne proposent aucune stratégie précise à ce sujet.

La publication suscite intérêt et agacement. Mgr Tiberghien confie à un de ses parents : « *Une bombe va éclater dans l'Église de France.* » Des curés sont choqués des simplifications et de la volonté de développer une thèse qui démolit tant de soins patients, difficiles, même s'ils apparaissent comme routiniers à ces abbés qui ont toute liberté de s'épanouir dans l'expérimentation sociale. Mgr Chevrot, les curés Aubé, Serpette, Mgr Grente expriment pourtant leur approbation. Le petit livre est lu par des ecclésiastiques dans les camps de prisonniers, où il plaît beaucoup. François Mauriac, enthousiaste, écrit à l'abbé Daniel : « [...] *Il faudrait que tout le vieux système saute. Il faudrait que des hommes mariés, s'ils sont ouvriers et saints, puissent être prêtres et distribuer le pardon et le corps du Seigneur à leurs camarades. Il faudrait une explosion formidable qui ferait sauter tout ce qui s'accumule depuis des siècles entre les pauvres et le Dieu des pauvres*[10]. »

Le 1er juillet 1943, Mgr Suhard fonde la Mission de Paris, destinée à convertir les païens et à produire un choc sur les chrétiens. Plusieurs curés de paroisses parisiennes refusent d'en prendre la responsabilité en tant que supérieur. L'abbé Hollande, jeune curé de Sainte-Anne-de-Polangis, y est fermement invité par le cardinal. Une retraite est organisée à Combs-la-Ville puis à Lisieux pour la dizaine de prêtres de la Mission de Paris. Ils sont entourés par l'équipe de la Mission de France, par les jésuites de l'Action populaire (Desbuquois, Yves de Montcheuil, Varillon, Daniélou), par les dominicains Chenu et Philippe, par les abbés Michonneau et Guérin.

L'idée du cardinal Suhard n'était pas d'opposer la Mission de Paris

— très petite en nombre — à la paroisse mais de lancer des expériences et par ailleurs de renouveler la vie et la mission paroissiales. Il s'intéressait à ce qu'avait entrepris l'équipe paroissiale du Sacré-Cœur de Petit-Colombes. L'abbé Godin et le père Augros connaissaient son action et, en mai 1942, le père Maydieu demande à l'abbé Michonneau de lui donner un livre à publier, inspiré du procédé fondé sur les témoignages déjà utilisés dans *La France, pays de mission*[11]. Des liens se créaient avec les expériences liturgiques de Notre-Dame-de-Saint-Alban à Lyon[12].

La formation des pionniers de la Mission de Paris s'acheva par un chemin de Croix nocturne et la messe de Notre-Dame-des-Victoires célébrée au séminaire ; les membres de la Mission de Paris disent leur promesse : « *Devant la Vierge Marie, suivant le jugement de l'équipe, je m'engage par serment à consacrer toute ma vie à la christianisation de la classe ouvrière de Paris.* »

Dans la nuit du 15 au 16 janvier 1944, l'abbé Godin est asphyxié et brûlé dans sa chambre par un petit appareil de chauffage. L'initiative ne meurt pas avec lui car des expériences vécues en Allemagne par des séminaristes et des prêtres, qui devenaient avides de renouvellement, élargissent l'aspiration au changement.

LE STO OU LA MYSTIQUE DE L'APOSTOLAT

L'Église devant le STO

Le transfert en Allemagne de plus de 600 000 travailleurs fin 1942 et en 1943 est un phénomène social et politique considérable. Il a été quasiment occulté par les historiens français de l'Occupation — sauf pour souligner son influence sur l'opinion — sans doute parce que l'atroce déportation politique et raciale a fixé toute l'attention[13]. Le Service du travail obligatoire souffre aussi d'une certaine ambiguïté, due au partage difficile entre volontariat (le véritable volontariat est minoritaire) et réquisition, aux conflits entre les associations de déportés et les associations d'anciens du STO. L'Église se trouva confrontée à une opinion hostile au STO alors qu'elle y voit l'occasion d'un bel d'apostolat. La rupture entre l'Église et les militants de la gauche chrétienne naît à cette époque.

Le STO est exigé par l'Allemagne qui, aux prises avec l'URSS, a besoin d'une production accrue d'armement et d'une main-d'œuvre abondante pour remplacer les hommes qu'engloutissent les combats. Pierre Laval n'est pas revenu au pouvoir depuis un mois lorsqu'il rencontre à Paris Fritz Sauckel, que Hitler vient de nommer plénipotentiaire pour l'emploi de la main-d'œuvre. L'ancien docker du port de

Hambourg, un des membres les plus anciens du parti nazi, est intraitable. Pierre Laval n'a pas les moyens de s'opposer à sa volonté et il ne lui reste, en homme politique, qu'à parer de bons sentiments une politique de faiblesse et de collaboration économique. Il en appelle à une valeur difficile à récuser : la solidarité. Les prisonniers ont assez souffert. Au tour des ouvriers, qui sont restés à leur foyer depuis 1940, de les relever. Un ouvrier qui part, c'est un prisonnier qui rentre, dit la propagande qui use du terme militaire de « relève ». D'ailleurs, ces troupes fraîches, qui montent au front du travail, ne sont plus utiles en France car des usines ferment. Sous prétexte de rationalisation, une loi prévoit opportunément l'arrêt de la production dans une usine qui ne produit pas assez. Il suffit de priver l'usine d'énergie et de matières premières, contrôlées par l'État dans cette économie organisée, pour bloquer la production, fermer l'entreprise et mettre les ouvriers au chômage.

Les ouvriers n'ont pas été dupes de la propagande et les départs volontaires sont très loin des prévisions. Seulement 50 000 hommes ont accepté le travail en Allemagne. Pierre Laval, pressé par Sauckel, publie la loi du 4 septembre 1942 relative à l'utilisation et à l'orientation de la main-d'œuvre, qui ne mentionne même pas l'envoi en Allemagne mais assujettit les Français de 18 à 50 ans (et les femmes célibataires de 21 à 35 ans) à effectuer « des travaux » que le gouvernement jugera utiles dans l'intérêt supérieur de la nation. Celle loi est très efficace. Elle est responsable de l'essentiel des départs des travailleurs en Allemagne, qui atteignent un pic en janvier et février 1943[14].

Une seconde loi du 16 février 1943 obéit à la logique de l'âge, apparemment pour apaiser les critiques de l'opinion qui soulignait que, seule, la population ouvrière supportait la réquisition. Tous les jeunes nés en 1920, 1921 et 1922 sont soumis au STO pendant deux ans ; les étudiants bénéficient d'un sursis jusqu'au 1er septembre 1943 afin de passer leurs examens.

La réquisition fut la loi la plus impopulaire du gouvernement de Vichy. La perte d'une apparence d'indépendance, à laquelle beaucoup avaient voulu croire, était prouvée. La collaboration à la guerre nazie déplaisait[15]. Le travail en Allemagne inquiétait. La brutalité avec laquelle les organismes chargés du STO agirent — visite médicale expédiée, suivie d'un embarquement brusqué, chantage opéré sur les familles des défaillants — fit apparaître le gouvernement comme odieux.

Fallait-il se soumettre à des lois injustes et qui blessaient le sentiment national ? Qui avait le pouvoir d'en appeler à une résistance et à l'objection de conscience ? L'Église ? Des manifestations eurent lieu au moment de l'embarquement mais, dans l'ensemble, la population ouvrière se soumit. Pouvait-il en être autrement ? Refuser de se soumettre à une loi d'État entraîne des représailles. La loi se substituait en fait à un service militaire qui avait toujours été respecté. Certains furent touchés par le thème de la solidarité : s'ils se dérobaient, des pères de famille devraient partir. Joua aussi l'écrasement psychologique d'ouvriers habitués à obéir. Les anciens dirigeants de syndicats et du parti communiste ne soutenaient pas tellement les réfractaires, car nombre de bons ouvriers n'étaient pas concernés, se trouvant préservés du départ dans des usines travaillant déjà en France pour l'Allemagne. Quand parut la loi du STO en février 1943, la grande majorité des requis du travail était déjà partie.

La JEC fut la seule à regimber. Des étudiants — Maurice-René Simonnet et Rémy Montagne — rédigent une protestation qui ne recueille pas l'accord de Mgr Gerlier. Elle est présentée à Avignon, le 6 mars 1943, au conseil national de l'ACJF, non sans susciter de vifs débats entre partisans du refus et jeunes sensibles à l'obéissance et à la solidarité avec les autres corps de la nation. *Messages* publiera le texte, ce qui entraînera sa suspension. Si la désobéissance civile est apparue comme une solution, elle a provoqué des drames de conscience. L'abbé Pierre n'incitait pas les étudiants à refuser spontanément le départ. Lorsqu'il était sollicité par un jeune, révolté à l'idée d'aller en Allemagne, il lui présentait toujours les dangers du statut de réfractaire et il ne lui indiquait les filières vers la clandestinité qu'après s'être assuré de sa résolution et de la fermeté de son caractère.

Cette première faille entre JEC et JOC dans l'ACJF, née du STO, tient au rôle des aumôniers, à la docilité plus grande des militants ouvriers en quête d'intégration sociale. Sans vouloir diminuer le mérite des jécistes réfractaires, il est juste de considérer la chronologie. Pierre Laval a décidé la réquisition des étudiants bien après celle des ouvriers. Il leur accorde ensuite un sursis de plusieurs mois, qui leur permet de réfléchir et de se retourner. Les enfants de la bourgeoisie n'ont pas été saisis par surprise comme les ouvriers, touchés les premiers et déroutés par la brusque offensive du gouvernement. Quelques mois après, des circuits vers la clandestinité et des réseaux d'aide avaient été créés, qui n'existaient pas lorsque se déclencha la razzia sur les ouvriers.

Et l'Église ? Elle ne s'opposa pas à la réquisition. Une autre position aurait été contraire à sa doctrine permanente du respect du pouvoir établi. Elle compatissait au sort des jeunes requis : « *Émus des atteintes au droit naturel familial qui* [...] *sont la douloureuse conséquence de la guerre et de la défaite, ils ont à cœur de dire à tous ceux qui sont dans la peine leur sympathie profonde* » (ACA, février 1943).

Pierre Laval aurait voulu que l'Église encourage activement les jeunes gens à partir en Allemagne. Il utilisa les propos ambigus proférés par l'archevêque de Lille, Mgr Liénart, « le cardinal des ouvriers » le 15 mars 1943, à une veillée de prières à Saint-Martin de Roubaix. *L'Écho du Nord* durcit la pensée du cardinal sur le départ en titrant : « *Acceptons-le, il y aurait lâcheté à se dérober.* » Immédiatement, les aumôniers de l'Action catholique écrivirent à Mgr Liénart que sa déclaration accablait les ouvriers. Des militants jocistes allèrent lui dire que dans les usines courait l'opinion terrible : « *Le cardinal est un vendu.* » Sans modifier le fond de sa pensée, le cardinal Liénart ne voulut pas rompre sa communion avec la classe ouvrière et, le 21 mars, il prononça à Saint-Maurice une allocution, écrite, sur le STO : « *On peut s'y dérober sans péché. Je n'ai pas davantage à conseiller le départ. Nous sommes sous la contrainte.* » Cette déclaration empêchait une utilisation de ses propos par la collaboration. Elle donnait l'absolution aux requis qui avaient décidé d'être réfractaires mais, si on lit la suite du discours, on y voit célébrer l'appel de la mission pour les militants chrétiens, qui trouveront en Allemagne l'occasion d'agir. Peu importe, tous ceux qui avaient envie d'être réfractaires se sentirent encouragés. La radio de Londres répétait : « *On peut s'y dérober sans péché* » et la presse résistante faisait état de son autorisation. Le père Lebreton allait un peu plus loin dans un rapport d'avril 1943, en disant : « *Si la guerre de l'Allemagne est injuste, on n'a pas le droit d'y apporter son concours quand on peut s'y dérober.* »

Plusieurs archevêques, conduits par Mgr Saliège, archevêque de Toulouse, voulaient une protestation collective et solennelle contre la déportation des jeunes Français pour le travail en Allemagne. La menace de réquisitions des femmes ébranla la hiérarchie. Le 15 avril 1943, Mgr Chappoulie vint avertir confidentiellement le cabinet civil que la protestation de l'Église de France serait lue le dimanche de Pâques. À la grand-messe pontificale, les évêques, mitre en tête, crosse en main, monteraient en chaire pour lire le texte. Le maréchal Pétain approuva ; Laval, quelque peu abattu, déclara qu'il ne s'opposerait pas à la lecture mais il fut décidé une démarche auprès des cardinaux pour atténuer l'effet de la protestation. Jean Jardel, directeur du cabinet civil du Maréchal, se rendit dans ce but à Paris, le 18 avril 1943, en compagnie de Mgr Chappoulie pour rencontrer le cardinal Suhard. Il fit toucher à Lille le cardinal Liénart et à son retour vit le cardinal Gerlier. Il était porteur d'une bonne nouvelle, qui justifiait la suppression d'une phrase désormais erronée : les jeunes filles et les jeunes femmes n'étaient pas menacées de déportation. Il transmettait un vœu du gouvernement : que la lecture de la protestation se fît dans des conditions moins anormales. Il serait plus convenable que seuls les curés la lisent et non le jour de Pâques mais à toutes les messes du dimanche de Quasimodo.

Rassurés sur le sort des femmes, les cardinaux cédèrent. Le communiqué de l'ACA est ambigu : « *Les travailleurs chrétiens sont soumis à une contrainte, contrainte que le gouvernement s'efforce de rendre plus humaine* [!], *mais qui ne constitue pas une obligation de conscience. Ceux qui partent seront les soutiens de leurs frères.* » Le texte est excessivement bienveillant pour le gouvernement mais c'est la première fois que l'Église accepte l'objection de conscience devant une loi de l'État français. Il suscita l'ironie de Marcel Déat, le chef du RNP : « *Depuis quand* — s'étonne-t-il — *l'Église est-elle devenue une école d'anarchie ?* »

La prudence extrême de l'Église ne venait pas d'intentions médiocres, comme d'obtenir de l'État l'exemption du STO pour les membres du clergé ou du souci du sort des « aumôniers » du STO, mais d'une vision du travail en Allemagne qui s'intégrait dans un plan de la Providence et qui servait la volonté qu'elle avait de convertir le monde ouvrier. Le STO n'en offrait-il pas l'occasion ? Cet espoir justifiait la liberté laissée aux jeunes intellectuels de la JEC, qui n'avaient pas les qualités nécessaires pour accrocher les ouvriers, et la douce pression du départ exercée sur les apôtres nés qu'étaient les jeunes ouvriers. Les travailleurs en Allemagne, captifs, malheureux, coupés de leur milieu d'origine, s'ouvriraient à l'influence des militants de la JOC, dont l'aptitude à l'apostolat trouverait son épreuve au STO. Mgr Dutoit, évêque d'Arras, conseille le départ. Le cardinal Liénart ne supportait pas que ses séminaristes soient réfractaires. Les évêques d'Auch, de Clermont prêchent la soumission. Mgr Martin, évêque du Puy, développe le thème bien ressassé que d'un mal surgit toujours un bien. Un Saliège lui-même cède au mythe de la conversion. Dans sa lettre aux scouts du diocèse qui vont partir, il trace la mission de ces jeunes chrétiens français qui témoigneront aux yeux des Allemands des vertus morales du catholicisme : « *Vous m'avez compris. Vous allez en mission. Ce n'est peut-être pas le but que l'on poursuit, mais c'est la consigne que je donne. Vous êtes en mission française, en mission chrétienne. Que par vous, la France soit aimée, soit respectée, soit estimée. Que par vous, le Christ soit adoré.* » Mgr Saliège voyait dans ces jeunes chrétiens les témoins d'une religion de fraternité, de charité, de pitié auxquelles le peuple allemand lui-même pourrait être sensible. En revanche, il restait intraitable sur le travail forcé des femmes auquel Laval semblait revenir. La loi du 1er février 1944 permettait de les astreindre au travail forcé en France. L'ACA du 17 février 1944 protesta contre la menace de travail obligatoire des femmes, qui « *porte une atteinte grave à la vie des familles et à l'avenir de notre pays, à la dignité et à la délicatesse morale des femmes et des jeunes filles à leur vocation providentielle* ». Mgr Saliège, absent à l'ACA, reprocha le 26 février à Mgr Liénart d'être responsable d'un texte insuffisant, qui aurait dû mentionner « *la non-obligation en conscience pour les jeunes filles et les femmes de répondre à l'appel du service obligatoire* ». Il accusait Mgr Liénart de biaiser en espérant que les consignes secrètes remplaceraient des indications précises, concrètes, publiques. Une fois encore apparaît l'opposition entre l'ancienne zone sud, très résolue, et la zone occupée, qui craint les représailles des Allemands.

La crainte n'était pas vaine car les Allemands n'ont pas été satisfaits du comportement ambigu de l'Église devant le STO. Pour faire pression sur le cardinal Suhard, les nazis s'en prennent à la direction de la JOC. Le 3 août 1943, la Gestapo ferme le secrétariat national et arrête l'aumônier national de la JOC, l'abbé Georges Guérin. Le cardinal Suhard s'adresse le 9 août 1943 au commandant en chef de l'armée allemande en France ; il lui affirme que l'activité de la JOC était purement religieuse et lui demande de réparer ce qui ne peut être qu'une erreur. La réponse trahit l'intention qui a inspiré l'arrestation : faire comprendre au cardinal que l'Église a tort de freiner le STO : « *Il ne vous a pas échappé* — écrit le commandant en chef — *que la majorité des évêques français et un grand nombre de prêtres, qui leur sont subordonnés, ont tout mis en œuvre pendant ces derniers mois pour empêcher la jeunesse française, confiée à leur sollicitude pastorale, d'aller travailler en Allemagne De la sorte, il m'est aisé de penser que les membres de la JOC ont été très largement soumis à cette influence.* » Il rend le cardinal directement responsable de la violation de l'ordonnance du 28 août 1940 interdisant les activités des mouvements catholiques[16]. Mgr Courbe, secrétaire général de l'Action catholique, poussé par un permanent de la JOC en contact avec les Allemands, souhaiterait l'établissement d'un *modus vivendi* entre les dirigeants de la JOC et les Allemands. L'affaire reste mystérieuse. Quoi qu'il en soit, l'abbé Guérin est libéré le 22 décembre 1943.

La JOC a obéi à la hiérarchie et a encouragé les jeunes ouvriers à partir. Elle se comporte un peu comme une administration qui assurerait le même type de services dans l'indifférence aux circonstances du moment. Les responsables de la JOC assistent les jeunes apôtres du STO mais la brutalité de la réquisition ne leur laisse pas le temps de les former. De naïves circulaires sont rédigées pour ceux qui partent, riches en conseils pour faire ses bagages et s'adapter à une nouvelle vie sous le titre : « *Espoir quand même. En avant plus que jamais !* »

Le jociste doit emporter quelques livres de prières, un missel, des images jocistes, son chapelet. Un *testimonium* — une lettre de recommandation en latin — lui est fourni pour se présenter aux prêtres allemands. Il emporte aussi un formulaire de confession en français-allemand-latin. Il lui est suggéré de se rendre sympathique et serviable pendant le voyage. Son logement sera un modèle d'ordre et de propreté : « Aménage-toi un beau petit coin modèle avec un crucifix, le calendrier, ta prière jociste, quelques photos suggestives (*sic*), la photo de Cardijn, une belle devise : "*Fiers, Purs, Joyeux, Conquérants*". » Les camarades, qui restent en France, sont mobilisés pour visiter les parents des requis (se proposer pour bêcher le jardin et casser le bois), décorer le local avec les photos des camarades et surtout écrire aux absents. Ils donneront toutes les petites nouvelles de l'usine, du quartier, de la famille, de la JOC et de leur mission (« *leur parler de l'influence qu'ils peuvent exercer et du bien qu'ils peuvent faire à leurs camarades de travail par la bonne humeur, leur optimisme, leur courage, leur façon de vivre. Ne pas hésiter à leur demander d'avoir le souci des autres : c'est le meilleur moyen d'oublier leurs propres misères*[17] »).

Les dirigeants de la JOC et les responsables de l'Église nourrissaient au début des illusions sur les conditions de travail et de vie des travailleurs requis. Les soixante-douze heures de travail hebdomadaire, la violence à l'usine et en baraques, l'étroite surveillance policière conditionnaient une action autrement difficile que celle qui leur avait été décrite. Les lettres d'Allemagne firent prendre conscience à l'Église que ses apôtres laissés sans aide en Allemagne couraient le risque de retourner au paganisme. Le grand souci de l'Église devint l'envoi d'aumôniers. Mgr Chappoulie demanda au gouvernement Laval d'intervenir. Devant l'absence de résultats, des démarches furent entreprises auprès de la papauté, qui accorda la faculté de donner une juridiction aux aumôniers sur les travailleurs en Allemagne et d'assouplir le jeûne eucharistique. L'abbé Rodhain, aumônier des prisonniers, fut chargé par l'épiscopat de prendre langue directement avec les Allemands, qu'il informa de l'organisation de secours religieux aux requis. Il n'obtint pas d'autorisation mais aucune interdiction ne fut opposée.

L'épiscopat demanda des prêtres volontaires qui s'engageraient comme travailleurs. Deux cents se présentèrent. L'abbé Rodhain en choisit vingt-cinq[18]. Le premier clandestin fut l'abbé Bousquet, qui arriva à Berlin le 15 janvier 1943. L'encadrement religieux des travailleurs se renforça des séminaristes et des prêtres prisonniers, transformés en travailleurs volontaires. À la fin de la guerre, 3 200 séminaristes et 275 prêtres avaient assuré une assistance religieuse. Trois prêtres clandestins sont morts en camp de déportation : Dillard, Porcaro et Giraudet. La JOC avait, de son côté, fondé un millier de cellules.

Des catholiques au STO : le père Victor Dillard et Marcel Callo

De Vichy à Dachau : le père Dillard

Quelle surprise et quelle révolution constitue le départ du père Dillard pour l'Allemagne ! Ce jésuite déployait à Vichy de grands talents qu'il offrait aux hommes de pouvoir. Conférencier apprécié, conseiller de hauts fonctionnaires, il se multipliait comme prédicateur jusqu'à ce qu'il accédât épisodiquement à la chaire de la très officielle église Saint-Louis, que l'abbé Chevrier consentait à lui laisser parfois. Mais Victor Dillard n'était pas un mondain. Il rêvait d'entraîner les puissants vers une action épurée des compromissions de la politique. Il rendait hommage à Bergson dans ses conférences. Il n'hésitait pas à critiquer la suffisance des militaires et la morgue des marins. Sa protestation en chaire contre l'étoile jaune imposée aux juifs comme signe de reconnaissance et d'infamie fut remarquée. Londres dit de lui qu'il était le seul homme courageux de Vichy, ce qui avait le double défaut d'être injuste pour plusieurs et d'attirer l'attention sur Victor Dillard. En mars 1943, le secrétaire privé du maréchal Pétain l'invitait, au nom du chef de l'État, à se retirer de Vichy. L'Action populaire de son côté voyait le centre de décision quitter Vichy pour Paris et estimait que le temps était venu de rentrer à la maison-mère de Vanves.

On ignore la date exacte de l'éloignement de Dillard de Vichy : la fin de l'été selon son frère, l'automne selon le père Desbuquois, qui se rendit en octobre 1943 chez Pétain pour le défendre après une seconde lettre menaçante de Ménétrel[19]. Le père Desbuquois, indigné, déclara qu'on n'avait « *jamais vu le pouvoir civil prétendre régenter la prédication, expulser un prédicateur* ». Le maréchal Pétain lui demanda alors pourquoi l'ordre des Jésuites était si hostile à sa personne.

Victor Dillard avait compris que sa place n'était plus à l'ombre d'un pouvoir décevant et compromettant ; il servirait mieux les desseins de la Providence en se mettant dans l'humble service des ouvriers requis en Allemagne. Il fut des deux cents prêtres volontaires pour partir comme aumônier clandestin. Son âge — quarante-sept ans — et la notoriété du jésuite, qui avait participé à des colloques en Allemagne, firent hésiter mais il fut finalement autorisé à s'engager comme ouvrier. Il se procure de faux papiers d'électricien creusois et il se présente aux Allemands comme ouvrier volontaire. Il est affecté dans une usine de Wuppertal où le contact avec le monde ouvrier fut difficile. S'il nourrit une admiration pour la vaillance des ouvriers à affronter le poids du travail manuel, il est choqué et déçu par leur comportement dans la baraque. Il relève le laisser-aller, la saleté, la jactance. Il ne sait pas trop quels services proposer aux ouvriers. Il a organisé des cours d'allemand qui n'ont aucun succès, sauf — écrit-il à son frère — chez les prostituées étrangères... Il centre ses efforts sur les militants chrétiens qu'il a repérés dans la vallée de la Wupper. Pour la petite trentaine de scouts, jocistes, jécistes, il célèbre chaque dimanche soir la messe à la chapelle de l'hôpital Saint-Joseph où il vit. La messe de Noël réunit une centaine de travailleurs, venus entendre le *Minuit chrétiens*. Dénoncé par un ouvrier étranger, le père Dillard est arrêté le 22 avril 1944. Il est envoyé au camp de Dachau où sont regroupés prêtres et religieux catholiques déportés. Il a la joie d'y retrouver le père Riquet. Edmond Michelet, le dirigeant catholique de la région R5 de Combat, l'accueille avec un peu d'ironie : « *Eh bien ! mon père, elles ne vous ont pas porté bonheur vos conférences de Vichy*[20] *!* » Placé au bloc de quarantaine, il souffre d'une infection au genou qui n'est pas traitée. Alertés par le père Riquet, Michelet et le docteur Suire l'arrachent du bloc 9 où règnent de brutaux et incompétents « infirmiers » polonais et slovènes qui lui crient en guise d'adieu : « *Fous-le camp, curé de malheur ! Dans dix jours, tu seras crevé !* » Le docteur Suire, un chirurgien de Niort, s'acharne à sauver le père Dillard. Le père Riquet brave l'interdiction faite aux prêtres d'entrer au *Revier* pour lui porter, la veille de Noël, la communion et l'entendre se résigner : « *Ma vie, je l'ai offerte pour l'Église et pour la classe ouvrière.* » L'infection, qu'on croyait jugulée, se réveille. La seule chance de salut est l'amputation de la jambe, qui dure trop longtemps ; le choc opératoire n'est pas supporté par le corps affaibli. Edmond Michelet veille le jésuite et l'entend faire ses recommandations : donner le pain d'épices à Alain X., le sucre à Claude Z. (il ne possède aucun de ces trésors). Il crie des noms que Michelet note. Le père Dillard se réveille et se rend compte qu'il a déliré. Il demande ce qu'il a dit à Michelet, qui lui énumère les noms prononcés. Laissons-lui la parole : « *Des larmes coulaient sur ses joues, un rictus douloureux en accentuait les sillons : "Comme c'est étrange, dit-il. Je vous ai donné là les noms des élèves de ma dernière classe de philosophie."* »

Après l'autopsie qui conclut à la septicémie, le corps nu fut déposé sur la neige durcie, dans la cour, avant de gagner le four crématoire. À la chapelle des prêtres du bloc 26, la messe réunit trois cents prêtres français, tchèques, polonais, yougoslaves, italiens et allemands. Le père Riquet évoque sa vie et, au nom du général de Gaulle, le général Delestraint, ancien chef de l'Armée secrète, rendit hommage à l'officier.

Martyr du STO : Marcel Callo

Marcel Callo est un ouvrier dont la sainteté se révéla au STO. Né en 1921 d'un ouvrier chimiste et d'une mère concierge, il vit dans une famille nombreuse au catholicisme fervent. À treize ans, cet écolier très doué devint apprenti typographe à l'Imprimerie provinciale de l'Ouest, à Rennes. Il s'adapte aux neuf heures de présence quotidienne pendant six jours, aux odeurs écœurantes ; les vapeurs de plomb provoquent le saturnisme dont les effets le feront souffrir en Allemagne. Il ne supporte pas les propos grossiers que tiennent les vieux ouvriers, qui veulent déniaiser les enfants. Marcel confie son désarroi à sa mère : « *Oh, maman, si tu savais ce que j'entends à l'atelier !* » Sa mère lui donne un viatique : en partant à l'usine, il récitera désormais une prière à la Vierge Marie : « *Gardez-moi, défendez-moi comme votre bien et votre propriété.* » Bientôt, les ouvriers surnomment le frêle et blond enfant « Jésus-Christ ». La détente et l'évasion, il les trouvait dans le scoutisme. L'abbé Martinais convainc sa mère qu'il doit entrer à la JOC et il abandonne à regret le scoutisme pour répondre à la demande insistante de l'Église. Le cercle d'études lui plaît. Il est heureux de participer à la triomphale réunion du Parc des Princes et à l'engagement des jeunes ouvriers :

Nous referons chrétiens nos frères
Par Jésus-Christ nous le jurons.
Nous leur porterons la lumière
Et la flamme dont nous brûlons.

Président de la section de Saint-Aubin, il organise les loisirs de ses camarades, veillant à la propreté du local, les amenant en promenade à bicyclette, organisant des concours. Austère, il ne fait pas trop de place au cinéma. Son rare temps libre est surtout consacré au perfectionnement chrétien de ses camarades. Pour le carême de 1941, la section divise la ville en secteurs, répartis entre jocistes qui ont la mission d'y encourager le maximum de jeunes à faire leurs Pâques.

Le 8 mars 1943 est le premier jour d'horreur. La ville est touchée par un bombardement aérien. Il fait partie des équipes de déblaiement et trouve, morte sous les décombres d'un immeuble du boulevard de La Liberté, sa sœur Madeleine qui travaillait dans un bureau de recrutement de la main-d'œuvre. Lui-même a été appelé au STO et a répondu « oui » sans hésitation. Le devoir est là, même s'il doit quitter sa famille, renoncer à assister à l'ordination de son frère et à célébrer officiellement ses fiançailles avec Marguerite. Il va en Allemagne accomplir sa mission de jociste, écrivant à sa tante : « *Je pars comme missionnaire.* » Sous le revers de sa veste, sa mère a cousu les deux écussons de la JOC et des scouts. Dans sa valise il a placé, à côté de vêtements de travail et d'un peu de linge, des livres, son chapelet, son missel où l'image de sa communion marque la page.

Marcel Callo arrive à Zella-Melhis en Thuringe. Il découvre la grande usine d'armement Walther, où œuvrent trois mille ouvriers appartenant à plusieurs nationalités. L'atmosphère est dure dans un milieu très mêlé où les vols et trafics sont courants. Pendant trois mois, il est abattu puis il décide de lutter par l'action contre la déchéance. La première tâche est d'assurer une vie religieuse. Il peut se confesser à un curé allemand et communier le dimanche. Il veut obtenir une messe pour les Français, qu'il finit par organiser une fois par mois. Il se dévoue à ses camarades, organisant une commission pour visiter les malades, leur rendre des petits services et leur porter d'humbles cadeaux et une présence amicale. Il monte une troupe de théâtre et joue avec plaisir au football dans l'équipe des Coqs de France ou dans des tournois de belote. Un véritable réseau jociste est monté à travers plusieurs villes de Thuringe.

Le 12 avril 1944, la Gestapo arrête sept jocistes. Marcel Callo est condamné pour « *son action catholique nuisible au régime* » et il est envoyé avec quelques Français au camp de Flossenbürg. Sa dernière lettre à ses parents veut les réconforter et peindre sa fierté de chrétien et de Français : « *Combien je remercie le Christ de m'avoir tracé le chemin que je suis en ce moment. Quelles chic* [un mot qu'il affectionne] *journées à lui offrir !* [...] *Chaque soir aussi ma pensée va vers la France. Combien je la désire belle et florissante ! Tous mes camarades et moi, nous souffrons de la voir dans l'état où elle est actuellement ; nous tous qui avons souffert, nous la reconstruirons et nous saurons lui donner son vrai visage. Dieu, famille, patrie, trois mots qui se complètent et qu'on ne devrait jamais séparer. Si chaque individu voulait bâtir et s'appuyer sur ces trois bases, tout irait bien*[21]. »

Marcel Callo est envoyé ensuite à Mauthausen, à Güsen I, puis à Güsen II, où il travaille dans l'usine souterraine au montage d'avions Messerschmitt. Il emboutit des rivets avec un pistolet à air comprimé, ce qui serait réalisable si la durée du travail (12 heures) et les appels n'étaient pas aussi longs (il dort cinq heures par nuit) et si le bruit n'était pas assourdissant et les lampes aussi éblouissantes sur les plaques métalliques. Ses lunettes ont été volées et ses yeux sont injectés de sang. Il est atteint de tuberculose et souffre encore de coliques de saturnisme. L'œdème enfle ses jambes. À l'infirmerie, il laisse sa soupe aux voisins car il ne peut plus rien avaler ; la dysenterie le vide de ses dernières forces. Il se recroqueville comme un petit chien. Il meurt le 19 mars 1945. Il a vingt-quatre ans.

Les fruits spirituels du STO et des internements

Les bénéfices spirituels de l'expérience des catholiques en Allemagne ont été grands pour l'Église, communauté qui y trouve la source d'une régénération spirituelle après la guerre. La vie de la paroisse, la liturgie, l'évangélisation, les conceptions sociales des catholiques ne peuvent plus être les mêmes après l'expérience des prisonniers de guerre, des déportés, du STO, des prêtres clandestins.

Dans les camps de prisonniers, la vie religieuse a été régulière. L'abbé Rodhain, né d'une famille de Lorrains-Alsaciens, ancien aumônier de la JOCF, s'est vu confier par le cardinal Suhard l'organisation de l'aumônerie des prisonniers de guerre[22]. Les 2 600 prêtres et 2 200 séminaristes et novices deviennent la structure d'une vie religieuse dans les camps. Du centre de la rue du Cherche-Midi et de l'annexe de Lyon partent les 3 000 valises-chapelles pour lesquelles les familles offrent les timbales d'argent des enfants qui, une fois dorées intérieurement, deviendront des calices. Patènes, petites pierres d'autel fabriquées chez Loire à Chartres, canons et missels adaptés (l'abbé Godin en rédigea un destiné aux aumôniers des camps), vêtements liturgiques sont expédiés dans des valises en carton. Des colis liturgiques apportent vin de messe, bougies et hosties. L'abbé Rodhain ruse avec la censure allemande pour adresser des livres (les *Prières du prisonnier* sont tirées à 150 000 exemplaires). Se rendant compte que le temps risque d'entraîner l'oubli, l'aumônier des prisonniers de guerre organise une campagne d'adoption des camps par les diocèses. Rodhain veille à adresser aux ecclésiastiques quelques douceurs à Noël. Il va être amené à s'occuper aussi de l'aumônerie clandestine des travailleurs et tentera vainement de savoir ce que sont devenus les déportés. Il a des contacts avec l'abbé Stock, aumônier allemand des prisons de Fresnes, de la Santé et du Cherche-Midi. Il lui remet des livres pour les internés. Les *Prières du prisonnier* a été le dernier livre de chevet des fusillés du mont Valérien. Il sait que les prisonniers politiques sont expédiés en Allemagne et les croit en prison. L'Aumônerie des prisonniers de guerre est d'ailleurs étendue par l'ACA de juillet 1943 aux prisonniers civils en Allemagne et, au nom du cardinal Suhard, elle propose à l'ambassade d'Allemagne 30 000 colis anonymes pour Noël 1943. L'un d'eux parvient à Dachau et Michelet dit la déception des déportés à n'y trouver que des livres. L'abbé Rodhain pense à la libération. Il prépare un plan d'accueil pour le retour des prisonniers politiques. En novembre 1944, il fera accepter du saint-père son idée d'œuvre internationale pour l'accueil des internés et prisonniers d'Allemagne[23].

La vie religieuse dans les camps de prisonniers ne concerne pas que les catholiques pratiquants. Les indifférents sont touchés par un témoignage sincère, sans formalisme social. Les prêtres eux-mêmes réfléchissent en constatant la ferveur qui entoure ces messes, moment de joie et d'espérance dans cette vie grise. Le père Riquet écrit de ces catholiques : « *Groupés autour d'un autel improvisé, mais proche, ils voient un de leurs camarades de captivité et de misère offrir le saint sacrifice de Dieu ; ils entendent un autre de leurs camarades exprimer en termes simples et concrets ce que tous ressentent dans leur corps et leurs âmes, prier pour les familles et la patrie lointaine ; ils découvrent tout à coup que la prière, la messe ne sont pas cette formalité routinière qu'ils croyaient connaître dans la vie normale, mais un entretien avec Dieu aussi indispensable à l'homme que le sont l'eau et le pain*[24]. » Jean-Paul Sartre, en bon camarade, composa un mystère de Noël, en prélude à la messe de minuit du père Boisselot. Au pèlerinage des prisonniers de guerre à Lourdes en 1946, un prêtre évoquera la « *saveur juste d'une certaine expérience spirituelle*[25] ».

En évoquant la vie de tel ou tel religieux résistant, des allusions ont déjà été faites à la spiritualité dans les camps de concentration. Le père de la Perraudière fut l'instrument de retours à Dieu. Le père Carlotti obtenait des hosties par un aumônier des prisonniers de guerre, qui travaillait avec lui à l'usine Hermann-Goering. Il les mettait dans une boîte de pastilles pour la gorge, rouillée mais discrète, et les fragmentait au maximum pour ses camarades[26]. Le père Léon de Coninck a écrit : « *Nous avons béni Dieu de nous avoir fait vivre la vie du prolétariat à Dachau*[27]. » Quelques évêques se sont retrouvés, avec Mgr Bruno de Solages, en camp et découvrent un monde nouveau. Mgr Théas, arrêté en juin 1944 et détenu à Compiègne, semble avoir découvert des réalités inconnues, en temps calme, à un évêque : « *On comprend mieux* — écrit-il — *la question sociale quand on a subi la faim et l'humiliation* [...] *C'est une chance inespérée pour nos prêtres d'avoir été mêlés aussi étroitement à la vie de la nation, d'avoir vécu avec la nation tout entière cette expérience de fraternité dans la souffrance*[28]. »

Les ouvriers catholiques du STO et les aumôniers clandestins ont vécu une pratique intense de la religion et de la communauté chrétienne. Les prêtres se sont retrouvés au travail, pour la première fois, avec des ouvriers dont ils n'étaient plus séparés par le costume et la distance sociale. Le contact fut souvent rude et décevant mais, au retour en France ils en ont oublié les aspérités pour n'en garder que la nostalgie et les récits des prêtres au travail ont fait rêver ceux qui étaient plus jeunes et qui étaient restés en France. Et si la voie de l'évangélisation était là, dans ce travail en commun qui permet de comprendre l'autre en partageant ses difficultés ? L'expérience des prêtres ouvriers est née à la fois à la Mission de Paris et au STO.

Contraints à une semi-clandestinité, surtout après le décret Kaltenbrunnen du 2 décembre 1943 pourchassant l'action catholique des travailleurs étrangers, les prêtres et les militants chrétiens en Allemagne ont éprouvé des émotions fortes dans une pratique religieuse, qui évoquait pour eux la chrétienté primitive des catacombes. Ils se confessaient dans un jardin public, dans les forêts, dans le métro à Berlin. Prêtres et fidèles se réunissaient pour un maigre repas fraternel dans un café. La messe se célébrait dans une chambre où l'on se serrait autour des symboles religieux. On organisait des récollections à grand-peine. Un local arraché à une communauté religieuse allemande pour une messe suscitait un appel joyeux aux camarades, conviés par papier écrit à la main, les Français s'y rendaient comme à une fête exceptionnelle et insolite. Tous se sentaient fraternels et égaux. De là à penser que cette Église sans structure était la vérité — « *Là où deux ou trois sont réunis en mon nom, je suis au milieu d'eux* » — il n'y avait qu'un pas que certains franchiront plus tard en France. Cette chaleur et cette simplicité, ils aspireront à les retrouver au pays par la recréation d'une communauté paroissiale débarrassée des afféteries sociales, égalitaire et fraternelle, dont le premier moyen était une nouvelle liturgie dépouillée et qui parle au cœur du plus simple des assistants.

7

RÉSISTANTS ET COLLABORATEURS CATHOLIQUES

Tout se passe comme s'il avait existé une distribution antérieure des rôles. Des prêtres et religieux entrent dans la résistance où les chrétiens ont souvent été des pionniers, mais les évêques obéissent aux injonctions du terrible Pierre Laval, le chef du gouvernement, qui a proclamé : « *Je souhaite la victoire de l'Allemagne parce que, sans elle, le bolchevisme triompherait partout.* » Sans adhérer à la collaboration et dans le vain espoir de tenir la balance égale entre les deux camps, les évêques condamnent la Résistance.

LA RÉSISTANCE CATHOLIQUE

Des clandestins de l'Église

Les ecclésiastiques et les militants chrétiens n'appartiennent pas aux stéréotypes de la Résistance. Préfet à l'écharpe blanche, instituteur humaniste ou cheminot de la bataille du rail occupent toujours le devant de la scène. L'imaginaire populaire se trompe-t-il tellement ? L'Église de France n'a jamais elle-même beaucoup encensé les héros issus de son sein. L'histoire savante reconnaît des religieux — Bruckberger, Riquet, Chaillet —, des prêtres — les abbés Pierre, Glasberg et le chanoine Kir —, des militants comme Edmond Michelet ou le jeune Gilbert Dru, abattu place Bellecour à Lyon, et Honoré d'Estienne d'Orves à cause des vers du poète de *La Rose et le Réséda* : « *Celui qui croyait au ciel et celui qui n'y croyait pas.* » Mais elle manifeste des réserves : étaient-ils résistants parce que catholiques ou étaient-ils résistants, comme d'autres, *parce que patriotes* ?

Les statistiques sont imprécises[1]. Une centaine d'ecclésiastiques fusillés, décapités et déportés (87 moururent dans les camps de concentration) sont repérés. En France, environ 500 ecclésiastiques ont été arrêtés. Pour les seuls jésuites, on compte 56 emprisonnements, 17 déportations dans les camps où 3 moururent. Dans le diocèse de Lille, 33 prêtres parmi 1 147 sont connus comme résistants. Les chiffres constituent, par rapport au corps d'origine, une très honorable proportion et la résistance chez les ecclésiastiques est équivalente, sinon supérieure, à celle de bien d'autres professions. La résistance en général n'a été qu'un phénomène d'élites, très minoritaire, pour des raisons à la fois sociologiques et d'opportunité. En ajoutant l'action d'organisation, de renseignements, d'aides diverses aux combattants (l'éthique interdit en principe le combat armé aux prêtres et ils ne sont donc pas partie prenante au grossissement du flux résistant de juin à septembre 1944), la propagande qui conduit comme le montre Témoignage chrétien à d'autres engagements, on élargirait encore le groupe. La perspective statistique est-elle d'ailleurs la plus pertinente ?

Je suis frappée dès lors que je me détourne de l'histoire nationale, pour me plonger dans l'histoire locale de la voir peuplée de prêtres et de religieuses résistants. Le constat oblige d'ailleurs à s'interroger sur la qualification de « héros » de la Résistance. Les plus connus ne sont pas toujours les plus importants ! Certains groupes sociaux et plus encore certains mouvements politiques ont su se célébrer à travers quelques personnalités dont ils ont élaboré la légende héroïque. De belles carrières politiques et des succès médiatiques au long cours reposent sur un culte que des héros et héroïnes de la Résistance ont accepté, encouragé, édifié. À côté d'eux, que d'inconnus des réseaux qui avaient autant et parfois plus donné mais qui, modestement, après la Libération, sont retournés à leur métier, à leur famille, à leur vie privée. Ils n'adhérèrent même pas à une association d'anciens résistants ! Tout le monde n'est pas avide de médailles de la Résistance et je doute que les ecclésiastiques les aient beaucoup recherchées.

S'agissant de clercs, ceux qui avaient participé à une résistance en marge des structures ecclésiastiques, marqués par le goût du silence et l'action clandestine, n'en ont pas tellement fait état. Discrétion et réelle humilité ? Souci de ne pas paraître mettre en accusation ceux du groupe, qui n'avaient pas eu le même courage ou les mêmes opportunités d'engagement ? La vérité est encore déformée par le « devoir de mémoire » banalisé et trop sollicité en cette fin de siècle. Phénomène de mode, goût de la vulgarisation historique, substitut à un engagement contemporain refusé, égocentrisme des milieux et manque d'esprit de synthèse se combinent pour multiplier les mémoires résistantes. S'est affirmée une mémoire des PTT, des protestants, des communistes, des francs-maçons, des ouvriers, des ingénieurs, des Compagnons de France, des lycéens et des normaliens. D'abord, on se réjouit et puis on dit « halte ! ». Cette autocélébration du groupe trahit pieusement la vérité historique, qui n'est pas la juxtaposition d'histoires parallèles. Cette délimitation jalouse des frontières, ces comparaisons dénigrantes pour les autres, ces rivalités et ce fractionnement sont antinomiques du véritable esprit de résistance, pétri d'amour de la patrie et qui réduisait les divergences idéologiques autant qu'il abolissait les différences sociales.

Sous-estimée est la résistance ecclésiastique car ces résistants-là ne voulaient qu'engager leur personne sans compromettre l'Église-institution qui, en retour, se sent peu concernée. Il en fut ainsi pour l'ecclésiastique résistant le plus haut placé dans la hiérarchie du clergé séculier, l'abbé Bordes, vicaire général du diocèse de Dax[2]. Le second responsable du diocèse est un ancien combattant, promoteur de l'Action catholique. Il n'est donc pas surprenant qu'en 1940 il admirât le maréchal Pétain et crût aux promesses de la Révolution nationale. Le doute s'installa dans l'été 1941 car, à partir de cette époque, il fait silence dans ses rubriques de *L'Action catholique landaise* sur le régime de Vichy. Il donne son aide aux soldats, aux aviateurs et aux persécutés qui franchissent la ligne de démarcation. En 1943, il entre dans le réseau Alliance de Marie-Madeleine Fourcade. Il y entraîne quelques-uns de ses jocistes. Il est arrêté le 18 décembre 1943, déporté en Allemagne où il est fusillé le 30 novembre 1944. L'abbé Bordes, pourtant intime de son évêque, lui a toujours caché son engagement résistant. Quand il est arrêté, il ne dit pas qu'il est vicaire général ; il ne sollicite aucune intervention du corps auquel il appartient. Un étrange silence sur son sort est imposé en 1944 dans le diocèse. La remise posthume par le général de Gaulle de la croix de guerre avec citation à l'ordre de l'armée et de la médaille de la Résistance ne donna lieu à aucune manifestation des autorités ecclésiastiques. Qui se souviendrait encore du nom du vicaire général si des passants ne traversaient la place de Dax qui le porte ?

L'abbé Pierre n'a jamais voulu poser au patriote. À l'entendre, s'il a été résistant, ce fut pour rendre service à ceux qui demandaient l'aide d'un prêtre en qui ils avaient confiance. Pierre Grouès est un jeune vicaire à la cathédrale de Grenoble lorsqu'un soir deux juifs sonnent à sa porte. Il veut les confier à la supérieure de Notre-Dame-de-Sion. Mais comme la religieuse ne dispose plus de place dans le pensionnat où elle cache les juifs, elle demande au sportif abbé de convoyer une douzaine de juifs et les derniers réfugiés par les routes de montagne jusqu'en Suisse. L'abbé mène à bon port son premier convoi par un col de 3 000 mètres, qui les conduit au glacier du Trient en Suisse. Plus tard, il repère des chemins plus faciles pour ses caravanes de réfractaires au STO, auxquels il donne le rendez-vous du départ au confessionnal de la chapelle Saint-Hubert, dans la cathédrale de Grenoble. Il se chargea du transport difficile du frère du général de Gaulle, Jacques, un grand malade dont il était d'ailleurs parent par alliance. Dénoncé, le vicaire se cacha à Lyon au séminaire des Missions et au Scolasticat de Fourvière. Par Stanislas Fumet, il rencontra Georges Bidault et entra dans le réseau de Pierre Hervé et Michel Habib. Il créa l'*Union patriotique indépendante, « cahiers clandestins pour une France libre, juste et forte, fière devant l'étranger, indépendante devant les partis, fidèle à la plénitude de son passé »*, qui vécut trois numéros. Pour l'histoire, le vicaire aventureux garda son second nom de résistant, « abbé Pierre »[3].

Religieuses et religieux

Les religieuses — à l'exception d'un film comique très populaire, *La Grande Vadrouille* — ont été les oubliées de la Résistance. Et pourtant, que de secours sont venus des couvents toujours discrets ! La Lorraine est la première terre française où abordent les prisonniers de guerre évadés ou les jeunes Alsaciens qui fuient la conscription nazie. L'hôpital des Forges de Jœuf est tenu par la congrégation de la Providence de Saint-André-de-Peltre ; l'aumônier, le chanoine Georges Dellwal, et la sœur Eustache organisèrent l'hébergement et le passage de 700 prisonniers évadés. La supérieure de l'hôpital fut arrêtée le 28 mars 1942 et mourut en prison en Silésie. Sa remplaçante à l'hôpital reprit le service des malades et des fuyards et fut arrêtée à son tour. L'aumônier, déporté, mourut le 1er mars 1945 au camp de Gross-Rosen[4]. La même action fut menée par les Filles de la Charité de Saint-Vincent-de-Paul de l'hôpital de Metz. Sœur Hélène y créait un réseau d'évasion de Lorrains enrôlés par les Allemands et de prisonniers évadés. Le général Giraud lui remit la Légion d'honneur. Sœur Thérèse de la Charité de Nevers est une Alsacienne douce et audacieuse. Elle est affectée à l'hôpital au service des blessés et malades militaires, qui reçoit aussi des Allemands. Sa gentillesse et son dévouement lui créent des amitiés parmi les occupants qui ont bénéficié de ses soins. Elle écoute les conversations et regarde les documents. Un soir, elle tombe sur le recueil des cas de réforme dans l'armée allemande, qu'elle recopie et dont elle va tirer profit. Elle prépare à la perfection les dossiers des prisonniers français réformables. Les radios sont habilement interprétées et elle chiffre le dossier selon les règles du recueil de l'armée allemande. Les médecins allemands ne sont pas toujours dupes mais une préparation aussi parfaite accroît le nombre de réformés. Elle obtient aussi des libérations de prisonniers du camp de Fourchambault. La petite sœur infirmière est morte le 11 mai 1945 à vingt-huit ans[5].

À Lyon, mère Élise Rivet, supérieure de la congrégation Notre-Dame-de-Compassion, n'avait pas froid aux yeux, puisqu'elle abrita dans son couvent dix tonnes d'armes. Arrêtée en mars 1944, elle fut conduite au fort Montluc puis déportée à Ravensbrück. Elle se joignit, pour les aider, à un groupe de jeunes filles que les bourreaux emmenaient jusqu'à la chambre à gaz. C'était le Vendredi saint de 1945. Les survivantes interrogées s'étonnent de l'intérêt pour des actions qui

« *allaient de soi* ». Les sœurs de la Sainte-Famille de Villefranche-de-Rouergue expliquent simplement leur « *engagement* » à Mgr Molette : « *Il est vrai que nous n'avions aucune formation politique ; mais nous étions françaises et nous avions peut-être la formation du cœur.* »

Des religieux ne sont pas en reste pour l'action patriotique. Entre autres, les maisons des trappistes ont bien aidé la Résistance : Notre-Dame-des-Neiges, l'abbaye de Sept-Fons (Allier), Notre-Dame de Thymadeuc (Morbihan), Notre-Dame-de-la-Trappe à Soligny (Orne) et surtout Notre-Dame-des-Dombes. Le couvent camoufla d'abord le matériel de liaison de la IIe armée, puis le RP abbé fut sollicité par des officiers de la 7e division d'abriter des caissons et des camions. En 1941 et 1942, 500 tonnes d'armes et 5 000 litres d'essence y ont été entreposés. En 1943, des réfractaires du STO, des résistants sont reçus par le père Bernard (Gabriel Curis), un des chefs du groupe *Marlieux*. Le père Bernard, arrêté le 8 décembre 1943, fut menacé de la torture de la baignoire au fort Montluc. Il dit à ses bourreaux : « *Allez-y ! Je crois à la résurrection des morts.* » Déporté, il mourut à Bergen-Belsen le 11 avril 1944. Les autres moines continuaient l'œuvre. Le 19 mai 1944 eut lieu une nouvelle perquisition par une centaine d'Allemands, qui s'égarent dans le monastère en criant : « *Armes, terroristes, Juifs* ». Ils ne mettent la main que sur un juif, deux réfractaires et deux déserteurs de l'armée allemande. Un policier en civil exprime ses préjugés anticléricaux aux moines alignés au mur du bâtiment central : « *Voilà ces moines catholiques, ces fainéants révolutionnaires, terroristes cachant des juifs, des déserteurs, des armes. Quel plaisir ce serait de les abattre tous.* » Deux moines furent tués, le père Maurice Cordier et le père Amédée Neyret[6].

Les religieux ont obéi à un sentiment de solidarité et à une impulsion patriotique. L'itinéraire du père Michel Riquet est d'une parfaite cohérence entre l'avant-guerre et l'Occupation. Il prouve que la résistance chrétienne doit beaucoup à une préparation des esprits dans la paix et il montre que des réseaux anciens ont facilité l'émergence de la Résistance. Nul ne fut plus habile à tracer les voies de la Résistance à partir des multiples liens qu'il avait su nouer. Depuis 1930, Michel Riquet (SJ) anime la conférence Laënnec, fréquentée par un millier d'étudiants qui préparent externat et internat et y trouvent des activités culturelles. Des anciens, très présents, vont ouvrir la voie de la résistance dans le monde hospitalier et médical. Le président étudiant de la conférence Laënnec, Paul Milliez, présente le père Riquet à son patron. Vallery-Radot, oncle de Paul Rivet. Les liens se tissent ainsi entre le groupe du Musée de l'Homme, l'OCM et le Comité médical de la Résistance.

En février 1941, Armand Vallée, du secrétariat social de Saint-Brieuc, a établi le contact entre le père Riquet et Henry Frenay de Combat. Enfin, la troisième voie passe par Bordeaux, où Michel Riquet s'occupa avant-guerre de l'accueil des réfugiés espagnols. Il y travaillait avec le père Dieuzaide, aumônier régional de l'ACJF et des scouts. Des Espagnols, la sollicitude s'étendit, après l'Anschluss, aux réfugiés autrichiens dont beaucoup étaient juifs. Au Comité central des réfugiés, le jésuite fréquenta Louise Weiss, le pasteur Boegner, Claude Bourdet, Mauriac, Hellbronner, Robert Debré, Ernest Pezet, Edmond et Robert de Rothschild. De ces initiatives devait naître en 1939 le Secours catholique français[7].

Pour Riquet, les réseaux ont précédé la résistance spirituelle. Il s'était cependant préparé à celle-ci par sa connaissance de l'Autriche, de la Tchécoslovaquie et de l'Allemagne. Elle a nourri des conférences pour les étudiants et les médecins, qu'il alerte sur la perversité de la doctrine nazie. Quand vient la défaite, le père Riquet ne s'émeut pas. Il déclare le 19 juin 1940 aux prisonniers qu'il réunit dans la chapelle des sœurs de l'orphelinat de Nevers : « *Une bataille perdue, c'est une bataille qu'on croit avoir perdue, car les batailles ne se perdent pas matériellement mais moralement.* » Le STO est l'occasion d'une lettre des étudiants de Paris à Pétain (Milliez, Bertagna et Verny), qui dénonce l'asservissement au vainqueur et refuse la réquisition. Le père Riquet glisse de la résistance tranquille — diffusion des *Cahiers du Témoignage chrétien*, gestion des fonds du périodique par le Secours catholique — à des engagements actifs comme la protection du réseau d'évasion Comète. Quand il fut arrêté le 18 janvier 1944, les policiers allemands avaient de bonnes raisons de lui déclarer : « *Fini, monsieur, de dissimuler dans votre soutane tous les fils de la Résistance.* » Riquet pensait à part lui : « *Trop d'honneur ; quelques-uns peut-être.* » Après la prison de Fresnes, il fut déporté à Mauthausen et bénéficia du regroupement à Dachau où, maintes fois, il risqua sa vie pour porter la communion aux déportés catholiques.

Les oblats de La Brosse-Montceaux

Le débarquement et le recul des armées allemandes accrurent la hargne des nazis contre les religieux. Mgr Rastouil, évêque de Limoges, Mgr Piguet sont arrêtés. Un drame se déroula dans une région déjà évoquée de la Seine-et-Marne où l'on retrouve à l'œuvre le gestapiste Wilhelm Korf.

Au château de La Brosse-Montceaux est installé le scolasticat des pères oblats de Marie-Immaculée, où se forment les futurs missionnaires de l'Asie. Plusieurs pères sont résistants dans le réseau d'Yves Masiée dit *Corret*. Cet officier résistant a obtenu l'aide des religieux auprès desquels l'a introduit l'aumônier de son unité de 1939, le père Simon. Il travaille en particulier avec le père Letourneur, l'économe. Un groupe de huit religieux assure la cache des armes parachutées.

Elles sont placées dans un caveau du cimetière et dans une propriété voisine. Les containers une fois vidés sont jetés dans un grand trou, creusé jadis dans l'espoir de construire un puits. Ils furent dénoncés.

Le 24 juillet 1944, le chef de la Gestapo de Melun, déjà connu pour l'affaire d'Avon, Wilhelm Korf, revenait dans le couvent qu'il avait visité un mois plus tôt après un attentat à Melun. Il réclama le père économe, qui avait eu le temps de s'enfuir. « *Où sont les armes ?* », cria-t-il. Devant le silence des oblats, le nazi fit transporter une cuve dans une dépendance pour administrer à plusieurs religieux le supplice de la baignoire. Il brûla au chalumeau la plante des pieds du père Piat et tortura le frère Cuny, le père Gilbert, le frère Périer et le frère Nio, qui indiquèrent le puits. Découvrant des containers vides, Korf devint furieux, hurlant : « *Je fusille le père Gilbert. Deux, trois, quatre si vous ne me dites pas où sont les armes.* » Le père Gilbert demande un prêtre. Le père Delarue s'avance : « *Père Gilbert, on vous donne l'absolution.* » Korf tire deux rafales de mitraillette sur le religieux et se tourne vers les oblats et les séminaristes, en criant : « *C'est de votre faute s'il est mort*[8] ! » Les religieux se mettent à genoux, demandant l'absolution au père Louis. Les Allemands tentent de les faire relever à coups de crosse. Korf appelle le frère Cuny et lui demande où sont les armes. Sans répondre, il regarde ses frères et sollicite l'absolution. Les religieux font pour lui le signe de croix. Une rafale l'abat. La même question est posée en vain au frère Périer et au père Piat, suivie de l'exécution. L'arrivée d'officiers interrompit l'exécution totale promise par Korf. Les Allemands abattirent des poulets au revolver et se firent préparer un banquet tandis que Korf se rendait dans un restaurant où il déclara : « *Servez-moi bien. Je viens de fusiller cinq curés !* » Les quatre-vingt-six religieux furent emmenés à Compiègne puis embarqués pour l'Allemagne. Leur train, immobilisé à Péronne, fut sauvé par l'avance des alliés le 25 août 1944. Le lecteur est peut-être curieux du sort du gestapiste Korf. Réfugié en Suisse, il fut extradé et jugé. Condamné à mort, il fut gracié et rentra en Allemagne où ses cours de géographie bénéficièrent sans doute d'une excellente connaissance du bassin d'Ile-de-France.

Trésors de la résistance chrétienne locale

Au risque d'être injuste, j'ai choisi d'évoquer des régions qui me tiennent à cœur parce que j'y ai mes racines, ma vie, mon activité universitaire. J'aurais pu, je crois, multiplier ces exemples de Poitiers. Tours et Paris par dix.

La vieille ville chrétienne et universitaire de Poitiers semblait inerte sur son piton. Le quartier pieux et savant, qui s'étend de la faculté des lettres (rue Descartes) à la cathédrale, n'était guère animé en dehors des sorties des cours. Le dimanche y avait toujours été d'une mortelle immobilité et rien ne bougeait plus, en semaine, après sept heures du soir. L'esprit agité par des projets de reconstruction, ses rendez-vous avec l'architecte et ses inaugurations où il courtisait maire et préfet, Mgr Mesguen se sentait tenu en quarantaine. Il n'était ni savant, ni Poitevin (les habitants ont toujours préféré un évêque vendéen, qui est un Poitevin du Bas-Poitou, à un Breton). Surtout, il était trop zélé envers le maréchal Pétain et n'avait pas manifesté les sentiments anti-allemands fort prisés chez les universitaires, les jésuites et les dominicains de la ville. Mgr Mesguen s'en plaignait au cardinal Baudrillart, qui note en 1941 dans ses Carnets : « *Mgr Mesguen s'efforce de redresser le jugement de son clergé gagné par la propagande gaulliste. Décidément, le bon sens et l'esprit de discipline ne sont point la marque de ces cervelles ecclésiastiques.* »

Il n'était plus question de se réunir dans la confortable bibliothèque privée des professeurs car la faculté de droit, qui l'abrite, était peuplée d'esprits opposés. Il restait les réunions privées des grandes maisons grises du « plateau ». À l'heure du thé, chez le professeur Savatier, le professeur Latreille, le professeur Pucelle ou le professeur Lefébure, des silhouettes se glissaient, un livre relié sous le bras. Le premier sera président du Comité de Libération, le second directeur des cultes du GPRF. Dom Lambert, bibliothécaire à l'abbaye voisine de Ligugé, qui collaborait au *Dictionnaire d'histoire et de géographie ecclésiastique*, accompagné du curé de Smarves, avait de doctes raisons de se rendre à ces goûters de famine que fréquentaient aussi Me Renard l'avoué. Le chanoine Duret, professeur au collège Stanislas et poète, y expliquait les perversités de la doctrine nazie en contradiction avec les principes du christianisme. Il terminait ses longs exposés par deux conclusions : « *Le temps des martyrs est proche* » et « *Méfiez-vous de vous méfier* ». Quand il fut incarcéré à la prison de la Pierre-Levée, il entonnait à la tombée du jour avec dom Lambert, de l'abbaye de Ligugé, le *Salve Regina*. Il fut décapité à Wolfenbuttel[9].

À Bordeaux ne sévissaient pas que des préfets et des secrétaires de préfecture zélés. On a déjà repéré le rôle du père Dieuzaide. Plus discret était le père de Jabrun, aumônier du port. Il travaille avec le 2e Bureau de Toulouse, l'Armée secrète. Il a d'abord organisé un réseau de rapatriement en Afrique du Nord de prisonniers musulmans et puis l'habitude se prend d'envoyer au bon samaritain des filles de Bacalan et des dockers, les aviateurs, les juifs et tous les désespérés qui veulent gagner la zone sud. Il demande son aide à l'intendant de police Duchon. L'aumônerie des travailleurs de l'organisation Todt lui fournit des renseignements militaires. Il est arrêté le 25 juin 1943. Au fort du Hâ, il crie la messe du dimanche juché sur un escabeau, à hauteur du vasistas, pour ses compagnons de la cour. Sur le quai du train qui l'emmène en Allemagne, un nazi qui a décelé son état de prêtre l'oblige à

« faire le crapaud » (sauter à croupetons), pour l'humilier pendant un quart d'heure, en disant : « *Les curés, c'est comme les juifs.* » À Buchenwald, le kapo lui confisque son bréviaire :

« *Vois ce que t'a fait faire ton Bon Dieu.*

— *Je ne regrette rien.*

— *À Buchenwald, il n'y a pas de Dieu, pas de religion et encore moins de prêtres*[10]. »

Il meurt à l'infirmerie le 25 décembre 1943.

Le pays de la douceur de vivre, la Touraine, est le paradis des occupants, qui jouissent de ses fins paysages équilibrés, de la beauté de ses châteaux réquisitionnés, de son art de vivre. Les Tourangeaux, courtois par longue habitude des touristes et indifférence aux spéculations, conservent leur visage aimable. Leur vie secrète est différente mais dissimulée à des regards et enquêtes superficiels. En Touraine, on ne manifeste rien mais on agit, sans emportement, après réflexion. Si l'évêque rend hommage à la Révolution nationale, religieux et prêtres ont choisi. Ils sont les bons représentants de ces « soutanes vertes », célébrées à la radio de Londres le 12 avril 1942 par Maurice Schumann qui accueille à Londres certains de ces prêtres venus de la France profonde[11].

Dans ce pays sceptique, le curé de campagne ne dit pas la messe devant beaucoup d'hommes mais il est l'ami de tout le village pour peu qu'il s'associe à l'hymne au bonheur célébré dans les plaisirs simples. Une visite du prêtre ne consiste pas en de profonds échanges spirituels mais en un moment d'amitié partagée en goûtant le vin du propriétaire, les pêches de vigne, les cerises du verger ou la « fouace » qui enchantait déjà Rabelais. L'abbé Jérôme, curé de Marcilly-sur-Maulne, devient l'ami du chef de gare de la Roche-Clermault, grimpant parfois à bord avec les roulants des trains de marchandises. Il partage le casse-croûte de ceux qui transportent, pour lui, des armes jusqu'en Loir-et-Cher. Il est informé des mouvements de troupes qu'il transmet à son réseau Marco Polo.

L'abbé Henri Péan est un caractère indépendant et original. Libéré en 1941 d'un camp de prisonniers, il devient à Draché un grand passeur de la ligne de démarcation. Il appartient à plusieurs réseaux, Vengeance, Marie-Odile, Libération-Nord et Jade Amicol. Pour le réseau Marie-Odile qui aide d'abord les prisonniers de guerre évadés puis les aviateurs anglais, l'abbé Péan se charge du sort des aviateurs alliés de l'Indre-et-Loire et de la Vienne (le chef de gare de Châtellerault, son ami Rabine, l'aide). Quand le STO est instauré par Laval, l'abbé Péan fournit les réfractaires en faux papiers et cartes d'alimentation données par les maires ruraux. Il place ses protégés comme ouvriers agricoles dans les fermes amies. Le renseignement était la moindre des activités du curé de Draché lié au réseau Jade-Amicol, où il travaille avec le père Dieuzaide de Bordeaux. « *Il faut des chrysan-*

thèmes pour la Toussaint », annonce la BBC à 13 heures. L'abbé a compris et va avertir ses amis, qui ont balisé le terrain « Budienny » à quelques kilomètres du Grand-Pressigny. Le dernier parachutage réussi eut lieu le 5 janvier 1944 sur le terrain « Menthe » près de Sepmes. Une équipe « d'excellents Français », comme les chantait Maurice Chevalier, attendait le largage. Des paysans des environs, la comtesse de Poix, le boucher Rencien, le vétérinaire Goupille et l'abbé Péan. Une telle activité alerta la Gestapo. Quand Péan apprit l'arrestation du chef de gare de Châtellerault, il pensa se cacher mais la messe du dimanche devait être célébrée. Il chercha à se faire remplacer. En vain. Il fut arrêté à l'issue de la messe, le 13 février 1944. Emmené à Tours, il est torturé et mourut en prison des sévices infligés. Il fut enterré sous un faux nom à Tours. Après la guerre, sa dépouille fut transportée au cimetière de Draché[12].

Le curé de Channay-sur-Lathan, Noël Carlotti, a été arrêté le 26 mars 1944 à l'issue de la messe, sous l'accusation de fabrication de fausses cartes d'identité et de recherche de terrains d'aviation pour les Britanniques. Dietrich, le policier gestapiste, se veut compréhensif : « *Vous êtes prêtre, vous ne pouvez pas soutenir les terroristes ; en tant que curé, vous devez savoir beaucoup de choses*[13]. » Il répète : « *Vous êtes un prêtre français, je suis protestant. Notre lutte est commune. Un prêtre français ne peut aider le bolchevisme.* » En Touraine, on est plutôt allergique à l'idéologie et aux concepts en « isme ». Noël Carlotti joue l'incompréhension, évoque la lourdeur de sa tâche, la charge de ses sept neveux orphelins. Après la sympathie vint la brutalité. Il est battu ; les policiers lui cassent un bras. Dietrich change de ton : « *Sale curé, tu seras fusillé.* » Sa seule aide humaine est le père Johann Sewald, aumônier militaire, qui visite la prison de Tours et qui porte les nouvelles aux familles des détenus. L'abbé Carlotti de son ami le RP Bernard de la Perraudière iront à Wattenstedt et à Auschwitz, où ils demeurent prêtres. Le premier distribue la communion aux mourants ; le second crée une organisation entre Français pour donner une bouchée de pain au camarade dont la nourriture est volée. Ils survivront tous les deux, reprenant doucement des forces, fidèles à leurs camarades morts. L'abbé Carlotti n'eut de cesse d'édifier à Wattenstedt un monument commémoratif. Un charpentier dressa une croix de bois et une couronne de barbelés sur quelques pierres entassées.

Le clergé de Paris a profité de la liberté laissée par Mgr Suhard pour prendre quelques engagements. L'abbé Basset, vicaire à Saint-Étienne-du-Mont, s'occupe des étudiants résistants. Averti des risques d'une arrestation, il refuse de s'enfuir en disant : « *Pour que la France reste fidèle à l'Église, il faudra que des prêtres aussi aient donné leur vie pour la France.* » Ce sera son cas. L'abbé Picart de la Vacquerie, curé de Saint-Lambert de Vaugirard, fut dénoncé par un paroissien pour un sermon en juin 1944. Il répond au policier qui reproche à l'Église son hostilité aux Allemands : « *Comment voulez-vous que nous soyons pour vous. Est-ce notre faute si le nazisme s'oppose à l'Évangile ?* » La paroisse de Saint-François-Xavier, dans le septième arrondissement, est dirigée par Georges Chevrot, ancien aumônier militaire, qui écrivit dans *La Vie catholique* de Francisque Gay jusqu'en 1938. Il semble l'avoir quitté en lui reprochant d'aviver inutilement la querelle contre l'Action française. Il est défiant à l'égard de Vichy, « *autorité qui transformait la lâcheté en sacrifice et l'inertie en vertu* » et se rapproche du gaullisme. Son vicaire, l'abbé Roger Derry, dirige le patronage du Bon Conseil, qui l'a formé autrefois. Ses contacts avec le réseau de résistance Hector amènent son arrestation le 9 octobre 1943. En prison à Düsseldorf, il organise une union de prières et obtient de l'aumônier allemand d'écrire un second sermon, en français, pour ses codétenus. La veille de sa mort (il va être décapité), il écrit à Mgr Chevrot : « *J'offre ma vie pour toutes les grandes causes que j'aurais voulu mieux servir, pour Dieu, pour l'Église, pour la France, pour ma chère paroisse de Saint-François-Xavier, où je suis si souvent par la pensée, pour mon cher Bon Conseil, pour tous ceux que j'aime. Puisse ma mort être ma messe la mieux célébrée, la plus généreusement et la plus joyeusement offerte.* »

Le couvent franciscain de la rue Marie-Rose dans le quatorzième arrondissement était accueillant aux réfractaires et aux résistants, auxquels le père Corentin (Jean-Marie Cloarec) offrait conseil et abri sûr pour la nuit. Il fut dénoncé. Le 28 juin 1944, quatre policiers allemands l'attendent au parloir. À peine ouvre-t-il la porte que les nazis tirent sur lui. Blessé, il parvient à gagner le réfectoire où il s'écroule en râlant. Il est conduit à la Pitié (section allemande) et meurt pendant l'opération. Des milliers de Parisiens portant des bouquets tricolores défilèrent devant sa dépouille. Pour ses obsèques, le couvent fut envahi de tous ceux qui voulaient lui rendre hommage et le chapelet fut récité par la foule à haute voix dans la rue.

Au nord de Paris, le patronage Championnet est un haut lieu de la Résistance. Le courrier du bureau de presse de *La France combattante* et celui du Conseil national de la Résistance partirent du patronage de l'abbé Borme. Albert Bayet s'y sentait à l'aise. René Laurin, après son évasion, y réunit le bureau des jeunes chrétiens combattants. Dans le local de la JOC fonctionnait une imprimerie clandestine. Fabrication de faux papiers et cache d'armes complétaient les activités de ce curieux patronage, qui fonctionna jusqu'au 16 août 1944. De jeunes chrétiens combattants, les FFI de Seine-et-Oise et un agent de l'Intelligence Service organisèrent depuis Championnet une expédition punitive qui fut trahie. Neuf jeunes chrétiens combattants furent des quarante-deux fusillés du bois de Boulogne.

Laïcs catholiques résistants

Chrétiens de la France libre

La France libre a un peu mieux célébré ses héros catholiques. Si Charles de Gaulle a considéré comme de nature privée ses convictions chrétiennes, Maurice Schumann, le porte-parole de la France libre et ancien collaborateur de *L'Aube*, les a avouées hautement à la BBC. Dans les milieux ecclésiastiques, le mystère de l'identité de l'amiral Thierry d'Argenlieu — le père Louis de la Trinité, provincial des carmes déchaussés — n'a pas résisté longtemps. Fils d'un officier de marine, lui-même officier de marine, frère d'un général tué en 1940, Thierry d'Argenlieu avait éprouvé une vocation religieuse après la Première Guerre mondiale. En juin 1940, il s'évade de son camp et gagne la Grande-Bretagne où il deviendra commandant des Forces navales françaises libres, membre du Conseil de défense de l'Empire et haut-commissaire dans le Pacifique. Il a l'honneur, le 14 juin 1944, de conduire de Gaulle sur la terre de France à bord de la *Combattante*. Il l'accompagne à Paris où il retrouve son remplaçant chez les carmes, le père Philippe, membre du comité directeur du Front national, membre de l'Assemblée consultative. Francis-Louis Closon a fondé Volontaires pour la Cité chrétienne. Léon Morandat, militant syndicaliste de la CFTC, fut un des premiers ralliés de la France libre et accomplit des missions en France, dans les milieux syndicaux et résistants, à partir de novembre 1941 (sous le nom d'« Yvon ») [14].

La publication des écrits de cellule d'Honoré d'Estienne d'Orves a révélé quelle foi simple et profonde l'animait. Dès le 10 juillet 1940, ce Provençal, chef du 3e Bureau à Alexandrie, répond à l'appel de Charles de Gaulle. Il veut partir en mission de renseignements et d'organisation en France. Trahi par son radio, il est arrêté le 22 janvier 1941 avec plusieurs membres du réseau Nemrod. Il est fusillé au mont Valérien avec deux de ses compagnons, le 29 août 1941. De sa prison, il écrit à sa famille qu'il récite chaque jour trois chapelets, les prières de la messe et du Salut. Il lit les Évangiles que lui a donnés l'abbé Stock, l'aumônier de Fresnes, et s'initie à la vie de Sainte-Thérèse qui le remplit d'admiration. Dans sa dernière lettre à sa femme, il écrit : « *Je vais au Bon Dieu avec confiance, comme vers un Père, mais Il est infiniment saint et je suis si misérable, alors prie pour moi, autant que ton cœur te le dictera. J'espère fermement qu'Il me continuera sa grâce si abondante et si douce et que je mourrai tout à l'heure en chrétien et en soldat* » ; et ce père affectueux recommande : « *S'il te plaît, ne change pas les habits des petits* [15]. »

Si Honoré d'Estienne d'Orves est un pur dont la voie droite et simple obéit aux traditions de la famille et de la patrie sans la moindre inquiétude et sans attention aux péripéties, la vie d'un autre laïc chrétien, Edmond Michelet, est l'épanouissement d'une force intérieure qui examine rationnellement les obstacles et les utilise pour réaliser contre les conformismes ce qu'il estime être le Bien. Parisien, né en 1899 d'un père gérant des magasins Félix Potin, il dut quitter, jeune, l'école et renonce à regret à devenir avocat, pour suivre le désir qu'avait ce père autoritaire de le voir lui succéder. Nationaliste, il a d'abord été attiré par l'Action française dont ce lecteur de Péguy se détacha lorsqu'elle fut condamnée par la papauté. À Brive, où il fonde un foyer généreux avec sept enfants, il s'engage dans les Équipes sociales de Garric, tout en animant un cercle de jeunes, un cercle d'études et en se portant au secours des écoles libres. Le père Maydieu l'amène à lire *Sept, L'Aube, Temps présent.* Edmond Michelet invite à Brive Joseph Folliet, Stanislas Fumet, Georges Bidault, P.-H Simon. En 1938, il est vice-président national des Nouvelles Équipes françaises. Il participe comme Maydieu et Riquet à l'accueil des réfugiés espagnols. Le 14 juin 1940, dit son fils Claude, il pleura quand les Allemands entrèrent dans Paris. Le 17 juin, il réagit avec des amis en polycopiant et distribuant dans les boîtes à lettres le poème de Péguy, *Celui qui ne se rend pas a raison contre celui qui se rend.* Gaulliste, il l'est immédiatement et pour toujours, disant au docteur Christiaens : « *Péguy serait à Londres, mon vieux, il n'y a pas de problème, il serait à Londres*[16]. » La maison de la rue Champanatier abrita des réfugiés autrichiens et juifs. Menthon, Borme et le père Maydieu le mirent en contact avec Henri Frenay, qui fit de « Duval » le responsable de la région 5 de Combat. Son métier d'agent commercial et sa fonction de responsable du Secours national lui permettaient d'utiles déplacements. Georges Lamirand lui assurait une protection lointaine. L'invasion de la zone sud mit un terme à ces folles témérités. Le 2 février 1943, dénoncé par un Alsacien, il était arrêté à une réunion d'agents commerciaux. Incarcéré à Fresnes où il écrivit en arrivant dans sa cellule « *Ma grâce te suffit* », il parvint à cacher ses véritables responsabilités à Combat. Il fut déporté à Dachau où il témoigna, comme d'autres chrétiens, en distribuant la communion et en assistant les plus malheureux. Laver les dysentériques, tenir la main des moribonds étaient les gestes humains dans cet univers déshumanisé[17]. Mais Michelet a le génie politique, au plus noble sens du terme ; il comprend, sans en être accablé qu'il est dans un univers de barbarie où les détenus sont ennemis les uns des autres (les prêtres allemands refusent aux étrangers l'accès à leur chapelle). Les déportés slaves tournaient le dos aux Français qu'ils traitaient de lâches. Michelet réussit à établir discipline et solidarité chez les déportés français et à dissiper l'opprobre. Il montrait que la France était représentée aussi par Charles de Gaulle et la Résistance. Frères de tous, il imposait peu à peu l'égalité des politiques et des droits communs. Michelet patronna le comité de libération du camp de Dachau et accepta d'y rester encore six semaines après la libération du 29 avril 1945, pour assister ses camarades et les représenter auprès des Alliés. À son retour à Brive, des milliers de personnes l'attendaient avec des fleurs (la gerbe du PC portait la banderole « *Au camarade Michelet* »). Il n'eut guère le temps de jouir d'un repos familial dans son cher Marcillac[18]. Le père Maydieu l'avait recommandé au général de Gaulle, qui en fit son ministre des Armées.

LES ÉVÊQUES ENTRE UN LAVAL PROCHE ET UN PAPE LOINTAIN (1943-1944)

Les évêques auraient souhaité continuer une existence paisible, vouée à l'apostolat et préservée des fracas du monde. Mais l'environnement de ces années de fin d'occupation insupportable ne permet ni de tenir la balance égale entre les deux camps ni de se retirer sur l'Aventin. Les prélats vont se retrouver en butte à des incitations contradictoires et leur illusion d'équilibre dressera les esprits contre eux, permettant de condamner leur manque d'intelligence politique ou leur absence de courage. Pierre Laval, l'autoritaire chef du gouvernement de la France, a une politique religieuse, élémentaire mais exigeante. Il donne de l'argent à l'Église, de bonnes lois, mais en échange il veut que les évêques soient les gardiens de l'ordre. Il dit tout naturellement : « *Mes évêques, mes préfets.* » La papauté, qui a eu longtemps une position ambiguë, estime maintenant que les évêques français sont trop timorés et, sans les aider, attend d'eux une plus juste compréhension des éléments qui présideront à la victoire.

Tout va trop vite et mal pour des évêques qui n'aiment pas le mouvement dynamique de l'histoire. Ils ont voulu, dans un premier temps, ignorer les engagements de leurs prêtres. Mgr Caillot, l'évêque du diocèse de Grenoble, déclare à l'abbé Pierre : « *Ah ! Si j'avais su que vous commettiez tant d'imprudences, j'aurais usé de tous mes pouvoirs pour vous en empêcher.* » De toutes parts venaient des demandes aux aumôniers et aux confesseurs : où est le devoir d'un catholique ? La résistance est-elle condamnable ? Faut-il obéir au gouvernement Laval ? Les jésuites ont-ils défini la bonne voie et faut-il suivre *Témoignage chrétien* ou combattre le communisme athée ?

Devant une telle angoisse des fidèles, l'indifférence devenait défaillance. Mgr Suhard et les évêques consultèrent leurs théologiens. Une étude fut demandée au père Jules Lebreton, doyen de la faculté de théologie de l'Institut catholique de Paris, dont Robert d'Harcourt tira un tract discrètement baptisé « Consultation sur quelques cas de conscience posés aux catholiques de France ». Le ton en est très mesuré et dans la ligne de *Témoignage chrétien* ; il s'en tient à la résistance spirituelle. La volonté de résister aux pressions allemandes est toujours prêtée au maréchal Pétain, même s'il a « *toléré bien des empiétements de l'Allemagne* » (LVF et STO). Les catholiques lui apporteront donc un appui discret. L'obéissance reste due au gouvernement français pour tout ce qui permet le maintien de l'ordre et évite l'anarchie. Le patronage du pape est invoqué et la prière qu'il a dite dans sa consécration au Cœur Immaculé de Marie est rappelée : « *Arrêtez le déluge envahissant du néopaganisme.* » Mais le père Lebreton explique qu'aucune obéissance n'est due aux ordres des Allemands au-delà de ce qu'a disposé l'armistice. Or, les nazis tentent une vassalité spirituelle des Français et cherchent à les façonner à leur idéologie, comme l'a bien montré la politique menée contre les juifs. Si on peut céder à la force abusive pour des raisons personnelles (STO) et accepter une collaboration matérielle, toute collaboration idéologique, diplomatique, militaire et spirituelle est interdite aux catholiques, qui ne se rangeront pas sous la croix gammée.

L'offensive des théologiens se poursuivit par le père Fessard, l'auteur du tract « *France, prends garde de perdre ton âme* », qui vivait maintenant à Paris. Il alla voir le cardinal Suhard pour protester contre l'opuscule de Maurice Lesaunier, *La Conscience catholique face au devoir civique actuel*, de novembre 1941. L'archevêque de Paris lui demanda une étude contradictoire. L'épais manuscrit de 117 pages, accompagné d'un résumé de 7 pages, est recommandé au cardinal par le père Lebreton. On a coutume de le nommer *Le Tract du prince esclave*. Il traite la question de l'obéissance à la manière du père Lebreton, en établissant une distinction entre les ordres légitimes auxquels les Français se soumettront et les ordres injustes auxquels il est permis de désobéir. La distinction s'opère en fonction de la nature du Bien commun que tout gouvernement doit poursuivre. Le Bien commun a deux aspects : le « Bien commun élémentaire » qui est d'assurer sécurité et survie du peuple, et le « Bien commun supérieur » qui est d'honorer les valeurs spirituelles et internationales. Si le gouvernement de Vichy assure le Bien commun élémentaire, il ne poursuit pas le Bien commun supérieur. On peut donc lui obéir quand il ordonne pour le Bien commun élémentaire, mais la désobéissance est autorisée en conscience pour le reste car, non seulement il ne poursuit pas le Bien commun supérieur, mais encore il manque de la liberté nécessaire à sa légitimité. Le gouvernement français est esclave des occupants allemands. Asservi, il n'est qu'un « prince esclave ». Nul n'est tenu de reconnaître l'autorité d'un prince devenu esclave. On obéira au prince mais on n'est pas tenu de suivre les ordres de l'esclave. Ce texte fonde une véritable théologie de la Résistance. Le vocabulaire utilisé, la subtilité de la démonstration philosophique ne le destinaient pas à la masse catholique. Longtemps, on a cru qu'il avait été enfoui à l'archevêché de Paris. Il semble avoir été expliqué par quelques aumôniers, en particulier et sous sa forme restreinte, au comité directeur de la JOC à Grenoble. Il a guidé les ecclésiastiques et les aumôniers confrontés à de délicates consultations. Il a justifié la désobéissance, mais n'a pas inspiré les évêques.

Pierre Laval partisan d'un concordat

Le gouvernement français a toujours espéré que l'Église, reconnaissante des bienfaits financiers envers les congrégations et l'école, aurait à cœur de soutenir la politique de l'État français. Déjà le 13 mars 1942, le ministre des Finances, Yves Bouthillier, rencontrant le cardinal Suhard lui adressait de vifs reproches pour l'attitude des syndicats chrétiens, hostiles à la Charte du travail, et pour l'hostilité manifestée par Mgr Saliège et Mgr Bruno de Solages. Il l'avertissait que de telles attitudes gênaient les ministres catholiques qui avaient soutenu l'enseignement catholique. Il demandait à l'archevêque de Paris de rappeler au clergé et aux catholiques qu'ils ne devaient pas s'opposer au gouvernement.

Pierre Laval laisse d'abord au maréchal Pétain le soin de maintenir un climat de confiance avec les évêques. À l'automne 1942, Mgr Suhard se décide à une visite à l'hôtel du Parc. La lettre de remerciements qu'il écrit à Pétain le 3 novembre 1942 a des aspects de politesse banale (« *J'ai été touché et presque confus de vos attentions à mon égard et puis vous dire que j'ai vécu près de vous des heures inoubliables* »). D'autres expressions sont des appréciations politiques ou des flatteries inutiles : « *Soyez encore une fois remercié, monsieur le Maréchal, pour cette spiritualité que, par vos messages, vos entretiens et ce projet de constitution dont vous avez bien voulu m'entretenir, vous vous proposez d'inspirer la France.* » Et il conclut que le grand bienfait de la présence de Pétain au pouvoir est de redonner de la spiritualité à la France, une invitation intéressante à se bien conduire.

Pierre Laval commence à s'intéresser personnellement à l'Église lorsque des évêques critiquent les rafles contre les juifs de l'été 1942. Après un premier mouvement de colère et devant l'influence sur l'esprit de Pétain des conseils du nonce apostolique, il se résout à développer une politique de largesses. L'amiral Darlan avait donné des subventions à l'école libre, lui décide de subventionner l'enseignement supérieur catholique. Il a même eu l'ambition d'un règlement global des relations de l'État et de l'Église en espérant négocier un concordat avec le Vatican. Si une esquisse de concordat d'août 1940 est connue [19], ce projet de concordat de Pierre Laval n'a pas jusqu'à ce jour retenu l'attention. L'affaire était normalement suivie par l'ambassadeur de France au Vatican, Bérard, qui méditait sur les concordats récemment conclus par Pie XII. *L'Osservatore romano* annonçait, le 22 avril 1942, la conclusion d'un concordat avec la Colombie. L'ambassadeur fournissait un dossier très complet sur les quatorze concordats conclus par le

Saint-Siège entre 1922 et 1942. Le point d'accord le plus facile à trouver concernerait la situation des propriétés ecclésiastiques et l'enseignement libre, qui étaient pratiquement réglés par de récentes mesures législatives. Il était envisagé une « dotation du clergé ». La prééminence de la législation canonique sur la législation civile en matière de mariage serait sans doute abandonnée par le Saint-Siège en raison de la culture laïque française. Restait la question sur laquelle la négociation serait la plus serrée : la nomination des évêques. Sans revenir au concordat napoléonien le récent *modus vivendi* avec l'Espagne laissait espérer une procédure de consultation et d'entente préalable entre le Vatican et le gouvernement français[20].

Pierre Laval se montra intéressé par l'idée d'un concordat. Se voyait-il le destin de Bonaparte ? Inconscient de ses limites, il a pu se croire appelé à un rôle historique grandiose. Je crois que, plus prosaïquement, il attendait d'un concordat le moyen de discipliner le clergé catholique et de le mettre au service de l'État. Les nominations épiscopales l'intéressent beaucoup. Il a ses candidats pour les sièges épiscopaux vacants et s'irrite de ne pas pouvoir imposer ses choix. Avec de bons évêques, dépendant du gouvernement, l'appui de l'opinion publique est acquise. Aussi fit-il poursuivre l'étude sur la conclusion d'un concordat. Une réunion eut lieu à Vichy fin août 1942 autour de Sauret, directeur des Cultes au ministère de l'Intérieur, et de l'ambassadeur Bérard. Il faut noter l'absence du très gallican Louis Canet à cette réunion dont l'intransigeance aurait fait capoter n'importe quelle négociation. Les conseillers de Pierre Laval voudraient obtenir une entente préalable du gouvernement et du Saint-Siège sur le nom et la personne des futurs évêques. Bref, le pape nommerait un évêque qui aurait d'avance été agréé par l'État. L'État français manifesterait sa satisfaction en proposant une subvention globale à l'Église de France, ce qui éviterait de rétablir le budget des Cultes. Elle serait versée à un organisme central ou répartie entre les associations diocésaines, afin d'améliorer les conditions de vie difficile d'un grand nombre de prêtres[21].

La négociation d'un concordat avec le Vatican était œuvre de longue haleine, même s'il était envisagé de limiter les questions à un *modus vivendi*. Laval y pense encore en mars 1944[22]. Il veut surtout que les évêques s'abstiennent d'exercer une action politique contraire à la sienne[23]. Le 1er avril 1944, Louis Canet s'emploie à le décourager[24]. Le résultat à espérer n'est pas à la hauteur des efforts à déployer. Il explique à Pierre Laval que Franco, qui avait plus de titres à faire valoir au Saint-Siège que la France, a obtenu en 1941 après de grands soins un accord qui n'est pas tellement avantageux. Le nonce et le gouvernement espagnol se mettent d'accord sur une liste de six candidats, qui est envoyée à la Curie. Le pape élimine trois noms ; parmi les autres le chef de l'État choisit l'évêque. Si le pape peut n'agréer aucun des six candidats, il propose alors trois nouveaux candidats que le chef de l'État peut repousser. La négociation reste indéfiniment ouverte. Pierre Laval, lui, n'avait pas le temps.

Les évêques contre la Résistance

Avec ténacité, le chef du gouvernement présentait ses exigences aux évêques qui, sans céder sur l'essentiel, consentaient à lui accorder quelque aide. Ils calmaient l'opinion catholique, bouleversée par les appels à la désobéissance. L'Assemblée des cardinaux et archevêques d'octobre 1943 critique les « *théologiens anonymes* », mettant en garde contre les propos des *Cahiers du Témoignage chrétien* aussi bien que contre ceux du *Prince esclave*. Aucune *Semaine religieuse* n'a développé le thème du souverain captif. L'eût-elle fait qu'elle aurait été sans doute censurée. Plusieurs évêques ont repris, auprès de leur clergé et de leurs diocésains, les mises en garde contre des théologiens qui n'ont pas mandat pour guider les fidèles.

Le chef du gouvernement inquiet de l'appui de Mgr Tisserant à de Gaulle demanda aussi au cardinal Suhard d'expliquer la politique de son gouvernement au pape et de lui porter un message du maréchal Pétain. L'archevêque de Paris s'acquitta de sa mission et eut le plaisir d'entendre le pape exprimer son respect et son admiration pour le maréchal Pétain (Laval n'eut pas droit à ces paroles de politesse pontificale)[25]. Il qualifia la nouvelle politique religieuse de la France, en particulier la politique scolaire et le statut des congrégations, « *d'inespérée* », ce qui était la stricte vérité[26]. Le cardinal lui exposa l'attitude de l'épiscopat à l'égard du gouvernement sans que l'on sache ce qu'il a dit précisément. Aussi ne tirerons-nous pas de conclusions excessives de ce que, selon l'archevêque de Paris, « *le pape a intégralement approuvé cette attitude de loyalisme absolu et de fidélité*[27] ». En tout cas, le cardinal n'avait pas poussé à l'ouverture de négociations sur un concordat car l'épiscopat français n'en voulait pas en raison de l'instabilité du gouvernement de Vichy et des avantages de la liberté établie par la séparation de l'Église et de l'État[28].

Les démarches du cardinal Suhard n'ont pas réduit la fougue résistante du cardinal Tisserant. Il vient avertir Bérard que, s'il envisage un discours politique pour la réception traditionnelle du 14 juillet 1943, il dégustera seul les petits fours car la colonie française le boycottera[29].

Quelle était cette « attitude » de l'épiscopat que le pape approuvait tant ? Les évêques ont défini une politique de « juste milieu ». Ils restent loyaux envers l'État français. Ils condamnent les violences de toutes sortes et ils condamnent ainsi la Résistance dans la déclaration du 17 février 1944 :

« Mais la condition pour qu'elle [la France] soit en mesure de jouer ce noble rôle dans l'Europe de demain enfin pacifiée, c'est qu'elle forme une communauté nationale dont tous les fils seront vraiment unis entre eux. C'est pourquoi nous condamnons ces appels à la violence et ces actes de terrorisme, qui déchirent aujourd'hui le pays, provoquent l'assassinat des personnes et le pillage des demeures. En prévision d'un avenir qui risque de devenir plus trouble encore, nous vous adressons un très pressant appel au calme et à la raison. S'il n'est au pouvoir de personne d'apporter un remède immédiat à l'état de désordre dénoncé par notre déclaration, il reste qu'une action doit être entreprise avec persévérance dans le sens de l'idéal que nous vous avons rappelé : c'est le devoir très grave de ceux qui portent la lourde responsabilité des États, c'est aussi un devoir impérieux pour chacun d'opérer le redressement de sa propre conscience. »

La condamnation de principe de la Résistance par les archevêques de France tient à l'usage de la violence (mais elle n'a guère été condamnée pour la LVF) et à la fréquentation des communistes dans le maquis, considérée comme dangereuse. Les évêques ont cédé aux demandes d'un gouvernement français très insistant. Il faut aussi tenir compte des fortes pressions allemandes auxquelles les cardinaux auront l'impression de résister tout en acceptant de petites concessions, fort mal ressenties par l'opinion. Le cardinal Suhard a sollicité le 16 décembre 1943 une entrevue des Allemands pour obtenir la reprise des activités des associations de jeunesse. Il jure qu'il n'a pas eu part au tract de protestation contre la dissolution des mouvements de jeunesse. Le Dr Klassen est sans détour : si le cardinal veut obtenir une faveur pour ses mouvements de jeunesse, qu'il fasse avec les évêques une déclaration en faveur de la collaboration. L'archevêque de Paris refuse. Si, du haut de la chaire, il condamnait le bolchevisme, les fidèles diraient : « *Pourquoi ne condamne-t-il pas également le national-socialisme*[30] ? » L'Allemand s'étonne du manque d'autorité des évêques français sur leurs fidèles, travaillés par un gaullisme qu'il serait de leur devoir de combattre. Il cite des cas. Le cardinal esquive (« *Le cardinal a joué à l'innocent* — écrit Klassen — *et il a cherché à présenter comme des cas isolés les faits que je lui soumettais* »).

Les évêques sont utilisés par la propagande de Pierre Laval et de Pétain comme le montre l'affaire des bombardements. La préparation des opérations militaires de débarquement entraîne des bombardements très meurtriers du territoire français. Les usines d'armement au Creusot, à Billancourt et à La Chapelle, à la limite de Paris, les gares et quartiers avoisinants sont bombardés par l'aviation alliée, qui ne prend guère de précautions pour ménager les vies humaines. On aura une idée des souffrances infligées par le chiffre, rarement souligné, du nombre de morts des bombardements (y compris les opérations de la Libération) : 36 000 morts, 48 500 blessés en 1944, 60 000 morts pour toute la guerre constituent un chiffre supérieur aux victimes anglaises du *Blitz*[31]. Un exemple, celui de Pâques 1944 dans le Nord, montre le caractère effrayant de ces pilonnages. La banlieue de Lille subit dans la nuit du samedi de Pâques trente-cinq minutes de bombardement. Les 2 200 bombes lâchées sur les maisons tuèrent 600 habitants. Le clergé est très présent auprès des victimes. Le père Lucien-Marie de Saint-Joseph, prieur des carmes, a la responsabilité des secours et le père Pacchiodo dirige les secouristes-infirmiers bénévoles. Le chanoine Detrez décrit les survivants errant hagards dans l'enchevêtrement des gravats et des poutres, évitant les cratères profonds de dix mètres pour rassembler les quelques épaves d'une pauvre vie. Les funérailles des 600 victimes eurent lieu le 14 avril 1944. Les Allemands attendaient des condamnations du clergé qui ne furent pas prononcées. Les 10-11 mai 1944, les bombardements tuèrent 184 habitants à Lille et Tourcoing. Du 12 au 15 juin, on releva 225 morts[32].

Le maréchal Pétain se rend sur place — en particulier à Paris — pour assurer les familles des victimes de sa compassion et mettre en accusation les Anglo-Saxons meurtriers. Cette propagande gouvernementale fut efficace et les populations exposées, bien qu'espérant la victoire des Alliés, craignaient les effets d'un débarquement et souffraient cruellement ; la mort de tant de civils innocents choquait. Émus par la détresse des populations, conscients de leur rôle traditionnel de protecteurs de la cité et poussés par les sollicitations de Pierre Laval, les évêques acceptèrent d'intervenir. Croyant adopter une politique de juste milieu, ils publièrent une déclaration le 17 février 1944. D'un côté, ils déplorent le STO, qui viole la morale naturelle et chrétienne, et de l'autre ils critiquent l'action des Alliés :

> « *Nous ne pouvons également cacher notre réprobation devant le bombardement des villes ouvertes, qui sème en quelques instants la désolation, la ruine et la mort parmi les populations civiles, anéantissant les hôpitaux et les églises, les monuments historiques et les trésors artistiques, les demeures familiales et les cités. Toutes les injustices, d'où qu'elles viennent, quels qu'en soient les victimes et les auteurs, nous les condamnons au nom de la morale et du droit. On dira que ce sont les lois de la guerre. Non ! l'état de guerre, si anormal et si inhumain qu'il soit par lui-même, ne justifie pas tous ces procédés. Si la guerre a des lois, ce sont d'abord celles qui ont été fixées par la morale naturelle et la loi divine. Ce sont ici celles qui ont été inscrites par un effort commun des peuples dans les conventions internationales, tendant à régler dans la manière de la conduire et à la rendre moins cruelle. Or, ces ententes qui avaient marqué un progrès de la civilisation sont aujourd'hui impunément*

violées. C'est cette civilisation qui est en péril. C'est elle qu'il faut sauver. On ne la sauvera qu'en revenant aux principes essentiels qui la fondent : le respect de la personne humaine, la sauvegarde du foyer familial, la fidélité à une règle de droit, supérieure à l'autorité de l'État et aux intérêts immédiats de chaque nation, l'entente pacifique entre les peuples. La France a toujours considéré qu'elle avait pour mission de défendre cette civilisation. Aujourd'hui, même meurtrie, épuisée, elle entend demeurer fidèle à sa vocation traditionnelle. »

L'évêque de Nancy flétrit devant les cercueils des victimes « *l'opposition qui existe entre les principes chrétiens et les méthodes barbares de la guerre actuelle* » (7 mai 1944). Ces protestations de l'Église apparaissent fâcheusement comme l'écho des propos indignés de Philippe Henriot à la radio d'État.

Mgr Saliège désapprouve le texte de l'ACA et l'écrit à Mgr Liénart, le 26 février 1944 : « *Ce document ne parle que d'un terrorisme. Il se tait sur le terrorisme dénonciateur qui a fait qu'à l'heure actuelle il y a plus de 300 000 prisonniers civils en Allemagne [...] À lire la déclaration, on dirait que l'Église de France est à la remorque des forces matérielles et politiques. On l'a déjà dit, j'ose à peine le répéter, que la déclaration était le manifeste de la peur.* »

Devant les pressions gouvernementales et allemandes, des prélats ont l'impression de résister mais ils tentent, comme le disait Pierre Laval, de payer les Allemands de mots. Ils sont en retrait par rapport à ce que demandaient les occupants mais, aux résistants, ils donnent l'impression de condamner leur engagement. Il se peut que, dans les diocèses, l'attitude pratique des évêques ait été plus compréhensive pour les résistants. Il apparaît parfois que, derrière la réprobation officielle, une tolérance de fait ait été observée. René Rémond indique que son oncle, Mgr Rémond, évêque de Nice, autorisait fin 1943 deux de ses séminaristes à rejoindre le maquis de Savoie[33]. Dans le diocèse d'Autun, une vingtaine de curés étaient engagés dans la Résistance. L'évêque d'Autun, Mgr Lebrun, qui défendait bien ses militants jocistes devant les Allemands, a sans doute fermé les yeux sur les activités du groupe de résistants auquel appartenait l'abbé Guimet, son proche collaborateur. Mais il n'en reste pas moins que, dans le maquis de Cluny qui réunit 30 000 hommes, on ne compte que quatre séminaristes. La qualité humaine et intellectuelle du prélat ou sa médiocrité ont joué un rôle. Mgr Fleury, l'évêque de Nancy, est en porte-à-faux par rapport à son clergé local, un des plus cultivés de France. Louis Canet avait déjà dit quand il fut nommé qu'une insulte était faite à un clergé aussi distingué. Sollicité par Grandval d'envoyer des aumôniers au maquis, il ne trouve rien à lui objecter pour justifier son refus que la nécessaire obéissance au gouvernement établi[34]. La question des aumôniers du maquis devient brûlante quand commença la libération du territoire en juin 1944, car de jeunes chrétiens mouraient au combat sans le secours de la religion. L'archiprêtre de Die, Jean Bossan, profitant d'une autorisation très générale de Mgr Pic, évêque de Valence, donne volontiers des pouvoirs d'aumôniers que l'évêque aurait refusés. Mgr Dubourg, évêque du Jura, Mgr Maisonobe, évêque de Belley, accordent des aumôniers au maquis. Ces évêques compréhensifs sont restés une minorité et cette question des aumôniers du maquis a engendré la principale et durable rancœur des chrétiens résistants contre les évêques.

Le cardinal Tisserant est intervenu auprès du pape pour que les évêques de France soient plus soucieux de leurs devoirs envers les libérateurs chrétiens. Le 13 juin 1944, Mgr Tardini lui écrit qu'il a soumis la question directement au saint-père. Pie XII a disposé verbalement que l'épiscopat de France pourvoirait à l'assistance spirituelle en usant de l'*Index Facultatum*, émané de la Sacrée Congrégation consistoriale le 8 décembre 1939. Sans justifier les actes de violence, l'Église considère qu'en cas d'extrême danger les sacrements doivent être apportés par n'importe quel prêtre à ces chrétiens.

Dans le Vercors, 2 500 patriotes ont constitué un bastion que les Allemands vont réduire. Les secours religieux étaient donnés par les prêtres des paroisses locales. L'abbé Pierre demanda au père jésuite Lucien Fraisse d'entreprendre une tournée des groupes, pour que les chrétiens fissent leurs Pâques en 1944[35]. En juillet 1944 arriva au Vercors le père Yves Moreau de Montcheuil, professeur de théologie à l'Institut catholique de Paris, aumônier d'équipes de la jeunesse étudiante catholique féminine. Son intention était d'établir un rapport pour les évêques sur les conditions d'assistance religieuse aux résistants. Il se retrouva dans la grotte de la Luire où avaient été cachés les blessés. Il s'y sentait peu à l'aise car il avait été mal accueilli par un personnel médical largement juif, qui ne voyait pas ce qu'il voulait. Il célébra une fois la messe. Le temps n'était pas aux observateurs. Lorsque les Allemands découvrirent la grotte, le 27 juillet 1944, et tuèrent les grands blessés, il fut emmené avec le personnel infirmier et les blessés légers. La voie douloureuse, marquée par une première fusillade de jeunes au village du Rousset, transforma Montcheuil en résistant. Il intercédait auprès des Allemands pour qu'ils laissent boire les blessés survivants. Emprisonné à Grenoble, il répondit aux policiers qui lui demandaient s'il était l'aumônier du Vercors : « *Je suis venu de Paris exprès.* » Il fut fusillé au Polygone d'artillerie, sans doute le 11 août 1944. Douze jours plus tard, la ville était libérée. Les pères jésuites, fouillant les charniers, ne purent identifier son corps. Il est un des morts anonymes de la nécropole de Lyon-la-Doua.

Pie XII et la France

Le refus des évêques de donner des aumôniers au maquis fut le reproche impardonnable proféré par les résistants. Si la crainte du communisme, le refus de la violence, les pressions du gouvernement expliquent l'attitude des évêques, il faut aussi tenir compte des silences de Pie XII. Il semble que les évêques s'en soient contentés mais que le pape ait attendu que les évêques de France se prononcent plus nettement. Ils avaient quelques raisons de ne pas comprendre l'évolution du Saint-Siège.

La défaite de 1940 déçut beaucoup la papauté, qui avait compté sur la France pour défendre par les armes les valeurs chrétiennes contre l'« Attila motorisé » (surnom donné par Mgr Tardini à Hitler). Pie XII et la Curie estimaient que l'armée française avait été gangrenée par les communistes et que la défaite était due à un fléchissement interne[36]. Le régime de l'État français leur apparut comme une solution heureuse pour la France. La politique scolaire et familiale fut considérée comme un premier pas satisfaisant.

Pie XII semble avoir été impressionné par le gouvernement fasciste italien et avoir sous-estimé ses atouts. Ce prince romain, timide, très bien élevé et de caractère effacé, préférait se réfugier derrière des discours poétiques, fleuris, aux images obscures, difficiles à déchiffrer. Mgr Tardini déplorait la mollesse de Pie XII à l'égard des fascistes italiens : « *Voyez-vous* — dit-il à l'ambassadeur de France Wladimir d'Ormesson — *la courtoisie, la modération, la bienveillance, la bonne volonté, tout cela n'a aucune chance de réussite sur les dirigeants fascistes. Au contraire ! Cela ne fait que les exciter. Le pape Pie XI leur a parfois parlé sans ménagement, avec rudesse [...] Eh bien ! ils le respectaient et le craignaient beaucoup*[37]. » Son entourage familial lui reprocha comme une imprudence le télégramme de sympathie adressé aux souverains belge et hollandais dont le pays avait été agressé par Hitler. Dans cette cour isolée et sans défense, « *la raison du plus fort apparaît tout naturellement comme la meilleure* », dit l'ambassadeur de France qui précise que le pur Pie XII, sans partager cette vue, en est influencé[38]. Lorsque d'Ormesson fut reçu en audience le 18 juillet 1940, le pape se lamenta sur les injustes malheurs de la France, admira le courage de Pétain et insista sur la nécessité « *d'éliminer les poisons communistes* » (il dit que des troupes françaises s'étaient réfugiées en Suisse en chantant *L'Internationale*, conduites par des officiers de réserve levant le poing !). L'ambassadeur critique la personnalité falote du pape : « *Pie XII est écrasé par les événements ; il ne les domine pas. Je crains que son tempérament personnel ne soit pas à la hauteur des circonstances dramatiques que traverse l'Europe*[39]. » Le 13 septembre 1940, l'ambassadeur constate que le pape, toujours aussi effacé, « *plein de douceur, de bonté, est extrêmement sympathique à la France. Il est ému par ses malheurs. Il a une vision très nette du drame qui se joue en Europe. Mais il reste passif devant ces événements. Son tempérament personnel n'est pas accordé à leur violence*[40]. »

L'amertume de l'ambassadeur de France est compréhensible. Il avait eu les plus grandes difficultés pour contraindre le Vatican de respecter les accords du Latran, signés avec Mussolini, qui stipulaient que la liberté des relations diplomatiques du Saint-Siège serait assurée et il avait obligé le Vatican à l'accueillir. Les deux diplomates français, chassés du palais Taverna par les fascistes, furent installés au couvent Sainte-Marthe dans la cité du Vatican. Mais les « prisonniers » du couvent Sainte-Marthe n'avaient pas le droit de se rendre à Rome. Courrier et visiteurs extérieurs étaient contrôlés. Pendant plusieurs semaines, les cardinaux n'osèrent même pas rendre leur visite protocolaire aux diplomates français. Les communications avec la France passaient par la valise diplomatique du Vatican et la nonciature de Berne, ce qui amenait de grands retards. Quand Wladimir d'Ormesson, trop anglophile, fut remplacé par Léon Bérard, il n'y eut plus de pression psychologique de la part de la diplomatie française. Très pétainiste, Léon Bérard ne songeait pas à transmettre ce qui aurait semblé l'ombre d'une critique de la politique du gouvernement. Les visites des évêques *ad limina* — à l'exception du voyage de Mgr Gerlier et celui de Mgr Suhard — furent suspendues. L'Église de France était laissée à elle-même alors que ses dirigeants se comportaient comme des membres dociles d'une institution très centralisée. Voilà ce que j'appelle les silences de Pie XII et l'abandon à elle-même d'une Église de France devenue incapable de se diriger seule.

Pour ce qui est des autres silences, le père Blet a fait récemment justice des accusations portées contre le pape dans la pièce de Ralf Hochhuth, *Le Vicaire*, représentée à Berlin en 1963[41]. Toute une littérature a fleuri ensuite, accusant Pie XII d'indifférence au sort des juifs, lui reprochant de n'avoir rien dit publiquement et de n'être pas intervenu, par exemple, lors des rafles des juifs romains, le 16 octobre 1943. Le père Blet, se fondant sur les archives du Vatican, dit que la papauté n'a rien connu ou n'a rien cru de la solution finale avant 1944, tout en sachant que de mauvais traitements étaient infligés aux juifs. Mais le Vatican n'a pas été indifférent aux souffrances des juifs. Le 16 octobre 1943, alors que se déroulait la rafle des juifs de Rome, l'ambassadeur d'Allemagne fut convoqué à la Curie pour s'entendre dire que le saint-père préférerait ne pas avoir à prendre publiquement position. Le message fut entendu et la rafle cessa, un peu tard pour les 1 000 déportés ; 4 000 juifs trouvèrent asile chez des Italiens et dans des maisons religieuses. Les interventions ont eu lieu avec prudence et selon une voie diplomatique qui évitait des représailles sur les catholiques polonais et allemands. Seulement, la papauté a choisi les pays où ses interventions avaient le plus de chance de réussite. Elle agit peu en Allemagne mais beaucoup en Slovaquie, où le chef de l'État était un prêtre, Joseph Tiso, curé doyen de Banovce. Elle agit aussi en Hongrie et auprès du maréchal Pétain. Dans son message de Noël 1942, le pape lança une allusion vague à l'extermination progressive d'hommes pour la seule raison de leur race et de leur nationalité. Une évocation existe aussi dans le discours du 2 juin 1943 au Sacré Collège.

Mais le Saint-Siège évolue au fur et à mesure des inflexions de la guerre. Le président Roosevelt, après l'entrée en guerre des États-Unis, se montre très attentionné à l'égard du pape. Il envoie à nouveau Myron Taylor en octobre 1942 auprès de lui, afin d'obtenir une explication nouvelle de l'encyclique *Divini redemptoris*, car les catholiques américains l'alléguaient pour critiquer le combat au côté de l'URSS athée. Il fut expliqué que la condamnation du communisme était seulement à destination interne pour refuser les « mains tendues » des fronts populaires. Le débarquement américain en Sicile et la chute de Mussolini en septembre 1943 achevèrent les évolutions. Désormais, le Saint-Siège parie sur la victoire américaine ou une paix de compromis et il estime que les évêques français sont trop timorés. Mgr Tisserant pouvait maintenant défendre la France libre à Rome.

Début 1942, à Mgr Suhard qui lui confiait que la germanophilie du cardinal Baudrillart l'inquiétait, le nonce répondit sèchement que ce n'était pas au pape d'intervenir mais à Mgr Suhard lui-même. Il estima insuffisantes les protestations contre les actes antisémites de l'été 1942 et, très médiocres, les prises de position politiques des évêques français, qu'il comparait avec le courage des prélats hollandais. Le voyage de Mgr Suhard à Rome en janvier 1943 était très souhaité par Laval, pour expliquer au saint-père les menaces de révolution communiste qui pesaient sur la France et justifiaient — estimait-il — sa politique. Mgr Suhard en tira surtout un surcroît de prudence mais les évêques français étaient incapables d'assurer un rôle collectif de direction dynamique, qui n'était ni dans leur culture ni dans leur éducation.

LA COLLABORATION CATHOLIQUE

L'idéologie de la collaboration inspira peu les catholiques. Conservateurs, ils trouvaient dans le pétainisme toutes les idées qui leur convenaient et les aspects révolutionnaires, démagogiques et vulgaires des nazis déplaisaient ; en politique extérieure, leurs mentalités restaient marquées par l'hostilité à l'Allemagne, ennemie héréditaire. *Kiel et Tanger* de Charles Maurras et *Bastions de l'Est* de Maurice Barrès avaient bercé leur jeunesse. La collaboration attirait plus sûrement les idéologues athées venus du socialisme et du pacifisme comme

Marcel Déat, des conservateurs réalistes teintés d'Action française (la doctrine Maurras est condamnée en 1926 pour son paganisme), des esprits scientifiques qui ne supportent pas l'idée d'égalité des hommes, comme Alexis Carrel.

Il n'en reste pas moins que des catholiques ont cru trouver dans la Milice le cadre d'une nouvelle croisade, cette fois contre le bolchevisme. Les châteaux du Sud-Ouest et de la Loire ont laissé partir quelques héritiers. Des chefs comme de Bourmont, Jean de Vaugelas, La Nouë du Vair ne sont pas exactement représentatifs de la Milice ; mais si elle n'avait été que le débouché de la petite-bourgeoisie urbaine et l'asile de déclassés sociaux, ceux-là n'y seraient jamais entrés.

De quelle collaboration faut-il donc parler lorsqu'il s'agit de chrétiens et du clergé ? Il ne peut s'agir que de collaboration idéologique, ce qui exclut le domaine si large de la collaboration vénale et crapuleuse. Aussi le cas de Paul Touvier ne sera-t-il pas traité dans ce chapitre mais sera examiné avec l'épuration. Ce serait une exagération et trop d'honneur de qualifier le Paul Touvier des années quarante de chrétien. Certes, il a été éduqué dans une famille savoyarde pieuse, par les pères du Prado de Chambéry et à l'institution Saint-François-de-Sales de Chambéry, qu'il quitte à seize ans. Mais il ne milite dans aucun mouvement spécialisé, ne participe pas aux œuvres catholiques. Et quelle vie en rupture avec les prescriptions de l'Église ! Veuf en 1938, Touvier mène une existence peu édifiante, vivant en concubinage avec une jeune femme, ancienne prostituée. Le milieu familial retrouvé et les sentiments politiques conservateurs savoyards expliquent les engagements d'un médiocre employé, dont les talents trouvent enfin à s'exprimer. En 1941, il adhère au SOL plus pour combattre les mauvais Français que pour des raisons religieuses, qu'il ne soulignera de manière intéressée que dans les années quatre-vingt lorsqu'il réécrit sa vie, à sa manière. Il déclare alors : « *Une seule chose comptait pour moi : la foi des ancêtres et la fidélité à ceux qui en étaient les dépositaires* [...] *L'Église me montrait le chemin à suivre. Je l'ai suivi*[42]. » L'influence de son père, François, des conversations avec l'abbé Loridon, l'atmosphère très maréchaliste du diocèse ont facilité sa démarche ; mais les convictions politiques, les perspectives de promotion et d'aisance de vie, la passion policière et quelque volonté de revanche sociale y ont une bien plus large part que la foi.

Alphonse de Châteaubriant

L'idéologie nazie a attiré des catholiques bien avant l'Occupation. Les intellectuels qui mettent leur réputation au service des nazis sont peu nombreux mais Otto Abetz, en expert de la propagande, a su leur donner la vedette et célébrer des personnalités étranges et des talents divers.

Alphonse de Châteaubriant est un écrivain spiritualiste. Il s'est engagé dans la collaboration idéologique comme président du groupe Collaboration.

En 1915, le journaliste mobilisé (il a trente-sept ans), attaché à un service d'ambulance, redécouvre l'Évangile de son enfance oublié dans le tourbillon du succès de son prix Goncourt, décerné à *Monsieur des Lourdines*. Sur la route d'Épernay à Sainte-Menehould, le regard de l'écrivain est attiré dans un champ sur un pommier desséché et un visage apparaît aux traits sans relief encadrés de longs cheveux ambrés. Une longue robe descend jusqu'à ses pieds. La neige tombe entre l'apparition et le soldat, qui entend en lui des paroles : « *Tu t'oublies aujourd'hui plus que tu ne t'oubliais autrefois. Mais tu ne t'oublies pas suffisamment encore. Tu t'oublieras davantage... puis encore davantage. Puis, quand tu te seras oublié toujours plus et toujours plus encore, tu finiras par trouver l'amour.* » Le Christ est venu chercher le combattant : « *Dans l'instant même, je n'osai nommer celui qu'aussitôt je reconnus au fond de moi*[43]. » À son retour, après la célébration du régionalisme dans *La Brière*, qui fut un grand succès public, il s'attaqua à un livre religieux, *La Réponse au Seigneur*, où il montre que les peuples ne sortiront du précipice où les plonge la crise que par la foi chrétienne, génératrice de vertus humaines.

Les services de propagande nazie lancent leurs filets sur la France. Ils en ramènent de braves pacifistes, anciens combattants épris de veillées franco-allemandes dans les cimetières et les ossuaires pour enterrer à jamais la guerre, des écrivains-journalistes aux gros besoins financiers à la recherche de n'importe quel mécène, des esprits troublés obsédés par la décadence de la France, avides d'une régénération, d'émotions viriles et d'encens. Le voyage d'enquête en Allemagne fait partie du rite. Châteaubriant est invité en 1935 et en 1936. Il assiste bien entendu à l'ouverture des Jeux olympiques, visite les usines Mercedes, prend la parole à Offenburg devant les jeunesses hitlériennes, assiste à Bayreuth à une représentation de *Lohengrin* et à la réception chez Winifred Wagner. Après Nuremberg, il séjourne dans un *burg* et rencontre à Berlin Rosenberg et Goebbels. Il a eu des entretiens avec le père abbé de Maria Lach et avec plusieurs religieux. Il publie en 1937 le fruit de ses impressions, *La Gerbe des forces*[44]. Le livre est une juxtaposition incohérente d'impressions enthousiastes et d'élucubrations sur l'Allemagne nationale-socialiste. Le portrait d'Adolf Hitler laisse pantois. Passons sur les banalités physiques, la « *taille bien prise, la parfaite aisance dans la démarche et le geste* » qu'on retrouve dans tous les portraits des « chefs » de ces années-là, Franco, Mussolini ou Staline. La description du visage, reflet de l'âme, est plus originale : la tempe haute prouve le haut idéalisme, la ligne du nez l'acuité de l'intuition, la distance de la narine à l'oreille la puissance léonine et l'ensemble une « *immense bonté* ». Les yeux sont d'un bleu aussi profond que les eaux du lac de Königsee. L'allure « *dégage un véritable parfum d'aristocratie* ». « *Son mouvement de tête est juvénile, sa nuque est chaude. Ce dos-là n'a pas été cabossé par les sales passions de la politique : il est plein et dur comme un tuyau d'orgue.* » Châteaubriant n'en reste pas à la physiognomonie mais il aborde sans complexe le rivage des jugements politiques et éthiques et des programmes politiques. L'Allemagne a réalisé l'unité des classes sociales. Elle ne veut pas la guerre. Hitler n'est-il pas obsédé par un geste symbolique : « *Jeter dans les eaux du Rhin une couronne de lauriers tressée à la gloire des soldats allemands et français morts pour leur patrie* » ? Comme il veut faire prévaloir un « *immense idéal humain* », il a besoin de paix. La France, elle, est entichée de l'URSS et du marxisme. Il est temps de changer d'alliance.

Châteaubriant voulait opposer sa vérité aux écrivains catholiques qui, comme Robert d'Harcourt, dénonçaient le paganisme nazi. Il a donc enquêté. Il a vu des processions dans les rues et observé le maintien des crucifix dans les lieux publics, même si les organisations de jeunesses catholiques ont été interdites. Des bénédictins lui affirment que Hitler admet la religion. Le racisme et la stérilisation existent mais ses amis allemands lui répondent que ce sont des moyens de défense « *contre des maux que vos principes n'ont pu réduire* ». Lui-même estime que l'esprit souffle plus puissamment si les groupements, qui forment la société, sont purs ; autrement, chaque homme redevient individuel et « *la grande force de la prière sera perdue* ».

L'accueil à ce livre confus de propagande nazie ne fut pas bon. Brasillach parle de « *Jocrisse de Walhalla* »[45] et Romain Rolland répond à une correspondante indignée : « *J'avais lu aussi avec douleur, dans les journaux, la criminelle absurdité de Châteaubriant. Goebbels l'a eu*[46] *!* ». En 1937, Châteaubriant est invité par le Führer à Berchtesgaden, où il offre sa *Gerbe des forces* à Hitler. Un exemplaire est dédicacé au couple Abetz. Il revient encore trois fois en Allemagne avant la guerre.

L'Occupation par les nazis donne à Alphonse de Châteaubriant l'occasion de manifester une germanophilie encore plus active. Il publie le journal *La Gerbe*, qu'il quitte en mai 1941. Il est depuis décembre 1940 président du groupe Collaboration. L'Occupation a donné une dimension nouvelle, de grands moyens et des appuis officiels à l'association, qui succède au Comité France-Allemagne d'avant-guerre, fort habilement manipulée par Otto Abetz. Le comité d'honneur de Collaboration comprend, comme il se doit, un cardinal, Mgr Baudrillart, et un grand savant, Georges Claude, l'inventeur de l'air liquide. Des hommes de lettres — Abel Bonnard, Pierre Drieu La Rochelle, Pierre Benoît, Abel Hermant — se devaient d'appeler les Français, à l'automne 1940, à compenser leur maigre provende par les joies de la culture allemande. Les autorités assistent volontiers aux activités publiques — des conférences culturelles — de Collaboration qui attirent, en province, la bourgeoisie locale. Professions libérales, industriels, négociants, cadres et enseignants sont assidus à ces manifestations mondaines. D'autres activités concernent un noyau plus étroit dans les réunions dominicales. L'aspect partisan se révèle assez vite et les membres de Collaboration ont en général une double appartenance avec des mouvements de collaboration plus actifs. Quant à la délation orale, elle est pratiquée avec plus ou moins de conscience. Il est juste de remarquer qu'Alphonse de Châteaubriant n'était guère assidu aux réunions du comité directeur de Collaboration[47]. Il préférait rencontrer son public et ses relations à l'occasion de conférences et réceptions. À la fin de l'Occupation, Alphonse de Châteaubriant se range aux côtés des ultras de la collaboration, en signant le manifeste du 3 juillet 1944. Il quitte la France en voie de libération, pour se réfugier au Tyrol où il finira sa vie.

Les ecclésiastiques ne sont pas des figures éminentes de la collaboration. Mgr Beaussart, évêque auxiliaire de Paris, a été désigné par Mgr Suhard pour le remplacer au Conseil national. Il s'est attaché depuis l'avant-guerre à un rapprochement entre la papauté et le Reich. En février 1938, il rencontrait von Papen, ambassadeur à Vienne, et se rendit ensuite à Rome pour entretenir Pie XI et le cardinal Pacelli de ces ouvertures. La guerre semble avoir interrompu ses projets. En 1939, le gouvernement français l'envoya en Espagne afin de renouer avec les évêques et Franco. Il fut aussi chargé de diverses missions en Hongrie et en Roumanie. En mai 1943, il se proposait d'aller au Vatican, où il se faisait fort de reprendre son œuvre de rapprochement entre la Curie et les Allemands[48].

Un autre conseiller national, l'abbé Sorel, curé de la Grâce-de-Dieu, a été un propagandiste en vue. Au Conseil national, il se signale surtout par sa hargne contre le suffrage universel, auquel il reproche d'avoir chassé des conseils municipaux des hommes de qualité au profit de démagogues et d'avoir suscité l'animosité et les conflits dans de pacifiques communautés agraires.

Le goût pour la politique de l'abbé Ferdinand Renaud, curé de Saint-Charles de Monceau à Paris, ne date pas de l'Occupation[49]. La Première Guerre mondiale a révélé son intérêt pour les questions internationales, qu'il découvre à l'armée d'Orient. Il est reçu par Benoît XV, séduit par ses propositions sur les moyens de développer l'influence catholique en Macédoine. Fort lancé dans les milieux mondains et politiques, en particulier radicaux, l'abbé Renaud a été un artisan de l'acceptation par le pape des associations diocésaines en janvier 1924. Il resta très lié à Mgr Ceretti, le nonce à Paris, qui le recevait affectueusement lorsqu'il avait regagné la Curie. Curé de Saint-Louisen-l'Ile, ami d'Émile Roche, d'Anatole de Monzie et de Georges Bonnet, Ferdinand Renaud se signalait encore par un article dans *La Revue des deux mondes*, du 1er août 1938, sur les relations de l'Église et de l'État, aussi bien pour les nominations épiscopales que pour la proportionnelle scolaire. Déjà cité par Abetz en 1940 comme favorable à la collaboration, l'abbé Renaud fréquente des collaborateurs engagés comme Henry Jamet, directeur de la librairie franco-allemande, ou Marcel Déat. Il attend que d'importantes responsabilités lui échoient. Pourquoi pas l'ambassade de France près le Vatican ? Mais les critiques acerbes contre Pétain et Laval, accusés de tiédeur, n'étaient pas la meilleure voie pour parvenir à remplacer Léon Bérard. Il compte sur l'appui de Mgr Beaussart, qu'il voit beaucoup en 1943, et semble agir pour le compte de Hermann Keller, un agent autrichien de l'Abwehr. Il n'a pas oublié ses anciens amis radicaux puisqu'il intervient pour qu'Édouard Herriot soit transféré de Nancy à La Ville-Évrard, près de Paris, où son évasion aurait été plus facile à organiser[50]. Cet intrigant de nature cherchait surtout à retrouver une importance dont il avait la nostalgie.

Le chanoine Polimann est un héros de la tranchée des baïonnettes à Verdun. Prisonnier libéré, il jouit d'un grand prestige et le met au service de la Fédération nationale catholique au temps du Cartel des gauches. Il est élu député (républicain indépendant d'action sociale) le 20 août 1933. La mesure n'est pas sa caractéristique essentielle. Conseiller national, décoré de la francisque, il trouve Vichy décevant : trop d'arrivistes et trop de gaullistes ! Il préfère la pureté et la dureté de la zone occupée, où il devient un propagandiste de la collaboration dans *La Croix meusienne*, dont il est le directeur (il échange des articles avec *Soutanes de France* de l'abbé Bergey), et dans des causeries à Radio-Lyon et à Radio-Toulouse. Montoire est une entrevue pleine de grandeur ; le débarquement des Américains en Afrique du Nord, qui représente pour tant de Français une lueur d'espoir, constitue pour le chanoine autant « *d'heures douloureuses* ». Le général Giraud est le mercenaire des États-Unis, et de Gaulle celui des Soviets. La condamnation à mort de Pierre Pucheu confirme son jugement : « *M. Pucheu est le premier bourgeois frappé sur l'ordre de Vichinsky, c'est un avant-goût du règne du bolchevisme.* » Ses conférences contre le bolchevisme s'appuient sur l'encyclique de Pie XI, *Divini redemptoris*. À la Libération, le chanoine Polimann sera condamné à cinq ans de réclusion, bénéficiant de l'aide apportée à des réfractaires du STO et de divers contacts. Du 28 mai au 13 juin 1944, il était en Espagne et transmit, à son retour, à Pétain un message de Samuel Hoare, l'ambassadeur de Grande-Bretagne. Il vit aussi Myron Taylor, le plénipotentiaire envoyé par Roosevelt au pape[51].

Le cardinal Baudrillart

Le collaborationnisme du cardinal Baudrillart est surtout une opération de détournement des convictions du vieillard. La dépendance physique a autant d'importance que l'anticommunisme. Une longue vie (Alfred Baudrillart est né en 1859) s'achève dans Paris occupé. Elle fut marquée par une vigueur intellectuelle et de caractère. La méfiance envers l'Allemagne a dominé son esprit jusqu'en 1939. Le retournement après l'entrevue de Montoire en est plus surprenant. Arrière-petit-fils de sénateur, fils d'un économiste membre de l'Académie des sciences morales et politiques, il appartient à une famille d'intellectuels familiers de la presse. Normalien, agrégé d'histoire, il entre à l'Oratoire en 1890. Ses travaux les plus importants ont été puisés dans les belles archives espagnoles de Simancas (*Philippe V et la Cour de France*). Sa passion est la direction de l'Institut catholique de Paris, dont il est recteur depuis 1907. Il y crée une chaire d'histoire des religions et une chaire d'histoire de la Révolution, après avoir imposé une faculté des lettres et maintenu la faculté de droit. Il développe l'enseignement supérieur féminin. Il consacre sa vie à imposer un enseignement supérieur catholique à des évêques indifférents, à éviter la méfiance de la Curie, toujours portée à soupçonner du modernisme. Sans cesse, il recherche des mécènes et des fonds pour une œuvre qui lui inspire l'attachement qu'un père nourrit pour ses enfants. Certains utiliseront ce sentiment. Sa grande joie fut, après l'élection à l'Académie française, d'être nommé cardinal par Pie XI le 6 décembre 1935. Il voyait dans cette élection la reconnaissance par la papauté de la valeur de l'enseignement supérieur catholique français. Son antibolchevisme a été honoré à la même occasion. Dans l'entrevue qu'il accorde au nouveau cardinal, le 6 décembre 1935, Pie XI lui parle immédiatement du bolchevisme, qui s'insinue dans toutes les nations et qui porte la mort. Il s'intéresse à l'action du cardinal qui avait fondé sous son patronage un concours de romans antibolcheviques, et lui fait remettre à cet effet 85 000 francs[52].

Le cardinal, qui appelle à collaborer avec l'Allemagne en 1940, avait pourtant été un champion de l'antigermanisme. Dans la Première Guerre mondiale, il s'était inquiété de l'excellente propagande que l'Autriche-Hongrie développait auprès des États chrétiens contre la France anticléricale et persécutrice de l'Église. Il fut un des fondateurs du Comité catholique de propagande à l'étranger, qui publia des dossiers et des ouvrages collectifs. Il se forma à la propagande, ce qui — hélas ! — déforme les bons esprits. Il la diffusa auprès d'un millier de journaux des pays neutres et on lui doit les campagnes sur l'Allemagne destructrice des hauts lieux de l'esprit (l'université de Louvain) ou de la spiritualité (la cathédrale de Reims en flammes). Il dénonce la faculté de mensonge des Allemands, met en cause les théories de Nietzsche. Les archevêques de Munich et de Cologne, indignés par *La Guerre allemande et le catholicisme*, déposèrent contre lui une plainte à la Curie. L'Académie française fut sensible à l'action patriotique du recteur, qui attira sur ses mérites l'attention de la Compagnie. Il reçut des Chevaliers de Christophe Colomb en Amérique son épée avec l'inscription : « *À celui qui lutta victorieusement contre l'impérialisme allemand.* »

Le recteur a de la sympathie pour l'Italie, moins pour le fascisme de son chef que pour les accords du Latran et pour l'héritage culturel européen qu'elle incarne aux yeux des élites. Il approuve la politique de compréhension de Laval envers l'Italie. Avec quinze académiciens, il signe le manifeste d'Henri Massis du 4 octobre 1935, *Pour la défense de l'Occident et la paix en Europe.* Dans la guerre d'Espagne, il voit le spectre du bolchevisme et médite sur le bilan de quelques mois de guerre civile : « *Onze évêques et la moitié des prêtres et religieux assassinés* », dit-il en février 1937. Il n'a pourtant nulle sympathie pour Franco et il refuse de bénir l'épée que Charles Pichon veut offrir au défenseur de l'Alcazar de Tolède.

Dans les années trente, il voit lucidement le danger d'une Allemagne hitlérienne. « *Le germanisme a réarmé* — écrit-il — *et est devenu foncièrement antiromain.* » Il a bien discerné la dimension raciste du nouveau régime. Le 19 novembre 1938, il écrit dans son journal combien lui plaît l'admirable lettre du cardinal Verdier, archevêque de Paris, au cardinal van Roey de Malines, qui « *marque les points essentiels de la doctrine inhumaine, antijuridique, antiscientifique, injuste, absurde qui constitue le racisme allemand et son odieuse conséquence : l'antisémitisme impitoyable qui sévit en Allemagne. Combien il est heureux que l'Église catholique élève la voix de Dieu et celle de l'Église*[53]. »

Quelle victoire pour les nazis que le ralliement de cet adversaire ! « *Je le sais*, dit Baudrillart au lendemain de Montoire, *le maréchal Pétain a prononcé de ces mots qui déplaisent à des âmes d'une sensibilité maladive, à des imaginations, depuis longtemps intoxiquées par des phrases toutes faites, qui ne sont pas des opinions réfléchies. Ces mots que le Maréchal a laissés jaillir de sa conscience droite et bien informée, ce sont les mots de "coopération" et de "collaboration". La collaboration lui apparaît comme un risque à courir mais, même si elle échoue, elle ne nous laissera pas dans un état pire que celui dont nous commencions à sortir. Cela* — conseille-t-il — *sans que vous portiez sur votre conscience et devant le monde l'odieux d'avoir rejeté la tentative qui aurait pu profiter à tous. Donc suivons notre chef, ses ordres, ses conseils. Remercions Dieu de nous l'avoir donné à l'heure où tout semblait perdu. Non, tout n'est pas perdu, pourvu que nous sachions à temps choisir, vouloir, obéir !* » La déclaration fut publiée en petite brochure sous le titre *Choisir, vouloir, obéir* et rééditée après sa mort, survenue en 1942, sous le titre *Le Testament politique d'un prince de l'Église*. Les conditions de sa diffusion et l'hommage qui la précède, rédigé par Abel Bonnard, laissent supposer une action de propagande bien montée.

Alfred Baudrillart s'est prêté à l'utilisation de son nom pour plusieurs raisons[54]. Il a entière confiance dans le maréchal Pétain. S'il appelle à la collaboration, il faut suivre le « sauveur » qui donne « *sa personne à la France alors que l'accession au pouvoir ne pouvait être comparée qu'à une montée au Calvaire* »[55]. L'anticommunisme du cardinal et l'expérience de 1871 lui inspirent la crainte d'une nouvelle Commune. Le recteur a peur. En juillet 1940, il découvre *La Gerbe* et, dès le lendemain, communique son enthousiasme pour Châteaubriant à Mgr Beaussart, évêque auxiliaire (qui pourrait bien lui avoir apporté le périodique). Il reçoit l'écrivain le 5 septembre 1940. L'allocution du maréchal Pétain du 30 octobre 1940 — « *C'est dans l'honneur et pour maintenir l'unité française [...] dans le cadre d'une activité constructive du nouvel ordre européen, que j'entre aujourd'hui dans la voie de la collaboration* » — montre la « *seule attitude* » à prendre.

Il soutient, comme André Bellesort, le secrétaire perpétuel de l'Académie française, la proposition d'Abel Bonnard d'envoyer à leur confrère, le maréchal Pétain, une adresse de félicitations[56]. Le duc de Broglie et Valéry estiment qu'un tel texte de nature politique excède les attributions de l'Académie ; Duhamel prétend n'avoir pas entendu le message. Il lui est apporté et lu. Paléologue se déchaîne. Picard, arrivé en retard, annonçant l'arrestation de Paul Langevin, l'aide. Bellesort souffle à Bonnard qu'il serait raisonnable de renoncer. Le cardinal juge qu'en cette séance « *l'hypocrisie se mêle à la peur* ». Il croit être le seul académicien courageux en remettant le 12 novembre un texte d'approbation de la collaboration à l'Agence InterFrance. Il est très courtisé par les services de propagande allemands, qui lui ont dépêché un Autrichien catholique, le Dr Ruchl, qui lui affirme que Hitler a écarté Rosenberg et veut désormais beaucoup de bien à l'Église catholique allemande. Les catholiques réagissent aux déclarations du cardinal Baudrillart[57]. L'approbation vient d'Eugène Duthoit, doyen de la faculté catholique de droit de Lille, du recteur de l'Université catholique de l'Ouest, de Mgr Marmottin, archevêque de Reims, et de Mgr Duparc, évêque de Quimper. Mais le nonce apostolique se contente d'une lettre froide et de nombreux correspondants ecclésiastiques sont réservés. Mgr Suhard, archevêque de Paris, rend une visite au recteur et glisse au milieu d'aimables paroles ses regrets de n'avoir pas lu des critiques de la politique antireligieuse des nazis. Une dame reproche à Mgr Baudrillart de s'accrocher au char de Hitler, persécuteur de prêtres et créateur d'une nouvelle religion. Les anciens combattants, qui n'ont pas oublié son combat de la Première Guerre mondiale, sont surpris. L'un d'eux lance de dures paroles : « *Judas, combien as-tu touché pour avoir, en te courbant sous la botte de l'Allemand, ennemi de la France et de l'Église, renié ainsi ta Patrie et ton Dieu ?* » Quand Mgr Chaptal, évêque auxiliaire de Paris, lui adresse des reproches, il attribue son attitude à ses ascendances juives (*sic*) et à ses liens avec le Quai d'Orsay.

Les déclarations pro-allemandes continuent, en mai puis en août 1941. En novembre 1941, il commet une brochure sur le bolchevisme, en émettant le vœu suivant : « *Puisse-t-elle entraîner nos évêques.* » Quand Brinon lui demande son patronage pour la LVF, il l'accorde volontiers. Il reçoit Pierre Laval le 3 juillet 1941 et, quand il apprend l'attentat commis contre lui et Déat à la caserne de la LVF à Versailles, il estime qu'on aurait dû laisser la foule lyncher Collette, l'auteur de l'acte. À la rentrée de 1941, il exprime son antigaullisme (il écrit en général dans ses *Carnets* « l'ignoble de Gaulle ») et son anglophobie en refusant au doyen de la faculté des lettres, Mgr Calvet, la création d'un poste de professeur d'anglais : « *Je ne veux pas qu'on enseigne l'anglais. "L'enseignement de l'anglais est inscrit au programme de notre faculté", tente de le raisonner le doyen Calvet. On ne doit plus enseigner l'anglais, il n'y a plus d'Angleterre. "Mais il y a toujours Shakespeare." Non, nous le supprimons.* » Et accablé par cet effort, il baisse la tête, s'assoupit[58].

Cet acharnement et cette hargne sont quand même surprenants. Y contribue la mentalité du propagandiste intellectuel, qui se croit investi d'une mission de redressement des esprits des médiocres et des « ignorants ». L'entourage du cardinal établit un barrage autour de lui. Le chanoine Tricot, Mgr Bressolles filtrent les visiteurs. Sa nièce et secrétaire, Henriette de Vismes, règne sur la maison de la rue d'Assas. Depuis qu'il l'a accueilli en famille pour sa convalescence après une opération en 1938, Mgr Baudrillart n'a rien à refuser au professeur de droit Le Fur. Abel Bonnard a décidé d'utiliser ce vieillard. Dès août 1940, Duhamel remarque qu'il l'entoure de soins : « *Il commençait de lui parler à l'oreille, de lui injecter son venin. Petit à petit, le cardinal se tassait sur lui-même, Bonnard se penchait de plus en plus. Il avait l'air d'être couché sur la victime. C'était proprement affreux et, à de certains moments, je ne pouvais pas m'empêcher de penser : "Il va lui faire des petits." Bonnard finissait par se retirer et le pauvre cardinal se laissait aller au sommeil, un bras allongé en travers de la table*[59]. » Pitoyable est ce détournement par les propagandistes disciples des nazis d'un grand vieillard, qui s'en apercevait parfois. Il disait à Jean Calvet : « *Ne m'abandonnez pas. Que puis-je ? On m'attribue des mots que je n'ai pas dits.* » Mais il refusait de protester, de crainte de compromettre l'Institut catholique et il pleurait.

« Monseigneur » Jean de Mayol de Lupé

Les serments et proclamations de Jean de Mayol de Lupé sont sans la moindre ambiguïté. Il a reçu la grâce politique en 1933 et se vante d'avoir été un des premiers nazis français[60]. La conversion est trop exceptionnelle pour avoir valeur de témoignage pour l'ensemble de l'Église. Elle tient à une personnalité étrange et à une marginalité que masquaient son goût des mondanités et son amour de l'armée.

Cette famille légitimiste se conduit au XXe siècle comme ses ancêtres vivaient au XVIIIe siècle. L'enfant qui naît, le 21 janvier 1873 — jour anniversaire de la mort de Louis XVI — est voué à la vie religieuse parce que la foi est grande (trois de ses sœurs seront religieuses) mais aussi parce qu'il faut relever les droits de la famille de sa mère, une Caraciolo di Girifalco. Né dans un autre milieu, Jean aurait choisi le métier des armes et, bien encadré, se serait épanoui comme attaché militaire dans un royaume balkanique. Les Mayol de Lupé sont d'une famille du Forez anoblie au XVIIIe siècle. Son père, sous le second Empire, a préféré servir le roi de Naples. Ruiné par le krach de l'Union générale, il se retire de la vie active et se livre à des travaux historiques. Pour sa mère, Élisabeth Caraciolo, il importe qu'un des enfants bénéficie des honneurs ecclésiastiques attachés à sa lignée. Jean sera bénédictin.

Après son ordination de prêtre en 1900, il passe deux ans dans un couvent bénédictin en Belgique, qui ne convient pas à son tempérament. Il aurait souffert d'une « anémie » vite guérie par un séjour en Italie. Il est « détaché » de l'ordre en 1908 et rejoint son oncle Mgr Luigi Caraciolo, abbé de Saint-Antoine de Naples. Il accompagne le cardinal Satolli en France, devient chapelain aulique de la maison de Bourbon. La Première Guerre mondiale est vécue comme aumônier d'une division de cavalerie. Prisonnier libéré, il reste après la guerre aumônier militaire, un peu diplomate, médiocre observateur en Bulgarie, Syrie, Maroc. En 1934, chanoine du chapitre de la cathédrale de Lucera, il bénéficie du titre de « Monsignore », qui désigne les moins importants des prélats. Telle est l'origine de l'appellation de « Monseigneur » que ses fidèles donnent en France à celui qui ne fut jamais évêque.

Vient le temps de la retraite prise dans un appartement de la rue Émile-Accolas, mis à sa disposition par le comte de Charnière en remerciement de ses interventions pour l'annulation de son mariage. Il aime jouer au conseiller matrimonial de couples importants, puisqu'il convainc Mme Caillaux de sanctifier son union par un mariage religieux. Une réelle amitié l'unit alors au président, qui lui procure des conférences à la radio et, lui-même protégera sous l'Occupation de l'animosité des nazis ce pacifiste redevenu, à Mamers, patriote résolu.

Excellent latiniste, Jean de Mayol de Lupé trompe son ennui et brise sa solitude par des leçons de latin à des jeunes gens du meilleur monde qu'il entraîne, comme les Vilmorin, au Comité France-Allemagne. Il assiste au congrès de Nuremberg en 1938, où il rencontre Otto Abetz et Julius Westrick, qui ne l'oublieront plus. En 1940, il fréquente l'ambassade d'Allemagne à Paris sous prétexte d'intervenir pour de nombreux protégés. Quand se crée la LVF, les nazis estiment qu'un patronage ecclésiastique aurait un effet entraînant dans des milieux traditionnels, qui leur conviennent mieux que les chômeurs parisiens. Il leur faut un aumônier. Les prêtres sollicités se dérobant tous, Westrick mobilise « Mgr » de Mayol de Lupé et enjoint à l'aumônier intérimaire de faire ses bagages pour gagner immédiatement le camp de Deba en Pologne, afin de sanctifier la cérémonie du serment. Joseph Caillaux tente de le détourner de cette « *lourde erreur* ». En vain. « Monseigneur » est trop heureux de revêtir à nouveau l'uniforme avec, seule concession à la France, la croix pectorale d'aumônier militaire français.

Le vieillard altier, au beau front élevé, au masque latin moins alourdi que la silhouette, fait claquer ses bottes à éperons et joue son rôle au camp de Deba. Il exécute en vingt minutes la messe devant les légionnaires, auxquels a été lancé l'ordre « *Enlevez vos casques pour la prière !* » Il leur dit : « *Dieu protégera les défenseurs de la civilisation chrétienne.* » Ensuite, les légionnaires prêtent serment au Führer : « *Je fais le serment solennel devant Dieu d'obéir strictement au chef des armées allemandes et alliées, Adolf Hitler, dans la lutte contre le bolchevisme et d'être prêt à tout instant à faire en brave soldat le sacrifice de ma vie.* » Tout cela n'est pas bien catholique mais « Monseigneur » a des compensations. Il renoue avec la fougue de sa jeunesse évanouie, en réunissant chaque soir dans sa chambre d'anciens scouts engagés dans la LVF ; deux jeunes royalistes servent sa messe. Il obtient enfin la grâce de Pierre de Polignac, des promesses pour celle de Pierre d'Harcourt, la libération des quatorze prisonniers de guerre du village de Lupé. Enfin, Mme Abetz est sa marraine de guerre. La caution de « Mgr » de Mayol de Lupé est aussi bonne que la mission de lutte contre le bolchevisme athée, pour attirer de jeunes traditionalistes. Jean-Marie Rousseaux, ce jeune Flamand qui n'avait pas voulu adhérer à l'Action française, condamnée par le pape, sans emploi il est vrai après son renvoi du secrétariat de la mairie de Cholet par un maire qui ne partageait pas son enthousiasme pour Montoire, s'engage à la LVF, fleur de lis à la boutonnière, « pour Dieu contre le communisme [61] ». Il est juste de dire que l'Église n'approuve pas le combat de la LVF. L'adjoint de « Mgr » de Lupé, l'abbé Gordes, fut suspendu un temps du droit de dire la messe et d'administrer les sacrements par Mgr Dubourg, l'évêque de Besançon.

« Monseigneur » ne se contente pas d'exercices spirituels ; il s'épanouit dans les joies de la haute politique. Lorsque Jacques Benoist-

Méchin suggère à Pierre Laval, excédé du noyautage de la LVF par le PPF, de créer la Légion tricolore, il se précipite à Vichy pour neutraliser le nouveau mouvement. À Paris, il participe à plusieurs meetings des mouvements collaborateurs. Il défile à la tribune du Vel' d'Hiv', escalade celle du palais de Chaillot et trône à la salle Wagram. Son image envahit les écrans de la propagande. Il donne encore de sa personne lorsque la LVF est fondue dans la Waffen SS. Les catholiques, partis dans la LVF pour une croisade contre l'Antéchrist, renâclent de se retrouver dans la SS athée qui chante :

Où nous passons tout s'écroule
Car le diable marche avec nous.

Le médecin-lieutenant Métais est un des adversaires de l'intégration dans un « *corps d'armée dirigé par des ennemis de l'Église*, [qui] *s'inspire de rites païens, de mythes germaniques sinon nordiques, par lesquels on célèbre les solstices, symbolise la roue solaire ou la rune d'Odal. D'autre part, il n'y a pas de croix sur les tombes*[62] ». L'aumônier balaie les objections religieuses, souffle sur les braises un peu éteintes de l'anticommunisme, promet le paradis aux braves. Il reçoit le renfort de deux aumôniers miliciens, l'abbé Lara et l'abbé Brevet, apparenté à Joseph Darnand. Les miliciens catholiques repartent au feu sinon très convaincus mais l'âme apaisée par les quelques hommes d'Église, derniers témoins d'une cohorte qui avait veillé sur les fondateurs des mouvements civiques de Vichy.

La Milice et Philippe Henriot

Quand Pierre Laval crée la Milice le 30 janvier 1943, il espère récupérer l'héritage de la très pétainiste Légion française des combattants, dont la naissance en août 1940 avait attiré un clergé ancien combattant et la bienveillance de l'Église. Nombre de dirigeants de la Légion étaient des catholiques fervents, à commencer par son directeur général, François Valentin, le jeune député de l'Entente républicaine à Nancy, ancien président de l'Union régionale de Lorraine de l'ACJF[63]. Jacques Péricard, un des fondateurs de la DRAC, est un des vice-présidents de la Légion. Le chanoine Polimann est membre du directoire. Dix ecclésiastiques figurent dans les comités départementaux et cent quatre-vingt-douze autres dans les postes dirigeants du mouvement dans le canton ou la commune, en particulier en Lozère et Aveyron. Les ecclésiastiques sont nombreux dans les tribunaux d'honneur de la Légion française des combattants[64]. Le père Bruckberger se laisse entraîner par son ami du corps franc, Joseph Darnand, le 6 octobre 1940 à la première réunion au grand casino de Nice. Il faudra l'entrevue de Montoire pour qu'il oriente ses pas vers d'autres horizons. Les grandes cérémonies de la Légion comportent presque toujours une messe légionnaire.

La Légion française des combattants, après un grand succès — ce fut le plus grand mouvement en nombre d'adhérents jamais connu en France et cela uniquement pour la zone sud — prit un visage déplaisant. La délation, pratiquée au niveau local, la rendit odieuse. Devant l'impopularité et même l'abstention de nombre de ses adhérents, l'Église manifesta plus de prudence. Le 5 septembre 1941, les évêques de zone non occupée demandaient aux prêtres de se retirer des fonctions actives de la Légion, même des bureaux locaux, afin d'éviter des équivoques politiques. L'Église, en dépit des demandes de dirigeants de l'État français, s'en tint à cette interdiction comme le prouve en 1943 une lettre de Mgr Chappoulie à Jacques Péricard, où il lui dit qu'en accord avec Mgr Gerlier et Mgr Saliège, il s'oppose à la nomination au tribunal d'honneur légionnaire de l'archiprêtre de la cathédrale de Rodez.

Le plus grave était à venir. Darnand dégage en février 1942, au sein de la Légion, un groupe activiste — le Service d'ordre légionnaire (SOL) — dont la mission est de repérer et de réprimer les promoteurs de la propagande antigouvernementale, de se préparer à assurer en toutes circonstances le fonctionnement des pouvoirs publics. Les arènes de Cimiez retentissent d'appels à la foi française et à l'esprit communautaire, qui laissent l'Église plus froide que certains catholiques qui adhèrent au SOL pour défendre, contre le communisme, les valeurs de la chrétienté. La création de la Milice le 30 janvier 1943 ne change rien pour eux dans l'immédiat, puisque le mouvement lutte contre les communistes athées destructeurs de l'unité française. Jean Degans, chef du service de renseignements de la Milice, est un ancien de l'Action française, catholique fervent qui prie longuement avant d'organiser une opération de représailles. La Milice offre dans son hebdomadaire *Combats* une chronique catholique, qui s'en prend aux « *démo-gaullistes* » soutenus par un « *certain clergé qui, mal informé ou gagné lui aussi par le virus politique, a suivi sur le sentier de la dissidence les brebis égarées qu'il aurait dû remettre sur la route droite que l'Église a toujours tracée* ». Le 29 août 1943, *Combats* donne un écho de la visite de De Gaulle (toujours appelé « *le traître de Gaulle* ») à Mgr Birraux, supérieur de l'ordre des Pères blancs à Alger, avec cette fielleuse réflexion : « *Souhaitons à Mgr Birraux de n'être pas un jour décervelé par les communistes que son hôte a si généreusement protégés en Afrique du Nord.* » Le passé proche impose l'évocation des pillages et incendies de monastères en Espagne en 1936.

L'actualité fournit les images atroces du charnier de Katyn où les Soviétiques ont caché les corps des élites polonaises, qu'ils ont assassinées : « *Nous avons ancré, au plus profond de notre foi française et de notre foi chrétienne, le sentiment que les cent évêques et les quarante-deux mille prêtres russes abattus par le bolchevisme reconnaissent dans la mort nos martyrs, et qu'ils les préfèrent aux Tartuffes bien-pensants qui applaudissent Staline aux marches de l'Europe, Vichynski sur la route de Rome et Martyr à Alger.* »

À Uriage, devenu école des cadres de la Milice après la dispersion de l'école des cadres du SGJC (Dunoyer de Segonzac et ses fidèles ont maintenant rallié la Résistance et pour certains le maquis), Noël 1943 sacrifia à la dévotion. La messe de minuit fut célébrée à 19 heures dans le village de Saint-Martin-d'Uriage : « *Ces hommes à l'uniforme sombre, timbré du gamma, allaient se recueillir et prier*[65]. » La Milice lance le 9 janvier 1944 un appel aux prêtres abusés. Il s'adresse aux curés de Rémillieux, à l'abbé Glasberg, aux pères Mole, Roullet et Aupiais et à de nombreux curés de Lyon et de Saint-Étienne, avec la menace : « *Quiconque usera du glaive périra par le glaive.* » Il met en cause l'orgueil et la naïveté de ces religieux, abusés par les forces politiques clandestines : « *Savez-vous que maintenant vous poussez les hommes à l'assassinat, que vous dressez des enfants contre leurs parents ?* » La Milice les adjure : « *Prêtres un instant abusés par une propagande mensongère, songez aux âmes dont vous avez la responsabilité ! Cessez d'être un instrument docile aux mains de politiciens sans scrupules, cessez d'être les complices d'actes dont vous ne soupçonnez pas les conséquences mais dont vous apparaîtrez responsables le jour où la guerre civile déchirera la France*[66]. »

Philippe Henriot

En décembre 1943 devenait secrétaire d'État à l'Information le milicien Philippe Henriot. Enfant d'une famille d'officiers catholiques, il est aussi homme de foi et il aime l'affrontement. Professeur de lettres dans l'enseignement libre à Sainte-Foy-la-Grande, il gère le domaine viticole de sa belle-famille à Eynesse. Il écrit des poèmes, deux romans, des articles dans *La Liberté du Sud-Ouest*. Sa rencontre avec l'abbé Bergey, curé de Saint-Émilion, l'amène à la FNC dont il devient un des orateurs et à l'Union républicaine de Gironde. En 1932, il succède au curé de Saint-Émilion dans son siège de député. Il devient vice-président de la Fédération républicaine et président des jeunesses du parti. À la Chambre, l'éloquence de cet adversaire acharné de la franc-maçonnerie et en particulier de Camille Chautemps est remarquée.

Avec lui, Vichy a trouvé un propagandiste qui va tirer de la radio des effets particulièrement efficaces. Bientôt, les Français sont à l'écoute de ses deux émissions quotidiennes à 12 h 30 et à 21 h 40. Ils ne sont pas obligatoirement convaincus mais ils sont sensibles à son talent, à sa sincérité, à un ton à nul autre comparable. Avec lui, la radio devient vivante et émouvante. La polémique n'est sans doute pas ce qui attire le plus, même s'il dialogue sans réponse avec le journaliste de la radio d'Alger, Benazet, qu'il apostrophe. Le ton qui mêle vulgarité et culture (Thorez, « *ce Fouquier-Thinville en saindoux* ») surprend et retient. Il séduit en lisant des poèmes de Victor Hugo ou en composant un hymne à la petite espérance du jour de Pâques 1944. Il sait déclencher la peur. Nul n'aurait osé exploiter la tragédie de Voiron où des élèves tuèrent un industriel, chef milicien condamné à mort par Londres, mais aussi toute la famille, sa mère, sa tante et un bébé de trois mois (« *Et dans le petit lit tout rouge de sang, la même balle, au même endroit, a fait un cadavre de plus* »).

Henriot a une prédilection pour l'édification des catholiques abusés par le clergé, qui « *fait cause commune avec les gaullistes, les dissidents, les réfractaires. Il s'imagine, lui aussi, prendre des assurances contre les excès et les violences dont ses confrères loyaux seront victimes* [...] *Pas un mot de condamnation n'est porté le plus souvent contre des publications qui se targuent de défendre l'Église et qui entremêlent les pleurnichardes homélies de Maritain d'appels à la haine et à l'insoumission* ». Il accuse les organisations religieuses de recevoir de l'argent du maquis. Les bombes sur Rome ou sur le mont Cassin sont l'occasion de placer devant un choix « *les catholiques, qui constatent que les barbares ne respectent plus ni la Ville éternelle, capitale permanente de la Paix, ni les valeurs spirituelles qui s'abritent en elle* [et] *cessent enfin de se contenter des alibis scandaleux que la terreur essaie de fournir à l'impuissance* » (18 février 1944). Le patronage du saint-père est invoqué le 5 mars 1944 : « *L'appel du saint-père, sa protestation douloureuse contre la méconnaissance des lois inviolables qui les protègent l'une et l'autre, n'ouvriront-ils pas les yeux de ceux qui souhaitent encore le triomphe des barbares, pour n'avoir pas compris que la lutte que ceux-ci ont engagée est bien vraiment la lutte diabolique des forces du mal contre les deux richesses dont nous étions le plus fiers : la civilisation et la chrétienté ?* »

On ne sait si les auditeurs étaient convaincus mais il est sûr qu'ils étaient fidèles au rendez-vous dramatique quotidien. Le style du reportage rompait avec le style empesé et solennel de la radio nationale : « *J'ai tout à l'heure déjeuné avec le Maréchal* [...] » (9 mai 1944). Le 29 mars 1944, il est au plateau des Glières après l'assaut allemand. Il décrit le site, interroge les prisonniers qu'il insulte en les entendant supplier : « *Mais vous n'allez pas me fusiller au moins...* » La conclusion est tranchante : « *J'aurais voulu trouver des hommes. J'ai trouvé des loques.* » Et il revient sans cesse sur sa critique de la Résistance, faite par des assassins, des voleurs, des jeunes abusés par ceux qui tirent les ficelles : juifs, francs-maçons, Américains. Le débarquement redouble son agressivité. Il fut décidé d'arrêter cette propagande. Le 28 juin 1944, une opération est montée pour le tuer. Un commando de résistants, portant l'uniforme des miliciens, se présente à Paris au ministère de l'Information. On les laisse entrer. Ils montent jusqu'à l'appartement et abattent Philippe Henriot. La Milice est déchaînée. Des affiches sont placardées : « *Ils ont voulu étouffer la vérité* » et elle agit. À Vichy, un conflit naît avec la municipalité lorsqu'elle débaptise la rue du Président Wilson en rue Philippe-Henriot. Les miliciens de Mâcon et ceux de Lyon de Paul Touvier assassinent.

Philippe Henriot était ministre d'un gouvernement qui tient à donner à ses funérailles un grand éclat. Il met l'Église dans l'embarras. Les obsèques nationales requièrent la présence de l'archevêque de Paris, qui devra prononcer quelques mots. Philippe Henriot était un catholique fervent. Il avait rendu de grands services à la Fédération nationale catholique. Un peu partout en France, la Milice demandait des messes et cérémonies pour Henriot et invitait les évêques à les célébrer. À Bordeaux, Mgr Feltin préside le service et prend la parole pour faire l'éloge du catholique Henriot.

Le gouvernement Laval décrète des obsèques nationales à Notre-Dame. Le cardinal Suhard réprouve l'attentat, écrivant dans ses cahiers : « *C'est le mépris de la personne humaine poussé jusqu'au mépris de la vie*[67]. » Sera-t-il présent ? Fera-t-il l'éloge du ministre et flétrira-t-il la Résistance comme lui demande Pierre Laval ? L'archiprêtre de Notre-Dame aurait pu remplacer le cardinal. Tel était le conseil du père Le Sourd, secrétaire du cardinal. Mgr Beaussart rappelle que l'archevêque de Paris a toujours été présent à des obsèques nationales. Finalement, Mgr Suhard adopte une attitude « de juste milieu » : « *L'archevêque de Paris assiste aux obsèques d'un ministre catholique mort dans l'exercice de ses fonctions.* » Une chapelle ardente fut dressée pour le dépôt du cercueil du 30 juin au 3 juillet. Les quinze ogives du chœur étaient tendues de tentures noires, des trophées de drapeaux tricolores ornaient le balcon, le transept et l'autel. Une grande croix dominait la décoration. La basilique Notre-Dame de Paris reçut pour rémunération d'une cérémonie religieuse de première classe : 50 950 francs[68].

Mgr Suhard a donné l'absoute et, sans prononcer d'allocution, a quitté aussitôt après Notre-Dame. Les résistants catholiques ne lui pardonneront jamais sa présence.

8

L'ÉPURATION DE L'ÉGLISE

À 21 h 45, le 24 août 1944, Paris était libéré. Le bourdon de Notre-Dame annonce l'arrivée du premier char de la division Leclerc place de l'Hôtel-de-Ville. Dans toutes les paroisses, les cloches saluent dans le crépuscule la délivrance de la capitale. L'heure des comptes a aussi sonné.

26 AOÛT 1944 : MGR SUHARD INTERDIT À NOTRE-DAME DE PARIS

En ce 26 août 1944, le général de Gaulle célèbre la Libération de Paris en donnant rendez-vous au peuple français à l'Étoile et à Notre-Dame. Il rend hommage aux gloires militaires du passé et témoigne sa reconnaissance à Dieu. Ainsi est rendu à lui-même, « *par le spectacle de sa joie et l'évidence de sa liberté* », un peuple qui sort de la servitude et applaudit le symbole de l'unité nationale[1]. Il a imposé cette manifestation populaire à un entourage inquiet des risques ; les combats ne sont pas finis, des attentats ou des troubles ne sont pas exclus. De Gaulle passe outre.

Le cardinal Suhard s'apprête à accueillir le général de Gaulle à Notre-Dame. Il hésite devant la célébration d'un *Te Deum* qui lui semble prématuré pour un « gouvernement de fait ». Cette prudence, en contradiction totale avec les sentiments des Parisiens, montre que Mgr Suhard vit dans une bulle préservée des chocs du monde. Le réveil sera rude pour un prélat qui ne s'attendait pas à la foudre que les gaullistes chrétiens allaient faire tomber sur l'Église de Paris. L'archevêque de Paris ne s'étonne pas de l'accueil glacial qu'a reçu son émissaire à l'Hôtel de Ville le 24 août 1944. Mgr Beaussart s'y est présenté au préfet. Ce dernier a consulté l'aumônier des FFI, qui lui a indiqué qu'il était hors de question qu'une rencontre ait lieu entre le général de Gaulle et l'archevêque de Paris, auquel il reprochait d'avoir reçu le maréchal Pétain et d'avoir donné l'absoute lors des obsèques de

Philippe Henriot. Il suggère de célébrer le *Te Deum* à Notre-Dame-des-Victoires. Mais Maurice Schumann et Jean Marin disent qu'il faut aller à Notre-Dame.

Dès le matin du 26 août, des ecclésiastiques résistants viennent avertir l'archevêché. L'abbé Lancrenon et le père Chaillet confirment que Georges Bidault, président du CNR, n'acceptera pas que le cardinal archevêque préside la cérémonie. Mgr Suhard espère encore que le général de Gaulle ne tiendra pas compte des avis des démocrates-chrétiens et voudra être reçu en toute solennité à Notre-Dame. Il interprète tout reproche comme une calomnie et une injustice insupportables. Par différents émissaires — et l'Église de Paris n'en manque pas — il adresse au général de Gaulle le message d'associer à la Libération de la ville son évêque, qui n'a jamais démérité et qui ne fait que respecter le pouvoir établi, celui du passé et celui de l'avenir. Les résistants chrétiens craignent que Charles de Gaulle, dont la largeur de vue et le respect des autorités ecclésiastiques sont connus, n'accepte l'explication. Le père Bruckberger et Francis-Louis Closon disent à de Gaulle que le cardinal risque de prononcer des paroles de condamnation et que sa sécurité ne saurait être garantie. De Gaulle cède à l'argument de la sécurité[2].

Francis-Louis-Closon et le directeur de cabinet de Parodi, Segala, se présentent à l'archevêché peu avant midi et donnent avis au cardinal que le gouvernement ne veut pas de sa présence à Notre-Dame à 16 h 30. Le cardinal blêmit sous l'affront et demande comment le gouvernement peut interdire à l'archevêque de Paris l'entrée de « sa » cathédrale. Poliment, Closon parle de l'impossibilité d'assurer la sécurité du cardinal et se retire sans discuter. Des policiers entourent l'archevêché. Mgr Courbe prédit que Charles de Gaulle aura le sort d'Héliodore qui, au second siècle, fut empêché par une intervention divine d'entrer dans le temple de Jérusalem dont il convoitait les trésors. Mgr Brot, archiprêtre de la cathédrale, avertit qu'il lui est ordonné de recevoir le Général, qui sera accompagné du père Bruckberger et du père Houchet, aumônier de la 2e DB. L'entourage du cardinal Suhard ne perd pas espoir et lance diverses opérations. Une protestation contre la détention du cardinal Suhard est remise à Mgr Brot, qui la présentera au général de Gaulle en l'accueillant. Il se peut que Mgr Chevrot, curé résistant de Saint-François-Xavier, ait été sollicité d'intervenir. L'aumônier de la division Leclerc est facile à toucher. En effet, l'abbé Rodhain, l'aumônier des prisonniers de guerre qui avait accompagné le 22 août le cardinal au Val-de-Grâce pour visiter les blessés, s'est porté au-devant des chars de la 2e DB à la Porte d'Orléans. Il a proposé au père Houchet, qui ne connaît pas Paris, de le guider[3]. Et le voilà embarqué dans la Jeep qui les conduira dans Paris et quand même à l'archevêché vers 18 heures... Le 26 août, l'abbé Rodhain, calot sur la tête, et l'abbé Houchet franchissent le barrage policier et proposent d'emmener le cardinal à Notre-Dame. Mais Mgr Suhard n'est pas un cardinal de commando et décline l'invitation.

Mgr Brot, l'archiprêtre de Notre-Dame, accueille le général de Gaulle au portail de la cathédrale et lui arrache l'expression d'un regret pour l'absence du cardinal due à l'insécurité. À la sacristie, Mgr Beaussart et le père Bruckberger s'affrontent. L'évêque auxiliaire lui demande la signification de l'interdiction portée contre le cardinal. Le père Bruckberger est direct : « *Monseigneur, le gouvernement ne veut pas que le Général soit reçu par le cardinal qui a reçu le commandant allemand du Grand Paris.* » Et il ajoute qu'il attend la démission des coupables. Mgr Beaussart rétorque que les évêques ne dépendent que du pape et déplore l'attitude antireligieuse des gaullistes.

Pendant ce temps, le général de Gaulle a gagné le chœur. En silence, car l'électricité a été coupée, empêchant le fonctionnement des orgues, ce que remarquera bien le Général. Des coups de feu claquent. Des assistants se jettent à terre. Le général Koenig leur ordonne de se relever. Des chanoines quittent leur place pour se réfugier à la sacristie en criant à l'attentat. Le père Bruckberger se précipite dans l'église. On tire des galeries, des orgues sur la foule. Les policiers ripostent. L'aumônier des FFI fait le signe de croix sur la foule pour donner l'absolution. Quelqu'un souffle au curé de Maisons-Alfort, l'abbé Joulin, qu'il faut chanter. Il ne se souvient plus du *Te Deum* et entonne le *Magnificat*, que le général de Gaulle et une partie de la foule chantent. Le Général s'incline devant l'autel et, par l'allée centrale, quitte Notre-Dame où la cérémonie inachevée n'a pas duré un quart d'heure. De Gaulle, chef de l'État, aura l'occasion de revenir à Notre-Dame mais il confiera ses obsèques au curé de Colombey-les-Deux-Églises, au peuple de France, laissant les pouvoirs publics et les grands du monde prier devant un cénotaphe à Notre-Dame de Paris...

Dans les jours suivants, l'agitation, l'abattement et l'inquiétude se partagent les esprits à l'évêché. Le cardinal est humilié et effondré. Il s'informe auprès du jeune abbé Depierre de la Mission de Paris des sentiments des ouvriers de Paris. Le missionnaire de Montreuil explique la joie du peuple et son espérance de justice et de dignité qu'incarne le général de Gaulle. Il insiste : moins que d'un changement de gouvernement, il s'agit d'une révolution. Le cardinal avoue qu'il n'avait pas compris. Il craint maintenant de s'être rendu indigne de sa fonction et d'être détesté de ce peuple, dont il n'a pas partagé l'ardeur des sentiments. Il veut voir le général de Gaulle. En larmes, il demande à Mgr Miejecaze, directeur de Stanislas, de lui obtenir un rendez-vous de cet ancien élève, devenu éminent. Le 29 août, poussé par les évêques auxiliaires, il adresse à chaque curé de la capitale une lettre à lire aux fidèles à la messe du dimanche, selon le modèle donné par Mgr Saliège en août 1942 :

> « *De notre propre initiative. Nous avions décidé de chanter un* Te Deum *à la cathédrale pour remercier Dieu de la libération de Paris, de la victoire remportée par nos soldats, par les armes de nos alliés, par le peuple parisien. Averti des intentions du chef du gouvernement provisoire de la République, Nous voulions accueillir Nous-même le général de Gaulle à Notre-Dame en cette heure historique. Une décision de l'autorité gouvernementale Nous a empêché par la force de sortir de l'archevêché et de Nous rendre à la cérémonie. Cette mesure que Nous ne voulons pas qualifier Nous a profondément peiné. Notre peine, nous en sommes sûr, sera partagée par le clergé et les fidèles du diocèse. Cependant, pas plus que leur archevêque, ils ne voudront oublier que la France souffre, que l'ennemi n'est pas encore chassé de tout le territoire national, que l'union de tous les Français est plus que jamais nécessaire. C'est à fortifier cette union, condition du salut de la patrie, que tendront inlassablement la prière et les efforts de l'archevêque de Paris*[4]. »

Son secrétaire, le père Le Sourd, dont on se souvient qu'il n'était pas d'accord pour la participation de Mgr Suhard aux obsèques d'Henriot, désapprouve ce texte de combat et il demande aux curés de Paris de ne pas le diffuser. Un communiqué dans la *Semaine religieuse* du diocèse s'y substituera le 31 août 1944. L'abbé Rodhain obtint que le ton n'en soit pas polémique : « *Notre cœur est plein d'allégresse. On sait qu'il n'a pas dépendu de nous de présider aujourd'hui, comme nous nous en réjouissions, à l'action de grâce de Paris dans notre cathédrale, mais rien n'étouffera en nous notre joie de Français.* » Mais le pape reçoit un récit circonstancié des événements.

Le père Bruckberger proposa d'organiser un service à Notre-Dame-des-Victoires. Le général Koenig exigea les plus grandes mesures de sécurité, traduisant le mécontentement du général de Gaulle : « *S'il y a la moindre pagaille, le Général ne met plus les pieds dans une église.* » La messe se déroula le 1er septembre 1944 en présence du général de Gaulle, devant cinq cercueils de résistants parisiens. L'aumônier des FFI lut l'épître de la messe de saint Louis du 25 août, jour de la délivrance complète de Paris : « *En ces jours-là, un chef se leva, qui accrut la gloire de son peuple* [...] *Il poursuivit les méchants, les cherchant de tous côtés, et il fit brûler dans les flammes ceux qui troublaient son peuple*[5]. »

Le cardinal Suhard attendit un peu plus longtemps que prévu l'audience espérée. L'intervention de Mgr Théas, évêque de Montauban, que la Jeep de l'abbé Rodhain alla chercher à Compiègne, fut décisive. Inquiet de sa rencontre avec Massigli et Bidault, qui parlent de renvoyer trois cardinaux et trente évêques, Mgr Théas, sachant qu'il est plus efficace de s'adresser à Dieu qu'à ses saints, a soigneusement préparé l'entretien et joue la carte du chrétien de Gaulle.

Le 7 septembre 1944, il attaque : « *Vous êtes militaire, je vous parlerai en style militaire.* » Il note que de Gaulle l'écoute avec « *sérénité, avec suavité, avec humilité*[6] ». Mgr Théas plaida l'innocence politique du cardinal et la nécessité de dépasser les déceptions du résistant pour atteindre la magnanimité du chef d'État. Le Général éprouve de la rancœur contre celui qui n'a pas su agir comme le cardinal Mercier : « *Et vous auriez voulu que celui qui a honoré deux antilibérateurs reçoive le libérateur que je suis ?* » S'il en juge par le premier communiqué de Mgr Suhard, il n'est pas sûr de ses regrets. Mgr Chevrot alla dans le même sens. Les curés de Paris firent bloc autour de leur archevêque qui se console en présidant à Notre-Dame une messe pour la DCA américaine et en recevant la visite amicale de l'archevêque de Westminster.

Enfin, le 21 septembre 1944, de Gaulle donne audience au cardinal et, après avoir précisé qu'il a approuvé l'action de son entourage pour des raisons de sécurité, il demande quel service l'Église attend et quel service elle rendra à la France. Le cardinal reprend à dessein les expressions des cardinaux et archevêques de 1941 et promet des services « *avec loyauté, sans inféodation* ». Le cardinal s'inquiète du communisme. De Gaulle se veut rassurant. Le cardinal ose évoquer les subventions à l'école libre. Le Général se tait. La conversation s'adoucit quand l'archevêque explique le rôle de la Mission de Paris. Le cardinal exprime son amertume de la journée du 26 août, des commentaires méchants de la radio et de la manière dont a été sapée l'autorité qui lui est nécessaire pour gouverner son diocèse (excellent argument)[7]. Le Général veut bien admettre que l'Église respecte l'ordre établi et que, chez le cardinal, « *la piété et la charité sont à ce point éminentes qu'elles laissent peu de place dans son âme à l'appréciation de ce qui est temporel*[8] ».

Le pape réconforte le prince de l'Église le 14 octobre 1944 : « *Nous n'avons pu apprendre sans une douloureuse émotion, ni sans partager votre tristesse, le pénible épisode du 26 août. Connaissant bien la fidélité indéfectible et l'esprit de sacrifice avec lesquels vous avez servi la cause sainte de l'Église, nous saisissons, avec tout l'empressement de notre affection paternelle en ces jours d'amertume pour vous, l'occasion de vous faire parvenir une parole de réconfort et d'encouragement.* » La réparation vint. Le 9 mai 1945, le cardinal Suhard célébra à Notre-Dame, en présence du général de Gaulle, le *Te Deum* de la victoire.

Les cathédrales retentissaient de messes d'action de grâces pour la Libération et les évêques se ralliaient au nouveau pouvoir établi comme il l'avait fait pour l'ancien. Que le cœur les y portât autant est une question de conscience intime. Si, pour le second cardinal, Mgr Gerlier, il n'y avait guère de problème avec le pouvoir, il n'en fut pas tout à fait de même pour le troisième cardinal français, Mgr Liénart. Mais il n'y eut pas à Lille d'affaire du cardinal.

Mgr Liénart ayant appris l'exclusive lancée contre le cardinal Suhard le 26 août 1944 à Notre-Dame prit les devants. Il annonça un *Te Deum* à Saint-Maurice le 8 septembre 1944 et, au lieu d'attendre les gestes des autorités, il les invita à la messe d'action de grâces[9]. Le général de Gaulle visita Lille comme les grandes capitales régionales. Seul, Mgr Saliège à Toulouse a droit dans les *Mémoires de guerre* à un adjectif (« *vaillant* »). Il mentionne Mgr Feltin présent à la préfecture à Bordeaux, Mgr Gerlier, et Mgr Liénart qui célèbre la messe à Lille. Le 1er octobre 1944 à Lille, le cardinal Liénart était invité avec les autorités à la préfecture. Le commissaire de la République, Francis-Louis Closon, et Maurice Schumann, deux gaullistes catholiques, souhaitaient la rencontre entre le cardinal et le Général. Mgr Liénart dit : « *Général, je viens vous présenter mes hommages. Nous avons eu la délivrance. Nous vous en sommes reconnaissants. Vous savez, par principe, je suis fidèle au chef de l'État*[10]. » De Gaulle lui répondit qu'il comptait sur l'Église pour l'aider dans sa tâche. Mgr Liénart entendit avec plaisir la courte allocution où de Gaulle fit appel à toutes les bonnes volontés, rappelant que les Français ne pouvaient compter que sur eux-mêmes. Le 2 octobre, le Général assista à la messe dominicale de 8 h 30 célébrée par le cardinal. Dans l'assistance était la famille Maillot, si proche et si aimée de Charles de Gaulle. Le cardinal accueillit le Général dans le chœur. Et à Lille, les orgues fonctionnèrent. À la sacristie, de Gaulle signa le livre d'or, évoqua sa rencontre avec le pape et souhaita que le cardinal Liénart se rende rapidement à Rome. Le Vatican n'a pas encore reconnu le GPRF et les rapports sont tendus à cause du refus du pape de remplacer le nonce Valeri. De Gaulle n'avait pas intérêt à s'aliéner deux cardinaux. Le commissaire de la République Closon appréciait l'attitude digne du cardinal, qui ne se reniait pas, et qu'il opposait à la servilité d'autres évêques.

UNE ÉPURATION RESTREINTE DU CLERGÉ

L'épuration de l'Église de France n'était pas prioritaire pour les Français mais elle était exigée par une partie des résistants catholiques, à la tête desquels se trouvait le président du CNR, Georges Bidault. On répète à l'archevêché de Paris que Georges Bidault a dit des évêques de France : « *Il me faut bazarder tous ces gens-là.* » Mais l'État allait découvrir que l'opération n'était pas facile.

L'épuration n'est pas un bloc. Il faut distinguer l'épuration sommaire — exécutions réalisées avant le déclenchement des procédures judiciaires et actes violents dont la justice politique n'est parfois qu'une couverture —, l'épuration judiciaire par les cours de justice et chambres civiques et les épurations internes aux groupes et institutions (administrations, presse, milieux économiques)[11]. De l'épuration sommaire, l'Église eut peu à souffrir car les clercs avaient rarement été des collaborateurs et ceux qui suscitaient les plus vives rancœurs se cachèrent ou furent internés par les pouvoirs publics pour les protéger. Le pasteur Noël Vesper fut assassiné ; l'abbé Sorel, curé de la Grâce-de-Dieu, propagandiste de Radio-Toulouse, avait justifié les rafles de juifs par la Raison d'État. *Combat du Languedoc* le dénonça comme un fervent du collaborateur Marcel Bucard. Un membre de la MOI (Main-d'œuvre immigrée) passa aux actes après l'assassinat de Sarraut par la Milice. L'abbé Sorel avait l'habitude, après sa messe à la cathédrale, d'acheter son pain dans la boulangerie de la rue Perchepinte. Le partisan le visa à la sortie et l'abattit au revolver [12]. L'abbé Mandaroux, curé de Saint-Privas, qui avait menacé un jeune réfractaire chahuteur de le livrer aux gendarmes, subit le même sort.

L'Église fut pour l'essentiel concernée par l'épuration de groupes sociaux et culturels, telle qu'elle s'appliqua par exemple aux milieux économiques. L'épuration judiciaire n'a que très peu concerné le clergé. L'aumônier de la Milice, « Monseigneur » de Mayol de Lupé, se cacha à Bad-Reichenhall, en Bavière, et y aurait coulé des jours paisibles si, en 1946, il n'avait pas cédé à la tentation d'écrire, sous un pseudonyme transparent, à sa famille à Paris. Une concierge vigilante permit donc son arrestation. Il fut condamné en mai 1947 à quinze ans de réclusion. Interné au camp de La Châtaigneraie à La Celle-Saint-Cloud (avec Georges Claude), il fut libéré en juin 1951. Dépourvu de ressources, il fut recueilli par les bénédictins de l'abbaye de La Source. L'abbé Gordes est condamné à cinq ans de travaux forcés.

Des catholiques ont été jugés par la Haute Cour et les cours de justice, non pas comme représentants d'une confession mais pour des actions et des engagements de nature politique. Xavier Vallat doit répondre de son activité à la tête du commissariat aux Affaires juives. En prison, il trouve ses seules consolations dans la religion. À Fresnes, la vie religieuse fut fervente et des conversions eurent lieu.

Le plus grand serviteur de l'Église catholique dans le gouvernement de Vichy était Jacques Chevalier. Son action pour réintroduire Dieu à l'école est autant responsable que ses contacts avec les Britanniques de la brièveté de son ministère. À la Libération, Jacques Chevalier fut arrêté sur dénonciation de la Résistance pour des actes de délation commis en 1943. Comment ce catholique, patriote sincère, très antiallemand et même courageux quand il était ministre, en est-il arrivé à attirer de tels soupçons ?

Redevenu professeur et doyen à Grenoble, dans une région où la jeunesse est frondeuse, il ne tolère aucune attitude déviante. Un portrait de Pétain est lacéré à la faculté des sciences. Immédiatement, Chevalier saisit la plume le 6 mars 1943 pour avertir son ami, le secrétaire général du cabinet du chef de l'État, que la police doit être soit renforcée, soit remise à la direction de la Milice[13]. Ce jour-là, heureusement, il ne donne aucun nom. Mais l'atmosphère de son village bourbonnais de Cérilly le rend plus agressif et, le 17 juin 1943, il suggère à Jean Jardel d'agir contre Abel Touzin, chef du communisme dans la région, contre le jeune Robert Boudignon ainsi que contre un gaulliste, Gruet : « *Ce sera un exemple salutaire et indispensable. Les gens sont terrorisés, la jeunesse en révolte. Avec ces deux coups, frappés de suite, tout rentrera dans l'ordre*[14]. » Un post-scriptum à la lettre montre que, dans son esprit, les évêques ont une part de responsabilité dans l'agitation contre le STO : « *La lettre des cardinaux et la très malencontreuse phrase sur la non-obligation d'obéir en conscience a jeté le trouble dans beaucoup de consciences et invité certains (un de mes petits-neveux entre autres) à se soustraire à la loi. Ces éminences mériteraient une rude semonce et je n'ai pas caché mon sentiment au cardinal Gerlier*[15]. » L'enquête, diligentée par la gendarmerie à la ferme des parents de Boudignon, ne donna aucun résultat. Ces agents du maintien de l'ordre se contentèrent d'apprendre des parents que leur fils était absent. Ils n'insistèrent pas.

Les actions de la Résistance contre les paysans semblent avoir beaucoup agité les notables de Cérilly, Chevalier, le maire, le notaire. C'est d'ailleurs en leur nom que Chevalier fait une proposition à Georges Hilaire, secrétaire général pour l'Administration au ministère de l'Intérieur. Il faudrait créer à Montluçon une organisation armée de 200 hommes, comme celle qui a permis à Queipo de Llano de mettre en échec les rouges à Séville. À Cérilly, il suffirait de distribuer des armes à quelques gardes messiers. La suggestion sur la garde des moissons ne fut pas suivie d'effets. Ces affaires, qui ne portèrent pas trop tort aux intéressés manifestement protégés par la gendarmerie, pesèrent lourd contre le ministre à la Libération. Le climat social et politique était tendu dans l'Allier, où métayers et notables s'affrontaient. Le 22 juin 1944, Chevalier écrit à Pétain que l'anarchie sévit : « *Nos compagnes, notre bourg de Cérilly, privé désormais de toutes forces de gendarmerie et de police, sont livrés à la merci des premiers venus.* » Les coupables appartiennent à un maquis ; ils ont pillé à Saint-Amand-Montrond et se sont servis dans les dépôts des Chantiers de jeunesse de la forêt de Tronçais. Veut-il faire agir contre ce maquis ou demande-t-il une intervention de Vichy pour sauver le docteur Clément, qui a été arrêté[16] ? Il téléphone de la mairie au commandant Féat, du cabinet militaire du maréchal Pétain à Vichy. La personne, qui surveillait les communications et celles de Chevalier en particulier, fut convaincue qu'il appelait Marcel Déat (qui était à Paris). Deux hommes viennent l'arrêter à domicile et le traînent dans la forêt du Bourbonnais. Il réussit à prévenir sa famille et le président du CDL de l'Allier, alerté par Jean de Liniers du réseau de renseignement Gallia, intervient pour lui. Il est transféré fin novembre 1944 au Concours hippique de

Vichy où se trouvent nombre de hauts fonctionnaires de Vichy, avant le transport à Fresnes et le procès en mars 1946. Les accusations de dénonciation pesèrent lourd même si elles n'eurent pas de conséquences fâcheuses pour les intéressés (considération qui n'était pas envisagée par le philosophe). Ses activités de rapprochement avec la Grande-Bretagne n'ont pas non plus été prises en compte. Il n'eut guère comme circonstances atténuantes que son éloge de Bergson, la lettre d'une étudiante juive qu'il accepta d'inscrire hors *numerus clausus* à l'université de Grenoble et les témoignages sur son état mental très perturbé. Le ministre le plus catholique du maréchal Pétain fut condamné à vingt ans de travaux forcés, à l'indignité nationale et à la confiscation de la moitié de ses biens. Il me donne l'impression d'avoir été abandonné de tous, de n'avoir pas bénéficié de la solidarité de l'Église et des catholiques, qui joua en faveur d'autres accusés. De cette solitude morale imposée témoigne la réponse d'Emmanuel Mounier à un appel au secours que Chevalier, son ancien maître, lui avait lancé. Mounier n'assista pas au procès, de crainte de réveiller ce qui le séparait de son initiateur. Il affirme ne pas vouloir poser au juge (il ne fait pourtant que cela...) puisque, dit-il, « *nous combattons tous en un combat douteux, nous participons tous, chacun à notre façon, au péché du temps. Nous avons tous deux tué et torturé avec ceux que nous avons soutenus, quand bien même n'avons-nous pas levé un doigt pour la violence* ». Le principal reproche n'est pas là. Il est dans la connivence sociale de Jacques Chevalier avec la classe bourgeoise : « *Mais comment avez-vous pu ne pas lire dans le visage même de Vichy l'affreuse satisfaction, en présence de l'ennemi, d'une classe qui mettait sa peur au-dessus de ses devoirs, et dans le soulèvement populaire français, la résurrection de ce pays que vous aimez, à travers l'inévitable écran des politiciens et des ambitions*[17]. »

L'épuration de l'Église se réalisa selon des voies internes, qui évitaient de traduire les dignitaires ecclésiastiques compromis — Mgr Dutoit par exemple — devant une Chambre civique. Les difficultés de l'opération souhaitée par les résistants catholiques avaient été sous-estimées.

Réclamer la tête des évêques se limitait à vouloir leur renvoi. Or, un évêque n'est pas un fonctionnaire. Depuis la séparation de l'Église et de l'État de 1905, le gouvernement s'est privé de moyens d'interventions dans le fonctionnement de l'Église. Il était évident que la seule procédure était d'obtenir du pape, autorité dont relèvent les évêques, une demande de démission à l'évêque concerné. Il faudrait passer par son représentant en France, le nonce apostolique. Et là, comme à plaisir se succédèrent les maladresses.

Mgr Roncalli, le nonce hostile à l'épuration

La première erreur du général de Gaulle fut d'exiger le départ du nonce apostolique, Mgr Valerio Valeri, qui avait été accrédité auprès de l'État français comme il l'avait été auprès de la IIIe République. Or, le pape n'aime pas que les nonces subissent les aléas des changements politiques, ce qui jette un doute sur leur objectivité. La décision était imméritée car le nonce apostolique avait eu le meilleur des comportements[18]. Il avait tenté de retenir Pétain sur la voie de la politique antisémite et avait rappelé la position traditionnelle de la papauté. Il avait témoigné de sa sympathie pour les diplomates, représentants des pays alliés des États-Unis, et s'il avait assisté, à sa demande, au départ du maréchal Pétain en août 1944 de Vichy, il l'avait détourné des combinaisons politiques imaginées par Ménétrel et qui auraient gêné de Gaulle. Ses dépêches au Saint-Siège montrent qu'à partir de 1942 il trouvait bien discrets les propos des évêques et trop passive leur attitude. Le nonce, revenu à Paris, se vit signifier son éloignement. La secrétairerie d'État considère cela comme un acte peu amical et injustifié. Elle rappelle qu'Eugène Pacelli était resté nonce à Munich sous la royauté, les socialistes, le régime communiste et sous la République conservatrice, ce qui atteste que les nonces ne se mêlent pas des affaires politiques du pays. Le Saint-Siège laissait aussi entendre que changer le nonce n'était pas la voie la plus rapide pour réaliser une reconnaissance du gouvernement français que Mgr Valeri, toujours bienveillant, recommandait[19]. Des émissaires secrets furent échangés. Charles Flory alla à Rome et le cardinal Tisserant fit un bref séjour à Paris. De Gaulle obtint le départ de Mgr Valerio Valeri, perdant par là même l'occasion d'obtenir plus du Saint-Siège dans des questions plus importantes, mais il voyait en Mgr Valerio Valeri la caution de légitimité donnée à Pétain, ce qui avait justifié l'égarement des évêques.

Mgr Théas fut envoyé au Vatican par le général de Gaulle, impatient de ce qu'il n'ait pas encore reconnu le GPRF. Il y arriva le 23 novembre 1944 et plaida la bonne volonté du Général qu'il opposait à la passion des ministres démocrates-chrétiens. Avant son départ, il avait vu Mgr Suhard, miraculeusement converti aux vertus du gaullisme, qui estimait légitime le désir d'épuration du Général. Le 25 novembre 1944, Pie XII exprima un vif mécontentement de devoir rappeler le nonce Valeri (de l'arrestation de Mgr Dutoit, il déclara : « *Il ne peut être en aucune manière question de changer les évêques. Cela ne s'est jamais fait ! Cela ne se fera pas. Ce serait injuste. Ce serait un précédent. C'est inadmissible !* »). Ce qu'il avait refusé à Franco, il ne l'accorderait pas à de Gaulle[20]. L'Église serait ingouvernable si, à chaque bouleversement politique, il fallait changer les évêques. Enfin, il demandait à Mgr Théas de mettre les curés français en garde contre les communistes : « *Ils n'ont pas changé. Ils sont athées et matérialistes.* » Ainsi le pape, fort mécontent, ne chercha pas à trop honorer la France par son choix. Il ne put pas obtenir l'accord de son premier candidat, Mgr Ketta Fietta, nonce à Buenos Aires. Il désigna alors un très modeste diplomate qu'il n'avait pas en haute estime, le délégué apostolique en Turquie, Mgr Ange-Joseph Roncalli.

Nul n'imaginait alors qu'il deviendrait un jour le pape Jean XXIII. Le général de Gaulle avait reçu la visite de départ de Mgr Valeri et lui avait remis, en guise de consolation, la grand-croix de la Légion d'honneur. Il était impatient de voir son nouvel interlocuteur. En effet, il est de tradition que les vœux du corps diplomatique soient présentés le 1er janvier par le nonce apostolique. S'il est absent, la charge en revient au doyen d'âge, qui était l'ambassadeur d'URSS, et de Gaulle ne voulait pas être harangué par un Soviétique. Il envoya donc un avion militaire pour chercher Mgr Roncalli le 31 décembre 1944. Il produisit une curieuse impression à Pierre-Henri Teitgen, le garde des Sceaux, un résistant membre du Comité général d'études, qui vint l'accueillir : « *Un bon curé de campagne* — dit-il — *devenu chanoine rondouillard dans la force de l'âge.* » Il lui sembla ignorant des réalités politiques françaises puisqu'il lui parla du succès des royalistes aux élections futures et, comme le ministre lui désignait les églises sur le trajet, Saint-Pierre de Montrouge, Saint-Pierre de Chaillot, il répétait « *des églises Saint-Pierre à Paris... mais alors vous n'êtes pas aussi gallican qu'on le dit*[21] ». Il y avait là une comédie de la simplicité et un certain humour chez un prélat bienveillant qui dissimulait finesse, ténacité et autorité.

Il fera sentir sa férule attentive à l'Église de France dont il aspira à être le chef, participant à quantité d'activités religieuses aux quatre coins du territoire français. Il nourrissait une haute conscience de la permanence de l'Église, dépositaire des promesses divines, qu'il opposait à la fragilité des États et à la vie éphémère des phénomènes politiques. Le 24 juin 1945, à Saint-Jean de Lyon, à l'occasion du septième centenaire du premier concile de Lyon, il donnait sa petite leçon : « *Sainte Église du Christ, on a beau t'ignorer, on a beau t'écarter des affaires de la société humaine, tu es, tu seras toujours là, toujours reconnaissable, toujours souffrante si on le veut, mais toujours reine. Ton opposition aux principes et aux préjugés du monde t'oblige à traverser parfois des situations difficiles et de longues périodes de revers, d'humiliations même, qui, ici ou là, peuvent ressembler à des défaites. Tu ne mourras jamais.* »

Ange-Joseph Roncalli suivait les consignes très fermes de Pie XII, en nonce fidèle défini par Pie XI comme « *l'œil, le cœur, la main du pape* ». Pie XII estimait que, dans l'ensemble, peu de reproches pouvaient être adressés à l'Église de France. Il attribuait l'exigence d'épuration à l'influence des communistes, alerté par les demandes des pays devenus communistes exigeant le départ de tous les évêques qui s'étaient opposés à la montée du communisme. Il avait déclaré au nonce : « *Pas de sanctions pour des prises de positions politiques quelles qu'elles aient été* » et restait sur la position exprimée à Mgr Tardini, six semaines auparavant : « *Pour les évêques, on ne pourra même pas admettre la discussion, parce qu'ils ont suivi leur conscience.* » Il avait aussi recommandé au général de Gaulle, le 15 juin 1944, de pratiquer le pardon : « *Nous demandons à Dieu [...] d'éclairer ceux qui seront chargés de la conduire et de faire prévaloir dans le cœur de tous les sentiments non de rancœur et de violence mais de charité et de réconciliation fraternelle.* » Mgr Roncalli s'en tiendrait fermement à ce programme et lorsque Georges Bidault, ministre des Affaires étrangères, lui dit qu'il voulait la démission de « 30 » évêques, il raya immédiatement le « 0 ».

Une fois le nonce nouveau arrivé et son gouvernement reconnu par le Saint-Siège, le général de Gaulle se désintéressa de la politique religieuse. La conduite de la guerre et de la diplomatie, la préparation des premières élections absorbaient son attention. Il ne voulait pas que l'affaire prît un tour politique et préférait éviter de traiter des affaires religieuses devant un Conseil des ministres hétérogène. Les personnalités qui s'occupèrent de l'épuration administrative étaient dans l'ensemble bienveillantes à l'égard de l'Église. Le seul qui fût assoiffé de revanche était le ministre des Affaires étrangères, Georges Bidault, mais, très curieusement, il resta inerte, laissant passer sans intervenir les premières semaines de la nonciature. Le général de Gaulle accordait toute sa confiance à son directeur de cabinet, René Brouillet, qui connaissait bien le personnel ecclésiastique et qui pratiquait la modération. Le seul facteur d'incertitude était le ministre de l'Intérieur Adrien Tixier qui était socialiste.

Cet ancien combattant mutilé de la Première Guerre mondiale, haut fonctionnaire de la SDN (BIT), s'était rallié au général de Gaulle qui le nomma délégué aux États-Unis puis ministre du Travail du CFLN. En 1945, il avait quelque peu perdu de sa brutalité qu'excusaient de douloureuses séquelles de guerre. L'homme savait simplifier et aimait résoudre rapidement les problèmes. Il ne manquait pas d'une largeur de vues que ne partageaient pas tous ses amis de la SFIO. Récusant tout anticléricalisme, il était loyal à l'égard de Charles de Gaulle et s'efforçait à l'impartialité. Il sut s'entourer de conseils avisés. Le père Maydieu a joué un grand rôle dans le choix du personnel politique à la Libération. Cette fois encore, il dénicha le bon candidat.

André Latreille était résistant, membre du CDL de la Vienne et comme historien connaissait à fond les démissions ecclésiastiques en régime concordataire, qu'il avait étudiées dans son *Napoléon et l'Église*. Si Bidault était seulement un ancien enseignant d'histoire, Latreille était aussi un chercheur. Le premier était sensible à la propagande qui ne touchait guère le second. Un véritable historien est toujours sceptique sur les solutions simplistes et miraculeuses (Latreille écrit : « *Il est difficile à un historien de croire à la possibilité d'une épuration équitable et efficace*[22] »). Il allait jouer un rôle modérateur dans un dossier qui ne l'intéressait que médiocrement car il avait accepté le poste de sous-directeur des Cultes au ministère de l'Intérieur, pour s'occuper d'autres questions, en particulier de l'enseignement libre. Laissant sa nombreuse famille à Poitiers, il vint s'installer à Paris où il avait peu de relations. Il logea chez Henri Bédarida, professeur d'italien à la Sorbonne et membre de *Témoignage chrétien*. Il trouvait toujours bon accueil et conseils à la maison dominicaine de Latour-Maubourg (les pères Dubarle, Serrand, Carré) ou aux *Études* du père d'Ouince. Le père Maydieu mit Latreille en rapport avec Alfred Michelin, directeur de *La Croix*.

Le GPRF n'a pas improvisé sa politique car le Comité général d'études, créé dans la clandestinité en juin 1943, avait élaboré un certain nombre de projets[23]. Les ministres de la Justice du GPRF y avaient tous appartenu. Depuis septembre 1943, le CGE tenait à jour des listes d'ecclésiastiques à épurer ou à promouvoir. François de Menthon (ministre de la Justice de juin 1944 au 30 mai 1945) et Pierre-Henri Teitgen, qui lui succède jusqu'en novembre 1946, ont eu la haute main sur les propositions religieuses du CGE, le second surtout. Georges Bidault contrôla activement les documents suivants :

Liste I (suspects) : Suhard (Paris), Gerlier (Lyon), du Bois de la Villerabel (Aix), Béguin (Auch), Auvity (Mende), Sembez (Dijon), Piguet (Clermont), Feltin (Bordeaux), Marmottin (Reims), Girbeau (Nîmes), Martin (Le Puy), Delay (Marseille), Cholley, Dutoit (Arras), Caillot (Grenoble), Guerry (Cambrai), Harscouet (Chartres), Grente (Le Mans), Richaud (Laval), Beaussart (auxiliaire à Paris).

Liste III (suspects) : abbé Sorel, père Forestier, père Gorce, père Roguet, Mgr Mayol de Lupé, abbé Maillet, père Doncœur, père Sanson, père Debuquois (*sic*), abbé Polimann, père Garrigou-Lagrande *(sic)*, père Gillet, abbé Bergey, révérend père Villain, révérend père Bigo (tous les deux de l'Action populaire ; le second fut résistant).

Georges Bidault tenait à sa grosse liste d'épurables. Alors que Teitgen et le directeur de cabinet de François de Menthon, Paul Coste-Floret, MRP lui aussi et également professeur de droit, étaient plus souples et se contentaient de quatre ou cinq épurations.

Comment est-on passé de la liste du CGE à la liste du ministère de l'Intérieur du 26 juillet 1944 ? Nul ne peut le préciser.

LISTES DU MINISTÈRE DE L'INTÉRIEUR DU 26 JUILLET 1944

Liste « A »

Suhard	Cardinal archevêque	Paris
Beaussart	Archevêque auxiliaire	Paris
Courbe	Évêque auxiliaire, secrétaire général de l'Action catholique française	Paris
Du Bois de la Villerabel	Archevêque	Aix-en-Provence
Feltin	Archevêque	Bordeaux
Guerry	Archevêque coadjuteur	Cambrai
Marmottin	Archevêque	Reims
Auvity	Évêque	Mende
Brunhes	Évêque	Montpellier
Caillot	Évêque	Grenoble
Challiol	Évêque	Rodez
Chevrier	Évêque	Cahors
Couderc	Évêque	Viviers
Delay	Évêque	Marseille
Dutoit	Évêque	Arras
Fleury	Évêque	Nancy
Martin	Évêque	Le Puy
Piguet (actuellement emprisonné)	Évêque	Clermont
Rambert Faure	Évêque	Saint-Claude
Rodié	Évêque	Agen
Sembel	Évêque	Dijon
Serrand	Évêque	Saint-Brieuc
	Liste « A *bis* »	
Gerlier	Cardinal archevêque	Lyon
Liénart	Cardinal-évêque	Lille

La liste du ministère de l'Intérieur du 26 juillet 1944 est un peu différente de celle du CGE. Elle est plus riche, vingt-cinq noms au lieu de vingt (Mgr Liénart, Mgr Courbe de Paris, Challiol de Rodez,

Chevrier de Cahors, Courderc de Viviers, Fleury de Nancy, Rambert-Faure de Saint-Claude, Rodié d'Agen et Serrand de Saint-Brieuc), et quelques noms ont disparu (Mgr Béguin d'Auch qui soutint le STO mais abrita par charité résistants et juifs, Mgr Girbeau de Nîmes pourtant bien compromis, Mgr Cholley, Mgr Grente, Mgr Richaud et Mgr Beaussart). Elle s'élargit à la Bretagne et au Nord. La liste a été composée à partir de celle du CGE et des plaintes de la Résistance locale.

Influence des catholiques dans l'État ou fermeté du Saint-Siège, les listes d'épuration sévère furent abandonnées. Il fut décidé de ne sévir que là où se posaient des problèmes d'ordre public et dans l'intérêt d'ailleurs de l'Église. Des personnalités religieuses étaient menacées de passer devant les chambres civiques, ce qui aurait entraîné un étalage public des déchirements des catholiques et des secrets ecclésiastiques. Offrir à l'Église la discrétion par une autoépuration couperait court à toute publicité et éviterait un plus grand scandale. Il semble que six ou sept diocèses, en dehors de Paris, aient souffert d'une crise aiguë. À Aix, Mgr Du Bois de la Villerabel (un nom qui avait déjà causé le scandale avant-guerre à Rouen) avait dénoncé le terrorisme des résistants. À la libération de la ville, ses anciens adversaires menacèrent de le pendre. L'archevêque se réfugia à Solesmes. À Mende, Mgr Auvity avait été un ardent défenseur du STO et avait interdit à ses séminaristes d'aller au maquis. Il s'enfuit et se réfugie à la trappe Notre-Dame-de-Bonneval, dans l'Aveyron. Les FFI menacent de l'exécuter s'il revient à Mende. Mgr Dutoit, évêque d'Arras, un prélat bien social, avait choqué ses diocésains en soutenant le 22 décembre 1940 la collaboration. L'évolution de la guerre n'avait pas apaisé sa fougue agressive puisqu'en 1944 il dénonçait les « *rapines et vengeances* » des « *bandits* » de la Résistance. Il avait quitté Arras où le CDL ne voulait plus le voir. Les résistants de Saint-Brieuc n'avaient pas oublié le communiqué contre le débarquement de leur évêque, Mgr Serrand, pas plus que ceux de Nîmes le comportement de Mgr Girbeau. André Latreille portait à Paris les accusations des résistants catholiques de Poitiers à l'égard de Mgr Mesguen, auquel ils reprochaient moins son pétainisme qu'une lâcheté qui l'avait empêché de protéger des résistants chrétiens. Certains parlaient de lancer des grenades à l'évêché. Ailleurs, des prêtres étaient emprisonnés. Il faudrait s'occuper du chanoine Polimann, du père Forestier, de l'abbé Bergey, de l'abbé Renaud.

Deux entretiens ont lieu en février 1945 entre le nonce et le directeur des Cultes Latreille. Le pape est résolu à ce qu'aucun des cardinaux, « princes du sang », ne soit mis en cause. Donc Mgr Gerlier, Mgr Suhard et Mgr Liénart ne sont plus concernés, ce qui atténuait par là même la responsabilité des autres. Latreille aurait souhaité que les archevêques soient également exclus de l'épuration, mais le général de Gaulle a exigé que Mgr Feltin, archevêque de Bordeaux, soit soumis à enquête car il a prononcé quelques mots au service religieux célébré à la mémoire de Philippe Henriot. L'arrivée tardive de l'ambassadeur français au Vatican ralentissait l'opération (Jacques Maritain, le nouveau représentant de la France, ne fut guère en mesure d'agir avant avril). Les Affaires étrangères ne bougeaient plus.

Le nonce acceptait que des démissions se produisent mais il les limitait au seul cas d'*odium plebis*. Cette haine des fidèles, rendant impossible la continuation de l'épiscopat, était rare. Le Vatican exigeait de juger sur des dossiers et non sur des rumeurs. En mars 1945, le ministère de l'Intérieur lançait une enquête auprès des commissaires de la République où il apparut que le clergé était, dans l'ensemble, considéré avec bienveillance. L'action charitable n'était pas oubliée. Les bons prêtres cachaient les mauvais évêques. Les résistants catholiques, par exemple dans le Nord, étaient accueillis dans des conseils municipaux où ils n'auraient jamais pu siéger avant 1939. Quand il s'agit de remplir les dossiers pour le nonce, il fut difficile de trouver des accusations précises. Une déclaration pétainiste des premiers mois était rachetée par une conduite courageuse devant les rafles de juifs. La liberté laissée par l'évêque à ses prêtres et aux religieux résistants joua en leur faveur. Tixier ne réussit à garnir que trois dossiers d'évêques à épurer[24]. Il fit part de sa déconvenue — les CDL lui avaient annoncé des griefs solides — à Latreille et en honnête socialiste s'inclina. Le 23 avril 1945, il disait à ses conseillers que le gouvernement limiterait ses exigences aux évêques collaborateurs et à ceux qui avaient pris nettement position contre la Résistance extérieure. On leur pardonnait la dénonciation des « terroristes » intérieurs mais pas celle des « rebelles » de la France libre car de Gaulle avait la mémoire longue. Ce jour-là, il excluait de l'Église Mgr Dutoit d'Arras, Mgr Serrand de Saint-Brieuc, Mgr Auvity de Mende, Mgr Delay de Marseille et Mgr Marmottin de Reims, car il était question qu'il soit élevé — en raison des traditions de ce siège épiscopal — à la dignité de cardinal. Pour les gaullistes, cela aurait été une provocation.

Les élections municipales passèrent. Le 30 mai 1945, le nonce Roncalli donna l'accord de Pie XII à la démission de quelques évêques dont la liste serait établie avec le cabinet du général de Gaulle. Leur situation matérielle pourrait être assurée par une indemnité versée par le gouvernement. Le ministre de l'Intérieur fut indigné à l'idée que les épurés puissent devenir des pensionnés de l'État et il précisa que leurs vieux jours seraient pris en charge sur les fonds des diocèses.

L'épuration des évêques ne fut définitivement réglée qu'en juillet 1945. Devant le petit nombre d'évêques résidentiels « démissionnés » — trois — le gouvernement chercha à donner l'impression de plus de sévérité en gonflant la liste par un évêque auxiliaire et trois vicaires apostoliques, qui avaient gêné les Français libres. Présentèrent leurs démissions au Saint-Siège :

— l'évêque de Mende, Mgr Auvity, qui avait déjà démissionné depuis plusieurs semaines,

— l'archevêque d'Aix, Mgr Du Bois de la Villerabel,

— l'évêque d'Arras, Mgr Dutoit,

— Mgr Beaussart, évêque auxiliaire de Paris,

— les vicaires apostoliques de Rabat, Mgr Vielle (un curé célébrant un service pour Henriot, ayant été arrêté, Mgr Vielle menaça les persécuteurs d'excommunication), celui de Saint-Pierre-et-Miquelon, Mgr Poisson, et celui de Dakar, Mgr Grimaud.

L'évêque de Saint-Brieuc recevait seulement un coadjuteur, car l'archevêque de Rennes, résistant, attestait son repentir. Des évêques avaient échappé à cette épuration modeste pour diverses raisons. Il a été tenu compte à Mgr Delay de sa protestation contre les rafles. Mgr Mesguen fut sauvé par son neveu, le révérend père Fleury, qui avait tant agi pour les Tziganes et les juifs. Lorsque les déportés du camp de Dachau furent accueillis place de l'Hôtel-de-Ville de Poitiers, le 2 juin 1945, Mgr Mesguen était présent bien qu'il n'ait pas été invité. Les déportés et représentants des mouvements de Résistance lui demandèrent de se retirer et émirent le vœu qu'il soit éloigné d'un diocèse où tant de prêtres avaient bien servi la patrie[25]. Peut-être Latreille estima-t-il que le directeur des Cultes n'avait pas le droit d'abuser de ses fonctions contre son évêque...

L'État s'engagea vis-à-vis de l'Église, dont il adoptait les normes culturelles, à ne donner aucune publicité aux minces changements auxquels il avait souscrit dans l'organisation épiscopale.

Le pape, satisfait d'une épuration qui correspondait à ce qu'il s'était résolu à accepter (Mgr Roncalli arrivait en France avec l'œil fixé sur le chiffre « 3 »), eut un geste de courtoisie à l'égard de la France, qui n'avait plus que les trois cardinaux dont le maintien lui avait été imposé. Le gouvernement suggéra des noms au nonce Roncalli, qui se récria : les nominations au Sacré Collège ne dépendaient que du pape, qui avait en horreur la moindre pression ; il se refusait à en être le messager. Il récusait même la candidature — à laquelle de Gaulle tenait beaucoup — du plus courageux des évêques, Mgr Saliège, en prétendant que sa paralysie l'empêcherait d'assister au conclave. Il fut un peu difficile de trouver d'autres candidats parmi ces évêques si pétainistes. Le gouvernement soutint Mgr Roques, évêque de Rennes, où il avait été envoyé pour lutter contre l'autonomisme. En effet, en 1940, un Nantais avait été choisi par le saint-père pour le siège de Nantes, mais Daladier s'opposa à la nomination en disant : « *Nommez qui vous voudrez excepté un Breton.* » Mgr Roques, archevêque d'Aix, fut arraché à la Provence d'où son départ fut bien fâcheux. Il fit la guerre aux autonomistes bretons que poussaient les nazis[26]. Il n'hésitait pas par ses interventions à arracher les jocistes aux prisons, où les Allemands les avaient internés. En 1944 et 1945, il s'était montré très modéré dans la guerre scolaire qui se développait en Bretagne. Le troisième candidat, Mgr de Julleville était plus effacé. Il avait été nommé en 1936 archevêque de Rouen après le scandale de Mgr du Bois de la Villerabel (accusé de vivre en excessive affection avec sa cousine et surtout de lui laisser diriger le diocèse). Les raisons de la reconnaissance de l'État ne sont pas très claires car il avait présidé un service pour le repos de l'âme de Philippe Henriot. Mais il avait été très attaqué par les collaborateurs locaux ; il avait suspendu en 1942 une publication catholique antisémite, protesté contre la censure de sa *Semaine religieuse* par les Allemands. En octobre 1946, Pie XII nommait trois cardinaux français : Mgr Saliège, Mgr Roques et Mgr Petit de Julleville. Le nonce Roncalli annonçait, tout joyeux, la bonne nouvelle au père Merklen, rédacteur en chef de *La Croix*, en s'écriant : « *Nos trois candidats, mon Père, nos trois candidats !* »

LA QUESTION SCOLAIRE EMBRASE DE NOUVEAU LES ESPRITS

L'article 2 de l'ordonnance du 9 août 1944 déclarait nuls les actes législatifs et réglementaires du gouvernement de Vichy[27]. Cette ordonnance est ambiguë[28]. Elle pose un principe général de nullité mais elle ne déclare nuls que les actes qui sont expressément constatés comme tels. Nombreux furent en fait les actes validés. Ainsi, la législation de Vichy sur les congrégations, peu connue, ne fut pas remaniée et demeura. Il est vrai que les congrégations en avaient peu usé et que le Conseil d'État veillait au maintien des principes républicains. En revanche, les actes de Vichy sur l'école suscitèrent la polémique.

Les élections municipales soufflent toujours sur les braises de la politique au village. Passe encore que le vote des femmes permette aux congrégations de femmes de peser sur les résultats des élections locales. Le droit de s'exprimer avait été conquis par les religieuses par tant de titres résistants qu'il aurait été indécent de le leur disputer. Rares furent les communautés qui acceptèrent de limiter leur droit. Si le Saulchoir s'engagea à ne faire voter que la moitié des moines, les femmes des couvents furent aussi heureuses que les mères de famille d'exprimer leur opinion dont profita sans doute le MRP, et c'était justice.

Des élections municipales furent organisées les 29 avril et 13 mai 1945. Beaucoup trop tôt, à notre avis, car la date privait les prisonniers et tous ceux qui se trouvaient en Allemagne du droit de s'exprimer, mais de Gaulle était pressé de redonner la parole au peuple et les résistants de consacrer leur triomphe dans des cadres politiques et des institutions légales de pouvoir. Dans cette perspective, l'intérêt était grand de ranimer l'anticléricalisme. La dénonciation du péril clérical écartait les nouveaux venus du MRP des listes et des conseils municipaux. Elle soudait les « républicains », socialistes et communistes et elle empêchait, ce qui déplaisait tant aux communistes, la constitution d'un parti travailliste français unissant socialistes et résistants chrétiens.

Le syndicat national des instituteurs revenait en force avec un nouveau secrétaire général qui, depuis le 6 novembre 1944, protestait contre le scandale d'avoir deux écoles « publiques ». Le syndicat assiégeait les CDL pour supprimer les établissements d'enseignement libre et pour renvoyer les fonctionnaires qui y confieraient leurs enfants. Les CDL n'avaient pas de tels pouvoirs ! Albert Bayet repartait au combat pour l'école unique et des catholiques — *Esprit* en particulier — le soutenaient, en prétendant que l'école libre divisait les jeunes de France et n'était nullement une exigence de foi. Le RP Carrière à l'Assemblée consultative reprenait, comme le pasteur Boegner, les arguments sur la division des deux jeunesses. En face, le MRP, la hiérarchie (Mgr Liénart au premier rang) et la droite résistante déploraient le retour aux luttes des temps révolus. La Bretagne résistante et chrétienne murmurait plus fort que la Vendée contre la suppression de l'école catholique, qui avait maintenu si haut la foi en la patrie.

Le problème le plus urgent était de reconduire ou de supprimer les subventions de 1944 pour 1945. Le cardinal Liénart, le 8 janvier 1945, rappelait au ministre de l'Intérieur que le dernier tiers de 1943-1944 n'avait pas été payé et qu'il fallait augmenter la subvention de 1944 pour pouvoir porter le traitement des maîtres de l'école libre à 60 % de celui des maîtres du public, comme l'État français l'avait promis[29]. Le RP Philippe appuyait la démarche. En janvier 1945, le ministre de l'Intérieur se prononçait pour des subventions — c'est lui qui les versait — données aux familles, sans passer par l'intermédiaire des évêques : le bon scolaire en somme qui avait effrayé Vichy ! Un débat houleux se déroula à l'Assemblée consultative. De Gaulle était ennuyé lorsqu'il reçut Latreille, le 30 janvier 1945. Il hésitait devant la reconduction des subventions et comptait ses maigres sous en gémissant : « *Mais on va donner beaucoup plus cher que sous Vichy.* » Le ministre de l'Éducation nationale, René Capitant, convainc le gouvernement de maintenir provisoirement les subventions. La Consultative s'y opposa le 28 mars 1945 mais de Gaulle imposa le maintien provisoire des subventions pour 1945. On restait dans le provisoire et le compromis mal admis des partisans d'une politique de clarté. Le père Philippe démissionnait de l'Assemblée consultative. À Angers, les catholiques résistants quittent le CDL, qui avait proposé d'interdire le droit de vote aux religieuses. Mgr Théas, le courageux évêque protestataire contre les rafles de 1942, écrivit une lettre ouverte au conseil municipal de Montauban, qui avait supprimé les subventions municipales aux écoles libres le 28 décembre 1944 :

« Je pensais qu'avec les Allemands le nazisme avait disparu. Il n'en est rien : l'esprit nazi souffle sur la mairie de Montauban.

« Je pensais que le racisme avait été vomi par tous les Français. Il n'en est rien : le laïcisme de certains crée une sorte de race laïque, jouissant seule de l'intégrité des droits. »

Et l'évêque de Montauban en appelait à une nouvelle résistance, en rappelant qu'il avait souffert de solitude en 1942 :

« Hier, quand les Allemands commettaient des abominations dans le Tarn-et-Garonne, tout le monde se taisait.

« Une seule voix s'est élevée publiquement. Elle ne venait ni de Londres, ni d'Alger, d'où l'on pouvait parler sans risques ; elle descendait de Montauriol : l'évêque de Montauban a été le seul dans le département à protester contre les Allemands, à protester face à face, en regardant l'adversaire les yeux dans les yeux.

« Le courage ne consiste pas à être fort devant les faibles, mais à se dresser devant les puissants de ce monde, lorsqu'ils commettent l'injustice[30]. »

Michel Debré, défenseur de l'école libre

D'Angers, où la guerre scolaire se rallumait, s'éleva la voix d'un homme qui voyait loin et qui, comme d'autres gaullistes (Hamon, Capitant), des socialistes (Tixier), des catholiques (Latreille), pensait qu'il fallait dépasser la querelle politicienne du moment et mettre sur pied un nouveau statut stable de l'école libre. Le commissaire de la République d'Angers était aux prises dans l'Ouest avec une guérilla scolaire. Les instituteurs menaient campagne en Loire-Inférieure pour l'école unique. Les autorités ecclésiastiques de ce département, du Maine-et-Loire et de la Mayenne, soutenus par les hommes politiques locaux, appuyaient cette révolte dont Debré craignait qu'elle ne devînt une nouvelle Vendée. Michel Debré réfléchissait à un système global pour résoudre une fois pour toutes le problème. Il se prononçait pour une loi inspirée du système belge d'écoles agréées, dont les enseignants sont directement payés par l'État. En échange, l'État exerce un véritable contrôle de l'enseignement privé (mais pas par les inspecteurs d'académie dont il suspecte la neutralité) et il obtient de l'Église une déclaration (affichée sur les portes des monuments de culte) levant l'interdit moral sur l'école publique. Son projet déjà très élaboré est le modèle de la loi Debré de 1959. Michel Debré allait même loin pour établir la paix scolaire. Il voulait que l'instruction religieuse soit incorporée dans l'horaire scolaire des écoles primaires et que les cours puissent avoir lieu un autre jour que le jeudi ou à des heures peu commodes. Mgr Suhard n'en avait pas obtenu autant de Carcopino en 1941 !

L'ÉGLISE A-T-ELLE PROTÉGÉ DES COLLABORATEURS ?

La question est à la fois obscure et délicate. Elle suscite, à intervalles réguliers, l'intérêt des médias dont les enquêtes contribuent à l'ouverture de dossiers que la prudence des préposés à la conservation des documents et des secrets officiels aurait préféré voir recouvrir de poussière, en attendant que les siècles passent. À l'occasion d'un bicentenaire en 2144, un historien — si l'espèce existe encore — lancera une polémique que les propagandistes et politiciens — cette race-là a peu de chances de disparaître — utiliseront à leurs fins propres qui ont peu à voir avec la recherche de la vérité. En attendant que la poussière soit secouée des cartons, enfin ouverts, règnent les intuitions et les hypothèses. Il importe d'introduire de la rigueur dans les champs flous des fantasmes, en distinguant les enjeux et les différents plans.

Il a existé un rejet chez des catholiques et des ecclésiastiques d'une épuration sévère et violente (selon de Gaulle, 10 000 morts dans l'épuration sommaire, 1 550 exécutions capitales). C'est une donnée de la sensibilité et de l'éthique catholiques.

Il a existé une inquiétude des catholiques devant la marche triomphale en Europe de l'URSS et l'utilisation par les communistes de la dénonciation des fascistes et des collaborateurs dans le but d'éliminer leurs adversaires politiques. Quand, en 1947, le PCF flétrit les couvents comme autant de refuges de miliciens, c'est de la propagande.

Il a existé aussi une protection de collaborateurs et d'anciens miliciens mais selon la date — Libération, temps des procès et des peines, période après l'amnistie — elle tenait de la charité, du droit d'asile ou de la complicité.

Un catholique est sensible au pardon des offenses du pécheur, qui peut confiner à l'indifférence du crime dont se choquent les victimes. Le père de Porcaro, dénoncé et déporté, n'a jamais dit le nom de son accusateur qu'il connaissait bien. La justice des hommes n'est pas refusée mais il est souhaitable qu'elle tienne compte des dispositions psychologiques, du repentir et des intentions de l'inculpé. S'il peut invoquer de louables finalités à ses actes — la lutte contre le communisme par exemple — il mérite de l'indulgence. L'Église de l'après-guerre souffre de la persécution des catholiques dans la Pologne livrée, contre tous les accords internationaux, aux communistes et de la brutalité du pouvoir en Europe orientale. Pourquoi, enfin, une telle sévérité pour l'Église ? Les Américains et les différents services secrets des puissances n'ont pas hésité à retourner des experts divers allemands, au triste passé parfois, dès lors qu'ils étaient prêts à servir. Si l'Église a étendu sa protection sur certains coupables, elle ne les a pas transformés en saints serviteurs zélés du monde libre.

L'épuration est un privilège de l'État que reconnaît l'Église. Seulement, quand la justice est passée, le droit de grâce doit s'appliquer largement. Souvent François Mauriac a assiégé le cabinet de Charles de Gaulle pour obtenir des grâces, à un point tel qu'il fut appelé « saint François des Assises ». Mgr Gerlier déplorait la politique d'épuration du général de Gaulle[31]. L'abbé Desgranges est sans nuances dans *Les Crimes masqués du résistantialisme* (1948). Il dénonce une justice soumise à la politique et le verdict tombe : « *La justice de la Libération prend le contre-pied des principes chrétiens* » (p. 117). Les tentatives pour sanctifier le maréchal Pétain n'ont pas eu beaucoup de succès, même si a circulé une prière où le vieux prisonnier était associé au mois de Marie :

> *« Nous nous adressons à tous ceux qui ont compris et aimé le Maréchal. Si pratiquement nous ne pouvons rien faire, c'est un devoir pour nous de l'assister spirituellement et de prier pour lui. Nous vous demandons de le faire plus spécialement pendant ce mois de Marie, en récitant chaque jour la prière suivante, suivie d'une dizaine ou d'un chapelet. »*
>
> PRIÈRE
>
> *« Seigneur Jésus, si dans votre infinie sagesse vous permettez que votre serviteur soit méconnu et condamné comme vous l'avez été Vous, et par la justice officielle et par la justice du peuple qui vous a préféré Barabbas, que votre volonté soit faite. Nous savons que lorsque vous demandez à l'un de vos justes de monter sur la Croix, ce n'est pas que vous l'abandonnez, mais parce que vous l'aimez. Recevez alors ce sacrifice pour le monde pour la France.*
>
> *« Mais nous croyons aussi que vous êtes le maître des hommes et que si vous voulez faire éclater votre puissance, aucune force ne prévaudra contre elle. Aussi Seigneur, si vous voulez, dites seulement une parole et votre serviteur sera épargné, Vous notre refuge et notre force.*
>
> *« Vierge Sainte, Reine de France, Saint Louis, Sainte Jeanne d'Arc, Sainte Thérèse de l'Enfant Jésus, Saints et Saintes de France intercédez pour nous. Ainsi soit-il. »*
>
> « Prière de diffuser. »

Le gouvernement s'est ému quand le père Panici, prédicateur du carême à Notre-Dame, a lancé au carême de 1945, du haut de la chaire, l'anathème sur « *l'éducation de la haine* », en peignant un affreux tableau de l'épuration : « *D'innombrables arrestations illégales, bien plus, tout à fait arbitraires, quand ce n'étaient pas de simples vengeances ; d'innombrables emprisonnements tout aussi peu défendables ; des lieux de détention privés, où des hommes sans nulle fonction publique séquestrèrent des citoyens, la plupart du temps sans cause objective ; des massacres sans jugement, des tortures exercées sur des prisonniers par leurs geôliers injustes, exercées même sur des condamnés avant leur exécution ; des assassinats de personnes condamnées, acquittées ou graciées par des misérables envahissant les prisons pour assouvir leur vengeance : la délation élevée à la hauteur d'une institution, et le vent trop souvent de rancunes contre des chefs qui, fidèles à leur devoir, avaient empêché le gaspillage, le désordre, les pertes de temps et par là même avaient déplu à leurs inférieurs pleins d'idées fausses.* » Le garde des Sceaux avertit l'archevêque de Paris que le prédicateur risquait d'être arrêté, ce qui ne troubla nullement le cardinal, qui répondit : « *Cette mesure sera plus préjudiciable au ministre qu'au prédicateur. J'ai entendu le discours dont on prétend lui faire un crime. Ce qu'il affirme est malheureusement exact.* » Le ministre de la Justice recula et déclara que, si le père Panici remontait en chaire au prochain carême, la radio ne diffuserait pas les sermons.

Les aumôniers ont généreusement dispensé leur charité dans les prisons pendant l'Occupation, et les noms des religieux allemands, discrets amis, l'abbé Stock ou le franciscain de Bourges, ne sont pas oubliés. Le même devoir chrétien amène à assister aussi les prévenus de l'épuration et les condamnés. La valse des aumôniers de Fresnes laisse supposer qu'ils voyaient bien des choses qu'un homme d'Église n'aime pas souffrir. Plus étonnante est l'évolution devant l'épuration de l'aumônier des FFI, le père Bruckberger.

L'ancien des corps francs demanda au Général douze grâces qu'il lui accorda. Après le départ du Général, la porte du président de la République n'est plus ouverte au dominicain, qui ne s'est jamais dérobé aux demandes d'assistance des miliciens. Il a désapprouvé après 1941 l'évolution de son vieil ami du corps franc, Joseph Darnand. Il savait que, pour lui, la grâce n'existerait pas. Il annonce à Darnand qu'il sera fusillé le lendemain et lui donne l'absolution des mourants. Il est présent à l'aube, monte avec lui dans le fourgon qui les mène à Châtillon où le chef de la Milice doit être fusillé. Le dominicain entend la salve, voit le corps s'effondrer et soudain il ne comprend plus : « *Je suis allé au cadavre. Je me suis agenouillé près de lui* [...] *J'ai arrangé les membres, j'ai fermé les yeux, j'ai joint les mains et mis entre ses doigts le chapelet de sa mère, j'ai enlevé pour son fils l'insigne du corps franc. Je pleurais. Je me lamentais à haute voix. J'avais bien le droit maintenant de me souvenir de la gloire de ce mort et de partager le deuil de ma patrie*[32]. » S'il reconnaît que de Gaulle n'avait pas à gracier Darnand, s'il retrouve vite la paix des sentiments, il s'indigne trois ans plus tard, en avril 1948, de l'exécution de Jean Bassompierre. Cet inspecteur général de la Milice pour la zone nord avait veillé à la répression de la mutinerie de la prison de la Santé, sans participer à la cour martiale et, semble-t-il, en atténuant les exigences allemandes. Il n'avait pas eu à mener d'opérations contre les maquis. Ce catholique fervent combattit en 1945 dans la division SS Charlemagne. Des promesses avaient été faites au père Bruckberger mais la grâce fut refusée par le président de la République, le socialiste Vincent Auriol. Bruckberger s'indigne : « *C'est ça votre justice ?* » et il écrit pour *L'Intransigeant* trois articles où il fustige Auriol, les démocrates-chrétiens du ministère de la Justice qui tremblent devant l'ombre de Pétain et devant les communistes qui crient vengeance. Il souffre de voir quatre ans après la Libération que sont sauvés les praticiens du double jeu et exécutés les « purs » : « *La Gestapo a assez bien visé les garçons les plus honorables de la Résistance. L'épuration n'a pas raté non plus les meilleurs du parti opposé. Que cela continue encore quelques années et la patrie de Bayard ne comptera plus que des dignitaires du double jeu, des politiciens et des magnats du marché noir*[33]. » Le bouillant dominicain est allé un peu loin. Le voilà désavoué par ses supérieurs — ce n'est pas la première fois — contraint au silence et envoyé méditer aux frontières du Sahara, loin des bois d'exécution.

Des collaborateurs ont demandé aide et protection aux religieux. Le droit d'asile a été accordé à des notables de l'État français, qui étaient connus comme des croyants ou qui avaient été bienveillants envers l'Église quand ils détenaient du pouvoir. Raphaël Alibert, le garde des Sceaux de Vichy, se réfugia chez les cisterciens[34]. Marcel Déat se confia aux prêtres et aux religieux et mourut, converti, dans un couvent de Turin en janvier 1955[35]. Georges Dumoulin, un syndicaliste collaborateur du RNP, s'est caché dans un couvent de l'Eure. Antoine Vergain, président de la Légion de Savoie, trouve aussi refuge dans un couvent. D'autres allèrent plus loin, comme Marc Augier qui vécut en Argentine chez les bénédictins[36]. Le droit d'asile est en général provisoire. Le devoir des religieux est d'accueillir le réfugié mais aussi, s'il est légalement recherché pour crime, de le persuader de se livrer à la Justice. Les cisterciens n'ont pas gardé Alibert. Joseph Darnand, le chef de la Milice française, se réfugia, avec une partie du trésor de la Milice, au couvent des Serviteurs de Marie à Notre-Dame de Tirano, en Italie, où les Britanniques l'arrêtèrent. Son fils Philippe travaillera quelque temps à Radio-Vatican et gagnera l'Argentine pour rejoindre Vaugelas, qui lui indique que le père Lara et Mgr Tucuman peuvent l'aider au nord de l'Argentine[37].

Le cas de Paul Touvier, chef du deuxième service de la Milice de la région lyonnaise, a suscité les plus vifs débats dans la presse et ému l'Église, mise en cause, à un point tel que le cardinal Decourtray confia à une commission d'historiens présidée par René Rémond le soin d'examiner les archives du cardinal Gerlier[38]. Si les historiens catholiques célébraient cette grande première et le libéralisme de l'Église, ouvrant largement ses archives, quelques voix discordantes s'élevaient. Certains parlaient d'une opération de contre-feux, destinée à masquer des vérités plus gênantes. *Le Canard enchaîné* affirmait qu'avant l'ouverture des archives de Gerlier, une partie avait été envoyée à Rome. L'archiviste du dépôt diocésain l'a démenti[39]. Les historiens ont rédigé un rapport qui a été publié. Si le souci de mettre à la portée d'un large public, en adoptant le ton de l'enquête policière, a été déploré par les professionnels qui préfèrent une publication de documents bruts, datés et surtout de tous les documents importants créés, examinés, utilisés, l'ouvrage est d'une lecture édifiante et stimulante.

Un tel déploiement d'efforts a abouti à un double résultat. Le premier est une contribution à l'action de la justice. Inculpé de crime contre l'humanité, l'ancien milicien, condamné à mort à la Libération *par contumace*, bénéficiaire d'amnistie et de remise gracieuse des peines accessoires, le 23 novembre 1971, par le président Pompidou, bénéficiaire d'un non-lieu le 13 avril 1992 qui suscita l'indignation de la commission d'historiens et de la presse, fut finalement déféré à la cour d'assises des Yvelines et condamné le 20 avril 1994 à la réclusion criminelle à perpétuité. L'ultime procédure avait duré plus de vingt ans, suscité dix arrêts de cour d'appel, sept arrêts de la Chambre criminelle de la Cour de cassation, quatre juges d'instruction[40]. La peine prononcée est justifiée par la participation de Paul Touvier à la sélection de sept juifs, fusillés (en représailles de la mort d'Henriot) à Rilleux-la-Pape le 29 juin 1944[41].

Le second résultat du travail de ces historiens est l'explication de la mobilisation de tant d'ecclésiastiques ou de bons catholiques pour que Touvier obtienne la grâce présidentielle de 1971. La raison en est à la fois insignifiante et pitoyable : un brave ecclésiastique d'une crédulité et d'une simplicité d'esprit incroyables (opiniâtre et frappant quand même aux bonnes portes...), le secrétaire des archevêques de Lyon, Mgr Gerlier puis Mgr Villot qu'il suivit au Vatican. Ce Mgr Duquaire se serait pris de pitié et d'affection pour les Touvier et leurs enfants, famille chrétienne persécutée en la personne d'un père innocent. Touvier, habile à mentir, le manipulait. Quant à Georges Pompidou, il manifestait une aversion pour les excès de l'épuration (il exprime à propos de l'affaire Gabrielle Russier sa pitié pour les femmes tondues). Les historiens auraient pu songer plus simplement au contexte du décret. En 1971, Georges Pompidou cherchait à rallier une droite Algérie française, catholique intégriste, qui avait toujours refusé de voter pour les gaullistes en rancœur pour de Gaulle et l'abandon de l'Algérie[42].

Les auteurs, après cette découverte du « lampiste » peu glorieux, innocentent l'Église de complicité, tout en reconnaissant qu'il demeure un mystère. Ils ne croient pas à la remise du trésor de la Milice à l'Église, qui ne se laisse pas acheter, pas plus qu'à un pacte entre Mgr Gerlier obtenant fin août 1944 la libération de prisonniers de la Milice contre une promesse de sauvetage de Touvier. Ils braquent le projecteur sur les cercles qui ont aidé Paul Touvier à se soustraire à la justice ou à obtenir la grâce de 1971. Dépassent-ils la personne du milicien de Lyon ?

Les « réseaux » de protection des collaborateurs

Le premier protecteur de Touvier fut l'abbé Vautherin, qui tenait lieu à Lyon d'aumônier de la Milice. Il l'abrite quelques jours à la libération de Lyon. Ensuite, Touvier va au Prado où le père Ancel ne veut pas le garder. Il sollicite des prêtres qui tentent de s'en débarrasser. Il n'implore pas en vain les carmes d'Agen, qu'il dénoncera à la police en 1947... L'abbé Duben, adjoint de l'abbé Rodhain, lui trouve un emploi, célèbre son mariage religieux avec Monique Berthet et, après 1953, lui obtient une allocation du Secours catholique. Après l'amnistie intervient surtout Mgr Duquaire, qui a trouvé en cette famille à sauver une justification, un peu obsessionnelle, de sa modeste vie.

Mais Touvier ne jouit pas longtemps de la grâce présidentielle. Jacques Dérogy dans *L'Express* révèle l'affaire et donne une tribune aux associations de déportés et de résistants indignés, qui vont chercher à obtenir une inculpation pour crime contre l'humanité. Divers monastères ont accueilli la famille Touvier, souvent comme n'importe quels hôtes : la Grande Chartreuse, Solesmes, Hautecombe, Fontgombault, Saint-Michel-en-Brenne, Wisques, jusqu'à l'arrestation finale le 24 mai 1989 au prieuré Saint-François de Nice. La participation de ces couvents n'a pas le même sens. Pour les uns, elle est pure charité mais se colore, à la fin, quand Touvier n'est plus l'amnistié mais l'accusé de crime contre l'humanité, de sympathies idéologiques dans les dernières et rares maisons amies. Touvier recevait l'aide matérielle (3 000 francs par mois) des Chevaliers de Notre-Dame dont le responsable du chapitre provincial de cet ordre à Paris est Jean-Pierre Lefebvre et le créateur, Gérard Lafont, et que la presse considère comme un groupe de pression mystérieux et efficace jusqu'au... Vatican.

Qui sait quoi ? Touvier était assez doué en matière policière et assez introduit dans les couvents pour élaborer un beau fichier de moines suspects au gouvernement. N'a-t-il été protégé que par des ecclésiastiques et n'aurait-il pas bavardé lorsqu'il fut arrêté en 1947, puis amené aux Renseignements généraux d'où il s'évade si miraculeusement ? Mgr Charles Molette, président fondateur des archivistes de l'Église de France, a raison de s'étonner que la responsabilité de la police soit si peu mise en cause en cette affaire, qui charge essentiellement l'Église[43]. À la fin de la cavale, il n'y a plus autour de Touvier que des groupuscules, encore qu'ils ne soient peut-être pas confinés à la fréquentation des messes en latin de quelques prieurés français. L'affaire Touvier révélerait-elle une organisation secrète et dangereuse ?

Complot des soutanes et « route des rats »

1947 est une année de ruptures. La coalition idéologique et politique de la guerre vole en éclats. En France, le chef du gouvernement, le socialiste Ramadier, renvoie les communistes. Des groupes d'extrême droite se demandent si l'heure n'est pas venue de sauver le monde libre et la chrétienté assiégée. La police pénètre dans des couvents où se trameraient des complots. Indigné, le père Riquet monte au créneau.

Le 17 mars 1947, le ministre de l'Intérieur du cabinet Ramadier, Édouard Depreux, se donnait la peine d'annoncer à la presse qu'il venait de démanteler un réseau d'aide aux fascistes et miliciens organisé par les couvents. Le lendemain, *L'Humanité* titrait en première page : « *Pas de pitié pour les fascistes et leurs complices ! Les couvents dernier refuge des assassins et des traîtres !* » *Le Soir* et *L'Humanité* révélaient les secrets de cette nouvelle Cagoule. Les moines sont accusés d'avoir abrité Clément Carrière, condamné à mort, Chefdebien, Jean Degans de la Milice. Les perquisitions ont été fructueuses au couvent de la rue de La Source, chez les Fils de la Charité à Issy-les-Moulineaux, dans les abbayes de Clamart et de Mours. Un véritable roman-feuilleton édifie les lecteurs du quotidien communiste : le milicien, « *douillettement soigné et muni d'argent* », se présente au couvent de Clamart avec le mot de passe : « *Je viens pour la boîte à biscuits.* » De là, il est dirigé vers des laboratoires ou des imprimeries complices qui lui donneront du travail. Le père Salomon, des bénédictins de la rue de La Source, a reçu de Krupp, par le lieutenant-colonel Stein de l'Abwehr, des millions pour sauver les miliciens. D'autres noms sont jetés en pâture, le père Monnier des Fils de la Charité, dom Tennemon, supérieur de l'abbaye de Clamart. Le « président » de la JEC est entendu. Devant cette campagne de dénonciation, un résistant incontestable se lève, le père Riquet, l'homme qui, selon les Allemands, tirait les fils de la Résistance. Le 21 mars 1947, il rend publique une lettre ouverte au chef socialiste du gouvernement, Paul Ramadier. Évoquant la diffamation répandue à flots, il s'interroge :

> « *Pères de Thymadeuc, de Belloc et des Dombes, est-ce pour cela que vous avez souffert à Buchenwald et Dachau ; est-ce pour cela*

que vous êtes morts, père Jacques, père Gwenaël et vous père Guillère de ce couvent de la Glacière perquisitionné l'autre jour ?

« On trouve spirituel d'épingler en manchette : "Allons, la Santé ne manquera pas d'aumôniers." Cela me rappelle qu'à Fresnes, en mars 1944, nous étions en 2ᵉ division 15 prêtres, que dans notre transport vers Mauthausen, nous étions huit "aumôniers" pour 1 800 déportés et que le convoi suivant en emmenait 16, dont 15 morts là-bas [...] *Pauvre soutane, malgré tout le sang qui l'ennoblit, sang des fusillés : Corentin, de Montcheuil, Derry, sang des prêtres-soldats, aujourd'hui vous la dressez comme un épouvantail. Quels que soient ses titres, tout prêtre se voit traiter en suspect par le peuple comme par la police. »*

Le père Riquet, sans complexe, lance un nouveau combat contre les communistes, cette fois, et contre les ministres socialistes (Depreux avait été nommé par Vichy à la tête du Conseil de la Seine ; il démissionna en disant qu'il n'avait pas été consulté) :

« Je ne suis pas de ceux qui ont attendu le 22 juin 1944 pour prendre les armes, contre l'Allemagne ou la libération de Paris pour entrer dans la Résistance mais, de toutes mes forces, je dénoncerai au peuple de France ceux qui, depuis deux ans, s'acharnent à le faire vivre dans une atmosphère de haines, de basses vengeances, de délations et d'inquisitions, triste héritage de l'occupation nazie. »

Le don de polémiste du père Riquet détourna les communistes de suivre la route des couvents. Mais la presse de temps en temps relance ce type d'accusations. En 1992, *VSD* et la revue catholique, « tendre et grinçante », *Golias* ont dénoncé les réseaux de néo-nazis aidant la fuite des collaborateurs. « Touvier et ses anges gardiens » de *VSD* met en cause l'abbé Vautherin, Jean-Pierre Lefèvre *(sic)*, Saint-Wandrille et les Chevaliers de Notre-Dame. *Golias* consacre un numéro aux recherches du Centre Wiesenthal dans les archives policières de l'Argentine, qui viennent d'être ouvertes par le président Menem. Shimon Samuels, responsable européen de ce centre de recherches sur les anciens nazis, est clair : « *La consultation des archives, suite à leur ouverture autorisée par le président Menem, renforce les soupçons que nous avions au Centre Wiesenthal sur l'aide apportée par le Vatican aux criminels de guerre nazis, immédiatement après la guerre*[44]. » De quelle aide s'agit-il ? Elle consistait en la remise de papiers d'identité d'usage interne, permettant aux candidats à la fuite d'obtenir de la Croix-Rouge internationale un passeport qui ouvrait la perspective d'un achat — très onéreux — d'un visa pour l'Argentine.

Michel Faure dans *L'Express* reprend ces accusations dans un article, « La route des rats » (de Gênes ou Bari jusqu'à Buenos Aires), dont la nouveauté est la mise en cause du cardinal Tisserant[45]. À partir d'une lettre adressée par le cardinal en mai 1946 à l'ambassadeur d'Argentine à Rome, il se demande si Mgr Tisserant, gaulliste sous l'Occupation, ne serait pas l'un des patrons de l'aide du Vatican aux fuyards nazis et collaborateurs vers l'Argentine. Je ne vois pas ce cardinal de Curie se muer en protecteur de nazis. Il faudrait plus que cette lettre, où il demande des passeports pour trois familles et envisage l'envoi en Argentine de Français qui ne peuvent pas rentrer en France sans risquer une condamnation, pour étayer une accusation aussi grave. L'Église devrait ouvrir les papiers de Mgr Tisserant. On jugera alors si l'Argentine est une affaire ponctuelle ou si « la route des rats » occupait beaucoup de son temps. Il deviendra possible de dire s'il a participé, de manière très particulière, à l'action, commencée avant la guerre, d'aide des ecclésiastiques aux réfugiés. Ce n'est certainement pas un hasard si les grands résistants, le père Riquet, le père Maydieu, l'abbé Glasberg, le père de Jabrun ont commencé leur engagement avant la guerre par l'aide aux réfugiés. Alors, la Résistance serait-elle avant tout une spécialité des services secrets ?

Le cardinal Tisserant, chargé des relations avec les Églises orientales, a pu lui aussi plonger ses filets dans les milieux de réfugiés venus d'Europe orientale et, par raccroc, être contacté par les protecteurs d'autres réfugiés, allemands, autrichiens, collaborateurs. La prudence de l'Église, qui ne souhaite pas étaler ses actions d'Europe orientale sur la place publique, n'est pas un péché. Les acteurs pourraient être l'objet de représailles mortelles et nul ne blâmera la règle des ecclésiastiques de ne pas « balancer » ni leurs informateurs ni même ceux qui trahissent les prêtres. En Europe orientale écrasée par le communisme, comme en Pologne, comme en 1941, en 1943 comme en 1944-1945, l'Église catholique poursuivait le même discret et opiniâtre combat contre le « *communisme intrinsèquement pervers* ». Qui pourrait reprocher au Saint-Siège d'y avoir enfin réussi avec l'achèvement du siècle, qui a vu cette idéologie s'incarner en un impérialisme meurtrier, rejetant pour l'Église dans l'ombre la perversité du nazisme ?

Les Français ont pu être choqués que l'Église ne s'intéresse que médiocrement à leur combat national. L'affaire du STO montrait qu'elle préférait poursuivre sa mission essentielle d'apostolat élargie à toutes les classes sociales et à toute l'Europe. La charité a justifié les attitudes d'indulgence qui ont tant choqué les chrétiens résistants et les fidèles gardiens de leur mémoire. Si cette charité s'appuyait sur la justice, elle serait la justice et non la charité[46]. Dans ces équilibres subtils entre les finalités internationales de l'Église et ses figures nationales, le catholicisme français s'est trouvé perdu et a éprouvé des difficultés à discerner ses devoirs et à user de la liberté des enfants de Dieu.

Cette longue enquête montre que l'Église fut un appui constant de l'État français mais elle révèle aussi la diversité de cette grande institution qui interdit de donner une définition simpliste de son attitude sous l'Occupation. Elle fut à la fois variée, intéressée, ondoyante, secrète, subtile. Tant pis pour les amateurs de manichéisme !

Il existe un malentendu entre les résistants et l'Église qui n'aime pas le nationalisme. Elle est universaliste et a été blessée, au XIXe siècle, par la fondation de l'État italien qui détruisit les États pontificaux (et avec l'aide de la France). Elle n'a nul besoin des mythes résistants pour fonder sa légitimité. Alors, ni résistante ni collaboratrice ? Elle est autre et multiple.

Dans cette grande armée du Christ existe une répartition des tâches qui trouble le jugement d'un observateur trop rapide.

Aux évêques incombe le gouvernement de l'Église et donc les rapports avec l'État. Les évêques furent pétainistes, par inclination, par intérêt, par reconnaissance, et sans doute par indifférence profonde à la politique. S'ils ont mis parfois le gouvernement en garde — contre le STO, contre la dénaturalisation en bloc des juifs français en 1943 — ils ont agi avec discrétion, timidité, dira le pape en 1944. Après avoir recueilli comme une juste réparation des injures passées les générosités de l'État français, les évêques subissent de 1942 à 1944 la politique religieuse brutale de Pierre Laval et ils nourrissent finalement l'illusion de définir une politique de juste milieu qui leur fait condamner une Résistance violente et associant les catholiques aux communistes. Les prêtres, au contact direct des fidèles, ont exercé leur mission de charité, d'assistance spirituelle et d'incitation à une action catholique. Ils ont joui dans presque tous les diocèses d'une grande liberté et ont pu rester proches des sentiments de leurs paroissiens.

Les religieux — dominicains et surtout jésuites — sont les hommes de la réflexion à l'écoute de la parole pontificale, bons propagandistes. La mission d'aumôniers des jeunes les rend sensibles aux élans de la révolte et aux aspirations à l'intransigeance. Théologiens ils sont consultés quand un problème risque de diviser les chrétiens et ils ne sont pas sans influence sur les évêques. Les religieux ont beaucoup aidé la Résistance. Mes recherches révèlent qu'à cet égard leur engagement doit aux liens avec le 2e Bureau et à une action internationale de nature humanitaire commencée avant le second conflit mondial. Cette résistance chrétienne est née des actions de secours aux étrangers dans les années trente. Qui accueille alors les réfugiés à Bordeaux ? Le père Maydieu, le père de Jabrun, le père Riquet. Ailleurs, Edmond Michelet ; l'abbé Glasberg, le père Chaillet aident les réfugiés d'Allemagne et d'Autriche. Sous l'Occupation, des réfugiés se retrouvent à Lyon autour de l'Amitié chrétienne du même Chaillet, à Toulouse, à l'Institut catholique, à Marseille ou à Nice ; à Nîmes l'YMCA et le Joint coordonnent l'action des chrétiens pour les secours aux réfugiés devenus les internés de l'État français.

Les liens avec un Vatican silencieux se sont relâchés avec l'Occupation mais des religieux ont circulé. Le voyage à Berne est un rituel de ces mystérieux et secrets échanges. Là arrive la valise diplomatique du Vatican. Là se dirigent des résistants importants. Là échouent les signes lancés par certains milieux de Vichy. Là les Américains commencent à tisser la toile de relations souterraines.

L'épuration ne pouvait donc pas être lourde pour une institution qui avait rendu tant de services et qui recevait la très ferme protection de Pie XII.

Derrière un solide conformisme pétainiste l'Église de France a gardé sa liberté profonde, a poussé les plus purs des siens à porter de hauts témoignages spirituels et a poursuivi, en choisissant le camp qui lui offrait le plus d'opportunités d'action et de développement, la seule mission qui lui importe : l'apostolat du monde qui n'a pas encore reconnu la parole de Dieu.

NOTES

CHAPITRE I

1. CLAUDEL (Paul), *Journal*, t. 3, Pléiade, 1969, p. 321.
2. CORDIER (Daniel), *Jean Moulin*, t. 2, J.-C. Lattès, p. 292 et suivantes.
3. MASSON-GADENNE (Catherine), *Le Cardinal Liénart, évêque de Lille 1928-1968. Un grand pasteur*, thèse, Université de Lille III, 1997.
4. DETREZ (Lucien), *Quand Lille avait faim 1940-1944*, Lille, SILIC.
5. D'après MASSON-GADENNE (Catherine), *op. cit.*, p. 211.
6. *L'Osservatore Romano*, 28 juin 1940.
7. AN 2 AG 674.
8. Biographie très sensible par VINATIER (Jean), *Le Cardinal Suhard*, Le Centurion, 1983.
9. *Ibid.*, p. 62.
10. AN 2AG 74.
11. *Le Conseil national. La réforme de l'État en régime autoritaire*, Aux Amateurs de Livres, 1990.
12. GREILSAMMER (Laurent), *Blum*, Flammarion, 1996.
13. MASSON-GADENNE (Catherine), *Le Cardinal Liénart, op. cit.* ; une histoire des diocèses de France est en cours.
14. *Les Carnets du cardinal Alfred Baudrillart 1935-1939*, Cerf, 1996, p. 980.
15. *Semaine religieuse du diocèse de Lyon*, n° 8, 16 janvier 1942.
16. LUIRARD (Monique), « Le Clergé et l'adhésion à la Révolution nationale. Le cas du diocèse de Lyon 1940-1942 », *Bulletin d'Histoire régionale de Saint-Étienne*, n° 2, 1975.
17. Lui sont remises des archives, les couronnes wisigothiques et la Dame d'Elche, *in* : COINTET (Michèle), *Vichy-Capitale,* Perrin, 1993.
18. SÉGUÉLA (Matthieu), *Pétain-Franco. Les secrets d'une alliance*, Albin Michel, 1992, p. 213.
19. *La Croix*, 28 décembre 1940.
20. *Semaine religieuse du diocèse de Lyon*, 4 octobre 1941.
21. Lettre pastorale citée *in* CLAUDE (Hubert), « La Hiérarchie catholique, le gouvernement de Vichy et l'occupant dans la zone réservée », *Revue du Nord*, tome IX, n° 237, avril-juin 1978, pp. 259-260.
22. *Voix françaises*, 14 mars 1941.
23. *Ibid.*, 21 février 1941.
24. Cité *in La Vie quotidienne des Sarthois 1939-1945*, Cenomane, 1986, p. 108.
25. *Voix françaises*, 7 mars 1941.

26. PALARD (Jacques), « Mgr Feltin et le régime de Vichy », *in Gaullisme et antigaullisme en Aquitaine*. Presses universitaires de Bordeaux, 1995.
27. *Voix françaises*, 8 août 1941.
28. *Ibid.*, 2 mai 1941.
29. *La Semaine religieuse*, 1er janvier 1941.
30. *La Semaine religieuse de Grenoble*, 21 août 1941.
31. *La Semaine religieuse de Grenoble*, 4 septembre 1941.
32. ROUSSO (Henry), *Le Syndrome de Vichy*, Seuil.
33. PÉTAIN (Philippe), *Discours aux Français*, édition établie par Jean-Claude Barbas, Albin Michel, 1989, p. 104.
34. *La Croix*, 17 juillet 1940.
35. IHTP, dossier Résistance chrétienne.
36. CALVET (Jean), *De la Faculté des lettres au protectorat*, Dessain et Tolra, 1970.
37. *La Croix*, 6 août 1940.
38. Article « Thérèse » par Pierre Descouvemont, *in Dictionnaire de spiritualité*, tome 15, pp. 575-611.
39. *Œuvres complètes*, Cerf, p. 141, cité par GUITTON (Jean), *Le Génie de Thérèse de Lisieux*, Édition de l'Emmanuel, 1995.
40. VINATIER (Jean), *Le Cardinal Suhard, op. cit.*, p. 68.
41. Article « Sacré-Cœur », *Encyclopédie du catholicisme*, tome 13.
42. PEYRET (Raymond), *Marthe Robin. La Croix et la joie*, Valence, 1981.
43. MOTTET (Gonzague), *Marthe Robin, la stigmatisée de la Drôme*, Érès, 1989.
44. GIRARD (Louis-Dominique), *Mazinghem ou la vie secrète de Pétain*, Paris, LGDJ, 1971.
45. Cité par MICHEL (Alain-René), *La JEC face au nazisme et à Vichy*, Presses universitaires de Lille, 1988, p. 143.
46. J'ai esquissé dans *Vichy-Capitale* cette symbolique de l'État français, *op. cit.*
47. SIGODA (Pascal), « Symbolique et historique de la croix de Lorraine », *in Études gaulliennes*, t. 4, nº 13, janvier 1976 ; et MESNIL du BUISSON (M. du), « La Croix de Lorraine », *in Revue historique des Armées*, nº 1, juillet 1945.
48. *Ibid.*
49. *Éphémérides*, t. 1, p. 158.
50. *Ici Londres*, t. 2, p. 112.
51. *La Croix*, 3 octobre 1940.
52. *Voix françaises*, 9 mai 1941
53. AN F7 13355.
54. *Voix françaises*, 31 juillet 1942.
55. LIMAGNE (Pierre), *Éphémérides*, t. 3, p. 1993.
56. LAURY (Serge), « Aspects de la vie religieuse pendant la Seconde Guerre mondiale dans le Nord-Pas-de-Calais », *Revue du Nord*, avril-juin 1978, pp. 351-389.
57. *Semaine religieuse d'Évreux*, 15 juin 1941.
58. Interprétation politique de FAURE (C.). « Pèlerinage et mise en représentation de la ferveur populaire : le pèlerinage de la jeunesse du 15 août 1942 au Puy-en-Velay », *Cahiers d'histoire*, nº 1, 1986 ; et VAILLI (Vincent), « Le pèlerinage du Puy-en-Velay du 15 août 1942 : Apogée de la Révolution nationale ? », *in De Vichy au Mont Mouchet*, IEMC, 1991. Interprétation religieuse de AVON (Dominique), « Le pèlerinage du Puy », *Revue d'histoire de l'Église de France*, juillet-décembre 1997.
59. MAYOUX (P.), *Paul Doncœur, aumônier militaire.*
60. *Semaine religieuse de Grenoble*, 30 juillet 1942.
61. DEVINEAU (R.P.), *Dans le sillage de la Vierge, le grand Retour de Notre-Dame.* Les Trois Nefs, 1945 : PEROUAS (P.), « Le grand Retour de Notre-Dame de Boulogne », *Annales de Bretagne*, 1983, et « Le grand Retour », *Annales de Sociologie religieuse*, 1984.
62. *Semaine religieuse de Lyon*, 3 septembre 1943.

63. Cointet (Michèle), *Vichy-capitale, op. cit.*
64. Joseph (Gilbert), *Une si douce Occupation, Simone de Beauvoir et Jean-Paul Sartre 1940-1944*, Albin Michel, 1991, p. 222.
65. *La Légion*, 15 avril 1942, cité par Muel-Dreyfus, *Vichy ou l'éternel féminin*, p. 208.
66. *Voix françaises*, 28 février 1941.
67. Laborie (Pierre), *Résistants, Vichyssois et autres*, CNRS, 1980, p. 205.

CHAPITRE II

1. Durand (Jean-Paul), *Les Congrégations et l'État*, Paris. La Documentation française, 1992, n° 4954.
2. AEF 556.
3. AEF 540, 21 juillet 1940.
4. AN, 2 AG 492.
5. Pierre de Font-Réaulx fut après la guerre l'un des doyens de l'Institut catholique de Paris.
6. Ses fils, interrogés par Pierre Rigoulot, *Les Enfants de l'épuration*, Plon, 1993, p. 127 et suivantes, disent qu'il fut caché à la Libération par des cisterciens et qu'il retrouva la foi après l'Occupation.
7. Cointet (Michèle), *Le Conseil national de Vichy*, Paris, Aux Amateurs de Livres-Klincksieck, 1989, p. 140 et suivantes.
8. Meynaud (Jean), *Les Groupes de pression*, Paris, Armand Colin, 1957.
9. Brisacier (Michel), « De Combes à nos jours. L'État et les cultes », *Administration*, octobre 1943, n° 161.
10. Bruno Neveu, *Inventaire des Papiers Louis Canet (1921-1967)*, conservateur des Archives du ministère des Affaires étrangères, a réalisé un inventaire des épaves de ses archives et les a excellement présentées.
11. AN, AGII 492.
12. AN F1 CIII. Les rapports des préfets notent les sentiments gaullistes des élèves des grandes classes des établissements religieux en Bretagne et AN, 2 AG 492, lettre Pucheu à Barthélemy, 11 septembre 1941.
13. Mémoire de droit canon de l'Institut catholique de Paris aimablement communiqué par son auteur, Brisacier (Michel), *Vers la reconnaissance légale des congrégations*, Paris, 1996 ; et Durand (Jean-Paul), *Les Congrégations et l'État, op. cit.*
14. Papiers de Mgr Suhard.
15. AN, 2 AG 492.
16. Dom Delattre, *Dom Guéranger, abbé de Solesmes*, Paris, Plon, 1909.
17. AN, 2 AG 492.

CHAPITRE III

1. Fumet (Stanislas), *Histoire de Dieu dans ma vie*, Paris, Fayard, 1978.
2. On se reportera pour une étude précise et pionnière à Gerbod (Paul), *Les Enseignants et la politique*, Paris, PUF, 1976.
3. Cointet (Michèle), « Le SNI, le pacifisme et l'Allemagne », *in Les Relations franco-allemandes à l'époque de Hitler*, CNRS, 1976.
4. *La Croix*, 28 août 1940.
5. *La Croix*, 30 septembre 1940.
6. *La Croix*, 24 octobre 1940.
7. *Ibid.*
8. Planté (Louis), *Au 110 rue de Grenelle*, Paris, Clavreuil, 1957, p. 273.

9. *La Revue des deux mondes*, 1er septembre 1940.
10. Cointet (Michèle). « La Réforme de l'enseignement de l'histoire 1940-1944 », *Revue d'histoire moderne et contemporaine*, 1975.
11. Chevalier (Jacques). *La Forêt de Tronçais*, Limoges, Ducourthieux et Goût, 1914.
12. Bourrel (Emmanuel), *Jacques Chevalier, une vision chrétienne de la Révolution nationale*, mémoire de maîtrise sous ma direction, Université de Tours, 1993. J'avais révélé la personnalité originale de Chevalier *in Le Conseil national de Vichy*, Paris, Aux Amateurs de Livres-Klincksieck, 1989.
13. Chevalier (Jacques), *Bergson et le Père Pouget*, Paris, Plon, 1954, p. 31.
14. *Les Documents français*, avril 1941.
15. *Ibid.*
16. Giolitto (Pierre), *Histoire de la jeunesse sous Vichy*, Paris, Perrin, p. 71.
17. Cointet (Michèle), « Le SNI, le pacifisme et l'Allemagne », *in Les Relations franco-allemandes à l'époque de Hitler*, Paris, CNRS, 1976.
18. *Voix françaises*, 24 janvier 1941.
19. Planté (Louis), *op. cit.*, p. 295.
20. Barthélemy (Joseph), *Ministre de la Justice*, Paris, Pygmalion, 1989, p. 114.
21. AN, 3 W 136.
22. Témoignage d'André Fugier du 21 novembre 1956, aimablement communiqué à l'auteur par André Chevalier.
23. *Correspondance Maurice Blondel*, 19 décembre 1947, Paris, Aubier, 1965, p. 212.
24. 7 janvier 1941.
25. *Voix françaises*, 4 mai 1941.
26. Affaire que nous révélions en 1990 dans *Le Conseil national de Vichy, op. cit.*
27. Cointet (Jean-Paul), *La Légion française des combattants 1940-1944. La tentation du fascisme*, Paris, Albin Michel, 1995.
28. Waché (Brigitte), *Monseigneur Louis Duchesne*, École française de Rome, 1993.
29. Carcopino (Jérôme), *Souvenirs de sept ans*, Paris, Flammarion, 1953, p. 79.
30. *Lettres et notes de l'amiral Darlan*, Paris, Economica, pp. 301 et 305.
31. AEF 544, télégramme du 9 décembre 1940, reçu le 15 décembre 1940.
32. Dodier (Henri). *Quelques souvenirs inédits sur le cardinal Suhard*, Laval, 1953.
33. *Lettres et notes de l'amiral Darlan, op. cit.*, pp. 311-313.
34. Barthélemy (Joseph). *Ministre de la Justice, Vichy 1941-1943*, Paris, Pygmalion, 1989, pp. 164-165.
35. Carcopino (Jérôme), *Souvenirs de sept ans, op. cit.*, p. 318.

CHAPITRE IV

1. Cointet (Michèle), *Le Conseil national, op. cit.* ; Tasca (Angelo), *La France de Vichy*, publié par Denis Peschanski-Feltrinelli, Milan, 1996, p. 332.
2. Cholvy (Gérard) et *alii. Le Patronage, ghetto ou vivier ?*, Nouvelle Cité, 1988.
3. *Ibid.*, p. 157.
4. Garric (Robert), Tézenas du Montcel, *Les Équipes sociales*, Éditions de la Revue des jeunes, 1924.
5. Laneyrie (Philippe), *Les Scouts de France*, Cerf, 1985.
6. Loubet del Bayle (Jean-Louis) fut le premier à étudier ce foisonnement de petites revues, *Les Non-conformistes des années trente*, Le Seuil, 1969 ; Cointet (Michèle). *Histoire culturelle de la France*, Sedes, 1989.
7. Comte (Bernard) donne des indications partielles et précises sur plusieurs de ces hommes dans *Une utopie combattante. L'École des cadres d'Uriage 1940-1942*, Fayard, 1991.

8. À titre d'exemple, HERVET (Robert). *Les Compagnons de France*, France-Empire, 1965.

9. HERVET (Robert), *Les Chantiers de la jeunesse*, France-Empire, 1962.

10. Cité par YAGIL (Limore), *« L'Homme nouveau » et la Révolution nationale de Vichy*, Septentrion, 1997, p. 60 : et par LABATUT (Philippe), *Être jeune en 40 : les Chantiers de jeunesse, une idée originale de service national*, Nouvelles Éditions latines, 1985, p. 102.

11. HERVET (Robert), *Les Compagnons de France*, France Empire, 1965.

12. PETITJEAN (Armand), *Combats préliminaires.*

13. HERVET (Robert), *op. cit.*, p. 115.

14. COMTE (Bernard), *op. cit.* ; et DUNOYER de SEGONZAC (Pierre), *Le Vieux Chef.* Le Seuil, 1971.

15. IHTP. 036.

16. *La France socialiste*, 30 décembre 1941.

17. *Jeunesse*, 4 mai 1941.

18. *Ibid.*, 17 août 1941.

19. *Ibid.*, 4 mai 1941.

20. MICHEL (Alain-René), *La JEC*, Presses universitaires de Lille, 1988.

21. COINTET (Michèle). *Le Conseil national*, Aux Amateurs de Livres, 1989.

22. TASCA (Angelo), *in La France de Vichy, Archives inédites d'Angelo Tasca*, sous la direction de D. Bidussa et D. Peschanski. 1996.

23. AN 2AG 440.

24. *Ibid.*

25. Témoignage de Villette, de la JOC, dossier Résistance chrétienne, IHTP.

26. Mgr Feltin consulte les évêques des régions bombardées. Mgr Liénart est hostile à un accord qu'envisage avec faveur Mgr Roques de Rennes. Tout dépend de l'attitude du délégué régional du SGJ.

CHAPITRE V

1. Analyse historique par E. H. FLANNERY, « Antisemitism », *in New Catholic Encyclopedia*, Library of Congress, 1967, pp. 634-640.

2. PIERRARD (Pierre), *Juifs et catholiques français*, Paris, Le Cerf, 1997.

3. SORLIN (Pierre), *La Croix et les juifs 1880-1899*, Paris, Grasset, 1967.

4. PASSELECQ (Georges) et SUCHECKY (Bernard), *L'Encyclique cachée de Pie XI, une occasion manquée de l'Église face à l'antisémitisme*, Paris, La Découverte, 1995.

5. BLET (Pierre), Pie XII et la Seconde Guerre mondiale, d'après les archives du Vatican, Paris, Perrin, 1997, p. 65.

6. *Tribune juive*, 9 décembre 1938, n° 50.

7. *Les Carnets du cardinal Alfred Baudrillart 1935-1939*, Paris, Cerf, 1996, p. 877.

8. BONSIRVEN (Joseph), *Juifs et chrétiens*, Paris, Flammarion, 1936, p. 267.

9. LANDAU (Lazare), *De l'aversion à l'estime. Juifs et catholiques en France de 1919 à 1939*, Paris, Le Centurion, 1980 ; et PIERRARD (Pierre), *Juifs et catholiques français*, Paris, Cerf. 1997.

10. LAVAL-REVIGLIO (Marie-Claire), « Parlementaires xénophobes et antisémites sous la IIIe République », *in Le Droit antisémite de Vichy*, Paris, Seuil, 1996, pp. 84-114.

11. L'origine de cet argument sur l'influence de l'Action française vient du livre publié en 1953 par le gaulliste Marquis d'ARGENSON, *Pétain et le pétainisme*, qui s'attache essentiellement au discours.

12. *Le Procès du maréchal Pétain, compte rendu*, Paris, Albin Michel, 1945, p. 28.

13. *Documents on German Foreign Policy (DGFP)* Vol. X, tél., 25 juillet 1940 et mémorandum, 27 juillet, p. 292 et suivantes.

14. BOEGNER (Marc), *L'Exigence œcuménique. Souvenirs et perspectives*, Paris, Albin Michel, 1968, p 134.

15. ARON (Robert). *Histoire de Vichy 1940-1944*, p. 167. Il faut préciser que cette note citée par Aron n'a pas été retrouvée dans les archives par son dernier utilisateur. BARUCH (Marc-Olivier), *Servir l'État français*, Fayard. 1997, p. 128.

16. BAUDOUIN (Paul), *Neuf Mois au gouvernement*, Paris. La Table ronde, 1948.

17. BROUSSOLE (Denis), « L'Élaboration du statut des juifs », *in Le Droit antisémite de Vichy, op. cit.*, p. 133. L'auteur signale que l'accès aux avis non publiés du Conseil d'État (à une exception près) est impossible.

18. Mgr GUERRY, *L'Église catholique en France sous l'Occupation*, Paris, Flammarion, 1947, p. 35.

19. COINTET (Jean-Paul), *La Légion française des combattants*, Paris, Albin Michel, 1996 (version abrégée du doctorat ès lettres de l'auteur) ; et du même, « La Légion française des combattants et la question juive », *in La France et la question juive*, Paris, Messinger, 1981, pp. 101-110.

20. SINGER (Claude), *Vichy, l'Université et les juifs*, Paris, Les Belles Lettres, 1992, p. 163 et suivantes ; voir aussi du même, *L'Université libérée, l'Université épurée 1943-1947*, Paris, Les Belles Lettres, 1997.

21. Colloque, *Les Facs sous Vichy*, Clermont-Ferrand, Presses universitaires, 1994.

22. SCHWARZ FUCHS (G.), *Aux prises avec Vichy. Histoire politique des juifs de France*, Calmann-Lévy, 1998.

23. CDJC CX-24.

24. CHELINI (Jean), *L'Église sous Pie XII*, Fayard, 1983, p. 302.

25. BOEGNER (Marc), *Carnets, op. cit.*, p. 59.

26. Compte rendu manuscrit de l'entretien dans MOCH (Maurice) et MICHEL (Alain), *L'Étoile et la francisque*, Paris, Cerf, 1990, p. 68. Maurice Moch travailla au Consistoire central de Lyon à partir de 1941. Quelques variantes dans SCHWARZ FUCHS (G.), *op. cit.*

27. C'est faux ! COINTET (Michèle), *Le Conseil national, op. cit.*

28. COINTET (Jean-Paul), *La Légion française des combattants, op. cit.*

29. Xavier Vallat a été condamné à dix ans d'emprisonnement.

30. VALLAT (Xavier), *Le Nez de Cléopâtre. Souvenirs d'un homme de droite 1919-1944*, Paris, Les Quatre Fils Aymon, 1957.

31. Procès Xavier Vallat, Paris, Éditions du Conquistador. 1948, p. 115.

32. Au livre de MALGLAIVE (Gabriel), *Juif ou Français. Aperçu sur la question juive*, CPRN, 1942, Xavier Vallat donne une préface sans fard dont sont extraites ces citations.

33. *Procès Xavier Vallat, op. cit.*, pp. 112-113.

34. VALLAT (Xavier), *Le Nez de Cléopâtre, op. cit.*, p. 248.

35. AN 3W 351, télégramme Abetz, 3 avril 1941.

36. Je pense qu'Antoine Prost a commis ce genre d'erreur lors de la soutenance de la thèse de COINTET (Jean-Paul), *La Légion française des combattants, op. cit.*, en refusant d'admettre la vision novatrice qu'apportaient les papiers de Xavier Vallat et en ignorant la même interprétation qu'en donnent les juristes.

37. MARCOU (Jean), « La Qualité de juif », *in Le Droit antisémite de Vichy, op. cit.*, p. 158 et p. 160.

38. *Ibid.*

39. Voir les pièces produites dans BARTHÉLEMY (Joseph), *Ministre de la Justice.* Mémoires, Paris, Pygmalion, 1989, p. 266, et lettres en fac-similé en annexes.

40. Épisode révélé par le RP de LUBAC, *Résistance chrétienne, op. cit.*, p. 60 et suivantes.

41. Sur le père Richard, voir la communication au colloque de Biviers de Mgr BOCKEL (Pierre), son élève en 1941, « Le Père Louis Richard. Témoignage d'un prêtre engagé dans la résistance », *in Spiritualité, Théologie et Résistance. Yves de Mont-*

cheuil, théologien au maquis du Vercors. Presses universitaires de Grenoble, 1987, pp. 198-203.

42. Le mérite de Delpech (François) fut de se dire que ce texte, cité par Mgr Guerry et tenu pour suspect, était peut-être bon. Il le publia dans *Églises et chrétiens*, « La France », p. 288.

43. Contre-amiral Dillard, *La Vie et la mort du RP Dillard*, Paris, Les Œuvres françaises, 1947.

44. Riquet (Michel), *Chrétiens de France dans l'Europe enchaînée*, Paris, SOS, 1972, p. 89.

45. AN 3W 336 III-C.

46. CDJC C XXI-73.

47. CDJC CIX-106.

48. CDJC CIX-46.

49. CDJC CIX-112.

50. Il démissionne avec éclat après la conclusion des Protocoles de Paris. Cointet (Michèle), « Les Radicaux dans la tourmente », *in La Reconstruction du parti radical 1944-1948*. L'Harmattan, 1993, pp. 15-30.

51. *Les Protestants français pendant la Seconde Guerre mondiale*, p. 155.

52. Bédarida (Renée), *Pierre Chaillet, témoin de la résistance spirituelle*, Paris, Fayard, 1988.

53. Landau (Lazare). *L'Abbé Glasberg*, Paris, Cerf, 1996.

54. *Courrier français du Témoignage chrétien*, 2 septembre 1944, citée par Bédarida (Renée), *op. cit.*, p. 96.

55. Bédarida (Renée et François). « La Voix du Vatican 1940-1942 », *Revue d'Histoire de l'Église de France*, juillet-décembre 1978.

56. Témoignage du père Glasberg, présent à l'entrevue, *Églises et chrétiens, op. cit.*, p. 205.

57. Un *Témoignage chrétien*, à l'aventure duquel elle participa : Bédarida (Renée), *in Les Armes de l'esprit. Témoignage chrétien*, Paris, Éditions ouvrières, 1977, révélait les origines du mouvement. Dans une démarche scientifique qui est celle de toute sa vie, elle a voulu aller toujours plus loin dans sa recherche de vérité, en tenant compte de nouveaux témoignages et a publié *Pierre Chaillet. Témoin de la résistance spirituelle*, Paris, Fayard, 1988, dédié au père Henri de Lubac. Le témoignage-pamphlet du père de Lubac, *Résistance chrétienne à l'antisémitisme*, Paris, Fayard, 1988, et la publication par Jacques Prévotat des écrits clandestins du père Gaston Fessard (*Au Temps du Prince-esclave*, Critérion, 1989) permettent d'y voir plus clair.

58. Bédarida (Renée), *op. cit.*

59. IHTP, Résistance chrétienne, dossier Montauban.

60. *Actes et Documents du Saint-Siège relatifs à la Seconde Guerre mondiale*. Cité du Vatican (onze volumes publiés). Un collaborateur de cette publication, le père Blet, a publié une synthèse, *Pie XII et la Seconde Guerre mondiale*, Perrin, 1997.

61. Masson-Gadenne (Catherine), *Le Cardinal Liénart, op. cit.*, p. 263 ; aux archives départementales, dossier ACA 3 B 102 ; ce texte était connu de Delpech (François), *Les Chrétiens, op. cit.*

62. François Delpech et Catherine Masson-Gadenne tiennent aussi que la date est juillet 1942.

63. Lambert (Raymond-Raoul), *Carnets d'un témoin 1940-1943*, Paris, Fayard, 1985.

64. *Églises et chrétiens, op. cit.*, p. 203.

65. Schwarz fuchs (Simon), *Aux prises avec Vichy, op. cit.*, p. 211.

66. Mémorandum à Tracy Strong (10 août 1942), secrétaire général du Comité mondial de la *Young Men Christian Association*, pp. 324-327.

67. Barot (Madeleine), « La Cimade et le rôle des organisations internationales de jeunesse », *in Les Protestants français pendant la Seconde Guerre mondiale*, Société d'histoire du protestantisme, n° 3, juillet-septembre 1994.

68. Toutes les lettres des archevêques et pasteurs sont extraites des documents de Klarsfeld (Serge), *Vichy-Auschwitz, op. cit.*

69. *Églises et chrétiens, op. cit.*, p. 204.

70. D'Aragon (Charles), *La Résistance sans héroïsme*, Paris, Le Seuil, 1977, p. 25.

71. AN FI CIII 1154.

72. Cabanel (Patrick), « Pétainisme et résistance intellectuelle : l'Institut catholique de Toulouse dans les années quarante », *in Les Facs sous Vichy*, Clermont-Ferrand, pp. 263-276.

73. Fessard (Gaston), *Au temps du prince-esclave. Écrits clandestins*, Criterion, 1989.

74. Extraits tirés de Solages (Mgr Bruno de), *Discours interdits*. Spec, 1945.

75. CDJC CIX 125.

76. *La semaine catholique de Toulouse*, 12 janvier 1941.

77. Clément (Jean-Louis), *Monseigneur Saliège, archevêque de Toulouse 1929-1956*. Beauchesne, 1994, p. 174.

78. Closon (François-Louis), *Le Temps des passions*, Paris, Presses de la Cité, p. 246.

79. Clément (Jean-Louis), *Monseigneur Saliège, archevêque de Toulouse 1929-1956, op. cit.*, pp. 212-213.

80. *Églises et Chrétiens, op. cit.*, p. 293.

81. Lubac (Henri de), *Résistance chrétienne à l'antisémitisme. Souvenirs 1940-1944*, Paris, Fayard, 1988.

82. *Églises et chrétiens dans la Seconde Guerre mondiale, La France*, Lyon, Presses universitaires de Lyon, 1978 et 1982.

83. La protestation du Consistoire central du 25 août 1942 l'a laissé froid.

84. De très nombreux témoignages : Delpech (François), « La persécution des juifs et l'Amitié chrétienne », *in Églises et chrétiens, op. cit.*, pp. 143-179 ; témoignage de l'abbé Glasberg, *ibid.*, pp. 203-205 ; Bédarida (Renée), *Pierre Chaillet, op. cit.*

85. Gourfinkel (Nina), *L'Autre Patrie*, Paris, Le Seuil, 1953.

86. CDJC CC XVIII-104. Témoignage d'un témoin visuel, Georges Garel, directeur général de l'Union OSE à Paris. Garel dit que le lendemain 80 personnes libérées furent reprises par la police et déportées.

87. CDJC CC XIV-103.

88. Casalis (Georges), *Portrait de Karl Barth*, Genève, 1960, et Bolle (Pierre), « L'Influence du barthisme dans le protestantisme français », *in Églises et chrétiens, op. cit.*, pp. 59-65.

89. Dupeux (Louis), *Histoire culturelle de l'Allemagne*, Paris, Colin, et *Les Relations franco-allemandes à l'époque de Hitler*, Paris, CNRS 1977.

90. Poliakov (Léon), *L'Auberge des musiciens*, Paris, Mazarine, 1981, p. 108.

91. Selon Boulet (François), « Juifs et protestants 1940-1944 », *in Les Protestants, op. cit.*, pp. 336-338 ; et Ducros (Louis-Frédéric), *Montagnes ardéchoises dans la guerre*, Valence, t. 1, 1974.

92. Selon Bolet (François), « Juifs et protestants 1940-1944 », *op. cit.*, p. 362.

93. Delteil (Gérard), « La prédication du pasteur Jean Cadier à Montpellier », *in Les Protestants, op. cit.*, p. 255.

94. Boegner (Marc), *Carnets, op. cit.*, p. 92 et 200.

95. *Ibid.*

96. CDJC CC XXI-73.

97. Papiers René de Chambrun.

98. Boegner (Marc), *Carnets, op. cit.*, p. 211.

99. Klarsfeld (Serge), *Vichy-Auschwitz, op. cit.*, p. 55 et suivantes.

100. *Ibid.*, t. 2, p. 331.

101. CDJC, CVI-143.

102. CDJC, CC XVIII-104, 400 enfants dans le Sud-Ouest, 450 dans le Centre, 300 dans le Centre-Est et 400 dans le Sud-Est.

103. Friedländer (Saül), *Quand vient le souvenir*, Paris, Le Seuil, 1978, p. 113.

104. Témoignages réunis par le père Philippe de la Trinité, *Étoiles carmélitaines. Le Père Jacques, martyr de la Charité*, Desclée de Brouwer, 1945 ; CHAGARAY (Jacques), *Un carme héroïque. La vie du Père Jacques*, Nouvelle Cité, 1988 ; à asignaler, un excellent dossier établi par les élèves du collège public d'Avon sous la direction de leurs professeurs BRAUNSCHWEIG (Maryvonne) et GIDEL (Bernard) dans le cadre d'un PAE, *Les Déportés d'Avon*, Paris, La Découverte, 1988.

105. Bien des années plus tard, un ancien élève du collège d'Avon. Louis MALLE, se souvient et consacre à ses camarades un film émouvant, *Au revoir les enfants.*

106. Ne survivront, grâce à l'aide et à la discrétion de Français, que le père de Maurice Schlosser et Laure, la sœur de Hans-Helmut, placée comme bonne dans une famille de Lorris-en-Gâtinais.

CHAPITRE VI

1. LESTRA (Antoine), *Le Maréchal Pétain et le père Chevrier*, Lyon, E. Vitte, 1941.
2. DROULERS (Paul), « Catholiques sociaux et Révolution nationale », *in Églises et chrétiens*, *op. cit.*, p. 217. La brochure est publiée en décembre 1941.
3. LAUNAY (Michel), « Le Syndicalisme chrétien et la Charte du Travail », *in Églises et chrétiens*, *op. cit.*, pp. 189-209.
4. Cité par VINATIER (Jean), *Le Cardinal Suhard*, *op. cit.*, p. 73.
5. *Ibid.*, p. 228.
6. Mgr Suhard recevra le statut canonique de la Mission de France en mai 1949.
7. Cité par VINATIER (Jean), *op. cit.*, p. 255.
8. DANIEL (Yvan), *Aux frontières de l'Église*, p. 27.
9. *Nihil obstat*, 23 mai 1943, des pères Chenu, Noble et Courtois.
10. POULAT (Émile), *Naissance des prêtres-ouvriers*, Casterman, 1965.
11. MICHONNEAU (Georges), *Paroisse, communauté missionnaire*, Le Cerf, 1946.
12. DANIEL (Yvan), *op. cit.*, p. 31.
13. On n'a longtemps disposé en France que de témoignages : EVRARD (Jacques), *La Déportation des travailleurs français dans le Troisième Reich*, Fayard, 1972.

En 1997, une émission télévisée de Jean-Luc Hees rompait un long silence. Une thèse vient d'être soutenue à l'Université de Nancy par HARBULOT (Jean-Pierre), sur le STO en Lorraine.

14. HARBULOT (Jean-Pierre), *op. cit.*, p. 150.
15. AN 2 AG 492. Note du cabinet civil du chef de l'État du 20 avril 1943. Elle use du terme de « déportation pour le travail » que les déportés politiques et raciaux contesteront ultérieurement.
16. Lettres dans BOURDAIS (Henri), *La JOC sous l'Occupation allemande. Témoignages et souvenirs*, Éditions ouvrières, 1995, pp. 186-188.
17. Circulaire du secrétariat général de la JOC en janvier 1944, détaillant la tâche des militants auprès de leurs camarades requis par le STO et de leurs familles. Pour l'aide aux jeunes travailleurs.
18. POULAT (Émile), *op. cit.*, p. 263.
19. Contre-amiral DILLARD, *La Vie et la mort du RP Dillard*, Les Œuvres françaises, 1947 ; DROULERS (Paul), *op. cit.*, pp. 357-358.
20. MICHELET (Edmond), *Rue de la liberté*, *op. cit.*
21. Cité par GOUYON (Mgr Paul), *Marcel Callo, témoin d'une génération 1921-1945*, Éditions SOS, 1981, p. 123.
22. COLSON (Jean), KLEIN (Charles), *Jean Rodhain, prêtre*, Éditions SOS, 1981.
23. *Actes et Documents du Saint-Siège*, tome X, cité du Vatican.
24. Cité par le père Riquet, *Chrétiens de France dans l'Europe enchaînée*, texte tiré des archives de l'Aumônerie des prisonniers, p. 54.
25. POULAT (Émile), *Naissance des prêtres-ouvriers*, *op. cit.*

26. VIVIER (Jack), *Prêtres de Touraine dans la Résistance*, Tours, CDL, 1992.
27. « Les Conversations de Dachau », *Nouvelle Revue théologique*, novembre 1945.
28. POULAT (Émile), *op. cit.*, p. 236.

CHAPITRE VII

1. MARTINIÈRE (Père de La) et MOLETTE (Mgr Charles) ont entrepris de rendre hom mage à ces ecclésiastiques, *Prêtres, religieux et religieuses dans la Résistance au nazisme 1940-1944. Essai de typologie*, Paris, Fayard, 1995 ; LHTP, *Liste de prêtres religieux déportés et tués pendant la dernière guerre.*
2. ADOUMIÉ (Vincent), « L'Action catholique et la Résistance dans les Landes ; l'exemple de l'abbé Bordes », *in La Résistance et les Français*, PUR, 1995, pp. 118-129.
3. *Bernard Chevallier interroge l'abbé Pierre*, Le Centurion, 1979 ; son premier pseudonyme est « abbé Houdinge ».
4. MOLETTE (Mgr Charles), *Prêtres, op. cit.*
5. MOLETTE (Mgr Charles), *op. cit.* ; et DRAC, *Livre d'or des congrégations françaises*, 1948.
6. HASQUENOPH (Marcel), *Ces prêtres qui ont su mourir*, Apostolat des éditions, 1971. À la Libération, la Trappe-des-Dombes reçut la croix de la Légion d'honneur.
7. RIQUET (Michel SJ), *Chrétiens de France dans l'Europe enchaînée*, Éditions SOS.
8. *Le Journal de la France*, n° 168.
9. HASQUENOPH (Marcel), *Ces prêtres qui ont su mourir, op. cit.*
10. *Livre d'or, op. cit.*
11. VIVIER (Jack) a reconstitué avec bonheur les vies des « soutanes vertes » qui ont partagé sa foi patriotique, *Prêtres de Touraine dans la Résistance. Soutanes vertes, soutanes noires*, Tours, CLD, 1992 ; nous lui empruntons ces exemples de vie.
12. VIVIER (Jack), *op. cit.*, p. 22.
13. *Ibid.*, p. 84.
14. Souvenirs inédits de MORANDAT (Yvon), publiés par Laurent Douzou, *Cahiers de l'IHTP*, n° 29, septembre 1994.
15. ESTIENNE d'ORVES (Rose et Philippe d'), *Honoré d'Estienne d'Orves. Écrits en cellule*, Paris, France Empire, 1985.
16. Sur Michelet lire la biographie si sensible de son fils MICHELET (Claude), *Mon père, Edmond Michelet*, Paris, Presses de la Cité.
17. MICHELET (Edmond), *Rue de la liberté*, Paris, Seuil, 1955.
18. La fraternité Edmond Michelet célèbre tous les ans, après son colloque, la messe dans la petite chapelle voisine de la maison rustique.
19. DELPECH (François), « Le projet de Concordat de l'été 1940 », *Églises et Chrétiens, op. cit.*, pp. 185-186.
20. AEF 540.
21. AEF 540, rapport de Léon Bérard, 15 octobre 1942.
22. AEF 554.
23. AEF 544. Note de Louis Canet pour le directeur politique, 14 avril 1944.
24. *Ibid.*
25. La réponse écrite au message du maréchal Pétain est bien formelle : « *Très sensible à votre filial hommage auprès de Nous par le Cardinal Archevêque de Paris, Nous vous en remercions, et en vous assurant à nouveau de Notre constante bienveillance à votre égard et de Nos vœux pour votre grand pays, Nous renouvelons Notre Bénédiction Apostolique.* »
26. AN 2 AG 2 492.
27. *Ibid.*
28. AN AG 2 492. Note anonyme du cabinet du chef de l'État, 3 février 1942.
29. AEF 544.

30. AN 3W 356, 27 décembre 1943.
31. ABZAC (Claude d'), « La Semaine sanglante », *Armée d'aujourd'hui*, mai 1994.
32. DETREZ (Chanoine), *Quand Lille avait faim*, *op. cit.*
33. RÉMOND (René), « De la Résistance spirituelle à la lutte armée », *in Chrétiens*, *op. cit.*, p. 417.
34. BARRAL (Pierre), « Le Clergé lorrain sous l'Occupation », in *Chrétiens*, *op. cit.*, p. 91.
35. *Spiritualité, théologie et résistance*, Presses universitaires de Grenoble, 1987, pp. 241-250.
36. AEF 559, télégramme, 25 juillet 1940.
37. AEF 559.
38. AEF 545.
39. AEF 553, télégramme, 18 juillet 1940.
40. AEF 559.
41. BLET (Pierre SJ), *Pie XII et la Seconde Guerre mondiale d'après les archives du Vatican*, Paris, Perrin, 1997.
42. RÉMOND (René), *Paul Touvier et l'Église*, Paris, Fayard, 1992, p. 53.
43. MAUGENDRE (L.-A.), *Alphonse de Châteaubriant 1877-1951*, Bonne, 1977.
44. *La Gerbe des forces, La nouvelle Allemagne*, Paris, Grasset, 1937.
45. Brasillach écrit l'article dans *L'Action française.*
46. Cité par MAUGENDRE (L.-A.), *op. cit.*
47. BRICE (Catherine), *Le Groupe Collaboration.* Mémoire d'études supérieures, Sorbonne, 1977.
48. AN 3 W 356.
49. TISON (Frank), « Un abbé en politique : Ferdinand Renaud », *Revue historique*, décembre 1997.
50. L'affaire, qui avait l'agrément de l'Abwehr, échoua pour diverses raisons et Laval se précipita à Nancy pour monter sa propre opération Herriot ; voir COINTET (Michèle), « Les dernières manœuvres de Vichy » *in La Libération de Paris*, Albin Michel, 1994.
51. GAILLEMIN (André), *Un prêtre lorrain : le chanoine L. Polimann*, La Pensée universelle, 1973.
52. Une très belle édition des *Carnets* du cardinal Baudrillart a été entreprise par Paul Christophe aux éditions du Cerf. Actuellement, ils sont édités pour la Première Guerre mondiale et pour la période 1935-11 avril 1939.
53. *Carnets*, *op. cit.*, p. 821.
54. CHRISTOPHE (Paul), « Mgr Baudrillart dans la Seconde Guerre mondiale », *Revue d'histoire de l'Église de France*, 1992, et MARCHASSON (Yves), « Autour du cardinal Baudrillart », *in Églises et chrétiens, op. cit.*, pp. 227-240.
55. *Le Testament politique d'un Prince de l'Église*, p. 13.
56. DUHAMEL (Georges) indique que c'est Abel Hermant et non Bellesort qui suit Bonnard, *Le Livre de l'amertume*, Mercure de France, 1983.
57. CHRISTOPHE (Paul), *Les Catholiques devant la guerre*, 1989, pp. 80-87.
58. CALVET (Jean), *De la faculté des lettres au protectorat, op. cit.*
59. DUHAMEL (Georges), *Le Livre de l'amertume, op. cit.*, p. 345.
60. BAIL (René), *Les Croix de Monseigneur de Mayol de Lupé*, Christian de Bartillat, 1994.
61. LEFEVRE (E.), MABIRE (Jean), *La LVF*, Paris, Fayard, 1985, p. 129.
62. *Ibid.*, p. 238.
63. COINTET (Jean-Paul), « L'Église catholique et le gouvernement de Vichy, Église et Légion », *in Les Chrétiens, op. cit.*, pp. 435-441.
64. *Ibid.*
65. *Combats*, article en partie censuré. AN F[1] a 219.
66. AN F[1] a 3743.

67. Vinatier (Jean), *op. cit.*, pp. 194-195.
68. AN F11 273.

CHAPITRE VIII

1. Gaulle (Charles de), *Mémoires de guerre*, Paris, Plon, t. 2, p. 311.
2. Closon (Francis-Louis), *Le Temps des passions*, Paris, Presses de la Cité, 1974, p. 232 et suivantes ; Vinatier (Jean), *op. cit.*, p. 199 et suivantes.
3. Colson (Jean), Klein (Charles), *Jean Rodhain, prêtre*, *op. cit.*
4. Vinatier (Jean), *op. cit.*, p. 207.
5. Bruckberger (RL), *Si grande peine*, Paris, Grasset, 1967.
6. Latreille (André), « Un évêque résistant, P.-M. Théas, évêque de Montauban », *Revue d'histoire ecclésiastique*, 1980, p. 284 et suivantes.
7. Vinatier (Jean), *op. cit.*, pp. 212-213.
8. Gaulle (Charles de), *Mémoires de guerre, op. cit.*, t. 2, p. 314.
9. *Revue du Nord, op. cit.*, p. 21.
10. Entretien réalisé par Claude Beaufort en 1972.
11. Cointet (Michèle), « L'épuration en France », *in La Sortie des fascismes en Europe*, Bergen, 1998.
12. Clément (Jean-Louis), « Un Conseiller national de Vichy, l'abbé Sorel », *Annales du Midi*, 1982.
13. Les faits allégués dans cette partie sont tirés de AN 3 W 136.
14. *Ibid.*
15. *Ibid.*
16. Bourrel (Emmanuel), *De Cérilly à Fresnes : l'arrestation et la détention de Jacques Chevalier*, mémoire, Université de Tours, 1995, 25 pages, p. 8.
17. Lettre du 13 mars 1946, citée par Bourrel (Emmanuel), *op. cit.*
18. Cointet (Michèle), *Vichy-Capitale, op. cit.*
19. Blet (Pierre), *Pie XII et la Seconde Guerre mondiale, op. cit.*, p. 284 et suivantes.
20. Latreille (André). « Un évêque résistant, P.-M. Théas, évêque de Montauban », *op. cit.*
21. Teitgen (Pierre-Henri), *Faites entrer le témoin suivant*, Ouest-France.
22. Latreille (André), *De Gaulle, la Libération et l'Église catholique*, Cerf, 1978, p. 55.
23. Ducerf (Laurent), « Le CGE face à l'épuration », in *Résistants*, PUR, 1995, pp. 264-271.
24. AN F^1 a 3351.
25. F^1 a 4026.
26. AN F^7 15144.
27. Mathieu (Bertrand) et Verpeaux (Michel). « La transition juridique. L'ordonnance du 9 août 1944 », *in Le Rétablissement de la légalité républicaine*, Complexe, 1996, pp. 805-830.
28. AN F^1 a 4026.
29. AN 3351.
30. BN 8° LW7 — 49580, 30 décembre 1944.
31. Latreille (André), *op. cit.*, p. 42.
32. Bruckberger (RP), *Si grande peine*, Grasset, 1967, p. 265.
33. *Ibid.*, p. 287.
34. Rigoulot (Pierre), *Les Enfants de l'épuration*, Plon, 1993.
35. Cointet (Jean-Paul), *Marcel Déat, du socialisme au fascisme*, Perrin, 1998.
36. Coignard (Sophie), Guichard (Marie-Thérèse), *Les Bonnes Fréquentations*, Grasset, 1997.
37. Rigoulot (Pierre), *op. cit.*, pp. 493-494.

38. À une exception près, les historiens sont des catholiques connus : René Rémond, René Bédarida, Jean-Dominique Durand, Yves-Marie Hilaire, Bernard Comte, Gérard Cholvy. Y figurent aussi le supérieur général de l'Oratoire, Jean Dujardin, et pour d'autres raisons, Jean-Pierre Azéma. On est étonné de l'absence de religieux bons spécialistes de la période ; Mgr Molette laissa percer des regrets de n'avoir pas été appelé.

39. 8 janvier 1992.

40. BÉDARIDA (François), GREILSAMMER (Laurent), SMADJA (G.), *Touvier, le dossier de l'accusation*, Seuil, 1996.

41. HILAIRE (Yves-Marie), « Vichy, Touvier et l'opinion. De l'importance de la chronologie », *Revue du Nord*, n° 306, 1994, pp. 671-674.

42. COINTET (Michèle), *De Gaulle et l'Algérie française*, Perrin, 1996.

43. *Le Figaro*, 17 mars 1994.

44. N° 29, printemps 1992, p. 234.

45. N° 2440, 9-15 avril 1998.

46. FROSSARD (André), *in Le Figaro*, 27 janvier 1992.

BIBLIOGRAPHIE

FONDS D'ARCHIVES

Aux archives nationales :
Fla- 273.250.2028.3351.3356.3687 à 2689.3691.3694.3736.3784.4020 à 4027.
Série F19
BB30 : 1707.1708.1823
F41 : 219.220.226.257.266.269.300.301.309.350
F44 : 2.3.6.44
Papiers du chef de l'État 2AG : 138 à 400.612.630 à 650.655
Papiers de la Haute Cour : 84.336.347.358.1136
72AJ (66)

Ministère des Affaires étrangères :
Dépêches des ambassadeurs de France, Saint-Siège, Papiers Louis Canet.

Fonds du Centre de Documentation juive contemporaine où le meilleur accueil nous a été réservé aussi bien aux archives qu'à la bibliothèque. Chaque document étant pratiquement l'objet d'une cote, une liste serait trop longue à dresser. Nous renvoyons donc aux notes.

À la BDIC, à la BN, à l'IHTP, documents sur l'Occupation et l'Église.

OUVRAGES ESSENTIELS

BÉDARIDA (Renée) : *Les Armes de l'esprit. Témoignage chrétien (1941-1944)*, éd. 1977.

BÉDARIDA (Renée) : *Pierre Chaillet. Témoin de la résistance spirituelle*, Paris, Perrin, 1997.

BLET (Pierre) : *Pie XII et la Seconde Guerre mondiale*, Perrin, 1997.

BRISACIER (Michel) : *Vers la reconnaissance légale des congrégations*, Mémoire de licence de droit canonique, Institut catholique de Paris, 1996.

BRUCKBERGER (R.P.) : *Si grande peine*, Grasset, 1967.

COHEN (Asher) : *Persécutions et sauvetages. Juifs et Français sous l'Occupation et sous Vichy*, Paris, Cerf, 1993.

COMTE (Bernard) : *Une utopie combattante. L'école des cadres d'Uriage*, Paris, Fayard, 1991.

DUQUESNE (Jacques) : *Les Catholiques français sous l'Occupation*, Paris, Grasset, 1966. Un ouvrage de référence qui, en son temps, ouvrit le champ de la recherche.

Églises et chrétiens dans la Seconde Guerre mondiale, Presses universitaires de Lyon, 1982.

FESSARD (Gaston) : *Au temps du Prince esclave. Écrits clandestins*, Criterion, 1989.

FOUILLOUX (Étienne) : *Les Chrétiens français entre crise et Libération 1937-1947*, Paris, Seuil, 1997.

KLARSFELD (Serge) : *Vichy-Auchswitz*, Paris, Fayard, 1983 et 1985.

LATREILLE (André) : *De Gaulle, la Libération et l'Église catholique*, Cerf, 1978.

LUBAC (Henri de) : *Résistance chrétienne à l'antisémitisme. Souvenirs 1940-1944*, Fayard, 1988.

MOLETTE (Charles) : *Prêtres, religieux et religieuses dans la résistance au nazisme 1940-1945. Essai de typologie*, Paris, Fayard, 1995.

POULAT (Émile) : *Naissance des prêtres-ouvriers*, Paris, Casterman 1965.

Revue du Nord : numéros hors série avril et juillet 1978.

Revue du Nord : en hommage à Yves-Marie Hilaire, « *Le Temps retrouvé. Vingt-quatre regards sur deux siècles d'histoire religieuse et politique* », n° 14, 1998.

RIQUET (Michel) : *Chrétiens de France dans l'Europe enchaînée. Genèse du Secours catholique*, Grasset, 1973.

VINATIER (Jean) : *Le Cardinal Suhard*, Paris, Centurion, 1983.

Index

TABLE

Cet ouvrage a été composé par
Nord Compo (Villeneuve-d'Ascq)
et imprimé sur presse Cameron
par **Bussière Camedan Imprimeries**
à Saint-Amand-Montrond (Cher)

Achevé d'imprimer en septembre 1998.

Édition exclusivement réservée
aux adhérents du Club
Le Grand Livre du Mois
15 rue des Sablons
75116 Paris
réalisée avec l'aimable autorisation de la Librairie Académique Perrin

N° d'impression : 984361/1
Dépôt légal : octobre 1998
Imprimé en France